20211

LOIX

ET

CONSTITUTIONS

DES COLONIES FRANÇOISES

DE L'AMÉRIQUE SOUS LE VENT.

LOIX
ET
CONSTITUTIONS
DES COLONIES FRANÇOISES

LOIX
ET
CONSTITUTIONS
DES COLONIES FRANÇOISES
DE L'AMÉRIQUE SOUS LE VENT;
SUIVIES,

1°. D'un Tableau raisonné des différentes parties de l'Administration actuelle de ces Colonies : 2°. d'Observations générales sur le Climat, la Population, la Culture, le Caractere et les Mœurs des Habitans de la partie Françoise de Saint-Domingue : 3°. d'une Description Physique, Politique et Topographique des différens Quartiers de cette même partie ; le tout terminé par l'Histoire de cette Isle et de ses dépendances, depuis leur découverte jusqu'à nos jours.

PAR M. MOREAU DE SAINT-MÉRY, Avocat au Parlement, Ancien Avocat au Conseil Supérieur du Cap François, & Secrétaire de la Chambre d'Agriculture de la même Ville, Membre du Musée de Paris, et Secrétaire du Musée autorisé par le Gouvernement, sous la Protection de MONSIEUR et de MADAME.

TOME PREMIER,

Comprenant les Loix et Constitutions depuis 1550 jusqu'en 1703 inclusivement.

Rien ne doit être si cher aux Hommes que les Loix destinées à les rendre Bons, Sages et Heureux.
MONTESQUIEU.

A PARIS,

Chez
l'Auteur, rue Plâtriere, N°. 12.
QUILLAU, Imprimeur de S. A. S. Monseignur le Prince DE CONTI, rue du Fouare, N°. 3.
MEQUIGNON jeune, Libraire au Palais, à l'Ecu de France.

AVEC APPOBATION ET PRIVILÈGE DU ROI.

A MONSEIGNEUR,

MONSEIGNEUR Charles-Eugene-Gabriel de la Croix, MARQUIS DE CASTRIES, Comte d'Alais, premier Baron né des États de Languedoc, Maréchal de France, Chevalier des Ordres du Roi, Gouverneur des Ville et Citadelle de Montpellier, Ville et Port de Cette, Capitaine-Lieutenant des Gendarmes Ecossois, Commandant et Inspecteur du Corps de la Gendarmerie, Ministre et Secrétaire d'État, ayant le Département de la Marine et des Colonies.

MONSEIGNEUR,

Votre nom à la tête d'un Ouvrage destiné à rendre publique la connoissance des Loix faites pour la plus

Tome I.   a

importante de nos Colonies, est une nouvelle preuve de l'intérêt que vous prenez à sa prospérité, du desir que vous avez d'assurer le bonheur de ses Habitans, en faisant régner parmi eux l'Ordre et la Justice.

Saint-Domingue, MONSEIGNEUR, est pénétré de tout ce qu'il vous doit, et il me seroit bien doux d'être ici l'organe de sa reconnoissance; mais vous ne m'avez permis de vous parler que de la mienne et du profond respect avec lequel je suis,

MONSEIGNEUR,

Votre très-humble et très-obéissant Serviteur,
MOREAU DE SAINT-MÉRY.

DISCOURS
PRÉLIMINAIRE.

Il n'est personne qui ne sente combien il est désavantageux pour nos Colonies d'être situées à une grande distance de la Métropole. Les rapports presque toujours insuffisans, d'après lesquels cette derniere doit décider de leurs intérêts, ne peuvent manquer de l'égarer quelquefois. Trompée encore par les effets que produisent les moyens employés sous ses yeux, il n'est point étonnant que des différences essentielles lui échappent, et qu'elle n'apperçoive point que dans ces Contrées éloignées, la Nature ne permet pas d'obtenir les mêmes effets par les mêmes moyens.

Il est cependant indispensable que l'Administration particuliere des Colonies, soit dirigée par le Gouvernement placé dans la Métropole, parce qu'elle n'est qu'une branche de l'Administration du Royaume, dont les Colonies sont autant de Dépendances.

Mais les Colonies ne sauroient être liées à ce Système général, sans qu'à leur tour elles n'y influent d'une maniere

a ij

plus ou moins sensible. C'est donc de la juste combinaison de cette action et de cette réaction réciproque, que doit résulter la plus grande somme de bien commun.

Sans doute il est des principes qu'on peut appeller fondamentaux, et qui doivent servir de base à l'Administration des Colonies. On sait, par exemple, que le but principal et essentiel des Etablissemens de ce genre est d'assurer à la Métropole un débouché avantageux du superflu de ses Denrées et de ses Manufactures, par l'échange de ses Marchandises contre les productions Coloniales, destinées à sa propre consommation, ou à payer ce qu'elle achete de l'Etranger. On sait aussi que pour une Puissance Maritime, les Colonies sont infiniment précieuses, parce que c'est dans la Marine Marchande que s'élevent, que se forment des Matelots pour la Marine Militaire. Protéger nos Colonies et favoriser leur accroissement; c'est donc accroître tout à la fois et les richesses et les forces de l'État.

Mais pour bien gouverner une Colonie suffit-il d'avoir ces premieres notions? Ne faut-il pas encore une étude préalable et approfondie de la nature des lieux auxquels on veut les appliquer? Que d'Individus, que d'Idées à diriger vers le même point! Que d'Intérêts particuliers et opposés à combiner et à concilier! Souvent même quand on croit avoir tout prévu, tout calculé, un obstacle survient dans l'exécution, et le projet le plus sage en apparence est arrêté.

On peut soutenir sans crainte d'être contredit qu'il est difficile de diriger des Etablissemens éloignés; et l'on ne hasarde rien en disant que nos Colonies ont subi le sort commun à tous les Etablissemens nouveaux, de n'arriver à leur vrai but qu'après une longue suite d'erreurs. Formées par le hasard, méprisées dans leur origine, tourmentées dans leur enfance par des Privileges exclusifs; quelquefois agitées par des troubles intérieurs, plus souvent encore exposées aux effets destructifs d'une Administration qui ne pouvoit leur convenir, nos Colonies ont cependant lutté avec succès contre tant d'obstacles réunis. Elles sont même parvenues à un degré de splendeur qui peut faire juger de celui qu'elles auroient atteint, si elles avoient obtenu la faveur qu'elles ont constamment méritée.

Et pourra-t-on le croire? Au projet de faire cesser les abus qui nuisent à ces belles Provinces de la France, il est des Hommes qui voudroient opposer l'avantage même qu'elles ont eu de résister à ce qui devoit les anéantir. Ils feignent d'ignorer qu'il en est de l'Organisation des Corps Politiques, comme de celle de nos Corps; qu'elle peut triompher de chocs violens, lorsqu'elle jouit de toute son énergie, tandis qu'à une époque plus avancée, l'atteinte la plus légere suffira peut-être pour lui porter un coup mortel. L'Adolescent qui, malgré l'usage immodéré de ses forces, est parvenu à la vigueur de l'Age mûr, a plus besoin de ménager les ressources de la Nature pour reculer le terme d'une vieillesse qui annonce et prépare sa destruction.

Plusieurs de nos Colonies, on le répete, se trouvent aujourd'hui dans un état brillant. Mais il est plus essentiel que jamais, qu'une main habile tienne la Balance entre elles et la Métropole pour ne la laisser pencher que du côté de l'intérêt de l'État. C'est principalement parce qu'elles sont devenues plus importantes aux yeux de la Politique, qu'elles exigent et une grande prévoyance et une grande circonspection pour statuer sur tout ce qui les concerne.

Ce ne sont plus comme autrefois de petites Peuplades, où des Hommes désavoués pour la plûpart de leur Patrie qu'ils avoient fait rougir, alloient étonner l'Univers par leurs exploits. Ce ne sont plus des lieux où les Loix d'une bonne Police méconnues, faisoient place à une licence effrénée, et exposoient les Chefs mêmes à tous les dangers de l'autorité méprisée. Exemptes depuis long-temps des scenes de fureur qui les agitoient, ces fertiles Contrées renferment des Cultivateurs précieux; des Citoyens dignes des regards d'un Gouvernement destiné à faire chérir le nom François au-delà des Mers.

L'Administration des Colonies doit donc se proposer constamment de les rendre de plus en plus florissantes, de les maintenir du moins dans leur état actuel. Mais pour y réussir, ce n'est pas assez de prendre conseil des circonstances à mesure qu'elles se présentent. Ce système n'a conduit jusqu'à présent qu'à des opérations sans liaison entr'elles, et il enfante encore plus de maux qu'il n'en répare.

Le passé n'a même que trop prouvé combien ces soins bornés au seul moment présent, peuvent devenir nuisibles aux Colonies. Elles se formoient à peine, qu'elles étoient déjà tout à la fois le jouet des événemens, et de Plans qu'on faisoit varier comme leurs premiers Etablissemens. Devenues intéressantes, on les a soumises à des essais, à des épreuves, souvent funestes à ce qui en est l'objet. Dans tous les temps enfin ne pouvant acquérir aucune stabilité sous des Chefs qui, pour ainsi dire, ne faisoient que paroître et disparoître successivement, les regles de leur Administration ont encore dépendu du degré de lumieres, de l'intérêt personnel, des vues et des passions de ceux à qui le Gouvernement les avoit confiées.

Comment s'étonner après cela que les Colonies aient toutes une Législation que des Actes contradictoires et multipliés rendent incertaine. En y réfléchissant on est même surpris qu'elle conserve encore quelque forme. Un Chef a détruit ce qu'un autre Chef avoit fait, et les traces de ces révolutions disparoissant avec rapidité dans des climats où tout semble n'exister qu'un instant, rien en quelque sorte n'a dû s'opposer à ce désordre. Heureuse encore la Colonie livrée à cette fluctuation continuelle, quand des motifs qu'il est aisé de rendre plausibles de si loin, n'ont pas réussi à faire approuver ces étonnantes variations !

Les Tribunaux eux-mêmes n'ont pas échappé à ces contradictions, et leurs Jugemens n'ont pas un caractere propre à rassurer le Colon dont la fortune ou l'honneur sont compromis dans une attaque judiciaire. Par une suite nécessaire de tant d'incertitudes, il n'est point de Partie de l'Administration qui n'ait éprouvé des secousses, et qui n'ait fait éclore un grand nombre de décisions inconciliables.

Qu'on se garde cependant de croire que dans cet amas d'Autorités qui s'entrechoquent, tout soit à dédaigner ou à détruire. C'est un vaste champ où des semences précieuses entourées de plantes parasites ou nuisibles attendent la main de l'Agriculteur intelligent qui doit les distinguer et empêcher qu'elles n'y périssent étouffées. C'est-là, c'est entre ces Réglemens opposés qu'il faut démêler ceux qui sont susceptibles d'assurer le bonheur des Colons. Il en est même qui, pour être préférés, n'ont besoin que d'être apperçus ; car les Colonies ont joui plus d'une fois, mais trop passagérement, d'une tranquillité desirable ; elles ont eu des Administrateurs entierement dévoués à leur utilité ; ils en ont été les Restaurateurs, et sont encore les objets de leur vénération.

Et pourroit-on ne pas appercevoir combien il est avantageux en formant un Corps de Loix pour un Pays, de pouvoir les choisir dans le nombre de celles déjà faites pour ce même Pays, ou qu'on a voulu lui appliquer ? Si pour donner des

Loix à un Peuple nouveau on consulte ordinairement le Code des autres Peuples, de ceux surtout qui ont avec lui plus de rapport, plus d'analogie; où trouvera-t-on des lumiéres plus sûres pour un Peuple existant depuis plus d'un Siecle, que dans le Recueil des Loix qui lui ont été données successivement quelques vicieuses qu'on les suppose? Pouvant raisonner sur les effets qu'elles ont produits, les comparer entr'elles, et les examiner relativement aux mœurs et aux événemens actuels, on est presque certain d'échapper aux dangers des innovations, dont le plus grand peut-être est de prévenir les Esprits contre elles.

Ce n'est pas que la Législation des Colonies puisse être perfectionnée sans Loix nouvelles ; mais le nombre en doit être peu considérable ; et les objets dont elles peuvent s'occuper n'étant qu'une suite des Loix déjà faites, les nouveaux Réglemens ne seront, à proprement parler, qu'un développement naturel des anciens.

Toutes ces Observations conduisent à cette vérité, que pour rectifier la Législation actuelle des Colonies, il est essentiel de la connoître dans tous ses détails. En effet, sans cette connoissance, comment déterminer ce qu'il convient de conserver, ou de changer! L'entreprendre sans ce secours, ce seroit ressembler à un Architecte qui oseroit indiquer la maniere de réparer les défauts d'un immense Edifice, dont il ne connoîtroit ni le Plan ni l'Ordonnance. On ne peut se passer de recueillir tout ce qui compose le Code des Colonies, si l'on veut s'occuper avec succès de leur en former un convenable pour l'avenir.

Cette réunion de tant de Pieces éparses, mal en ordre, dévorées des Insectes, n'est sans doute pas facile ; mais de quoi ne rend pas capable le desir d'être utile ! Ce motif puissant a déjà donné des Recueils à plusieurs Colonies, et fourni des exemples pour celles qui n'en ont point encore.

On est justement étonné de compter au nombre de ces dernieres Saint-Domingue, qui mérite cependant d'être mis au premier rang parmi les Colonies dont les riches productions sont la base principale du Commerce de France. En effet, la partie de cette Isle que nous occupons, quoique moins considérable que celle des Espagnols, verse sans cesse et en abondance, dans les Ports de la Métropole, des Denrées qui rendent les autres Nations nos Tributaires, en même temps qu'elles nous procurent des jouissances qui sont devenues pour nous de véritables besoins.

Cette Colonie, si digne par elle-même de l'attention du Gouvernement, le devient chaque jour de plus en plus par des Intérêts majeurs et personnels qui attachent à son sort des Habitans considérables de la Mere Patrie. Tout concourt donc à faire regretter que la Législation particuliere de cette superbe Province ne soit pas connue.

Un Ouvrage dont le but est de mettre fin à ces regrets est précisément ce que nous présentons aujourd'hui. Notre Profession d'Avocat nous ayant fait éprouver combien il est pénible et effrayant d'avoir à prononcer soi-même, ou à éclairer les autres sur des objets importans sans pouvoir s'assurer des vrais principes qui doivent les régler, nous avons voulu sortir de cette cruelle situation. Nous sentions que ces principes ne pouvoient être que des Loix, mais trouvant partout de prétendus Usages à leur place, nous nous sommes résolus à chercher ces Loix pour les consulter elles-mêmes.

Nous étions loin de songer à rendre public ce Travail qui ne consistoit d'abord qu'en Notes purement indicatives, et

Tome I. b

qui furent suivies d'un Recueil encore indigeste des Loix propres à Saint-Domingue. Mais leur Rapprochement et l'Etude des événemens qui leur avoient donné lieu, ont fait naître de nouvelles Idées, et le Projet de faire aux Colons l'hommage de nos recherches.

Ce dessein étoit à peine connu qu'il a trouvé un grand nombre d'Approbateurs, dont les secours ont étendu le Plan primitif, et nous ont permis d'y faire entrer toute la Colonie. C'est ainsi qu'après avoir employé dix années, nous commençons à faire paroître la Collection la plus complette *des Loix et Constitutions des Colonies Françoises de l'Amérique sous le Vent*, dont Saint-Domingue est le Chef lieu. Cette Collection sera *suivie du Tableau raisonné des différentes parties de l'Administration actuelle de ces Colonies, et d'Observations générales sur le Climat, la Population, la Culture, le Caractere et les Mœurs des Habitans de la partie Françoise de Saint-Domingue.* On y a ajouté *une Description Physique, Politique et Topographique de cette même Partie; et l'Histoire de Saint-Domingue et de ses Dépendances, depuis leur découverte jusqu'à nos jours, terminera l'Ouvrage.*

Sous le Titre de Loix et Constitutions se trouve compris, tout ce qui est émané du Législateur, comme Edits, Lettres-patentes, etc.; les Dépêches Ministérielles; les Ordonnances des Administrateurs; les Réglemens des deux Conseils, etc.; enfin, tout ce qui peut rendre cette Collection plus curieuse et plus utile. Ainsi l'on y trouvera les Décisions notables des Tribunaux, et les Réglemens de Police. Il est de ces Pieces dont nous ne donnons cependant qu'une simple Notice, parce qu'elle suffira pour les faire bien connoître; tandis que d'autres ont été accompagnées de Notes dès qu'elles l'ont exigé. Nous faisons encore mention de la date de l'Enregistrement, cette formalité essentielle, trop négligée surtout dans les premiers temps. Enfin, nous espérons qu'on puisera dans cette source les connoissances locales, si nécessaires et si difficiles à acquérir.

C'est d'après cette Compilation qu'on pourra connoître quels principes ont successivement présidé à l'Administration des Isles sous le Vent, depuis que les Boucaniers et les Flibustiers en firent la Conquête vers la moitié du XVIIe Siecle. On verra combien ces Possessions aujourd'hui si importantes étoient alors peu considérées, et l'on sera sans doute frappé de voir dépendre long-temps de la Martinique, Saint-Domingue qui devoit l'emporter un jour par son opulence. C'est pourquoi l'on trouvera si souvent au commencement de la Collection (mise dans l'ordre Chronologique) des Arrêts du Conseil Souverain de la Martinique ; dont Saint-Domingue avoit emprunté ses Réglemens de Police et sa Jurisprudence avant 1685, époque où un pareil Tribunal y fut établi. D'ailleurs les Administrateurs-Généraux des Isles ordonnant de la Martinique à Saint-Domingue soumettoient ces deux Colonies au même Régime, et établissoient entre elles une Analogie, ou plutôt une sorte de Subordination qui ne pouvoit convenir à la rapidité des progrès de Saint-Domingue.

Il est superflu de parler des contradictions et des répétitions qui se feront assez remarquer dans ce Recueil ; mais elles choqueroient sans doute bien davantage si l'on n'étoit pas prévenu qu'il n'y avoit point d'Imprimerie à Saint-Domingue avant 1764. Cette observation jointe à celles des fréquens changemens d'Administrateurs, du renouvellement continuel des Habitans, des effets du Climat, etc. explique souvent et justifie peut-être quelquefois ces mêmes contradictions.

b ij

La Collection des Loix et Constitutions devoit commencer cet Ouvrage comme la base de l'Edifice que nous voulons élever. C'est elle qui, pendant tout le temps que subsistera la Législation présente, doit servir de Manuel à quiconque aura des rapports avec la brillante Colonie de Saint-Domingue. C'est encore elle qui doit servir de Répertoire et d'Indication pour le Plan d'une Législation nouvelle; enfin c'est un Corps de Droit anatomiquement présenté, si l'on peut s'exprimer ainsi, et dont l'examen est fait pour précéder toute interprétation et toute réforme.

Le Tableau raisonné de l'Administration actuelle des Isles sous le Vent, dont la seconde Partie sera composée, doit rassembler sous un même point de vue tout ce qui forme chaque branche de cette Administration. Les choses éparses çà et là dans la Collection, mais qui appartiennent cependant à un même objet, seront rapprochées et viendront se ranger par leur liaison naturelle sous les yeux du Lecteur. C'est ainsi, par exemple, qu'en traitant des pouvoirs successifs des Administrateurs, après les avoir énumérés et en avoir considéré les différens effets, on fixera leur véritable étendue au moment présent. De même en parlant des Conseils Supérieurs, après avoir marqué l'époque de leur création, celles des Translations du Conseil du Petit-Goave, à Léogane et au Port-au-Prince, on s'occupera des Priviléges de ces Cours, de leurs Usages et de tout ce qui peut les concerner comme chargées de l'Administration de la Justice. Chaque point important sera ainsi soumis à l'Analyse et à l'Observation.

C'est aussi cette seconde Partie qui contiendra l'examen de certaines dispositions du Droit Romain, de la Coutume de Paris, et de quelques Loix formant le Droit commun du Royaume, dont la nature même des lieux empêche l'exécution, ou dont l'application incertaine laisse un trop libre cours à l'arbitraire.

En montrant quelle a été ci-devant l'Administration de Saint-Domingue, et ce qu'elle est à présent, nous nous permettrons de hasarder quelques Vues particulieres sur les moyens de la perfectionner; non pas que nous ayons, à cet égard, l'intention de nous ériger en Censeur; mais c'est du choc des Idées que naissent ces traits de lumiere qui mettent dans un grand jour les vérités pratiques, et fixent enfin les opinions. Puissent celles que nous prendrons la liberté d'exposer, concourir à la prospérité d'une Colonie aussi intéressante !

Pour mettre à même de juger du rapport de l'Administration de la Colonie, et de ce qui sera proposé pour l'avenir, avec les Mœurs et le Caractere des Habitans de Saint-Domingue, on s'est efforcé de les peindre ressemblans, et de joindre à ce portrait des détails fideles sur le Climat, la Population et la Culture.

Il est plus essentiel qu'on ne pense de considérer avec attention un Pays immense peuplé d'Esclaves, contenus par une poignée d'Hommes libres; de connoître quels moyens le Législateur a mis dans les mains des uns pour enchaîner les autres, et de quelle maniere ceux-là usent ou abusent de ces moyens. Il n'est pas indigne de l'œil du Philosophe de contempler une Terre où la différence de la couleur décide seule de la Liberté ou de l'Esclavage, de l'élévation ou de l'abjection dans l'Ordre Civil; et il n'est pas inutile au Législateur d'examiner quelles impressions produisent sur les Hommes, dans un tel Climat, l'action constante d'un Soleil brûlant; l'aspect continuel d'un Elément dont les agitations peignent si bien la Vie humaine; l'habitude de commander en Maître, en Despote absolu; des Idées de fortune assez souvent réalisées

pour enflâmer ; de savoir enfin quelle est la vraie maniere
d'être d'un Negre dans nos Isles et en quoi le Créol qui a pris
naissance à Saint-Domingue, ou l'Européen qui y est trans-
planté, different de tout autre Européen qui ne connoît que les
Mœurs de sa Patrie, les influences de son climat et ses rapports
avec les objets uniformes et presque monotones, dont il est
entouré.

Vouloir enseigner quels sont les Mœurs et le Climat d'un
Pays, c'est s'engager à en faire connoître les Sites et les
Productions qui ont un rapport nécessaire avec les Mœurs et
le Climat. Nous l'avons si bien senti que nous avons entrepris
la Description Physique, Politique et Topographique de toute
la Partie Françoise de Saint-Domingue. Adoptant la division
naturelle des Quartiers ou Paroisses, nous les décrirons tous
successivement en désignant la position de chaque Quartier,
ses Cantons, ses Limites, avec des Remarques sur la qualité
de son Sol, le genre des Etablissemens et des Manufactures
qu'il renferme, la température de l'Air, etc. Et ces Portions, en se réunissant, fourniront un Tableau général
de la Partie Françoise ; nous y ajouterons les renseignemens
que nous avons pu nous procurer sur la Partie Espagnole ;
ce qui formera le contraste frappant de deux Peuples, dont
l'un est composé de Cultivateurs industrieux, et l'autre de
Pâtres indolens.

Tous ces objets, tous ces détails avoient une union trop
marquée avec l'Histoire de Saint Domingue, pour qu'elle ne
devînt pas le complément de cet Ouvrage. Remontant jusqu'à
cette découverte à jamais célebre, qui a changé la face du
Monde en lui donnant une quatrieme Partie ; on parcourra
ces temps désastreux où les paisibles Américains arrosoient de
leur sang une Terre que leurs Conquérans n'ont pu conserver

toute entiere. Nous ne ferons cependant qu'esquisser ces Tableaux, déjà peints par de grands Maîtres que nous ne pouvons nous flatter d'imiter. On se hâtera donc d'arriver à l'instant où des François, persécutés jusques dans le Nouveau Monde à cause de leurs opinions, ont été forcés de se chercher un asyle dans l'Isle de la Tortue. C'est du haut de ce Rocher que contemplant la Côte immense de Saint - Domingue, leur courage s'échauffa, et ne leur permit le repos qu'après en avoir partagé la Possession avec le premier Vainqueur. On verra avec attendrissement sans doute des Hommes méconnus par leur Patrie, ne se venger de ses mépris et des maux qu'elle leur avoit causés, qu'en lui offrant un vaste Domaine qu'elle devoit regarder un jour comme sa propriété la plus précieuse en Amérique.

Depuis ce moment on suivra les progrès de cet Etablissement jusqu'à présent, et les secours abondans que donne encore chaque jour le Dépôt des Archives des Colonies promettent de rendre intéressante cette derniere Partie.

Doit-on craindre de s'être abusé sur l'utilité de cet Ouvrage ; et y auroit-il donc de la présomption à penser que les lumieres qui en pourront résulter répandront un nouveau jour sur les vues du Gouvernement ? Cet espoir flatteur paroît d'autant mieux fondé, qu'il a toujours été recommandé aux Administrateurs de donner les éclaircissemens les plus amples sur les Colonies ; qu'en 1716, en 1738 et en 1757 le Conseil du Cap s'occupa d'un Recueil de Loix et de Réglemens, et qu'en 1738 M. Maillard, alors Intendant, en fit entreprendre un de l'agrément du Ministre. Mais ce qui est plus concluant, ce sont les Ordres adressés en 1762 et en 1771 par Sa Majesté à ses Conseils des Isles, de faire la Collection de leurs Loix, et de proposer d'après leurs connoissances locales ce qu'ils jugeroient capable d'en rendre l'Administration plus sage, en l'éclairant. Cependant cette volonté du Prince, qui avoit même établi dès-lors un Comité pour la Législation des Colonies, est restée sans exécution. Mais ne peut-on pas dire que les mesures, quoiqu'infructueuses, prises en conséquence par les Conseils de Saint-Domingue, et les tentatives qu'ils ont faites en travaillant à ce Recueil sont une preuve nouvelle en notre faveur?

D'ailleurs les encouragemens que nous avons reçus du Gouvernement ne prouvent-ils pas l'utilité qu'il compte retirer de cet Ouvrage? surtout quand on sait qu'un Magistrat, ancien Administrateur des Isles du Vent, venoit d'être chargé par le Ministre qui veille en ce moment au bonheur des Colonies, de réunir les Loix propres à celle de Saint-Domingue pour les publier? C'est ce Magistrat lui-même qui, informé de la distribution de notre Prospectus à Saint-Domingue, va solliciter du Ministre la suspension de son travail pour favoriser le nôtre, qu'il sait être plus étendu, et presque terminé. C'est enfin *M. de la Riviere* (nous prenons plaisir à le nommer) dont la recommandation généreuse a dévancé notre arrivée en France, et qui a disposé le Ministre à croire que nos travaux, qui avoient prévenu ses desseins, pourroient être dignes de les seconder.

Mais quand bien même le projet de réformer la Législation des Colonies n'existeroit pas, il résulteroit toujours une infinité d'avantages de la seule publication des Loix et des Réglemens que nous avons rassemblés. C'est d'éclairer les Conseils Supérieurs destinés à prononcer sur la Propriété, la Vie et l'Honneur des Colons; d'instruire les Magistrats des vrais principes qui doivent dicter leurs Jugemens. C'est de faire connoître ces principes aux Tribunaux Supérieurs où sont portées les Demandes en cassation, et aux Cours Souveraines de France

auxquelles

auxquelles sont renvoyées quelquefois des contestations relatives à cette Colonie. C'est enfin de prévenir les Avocats des Conseils du Roi et de ces Cours, que cette Isle a des Loix qui lui rendent souvent étrangeres celles du Royaume. Cliens, Patrons et Juges, tous échapperont à une foule de dangers par la connoissance des regles particulieres à des lieux si différens de la Métropole.

Mais ce fruit de nos veilles devient encore plus nécessaire au moment où il existe un projet de réforme. Pour y parvenir, pour corriger des abus subsistans, et empêcher qu'il ne s'en introduise de nouveaux, il faut remonter à leur source : et où la trouver, si ce n'est dans le Recueil des Loix et des Réglemens existans ?

Rien ne supplée les connoissances locales. Nous dirons avec l'Immortel Montesquieu, que les Loix doivent toujours être appropriées au Génie, aux Mœurs et aux Besoins essentiels de ceux auxquels on les destine. Ainsi l'on ne peut se flatter raisonnablement de faire des changemens utiles dans la Législation d'un Pays éloigné qu'autant que toutes ces choses seront parfaitement connues. Mais cette connoissance préalable, cette connoissance absolument nécessaire, n'est-ce pas dans l'étude des Loix et de l'Histoire de ce Pays qu'il faut la chercher ? Ecrire l'Histoire de Saint-Domingue et faire la Description de l'état actuel de nos Possessions dans cette Isle, c'est donc répandre une nouvelle clarté sur ses Loix, ses Constitutions et son Administration ; c'est en donner le Commentaire le plus naturel ; et la Table Raisonnée des Matieres fera mieux appercevoir encore les rapports de toutes les Parties de l'Ouvrage.

Tome I.   *c*

Nous devons prévenir le Lecteur, que malgré l'assujet-
tissement à l'ordre Chronologique dans cette Collection,
il s'est trouvé quelquefois tant de connexité entre certaines
Pieces, qu'il a paru impossible de les séparer; mais l'Index
de chaque Volume les rétablira dans l'ordre de leurs dates.

Nous nous sommes crus dispensés par les Listes que nous
donnons des Ministres chargés du Département des Colonies,
des Administrateurs Particuliers de Saint-Domingue (même
par interim), et des Administrateurs Généraux des Isles jusqu'en
1714, d'en répéter les Noms, les Qualités et les Signatures à
chacune de leurs Dépêches, de leurs Décisions, de leurs Ordonnances, etc.

Il sera aisé de s'expliquer soi-même comment il est arrivé,
par exemple, que la Commission d'un Gouverneur placée à
sa date, est suivie néanmoins d'Ordonnances rendues par
celui qu'il doit remplacer. On concevra sans peine que le
Commandant en place n'a dû cesser d'en remplir les fonctions
qu'au jour de la réception de son Successeur dans la Colonie.

Toutes les autres Listes, les Tableaux des Monnoies ayant
cours à Saint-Domingue, et plusieurs autres dont le Prospectus
ne parle point, n'exigent aucun Avertissement. Mais nous
croyons indispensable d'inviter nos Lecteurs à suspendre leur
Jugement sur les choses qui pourroient leur paroître superflues
ou déplacées, jusqu'à ce qu'ils aient sous leurs yeux l'Ouvrage
entier.

Nous nous empressons de rendre ici un hommage public
au zele des Personnes qui ont secondé et favorisé nos Vues.

La plus vive reconnoissance et un attachement respectueux
feront nommer d'abord M. de Vaivre, Ancien Intendant des

Isles sous le Vent, et aujourd'hui Maître des Requêtes et Intendant-Général des Colonies; M. de Reynaud de Villeverd, Maréchal de Camp, ancien Commandant en Chef de Saint-Domingue; et M. le Brasseur, Commissaire-Général de la Marine, ayant fait les fonctions d'Intendant, son Collégue; M. de Bellecombe, Grand-Croix de Saint-Louis, Maréchal de Camp et Gouverneur-Général actuel des Isles sous le Vent, et M. de la Riviere, Commissaire-Général, Ordonnateur au Cap. Ces Administrateurs ont daigné encourager notre Travail, et prendre le plus vif intérêt à son succès.

Une amitié inaltérable place ensuite M. Fournier de Varenne, Chevalier de Saint-Louis, Commandant au Quartier de Limonade, et ancien Membre de la Chambre d'Agriculture du Cap, occupé autrefois d'un Supplément à l'Encyclopédie pour la partie des Colonies, qu'il seroit à desirer qu'il voulût continuer; il nous en a communiqué plusieurs Articles, et nous a aidés dans un nombre infini d'occasions.

Nous devons nommer encore M. Le Gris, Conseiller au Conseil du Cap, qui, par son Journal des Audiences de cette Cour, nous a éclairé sur les motifs de plusieurs Jugemens.

M. Piémont, Conseiller au Conseil du Port-au-Prince, qui s'est livré avec ardeur aux recherches que nous n'avons pu faire dans les Archives de ce Conseil.

M. de la Mardelle, Procureur-Général; M. Dubois de la Moligniere, Conseiller; et M. Bourcel, Substitut au Conseil du Port-au-Prince, auxquels nous sommes redevable de pouvoir comparer quelquefois la Jurisprudence des deux Conseils.

M. Dessalles, Conseiller au Conseil Souverain de la Martinique, qui nous a confié le Manuscrit de son Ouvrage, intitulé : *Annales du Conseil de la Martinique ,* qu'il doit publier incessamment.

MM. de la Chambre d'Agriculture du Cap.

MM. les Commandans de Quartier à l'époque de 1783.

M. Esteve, ancien Sénéchal du Cap ; et M. Busson, Sénéchal actuel.

M. Bretton des Chapelles, Sénéchal à Saint-Marc.

M. Boulmier, Sénéchal, par interim, à Saint-Louis.

MM. les Avocats au Conseil du Cap , et notamment MM. Carles , Baudry des Lozières et Champion.

M. Duranton , Commissaire de la Marine au Fort Dauphin.

M. Pic de Pere , Procureur du Roi aux Cayes.

M. le Fevre des Hayes , Habitant à la Nouvelle Plimouth.

M. Gauché , Habitant au Port de Paix.

M. Tremblay, Habitant à l'Artibonite.

M. de Trémondrie , Habitant au Petit Saint-Louis.

M. Gaudin, Doyen des Notaires au Port de Paix.

M. l'Abbé de la Haye , Curé au Dondon.

M. Dazille , Médecin Breveté du Roi ; MM. Polony et Arthaud , Médecins au Cap.

M. Dumesnil , Arpenteur à Plaisance.

Et enfin, une foule de Citoyens de tous les Ordres , qui , par des Recherches , des Mémoires , des Observations , des Descriptions , etc. ont contribué à rendre cet Ouvrage plus intéressant.

Nous adressons des remerciemens particuliers à M. Rabié , Colonel d'Infanterie, Ingénieur en Chef au Cap ; à MM. Hessé, Sorel et Moreau , Ingénieurs Ordinaires ; et à M. Pinard de la Roziere , Arpenteur principal à Saint-Marc. Ils nous ont fourni une grande partie des Plans des Lieux, et des Monumens publics de Saint-Domingue qui formeront, avec la Carte générale de l'Isle, les Gravures de la Partie Historique.

En quittant une Colonie à laquelle nous tenons par plus d'un lien, nous avons trouvé dans MM. Baudry des Lozières et Piémont, déjà cités, des ressources précieuses pour suppléer notre présence à Saint-Domingue ; et M. François de Neufchâteau, Procureur-Général du Conseil du Cap, avantageusement connu dans les Lettres, vient de nous offrir, malgré ses pénibles fonctions, une Correspondance, dont nous sentons tout le prix. Nos Lecteurs seront donc instruits de tous les événemens de Saint-Domingue jusqu'à l'instant où notre dernier Volume sera imprimé.

Nous ne disons point ici combien cet Ouvrage a dû nous coûter. Dans un climat dévorant, où l'on dispute en quelque sorte les Papiers aux Insectes, quelles fatigues, quelles dépenses dans les Voyages qu'il faut entreprendre pour découvrir ceux qu'on desire ! Quelles Recherches et quel temps pour les trouver dans les Dépôts publics où ils sont mal en ordre ! Que de dégoûts à essuyer, que d'obstacles à surmonter ! On sait assez que la seule considération du bien public n'a pas toujours le pouvoir de les écarter. Souvent même c'est parce qu'on vous connoît le courage de dire la vérité, que vous éprouvez mille difficultés imprévues et suscitées par ceux qui la craignent

Une ferme et constante résolution de sacrifier nos intérêts personnels à tout ce qui porte l'empreinte de l'intérêt général, nous a soutenu. Rien n'a rallenti mon zele, rien n'a affoibli mon attachement pour une vaste et brillante Colonie, dont la Législation vague et incertaine exige et attend des changemens. Pour me payer de mes sacrifices, je n'ai jamais formé qu'un vœu. Puisse-t-il, après avoir nourri mon espoir, devenir ma plus délicieuse récompense ! Puissai-je m'entendre dire un jour : *La Colonie de Saint-Domingue est devenue plus heureuse, et vous y avez contribué.*

AMIRAUX DE FRANCE,

Depuis l'Etablissement des Isles de l'Amérique.

27 Janv. 1612. M. le Duc de Montmorency.

Il se démit de cette Charge, qui fut supprimée par Edit du 16 Janvier 1626.

Elle fut rétablie par autre Edit du mois de Novembre 1669.

12 Nov. 1669. S. A. S. Monseigneur le Comte de Vermandois.

23 Nov. 1683. S. A. S. Monseigneur le Comte de Toulouse.

1er Janv. 1734. S. A. S. Monseigneur le Duc de Penthieve, nommé en survivance, et entré en exercice le premier Septembre 1737.

VICEROIS DE L'AMÉRIQUE.

8 Oct. 1612. S. A. S. Monseigneur le Comte de Soissons.

20 Nov. 1612. S. A. S. Monseigneur le Prince de Condé.

10 Fév. 1620. M. le Maréchal, Duc de Montmorency.

25 Janv. 1625. M. le Duc de Vantadour.

Nov. 1644. } M. le Duc d'Anville, qui obtint de nouvelles Pro-
Juil. 1655. } visions, confirmatives des premieres.

30 Août 1660. M. le Marquis de Pas de Feuquieres.

Déc. 1663. M. le Maréchal, Comte d'Estrades.

1er Août 1687. M. le Maréchal, Comte d'Estrées, Vice-Amiral.

Mai 1707. M. le Duc d'Estrées, Maréchal de Cœuvres son Fils, Vice-Amiral.

Il n'y en a pas eu depuis la mort de M. le Duc d'Estrées, arrivée le 27 Septembre 1737.

GRANDS MAITRES, CHEFS ET SURINTENDANS
de la Navigation et du Commerce de France.

CETTE Charge fut créée par Edit du 16 Janvier 1626, qui supprima celle d'Amiral.

Oct. 1626.   S. E. Monseigneur le Cardinal de Richelieu.

5 Déc. 1642.   M. le Duc de Maillé-Brézé.

4 Juil. 1646.   Sa Majesté la Reine Mere, Régente.

13 Mai 1650. }   S. A. S. Monseigneur le Duc de Vendôme.

Oct. 1665. }   S. A. S. Monseigneur le Duc de Beaufort son fils, nommé le même jour 13 Mai 1650 en survivance, et conjointement. Il a exercé seul depuis le mois d'Octobre 1665.

Cette Charge a été supprimée par Edit de Novembre 1669.

MINISTRES ET SECRÉTAIRES D'ÉTAT
chargés du Département des Colonies.

1626.   S. E. Monseigneur le Cardinal, Duc de Richelieu, comme Grand-Maître, Chef et Surintendant de la Navigation et du Commerce de France, et principal Ministre.

29 Sept. 1628.   M. Claude de Bouthilier, comme chargé du Département des affaires Etrangeres.

18 Mars 1632.   M. Léon de Bouthilier, Seigneur de Chavigny, *Idem.*

23 Juin 1643.   M. Henry de Loménie, Comte de Brienne. *Idem.*

20 Avril 1663.   M. Hugues de Lyonne. *Idem.*

Févr. 1667.   M. Louis-Hugues de Lyonne son Fils. *Idem.*

1669.   M. de Colbert, Contrôleur-Général des Finances, et qui fut chargé du Département de la Marine, du Commerce et des Colonies.

7 Sept. 1683.   M. de Colbert, Marquis de Seignelay son Fils, Contrôleur-Général des Finances en survivance, et Secrétaire d'Etat.

6 Nov.

6 Nov. 1690. M. Phelypeaux de Pontchartrain, Contrôleur-Général des Finances en 1689, Secrétaire d'État, le 6 Novembre 1690; et Chancelier, le 6 Septembre 1699.

6 Sept. 1699. M. de Phelypeaux, Comte de Pontchartrain son Fils, Secrétaire d'État.

Voy. la Suite au second Volume.

GOUVERNEURS-GÉNÉRAUX DES ISLES,
depuis leur Etablissement.

31 Oct. 1626. MM. d'Enambuc et de Rossey, Capitaines entretenus de la Marine de Ponant, sont nommés conjointement Chefs de la Colonie Françoise de l'Isle Saint-Christophe. Ils y arrivent le 8 Mai 1627.

Juil. 1627. M. d'Enambuc commande seul à cette époque, attendu le départ de M. du Rossey pour France.

Mai 1628. MM. d'Enambuc et de Rossey, commandent en commun, M. de Rossey étant revenu.

Mars 1629. M. de Rossey commande seul, M. d'Enambuc étant parti pour France.

Août 1629. MM. d'Enambuc et de Rossey commandent encore conjointement, se trouvant tous les deux à Saint-Christophe.

En Octobre 1629, les Espagnols chassent les François de cette Isle, et M. de Rossey repasse en France.

Févr. 1630. M. d'Enambuc vient s'établir de nouveau à Saint-Christophe.

7 Mars 1635. M. d'Enambuc est nommé Capitaine-Général de Saint-Christophe, et s'intitule ainsi : *Pierre Dyel, Ecuyer, Sieur d'Enambuc, Capitaine entretenu, et Gouverneur pour le Roi en l'Isle Saint-Christophe des Indes Occidentales.*

Il meurt à Saint-Christophe en Décembre 1636.

Nota. *On a mis en italique dans cette Liste, comme dans les suivantes, les Noms et les Qualités des Gouverneurs - Généraux, Intendans , etc.*

Tome I. d

Déc. 1636. M. du Halde, Lieutenant de Roi par Commission *Interim.* du 7 Mars 1635, prend l'intérim.

Mars 1637. M. du Halde est nommé par la Compagnie des Isles, Capitaine Général à la Place de M. d'Enambuc.

15 Févr. 1638. *M. Philippe Longvilliers de Poincy, Chevalier de l'Ordre de Saint-Jean de Jérusalem, Commandeur d'Oizemont et de Coulours, Chef d'Escadre des Vaisseaux en Bretagne, Lieutenant-Général pour Sa Majesté des Isles de l'Amérique.*

La Compagnie l'avoit nommé Capitaine Général le 5 Janvier précédent.

Reçu à la Martinique le 11, et à Saint-Christophe le 14 Février 1639.

Il fut continué pour trois nouvelles années à compter de Janvier 1642.

20 Février 1645. *M. Patrocles, Chevalier, Seigneur de Thoisy, Conseiller du Roi en ses Conseils, Lieutenant-Général pour Sa Majesté ès Isles de l'Amérique, et Sénéchal à Saint-Christophe.*

Reçu à la Martinique le 22 Août suivant.

Il fut arrêté (par ordre de M. de Poincy, qui lui avoit constamment disputé l'autorité) à la Martinique le 17 Janvier 1647, et renvoyé en France après avoir été détenu deux mois en prison à Saint-Christophe.

25 Févr. 1647. M. le Commandeur de Poincy est rétabli dans son Gouvernement pour un an par Arrêt du Conseil d'Etat.

1651. Les Isles ayant été vendues à différens Seigneurs ; l'Ordre de Malthe, Propriétaire de Saint-Christophe, y conserva M. de Poincy ; M. du Parquet, Neveu de M. d'Enambuc, ayant acheté la Martinique, Sainte-Lucie, etc. il en fut nommé Gouverneur, Lieutenant-Général ; ce fut la même chose par rapport aux autres Isles.

19 Nov. 1663. *M. Alexandre de Prouville, Chevalier, Seigneur des deux Tracys, Conseiller du Roi en ses Conseils, Lieutenant-Général des Armées de Sa Majesté, et dans les Isles et Terre-ferme de l'Amérique Méridionale et Septentrionale, tant par Mer que par Terre.*

Reçu à la Martinique le 7 Juin 1664.

Il retourna en France en Avril 1665.

1664. La Compagnie des Indes Occidentales, étant devenue Propriétaire de toutes les Isles, elle y nomma des Gouverneurs Particuliers. M. le Commandeur de Sales, qui avoit succédé à Saint-Christophe à M. de Poincy, mort en cette Isle le 4 Avril 1660, y fut conservé. M. de Clodoré fut nommé à la Martinique ; le tout sous l'autorité de M. de Tracy.

26 Fév. 1665. M. François de la Barre, Maître des Requêtes, ancien Intendant du Bourbonnois, Conseiller ordinaire du Roi en ses Conseils, Gouverneur et Lieutenant-Général pour Sa Majesté en l'Isle de Cayenne et Terre-ferme de l'Amérique, fut nommé par la Compagnie pour aller commander une Escadre aux Isles, et y régler tout ce qui concernoit le Gouvernement, la Justice, la Police, le Commerce et le Revenu desdites Isles.

Sa Majesté lui donna des Instructions le 7 Juillet.
Reçu à la Martinique le 7 Octobre suivant.

1er Janv. 1667. M. Jean-Charles de Baas, Lieutenant-Général des Armées du Roi, Gouverneur et Lieutenant-Général pour le Roi dans les Isles Françoises de l'Amérique.
Reçu à la Martinique le 4 Février 1669.

Intérim. M. de la Barre, que le Roi avoit nommé Lieutenant au Gouvernement-Général des Isles le 1er Février 1667, pour y commander sous l'autorité de M. de Baas, ou en son absence, continua à gouverner jusqu'à la réception de ce dernier, qu'il repasse en France.

M. de Baas meurt à la Martinique le 15 Janvier 1677.

15 Janv. 1677. Personne n'étant chargé du Gouvernement-Général par intérim, chaque Gouverneur commanda dans son Isle.

13 Mai 1677. M. le Comte de Blénac (Charles de Courbon, Chevalier, Seigneur de Romegou, Lieutenant-Général de Terre et de Mer, Sénéchal de Saintonge, Chambellan de Monsieur) Gouverneur et Lieutenant-Général pour le Roi des Isles Françoises et Terre-ferme de l'Amérique.
Reçu à la Martinique le 8 Novembre suivant.

1er Mai 1690. M. le Marquis d'Eragny, Capitaine aux Gardes Françoises, Gouverneur, Lieutenant-Général, etc.
Reçu à la Martinique le 5 Février 1691.
Il y meurt le 18 Août.

18 Août 1691. M. le Commandeur de Guitaud , Lieutenant pour le
Interim. Roi au Gouvernement général des Isles Françoises et
Terre-ferme de l'Amérique , et Commandant en Chef audit
Pays , prend l'intérim.

1er Nov. 1691. M. le Comte de Blénac est nommé pour la seconde fois.
Reçu à la Martinique le 5 Février 1692.
Il y meurt le 10 Juin 1696.

10 Juin 1696. M. le Commandeur de Guitaud remplit ce second
Interim. intérim.

1er Sept. 1696. M. le Marquis d'Amblimont , Chef d'Escadre des
Armées Navales du Roi , Commandeur de l'Ordre Mili-
taire de Saint-Louis , Gouverneur et Lieutenant - Gé-
néral , etc.
Reçu à la Martinique le 14 Mars 1697.
Il y meurt le 17 Août 1700.

17 Août 1700. M. le Commandeur de Guitaud remplit ce troisieme
Interim. intérim.

1er Janv. 1701. M. le Comte Desnotz , Chef d'Escadre des Armées Na-
vales du Roi , Chevalier de l'Ordre Militaire de Saint-
Louis , Gouverneur et Lieutenant-Général , etc.
Reçu à la Martinique le 23 Mai suivant.
Il y meurt le 6 Octobre de la même année.

6 Oct. 1701. M. le Commandeur de Guitaud est chargé de ce
Interim. quatrieme intérim.

M. le Marquis de Rosmadec fut nommé le 4 Janvier
1702 pour remplacer M. le Comte Desnotz ; mais il
meurt à la Havane sur le Vaisseau qu'il commandoit
alors.

1er Juill. 1702. M. de Machault , Capitaine des Vaisseaux du Roi ,
Chevalier de l'Ordre Militaire de Saint-Louis , Gouver-
neur et Lieutenant-Général , etc.
Reçu à la Martinique le 4 Mars 1703.

7 Sept. 1702. M. le Commandeur de Guitaud étant mort le 7 Sep-
Interim. tembre 1702 , M. de Gabaret , Gouverneur de la Gre-
nade , plus ancien des Gouverneurs , avoit pris l'interim
jusqu'à la réception de M. de Machault.
Ce dernier meurt à la Martinique le 7 Janvier 1709.
Voy. la Suite au second Volume.

INTENDANS-GÉNÉRAUX DES ISLES,

depuis leur Etablissement.

1ᵉʳ Oct. 1642. M. *Claude Clersellier, Sieur de Leumont, Conseiller-Secrétaire du Roi, Maison, Couronne de France et de ses Finances, Intendant-Général des Isles de l'Amérique pour la Compagnie.*

Reçu à Saint-Christophe au mois de Décembre suiv.

Après lui les Compagnies eurent des *Agens-Généraux des Isles.*

1ᵉʳ Avril 1679. M. *Jean-Baptiste Patoulet, Conseiller du Roi en ses Conseils, Intendant de la Justice, Police et Finances des Isles Françoises de l'Amérique.*

Reçu à la Martinique le 17 Juillet suivant.

Il étoit Commissaire-Général de la Marine. Sa nomination fut faite par le Roi. Il a été Intendant de Dunkerque en 1683.

1ᵉʳ Mai 1683. M. *Michel Bégon, Conseiller du Roi, ect.*

Reçu à la Martinique le 30 Novembre suivant.

Il étoit Commissaire-Général de la Marine. Il part pour France en 1685 ayant été fait Intendant des Galeres le 24 Novembre 1684.

Mars 1685. Depuis le départ de M. Bégon de la Martinique en
Interim. Mars 1685, jusqu'à la réception de son Successeur; M. *le Vassor, Doyen du Conseil de la Martinique*, fait les fonctions d'Intendant en ce qui concerne la Justice.

24 Nov. 1684. M. *Dumaitz de Goimpy, Conseiller du Roi, etc.*

Reçu à la Martinique le 28 Juillet 1685.

Il avoit été Commissaire-Général des Galeres à Marseille.

1ᵉʳ Janv. 1695. M. *François-Roger Robert, Conseiller, etc. et Intendant de Justice, Police, Finances et Marine des Isles Françoises de l'Amérique.*

Reçu à la Martinique le 2 Janvier 1696.

Il étoit Commissaire-Général à Toulon, et fut fait Intendant de Dunkerque en 1702. Il repasse en France.

1ᵉʳ Oct. 1702. *M. Mithon, Commissaire de la Marine ordinaire aux*
Interim. *Isles Françoises de l'Amérique, et Subdélégué à l'Intendant desdites Isles.*

1702. M. Bigot de Gatines,	Furent nommés ; mais ils ne
15 Juill. 1703. M. de Croizet,	passerent point aux Isles.
1ᵉʳ Juill. 1074. M. Dugay,	

1ᵉʳ Sept. 1704. *M. Nicolas-François Arnoult, Chevalier, Seigneur de Vaucresson, Conseiller, etc.*

Reçu à la Martinique le 10 Mars 1706. Il y administra jusqu'en 1716.

Il fut Intendant des Galeres en 1719.

A son départ de la Martinique en 1716, il fut remplacé par *M. Pierre de Marseille, Doyen du Conseil Supérieur de cette Isle, et Subdélégué par Sa Majesté à l'Intendance de Justice et Police des Isles Françoises du Vent de l'Amérique.*

GOUVERNEURS DE LA PARTIE FRANÇOISE
DE SAINT-DOMINGUE.

1630. LES François chassés de Saint - Christophe par les Espagnols, se répandirent sur la Côte Septentrionale de Saint-Domingue, et dans la Petite Isle de la Tortue.

1632. Ces François, composés de Flibustiers et de Boucaniers, chassent de la Tortue le petit nombre d'Espagnols qui y étoient, et s'y établissent; ils s'y trouvent environ deux cens François ou Anglois, appellés *Avanturiers*, et vivans dans une sorte de Démocratie.

1638. Les Espagnols massacrent presque toute la Colonie, et expulsent le reste de la Tortue.

1639. Les Aventuriers poursuivis à Saint-Domingue par les Espagnols, se déterminent à choisir Willis, Anglois, l'un d'entr'eux, pour leur Chef, qui les aide à rentrer à la Tortue.

1641. Willis abusant de son pouvoir; M. de Poincy, qu'on en avertit, se décide à envoyer M. le Vasseur pour se mettre à la tête des François.

Nov. 1641. M. le Vasseur, Capitaine de Saint-Christophe, envoyé par M. le Commandeur de Poincy, Gouverneur et Lieutenant - Général des Isles Françoises de l'Amérique, arrive à la Tortue et en prend le Commandement, que l'Anglois Willis est forcé de lui abandonner.

Il se fait reconnoître pour Prince, et Chef absolu en 1645; mais il est tué en 1652 par deux de ses Favoris.

Juill. 1652. M. de Fontenay, Chevalier de Malthe, est nommé par le Commandeur de Poincy. Il est le premier qui s'intitule : *Gouverneur, pour le Roi, de la Tortue et Côte Saint-Domingue.*

1656. M. du Rausset à la tête de plusieurs Avanturiers fait de nouveau la Conquête de la Tortue.

26 Déc. 1656. Il est nommé par le Roi, Commandant de la Tortue, sous l'autorité des Gouverneurs et Lieutenans - Généraux des Isles. Il s'intitule : *Jérémie Deschamps, Sieur de*

Moussac et du Rausset, Gouverneur et Lieutenant-Général
pour Sa Majesté dans les Isles de la Tortue, Roian, et
autres adjacentes.

1663. M. Deschamps de la Place, Neveu de M. du Rausset,
Interim. commande pendant son voyage en France.

15 Nov. 1664. La Compagnie des Indes Occidentales achete de M. du
Rausset l'Isle de la Tortue et ses Dépendances.
Elle présente au Roi et fait nommer :

1664. M. Bertrand d'Ogeron, *Écuyer, Sieur de la Bouere,*
Gouverneur pour le Roi en l'Isle de la Tortue et Côte
Saint-Domingue, sous l'autorité de MM. de la Compagnie
des Indes Occidentales.
Il prend possession le 6 Juin 1665.

1668. M. de Pouançay, Neveu de M. d'Ogeron, commande
Interim. pendant un voyage qu'il fait en France, en vertu d'un
ordre du Roi du 30 Décembre 1667.

Sept. 1669. M. d'Ogeron retourne à Saint-Domingue avec une
Commission renouvellée le 9 Avril même année. Il en
obtient une troisieme le 13 Septembre 1672.
M. de la Motte est nommé le 22 Septembre 1673
pour remplacer M. d'Ogeron pendant un nouveau voyage
qu'il projettoit, mais qui n'eut pas lieu.

16 Avril 1673. M. de Baas, à son passage à la Tortue (croyant
M. d'Ogeron péri à Portorico) y établit pour Comman-
Interim. dant M. de la Pierriere, venu de la Martinique avec lui,
que releva bientôt M. d'Ogeron par son retour.

1675. M. de Cussy prend le Commandement que lui donne
M. d'Ogeron en partant pour France, où il meurt.

16 Mars 1676. *Le sieur de Pouançay* est nommé *Gouverneur pour le*
Roi de l'Isle de la Tortue et Côte Saint-Domingue, à la
place de feu M. d'Ogeron son Oncle.
Il a une seconde Commission le 15 Avril 1679.
Une troisieme le premier Mai 1682.
Il meurt à Saint-Domingue en 1683.

1683. *Le sieur Franquesnay, Lieutenant de Roi,* prend l'in-
Interim. terim et la qualité de *Commandant en Chef de la Tortue*
et Côte Saint-Domingue.

30 Sept.

30 Sept. 1683. *M. Pierre-Paul Tarin, Ecuyer, Seigneur de Cussy, Gouverneur pour le Roi de l'Isle de la Tortue et Côte Saint-Domingue.*
> Arrivé au Petit-Goave le 30 Avril 1684.
> Il est tué dans un Combat contre les Espagnols, le 21 Janvier 1691.

21 Janv. 1691.
Interim. *M. Dumas, Lieutenant de Roi de la Tortue et Côte Saint-Domingue,* se trouve *Commandant en Chef par interim.*

1er Juin 1691. *M. Ducasse, Capitaine de Vaisseaux,* est nommé et succede à M. de Cussy.
> Reçu au Conseil du Petit-Goave, le 16 Octobre suiv.

23 Mars 1697.
Interim. *M. Deslandes, Lieutenant de Roi,* prend le Commandement à cause du départ de M. Ducasse pour Carthagene, sur la Flotte de M. de Pointis.

10 Mai 1697.
Interim. *M. le Comte de Boissyraimé, Gouverneur de Sainte-Croix et du Cap,* prend le Commandement à son arrivée au Cap, et le titre de *Commandant en Chef.*

16 Juin 1697. *M. Ducasse* revint de Carthagene.

Juill. 1700.
Interim. *M. de Galiffet, Gouverneur de Sainte-Croix et du Cap,* prend l'interim et le titre de *Commandant en Chef,* attendu le départ de M. Ducasse pour France.
> *M. de Paty, Lieutenant de Roi, Commandant la Partie de l'Ouest,* y rendoit des Ordonnances, pendant cet interim.

1er Mai 1703. *M. Auger* est nommé *Gouverneur de l'Isle de la Tortue et Côte Saint-Domingue,* à la place de M. Ducasse.
> Reçu au Conseil de Léogane, le 16 Novembre de la même année.
> Et à celui du Cap en Décembre.
> Il meurt à Léogane le 13 Octobre 1705.

Voy. la Suite au second Volume.

20 Août 1692. M. Boyer obtint un Brevet d'Ecrivain principal pour expédier les décharges du Trésorier de la Marine à Saint-Domingue; c'est le premier Officier d'Administration employé dans cette Colonie. Il eut le 25 du même mois un Brevet de Conseiller au Conseil Souverain du Petit-Goave.

1696. M. Marie, Ecrivain principal de la Marine le remplace jusqu'à la réception de M. Deslandes en Février 1705.

Voy. le second Volume.

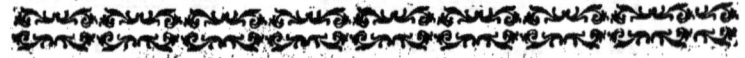

LISTE

DE MESSIEURS

LES SOUSCRIPTEURS,

PAR ORDRE ALPHABÉTIQUE.

SA MAJESTÉ . . . . *pour trente Exemplaires.*

MONSIEUR, Frere du Roi.

S. A. R. Monseigneur LE COMTE D'ARTOIS.

S. A. S. Monseigneur LE DUC DE CHARTRES.

S. A. S. Monseigneur LE DUC DE PENTHIEVRE, *pour deux Exemplaires.*

A

M. Amiel, Négociant au Cap.
M. André, Contrôleur des Hôpitaux Militaires à Saint-Domingue.
M. Artaud, Entrepreneur des Bâtimens du Roi au Cap.
M. Arthaud, Médecin du Roi au Cap.
M. Aubert, Négociant au Cap.
M. Audige, Habitant au Port-de-Paix.

e ij

B

M. Bacon de la Chevalerie ✳, Brigadier des Armées du Roi.

M. l'Abbé de Ballias, Chapelain Ordinaire de Monsieur.

M. Ballon, Major des Milices, et Habitant à Plaisance.

M. Bance, Procureur au Cap.

M. Barré de Saint-Venant, Membre de la Chambre d'Agriculture du Cap.

M. Basille, Négociant au Port-au-Prince.

M. Bastien, Libraire à Paris.

M. Baudry des Lozières, Avocat au Conseil Supérieur du Cap.

M. Baudu, Audiencier du Conseil du Cap.

M. Baux, Négociant au Fort Dauphin.

M. Baylies Dupuy, Avocat à la Martinique.

Mademoiselle Beaunay de Boishimont, Habitante au Quartier Morin.

M. Belin de Villeneuve, Membre de la Chambre d'Agriculture du Cap.

M. de Bellecombe, Grand'Croix de l'Ordre de Saint-Louis, Maréchal de Camp, Gouverneur et Lieutenant-Général des Isles Françoises de l'Amérique sous le Vent.

M. Beret, Receveur de l'Octroi au Port-au-Prince.

M. Berson, Procureur du Roi au Petit-Goave.

M. Bertin, Habitant à la Petite-Anse.

M. Bertrand, Greffier-Régisseur du Conseil du Cap.

M. Bertrand de Greuille, Avocat en Parlement.

M. Besse, Négociant au Cap.

M. Besson de Beaumanoir, Conseiller au Conseil Souverain de la Grenade.

M. Bendet, Conseiller Honoraire du Conseil Supérieur du Port-au-Prince.

M. Bion, Commandant le Bataillon des Milices du Port-de-Paix.

M. Blanchard de Lavarie, Conseiller Honoraire au Conseil Supérieur du Port-au-Prince. . . . . *pour deux Exemplaires.*

M. Bleschamp, Contrôleur de la Marine au Hâvre.

M. Boisson, Négociant au Cap.

MM. Boisson et Compagnie, Négocians au Port-au-Prince.

M. Boissonnière de Mornay, Officier des Milices et Habitant au Cul-de-Sac.

M. Bonfin, Négociant au Cap.

Nota. *Cette* ✳ *désigne MM. les Chevaliers de Saint-Louis.*

M. de Bongars, Intendant des Isles Françoises de l'Amérique sous le Vent.

M. Bory, Avocat au Cap.

Le R. P. Boucon, Curé des Gonaives.

M. Boulmier, Sénéchal à Saint-Louis.

M. Bourcel, Substitut, faisant fonctions de Procureur-Général au Conseil du Port-au-Prince.

M. Bourgeois Desgrantes, Procureur au Fort-Dauphin.

M. Bourlon, Avocat au Conseil du Cap.

MM. de la Bourse Commune des Huissiers du Cap.

M. de Brabant, Commandant au Port-à-Piment.

M. Brard-Saint-Clair, Procureur aux Cayes.

M. Bretel, Chef des Bureaux des Colonies, à Versailles.

M. le Baron de Breteuil, Chevalier des Ordres du Roi, Ministre et Secrétaire d'Etat.

M. Bretton-des-Chapelles, Sénéchal à Saint-Marc.

M. Bretton-des-Chapelles, Officier des Milices, et Habitant à l'Arcahaye.

M. de Brucourt, Commandant aux Terriers-Rouges.

M. Budet, Négociant à Saint-Marc.

M. Bullet, Receveur de l'Octroi au Cap.

M. le Chevalier de Buor ✳, ancien Capitaine de Vaisseaux, et Habitant au Trou.

M. Busson, Sénéchal au Cap.

M. Busson, Habitant à Jaquezy.

C

M. Cadieu, Receveur principal des Droits de M. l'Amiral au Port-au-Prince.

M. Caillere de Lestang, Avocat au Parlement de Paris.

M. de Calonne, Contrôleur-Général des Finances, Ministre et Secrétaire d'Etat.

M. Camuzat de Mauroy, Négociant au Cap.

M. le Marquis de Caradeuc, Habitant au Cul-de-Sac.

M. le Comte de Caradeuc, Habitant au Cul-de-Sac.

M. Carles, Avocat au Conseil Supérieur du Cap.

M. Carlier-des-Isles, Commissaire de la Marine aux Cayes.

M. Carré, Notaire aux Cayes.

M. Carrère, Avocat au Parlement de Paris.

M. Carrier, Officier des Milices, et Habitant aux Fonds-Blancs.

M. Cassarouy, Négociant au Cap.

M. le Maréchal de Castries, Ministre et Secrétaire d'Etat.

M. Honoré Chabaud, Habitant au Limbé.

M. Chabert, Officier des Milices, et Habitant à Jacquezy.

M. Chambon Duclaud, Chirurgien au Boucassin.

M. Champion, Avocat au Conseil du Cap.

M. Chardon, ancien Intendant aux Isles du Vent, Maître des Requêtes, et Procureur-Général du Conseil des Prises, etc.

M. Charles, ancien Commandant des Milices au Grand-Goave.

M. Chinon, ancien Directeur du Spectacle au Cap.

M. le Vicomte de Choiseul ✱, Maréchal de Camp, et Inspecteur-Général des Frontières à Saint-Domingue.

Madame la Marquise de Choiseul-Beaupré, Douairiere.

M. de Cibon, Avocat en Parlement.

M. Clément, Procureur au Cap.

M. Clément, ancien Directeur du Spectacle au Cap.

M. Cliquet de Villepré, Secrétaire de l'Intendance à Saint-Domingue.

M. Collas de Magnet, Major du Bataillon des Milices du Port-de-Paix.

M. Collet, Sénéchal aux Cayes.

M. Collette, Habitant à Jean-Rabel.

M. Collot ✱, Commandant en Second du Bataillon des Milices du Cap.

Le R. P. Colomban, Protonotaire Apostolique, ancien Préfet de la Mission des Capucins à Saint-Domingue.

M. le Chevalier de Corbieres, Habitant à Maribaroux.

M. Cormeaux-de-la-Chapelle, Notaire au Cap.

M. Corneille jeune, Négociant au Cap.

MM. Corpron, Boubée et Compagnie, Négocians à Saint-Marc.

M. Coupigny, Notaire au Cap.

M. Courrejoles ✱, Ingénieur au Cap.

M. de Coursin ✱, Habitant à l'Artibonite.

M. Crosnier, Procureur au Cap.

D

M. Dabenoux, Négociant à Saint-Marc.

M. Dalcour de Belzun, Conseiller Honoraire au Conseil Supérieur du Cap.

M. Dalet Fils, à Saint-Domingue.

M. Darracq, Avocat au Conseil Supérieur du Cap.

M. D'Augy, Avocat au Conseil du Cap.

M. Dazille, Médecin du Roi à Saint-Domingue.

M. Delafont, Avocat au Conseil Supérieur du Port-au-Prince.

M. Delaire, Négociant au Cap.

M. Dépé aîné, Officier des Milices, et Habitant à Maribaroux.

M. le Chevalier Descordes, Habitant à l'Artibonite.

M. Deshayes, Habitant aux Cayes.

M. Deshayes de Sainte-Marie, Lieutenant Particulier de la Sénéchaussée du Cap.

M. Desmé Dumarais, Contrôleur de la Gendarmerie et du Taillon, à Saumur.

M. Desrodieres, Habitant à la Plaine du Fond.

M. Dessalles, Conseiller au Conseil Souverain de la Martinique.

M. Desthebeaudieres, ancien Procureur-Général du Conseil Supérieur du Cap.

M. Dezers, Ecrivain Principal de la Marine au Cap.

M. D'Hamecourt, Chef du Dépôt des Archives de la Marine, et des Chartres des Colonies, à Versailles.

M. Doré, Habitant à Rocou.

M. Drouet, Habitant à la Plaine du Fond.

MM. Dubord, Demantes, Millot et Compagnie, Négocians au Cap.

M. Dubourg, Habitant à Limonade.

M. Dubourg, Négociant au Cap.

M. Dubois de la Moligniere, Conseiller au Conseil du Port-au-Prince.

M. Dubuc de Sainte-Preuve, Membre de la Chambre d'Agriculture de la Martinique.

M. Ducommun, Curateur des Successions vacantes au Cap.

M. Ducrabon, Habitant au Cul-de-Sac.

M. Dufour de Rians, Imprimeur du Roi au Cap.

M. Dugas Sejoir, Négociant à Saint-Marc.

M. le Chevalier du Grez ✳, Lieutenant-Colonel d'Infanterie, et Lieutenant de Roi au Cap.

Le R. P. Duguet, Préfet Apostolique de la Mission des Jacobins, à Saint-Domingue.

M. Duhamel, Avocat au Conseil Supérieur du Port-au-Prince.

M. le Président Duplaa.

M. Dupoey, Habitant au Trou.

M. Dupont Hérissé, Procureur au Cap.

M. Dupoy, Munitionnaire du Roi au Môle.

M. F. Dupuy, Négociant à Bordeaux.

M. Duranton, Commissaire de la Marine au Fort-Dauphin.

M. Duval Monville, Major des Milices, et Habitant aux Cayes.

E

M. Esteve, Lieutenant - Général de l'Amirauté, et ancien Sénéchal du Cap.

F

Madame Fage, Habitante au Limbé.

M. Faure de Lussac, Conseiller au Conseil Supérieur du Cap.

MM. Feychenx et Pinaquy, Négocians au Cap.

M. Filhol, Habitant au Quartier Morin.

M. Filleul, Négociant au Fort-Dauphin.

M. de Flaville ✳, Habitant à l'Accul.

M. Fleury, Inspecteur des Prisons au Cap.

MM. Foache, Morange et Compagnie, Négocians au Cap.

M. Fondeviole, Habitant au Quartier Morin.

M. le Vicomte de Fontange ✳, Major-Général des Troupes et Milices de Saint-Domingue, et Colonel du Régiment du Cap.

M. Foulon d'Ecotiers, Maître des Requêtes.

M. François de Neufchâteau, Procureur-Général au Conseil Supérieur du Cap.

M. Frere de Subreville, Négociant au Cap.

M. Fourneau, Négociant au Cap.

Madame Veuve Fournier de Bellevue, Habitante à Limonade.

M. Fournier de Bellevue ✳, Habitant au Quartier Morin.

M. Fournier de Varenne ✳, Commandant à Limonade.

G

M. Gaignard, Négociant au Cap.

MM. Gaigneron Jolimon, Habitans à la Martinique.

M. le Comte de Galvez, Chevalier de l'Ordre distingué de Charles III, Lieutenant-Général des Armées de Sa Majesté Catholique, ancien Commandant-Général des Armées combinées de France et d'Espagne en Amérique,

M.

MM. Garesché et Billoteau, Négocians au Port-au-Prince.

M. Gauché, Habitant au Port-de-Paix.

M. Gautier, Négociant au Cap.

M. Gautier de la Riviere, ancien Sénéchal au Fort-Dauphin.

M. Gauvain, Négociant au Cap.

M. Girault, Curateur aux Vacances au Port-au-Prince.

MM. Gobert et Morand, Habitans à Limonade.

M. Goguet de la Sausaye, Négociant aux Cayes.

M. Gourgues, Habitant au Quartier Dauphin.

M. Grieumard, Négociant au Cap.

M. Grimperel, Notaire Général du Ressort du Conseil Supérieur du Cap.

M. Guéau de Reverseaux, Maître des Requêtes, et Intendant de la Rochelle.

MM. Guertin Freres, au Cap.

M. Guilbaud, Négociant au Cap.

M. Guilleau, Négociant au Cap.

M. Guillotin, Garde-Magasin du Roi, au Cap.

M. Gulman, Habitant au haut du Cap.

H

M. Haitze, Commandant au Quartier Morin.

M. Hesse, Ingénieur à Saint-Domingue.

M. Huerne, Négociant au Cap.

I

Le R. P. Irenée, Curé du Fort-Dauphin.

M. Janton, Habitant au Quartier Morin.

M. de Jauna, Commissaire de la Marine au Cap.

M. de Jouanneault, Habitant à la Grande-Riviere.

M. Jumelin du Castel, Membre de la Chambre d'Agriculture du Cap.

M. Junca ✱, Commandant le Bataillon des Milices de Limonade, et Habitant au Dondon.

M. de Jussy, Commissaire Ordinaire de la Marine, et Habitant à Saint-Marc.

K

M. Kerdisien de Tremais, ancien Commissaire Général Ordonnateur à Saint-Domingue, Conseiller Honoraire au Conseil Supérieur du Cap.

Tome I. f

L

M. de La Borde, Enseigne des Vaisseaux du Roi.

M. Labattut, Négociant au Cap.

M. Laborie, Bâtonnier des Avocats au Conseil Supérieur du Cap.

M. de La Falaize, Commandant à Cavaillon.

M. La Faucherie, Négociant au Cap.

M. La Ferté, Relieur du Roi.

M. La Fond, Chirurgien-Major des Milices du Cap.

M. de La Hogue, Receveur des Droits Royaux, au Port-de-Paix.

MM. La Gourgue, Freres, Négocians à Saint-Marc.

M. de Lamardelle, Procureur-Général du Conseil Supérieur du Port-au-Prince.

M. Lamy, Habitant au Quartier Morin.

M. de Lapacquerie, ancien Mousquetaire, Habitant à Saint-Marc.

M. de Laplace, Habitant à la Plaine du Fond.

M. de Lariviere, Conseiller Honoraire au Parlement de Paris, ancien Intendant des Isles du Vent.

M. de Lariviere, Commissaire-Général de la Marine, Ordonnateur à Saint-Domingue.

M. Le Marquis de la Rochefoucault-Bayers.

M. de Lasalle, Greffier en Chef, au Conseil du Cap.

M. de Latoison de la Boule, Habitant au Boucassin.

M. de Latoison de Rocheblanche, Officier des Milices, et Habitant au Cul-de-Sac.

M. Lavaud, Négociant au Cap.

M. Le Brasseur, Commissaire-Général de la Marine, ancien Ordonnateur, ayant fait fonction d'Intendant des Isles sous le Vent.

M. Le Brasseur d'Auzulé, Ecrivain principal de la Marine, à Saint-Domingue.

M. Lecocq, Contrôleur de la Marine, à Saint-Domingue.

M. Lefevre, Négociant au Cap.

M. Lefevre, Lieutenant de Dragons aux Gonaives.

M. Léger, ancien Substitut au Conseil Souverain du Port-au-Prince.

M. Legras, Lieutenant de MM. les Maréchaux de France, Habitant au Quartier Dauphin.

M. Legris, Conseiller au Conseil Supérieur du Cap.

M. Le Long aîné, Habitant à Jean-Rabel.

M. Lemeilleur, Officier des Milices, Habitant au Cul-de-Sac.

M. Le Normand, Habitant au Moka.

M. Le Roy, Avocat au Parlement de Paris.

M. Le Chevalier de Leyroulles, Officier des Milices, et Habitant aux Ecrevisses.

M. de Lilancour ✳, Brigadier des Armées du Roi, Commandant en second de la partie du Nord de Saint-Domingue.

M. Loiseleur, Procureur au Cap.

M. Lorquet, Administrateur-Général des Postes, à Saint-Domingue.

MM. Lory, Plombard et Compagnie, Négocians au Cap.

M

M. de Malouet, Intendant de la Marine, à Toulon.

M. Marcel, ancien Conseiller au Conseil Supérieur du Port-au-Prince.

M. Marchand, Habitant à l'Artibonite.

M. de Marqueze, Habitant à l'Artibonite.

M. Massot, Capitaine de Brûlot et de Port, au Cap.

M. Maussalé, Avocat aux Conseils.

M. le Président Ménoire de Beaujeau, à Bordeaux.

M. Merger ✳, Habitant à Léogane.

MM. Mesnier et Chaudruc, Négocians au Cap.

M. Meydieu, Négociant au Cap.

M. Miailles, Procureur au Port-au-Prince.

M. Milhet l'aîné, Négociant à Bayonne.

M. Milhet jeune, Négociant à Bayonne.

M. Millet, Négociant aux Cayes. ✳

Madame de Miniac, Habitante à Limonade.

M. de Miniac, Habitant à Maribaroux.

M. de Miniere ✳, Commandant par intérim au Fort-Dauphin.

M. Mion, Habitant au Port-de-Paix.

M. Mirambel, Habitant au Morne-Rouge.

MM. Moline freres, Négocians au Cap.

M. de Moncrif de la Noue, Auditeur des Comptes, et premier Conseiller du Conseil de Monseigneur le Comte d'Artois.

M. de Mongelas, Consul-Général du Roi, à Cadix.

M. Monneron, Notaire à Aquin.

M. de Montis, Habitant aux Gonaives.

M. Moreau, Ingénieur aux Cayes.

M. Mortignac, Habitant à la Plaine-du-Fond.

M. Mosneron, Membre de la Chambre d'Agriculture du Cap.

N

M. le Marquis de Najac ✳, Habitant au Canton d'Ennery.

M. le Comte de Narbonne.

O

M. Odeluc, Membre de la Chambre d'Agriculture du Cap.

M. le Comte d'Ornano ✳, Maréchal de Camp.

P

M. Painty, Employé à la Comédie au Cap.

M. Papillon, Habitant aux Mornets.

MM. Papillon et Brard, Négocians au Cap.

M. le Comte de Pardaillan, ancien Commandant de la partie du Sud de Saint-Domingue, Brigadier des Armées du Roi, Premier Ecuyer de S. A. S. Monseigneur le Duc de Penthievre.

M. Pelerin de la Buxiere, Habitant de la Plaine-du-Fond.

M. de Perier, Secrétaire-Général de la Marine.

M. Petit Deschampeaux, Procureur au Cap.

M. Peyrat, Ancien Commissaire-Général Ordonnateur, ayant fait fonction d'Intendant des Isles sous le Vent.

M. Pic de Pere, Procureur du Roi aux Cayes.

M. Piémont, Conseiller au Conseil Supérieur du Port-au-Prince.

M. Pincemaille, Procureur au Fort-Dauphin.

M. Pinet fils, Ecrivain de la Marine à Saint-Domingue.

M. Polony, Médecin au Cap.

M. Pontgaudin, Officier des Milices, Habitant aux Gonaives.

M. Pothouin, ancien Bâtonnier à Paris.

M. Poulet, Négociant au Cap.

MM. Poupet freres et Compagnie, Négocians au Cap.

M. Prieur ✳, Commandant en second au Dondon.

M. Prieur, Greffier en Chef du Conseil Supérieur du Port-au-Prince.

M. Prud'homme, Négociant au Cap.

R

M. Raba, Négociant au Cap.

M. Rabié ✳, Ingénieur en Chef de la partie du nord de Saint-Domingue.

M. Raby ✳, et Habitant au Limbé.

M. Rasond, Substitut du Procureur du Roi, à Léogane.

M. de Raveneau, Maire héréditaire à Landrecy.

M. Regnier du Tillet, Commissaire de la Marine au Port-de-Paix.

M. de Renoult, Habitant au Petit-Trou de Nippes.

M. de Reynaud ✳, Maréchal de Camp, ancien Lieutenant au Gouvernement général des Isles sous le Vent et Commandant en Chef desdites Isles.

M. le Comte de Rieux, Brigadier des Armées du Roi, Colonel Commandant du Régiment de Berry Cavalerie.

M. Riviere, Négociant au Fort-Dauphin.

M. Roberjot, Trésorier principal de la Marine à Saint-Domingue.

M. Roberjot Lartigue, Trésorier particulier.

M. Robillard, Habitant au Limbé.

M. Robin, Procureur au Fort-Dauphin.

M. Rodier, Avocat au Conseil Supérieur du Cap.

M. Rolland, Huissier Audiencier du Grand Conseil.

M. Rossignol Belle-Anse, Capitaine des Milices, et Habitant aux Gonaives.

M. Rossignol des Cahaux, Capitaine de Dragons, et Habitant aux Gonaives.

M. Rouchasson, Habitant à Jacquezy.

M. Rousseau, Habitant au Cul-de-Sac.

M. de Rousselier, Aide-Major des Milices, et Habitant aux Gonaives.

M. Roustan, Procureur au Cap.

M. Rozier, Avocat aux Conseils.

S

M. de Saint-Germain, Ecrivain principal de la Marine.

Le R. P. Saintin, Préfet Apostolique de la Mission des Capucins à Saint-Domingue.

MM. Saint-Maccary, Beaucamp, Dufourq et Compagnie, Négocians à Saint-Marc.

M. Sandré fils, Fermier-Général des Boucheries au Cap.

M. Sallenave aîné, Habitant au Quartier Morin.

M. Sallenave jeune, Habitant à la Petite-Anse.

M. Sarrau, Apothicaire au Cap.

M. Sasportas, Négociant au Cap.

M. le Maréchal de Ségur, Ministre et Secrétaire d'Etat.

M. Seiffer, Médecin de Monseigneur le Comte d'Artois.

MM. Sermet et Compagnie, Négocians au Cap.

M. Sorel, Ingénieur à Saint-Domingue.

M. Suarés d'Alméida, Procureur du Roi de la Sénéchaussée du Cap.

M. de Suzanne, Avocat au Conseil Supérieur du Cap.

T

M. Tanneguy de la Boxiere, Procureur aux Cayes.

M. Target, Avocat au Parlement de Paris.

M. le Président de Tascher, ancien Intendant des Isles du Vent.

M. Taveau *, Major du Bataillon des Milices du Fort-Dauphin.

M. Taxis de Blaireau, Avocat au Conseil Supérieur du Cap.

M. Terrier de Laistre, Négociant à la Martinique.

M. Thomin, Secrétaire de la Chambre d'Agriculture du Port-au-Prince.

MM. D. et E. Thouron, Négocians au Port-au-Prince.

M. Tirel, Négociant au Cap.

M. Tremblay, Habitant à l'Artibonite.

M. de Trémondrie, Lieutenant des Maréchaux de France, et Habitant au Petit-Saint-Louis.

V

M. de Vaivre, Intendant-Général des Colonies, Maître des Requêtes, ancien Intendant des Isles sous le Vent.

M. le Comte de Vergennes, Chef du Conseil des Finances, Ministre et Secrétaire d'Etat.

M. Viard, Négociant au Cap.

MM. F. et L. Viard, Négocians à Bordeaux.

DE MM. LES SOUSCRIPTEURS.

M. Viel , Avocat au Conseil Supérieur du Cap.
M. Vignier du Retail , Commandant à l'Arcahaye.
M. Volant , Directeur des Hôpitaux Militaires , au Port-au Prince.

W

M. le Chevalier Walsh , Habitant à Limonade.
M. Warlock Habitant au Quartier Morin.

Fin de la Liste de MM. les Souscripteurs.

FAUTES ESSENTIELLES A CORRIGER.

Cette marque ⸗ *signifie au lieu de.*

Discours Préliminaire, page xviij, ligne v, *ses rapports*, lisez, ses relations.

Pag. xxxj, à la fin, *Le Marques d'Eragny*, lisez, le Marquis d'Eragny.

Pag. 81, lignes 29 et 32 *Rousset*, lisez, Rausset.

Pag. 170, lig. 23 ⸗ *et 19 Décembre 1669*, mettez, et 19 Décembre suiv.

Pag. 171, ligne derniere *soixante-neuf*, mettez, soixante-sept.

Pag. 184, lig. 14, *Du 27 Octobre 1669*, mettez, du 27 Oct. 1664 ; lig. 24, *neuf*, mettez, quatre.

Pag. 198, lig. 10, lisez, son exécution est ordonnée par l'Arrêt du Conseil Souverain du Petit-Goave du 6 Mars 1687, etc.

Pag. 215, lig. 20, *les Officiers de Milice Habitans dans les Compagnies des Quartiers*, lisez, les Habitans, Officiers de Milice dans les Compagnies des Quartiers.

Pag. 296, lig. 3 ⸗ 1610, mettez, 1710.

Pag. 312, lig. antépénultieme, ⸗ *Jomier*, lisez, Jolinet, lig. deniere, 1671, mettez, 1678.

Pag. 322, lig. 9, *Lieutenant du Roi*, lisez, Lieutenant de Roi.

Pag. 348, lig. 28, *et de la préséancé*, lisez, et la préséance.

Pag. 360, lig. 6 et 7, *de ces Isles*, lisez, de cette Isle.

Pag. 406, lig. 29 ⸗ 1685, mettez 1686.

Pag. 408, lig. 4, effacez *Le Comte de Blénac*, etc.

Pag. 418, lig. 31, ⸗ *Guildire*, lisez, Guildive.

Pag. 438, lig. 10, ⸗ *représenté*, lisez, présenté.

Pag. 469, lig. 16, ⸗ *Convois*, lisez, *convertis*.

Pag. 522, lig. 14, ⸗ *expemte*, lisez, exémpte.

Pag. 525, lig. 31. ⸗ *Du 28 Octobre*, lisez, Du 20 Octobre.

Pag. 640, lig. antépénultieme, *8 Mars 1770*, mettez, 1700.

Pag. 677, lig. 6, ⸗ *9 Octobre*, mettez, 19 Octobre.

Pag. 690, lig. 11, ⸗ *Arrêt du Conseil du Cap*, mettez, Arrêt du Conseil de Léogane.

Quant aux fautes Typographiques, le Lecteur est prié d'y suppléer.

LOIX

LOIX

ET

CONSTITUTIONS

DES COLONIES FRANÇOISES

DE L'AMÉRIQUE SOUS LE VENT.

Lettres-Patentes de Henri II, touchant les Marchands Portugais.

Du mois d'Août 1550.

Henry, etc. Comme les Marchands et autres Portugais, appellés nouveaux Chrétiens, nous ayant par gens exprès qu'ils ont envoyés par deçà fait entendre, qu'ayans connu, pour avoir depuis quelque temps en çà trafiqué en notre Royaume, la grande et bonne justice qui s'exerce en icelui, et le gracieux traitement qu'ont et reçoivent nos bons et loyaux Sujets, et au contraire quelle punition nous faisons faire des perturbateurs du commun repos, desorte que cela fait que l'entrecours de la Marchandise est maniée et conduite en telle liberté, que sans aucune suspection d'injures, les Marchands peuvent aller, trafiquer et fréquenter en tels endroits de notre Royaume, Pays, Terres et Seigneuries de notredite obéissance que bon leur sembleroit, en toute sûreté, exercer leurs Arts et Manufactures : considérans aussi que pour avoir de tout temps nos prédécesseurs et nous, singuliérement favorisé les Marchands de notredit Royaume, nous les avons en beaucoup de Villes avantagés

Tome I.   A

de beaux et grands priviléges, par le moyen desquels ils font de grands gains, et augmentent de jour en jour leur trafic; que pour la commodité de la situation de notredit Royaume, par lequel outre qu'il est fort fertile et abondant en bleds, vins, et autres commodités requises pour la vie humaine, qui est un grand moyen aux Marchands d'icelui d'épargner, étant ceux des autres Pays contraints faire de grandes dépenses à la nourriture de leurs familles, Gens, Facteurs, Serviteurs et Entremetteurs, finalement passent en plusieurs Villes et grandes rivieres et fleuves navigables, sur lesquels se fait un grand trafic; et en outre est pour la grande partie environné, tant de la mer de Levant que de celle du Ponant, sur laquelle les étrangers voisins de notredit Royaume, qui plus que nuls autres de toute l'Europe font trains de marchandises, fréquentent et marchandent ordinairement : desorte que le moyen de bien vivre est ouvert à un chacun, qui se veut employer à quelque sorte que ce soit ; auxdits Portugais, dits nouveaux Chrétiens, est venu singulier desir qui leur croît de jour à autre, de venir résider en cetui notre Royaume, et amener leurs femmes et familles, apporter leur argent et meubles, ainsi qu'ils nous ont fait offrir par ceux qu'ils nous ont envoyés par-deçà : moyennant qu'il nous plaise leur accorder lettres de naturalité, et congé de jouir des priviléges dont ont joui et jouissent les autres étrangers de notredit Royaume ; SAVOIR, faisons, que nous inclinant libéralement à la supplication et à la requête desdits Portugais, comme gens desquels nous voyons le bon zele et affection qu'ils ont de vivre sous notre obéissance, ainsi que nos autres Sujets en bonne dévotion de s'employer pour notre service, et de la république de notre Royaume, la commodité de laquelle ils veulent aider de leurs biens, manufactures et industries : desorte que cela nous meut à les bien et gracieusement traiter : POUR CES CAUSES et autres bonnes et grandes considérations, à ce nous mouvans, Avons pris l'avis et délibérations de plusieurs Princes de notre Sang et autres bons personnages, étant plu nous avons permis, accordé et octroyé, permettons, accordons et octroyons, de notre grace spéciale, pleine puissance et autorité Royale, par ces présentes, qu'ils puissent à leur loisir, toutefois et quantes que bon leur semblera, eux retirer et habiter, et ceux qui ja y sont venus, aient pu et puissent demeurer et résider en notredit Royaume, Pays, Terres et Seigneuries de notre obéissance, et en telles Villes et lieux d'icelui Royaume, que bon leur semblera, et qu'ils connoîtront plus appropriés et commodes à leurs trafics et exercice de leur marchandise, et toutes autres manufactures, et avec eux amener leurs femmes, enfans, serviteurs, entremetteurs, biens, marchandises et meubles quelconques, entrer en ce Royaume, trafiquer et exercer train de marchandise : ensemble y acquérir tous et chacuns les biens, tant meubles qu'immeubles, qu'ils y pourront licitement acquérir, et iceux avec ceux qu'ils ont ja acquis, et leur pourront écheoir, compéter et appartenir, soit par succession, donation ou autrement, tenir et posséder, et en ordonner et disposer par testament, codicile et ordonnance de derniere volonté, et autrement en quelque sorte que ce soit, et que leurs héritiers et autres auxquels ils en auront disposé leur puissent succéder, prendre et appréhender la possesion et jouissance de leusdits biens, tout ainsi qu'ils feroient et faire pourroient s'ils étoient originairement natifs de cetui notredit Royaume, Pays, Terres et Seigneuries de notre obéissance, et que tels soient tenus, censés et réputés, soit en jugement ou dehors, ensemble leurs femmes, enfans déja nés et à naître, serviteurs, facteurs et entremetteurs, venans présentement ou qui sont ja venus avec eux en cetui notredit Royaume. Et semblablement, leur avons permis, accordé et octroyé, permettons, octroyons et accordons par ces présentes, de notre grace et puissance que dessus, qu'ils puissent jouir et jouissent, ensemble leurs femmes, veuves ou remariées, et leurs enfans qu'elles ont et auront de leur mariage, de tous et chacuns les privileges, fran-chises et libertés, dont ont accoutumé jouir et user nos propres Sujets, et les mêmes habitans des Villes où se sont retirés lesdits Portugais, et si d'aventure il adviint que nous ou nos successeurs voulussent pour aucunes causes et considérations les renvoyer hors du Royaume ; en ce cas nous leur avons baillé et accordé, baillons et accordons par ces présentes, terme d'un an pour eux retirer librement, avec leurs femmes, familles, marchandises, biens, serviteurs et entremetteurs, sans aucun trouble, moleste ou empêchement, et tout ce que dessus : nous avons iceux Portugais, leursdites femmes, veuves ou remariées, enfans nés ou à naître, serviteurs, facteurs, venans présentement ou qui sont ja venus, dispensé et dispensons, sans que pour ce, ils soient tenus d'en prendre autres lettres particulieres, si bon ne leur semble que ces présentes, ni en payer à nous, ni à nos successeurs Rois de France aucune finahce, ou indemnité, de laquelle, à quelque somme, valeur et estimation quelle soit et puisse monter, nous les avons en faveur que dessus, quittés, déchargés, quittons et déchargeons, et d'icelle fait et faisons don par ces présentes signées de notre main, par lesquelles donnons en mandement à nos amés et féaux les Gens tenant notre Cour de Parlement et de nos Comptes, Baillifs, Sénéchaux, Prevôts et autres

A ij

nos Justiciers et Officiers de notredit Royaume et pays, ou leurs Lieutenans, présens et à venir, et à chacun d'eux, si comme à lui appartiendra, que de notre présente grace, congé, licence, permission, habiliation, don, quittance et octroi, et de tout le contenu ci-dessus, ils fassent, souffrent et laissent lesdits Portugais, dits nouveaux Chrétiens, jouir et user, plainement et paisiblemeut, cessant et faisant cesser tous troubles et empêchemens au contraire : CAR TEL EST NOTRE PLAISIR, nonobstant que la valeur de ladite finance ne soit si autrement déclarée ni spécifiée, que tels dons ne dussent être faits, passés ni vérifiés que pour la moitié ou le tiers, les Ordonnances, tant anciennes que modernes, faites sur le fait, ordre et distribution de nos finances, et l'apport des deniers d'icelles en nos coffres du Louvre, auxquelles nous avons pour ce regard, et sans y préjudicier en autre choses, dérogé et dérogeons : ensemble aux dérogatoires des dérogatoires y contenues, et à quelconques autres Ordonnances, restrictions, mandement ou défenses à ce contraires, ect. DONNÉ à Saint-Germain-en-Laye, au mois d'Août, l'an de grace, mil cinq cent cinquante, et de notre regne le quatrieme. *Signé* HENRI.

Registrata audito Procuratore Generali Regis : pro utendo per supplicantes quandiù in regno morabuntur beneficio dictarum suarum promisso, quod hæredes eorum et personarum in quarum favorem disponant, de suis bonis erant regnicolæ. Actum Parisiis in Parlémento vigesimâ secundâ die Decembris, anno domini 1550. Signé *DU* TILLET.

(*Le Conseil du Cap a, par sa jurisprudence, adopté les dispositions de cet Edit en faveur des Juifs immatriculés à Bordeaux qui passent dans son ressort.*)

ÉDIT *du Roi Henri II, touchant les femmes qui celent leurs grossesses.*

Du mois de Février 1556.

HENRI, etc. A tous présens et à venir : SALUT. Comme nos prédécesseurs et prégéniteurs très-Chrétiens, Rois de France, aient par acte vertueux et catholique, chacun en son droit, montré par leurs très-louables effets, qu'à droit et bonne raison, ledit nom très-Chrétien, comme à eux propre et péculier leur avoit été attribué ; en quoi les voulant imiter et suivre, ayons par plusieurs bons et salutaires exemples témoigné la dévotion que nous avons à conserver et garder ce tant célebre et excellent titre, duquel les principaux effets sont de faire initier les créatures que Dieu envoie sur terre en notre Royaume, Pays, Terres et Seigneuries de notre obéissance aux Sacremens par lui ordonnés, et quand il lui plaît les rappeller à soi, leur procurer curieusement les autres Sacremens pour eux institués, avec les derniers honneurs de sépulture; et étant duement avertis d'un crime très-énorme exécrable, fréquent en notre Royaume, qui est que plusieurs femmes ayant conçu enfant par les moyens deshonnêtes ou autrement, persuadées par mauvais vouloir et conseil, déguisent, occultent et cachent leurs grossesses, sans en rien découvrir et déclarer, et avenant le temps de leur part, et délivrance de leur fruit, occultement s'en délivrent, puis le suffoquent, meurtrissent, et autrement suppriment sans leur avoir fait impartir le Saint-Sacrement de Baptême, ce fait les jettent en lieux secrets et immondes, ou enfouissent en terre profane, les privant par tel moyen de la sépulture coutumiere des Chrétiens: de quoi étant prévenues et accusées pardevant nos Juges, s'excusent, disant avoir eu honte de déclarer leurs vices, et que leurs enfans sont sortis de leurs ventres morts et sans aucune apparence ou espérance de vie: tellement que par faute d'autre preuve, les Gens tenant, tant nos Cours de Parlemens qu'autres nos Juges, voulant procéder au jugement des procès criminels faits à l'encontre de telles femmes sont tombés et entrés en diverses opinions, les uns concluant au supplice de mort, les autres à question extraordinaire, afin de savoir et entendre par leur bouche si à la vérité le fruit issu de leur ventre étoit mort ou vif; après laquelle question endurée pour n'avoir aucune chose voulu confesser, leur sont les prisons le plus souvent ouvertes, qui a été et est cause de les faire retomber, récidiver et commettre tels et semblables délits, à notre très-grand regret et scandale de nos Sujets; à quoi pour l'avenir nous avons bien voulu pourvoir: SAVOIR, faisons, que nous desirant extirper et du tout faire cesser lesdits exécrables et énormes crimes, vices, iniquités et délits qui se commettent en notredit Royaume, et ôter les occasions et racines d'iceux dorénavant commettre, avons, (pour à ce obvier) statué et ordonné et par Edit perpétuel, Loi générale et irrévocable, de notre propre mouvement, pleine puissance et autorité Royale, disons, statuons, voulons, ordonnons et nous plaît que toute femme qui se trouvera duement atteinte et convaincue d'avoir célé, couvert et occulté, tant sa grossesse que son enfantement, sans avoir déclaré l'un ou l'autre, et avoir prins de l'un ou de l'autre témoignage suffisant même de la vie ou mort de son enfant lors de l'issue de son ventre, et qu'après se trouve l'enfant avoir été privé, tant du Saint-Sacrement de Baptême, que de sépulture publique et accoutumée, soit telle femme tenue et réputée d'avoir homicidé son enfant ; et pour réparation, punie de mort et dernier supplice et de telle rigueur que la qualité particuliere du cas le méritera, afin que ce soit un exemple à tous, et que ci-après ni soit aucun doute ni difficulté. Si donnons en mandement par ces présentes à nos amés et féaux Conseillers nos Gens tenant nos Cours de Parlement, Prevôt de Paris, etc. que cette présente Ordonnance, Edit, Loi, Statut, ils fassent chacun en droit soi, lire, publier et enregistrer, et incontinent après la réception d'icelui publier à son de trompe et cri public, par les carrefours et lieux publics à faire cris et proclamations, tant de notre ville de Paris qu'autres lieux de notre Royaume, en maniere qu'aucun n'en puisse prétendre cause d'ignorance, et de trois mois en trois mois ; et outre qu'il soit lu et publié au Prône des Messes paroissiales desdites Villes, Pays, Terres et Seigneuries de notre obéissance par les Curés ou Vicaires d'icelles, et icelui Edit gardent et observent, et fassent garder et observer de point en point selon sa forme et teneur sans y contrevenir, etc. DONNÉ à Paris, au mois de Février 1556, et de notre regne le dixieme.

Registré au Conseil Souverain de Léogane, le 2 Mai 1718.

ÉDIT de FRANÇOIS II, *touchant les secondes Noces.*
Du mois de Juillet 1560.

FRANÇOIS, etc. Comme les femmes veuves ayant enfans, soient souvent invitées et sollicitées à nouvelles noces ; et ne connoissant point être recherchées plus pour leurs biens que pour leurs personnes, elles abandonnent leurs biens à leurs nouveaux maris ; et sous prétexte et faveur de mariage leur font donnations immenses, mettant en oubli le devoir de nature envers leurs enfans, de l'amour desquels tant s'en faut qu'elles se dussent éloigner par la mort des peres, que les voyant destitués du secours et aide de leurs peres, elles devroient par tous moyens s'exercer à leur faire le double office de pere et de mere ; desquelles donnations, outre les querelles et divisions d'entre les meres et les enfans, s'ensuit la désolation des bonnes familles, et conséquemment diminution de la force de l'état public ; à quoi les anciens Empereurs, zélateurs de la Police, repos et tranquillité de leurs sujets, ont voulu pourvoir par plusieurs bonnes loix et constitutions par eux faites. Et nous par la même considération, et attendu l'infirmité du sexe, avons loué et approuvé icelles loix et constitutions ; et en ce faisant, avons dit, déclaré, statué et ordonné, disons, déclarons et ordonnons :

Que femmes veuves ayant enfant ou enfans, ou enfans de leurs enfans, si elles passent à nouvelles noces, ne peuvent et ne pourront en quelque façon que ce soit donner de leurs biens, meubles, acquêts, ou acquis par elle d'ailleurs par leur premier mari : ni moins leurs propres à leurs nouveaux maris, pere, mere, ou enfansdesdits maris, ou autres personnes qu'on puisse présumer être par dol ou fraude interposées plus qu'à l'un de leurs enfans ou enfans de leurs enfans ; et s'il se trouve division inégale de leurs biens faite entre leurs enfans ou enfans de leurs enfans, les donnations par elles faites à leurs nouveaux maris, seront réduites et mesurées à la raison de celui des enfans qui en aura le moins.

Et au regard des biens à icelles veuves, acquis par dons et libéralités de leurs défuns maris, elles n'en peuvent et pourront faire aucunes parts à leurs nouveaux maris : mais elles seront tenues les réserver aux enfans communs d'entr'elles et leurs maris ; de la libéralité desquelles iceux biens leur seront avenus. Le semblable voulons être gardé ès biens qui sont venus aux maris par dons et libéralités de leurs défuntes femmes ; tellement qu'ils n'en pourront faire don à leurs secondes femmes ; mais seront tenus les réserver aux enfans qu'ils ont eu de leurs premieres. Toutefois n'entendons par ce présent notre Edit bailler auxdites femmes plus de pouvoir et liberté de donner et disposer de leurs biens, qu'il ne leur est loisible par les coutumes des pays, auxquelles par ces présentes n'est dérogé, en tant qu'elles restreignent plus ou autant la libéralité desdites femmes.

Si donnons en mandement par cesdites présentes à nos amés et feaux les gens tenant nos Cours de Parlement, etc. DONNÉ à Fontainebleau au mois de Juillet l'an de grace 1560, et de notre règne le deuxieme.

Regiſtré au Parlement de Paris le 5 Août 1560.

(*Cet Edit est pleinement exécuté à Saint-Domingue.*)

ORDONNANCE *sur la confirmation et autorisation de toutes transactions passées par les majeurs, pour le retranchement et diminution des procés.*

Du mois d'Avril 1561.

CHARLES, etc. SALUT. Comme il soit utile, besoin et nécessaire retrancher et diminuer le grand nombre de procès qui sont entre nos

Sujets , et qui par le moyen des sinistres intentions d'aucunes personnes
desirant plus la contention et discorde entre les hommes que l'union
et tranquillité sont tous les jours prolongés et multipliés , et presque
rendus immortels , et que le plus prompt et moins dommageable expédient d'iceux procès amortir, soit la voie d'accord et transaction, laquelle
met fin , tant aux procès commencés qu'à commencer , toutefois il
avient chacun jour , que les Parties qui ont transigé après la transaction
d'elles-mêmes , ou par conseil d'autrui , obtiennent lettres pour casser et
rescindre icelles transactions , disant avoir été déçues , outre moitié de
juste prix et valeur , ou autre plus grande lésion , font revivre les
différends et procès déja amortis , et remettent les choses en l'état auquel
elles étoient auparavant lesdites transactions. Pour à quoi obvier et
remédier par l'avis des Princes de notre Sang et Gens de notre Conseil
étant lès nous : avons par ces présentes confirmé et autorisé, confirmons
et autorisons toutes transactions , qui sans dol et force sont faites et
passées entre nos Sujets majeurs d'ans , des choses qui sont en leur
commerce et disposition : voulons et nous plaît que contre icelles nul
ne soit après reçu, sous prétexte de lézion ; d'outre moitié du juste prix
ou autre plus grande quelconque, ou ce qu'on dit en latin, *dolus reipsa ;*
mais que les Juges à l'entrée du jugement, s'il n'y a autre chose alléguée
contre icelle transaction, déboutent les impétrans des lettres et de l'effet
et entérinement d'icelles , et les déclarent non-recevables : faisons
défenses et inhibitions expresses à toutes personnes , sur grandes peines
à nous appliquer , de ne poursuivre ni impétrer lettres contraires au
présent Edit, et aux Secrétaires de notre Chancellerie de les signer , à
notre très-cher et féal Chancelier, aux Maîtres des Requêtes ordinaires
de notre hôtel, et Garde-des-Sceaux, de les sceller, et à tous nos Juges,
tant ordinaires que de nos Cours Souveraines , de non les entériner ,
comme contrevenans directement à notre intention. Si donnons en mandement, etc. DONNÉ à Fontainebleau, au mois d'Avril , l'an de grace
1561, avant Pâques, et de notre regne le premier.

Registrée au Parlement de Paris , le 28 Mai 1563.

(*Cette Ordonnance est exécutée à Saint-Domingue.*)

LETTRES-PATENTES de HENRI III, touchant les Portugais.

Du 11 Novembre 1574.

H<small>ENRI</small>, etc. A tous nos amés et féaux les gens tenant notre Cour de Parlement à Bordeaux. Le feu Roi Henri, notre très-honoré Seigneur et Pere, par les Lettres-Patentes données à Saint-Germain-en-Laye au mois d'Août 1550, par plusieurs bonnes considérations contenues en icelles, auroit permis et accordé aux Marchands et autres Portugais qui voudroient venir ou qui ja étoient venus résider en cetuidit notre Royaume, de se retirer et habituer en icelui en tels lieux qu'ils connoîtront plus propres et commodes pour leurs trafics, etc. P<small>OUR CES CAUSES</small>..... vous mandons et ordonnons que le contenu vous fassiez garder, entre-tenir et observer selon leur forme et teneur, tout ainsi que si lesdites Lettres avoient été octroyées depuis notre avenement à la Couronne, etc. D<small>ONNÉ</small> à Lyon le 11e jour de Novembre, l'an de grace mil cinq cent soixante-quatorze, et de notre regne le premier.

LETTRES-PATENTES concernant les Portugais et Espagnols.

Du 11 Novembre 1574.

H<small>ENRI</small>, etc. A tous nos amés et féaux les Gens tenant notre Cour de Parlement de Bordeaux, Sénéchal de Guienne ou son Lieutenant, à chacun d'eux comme il appartiendra, Salut et Dilection. Les Espagnols et Portugais, habitans en notre ville de Bordeaux, Nous ont par leur Requête présentée en notre Conseil, fait remontrer qu'en notre ville de Bordeaux, comme en plusieurs autres principales villes de notre Royau-me, se sont dès long-tems habitués, etc. A <small>CES CAUSES</small>, de l'avis de notre Conseil, qui a vu ladite Requête, pour les considérations y con-tenues et autres à ce nous mouvans; A<small>VONS ORDONNÉ</small> et ordonnons que lesdits Espagnols et Portugais qui ont ci-devant résidé et résident en notre ville de Bordeaux, puissent librement et sûrement demeurer et continuer le trafic et commerce des marchandises : jouir semblablement des privilèges et franchises dont jouissent les autres Sujets, comme ils ont fait ci-devant bien et duement, sans qu'ils puissent être contrains se retirer et absenter de ladite ville ni de notredit Royaume, ni qu'ils

Tome I. B

soient recherchés de façon quelconque en leur vie, autrement inquiétés ou molestés en leurs personnes et biens en quelque maniere que ce soit, ce que nous mandons à chacun de vous, faire observer, entretenir et conserver les Supplians de toute injure et violence, d'autant qu'à l'effet que dessus, nous avons pris et mis lesdits Espagnols et Portugais, leurs femmes, enfans et familles, serviteurs, biens et choses quelconques en et sous notre protection et sauve-garde spéciale : Faisans défenses à toutes personnes de quelque qualité et condition qu'ils soient, qu'aux-dits Espagnols et Portugais, leursdites femmes, enfans, familles, ser-viteurs et bien quelconques, ils n'aient à méfaire ni à médire directement ni indirectement, ni attenter à leurs personnes et biens, sur peine d'être punis comme infracteurs de notre présente sauve-garde ; et afin que l'on n'en prétende cause d'ignorance, voulons icelle être signifiée à toutes les personnes que besoin sera, par notre Huissier ou Sergent premier requis, en vertu de la copie desdites présentes duement collationnées, sans qu'ils soient tenus de demander aucune permission, placet, visa ni paréatis : Car tel est notre plaisir. DONNÉ à Lyon le 11 Novembre 1574, et de notre regne le 1ᵉʳ. *Signé* HENRI.

　　R. au Parlement de Bordeaux le 19 Avril 1580.

　　(*Ces Lettres - Patentes & les précédentes, sont adoptées comme celles d'Août 1550, par le Conseil du Cap.*)

ORDONNANCE de Blois.

Du mois de Mai 1579.

HENRI,, par la grace de Dieu, Roi de France et de Pologne, etc.

ART. XL. Pour obvier aux abus et inconvéniens qui adviennent des mariages clandestins, avons ordonné et ordonnons que nos Sujets de quelque état, qualité et condition qu'ils soient, ne pourront valable-ment contracter mariage, sans proclamations précédentes de bans faites par trois divers jours de fêtes avec intervalle compétant, dont on ne pourra obtenir dispense, sinon après la premiere proclamation faite ; et ce seulement pour quelque urgente ou légitime cause, et à la ré-quisition des principaux et plus proches parens communs des Parties contractantes, après lesquels bans seront épousées publiquement ; et pour pouvoir témoigner à la forme qui aura été observée esdits ma-riages, y assisteront quatre personnes dignes de foi, pour le moins, dont sera fait registre ; le tout sur les peines portées par les Conciles : Enjoignons aux Curés, Vicaires ou autres, de s'enquérir soigneusement de la qualité de ceux qui se voudront marier ; et s'ils sont enfans de famille, ou étant en la puissance d'autrui, nous leur défendons étroitement de passer outre à la célébration desdits mariages, s'il ne leur apparoît du consentement des peres, meres, tuteurs ou curateurs, sur peine d'être punis comme fauteurs du crime de rapt.

ART. XLI. Nous voulons que les Ordonnances ci - devant faites contre les enfans contractans mariages sans le consentement de leurs peres, meres, tuteurs et curateurs, soient gardées, mêmement celle qui permet les exhérédations.

ART. XLII. Et néanmoins voulons que ceux qui se trouveront avoir suborné fils ou filles mineurs de vingt-cinq ans, sous prétexte de mariage ou autre couleur, sans le gré, sçu, vouloir et du consentement exprès des peres, meres et des tuteurs, soient punis de mort, sans espérance de grace et pardon, nonobstant tous consentemens que lesdits mineurs pourroient alléguer par après avoir été donné audit rapt, lors d'icelui ou auparavant : Et pareillement seront punis extraordinairement tous ceux qui auront participé audit rapt, et qui auront prêté conseil, confort et aide en aucune maniere que ce soit.

(*L'exécution de ces trois articles est spécialement ordonnée par l'Edit du mois de Mars 1685, vulgairement appellé* le Code noir.)

COUTUME DE PARIS, *réformée en* 1580.

R. au Conseil Souverain de la Martinique le 5 Novembre 1681. Son exécution est ordonnée par Arrêt du Conseil du petit Goave, du 6 Mars 1687. La Coutume avoit été rédigée en 1510.

(*Nous avons jugé inutile de grossir cette Collection en y insérant le texte de la Coutume qu'on trouve imprimé par-tout & dans les formats les plus commodes, d'autant qu'il est important de le consulter avec les excellens Commentaires auxquels il a donné lieu. Nous parlerons ailleurs des dispositions de cette Coutume qui sont inapplicables aux Colonies.*)

EDIT de HENRI II.* *portant création de Substituts des Procureurs-*
Généraux dans les Cours Souveraines du Royaume.

Du mois de Mai 1586.

HENRI, etc. Comme pour le bien et utilité de nos Sujets en l'administration de la Justice, nos predécesseurs Rois aient fait plusieurs bons
Réglemens, et établi, créé et érigé les Offices qu'ils ont pensé nécessaires à la prompte expédition et vuidange des procès, ce néanmoins
sommes duement avertis de ce qui se passe journellement en nos Cours
de Parlement et autres Jurisdictions au fait de la Justice, même que nos
Procureurs-Généraux admettent à leurs Parquets et prennent pour leurs
Substituts des Avocats, lesquels postulans et manians les affaires du
commun se chargent des informations, procès civils et criminels des
Parties pour lesquelles le plus souvent ils ont écrit, plaidé et consulté
au grand dommage de nos Sujets dont peut advenir plusieurs inconvéniens . . . . . A quoi il est nécessaire de pourvoir et remédier, ne desirant moins que nosdits prédécesseurs l'administration et exercice de la
Justice : considérant que le meilleur moyen de parvenir à l'exécution de
ce que dit est, est de pourvoir au soulagement de nosdits Procureurs et
Avocats-Généraux, lesquels journellement par la multiplicité des
grandes et urgentes affaires esquelles ils sont empêchés pour notre
service, ne peuvent seuls vaquer à voir les procès qui se présentent
pour y rendre conclusions, et de leur bailler des Substituts qui auront
serment à nous et à Justice, et seront gens notables expérimentés,
secrets, et qui n'auront aucun maniement des affaires des particuliers,
à ce que les Parties plaidantes puissent plus promptement et fidélement
être expédiées :

Avons par mûre délibération des gens de notre Conseil où ont été
vus les avis qui nous ont été sur ce donnés, créé, érigé, ordonné et
établi, et par ce présent notre Edit perpétuel et irrévocable, créons,
érigeons et établissons en titre d'office formé en chacune de nos Cours
de Parlement, Grand Conseil, Cours des Aides et autres Cours Souveraines où nous avons Procureurs-Généraux, des Substituts qui s'intituleront nos Conseillers et Substituts de nos Procureurs-Généraux qui
seront des Corps des Compagnies où ils seront établis, et y auront entrée
pour aller ès Greffes tant civils que criminels, se chargeront des informations et procès pour en faire leur rapport devant nosdits Avocats et

Procureurs-Généraux . . . . . . et manieront toutes les affaires de notre Parquet, sous et en l'absence de notre Procureur - Général , signeront les conclusions de ladite absence ou empêchement sans qu'ils puissent plaider, consulter , ni manier affaires d'autrui . . . . .

Si donnons en mandement , etc. Donné à Paris au mois de Mai l'an de grace 1586, et de notre regne le douzieme. *Signé* Henri.

R. au Parlement de Paris, le Roi y séant , le 6 Juin suivant.

(*MM. les Substituts des Procureurs-Généraux de Saint-Domingue jouissent des honneurs , préséances et prérogatives de cet Edit , au desir d'un Arrêt des deux Conseils Supérieurs assemblés , du 22 Mars 1764.*

Lettres-Patentes concernant les Juifs.

Du 23 Avril 1615.

Louis, etc. Les Rois nos prédécesseurs s'étant toujours conservé ce beau titre de Très-Chrétiens, que nous possédons aujourd'hui, ont par conséquent eu en horreur toutes les Nations ennemies de ce nom , et sur-tout celle des Juifs, qu'ils n'ont jamais voulu souffrir en leurs Royaumes, Pays , Terres et Seigneuries de leur obéissance, même depuis le temps du Roi Saint Louis de très-louable et heureuse mémoire, qui chassa entiérement de tout l'Etat ceux lesquels y avoient été auparavant soufferts ; en quoi nous sommes résolus de les imiter, autant qu'il nous sera possible, comme en toutes les autres excellentes qualités qui les ont rendus admirables parmi toutes les nations étrangeres, afin de ne rien omettre qui puisse servir a la réputation de cet Etat et à la conservation des bénédictions qu'il a plu à Dieu répandre sur icelui ; et d'autant que nous avons été avertis que , contre les Edits et Ordonnances de nos prédécesseurs , lesdits Juifs se sont depuis quelques années déguisés en plusieurs lieux de notre Royaume, ne pouvant souffrir les impiétés de cette Nation sans commettre une très-grande faute envers la divine Bonté offensée de plusieurs blasphêmes qui leur sont ordinaires, nous nous sommes avisés d'y pourvoir et remédier le plus promptement qu'il nous sera possible. A ces causes, Nous avons dit , déclaré , voulu et ordonné , disons , déclarons, voulons et ordonnons , et nous plaît , que tous les Juifs qui se trouveront en notre Royaume, Pays, Terres et Seigneuries de notre obéissance, seront tenus sur peine de la vie et de confiscation de tous leurs biens, d'en vuider et se retirer hors d'iceux incontinent, et ce dans le temps et terme d'un mois après la publication des présentes, tant en nos Cours de Parlement qu'ès Bailliages, Sénéchaussées et autres Jurisdictions Royales de notre Royaumes. Faisant très-expresses inhibitions et défenses, sur les mêmes peines de la vie et confiscation de biens, à tous nos Sujets de les y recevoir, assister, ni converser avec eux ledit temps passé; et où, après ladite publication et terme expiré, il s'en trouvera en quelque lieu que ce puisse être de notre Royaume, Pays, Terres et Seigneuries de notre obéissance, nous voulons aussi qu'il soit extraordinairement et incessamment procédé contr'eux à la requête de nos Procureurs-Généraux et de leurs Substituts, selon la rigueur de nos Edits et Ordonnances, que nous voulons être exactement exécutés et inviolablement gardés et observés contre les Juifs. Si donnons en mandement à nos amés et féaux Conseillers, les Gens tenant nos Cours de Parlement, etc. Donné à Paris, le vingt-troisieme jour d'Avril mil six cent quinze.

R. *au Parlement de Paris, le 18 Mai 1615.*

(*L'exécution de ces Lettres-Patentes est ordonnée dans les Colonies par l'Edit du mois de Mars 1685, appellé* le Code noir.)

Lettres-Patentes *portant création de la Charge de Grand-Maître, Chef & Surintendant général de la Navigation & Commerce de France, en faveur du Cardinal de Richelieu.*

Du mois d'Octobre 1626.

Louis, etc. Le feu Roi notre très-honoré Seigneur et Pere (que Dieu absolve) n'ayant pu faire résoudre ni exécuter, pour avoir été prévenu de la mort, les propositions qui lui avoient été faites pour l'établissement d'une compagnie puissante et bien réglée pour entreprendre un commerce général par mer et par terre, afin que par le moyen de la navigation, nos Sujets puissent avoir à bon prix de la premiere main, comme ils avoient anciennement, les denrées et marchandises qui leur sont utiles et commodes, et faire transporter hors de notre Royaume et terres de notre obéissance, celles desquelles la sortie est permise, et dont nos voisins et étrangers ne se peuvent passer à l'honneur et grandeur de notre Etat, profit et accroissement de la chose publique, bien et avantage de nos Sujets, Nous avons cru que l'ouverture nous étant faite par plusieurs Marchands des principales villes maritimes de ce Royaume, de remettre la navigation et le commerce entre les mains de nos Sujets, établissant des compagnies et sociétés, Nous ne devions davantage différer d'embrasser les occasions qui s'en offrent, ni en retarder les moyens, s'ils sont trouvés justes, surs et profitables à notre Etat, et à l'avantage de nos Sujets; étant un dessein qui peut autant apporter de réputation, de bien et de gloire à nos affaires, et mieux que nul autre occuper et enrichir nosdits Sujets, chasser l'oisiveté et fainéantise, et retrancher le cours des usures et gains illégitimes. Et d'autant que nous avons déjà créé et érigé en titre d'office formé la Charge de Grand-Maître, Chef et Surintendant général de la Navigation et Commerce de France, et icelle donnée à notre très-cher et bien amé Cousin le Cardinal de Richelieu, comme étant personne de qualité éminente et de probité reconnue, sur l'intégrité, suffisance, soin et diligence duquel nous pouvons nous reposer, et en qui toutes les conditions requises paroissent éminemment; Nous avons, en tant que besoin est, créé, fait et érigé, créons, faisons et érigeons par ces présentes signées de notre propre main, en titre d'office formé icelle charge de Grand-Maître, Chef et Surintendent général de la Navigation et Commerce de France; et à plein nous confians des sens, expérience, soin et loyauté et grandes affaires reconnues à notre avantage en diverses et importantes occasions dudit sieur Cardinal, et de la prudhommie, affection singuliere qu'il a au bien de notre service, et capacité requise pour l'établissement et direction du commerce général que nous voulons établir en notre Royaume; Nous avons à notredit Cousin le Cardinal de Richelieu d'abondant donné et octroyé, donnons et octroyons ledit Office de Grand-Maître, Chef et Surintendant général de la Navigation et Commerce de France, avec pouvoir, autorité et mandement spécial de traiter avec toutes sortes de personnes, voir et examiner les propositions qui nous ont été et seront faites sur le sujet de l'établissement du commerce; en discuter et reconnoître le mérite, bien et utilité, résoudre et assurer tous articles, traités, contrats et conventions avec tous ceux qui se voudront lier et joindre pour former lesdites sociétés et compagnies du commerce; et faire autres particuliers traités et entreprises de mer, et d'y apporter telle précaution et sûreté pour ceux qui s'y voudront intéresser, que tout soupçon de fraude et tromperie en soit éloigné; et le tout si bien réglé, qu'au lieu que telles appréhensions pourroient retenir plusieurs personnes d'y entrer, l'assurance d'une infaillible fidélité et bon ordre y appelle et convie ceux de nos Sujets qui en auront le moyen. A la charge toutefois que tous lesdits contrats, traités et autres actes passés pour cet effet, n'auront aucune force ni vertu qu'ils ne soient ratifiés par nous. Et parce que, tant sur les diverses et fréquentes supplications qui en avoient été faites dès le temps dudit feu Roi notre très-honoré Seigneur et Pere, que celles qui nous ont été réitérées par les Marchands et autres qui veulent entrer audit commerce, et pour plusieurs autres raisons importantes au bien de notre État et utilité de nos Sujets, Nous avons éteint et supprimé en ce Royaume, pays, terres et seigneuries de notre obéissance, les charges d'Amiral et Vice-Amiraux, et les gages et appointemens d'icelles, qui ne chargeoient pas de peu notre épargne; et n'y ayant personne qui prenne le soin particulier de la conservation de nos droits de la navigation et des entreprises de mer, à laquelle tous les Officiers qui connoissent et s'entremettent de la Marine, et nos autres Sujets, puissent s'adresser pour nous donner leur avis important à notre Etat et à la navigation; et les Capitaines et Marchands qui veulent entreprendre les voyages de long cours et autres, ne sachent à qui avoir recours pour en avoir la liberté et le congé; il est à craindre qu'il n'en arrive des désordres, confusion et pirateries, que nos droits soient usurpés, nos ports et havres mal gardés, nos Ordonnances de la Marine méprisées et enfreintes, et que le commerce et trafic en reçoive du retardement et préjudice contre notre intention, qui est de l'établir, l'avancer, l'aider et appuyer autant fortement que nous le pouvons faire; Nous voulons et entendons que notredit Cousin le Cardinal de Richelieu pourvoye et donne ordre à tout ce qui sera requis, utile et nécessaire pour la navigation, conservation de nos droits, avancement et établissement du commerce, sûreté de nos Sujets en la mer, ports, havres, rades et greves d'icelles, et isles adjacentes, observation et entretenement de nos Ordonnances de la Marine; et qu'il donne tous pouvoir et congés nécessaires pour les voyages de long cours, et tous autres qui seront entrepris par nosdits Sujets, tant pour ledit commerce que pour la sûreté d'icelui: déclarant que si quelqu'un d'entr'eux entreprend de faire aucun voyage sans permission et congé duement expédié et signé par notredit Cousin le Cardinal de Richelieu, à qui nous avons donné pouvoir de ce faire, il soit tenu et réputé pour pirate, et n'ait sûreté en nos havres et ports, puisse être

pris

pris et emmené par nos vaisseaux garde-côtes, pour être jugé selon la rigueur de nos Ordonnances, par nos Officiers auxquels la connoissance en appartient. Voulant pour cet effet que lesdits vaisseaux garde-côtes prennent de notredit Cousin, Grand-Maître, Chef et Surintendant général de la navigation et commerce de France, tous ordres pour nettoyer nos mers de pirates et corsaires, faire conserve et sûreté à nos Marchands; et généralement pour toutes autres choses dépendantes dudit commerce, navigation, et entreprises de mer, sans qu'ils en puissent être divertis, si ce n'est en cas de guerre, pour laquelle nous ayons donné commission générale d'assembler nos vaisseaux, et en composer une ou diverses flottes pour le bien de notre service ; auquel cas nous entendons que celui ou ceux qui auront pouvoir de nous, de commander nos armées navales, donnent tous ordres et commandemens à nos vaisseaux dont lesdites armées seront composées, conformément aux pouvoirs qui leur en seront pour nous donnés pour le temps de la guerre ; après laquelle lesdits vaisseaux seront replacés par notredit Cousin le Cardinal de Richelieu, pour garde de nos Côtes, entretien et sûreté dudit commerce ; pour de ladite Charge de Grand-Maître, Chef et Surintendant général de la navigation et commerce de France, avoir, tenir, user et en jouir par notredit Cousin le Cardinal de Richelieu aux honneurs, autorités, pouvoir, jurisdiction, prérogatives, prééminences et droits qu'avoient accoutumé et étoient fondés de prendre et avoir par nos Ordonnances seulement, ceux qui ont eu charge de la marine sous notre autorité, et y vaquer, travailler et faire travailler par telles personnes qu'il voudra commettre lors autant et ainsi que le pourra requérir ledit commerce en toutes occasions et fonctions de ladite charge, de ce faire, nous avons donné et donnons pouvoir et mandement spécial à notredit Cousin le Cardinal de Richelieu. Si donnons en mandement à nos amés et féaux Conseillers les Gens tenans nos Cours de Parlemens, et à tous autres nos Officiers, que ces présentes ils fassent lire, publier et enregistrer, et icelles faire garder et observer inviolablement, sans permettre qu'il y soit contrevenu, et à notredit Cousin le Cardinal de Richelieu duquel nous avons pris et reçu le serment en tel cas requis, ils souffrent et laissent jouir et user pleinement et paisiblement de ladite Charge de Grand-Maître, Chef et Surintendant général de la navigation et commerce de France, et à lui obéir et entendre bien et diligemment par les Officiers, Capitaines, Maîtres et Conducteurs de navires et vaisseaux, et tous autres qu'il appartiendra, ès choses touchans et concernans ledit Office, nonobstant

Tome I. C

oppositions ou appellations quelconques, pour lesquelles ne voulons être différé, et quelques lettres et pouvoirs à ce contraires, que nous avons cassés et révoqués, cassons et révoquons par ces présentes : CAR TEL EST NOTRE PLAISIR ; et afin que ce soit chose ferme et stable, nous y avons fait mettre notre scel. DONNÉ à Saint-Germain au mois d'Octobre, l'an de grace, mil six cens vingt-six, et de notre regne le dix-septieme. *Signé* LOUIS.

R. *au Parlement de Rouen, le 16 Avril 1627.*

A C T E *d'association des Seigneurs de la Compagnie des Isles de l'Amérique.*

Du 31 Octobre 1626.

NOUS soussignés, reconnoissons et confessons avoir fait et faire par ces présentes fidelle association entre nous pour envoyer sous la conduite des sieurs d'Enambuc et du Rossey, Capitaines de marine, ou tels autres que bon nous semblera de choisir et nommer, pour faire habiter et peupler les Isles de Saint-Christophe et la Barbade, et autres situées à l'entrée du Pérou, depuis le onzieme jusqu'au dix-huitieme degré de la ligne équinoctiale, qui ne sont point possédées par des Prines Chrétiens, et ce tant afin de faire instruire les habitans desdites Isles en la Religion Catholique, Apostolique et Romaine, que pour y trafiquer et négocier des deniers et marchandises qui se pourront recueillir et tirer desdites Isles et de celles des lieux circonvoisins, les faire amener en France au Havre-de-Grace, privativement à tout autre, pendant le temps et espace de vingt années, ainsi qu'il est plus particuliérement porté par la commission et pouvoir qui en sera donné auxdits d'Enambuc et du Rossey, par Monseigneur le Cardinal de Richelieu, Grand-Maître, Chef et Surintendant du commerce de France, et lesquels sieurs d'E-nambuc et du Rossey ont fait leur déclaration pardevant de Beaufort et de Beauvais, Notaires, que tout ce qu'ils ont fait et feront, sera pour et au profit de nous Associés, auxquels ils ne font que prêter leurs noms pour l'exécution de ladite entreprise, le contenu en laquelle déclaration sera suivi ; pour l'effet et exécution duquel dessein, il sera fait fond de la somme de quarante-cinq mille livres qui sera fournie et payée par nousdits soussignés, pour les parts et portions qui seront écrites de nos mains, au-dessous des seings que nous ferons au pied de la présente association, le tout jusqu'à la concurrence de ladite somme de quarante-cinq mille livres, sans que nous puissions être tenus ni engagés d'y mettre plus grand fonds et capital, si ce n'est de notre volonté et consentement, à laquelle raison dudit premier fonds que nous y mettons, nous participerons au profit et à la perte qu'il plaira à Dieu d'y envoyer, tant par mer que par terre : laquelle somme de quarante-cinq mille livres, sera employée, tant à l'achat de trois navires, qui seront achetés leur juste valeur, selon l'état et équipage auxquels ils seront, (étant néanmoins convenus de l'achat du vaisseau nommé la *Victoire*, en l'état qu'il est du port de deux cents cinquante tonneaux ou environ, avec les agrés et munitions, et autres dépendans d'icelui étant à part tant dans ledit vaisseau qu'en magasins au port de Saint-Louis en Bretagne où est ledit navire, qui sera délivré à nous Associés ou à celui qui aura charge et pouvoir de nous, dans le premier jour de Décembre prochain, après lequel jour la garde, risque en sera pour le compte de nous Associés, le tout pour la somme de quatre-vingt mille livres) et pour les deux vaisseaux, ils seront fournis et délivrés dans le temps par   , duquel jour il seront demeurés dans la garde de nous Associés, suivant l'estimation qui en aura été faite de gré à gré ou par personnes, dont les Parties auront convenu, que pour avictailler, armer et équiper lesdits vaisseaux d'hommes et de provisions nécessaires pour faire ledit voyage, et habitation desdites Isles, ensemble acheter marchandises qu'il conviendra et seront jugées utiles pour porter auxdites Isles, la conduite et disposition de laquelle entreprise sera faite de l'ordre de nousdits Associés, ou de ceux qui auront charge et pouvoir de nous, en la ville de Paris, et l'exécution de tout ce qu'il y aura à faire, tant audit Havre que Port Saint-Louis, et autres lieux que besoin, sera faite par le sieur de Hartelay Canelet, auquel nous donnons pouvoir et commission de ce faire, et de pourvoir aux choses qui seront nécessaires, tant en France qu'auxdites Isles, selon la commission qu'il en aura entre les mains; auquel pour cet effet tout le fond susdit qui sera fait par nousdits Associés sera mis et déposé pour en faire, ainsi qu'il est dit ci-dessus, et selon les occurrences des affaires qui arriveront ; à la charge de rendre bon compte, de tout payer le reliquat, quant et à qui besoin sera, aux frais et dépens de nousdits Associés, même de nous envoyer à Paris un état sommaire de tout ce qui aura été fait, et sera rapporté au retour de chacun voyage pour en partager le profit entre nousdits Associés, tous frais déduits selon nos parts et portions ou avances, et en disposer ainsi que nous aviserons bon être. FAIT à Paris, le dernier jour d'Octobre 1626.

C ij

COMMISSION *donnée par le Cardinal* DE RICHELIEU *aux Sieurs d'Enambuc & de Rossey, pour établir une Colonie dans les Antilles de l'Amérique.*

Du 31 Octobre 1626.

ARMAND-JEAN DUPLESSIS DE RICHELIEU, Cardinal, Conseiller du Roi en ses Conseils, Chef Grand-Maître et Surintendant du Commerce de France, ect. Savoir faisons que les sieurs d'Enambuc et du Rossey, Capitaines entretenus de la Marine du Ponant, nous ayant fait entendre que depuis quinze ans, sous les congés du Roi et Amiral de France, ils auroient fait de grandes dépenses en équipages et armures de navires et vaisseaux pour la recherche de quelques terres fertiles et en bon climat capables d'être possédées et habitées par les François; et ont fait telle diligence que depuis quelque tems ils ont découvert les Isles de Saint-Christophe et de la Barbade, l'une de trente-cinq et l'autre de quarante-cinq lieues de tour, et autres Isles voisines toutes situées à l'entrée du Pérou, depuis l'onzieme jusqu'au dix-huitieme degré du Nord de la ligne équinoxiale, faisant partie des Indes Occidentales, qui ne sont possédées par aucun Roi ni Prince chrétien, auxquelles ayant pris terre et séjourné l'espace d'un an pour en avoir plus parfaite et particulière connoissance, ils ont vu et reconnu par effet l'air y être très-doux et tempéré; et lesdites terres fertiles et de grand rapport, desquelles il se peut tirer quantité de commodités utiles pour l'entretien de la vie des hommes; même ont avis des Indiens qui habitent lesdites Isles, qu'il y a des mines d'or et d'argent en icelles; ce qui auroit donné sujet de faire habiter lesdites Isles par quantité de François pour instruire les habitans en icelles en la Religion Catholique, Apostolique et Romaine, et y planter la Foi Chrétienne à la gloire de Dieu et l'honneur du Roi, sous l'autorité et puissance duquel ils désireroient lesdits habitans vivre et conserver lesdites Isles en l'obéissance de Sa Majesté. Pour cet effet, en attendant qu'il plût à Sa Majesté en ordonner, lesdits sieurs d'Enambuc et du Rossey, auroient fait construire et bâtir deux forts et havres en l'Isle de Saint-Christophe; et laisser quatre-vingts hommes avec un Chapelain pour célébrer le Service divin, et leur administrer les Sacremens; des canons et autres munitions de guerre pour leurs défense et conservation, tant contre les habitans Indiens desdites Isles; que tous autres qui voudront entreprendre sur

eux pour les chasser d'icelles ; et promis qu'ils y retourneroient promptement pour y conduire le secours et les choses dont ils auroient besoin, ou pour les retirer selon le bon plaisir de Sa Majesté ; nous requérant qu'il nous plût sur ce les pourvoir, attendu la charge de Chef
et Surintendant du Commerce dont il a plu à Sa Majesté nous honorer.
Pour ce est-il que nous désirant l'augmentation de la Religion et Foi
Catholique, et l'établissement du négoce et commerce autant que faire
se pourra ; et attendu que lesdites Isles sont au-delà des amitiées, nous
avons donné et donnons congé auxdits d'Enambuc et du Rossey d'aller
peupler, privativement à tous autres, lesdites Isles de Saint-Christophe
et de la Barbade, et autres circonvoisines ; icelles fortifier, y mener et
conduire nombre de Prêtres et de Religieux pour instruire les Indiens
et habitans d'icelles et tous autres en la Religion Catholique, Apostolique
et Romaine ; y célébrer le Service divin, et administrer les Sacremens ;
y faire cultiver les terres, et faire travailler à toutes sortes de mines et
métaux, moyennant les droits de dixieme de tout ce qui proviendra ;
et se retirera d'icelles qu'ils seront tenus rendre au Roi franc et quitte,
et dont ils rapporteront bons certificats, le tout pendant le tems et
espace de vingt années ; et à la charge de tenir lesdites Isles sous l'autorité et puissance du Roi, et réduire les habitans en l'obéissance de Sa
Majesté ; et pour cet effet tenir en état et apprêt de défense tel nombre
de vaisseaux, navires et pataches que besoin sera ; les armer et équiper
d'hommes, canons, vivres et munitions requises et nécessaires pour faire
lesdits voyages ; et se pourvoir contre tous dangers, efforts et incursions
des Pirates qui infectent la mer et déprédent les navires marchands,
auxquels en quelque lieu qu'ils se rencontreront ils pourront faire la
guerre, ensemble à tous ceux qui empêcheront le trafic et la liberté du
commerce aux navires marchands françois et alliés : feront leurs efforts
et diligence de les combattre, poursuivre, aborder et attaquer, vaincre,
saisir et prendre par toutes voies d'armes et d'hostilité ; lesquels vaisseaux partiront du Havre-de-Grace et Port Saint-Louis en Bretagne,
où ils seront tenus faire leur déclaration du nombre des vaisseaux qu'ils
mettent en mer pour lesdits voyages, et de tout ce qui sera dedans ; de
garder et faire garder par ceux de leur équipage durant leur voyage
les Ordonnances de la Marine, et de faire leurs retours avec leurs navires audit Havre-de-Grace ; et rapporteront ce qu'ils auront pris et
recouvert sur les Pirates et gens sans aveu, et sur ceux qui empêchent
aux Marchands françois et alliés la navigation du côté du Sud au-delà
du Tropique de Cancer, et premier Méridien des Essores du côté de

l'ouest et avant le déchargement des navires qu'ils auront amenés, ils nous feront rapport de tout ce qui sera fait et passé, pour sur ce en ordonner, ce que nous jugerons utile et nécessaire au service du Roi, et à l'avantage de ses Sujets et de la chose publique. Si prions les Rois et Princes, Potentats, Seigneurs et Républiques, leurs Lieutenans-Généraux, Amiraux, Vice-Amiraux, Gouverneurs de leurs provinces, Chefs et Conducteurs des gens de guerre, tant par mer que par terre, Capitaines, Gardes des ports et Havres, vaisseaux costes et passages maritimes, et autres leurs Officiers et Sujets : Mandons et ordonnons aux Intendans, Lieutenans-Généraux et particuliers des Sieges de l'Amirauté, et autres Capitaines et Gardes-côtes, Commissaires, et autres Officiers de la marine étant sous notre pouvoir, et en l'étendue de notre charge et jurisdiction, laisser librement passer, aller, venir, descendre et séjourner lesdits d'Enambuc et du Rossey, avec leurs vaisseaux, navires et pataches, leurs hommes, armes, munitions, vivres et marchandises, et tout ce qu'ils auront pu gagner et conquérir sur les pirates, corsaires et ennemis du public, et de la France, avec leurs prisonniers, s'il y en a, sans leur faire empêchement ni souffrir leur être fait, mis et donné, ni à ceux de leur équipage, aucun trouble, ennui, détourbier, ni empêchement, avec toute faveur, retraite et assistance ; comme aussi nous mandons et enjoignons aux Lieutenans, gens de commandement, et tous soldats et matelots qui voudront aller audit voyage, sous la charge desdits sieurs d'Enambuc et du Rossey, de leur prêter et rendre tout respect et obéissance comme à leurs Chefs et Capitaines, sous les peines portées par les Ordonnances; et que nul ne soit reçu pour aller à ladite entreprise, qu'il ne s'oblige par-devant lesdits Lieutenans de l'Amirauté, ou autres Juges en leur absence, des lieux où se feront lesdits embarquemens, de demeurer trois ans avec eux, ou ceux qui auront charge et pouvoir d'eux pour servir sous leur commandement; le tout en vertu des présentes. DONNÉ à Paris, le trente-unieme Octobre 1626. *Signé* ARMAND, Cardinal DE RICHELIEU; et sur le repli, par mondit Seigneur MARTIN.

DÉCLARATION du Roi, pour lever sur le Petun et Tabac trente sols d'entrée par livre, excepté sur celui des Isles.

Du 17 Novembre 1629.

LOUIS, etc. Sur l'avis qui nous a été donné, que depuis peu de temps on fait venir des pays étrangers quantité de petun et tabac, sans payer aucun droit d'entrée, sous prétexte qu'il n'a été compris dans les anciens tarifs et pancartes; ce qui auroit donné lieu d'en faire apporter grande quantité en notre Royaume; desorte que nos Sujets à cause du bon marché, en prennent à toutes heures, dont ils reçoivent grand préjudice et altération en leur santé, à quoi voulant pourvoir: A CES CAUSES, voulons et nous plaît, que de tout le petun ou tabac qui sera apporté des pays étrangers en notre Royaume, il sera dorénavant payé trente sols pour livre pour le droit d'entrée, excepté pour celui qui viendra de l'Isle de Saint-Christophe, la Barbade, et autres Isles occidentales qui appartiennent à la Compagnie formée pour habiter lesdites Isles; duquel droit nous l'avons déchargé et exempté, déchargeons et exemptons par cesdites présentes, pour favoriser d'autant plus l'établissement et accroissement de la Compagnie qui a été dressée pour le bien général du commerce de notre Royaume.

Si donnons en mandement, à nos amés et féaux Conseillers les Gens tenans notre Cour des Aides à Paris, que ces présentes ils fassent lire, publier et registrer, et le contenu, garder et observer de point en point selon leur forme et teneur: Mandons aussi à notre très-cher et bien amé Cousin le Cardinal de Richelieu, Grand-Maître, Chef et Surintendant général de la navigation et du commerce de France, et aux Gouverneurs et Lieutenans-Généraux de nos provinces, Baillis, Sénéchaux ou leurs Lieutenans, de tenir la main à l'exécution de ces présentes: CAR TEL EST NOTRE PLAISIR, en témoin de quoi nous avons fait mettre notre scel à icelles. DONNÉ à Paris, le dix-septieme jour de Novembre, l'an de grace, mil six cent vingt-neuf; et de notre regne le vingtieme.

Signé LOUIS.

R. *à la Cour des Aides de Paris, le* 31 *Décembre* 1629.

LETTRES-PATENTES du Cardinal de Richelieu, qui donnent et octroient au sieur DE CAEN en propriété les Isles de Inaque, Ibaque et autres situées aux Indes Occidentales, avec pouvoir d'y établir des Colonies de François.

Du 28 Janvier 1633.

ARMAND, Cardinal Duc de Richelieu, etc. SALUT. S. M. nous ayant donné pouvoir d'instituer, créer et établir pour la découverture des pays lointains, tout ce que nous jugerons à propos pour l'augmentation de là Monarchie Françoise, même de gratifier autant que faire se pourra les personnes qui s'adonneront à la navigation et notamment à la recherché des Isles et pays non habités, où l'autorité de S. M. n'est encore reconnue, afin de leur donner moyen de subsister et supporter les dépenses qu'ils feront à ce sujet, et sur ce que le sieur Guillaume de Caen nous a rapporté avoir envoyé de ses vaisseaux aux Indes occidentales pour reconnoître quelques lieux ou Isles propres à faire habitation; les pilotes desquels vaisseaux ont fait découverture de quelques petites Isles contiguës, nommées *Inaque*, *Ibacque*, *Mergane*, *Guanasiany* et *Citatur*, esquelles l'on se pourra établir en les fortifiant, et y faire quelque traite de marchandises qui se pourront trouver en icelles propres pour débiter en ce Royaume, lesquelles Isles il desire faire habiter et y faire construire des forts pour les conserver sous l'autorité de S. M. et la nôtre, pourvu qu'il nous plaise lui en vouloir faire don en propriété, afin de se pouvoir récompenser de partie des grands frais qu'il a faits depuis longues années qu'il s'est adonné continuellement à la navigation et découverte des terres éloignées, et qu'il sera obligé de faire pour les conserver à l'avenir. A CES CAUSES, mettant en considération ce que dessus, nous en vertu du pouvoir donné par S. M. et sous son bon plaisir, avons donné et octroyé, donnons et octroyons par ces présentes audit sieur de Caen en propriété les Isles de Inaque, Ibaque, Mergane, Guanasiany et Citatur, adjacentes les unes aux autres, situées aux Indes Occidentales, et non habitées par des Chrétiens, avec pouvoir d'y établir Colonies de François, et y faire construire des forts pour la conservation d'icelles et y envoyer par chacune année tel nombre de vaisseaux et hommes qu'il jugera à propos pour la conservation desdites Isles, avec défenses à toutes autres personnes de s'en entremettre sans son consentement, sur peine de confiscation de leurs vaisseaux et marchandises à

son

son profit, pour jouir par ledit sieur de Caen, ses successeurs, héritiers ou ayans-cause desdites Isles à perpétuité comme de leur chose propre, sauf la Souveraineté réservée à S.M., sans y pouvoir être troublé; le tout suivant les mœurs, coutumes et usages de la France, et à la charge que ledit sieur de Caen fera instruire les Indiens, habitans lesdites Isles, en la Religion Catholique, Apostolique et Romaine, et qu'il ne pourra imposer aucun péage ni droit sur les marchandises qui sortiront desdites Isles, ou qui y seront apportées pour troquer avec les habitans d'icelles, sans le consentement de S. M. Mandons et ordonnons à tous ceux sur lesquels notre pouvoir s'étend, prions et requérons tous autres qu'il appartiendra de faire, souffrir et laisser jouir pleinement, paisiblement et perpétuellement ledit sieur de Caen et ceux qui auront de lui droit et cause du contenu en cesdites présentes. En témoin de quoi, etc. DONNÉ à Ruel, le vingt-huitieme jour de Janvier 1633. *Signé* ARMAND, Cardinal de Richelieu.

Les Isles ci-dessus dénommées sont placées dans le Nord de celle de Saint-Domingue, et en forment le débouquement dans cette partie. Elles n'ont pas toutes conservé les noms qu'elles ont ici. Nous en parlerons plusieurs fois dans cet Ouvrage, où elles méritent de tenir une place importante par leur position et par les événemens politiques dont elles ont été et sont encore le sujet.

————————————————

DÉCLARATION du Roi, portant défenses à tous ses Sujets faisans voyages par mer, d'attaquer ni courir sus aux navires des Espagnols et Portugais qu'ils trouveront pour l'Occident au-deçà du premier Méridien, et pour le midi au-deçà du Tropique de Cancer, même pour les voyages des Indes et pays de l'Amérique, avec Réglement à cet effet pour la navigation.

Du premier Juillet 1634.

LOUIS, etc. Les principaux Marchands de notre Etat et autres nos Sujets qui s'adonnent à la navigation, nous ont remontré que dedans l'étendue des lignes des amitiés et alliances, et jusques dedans les côtes et ports d'Espagne, depuis quelques années, les Espagnols et Portugais ont voulu entreprendre sur leurs vaisseaux allans ou retournans des Indes et de l'Amérique, sans considérer que la voie d'hostilité n'est permise aux uns et aux autres, qu'au-delà du premier Méridien pour l'Occident,

Tome I.　　　　　　　　　　　　　　　D

et du tropique de Cancer pour le midi ; et comme la légitime défense
ne peut être prohibée à nos Sujets, et que même il leur est loisible par
nos Ordonnances de s'armer contre ceux qui leur empêchent la liberté
du commerce et de la navigation ; ils nous ont requis de leur donner
permission de prendre en mer lesdits Espagnols et Portugais allans ou retournans desdites Indes et pays de l'Amérique, en quelque lieu qu'ils
les rencontrent : sur quoi desirant leur faire entendre notre volonté, pour
empêcher que par quelque action violente ils ne vinssent à troubler,
contre notre intention, la bonne correspondance en laquelle nous
voulons demeurer, et par ce moyen tomber en notre indignation :
Savoir, faisons, que de l'avis de notre très-cher et bien amé Cousin le
Cardinal, Duc de Richelieu, Pair, Grand-Maître, Chef, Surintendant
général de la Navigation et Commerce de France ; nous avons par ces
présentes nos Lettres et Déclaration, signées de notre main, fait et
faisons très-expresses inhibitions et défenses à nos Sujets, de quelque
qualité et condition qu'ils soient, faisant voyages par mer, d'attaquer ni
courir sus aux navires des Espagnols et Portugais qu'ils trouveront pour
l'Occident au-deçà du premier Méridien ; et pour le midi, au-deçà du
tropique de Cancer. Voulant que dans les espaces desdites lignes, nos
Sujets laissent et souffrent librement aller, traiter et naviguer lesdits Espagnols et Portugais, même allans ou retournans des Indes et pays de
l'Amérique, sans leur faire ni donner aucun trouble ni empêchement en
leur navigation ni autrement, pourvu que nos Sujets reçoivent d'eux à
l'avenir pareil traitement, et qu'il ne soit rien entrepris sur eux par lesdits
Espagnols et Portugais au-deçà desdites lignes, sauf à nosdits Sujets
d'entreprendre comme par le passé à l'encontre desdits Espagnols et
Portugais au-delà desdites bornes, ainsi qu'ils trouveront leurs avantages, jusqu'à ce que lesdits Espagnols et Portugais aient souffert le
commerce libre à nosdits Sujets en l'étendue desdites terres et mers des
Indes et de l'Amérique, et leur aient donné libre entrée et accès pour
cet effet dans tous lesdits pays, et dans les Ports et Havres d'iceux,
pour y traiter et négocier ainsi qu'au-deçà desdites lignes. Voulons que
les Capitaines de navires étant de retour de leurs voyages, en payant les
droits pour ce dus, et faisant apparoir que les vaisseaux par eux attaqués
ont été pris au-delà dudit premier Méridien pour l'Occident, et du tropique de Cancer pour le midi, ils soient et demeurent paisibles possesseurs
desdites prises qu'ils auront ainsi faites sur lesdits Espagnols et Portugais,
sans que pour raison de ce lesdits Capitaines, Matelots, Armateurs, Avitail-
leurs et Bourgeois en puissent être recherchés pour quelque cause ou

occasion que ce soit ou puisse être ; et afin que plus facilement on puisse juger si les prises auront été bien ou mal faites, et que le premier Méridien auquel ont été bornées les amitiés et alliances , soit mieux reconnu qu'il n'a été depuis quelque temps, et après que notredit Cousin s'est fait informer par personnes capables et expérimentées au fait de la navigation , nous faisons inhibitions et défenses à tous Pilotes, Hydrographes, Compositeurs et Graveurs de cartes ou globes géographiques, d'innover et changer l'ancien établissement des Méridiens, ni constituer le premier d'iceux ailleurs qu'en la partie la plus Occidentale des Isles Canaries, conformément à ce que les plus anciens et fameux Géographes en ont déterminé ; et partant, voulons que désormais ils aient à reconnoître et placer dans leursdits globes et cartes ledit premier Méridien en l'Isle de Fer, comme la plus Occidentale desdites Isles, et compter delà le premier degré des longitudes en tirant à l'Orient , sans s'arrêter aux nouvelles inventions de ceux qui par ignorance et sans fondement l'ont placé aux Assores , sur ce qu'en ce lieu aucuns Navigateurs auroient rapporté l'éguille n'avoir point de variation , étant certain qu'elle n'en a point en plusieurs autres endroits qui n'ont jamais été pris pour le premier méridien. Si donnons en mandement , etc. Donné à Saint-Germain-en-Laye, le premier jour de Juillet , l'an de grace , mil six cent trente-quatre, et de notre regne le vingt-cinquieme. *Signé* Louis.

R. au Parlement de Paris, le 27 Juillet 1634.

DÉCLARATION du Roi touchant le commerce de l'Isle Saint-Christophe.

Du 25 Novembre 1634.

DE PAR LE ROI.

SUR ce qui nous a été représenté par les intéressés de la Compagnie , formée sous notre autorité, tant pour établir une colonie de nos Sujets, et des habitations de François, dans l'Isle de Saint-Christophe, située aux Indes Occidentales, et instruire les habitans d'icelle, de la vérité de la Religion Catholique, Apostolique et Romaine , de laquelle les Indiens n'avoient aucune connoissance ; que pour la faire valoir, et en retirer les commodités qui y naissent, afin d'établir un commerce, qui soit utile à nos Sujets ; ladite Compagnie auroit fait de grands frais et dépenses pour

D ij

y faire porter nombre d'hommes , ensemble des vivres , marchandises,
matériaux et ouvriers pour y bâtir, et autres choses nécessaires pour s'y
établir, et continué de faire de grandes avances, de temps en temps pour
les faire subsister, comme ils ont fait depuis l'établissement d'icelle ,
jusqu'à présent ; dequoi elle ne peut retirer aucune chose, pour l'indemniser , sinon du tabac , ou petun, ou rocou et coton, que lesdits habitans
y font venir par leur labeur et travail, à la charge d'en rendre annuellement certaine part et portion de leur revenu, qu'ils devoient envoyer au
Havre de Grace, suivant les conventions faites avec eux ou la plupart,
avant que de les y faire passer , avec défenses à tous autres de les y
troubler ; mais au lieu de ce faire , lesdits habitans de ladite Isle , à
toutes les commodités qui s'offrent, vendent aux étrangers, et principalement aux François qui ne sont de ladite Compagnie , toutes les marchandises , ou les envoient en France dans des ports détournés, pour les
vendre et en retirer le prix , sans payer que fort peu de chose de ce
qui est dû à ladite Compagnie ; tellement que la grace que nous lui
avons faite , de lui donner ladite Isle pour la faire valoir, ne lui a
servi jusques à maintenant qu'à faire de grands frais et dépenses, qui
lui ont été et seroient encore à l'avenir inutiles, ce qui contraindroit
ladite Compagnie de quitter tout , et abandonner ladite Isle, s'il ne
nous plaisoit sur ce lui pourvoir. A CES CAUSES, nous desirant conserver
ladite Compagnie en la gratification, et don, que nous lui avons fait de
ladite Isle , et empêcher qu'elle ne soit frustrée du légitime revenu qui
lui appartient , selon les conventions qu'elle en a faites , tant avec ceux
qu'elle y a envoyés pour l'habiter, que les autres qui y sont allés depuis
volontairement, sont obligés d'entretenir , si autrement ils n'en conviennent avec ladite Compagnie, ou les Directeurs d'icelle : avons fait
et faisons expresses, inhibitions et défenses, à tous nos Sujets et autres ,
qui partiront de nos Ports , et Havres , soit qu'ils passent pour aller aux
Indes Occidentales , soit qu'ils aillent exprès en ladite Isle de Saint-
Christophe et autres circonvoisines, d'y accepter ou faire acheter, ou
en rapporter le tabac , rocou et coton, qui y croissent, sans l'exprès
vouloir et consentement par écrit des Directeurs de ladite Compagnie,
ou que ce soit pour le compte d'icelle, à peine de mille livres damende,
et de confiscation, tant des vaisseaux que dudit tabac et autres marchandises qui seront apportées dedans. Si mandons et ordonnons à notre
très-cher et bien amé le Cardinal, Duc de Richelieu, Grand Maître,
Chef et Surintendant général de la navigation et commerce de France,
et aux Juges et Officiers de l'Amirauté, qui sont aux Villes et Ports, et

Havres de notre Royaume, etc. Donné à Saint-Germain-en-Laye, le vingt-cinquieme jour de Novembre, l'an de grace, 1634., et de notre regne le vingt-cinquieme. *Signé* Louis. *Et plus bas,* Boutillier. Et scellé, etc.

Armand, Cardinal, Duc de Richelieu et de Fronsac, etc. Vu par nous l'Ordonnance du Roi, en date du jourd'hui ; nous en vertu du pouvoir à nous donné par Sadite Majesté, avons en tant qu'à nous est, ordonné et ordonnons que ladite Ordonnance de Sa Majesté, sera gardée et observée de point en point, sous les peines y contenues, et que les Officiers de la Marine la feront lire, publier, registrer et afficher où besoin sera, à ce qu'aucun n'en prétende cause d'ignorance, et l'entretenir selon sa forme et teneur, à peine d'en répondre en leur propre et privé nom. Fait à Ruel, le vingt-cinquieme Novembre 1634.

Signé le Cardinal de Richelieu.

Contrat de Rétablissement de la Compagnie des Isles de l'Amérique, avec les articles accordés par Sa Majesté aux Associés.

Du 12 Février 1635.

Par-devant Gabriel Guerreau et Pierre Parque, Notaires Gardenottes du Roi, notre Sire, en son Châtelet de Paris, soussignés ; fut présent Monseigneur l'Éminentissime Armand Jean Duplessis, Cardinal Duc de Richelieu et de Fronsac, Commandeur de l'Ordre du Saint-Esprit, Pair, Grand-Maître, Chef et Surintendant général de la Navigation et Commerce de France, lequel sur ce qui lui a été représenté, par Jacques Berruyer, Écuyer, Sieur de Mantelmont, Capitaine des ports de mer de Venlette, et Petite Dalle en Caux, l'un des Associés de la Compagnie, c-devant de Saint-Christophe, et Isles adjacentes, tant pour lui que pour les autres Associés de ladite Compagnie, que pour l'établissement d'icelle Compagnie, ci-devant contractée dès le mois d'Octobre 1626, et comme abandonnée, au moyen de ce qu'aucun des Associés ne s'est donné le soin d'y penser, joint que les concessions accordées à ladite Compagnie n'étoient suffisantes, pour les obliger de s'y appliquer sérieusement ; s'il plaisoit à Sa Majesté de leur accorder de nouvelles et plus grandes concessions et privileges, ils pourroient non-seulement rétablir ladite Compagnie, mais même la porter à de plus grands desseins et entreprises pour le bien de l'État, qu'elle n'avoit projetté du commencement; sur quoi ayant été fait diverses propositions, ledit Seigneur Cardinal, pour et au nom de Sa Majesté, et sous son bon plaisir, a accordé à ladite Compagnie, ce acceptant par ledit sieur Berruyer présent esdits noms les articles qui suivent:

ART. Ier. C'est à savoir que lesdit Associés continueront la Colonie par eux établie dans l'Isle de Saint-Christophe, et feront tous leurs efforts d'en établir dans les autres Isles principales de l'Amérique, situées depuis le dixieme jusqu'au trentieme degré, au-deçà de la ligne Equinoxiale, qui ne sont occupées par aucun Prince Chrétien; et s'il y en a quelques-unes habitées par aucuns Princes Chrétiens, où ils puissent s'établir avec ceux qui y sont à présent, ils le feront pareillement.

ART. II. Que ès Isles qui sont dans ladite étendue, qui sont occupées à présent par les Sauvages, lesdits Associés s'y habituant, feront leur possible pour les convertir à la Religion Catholique, Apostolique et Romaine; et pour cet effet, en chacune habitation, lesdits Associés feront entretenir au moins deux ou trois Ecclésiastiques, pour administrer la parole de Dieu, et les Sacremens aux Catholiques, et pour instruire les Sauvages: leur feront construire des lieux propres, pour la célébration du service divin, et leur feront fournir des ornemens, livres et autres choses nécessaires pour ce sujet.

ART. III. Que lesdits Associés feront passer auxdites Isles dans vingt ans, du jour de la ratification qu'il plaira à Sa Majesté de faire desdits articles, le nombre de quatre mille personnes au moins, de tout sexe, ou feront ensorte que pareil ou plus grand nombre y passe dans cedit temps, duquel ceux qui seront à présent à Saint-Christophe feront partie; et pour savoir le nombre de ceux qui y sont, et qu'on fera passer à l'avenir esdites Isles, lesdits Associés fourniront un acte certifié du Capitaine de Saint-Christophe du nombre des François qui y sont à présent, et les Maîtres des navires qui iront à l'avenir à ladite Isle, ou autres affectées à ladite Compagnie, apporteront un acte certifié du Capitaine ou Gouverneur de l'Isle où la descente aura été faite du nombre des personnes qui y auront passé à la charge desdits Associés, qui sera registré au Greffe de l'Amirauté.

ART. IV. Qu'ils ne feront passer esdites Isles, Colonies et Habitations, aucun qui ne soit naturel François, et ne fasse profession de la Religion Catholique, Apostolique et Romaine; et si quelqu'un d'autre

condition y passoit par surprise, on l'en fera sortir aussi-tôt qu'il sera
venu à la connoissance de celui qui commandera dans ladite Isle.

Art. V. Que lesdits Associés pourront faire fortifier des places, et
construire des forts et établiront des Colonies aux lieux qu'ils jugeront
les plus commodes pour l'assurance du Commerce et la conservation
des François.

Art. VI. Et pour aucunement les indemniser de la dépense qu'ils
ont ci-devant faite, et qui leur conviendra faire à l'avenir, Sadite Majesté accordera, s'il lui plaît, à perpétuité auxdits Associés et autres
qui pourront s'associer avec eux, leurs hoirs successeurs et ayans-cause,
la propriété desdites Isles en toute instance et Seigneurie, les Terres,
Rivieres, Ports, Havres, Fleuves, Etangs, Isles, mêmement les Mines et
Minieres; pour jouir desdites mines conformément aux Ordonnances,
et du surplus des choses dessus dites, Sadite Majesté ne s'en réservera
que le ressort, la foi et hommage qui lui sera fait, et à ses successeurs
Rois de France, par l'un desdits Associés au nom de tous, à chacune
mutation de Roi, et la provision des Membres de la Justice Souveraine,
qui lui seront nommés et présentés par lesdits Associés, lorsqu'il sera
besoin d'y en établir.

Art. VII. Sa Majesté permettra auxdits Associés d'y fondre canons
et boulets, forges, toutes sortes d'armes offensives et défensives, faire
poudre à canon, et toutes autres munitions nécessaires pour la conservation desdits lieux.

Art. VIII. Pourront lesdits Associés améliorer et ménager lesdites
choses à eux accordées en telle façon qu'ils aviseront pour le mieux, et
distribuer les terres entr'eux, et à ceux qui habiteront sur les lieux avec
réserve de tels droits et devoirs, et à telle charge qu'ils jugeront à
propos.

Art. IX. Pourront lesdits Associés mettre tels Capitaines et Gens
de guerre que bon leur semblera, dans les forts qui seront construits
esdites Isles, et aussi sur les vaisseaux qu'ils y envoyeront, se réservant
néanmoins Sadite Majesté de pourvoir de Gouverneur général sur toutes
lesdites Isles, lequel Gouverneur ne pourra s'entremettre du Commerce,
ni de la distribution des terres desdites Isles.

Art. X. Que pendant vingt années nul des Sujets de Sa Majesté,
autre que lesdits Associés ne pourra aller trafiquer esd tes Isles, Ports,
Havres et Rivieres, d'icelles, que du consentement par écrit desdits
Associés, et sous les congés qui leur seront accordés sur ledit consen-

tement ; le tout à peine de confiscation des vaisseaux et marchandises de ceux qui iront autrement, applicable au profit de ladite Compagnie, et le Grand-Maître de la Navigation et Commerce, et ses successeurs en ladite Charge ne donneront aucun congé pour aller auxdites Isles, sinon à ladite Compagnie, laquelle s'intitulera dorénavant *la Compagnie des Isles de l'Amérique.*

ART. XI. Et pour convier lesdits Sujets de Sa Majesté à une si glorieuse entreprise, et si utile pour l'État, Sadite Majesté accordera que les descendans des François habitués esdites Isles, et les Sauvages qui seront convertis à la Foi et en feront profession, seront censés et réputés naturels François, capables de toutes charges, honneurs, successions, donations, ainsi que les originaires et regnicoles, sans être tenus de prendre lettres de déclaration ou naturalité.

ART. XII. Et d'autant que le principal objet des Associés et de ceux qui se pourront associer, est pour la gloire de Dieu et l'honneur du Royaume, Sa Majesté déclarera que les Prélats et autres Ecclésiastiques, les Seigneurs et Gentilhommes, et les Officiers, soit du Conseil de Sa Majesté, Cours Souveraines ou autres qui seront Associés, ne diminueront en rien de ce qui est de leur noblesse, qualités, privileges et immunités.

ART. XIII. Que les Artisans qui passeront esdites Isles et y séjourneront pendant six années consécutives, et y exerceront leur métier, soient réputés Maîtres de chef-d'œuvre, et puissent tenir boutiques ouvertes en toutes les villes du Royaume, à la réserve de la ville de Paris, en laquelle ne pourront tenir boutique ouverte que ceux qui auront demeurés et pratiqués leur métier esdites Isles pendant dix années.

ART. XIV. Et que s'il arrivoit guerre civile ou étrangere qui empêchât lesdits Associés d'exécuter ce à quoi ils sont obligés par les présens articles, il plaira à Sadite Majesté leur prolonger le temps pour l'exécution d'iceux.

ART. XV. Et au cas que lesdits Associés manquassent en quelque point, à ce à quoi ils s'obligent, Sadite Majesté pourra donner liberté à toutes personnes de trafiquer esdites Isles, et disposer des terres non occupées par ladite Compagnie, ou autres François ayant droits d'eux, ainsi qu'il lui plaira, sans que lesdits Associés puissent être tenus d'aucuns dommages et intérêts pour le défaut d'exécution.

ART. XVI. Sa Majesté fera expédier et vérifier ès lieux qu'il appartiendra, toutes lettres nécessaires pour l'entretenement de ce que dessus

et

et en cas d'opposition à ladite vérification, Sa Majesté s'en réservera la connoissance à soi et à sa personne.

Ce fait et accepté et accordé en l'Hôtel de mondit Seigneur le Cardinal, à Paris rue Saint-Honoré, l'an 1635, le lundi douzieme de Février après midi, et ont mondit Seigneur le Cardinal de Richelieu et le sieur Berruyer signé la minute des présentes demeurées audit Parque, Notaire.

ARTICLES arrêtés entre les Associés de la Compagnie des Isles de l'Amérique.

Du 13 Février 1635.

POUR le rétablissement de la Compagnie de l'Isle Saint-Christophe, et Isles adjacentes contractée ci-devant entre nous ou ceux desquels aucuns de nous ont droit dès le mois d'Octobre 1626, qui est comme abandonnée, au moyen de ce qu'aucun desdits Associés, ne s'est donné le soin d'y penser : joint que les commissions accordées à la Compagnie n'étoient suffisantes pour l'obliger de s'y appliquer sérieusement, nous avons estimé qu'il étoit à propos d'obtenir de Sa Majesté de nouvelles et plus grandes concessions et privileges, ce que Monseigneur le Cardinal, Duc de Richelieu, Grand-Maître et Surintendant de la Navigation et Commerce de France, nous ayant accordé au nom de Sa Majesté, et sous son bon plaisir ; pour empêcher qu'à l'avenir ladite Compagnie ne déchée encore faute de soin et bon réglement, nous avons accordé entre nous, les articles suivans, à l'exécution desquels nous nous sommes soumis et y avons obligé les parts et portions que chacun de nous a en ladite Compagnie :

ART. Iᵉʳ. Nous avons avisé qu'il y aura dorénavant quatre Directeurs de ladite Compagnie et Société, qui auront le soin et entier maniement des affaires d'icelle, tant ès Isles de l'Amérique qu'en France, avec plein pouvoir de nommer les Commis, Facteurs, Ecrivains, leur donner les ordres nécessaires à garder, tant esdites Isles, que dans les Ports et Havres de France, pour la réception, voiture, vente ou troc des marchandises de la Compagnie, pourront traiter avec les Capitaines, Maîtres de navires, pour passer esdites Isles de l'Amérique, et nourrir les personnes que ladite Compagnie y voudra envoyer, ou en faire revenir, et pour le frêt des marchandises de ladite Compagnie; ne

Tome I. E

pourront toutefois lesdits Directeurs obliger la Compagnie que jusqu'à la concurrence du fonds d'icelle, ni rien ordonner qu'ils ne soient du moins deux pour signer les Ordonnances.

Art. II. Que tous les premiers mercredis des mois, lesdits Directeurs s'assembleront à deux heures après midi, au logis de Monsieur Fouquet, Conseiller du Roi en son Conseil d'Etat, l'un des Associés, pour aviser à ce qui sera à faire, pour le bien de la Compagnie ; à laquelle Assemblée tous lesdits Associés se pourront trouver, si bon leur semble, pour savoir les affaires qui s'y proposeront, et en dire leur avis.

Art. III. Qu'il sera fait une Assemblée générale de la Compagnie tous les ans, le premier mercredi du mois de Décembre après midi au logis dudit sieur Fouquet, où tous lesdits Associés seront obligés de se trouver ou envoyer leur procuration à l'un des Associés, et non à d'autres, pour apprendre des Directeurs, ce qui se sera passé pendant le cours de l'année, concernant ladie Société, et pour y proposer ce que chacun jugera utile pour le bien de la Compagnie ; et les Associés qui ne s'y trouveront ou n'envoyeront leur procuration, ne laisseront d'être obligés aux résolutions qui auront été prises en ladite Assemblée générale.

Art. IV. Que tous lesdits Associés éliront domicile en cette ville de Paris, auquel ils puissent être avertis de se trouver aux Assemblées extraordinaires qu'on pourra être obligé de faire pour pourvoir aux affaires d'importance, si aucunes surviennent pendant le cours de l'année.

Art. V. Que tout ce qui sera proposé esdits Assemblées générales, ou particulieres, sera décidé par la pluralité des voix des Associés qui s'y trouveront ; et le Secrétaire de la Compagnie tiendra registre des résolutions, qu'il fera signer aux Directeurs qui y auront assisté.

Art. VI. Ceux qui auront manié les affaires de ladite Société et biens d'icelle, tant du passé que pour l'avenir, soit esdites Isles ou en France, seront obligés d'en envoyer l'état ou compte aux Directeurs, lorsqu'ils le demanderont, pour en arrêter la recette et dépense, en leur Assemblée des premiers mercredis d'un chacun mois ; et pour le reliquat desdits comptes, la Compagnie en l'Assemblée générale en ordonnera.

Art. VII. Comme aussi ladite Compagnie se réserve de nommer les Capitaines des Isles, esquelles on établira Colonie, les Capitaines des navires qu'elle aura en propre, et les Officiers de Justice qu'il conviendra établir esdites Isles, et de faire les traités et concessions à perpétuité ou à temps d'aucune desdites Isles.

Art. VIII. Qu'esdites Assemblées générales du premier mercredi du

mois de Décembre de chacun an, ce qui reviendra de bon des marchandises vendues, les frais préalablement payés, sera partagé entre les
Associés selon les parts et portions qui appartiennent à chacun de nous
en ladite Compagnie, si par ladite Assemblée autrement n'en est ordonné.

ART. IX. En ladite Assemblée générale du mois de Décembre, il
sera nommé par chacun an, deux Directeurs en la place de deux des
quatre anciens ; et après que les quatre, qui seront ci-après nommés,
auront été changés, les deux plus anciens des quatre seront toujours
changés, s'ils ne sont nommés de nouveau pour deux autres années.

ART. X. Ladite Compagnie nomme pour Directeurs jnsqu'au mois
de Décembre prochain, les sieurs de Guenegaud, Conseiller du Roi
en son Conseil d'Etat, et Trésorier de son épargne ; Martin, Sieur de
Mannoy, aussi Conseiller du Roi en son Conseil d'Etat ; Bardin,
Conseiller audit Conseil, et Président en la Chambre des Comptes de
Bourgogne, et Berruyer, Sieur de Manselmont, Associés de ladite
Compagnie.

ART. XI. Et en cas que par ci-après, il arrivât telle perte à la Compagnie (ce qu'à Dieu ne plaise) qu'il fût nécessaire de faire un nouveau
fonds, il sera loisible à ceux qui ne voudront contribuer leur cote-part,
de renoncer à la Société ; et ce faisant ils perdront leur part de la propriété desdites Isles, et des marchandises et autres choses qui seront
en icelles, même des vaisseaux, si aucuns y a, qui appartiennent en
propriété à ladite Compagnie ; prendront néanmoins leur part des
marchandises et effets de ladite Société qui seront lors en France.

ART. XII. Aucun des Associés ne pourra prendre sa part des marchandises en espece, et seront toutes lss marchandises vendues en
commun au profit de la Compagnie.

ART. XIII. Aucun de nous ne pourra vendre la part qu'il a en société
à autre qu'à l'un des Associés ; et en cas qu'il la vende à un autre que
de la Compagnie, il sera au pouvoir de la Compagnie de rembourser
celui qui l'aura acceptée du prix qu'il en aura donné, ou de le recevoir
dans la Compagnie s'il lui est agréable ; sera néanmoins permis auxdits
Associés d'associer à leur part telles personnes que bon leur semblera,
sans que pour ce lesdits Sous-Associés puissent avoir entrée ès Assemblées de la Compagnie, ni voix délibérative.

ART. XIV. Arrivant le décès d'aucuns de nous, les veuves et héritiers
seront obligés de déclarer dans deux mois du jour du décès, s'ils

entendent renoncer à ladite Société, ou la continuer; et en cas de continuation, de nommer quelqu'un au lieu du défunt qui soit agréable à la Compagnie, lequel n'aura entrée ès Assemblées qu'après avoir fait enregistrer son pouvoir par le Secrétaire de la Compagnie de l'ordonnance des Associés; et en cas de renonciation, lesdites veuves et héritiers pourront prendre leurs parts des effets de la Société qui seront en France; et pour le surplus, toute la part qu'ils auront en la propriété desdites Isles, marchandises qui y seront, et vaisseaux qui appartiendront à ladite Compagnie, par le moyen de ladite renonciation, retournera au profit de ladite Compagnie; et jusqu'au jour de ladite renonciation ou acceptation, et nomination d'une personne, tout ce qui aura été fait par l'Assemblée ou Directeurs aura le même effet que s'ils y avoient donné consentement.

Art. XV. Aucuns créanciers des Associés ne pourront demander compte des effets de la Société, ni poursuivre la Compagnie, ni les Directeurs par Justice; ains seront tenus de se contenter de la clôture des comptes et de recevoir ce que pourroit faire leur débiteur, sans être admis à distraire le fonds, ni à prétendre entrée en la Compagnie, pour assister à l'examen des comptes qui ne seroient rendus.

Art. XVI. Lesdits Associés se réservent la faculté d'ajouter d'autres articles ou d'en changer, selon qu'il sera jugé avantageux à la Compagnie, par la pluralité des voix des Associés.

Fait à Paris, ce treizieme de Février 1635. *Signé* Fouquet, ayant Charge de Monsieur le Cardinal, Duc de Richelieu, et en mon nom; de Flecelles Martin, tant pour Monsieur le Commandeur de la Porte que pour moi; de Guenegaud, tant pour la part de feu Monsieur Marion que pour moi; Bardin; Berruyer; Morant; Cavelet, tant pour Monsieur de Cauville que pour moi; Launoy Razilly; Pradines, Cessionnaire de la moitié de la part de Madame la Maréchale d'Effiat, et l'Avocat; la minute est demeurée vers Confinet, l'un des Notaires soussignés.

Arrêt du Conseil d'Etat portant confirmation du contrat de rétablissement de la Compagnie des Isles de l'Amérique.

Du 8 Mars 1635.

Vu, par le Roi étant en son Conseil, le contrat passé par M. le Cardinal de Richelieu, Grand-Maître, Chef et Surintendant-Général de la Navigation et commerce de France, au nom de Sa Majesté, avec le sieur Berruyer, tânt en son nom que des autres Associés de la Compagnie des Isles de l'Amérique, le douzieme Février de la présente année, pardevant Guerreau et Parque, Notaires au Chêtelet de Paris, par lequel entr'autres choses, ledit sieur Cardinal, au nom de Sa Majesté, et sous son bon plaisir, accorde à ladite Compagnie, aux charges et conditions apposées audit Contrat, la faculté de continuer la Colonie de l'Isle de Saint-Cristophe, d'établir des Colonies aux autres Isles de l'Amérique, depuis le dixieme jusqu'au trentieme degré de la ligne Equinoctiale ; le pouvoir de construire des forts esdites Isles, la propriété desdites Isles en toutes Justice et Seigneurie, la permission de faire forger toutes sortes d'armes, de ménager, améliorer et distribuer les terres à telles conditions que la Compagnie avisera, même des Capitaines et Gens de guerre dans les forts ; et pendant vingt années le trafic esdites Isles à l'exclusion de tous autres sujets de Sa Majesté, si ce n'est du consentement de la Compagnie, à peine de confiscation des vaisseaux et marchandises au profit de ladite Compagnie : que les Associés et autres qui s'associeront à ladite Compagnie, de quelque dignité, qualité, et condition qu'ils soient, ne diminueront en rien de ce qui est de leur noblesse, dignités, qualités, privileges, prérogatives et immunités; que les artisans y acquéreront maîtrise. Le Roi étant en son Conseil, a ratifié, confirmé et validé ledit Contrat, du douzieme Février dernier, veut et entend qu'il sorte son plein et entier effet, et que les associés de la Compagnie des Isles de l'Amérique et autres qui s'y associeront à l'avenir, leurs hoirs et successeurs et ayans-cause, jouissent du contenu en icelui, ordonne Sadite Majesté, qu'à cette fin toutes lettres nécessaires leurs seront expédiées en vertu dudit présent Arrêt. FAIT au Conseil d'Etat, le Roi y étant, tenu à Senlis le huitieme jour de Mars 1635. *Signé* BOUTHILLIER.

DÉCLARATION du Roi sur l'ouverture de la guerre contre le Roi d'Espagne.

Du 6 Juin 1635.

LOUIS par la grace de Dieu, etc. Les grandes et sensibles offenses que cette Monarchie a reçues en divers tems de celle d'Espagne, sont si connues de tout le monde, qu'il est inutile d'en renouveller la mémoire, etc. A CES CAUSES ; Nous avons déclaré et déclarons par ces

présentes, signées de notre main, avoir arrêté et résolu de faire dorénavant la guerre ouverte par mer et par terre audit Roi d'Espagne, ses
Sujets, Pays, et Vassaux, pour tirer raison sur eux, des torts, injures et
offenses que nous, nos Etats, Sujets et Alliés, en ont reçus, tout ainsi
qu'ont fait les Rois nos prédécesseurs en semblables occasions ; avec
ferme espérance que la même bonté divine, qui voit le fond de notre
cœur, et qui a fait paroître la connoissance qu'elle a de la justice de
nos desseins, par le gain d'une célebre bataille, dès l'ouverture de cette
guerre, nous continuera son assistance, et nous fera la grace par les
heureux succès de nos entreprises, de pouvoir établir une sûre et durable
paix dans la Chretienneté, qui est la seule fin que nous nous proposons.
Et pour y parvenir plus promptement, nous convions et exhortons tous
les Princes, Etats et Répub iques, qui aiment la paix, et prennent intérêt à la liberté publique, de prendre les armes, et se joindre avec nous
pour l'établissement d'une paix générale. Et cependant nous ordonnons,
et très-expressément enjoignons à tous nos Sujets, Vassaux et Serviteurs,
de faire ci-après la guerre par terre et par mer audit Roi d'Espagne, ses
Pays, Sujets, Vassaux, et Adhérans, que nous avons déclaré ennemis
de notre personne, et de notredit Etat, comme ils le sont du repos
public. Leur donnant pour ce faire, pouvoir d'entrer avec forces esdits
pays, assaillir et surprendre les villes et places qui sont sous son obéissance, y lever deniers et contributions, prendre ses Sujets et Serviteurs
prisonniers, les mettre à rançon, et les traiter selon les loix de la
guerre. Faisant très-expresses défenses par ces présentes à tous nosdits Sujets, Vassaux, et Serviteurs d'avoir aucune communication,
commerce et intelligence avec le Roi d'Espagne, ses Adhérans, Serviteurs et Sujets, à peine de la vie. Avons révoqué et révoquons dès
à présent toutes sortes de permissions, passeports et sauvegardes accordés par nous, par nos Lieutenans Généraux et autres, contraires à la
présente Déclaration, les avons déclarés nulles, et de nulle valeur,
et fait défenses d'y avoir aucun égard. Et d'autant que nous avons résolu
suivant le Traité fait avec nous par nos très-chers grands amis, Alliés
et Confédérés les sieurs les Etats des Provinces Unies des Pays-bas, de
porter le premier effort de nos armes, conjointement avec eux dans les
Provinces desdits Pays-bas, qui sont sous la domination du Roi d'Espagne, etc. Si donnons en mandement etc. DONNÉ à Château-Thierry
le sixieme jour de Juin, l'an de grace, mil six cent trente-cinq, et
de notre regne le vingt-sixieme. *Signé* LOUIS.

R. au Parlement de Paris, le 18 Juin 1635.

POUVOIRS accordés par le Pape à quatre Dominicains, Missionnaires aux Isles Françoises.

Du 12 Juillet 1635.

FACULTATES concessæ à Sanctissimo. **D. N. D. URBANO**, divina Providentia Papa VIII.

Fratri Petro Pellicano, et tribus aliis ejus Sociis Ordinis Predicatorum, destinatis Missionnariis ad Indos protectos à Christianissimo Rege Galliæ.

1°. Administrandi omnia Sacramenta, etiam Parochialia, exceptis Confirmatione et Ordine.

2°. Absolvendi ab hæresi et schismate Indos, etiam relapsos.

3° Absolvendi in foro conscientiæ à casibus reservatis per quascumque Constitutiones Apostolicas, et in specie per Bullam in Cœna Domini, injunctis injungendis.

4°. Dispensandi in tertio et quarto simplici et mixto consanguinitatis vel affinitatis, in Matrimoniis contractis; nec non dispensandi cum gentibus et infidelibus plures uxores habentibus, ut post eorum conversionem et Baptismum, quam ex illis maluerint, retinere possint, nisi prima voluerit converti.

5°. Declarandi prolem legitimam, in præfatis Matrimoniis de præterito contractis, susceptam.

6°. Dispensandi in quacumque irregularitate ex delicto occulto, præterquam ex homicidio voluntario contracto, et relaxandi suspensiones qualescumque à Religiosis, Sæcularibus, vel Regularibus, præterquam ab homine impositas, et injunctis injungendis.

7°. Commutandi vota simplicia, exceptis votis castitatis et religionis.

8°. Relaxandi juramenta justas ob causas.

9°. Utendi oleis et Chrismate veteribus, quando nova de facili habere non potuerint.

10°. Consecrandi calices, patenas et altaria portatilia, oleo tantum ab Episcopo, benedicto: necnon benedicendi paramenta, capellas et cætera quæ ad cultum divinum spectant.

11° Celebrandi missas quocumque loco decenti, etiam sub dio, et sub terra antè lucem; et hyemi una hora post meridiem, in altari portatili, sine obligatione inquirendi an sit fractum, aut cum reliquiis, vel sine, quod de aliis altaribus intelligatur.

12°. Bis in die celebrandi, ubi necessitas postulaverit, juxta sacros Canones, coram hæreticis, infidelibus, et excommunicatis, dummodo Minister non sit hæreticus, et in casu necessitatis.

13°. Deponendi habitum, ubi necesstas postulaverit.

14°. Recitandi rosarium beatissimi Virginis, loco breviarii, quando non habuerint, vel non potuerint eo uti propter periculum vitæ.

15°. Concedendi indulgentiam quadragenta dierum in Festis de præcepto, et primæ classis, et plenariam in diebus Nativitatis Domini et Assumptionis beatæ Mariæ Virginis, et semel facientibus confessionem generalem suorum peccatorum et semper in mortis articulo.

16°. Utendi prædictis facultatibus in partibus et locis eorum missionis.

Feria quinta die 12 Julii 1635, in Congregatione generali Sancti Officii, in Palatio Apostolico, Montis Quirinalis, Sanctissimus D. N. Urbanus divina Providentia Papa VIII, concessit supradictas facultates Patri Pellicano, et tribus aliis ejus Sociis, Ordinis Prædicatorum, Missionariis, ad Indos, etc. Cardinalis Barberinus. *Registrata fol.* 202. Joannes Antonius Thomatius Sanctæ Romanæ et Universalis Inquisitionis Notarius.

Déclaration du Roi, par laquelle Sa Majesté déclare qu'elle a pris la très-sainte et très-glorieuse Vierge pour protectrice spéciale de son Royaume.

Du 2 Février 1638.

Louis, etc. Salut. Dieu qui éleve les Rois au Trone de leur grandeur, non content de nous avoir donné l'esprit qu'il départ à tous les Princes de la Terre pour la conduite de leurs Peuples, a voulu prendre un soin si spécial, et de notre Personne, et de nôtre Etat, que nous ne pouvons considérer le bonheur du cours de notre Regne, sans y voir autant d'effets merveilleux de sa bonté, que d'accidens qui nous pouvoient perdre, etc. A ces causes, nous avons déclaré et déclarons, que prenant la très-sainte et très-glorieuse Vierge, pour protectrice spéciale de notre Royaume, nous lui consacrons particulierement nôtre Personne, notre Etat, notre Couronne, et nos Sujets, la suppliant de nous vouloir inspirer une sainte conduite, et défendre avec tant de soin ce Royaume contre l'effort de tous se ennemis; que soit qu'il souffre le fléau de la guerre, ou jouisse de la douceur de la paix, que nous
demandons

demandons à Dieu de tout notre cœur, il ne sorte point des voies de la grace qui conduisent à celles de la gloire. Et afin que la postérité ne puisse manquer à suivre nos volontés en ce sujet, pour monument et marque immortelle de la consécration présente que nous faisons, nous ferons construire de nouveau le grand autel de l'Eglise Cathédrale de Paris, avec une image de la Vierge, qui tienne entre ses bras celle de son précieux Fils descendu de la Croix ; nous serons représenté aux pieds, et du fils et de la Mere, comme leur offrant notre Couronne et notre sceptre : nous admonestons le sieur Archevêque de Paris, et néanmoins lui enjoignons que tous les ans, le jour et Fête de l'Assomption il fasse faire commémoration de notre présente Déclaration à la grand'Messe, qui se dira en son Eglise Cathédrale, et qu'après les Vêpres dudit jour, il soit fait une Procession en ladite Eglise, à laquelle assisteront toutes les Cours Souveraines, et le Corps de Ville, avec pareille Cérémonie que celle qui s'observe aux Processions généra-les plus solemnelles. Exhortons pareillement tous les Archevêques et Evêques de notre Royaume, et néanmoins leur enjoignons de faire célébrer la même Solemnité en leurs Eglises Episcopales, et autres Eglises de leurs Dioceses ; entendant qu'à ladite Cérémonie les Cours de Parlement, et autres Compagnies Souveraines, les principaux Offi-ciers des Villes y soient présens.... DONNÉ à Saint-Germain en Laye le dixieme jour de Février, l'an de grace mil six cent trente-huit, et de notre regne le vingt-huitieme. *Signé* LOUIS.

(*En vertu de cette Déclaration du Roi la Procession ordonnée le jour de l'Assomption a lieu à Saint-Domingue, et les Conseils Supérieurs y assistent ainsi que les Jurisdictions.*)

PRÉSENTATION par M. le Grand-Maître de la Navigation, et Nomination par le Roi à la place de Lieutenant-Général des Isles, en faveur de M. LE COMMANDEUR DE POINCY.

Des 14 et 15 Février 1638.

ARMAND-JEAN DUPLESSIS, Cardinal, Duc de Richelieu, ect. La Charge de Gouverneur et Lieutenant-Général de Sa Majesté sur toutes les Isles de l'Amérique, nous appartenant à cause de notre Charge de Grand-Maître, Chef et Surintendant de la Navigation et Commerce de France ; et n'étant possible de pourvoir à tout ce que nous desirons, et qui seroit nécessaire pour la conservation des François, qui sont auxdites Isles, ni les faire vivre sous les Loix de la France, s'il n'y a quelque personne de considération sur les lieux, qui par sa conduite et autorité de sa Charge, les contienne et réprime selon les occasions, et ne pouvant faire choix d'une personne plus capable, pour s'en acquitter dignement, que du sieur de Lonvillier de Poincy, Chevalier de l'Ordre de Saint-Jean de Jérusalem, Commandeur d'Ezemont, Chef d'Escadre des vaisseaux du Roi en Bretagne, pour les preuves qu'il a données de son courage et fidélité au service de Sa Majesté, et grande expérience, tant sur mer que sur terre, lequel nous a été nommé par la Compagnie des Isles de l'Amérique pour exercer la Charge de Lieutenant-Général de Sa Majesté pendant trois ans, ou tel autre temps qu'il plaira à Sa Majesté sur toutes lesdits Isles de l'Amérique concédées à ladite Compagnie; Nous pour ces causes avons nommé et présenté, nommons et présentons à Sa Majesté ledit sieur de Lonvilliers de Poincy, Commandeur d'Ezemont, pour Lieutenant-Général de Sa Majesté pour trois années auxdites Isles de l'Amérique, avec pouvoir et autorité dont jouissent les Lieutenans-Généraux de Sa Majesté ès provinces de France, aux droits et émolumens à lui accordés par ladite Compagnie des Isles de l'Amérique; suppliant très-humblement Sa Majesté d'avoir agréable notre présente nomination, et sur icelle faire expédier audit sieur de Poincy toutes lettres à ce nécessaires; en témoin de quoi nous avons signé ces présentes, et fait apposer le scel de nos armes, et contre-signer par notre Secrétaire ordinaire de la Marine. A Ruel, le 14 Février 1638. *Signé* le Cardinal DE RICHELIEU; et sur le repli, par mondit Seigneur de Loines, et scellé sur double queue de cire rouge.

LOUIS, etc. A notre très-cher et bien amé le sieur de Lonvilliers de Poincy, Chevalier de l'Ordre de Saint-Jean de Jérusalem, Commandeur d'Ezemont, Chef d'Escadre des vaisseaux en Bretagne; la confiance que nous avons dans votre prudence, bonne conduite, affection et fidélité à notre service, comme aussi de votre valeur et courage, dont vous avez donné des preuves en diverses occasions, nous a fait approuver le choix que notre très-cher et bien amé Cousin le Cardinal de Richelieu, Grand-Maître, Chef et Surintendant de la Navigation et Commerce de ce Royaume, a fait de votre personne pour nous servir en la Charge de notre Lieutenant-Général ès Isles de l'Amérique. A CES CAUSES, et autres bonnes considérations, à ce nous mouvant, sur la nomination et présentation de notre Cousin le Cardinal de Richelieu, ci-attaché so

le contre-scel de notre Chancellerie, nous vous avons commis, ordonné
et député, commettons, ordonnons et députons par ces présentes signées
de notre main, pour être notre Lieutenant-Général esdites Isles de l'A-
mérique, et exercer ladite Charge sous notre autorité et sous celle de
notre Cousin, aux honneurs, pouvoirs et prééminences, qui appartiennent : faire vivre nos Sujets qui sont ou trafiquent esdites Isles, en
paix, union et concorde, les uns avec les autres, et selon nos Ordonnances, les faire observer sur le fait de trafic et commerce, maintenir
la sûreté d'icelui, et spécialement tout ce que par nous et notre Cousin
a été octroyé à la Compagnie desdites Isles, faire punir tous ceux à qui
il pourroit arriver de commettre des crimes et excès qui méritent châtiment, et pour cet effet soutenir l'autorité de la Justice, et la faire rendre
à un chacun dans l'étendue desdites Isles, Ports et Havres qui en dépendent, et généralement faire toutes choses que nous pourrions faire
nous-mêmes, si nous étions présens en personne, ou notre Cousin ; et
ce pendant trois années prochaines, à commencer du jour et date de ces
présentes. Mandons et ordonnons à tous nos Sujets, résidens et trafiquans
auxdites Isles, et à tous autres qu'il appartiendra, qu'ils aient à vous
reconnoître comme notre Lieutenant-Général esdites Isles, et à vous
obéir ès choses touchant et concernant ladite Charge. Car tel est notre
plaisir, etc. DONNÉ à Saint-Germain-en-Laye, le quinzieme Février
1638, et de notre regne le vingt-neuvieme. *Signé* LOUIS. *Et plus bas,*
par le Roi, BOUTHILLIER.

> *M. de Poincy fut reçu à la Martinique le 22 Février 1639 ; il*
> *avoit été nommé par la Compagnie, le 6 Janvier 1638 ; il*
> *fut encore continué pour trois nouvelles années, à compter de*
> *Janvier 1642, suivant une Commission du premier Mai 1641,*
> *donnée par la Compagnie, et confirmée par Lettres-Patentes.*

ORDONNANCE *du Gouverneur-Général des Isles, qui enjoint*
d'arracher tout le Petun de Saint-Christophe.

Du 26 Mai 1639.

LE COMMANDEUR DE POINCY, etc. Il est ordonné
et enjoint à tous les Habitans et Maîtres de Cases de la présente Isle de Saint-Christophe, de quelque qualité et condition
qu'ils soient, d'arracher tout le Petun qui se trouvera sur les terres
de leurs habitations, sans en réserver une seule plante, à la fin

d'Octobre prochain venant, qui est selon le style de Messieurs les Anglois, le dixieme Novembre, et n'en replanter ni faire en aucune façon, ni maniere, ni sous quelque prétéxte que ce soit, de dix-huit mois après, et non devant, à peine de confiscation des habitations où se trouvera du Petun fait pendant ledit temps, contre la teneur des présentes défenses, et de tous les hommes et femmes, soit blancs, noirs ou sauvages y servant, ensemble d'amende arbitraire, qui sera déclarée au contrevenant, et de tenir prison un an durant. FAIT à la Montagne de la Basseterre en l'Isle Saint-Christophe, le vingt-sixieme Mai mil six cent trente-neuf.

DÉCLARATION du Roi portant réglement sur l'ordre qui doit être observé dans la célébration des mariages, et contre ceux qui commettent le crime de rapt.

Du 26 Novembre 1639.

LOUIS, etc. SALUT. Comme les mariages sont le séminaire des Etats, la source et l'origine de la Société civile, et le fondement des familles, qui composent les Républiques, qui servent de principe à former leurs polices, et dans lesquelles la naturelle révérence des enfans envers leurs parens est le lien de la légitime obéissance des sujets envers leurs Souverains : aussi les Rois, nos prédécesseurs, ont jugé digne de leur soin de faire des loix de leur ordre public, de leur décence extérieure, de leur honnêteté et de leur dignité. A cet effet, ils ont voulu que les mariages fussent publiquement célébrés en face de l'Eglise, avec toutes les justes solemnités, et les cérémonies qui ont été prescrites, comme essentielles, par les saints Conciles, et par eux déclarées être non-seulement de la nécessité du Précepte, mais encore de la nécessité du Sacrement.

Mais outre les peines indictes par les Conciles, aucuns de nosdits prédécesseurs ont permis aux peres et meres d'exhéréder leurs enfans qui contractoient des mariages clandestins sans leur consentement, et de révoquer toutes et chacunes les donations et avantages qu'ils leur avoient faits. Mais quoique cette Ordonnance fût fondée sur le premier Commandement de la seconde Table, contenant l'honneur et la révérence qui est due aux parens, elle n'a pas été assez forte pour arrêter le cours du mal et du désordre, qui a troublé le repos à tant de familles, et flétri l'honneur par des alliances inégales et souvent honteuses et infâmes ; ce qui depuis a donné sujet à d'autres Ordonnances qui desirent la proclamation de bans, la présence du propre Curé, et de témoins assistans à la Bénédiction nuptiale, avec des peines contre les Curés, Vicaires et autres qui passeroient outre à la célébration des mariages des enfans de famille, s'il ne leur apparoissoit des consentemens des peres et meres, tuteurs et curateurs, sur peine d'être punis comme fauteurs du crime de rapt, comme les auteurs et les complices de tels illégitimes mariages toutefois, quelqu'ordre qu'on ait pu apporter jusqu'à maintenant, pour rétablir l'honnêteté publique, et des actes si importans, la licence du siecle et la dépravation des mœurs, ont toujours prévalu sur nos Ordonnances si saintes et si salutaires, dont même la vigueur et l'observation a été souvent relâchée, par la considération des peres et meres qui remettent leur offense particuliere, bien qu'il ne puissent remettre celle qui est faite aux loix publiques.

C'est pourquoi ne pouvant plus souffrir que nos Ordonnances soient ainsi violées, ni que la sainteté d'un si grand Sacrement, qui est le signe mistique de la conjonction de Jésus-Christ avec son Eglise, soit indignement profané : et voyant, d'autre part, à notre grand regret, et au préjudice de notre Etat, que la plupart des honnêtes familles, de notre Royaume, demeurent en trouble par la subornation et enlevement de leurs enfans, qui trouvent eux-mêmes la ruine de leur fortune dans ces illégitimes conjonctions, nous avons résolu d'opposer à la fréquence de ces maux, la sévérité des loix, et de retenir par la terreur des nouvelles peines ceux que la crainte n'y la révérence des loix divines et humaines ne peuvent arrêter, n'ayant en cela d'autre dessein que de sanctifier le mariage, régler les mœurs de nos Sujets, et empêcher que les crimes de rapt ne servent plus à l'avenir de moyens et de degrés pour parvenir à des mariages avantageux. A CES CAUSES, après avoir mis cette affaire en délibération en notre Conseil ; de l'avis d'icelui, et de notre certaine science, pleine puissance, et autorité Royale, nous avons statué et ordonné, statuons et ordonnons ce qui ensuit :

ART. Ier. Nous voulons que l'article quarante de l'Ordonnance de Blois, touchant les mariages clandestins, soit exactement gardé ; et interprétant icelui, ordonnons que la proclamation des bans sera faite par le Curé de chacune parties contractantes, avec le consentement des peres, meres, tuteurs ou curateurs, s'ils sont enfans de famille, ou en la puissance d'autrui : et qu'à la célébration du mariage, assisteront quatre témoins dignes de foi, outre le Curé qui recevra le consentement des parties, et les conjoindra en mariage suivant la forme pratiquée en l'Eglise ; faisons très-expresses défenses à tous Prêtres, tant séculiers que réguliers, de célébrer aucun mariage, qu'entre ses vrais et ordinaires Paroissiens, sans la permission par écrit des Curés des parties, ou de l'Evêque diocésain, nonobstant les coutumes immémoriales, et privileges que l'on pourroit alléguer au Contraire : et ordonnons qu'il sera fait un bon et fidele registre, tant des mariages que de la publication des bans, ou des dispenses et des permissions qui auront été accordées.

ART. II. Le contenu en l'Edit de l'an 1556, et aux articles 41, 42, 43 et 44 de l'Ordonnance de Blois sera observé : et y ajoutant, nous ordonnons que la peine de rapt demeure encourue, nonobstant les consentemens intervenans puis après de la part des peres et meres, tuteurs et curateurs, dérogeant expressément aux Coutumes qui permettent aux enfans de se marier après l'âge de vingt ans, sans le consentement des peres, et avons déclaré et déclarons les veuves, fils et filles, moindres de vingt cinq ans, qui auront contracté mariage contre la teneur desdites Ordonnances, privés et déchus par ce seul fait, ensemble, les enfans qui en naîtront, et leurs hoirs, indignes et incapables à jamais des successions de leurs peres, meres et aïeuls, et de toutes autres directes ou collatérales : comme aussi des droits et avantages qui pourroient leur être acquis par contrats de mariages et testamens, ou par les coutumes et loix de notre Royaume, même du droit de légitime ; et les dispositions qui seront faites au préjudice de cette notre Ordonnance, soit en faveur des personnes mariées, ou par elles au profit des enfans nés de ces mariages, nulles et de nul effet et valeur. Voulons que les choses ainsi données, léguées ou transportées, sous quelque prétexte que ce soit, demeurent en ce cas acquises irrévocablement à notre fisc, sans que nous en puissions disposer qu'en faveur des Hôpitaux, ou autres œuvres pies. Enjoignons aux fils qui excedent l'âge de trente ans, et aux filles qui excédent celui de vingt-cinq, de requérir par écrit l'avis et le conseil de leurs peres, et meres pour se marier, sous peine d'être exhérédés par eux, suivant l'Edit de l'an 1556.

ART. III. Déclarons, conformément aux saints Décrets et Constitutions canoniques, les mariages faits avec ceux qui ont ravi et enlevé des veuves, fils et filles de quelque âge et condition qu'ils soient, non-valablement contractés, sans que par le tems, ni par le consentement des personnes ravies, et de leurs peres, meres, tuteurs et curateurs, ils puissent être confirmés, tandis que la personne ravie est en la possession du ravisseur ; et néanmoins en cas que sous prétexte de majorité, elle donne un nouveau consentement après être mise en liberté, pour se marier avec le ravisseur, nous la déclarons, ensemble les enfans qui naîtront d'un tel mariage, indignes et incapables de légitime, et de toutes successions directes et collatérales qui leur pourroient échoir, sous quelques titres que ce soit, conformément à ce que nous ordonnons contre les personnes ravies par subornation : et les parens qui auront assisté, donné conseil, et favorisé lesdits mariages, et leurs hoirs, incapables de succéder directement ou indirectement auxdites veuves, fils et filles. Enjoignons très-expressément à nos Procureurs généraux, et à leurs Substituts de faire toutes les poursuites nécessaires contre les ravisseurs et leurs complices, nonobstant qu'il n'y eût plainte de partie civile, et à nos Juges de punir les coupables de peine de mort, et confiscation de biens, sur iceux préalablement prises les réparations qui seront ordonnées, sans que cette peine puisse être modérée : faisant défenses à tous nos Sujets de quelque qualité et condition qu'ils soient, de donner retraite aux coupables, ni de retenir les personnes enlevées, à peine d'être punis comme complices, et de répondre solidairement et leurs héritiers, des réparations adjugées, et d'être privés de leurs Offices et Gouvernemens, s'ils en ont, dont ils encoureront la privation par le seul acte de la contravention à cette défense.

Art. IV. Et afin qu'un chacun reconnoisse combien nous détestons toutes sortes de rapt, nous défendons très-expressément aux Princes et Seigneurs, de nous faire instance pour accorder des Lettres, afin de réhabiliter ceux que nous avons déclarés incapables des successions, à nos Secrétaires d'Etat de les signer, et à notre très-cher et féal Chancelier de les sceller, et à tous Juges d'y avoir aucun égard, en cas que par importunité ou autrement, ou en eût impétré aucunes de nous : voulons que nonobstant telles dérogations ou dispenses, les peines contenues en nos Ordonnances soient exécutées.

Art. V. Desirant pourvoir à l'abus qui commence à s'introduire dans notre Royaume, par ceux qui tiennent leurs mariages secrets et cachés pendant leur vie, contre le respect qui est dû a un si grand Sacrement, nous ordonnons que les majeurs contractent leurs mariages publiquement en face d'Eglise, avec les solemnités prescrites par l'Ordonnance de Blois, et déclarons les enfans qui naîtront de ces mariages, que les parties ont tenus jusqu'ici, ou tiendront à l'avenir cachés pendant leur vie, qui ressentent plutôt la honte d'un concubinage, que la dignité d'un mariage, incapables de toutes successions aussi bien que leur postérité.

Art. VI. Nous voulons que la même peine ait lieu contre les enfans qui sont nés des femmes que les peres ont entretenues, et qu'ils epousent lors qu'il sont à l'extrêmité de la vie; comme aussi contre les enfans procrées par ceux qui se marient après avoir été condamnés à mort, même par les Sentences de nos Juges, rendues par défaut, si avant leur décès ils n'ont été remis au premier état, suivant les Loix prescrites par nos Ordonnances.

Art. VII. Défendons à tous Juges, même à ceux d'Eglise, de recevoir la preuve par témoins des promesses de mariages, ni autrement que par écrit qui soit arrêté en présence de quatre proches parens de l'une et l'autre des parties encore qu'elles soient de basse condition. Si donnons en mandement à nos amés et féaux Conseillers, etc. Donné à Saint-Germain en Laye, le 26 jour de Novembre, l'an 1639; et de notre regne le trentieme. *Signé* Louis.

Cette Déclaration est suivie à Saint-Domingue, en vertu de l'art. X, de l'Edit de 1685, vulgairement appellé le Code noir.

Lettres d'Erection en Baronie, de plusieurs Isles données au sieur de Caen, *par le Cardinal de Richelieu en 1633.*

1640.

Louis, etc. Salut. Les Rois nos prédécesseurs voulant laisser à la postérité des marques de leur bienveillance envers ceux qui par leurs vertus, louables déportemens et grands services ont bien mérité de cet Etat, ne se sont pas seulement contentés de les honorer et décorer en leurs personnes, mais ils ont aussi voulu les relever en leur donnant des titres, dignités et qualités correspondantes à leur mérite, à quoi ils se sont portés d'autant plus volontiers, qu'ils ont reconnu que l'exemple de telles graces, faveurs et récompenses incitoient les ames genereuses et les courages bien nés à se rendre dignes de pareille rémunération; en quoi voulant de notre part les imiter, ayant mis en considération les bons, fideles et recommandables services du sieur de Caen, Major Général, Sergent de bataille de notre Armée Navale, Seigneur des Isles Inacque, Ibacque et autres adjacentes situées ès Indes Occidentales, par la donation qui lui en a été faite par notre très-cher et amé Cousin, Cardinal, Duc de Richelieu, Pair de France, Chef et Surintendant-Général de la Navigation et Commerce de ce Royaume, suivant le

pouvoir

pouvoir qu'il en a de nous mêmes , de ce qu'il est à présent dépossédé de la Baronie du Cap de Tourmente, située en notre Pays de la Nouvelle France , laquelle lui avoit été donnée et érigée par des titres illustres d'honneur , et en considération des grands périls , hasards et aventures qu'il a courus, tant pour prendre entrée et habitudes en notredit Pays de la Nouvelle France , que pour la conservation et défense d'icelui sous notre obéissance , afin d'en interdire et empêcher l'abord à tous autres Peuples et Nations étrangeres qui y voudroient mettre le pied , et des grands frais et dépenses qu'il a été obligé faire pour cet effet durant trois voyages qu'il a faits audit Pays , pendant lesquels sa prudence y a si heureusement fait réussir toutes choses à notre contentement pour notre service qu'il a commencé le peuplement d'icelui , nous avons jugé qu'il étoit plus juste et raisonnable de le relever en qualité et dignités que de lui ôter les titres d'honneur par lui si légitimement acquis ; et pour ce , savoir faisons , qu'étant duement informés de la grande étendue desdites Isles et Terres d'Inacque, Ibacque et adjacentes , non habitées par des Chrétiens , et situées auxdites Isles Occidentales , et de ce qu'étant habitées le revenu et domaine d'icelles pourra être suffisant et capable de porter tels titre et qualité que nous voudrons lui donner; A CES CAUSES , inclinant libéralement à la très-humble supplication et requête qui nous a été faite par ledit sieur de Caen, et desirant en cette occasion lui témoigner , et aux siens à l'avenir le contentement que nous avons de ses services et de ceux que nous espérons recevoir de lui à l'avenir ; nous avons, en tant que besoin est ou seroit , confirmé et confirmons ladite donation desdites Isles d'Inacque , Ibacque et adjacentes audit sieur de Caen, pour en jouir par lui , ses successeurs et ayans-cause perpétuellement, pleinement , paisiblement et à jamais , à titre de Seigneurie et Baronie de Caen, avec Justice haute , moyenne et basse , droits de Patronage , nomination aux bénéfices , provisions aux Offices qui pourroient être institués ci-après dans l'enclos de ladite Baronie , Foires , Marchés , Coutumes et Usages , permission de faire édifier un ou plusieurs châteaux ou maisons Seigneuriales décorées de dômes , pont-levis et creneaux pour l'embélissement d'icelles avec tous les autres droits et privileges appartenans à la Baronie , suivant les mœurs , coutumes et usages de la France , et en propriété du très-fonds de ladite Baronie, supperficie et revenu d'icelle, soit pâlis , forêts , bois , buissons , terres vaines et vagues , monts, fontaines, lacs , palus , marais , ruisseaux et rivieres , pêches , chasses , et tous autres revenus sans en rien réserver , hors la souveraineté , droit de ressort , et le dixieme des mines d'or et

Tome I.   G.

d'argent ; iceux fonds et revenus changer de nature, et approprier à ce à quoi ils seront estimés bons et utiles les redonner à telles personnes que bon lui semblera en tant de parts, fonds, inféodation et arrentemens, nobles ou roturiers, pour les relever de ladite Baronie de Caen à telles charges, redevances, droits et conditions qu'il établira et avisera bon être ; faire labourer, cultiver et peupler lesdites Terres et Isles au mieux qu'il pourra, le tout à la charge d'une seule foi et hommage - lige, et autres sermens et devoirs à nous dûs, et sans que par vente desdites terres, partages, ni autrement, ledit titre de Baronie ne puisse être divisé, ainsi demeurera et subsistera en la personne dudit de Caen son fils aîné, et d'aîné en aîné mâle son légitime héritier, nommé *de Caen*, descendant de lui ; et au défaut de mâle, à la fille aînée, et le plus proche héritier d'elle consécutivement : voulons et nous plaît que tous les Vassaux qui en dépendent ou en dépendront ci-après, tant nobles que roturiers y portent et rendent quand le cas y échera les foi et hommages, et paient les droits et devoirs qu'ils sont tenus, ainsi qu'ils les paient en ce Royaume sous la reconnoissance dudit titre et qualité de Baronie ; et conséquemment ledit sieur de Caen, ses héritiers, successeurs et ayans-cause jouir et user de ladite Baronie, l'avoir, tenir et posséder, et la Justice y être dorénavant administrée par les Officiers que ledit sieur de Caen y établira en tels lieux que bon lui semblera aux titres de Baronie, avec tous honneurs, autorités, droits et prérogatives générale-lement quelconques qui y appartiennent, et dont jouissent et ont accou-tumé de jouir les Seigneurs, Barons et autres Gentilshommes de notre Royaume, le tout à une seule foi et hommage aux charges accoutumées, pardevant lesquels Officiers qui seront établis par ledit sieur de Caen, les Vassaux et Habitans des terres et lieux dépendans de ladite Baronie, seront tenus de subir Jurisdiction. Si donnons en mandement par ces présentes, signées de notre main, à nos amés et féaux Conseillers les Gens tenans la Chambre de nos Comptes, et autres. DONNÉ au mois de , l'an de grace, mil six cent quarante, et de notre regne le trentieme.

Voy. ce que nous avons déja dit de ces Isles à la fin de la Concession du 28 Janvier 1633, pag.

La Baronie érigée dans ces Isles n'y a jamais eu lieu, les établisse-mens qui y ont été faits par les François ayant suivi les progrès et le sort de ceux de l'Isle de la Tortue et de la Côte de Saint-Do-mingue.

ÉDIT concernant la Compagnie des Isles de l'Amérique.

Du mois de Mars 1642.

L OUIS, etc. SALUT. Quelques-uns de nos Sujets expérimentés aux navigations éloignées, et portés d'un louable desir de former des Colonies de François aux Isles Occidentales, ayant reconnu qu'en plusieurs Isles et Côtes de l'Amérique, on pouvoit établir un commerce suffisant à l'intretien de quelques peuplades, auroient dès l'année mil six cent vingt-six, pris commission de notre très-cher et très-amé Cousin le Cardinal, Duc de Richelieu, Grand-Maître, Chef et Surintendant-Général de la Navigation et Commerce de France, pour peupler et habiter sous notre autorité l'Isle de Saint-Christophe, et autres circonvoisines ; à quoi ayant travaillé avec un médiocre succès en ladite Isle de Saint-Christophe, à cause des pertes et dépenses qu'ils auroient faites, ne pouvant continuer leur dessein avec espérance d'un notable progrès s'ils n'étoient secourus, se seroient retirés par devers notredit Cousin, qui auroit accordé de nouveaux privileges, et plus grandes commissions à la Société formée pour cette entreprise, sous les noms de la Compagnie des Isles de l'Amérique, que nous aurions agréés et confirmés par notre Arrêt du 8 Mars 1635, aux charges et conditions portées par les articles desdites Commissions ; depuis lesquelles par les travaux, dépenses et bonne conduite de ladite Compagnie, la Colonie des François s'est tellement accrue, qu'au lieu de l'Isle Saint-Christophe seule, il y en a maintenant trois ou quatre peuplées, non-seulement de quatre mille personnes que la Compagnie étoit obligée d'y faire passer en vingt années, mais de plus de sept mille Habitans avec bon nombre de Religieux de divers Ordres, et des Forts construits et munitionnés pour la défense du Pays et sûreté du Commerce ; ensorte qu'il y a lieu d'espérer que ladite Compagnie continuant ses soins, nous procurera le fruit que nous en avons principalement desiré, en la conversion des Peuples Barbares à la Religion Chrétienne, outre les avantages que notre Royaume peut tirer de ces Colonies avec le temps et les occasions, et pour reconnoître les services agréables que les Associés de ladite Compagnie nous ont en ce rendus, les récompenser des dépenses qu'ils ont faites, les encourager à l'avenir, et exciter autres de nos Sujets à pareilles entreprises ; Savoir, faisons, qu'ayant fait examiner en notre Conseil, où étoient plusieurs Princes, Officiers de notre Couronne et principaux de notre Conseil, les Contrats

G ij

des 12 Février 1635, et 20 Janvier 1642, faits par notre très-cher et
bien amé Cousin le Cardinal, Duc de Richelieu, Grand-Maître, Chef
et Surintendant-Général de la Navigation et Commerce de France, avec
le sieur Berruyer, pour les Associés en la Compagnie des Isles de l'A-
mérique ; nous avons ratifié, confirmé et validé, et par ces présentes, ratifions, confirmons et validons lesdits Contrats, voulons
et nous plaît qu'ils sortent leur plein et entier effet, et que les
Associés en ladite Compagnie, leurs hoirs, successeurs et ayans-cause
jouissent du contenu en iceux ; et conformément auxdits Contrats, avons
ordonné et ordonnons ce qui suit :

ART. Ier. Que les Associés de ladite Compagnie continueront de travailler à l'établissement des Colonies aux Isles de l'Amérique, situées
depuis le dixieme jusqu'au trentieme degré inclusivement en deçà de la
ligne Equinoxiale, qui ne seront à présent occupées par aucuns Princes
Chrétiens ; ou qui sont tenues par les ennemis de cet Etat, ou qui se
trouveront possédées par autres nos Sujets sans concessions par nous ap-
prouvées et ratifiées, et même dans les Isles occupées par nos Alliés, en
cas qu'ils le puissent faire de leur consentement ; et avenant que la
Compagnie veuille entreprendre sur les Isles étant en l'obéissance de
nos Ennemis, nous promettons l'assister de vaisseaux et soldats, armes
et munitions, selon les concurrences et l'état des nos affaires.

ART. II. Et d'autant que le principal objet desdites Colonies doit
être la gloire de Dieu, lesdits Associés ne souffriront dans lesdites Isles
être fait exercice d'autre Religion que la Catholique, Apostolique et
Romaine, et feront tout leur possible pour obliger les Gouverneurs et
Officiers desdites Isles à y tenir la main ; et pour travailler incessamment
à la conversion des Sauvages, tant des Isles qu'ils auront occupées que
des autres voisines, tenues par les anciens Peuples de l'Amérique, lesdits
Associés auront en chacune desdites Colonies un nombre suffisant d'Ecclésiastiques pour l'administration de la Parole de Dieu et la célébration
du Service Divin, feront construire des lieux propres à cet effet, fourniront des Ornemens, Livres et autres choses nécessaires.

ART. III. Nous avons accordé et accordons à perpétuité aux Associés
de ladite Compagnie, leurs hoirs, successeurs et ayans-cause, la propriété desdites Isles, situées depuis le dixieme jusqu'au trentieme degré
inclusivement en-deçà de la ligne Equinoxiale et Côtes de l'Amérique,
en toute Justice et Seigneurie, les Terres, Forts, Rivières, Havres,
Fleuves, conformément aux Ordonnances ; de toutes lesquelles choses
susdites nous nous réservons seulement la foi et hommage qui nous sera

faite et à nos successeurs Rois de France, par l'un desdits Associés au nom de tous, à chaque mutation de Roi et la provision des Officiers de la Justice Souveraine, qui nous seront nommés et présentés par lesdits Associés, lorsqu'il sera besoin d'y en établir.

ART. IV. Pourront lesdits Associés, faire fortifier des Places et construire des Forts aux lieux qu'ils jugeront les plus commodes pour la conservation des Colonies et sûreté du Commerce.

ART. V. Leur avons permis d'y faire fondre des canons et boulets, forger toutes sortes d'armes offensives et défensives, faire poudre à canon et autres munitions.

ART. VI. Mettront lesdits Associés tels Capitaines et Gens de Guerre que bon leur semblera, dans lesdites Isles et sur les vaisseaux qu'ils enverront; nous réservant néanmoins de pouvoir d'un Gouverneur-Général sur toutes lesdites Isles, lequel ne pourra en façon quelconque, s'entremettre du Commerce, distribution des Terres ni d'exercice de la Justice, ce qui sera expressément porté par sa Commission.

ART. VII. Lesdits Associés disposeront desdites choses à eux accordées, de telle façon qu'ils aviseront pour le mieux, distribueront les Terres entr'eux, et à ceux qui s'habitueront sur les lieux, avec réserves de tels droits ou devoirs, et à telles charges et conditions qu'ils jugeront plus à propos, même en Fiefs et avec Haute, Moyenne et Basse-Justice; et en cas qu'ils desirent avoir titre de Baronie, Comté et Marquisat se retireront pardevers nous pour leur être pourvu de Lettres nécessaires.

ART. VIII. Pendant vingt ans, à commencer de la date des présentes, aucuns de nos Sujets ne pourra aller trafiquer auxdites Isles, Ports, Havres et Rivieres d'icelles, que du consentement par écrit desdits Associés, et sous les congés qui leur seront accordés sur ledit consentement, le tout à peine de confiscation des vaisseaux et marchandises de ceux qui iront sans ledit consentement, applicable au profit de ladite Compagnie; et pour cet effet ne pourront être délivrés aucuns congés pour aller auxdites Isles par notre très-cher et bien-amé Cousin le Cardinal, Duc de Richelieu, Grand-Maître et Surintendant-Général de la Navigation et Commerce de France, et ses successeurs en ladite Charge, que sur le consentement desdits Associés; et après lesdites vingt années expirées, pourront tous nos Sujets aller trafiquer librement auxdites Isles, Côtes et autres Pays de notre obéissance.

ART. IX. Et s'il arrivoit Guerre civile ou étrangere qui empêchât lesdits Associés de jouir librement des privileges à eux accordés par ces présentes pendant lesdites vingt années, nous promettons de leur proroger le temps à proportion du trouble et empêchement qu'ils auront souffert.

ART. X. Et au cas qu'il se trouve des Isles dans ladite étendue du dixieme au trentieme degré qui ne soient habitées par les François après lesdites vingt années, nous nous réservons l'entiere disposition desdites Isles non habitées, pour les accorder à telles personnes que bon nous semblera.

ART. XI. Et pour indemniser lesdits Associés des grandes dépenses desdits établissemens, et favoriser le Commerce et les Manufactures qui pourront s'introduire dans lesdites Isles, nous leur avons accordé et accordons l'exemption de tous droits d'entrée pour toutes sortes de marchandises provenantes desdites Isles appartenantés aux Associés de ladite Compagnie, en quelques Ports de notre Royaume qu'elles puissent être amenées pendant lesdites vingt années seulement, dont sera fait mention expresse dans les Baux à ferme de nos droits qui se feront pendant ledit temps.

ART. XII. Pour convier nos Sujets à une si glorieuse entreprise et si utile à cet Etat, nous permettons à ladite Compagnie de faire expédier quatre Brevets de noblesse, dont elle disposera en faveur de ceux qui occuperont et habiteront à leurs frais quelques-unes desdites Isles, sous l'autorité de ladite Compagnie, et y demeureront pendant deux années avec cinquante hommes au moins.

ART. XIII. Et d'autant qu'aucuns de nos Sujets pourroient faire difficulté de transférer leur demeure esdites Isles, craignant que leurs enfans perdissent leur droit de naturalité en ce Royaume, nous voulons et ordonnons que les descendans des François habitués esdites Isles, et même les Sauvages qui seront convertis à la Foi Chrétienne et en feront profession, seront censés et réputés naturels François, capables de toutes charges, honneurs, successions et donations, ainsi que les originaires et regnicoles, sans être tenus de prendre lettre de déclaration ou neutralité.

ART. XIV. Que les artisans qui passeront esdites Isles et y exerce-ceront leurs métiers pendant six années consécutives, seront réputés maîtres de chef-d'œuvre, et pourront tenir boutique ouverte en toutes les villes de notre Royaume, à la réserve de notre ville de Paris, en laquelle ne pourront tenir boutique ouverte, que ceux qui auront pratiqué leursdits métiers esdites Isles pendant dix années.

ART. XV. Parce que le principal objet desdits Associés a été la gloire de Dieu et l'honneur de notre Royaume, et qu'en formant ladite entreprise pour l'établissement desdites Colonies, ils ont bien mérité de cet État, nous déclarons qu'eux, leurs successeurs et ayans-cause, de quelque qualité qu'ils soient, Prélats, Seigneurs, Gentilshommes, Officiers de notre Conseil, Cours Souveraines et autres, pourront établir et faire tel commerce, que bon leur semblera auxdites Isles, sans diminution de leur noblesse, dignités, qualités, privileges, prérogatives et immunités.

ART. XVI. Et d'autant que ladite Compagnie pourroit, en exécution des privileges à elle accordés, avoir plusieurs procès en divers lieux de ce Royaume, ou le retour de ses vaisseaux et le débit de sesdites marchandises se feront, et qu'il ne seroit pas raisonnable qu'elle fût traduite en diverses Jurisdictions, ce qui la consumeroit en frais et retarderoit l'avancement de ses affaires; nous avons évoqué et évoquons à nous et à notre personne, tous les procès et différens esquels ladite Compagnie est ou sera dorénavant partie, ou esquels il s'agira de la conservation de ses Privileges, et iceux avec leurs circonstances et dépendances à nous évoquées, renvoyé et renvoyons en notre Grand Conseil, auquel à cet effet, nous en avons attribué toute Cour, Jurisdiction et connoissance, et icelle interdite et défendue, à tous autres Juges.

Si donnons en mandement à nos amés et féaux Conseillers, les Gens tenant notre Grand Conseil, et tous autres Officiers, qu'il appartiendra, etc. DONNÉ à Narbonne au mois de Mars, l'an de grace 1642, & de notre regne, le trente - deuxieme. *Signé* LOUIS. Par le Roi, BOUTILLIER.

R. au Grand Conseil du Roi, le 28 Mai 1642.

R. sur les registres de l'Isle Martinique, le 5 Février 1645.

COMMISSION *d'Intendant Général de toutes les Isles de l'Amérique, donnée par la Compagnie à* M. CLERSELIER DE LEUMONT.

Du premier Octobre 1642.

LA Compagnie des Isles de l'Amérique, etc. SALUT. Savoir faisons qu'ayant reconnu par l'expérience de plusieurs années, et particulierement en la rencontre du décès des Commis Généraux, qu'il étoit nécessaire d'avoir dans lesdites Isles, un Officier avec autorité suffisante pour maintenir l'ordre dans la perception de ses droits, et prévenir les

inconvéniens qui arrivent d'ordinaire au changement des Commis,
entretenir correspondance entre les Colonies desdites Isles, et par ce
moyen, donner à la Compagnie des avis certains des choses dont
elles auront besoin d'être secourues, et que l'éloignement rendant
l'examen des comptes desdits Commis tardifs et difficiles, ils en
devenoient moins exacts et diligens à la fonction de leur charge, et
omettoient souvent une partie de leur devoir, faute d'avoir sur les lieux
une personne qui les observât, et qui dans les occasions leur pût
donner des ordres et des résolutions promptes : et bien informé des
bonnes vie, mœurs, Religion Catholique, Apostolique et Romaine,
de Me. Claude Clerselier sieur de Leumont, Conseiller et Secrétaire du
Roi, Maison, Couronne de France et de ses Finances, suffisance, probité et expérience; à icelui avons donné et accordé la charge d'Intendant Général des affaires de ladite Compagnie ès Isles de l'Amérique,
avec pouvoir et autorité sur tous les Commis desdites Isles, tant généraux que particuliers, pour veiller sur leurs départemens et conduite,
au fait de leursdites Commissions ; les obliger de tenir de bons et
fideles registres, cottés par feuillets et paraphés, et se les faire représenter toutes et quantefois qu'il jugera à propos pour s'informer de l'état
des affaires; empêcher que lesdits Commis ne fassent aucune vexation
aux habitans, en la levée desdits droits de la Compagnie ; donner aux
sieurs Directeurs de la Compagnie ses avis sur les choses qu'il verra
nécessaires sur la subsistance des Colonies, afin qu'il y soit pourvu par
l'envoi d'icelles ; arrêter au commencement de chacune année l'état
général des charges de chacune Isle, dont il envoyera le double
auxdits sieurs Directeurs, sans qu'autres dépenses puissentêtre allouées
dans les comptes desdits Commis, s'il n'y a Ordonnance dudit Intendant
Général, en vertu desquelles elles auront été faites ; faire compter par
état tous lesdits Commis, de six mois en six mois, et à la fin de l'année
arrêter les comptes des Commis particuliers définitivement, et envoyer
auxdits sieurs Directeurs ceux des Commis généraux appostillés de sa
main, pour être jugés et clos en ladite Compagnie. Pour cet effet se
transporter dans lesdites Isles au tems qu'il jugera convenable, ou même
mander lesdits Commis généraux et particuliers en celle où il se trouvera, pour lui rendre raison de leur administration; et en cas de négligence, divertissement d'effets de ladite Compagnie, malversation ou
autres défauts desdits Commis généraux ou particuliers, leur clore la
main, et les suspendre de l'exercice de leur charge, jusqu'à ce qu'autrement par la Compagnie en ait été ordonné : et cependant commettre

personnes

personnes capables pour exercer lesdites charges par provision, et généralement faire et procurer en toutes choses, ce qui sera de justice et
raison pour la conservation des intérêts de ladite Compagnie, suivant les
instructions qui lui en seront baillées; pour exercer par ledit sieur
Clerselier ladite Charge pendant le reste de l'année présente et les trois
suivantes consécutivement, avec pouvoir d'avoir jusqu'à seize hommes
dans son habitation, exempts de tous droits personnels et de la garde,
aux honneurs, privileges dus à ladite Charge, et séance en tous Conseils
au dessus des Juges ordinaires esdites Isles. Mandons au sieur de
Poincy, Commandeur d'Oyzemont, Chef d'escadre des vaisseaux du
Roi en Bretagne, Gouverneur de Saint-Christophe, et Lieutenant Général pour Sa Majesté esdites Isles de l'Amérique, Gouverneurs, Lieutenans et Juges desdites Isles, de vous prêter toute assistance et tenir
la main à l'exécution des présentes, et à nos Procureurs Fiscaux de faire
en Justice telles réquisitions que vous jugerez à propos, pour le bien
et l'utilité de nos affaires; mandons en outre à tous nos Commis généraux et particuliers de vous obéir, et entendre au fait de leurs Charges,
et à tous Officiers et Habitans desdites Isles de vous reconnoître en tout
ce qui dépendra de votre dite Charge; en témoin de quoi, nous avons
fait signer ces présentes par notre Secrétaire, et fait apposer à icelles le
scel de ladite Compagnie. A Paris le premier Octobre 1642; *et plus
bas*, par mesdits Seigneurs : DE BEAUVAIS.

R. à Saint-Christophe, au mois de Décembre 1642.

---

*LETTRES-PATENTES adressées à la Chambre des Comptes de
Paris, pour enregistrer l'Acte de Foi et Hommage fait par la
Compagnie des Isles de l'Amérique à sa Majesté.*

Du 23 Décembre 1642.

LOUIS, etc. A nos amés et féaux Conseillers, les Gens de nos Comptes
à Paris, SALUT. Savoir faisons que notre cher et bien amé Jacques
Berruyer sieur de Manselmont, l'un des Directeurs de la Compagnie des
Isles de l'Amérique, nous a cejourd'hui fait ès mains de notre très-cher
et féal Chevalier le sieur Seguier, Chancelier de France, au nom de
tous les Directeurs de ladite Compagnie, les foi et hommages et services de fidélité qu'ils étoient tenus de nous faire pour raison de la propriété des Isles, situées depuis le 10ᵉ jusqu'au 30ᵉ degré inclusivement,

Tome I. H

au-deçà de la ligne équinoxiale es côtes de l'Amérique, en toute justice et Seigneurie, et des Terres, Forts, Rivieres, Ports, Havres,
Fleuves, Etangs, et mêmement des Mines et Minieres que nous leur
avons accordés par notre Edit du mois de Mars dernier, pour en jouir
conformément à nos Ordonnances, auxquels foi et hommage nous les
avons reçus et recevons, aux charges et conditions portées par notredit
Edit, sauf en autre chose notre droit et l'autrui en toutes. Si vous mandons et enjoignons faire registrer ces présentes, et de leur contenu
jouir et user lesdits Directeurs pleinement et paisiblement, cessant et
faisant cesser tous troubles et empêchemens au contraire. Car tel est
notre plaisir. Donné à Paris, le 23ᵉ jour de Décembre l'an 1642, et
de notre regne le 33ᵉ. *Signé*, par le Roi, Ceberet.

Présentation *par le Chef et Surintenndant de la Navigation,
et Commission, par le Roi, de Gouverneur, Lieutenant Général des
Isles de l'Amérique, pour M.* Patrocles de Thoisy.

Des 26 Décembre 1644, et 20 Février 1645.

Ces pieces sont absolument semblables à celles pour M. le
Commandeur de Poincy, rapportées ci-devant, et la durée
des pouvoirs y est aussi fixée à trois années.

*Le tout fut enregistré à la Martinique le 22 Août 1645,
sur la Présentation qui en fut faite par le sieur de Saint-André,
Commis général de la Compagnie; car M. de Thoisy n'y
arriva que le 16 Novembre suivant, et ne fut reçu que le
lendemain.*

Commission *de Sénéchal à Saint-Christophe, donnée par la
Compagnie à M.* de Patrocles de Thoisy, *Lieutenant-
Géneral pour le Roi aux Isles.*

Du 25 Février 1645.

Les Seigneurs des Isles de l'Amérique, au sieur de Patrocles de
Thoisy, Lieutenant Général pour Sa Majesté esdites Isles, Salut.
L'affection que vous nous avez témoigné avoir pour le bien et avantage
de la Compagnie, et le soulagement de ceux qui habitent dans les Isles,

dont il a plu à Sa Majesté vous accorder le Gouvernement, nous ayant
convié à vous donner les marques de notre reconnoissance, et augmenter la bonne volonté que vous avez fait paroître pour tout ce qui nous
regarde, nous avons cru pouvoir ne vous en rendre de plus considérable, qu'en jetant les yeux sur vous, pour la Charge la plus importante que nous avons à donner dans lesdites Isles, et qui n'a encore
été remplie jusqu'à présent. A CES CAUSES, nous vous avons commis
et député, commettons et députons par ces présentes, pour exercer
pendant trois années, la Charge de Sénéchal en l'Isle de Saint-Christophe, avec pouvoir d'entrer et présider aux Sieges de Justice de
ladite Isle, lesquels dorénavant seront qualifiés dans les provisions et
commissions qui leur seront données par nous, Lieutenans du Sénéchal,
et intituleront les Sentences de son nom; assister à tous jugemens, sans
toutes fois y avoir voix délibérative, en vertu de ladite Commission;
tenir la main à ce que la justice soit librement rendue aux Habitans de
ladite Isle, et autres honneurs et prérogatives appartenans à ladite charge,
aux droits de trente livres de petun, à prendre sur chacun des hommes
François demeurant dans ladite Isle, non exempt par la Compagnie,
qui vous seront payés par les Commis de la Compagnie qui en feront
la levée, et le vingtieme des marchandises de traite, à la charge d'entretenir le Traité du 16 Décembre d^er, lequel demeurera en sa force et vertu.
Mandons au Juge de Saint-Christophe, qu'il vous mette de par nous
en possession de ladite Charge et droits y attribués, après le serment que
vous en aurez fait entre les mains des Directeurs de la Compagnie; et
enjoignons à tous Officiers et Habitans de vous obéir et reconnoître,
et ce en vertu du pouvoir à nous donné par Sa Majesté; en témoin de
quoi nous avons fait signer ces présentes par notre Secrétaire, et à
icelles fait mettre le scel desdites Isles. A Paris, le vingt-cinquieme
Février 1645. *Signé* par mesdits Seigneurs: DE BEAUVAIS.

---

*DÉCLARATION du Roi portant établissement d'une Justice
Souveraine dans les Isles de l'Amérique.*

Du premier Août 1645.

LOUIS, etc. SALUT. Savoir faisons, que sur les remontrances qui nous
ont été faites par les Seigneurs Propriétaires des Isles de l'Amérique,
qu'il étoit nécessaire, en conséquence de notre Edit du mois de Mars
1642, de pourvoir de Juges qui puissent vuider et terminer souverai-

nement les procès & différens, tant civils que criminels qui naissent
journellement entre nos Sujets les habitans desdites Isles, sur les appellations interjettées des Sentences et Jugemens des premiers Juges, et
obvier par ce moyen à plusieurs grands abus et inconvéniens qui peuvent
jeter nosdits Sujets en des confusions et désordres dont ils ne peuvent
voir la fin , les crimes demeurant impunis, et les Créanciers frustrés du
paiement de leurs dus ; ne sachant nosdits Sujets à qui s'adresser pour
demander justice en cas d'appel , et la plupart aimant mieux abandonner
leurs légitimes prétentions, que de s'exposer aux risques et dangers de
la mer , et faire plusieurs voyages desdites Isles en France , pendant
lesquels outre le péril de leur vie , ils perdent beaucoup de tems, & se
consument en frais et dépenses extraordinaires; et lorsqu'ils sont repassés,
ne trouvent aucune Compagnie Souveraine fondée de Jurisdiction pour
juger et décider leurs différens : et d'autant que par les trois articles
dudit Edit , nous nous sommes réservés la provision desdits Officiers de
la Justice Souveraine , qui nous doivent être nommés et présentés par
lesdits Propriétaires desdites Isles, lesquels nous ont déclaré que jusqu'à
présent aucune personne de la suffisance et qualité requise ne s'est
présentée à eux pour lesdites Charges , soit à cause de la distance des
lieux , ou que nous n'avons point destiné des fonds pour leurs gages ,
nous requérant pour le bien et soulagement de nosdits Sujets, qu'il nous
plût, en attendant que lesdites Charges fussent remplies, commettre telles
personnes que bon nous sembleroit , en chacunes desdites Isles , pour
juger et terminer souverainemet et en dernier ressort les procès et différens mus , et à mouvoir sur lesdites appellations, corriger et infirmer
lesdites Sentences , ou les confirmer si besoin est. A CES CAUSES, et
autres bonnes considérations, à ce nous mouvant, et desirant pourvoir
au bien et soulagement de nosdits Sujets suivant l'exigence des cas ,
nous par ces présentes signées de notre main, de l'avis de la Reine
Régente notre très-honorée Dame et Mere, avons déclaré, statué et
ordonné, déclarons, statuons et ordonnons, voulons et nous plaît, que
tous les procès et différens, tant civils que criminels, mus et à mouvoirs
entre nosdits Sujets les Habitans des Isles de l'Amérique, sur les plaintes
et appellations interjettées des Sentences et Jugemens rendus, ou qui se
rendront ci-après par les Juges desdites Isles, seront jugés et terminés
respectivement en chacune desdites Isles par celui qui commandera
pour lors en icelle , appellé avec lui le nombre de gradués requis par
nos Ordonnances, si tant y en a dans son Isle; et au défaut de gradués
jusqu'au nombre de huit des principaux Officiers et Habitans d'icelle ,

chacun à leur égard, et ce sans aucuns frais ; et pour cet effet, afin que nosdits Sujets sachent devant qui ils se doivent pourvoir, voulons que huitaine après la publication et enregistrement des présentes au Greffe de la Justice ordinaire, les Gouverneurs de chacune desdites Isles nomment ceux qui les doivent assister en l'administration de ladite Justice, pour s'assembler à certain et compétant jour et heure, au lieu qui sera par eux avisé le plus commode, au moins une fois le mois, sans qu'il soit besoin de prendre autre Procureur pour nous ou Greffier que ceux de la Justice ordinaire, qui seront tenus de faire registres distincts et séparés de ce qui se traitera devant les premiers Juges, ou devant ledit Conseil, et le tout jusqu'à ce que nous ayons pourvu aux Charges de la Justice Souveraine, et qu'autrement en ait été par nous ordonné. Si donnons en mandement à notre amé et féal Lieutenant-Général esdites Isles de l'Amérique, le sieur Patrocles de Thoisy, et autres Commandans esdites Isles, chacun en droit soi, que ces présentes ils fassent lire, publier et enregistrer ès registres des Juridictions ordinaires d'icelles, à ce que personne n'en prétende cause d'ignorance, et aient de leur part à exécuter le contenu en icelles, selon leur forme et teneur. Car tel est notre plaisir, etc. DONNÉ à Paris, le premier jour d'Août, l'an de grace, mil six cent quarante-cinq, et de notre regne le troisieme. *Signé* LOUIS ; et sur le repli, par le Roi et la Reine Régente sa Mere présente, DE LOMENIE.

R. à la Guadeloupe, le 29 Avril 1646.

R. à la Martinique, le ....

COMMISSION *de Lieutenant, d'Exempt et d'Archers de la Prevôté aux Isles de l'Amérique, donnée par le Grand Prevôt de France.*

Du 29 Août 1645.

NOUS JEAN DU BOUCHET, Chevalier, Seigneur Marquis de Sourches, Conseiller du Roi en ses Conseils, Prevôt de l'Hôtel de Sa Majesté, et Grand Prevôt de France : Savoir, faisons, que Sa Majesté voulant que son autorité paroisse avec éclat dans les Isles de l'Amérique, étant sous son obéissance, tout ainsi que dans ce Royaume de France, et qu'à cet effet il y ait des personnes ayant qualité, et portant les marques d'Officiers de sa Maison sous notre Charge pour y administrer la Justice et Police, selon que nous et nos Lieutenans et Exempts la rendent, et administrent à la Cour et suite de Sa Majesté ; comme aussi pour être près la personne de Messire Noel Patrocles Chevalier, Seigneur de Thoisy, Conseiller du Roi en ses Conseils, et Lieutenant-Général pour Sa Majesté auxdites Isles, pour recevoir ses commandemens et iceux mettre en exécution. A CES CAUSES, après avoir sur ce reçu commandement de la propre bouche du Roi, en présence et de l'avis de la Reine Régente sa Mere, de donner et délivrer notre présente Commission, pour les personnes ci-après nommées audit sieur Patrocles ; sur le bon et louable rapport qui par lui nous a été fait des personnes de Jean-François de Boisfaye, Gentilhomme ordinaire de la Fauconnerie, Claude Meline, Nicolas Freslon, Pierre Dufey, et Jacques Saint-Ange, avons iceux commis, et par ces présentes commettons pour notre personne représenter auxdites Isles, et en icelles faire la Charge et Fonction d'Officiers du Roi sous notre Charge ; à savoir ledit sieur de Boisfaye, celle de Lieutenant ; ledit Claude Meline, celle d'Exempt ; et lesdits Freslon, Dufey et Saint-Ange, celles d'Archers aux mêmes droits, honneurs et prérogatives dont jouissent nos Lieutenans, Exempts et Archers, servant près la personne du Roi, même de porter par lesdits Lieutenant et Exempt, chacun un bâton à pomme d'ivoire, et par lesdits Archers un hoqueton aux armes de Sa Majesté, avec pistolets, carabine, hallebarde, et toutes autres sortes d'armes ; ce faisant se tenir près la personne dudit sieur de Patrocles pour recevoir ses ordres et commandemens, et iceux exécuter, vaquer à l'administration de la Justice et Police, informer par ledit Lieutenant, et en son absence ou empêchement, par ledit Exempt des contraventions aux Ordonnances et Jugemens de Police, et autres, ensemble de tous délits et crimes, iceux juger et punir selon la rigueur des Loix faites par le Roi auxdites Isles, ou autrement, selon que par ledit sieur de Patrocles sera avisé ; et par lesdits Archers d'obéir auxdits Lieutenant et Exempt, ou l'un d'eux, iceux suivre ou aller seul où commandé leur sera, après avoir préalablement par eux prêté le serment dû pour lesdites Charges ès mains dudit sieur de Patrocles, à cause desquelles Charges ils jouiront des honneurs, prééminences, franchises, libertés et exemptions dans lesdites Isles dont jouissent en France les Officiers Commençaux de la Maison du Roi, ensemble des gages qui leur seront assignés par ledit sieur de Patrocles, auquel avons délivré ces présentes pour recevoir le serment desdits Lieutenant, Exempt et Archers, et icelles mettre en la main dudit Lieutenant, qui fournira copie d'icelles par lui certifiées auxdits Exempt et Archers, et les aidera de l'original quand besoin sera ; et avons icelles présentes signées de notre main, fait contresigner par notre Secrétaire, et sceller du cachet de nos armes. A Paris, le Roi y étant, les vingt-neuvieme jour d'Août mil six cent quarante-cinq. *Signé* DE SOURCHES. *Et plus bas*, par mondit Seigneur GUITARD.

COMMISSION *donnée par le Surintendant Général de la Navigation et Commerce de France, au Lieutenant Général des Isles pour y veiller à l'exercice de ses droits et de ceux de Sa Majesté.*

Du 9 Septembre 1645.

ARMAND DE MAILLÉ, Duc de Fronsac, etc. SALUT. Faisons savoir qu'étant nécessaire pour le service de Sa Majesté de commettre quelque personne de considération, & expérimentée au fait de la Marine, pour avoir l'œil à la conservation des droits de Sa Majesté et des nôtres, ès Isles de l'Amérique ; commettre à la recette d'iceux, faire compter les Commis, et autres qui les ont ci-devant reçus, et à tout ce qui concerne notre Charge esdits lieux pour nous en donner avis ; et estimant ne pouvoir faire meilleur et plus digne choix, pour cet emploi, que de la personne du sieur Patrocles de Thoisy, Lieutenant Général pour Sa Majesté esdites Isles : nous, pour ces causes, en vertu du pouvoir à nous donné par Sa Majesté, avons commis, ordonné & établi, commettons, ordonnons & établissons, par ces présentes, ledit sieur de Thoisy, pour avoir l'œil à la conservation des droits de Sa Majesté et des nôtres esdites Isles de l'Amérique, commettre telle personne que bon lui semblera, à la recette desdits droits, tant de confiscation, échoument, débris, naufrage, dixieme de prises, amandes, & autres à Sa Majesté et à nous appartenant ; faire rendre compte à ceux qui ont ci-devant fait la recette desdits droits ; les contraindre au paiement des sommes dont ils seront redevables, et les faire mettre ès mains d'une personne tierce, pour nous en rendre compte ; en bailler tous acquits et décharges nécessaires ; et généralement avoir l'œil à tout ce qui concernera notre Charge de Grand-Maître, Chef, et Surintendant Général de la Navigation et Commerce desdits lieux, pour nous en donner avis, à la charge de nous faire rendre compte de tout ce qui se recevra desdits droits. Mandons à tous Capitaines, et Maîtres de Vaisseaux et Barques, et autres qu'il

appartiendra, de reconnoître ledit sieur de Thoisy en sadite Commission
et lui obéir et entendre, ainsi qu'il appartiendra; en témoin de quoi nous
avons signé ces présentes. A Paris, le 9 jour de Septembre 1645. *Signé*
ARMAND DE MAILLÉ, Duc de Brezé.

O R D O N N A N C E de M. PATROCLES DE THOISYS *, Gouverneur
Général des Isles, portant Etablissement d'un Conseil de Guerre.*

Du 1ᵉʳ Août 1646.

LE sieur DE THOISY, Chevalier, etc. Sur l'avis que nous avons eu
que plusieurs Habitans, tant des nouveaux arrivés en cette Isle, que
d'autres portés de zele et affection au service du Roi, ont desiré voir nos
provisions, de la Charge de Lieutenant-Général, dont il lui a plu nous
honorer, n'ayant pas été présens lorsque la copie en a été lue et enregistrée
au Greffe de cette Sénéchaussée, nous en avons fait faire lecture Dimanche
21 Juillet dernier, en ce quartier de la Basseterre, à la tête des Compagnies; et ensuite de ce, jugé à propos de faire assembler les Compagnies de la Capesterre, et faire faire aussi lecture sur l'original de nosdites
provisions, et par même moyen les informer des mêmes choses que nous
leur avons dites de deçà de notre propre bouche; savoir que nous leur
avons toujours déclaré que nous n'avons jamais eu intention que la Commission de Grand Prevôt de l'Hôtel de Sa Majesté, que nous avons
apportée par le commandement exprès de la Reine Régente, et même
par l'avis des Seigneurs, servit contre les Habitans de ces Isles, comme
quelques-uns d'eux en avoient pris une fausse appréhension, mais seulement pour instruire les procès, concernant les crimes de lèse-Majesté,
commis par le sieur de Poincy, et ses adhérans, dont il n'y a point de
Juge en ces Isles qui en puisse prendre connoissance; et attendu que
telles ou semblables opinions fausses et dangereuses demeurent le plus
souvent dans les esprits pour n'en être pas désabusés assez promptement,
et qu'il est de notre devoir et charge d'y remédier, joint la nécessité des
affaires présentes pendant la continuation desdites révoltes qui nous
obligent de veiller davantage pour le repos du Peuple, que si nous
étions en pleine paix; nous avons estimé nécessaire pour le service du
Roi, et l'utilité publique, d'établir un Conseil de Guerre, qui sera composé des principaux Officiers de Milice, avec tels autres que nous jugerons
à propos, lequel Conseil se tiendra tous les premiers Dimanches des
mois,

mois, après le Service Divin, au Fort de la Basseterre de cette Isle, lieu
de notre résidence, à commencer le Dimanche cinquieme Août; et parce
que l'incommodité des chemins, ou quelqu'autre indisposition, pourroit
empêcher les plus éloignés d'y venir, ils en seront dispensés, notre intention étant de ne faire ledit établissement que pour le service du Roi,
la commodité desdits Officiers et le soulagement des Peuples, afin de
régler leurs différends sur l'heure ; et pour l'exécution de la présente
Déclaration, nous avons nommé et commis le sieur de Boisfaye, notre
Capitaine des Gardes, pour icelle faire lire et publier à la tête des Compagnies le Dimanche cinquieme Août, afin que personne n'en prétende
cause d'ignorance. FAIT au fort de la Basseterre de la Guadeloupe, le
premier Août 1646. *Signé* DE THOISY, et contre y signé par LOYER,
Secrétaire.

ORDONNANCE *de M.* PATROCLES DE THOISY, *Gouverneur*
Général des Isles, touchant les fonctions du Délégué du Grand Prévôt
de l'Hôtel auxdites Isles, et Déclaration du Lieutenant du Grand
Prévôt en conséquence.

Des premier Août et premier Octobre 1646.

LE sieur de THOISY, Chevalier, etc. Nous en vertu du pouvoir qui
nous est donné par le Roi, prenant le fait et cause pour le Délégué dudit
sieur Prévôt de l'Hôtel de Sa Majesté, et le Lieutenant particulier de cette
Sénéchaussée, vu qu'ils n'ont agi que par notre Commandement, et par
les Ordres de la Justice ; que nous avons toujours déclaré, que nous
n'avions jamais eu intention, que la Commission dudit sieur Prévôt de
l'Hôtel du Roi servît contre les Habitans, mais seulement pour l'instruction des procès du crime de leze-majesté, commis par le sieur de
Poincy, et par ses Adhérans, joint aussi que la Requête du nommé
Desuiers est remplie du mensonges et expositions frivoles et impertinentes,
ainsi qu'il sera montré pardevant le Juge ordinaire, qui en doit seul connoître en première instance, jusqu'à ce qu'il ait rendu Jugement sur
icelle : et que d'ailleurs, ledit prétendu Conseil, ne peut s'excuser de
n'avoir pas député qu'elqu'un d'eux pardevers nous, au préalable que
de donner ledit Arrêt sur les prétendues plaintes mentionnées par icelui,
qui n'ont aucune vraisemblance de fondement; Faisons défenses aux

Tome I. I

Gens tenans ledit Conseil, de troubler ni empêcher à l'avenir l'exécution de la Commission desdits Délégués du sieur Prévôt de l'Hôtel du Roi, concernant les crimes de leze-majesté, commis par le sieur de Poincy, et ses adhérans; et pareillement d'empêcher la continuation de l'instance pendante pardevant le sieur Normand, Lieutenant particulier, contre le nommé Desmiers, jusqu'à Sentence définitive, sauf l'appel qui sera relevé où il appartiendra. Et pour les peines que peuvent encourir les auteurs dudit Arrêt, donné sous fausse cause, et prétexte par attentat contre l'autorité Royale blessée en notre personne; et attendu qu'il est de notre charge d'informer Sadite Majesté de tels abus commis par ledit Conseil, dès le commencement de son établissement, outre que nous agirons selon notre pouvoir, contre telles entreprises, nous nous pourvoirons pardevers Sadite Majesté, pour en être par elle ordonné sur le tout, ainsi qu'elle verra bon être : ensemble pour faire confirmer le pouvoir qui nous est donné, par Sadite Majesté, dans ladite Déclaration du premier Août 1645, et consentement desdits Seigneurs de présider en icelui Conseil. FAIT au fort de la Basseterre de la Guadeloupe, le premier Août 1646. *Signé.* DE THOISY, et contre signé par LOYER, Secrétaire.

Nous, Jean-François Parisot, sieur de Boisfaye, Délégué de M. le Grand Prévôt de l'Hôtel du Roi, demeurons d'accord de la Déclaration dont copie est ci-dessus transcrite, signée de mondit sieur le Général de Thoisy, et notifiée à sa Requête au sieur Chevrolier, Procureur du Roi, au Conseil Souverain de la Justice Souveraine de cette Isle, auquel Conseil nous déclarons d'abondant que notre intention n'a jamais été à l'exécution de notre Commission, que d'instruire les procès concernant les crimes de Léze-Majesté, par l'ordre des commandemens de mondit sieur le Général, pour lesdits procès instruits, être envoyés à Sa Majesté pour les juger ou les faire juger par tels Juges qu'il lui plaira de commettre. FAIT au Fort de la Basseterre de la Guadeloupe, le premier jour d'Octobre 1646. Signé DE BOISFAYE.

DÉLIBÉRATION *des Seigneurs des Isles de l'Amérique, touchant quelques points de l'Admenistration desdites Isles.*

Du 26 Mars 1647.

LES Seigneurs des Isles de l'Amérique voulant remédier aux diverses plaintes qui leur sont faites des différends qui naissent journellement entre les sieurs de Thoisy et Houel sur la fonction de leurs Charges, et entre les Officiers et Juges de l'Isle de la Guadeloupe, et le sieur de Boisfaye, et autres dénommés en la Commission obtenue de Monsieur le Grand Prévôt pour exercer les Charges de ses Lieutenant, Exempt et Archers esdites Isles, ont résolu que, par le premier vaisseau qui partira de France pour aller esdites Isles :

Il sera écrit à MM. de Thoisy et Houel que la Commission dudit sieur Grand Prévôt ne se peut dorénavant exécuter esdites Isles par le sieur Boisfaye et les dénommés en icelle, contre les habitans, sinon en ce qui concerne la révolte de Saint-Christophe, et habitans de ladite Isle, contre lesquels ladite Commission à été expédiée, pour les obliger à obéir aux ordres du Roi ; sans toutefois y comprendre aucuns habitans de la Guadeloupe, contre lesquels, en ce cas, il sera informé, et le procès fait par les Juges ordinaires de ladite Isle de la Guadeloupe.

Que ledit sieur de Thoisy en qualité de Lieutenant Général pour le Roi esdites Isles, pendant son séjour en ladite Isle de la Guadeloupe, où il s'étoit retiré du consentement desdits Seigneurs, porté par leurs lettres audit sieur Houel, du 16 Août 1645, pour un tems à présent expiré, et ne pouvant encore à présent en sortir, lesdits Seigneurs de la Compagnie trouvant bon qu'il y réside encore pendant le tems porté par l'Arrêt du Conseil du 25 Février 1647, et aux conditions portées par le Traité fait avec lui ;

Présidera néanmoins pendant ledit tems aux Conseils de guerre qui se tiendront en ladite Isle, tant pour empêcher les entreprises des ennemis sur lesdites Isles et pourvoir à leur sûreté, que pour tenir les Caraïbes en devoir et se conserver contre les mauvais desseins qu'ils pourroient avoir, et feront leur possible lesdits sieurs de Thoisy et Houel d'entretenir une ferme paix et bonne correspondance avec lesdits Caraïbes.

Que le Gouverneur et Sénéchal de ladite Isle de la Guadeloupe, fera les fonctions qui lui sont attribuées, par ces titres, en la justice, et police ; présidera au Conseil Souverain, par lui établi conformément à la Déclaration de Sa Majesté, portant création dudit Conseil Souverain en ladite Isle, et donnera seul les congés aux habitans de ladite Isle, selon qu'il jugera expédient pour le service de la Compagnie ; pourra néanmoins ledit sieur de Thoisy entrer une fois seulement dans ledit Conseil Souverain, et en ce cas, tenir la première place, sans prendre les voix, ni prononcer, et ce par honneur, ainsi qu'il se pratique en France.

Que les Juges subalternes ne pourront continuer l'instruction des procès esquels ils auront été pris à partie, jusqu'à ce que ladite prise

I ij

à partie soit jugée audit Conseil Souverain conformément à l'usage de France.

Que l'Edit de Mars 1642 accordé par Sa Majesté auxdits Seigneurs des Isles, et le Traité fait entr'eux et ledit sieur de Thoisy, le 16 Décembre 1644, seront observés par lesdits sieurs de Thoisy et Houel, qui sont priés de vivre dorénavant en bonne amitié et parfaite intelligence, ainsi qu'ils le promirent auxdits Seigneurs, et qu'il leur est très-nécessaire pour leur sûreté, et le doivent pour le service du Roi, le bien desdits Seigneurs et conservation des Habitans. FAIT et arrêté en l'Assemblée desdits Seigneurs, tenue au logis de Monsieur d'Aligre, Conseiller d'Etat, l'un d'iceux, les jour et an susdits. *Signé* DE BEAUVAIS.

ORDONNANCE du Gouverneur de la Martinique, qui ordonne des planter des Vivres.

Du 13 Juillet 1648.

Cette Ordonnance enjoint expressément aux Habitans de planter et cultiver des Vivres pour assurer la nourriture de leurs Esclaves; et elle ordonne aux Officiers des Milices d'y veiller et d'en rendre compte.

ARRÊTS du Conseil Souverain de la Martinique, qui assujettissent ceux qui sortent de l'Isle à faire publier leurs congés.

Des 3 Août 1649 et 7 Octobre 1652.

LE deuxieme Août, sur ce qu'à la mort ou en l'absence des Habitans, il se présentoit quantité des Créanciers, dont les créances n'étoient pas reconnues, et absorboient les biens même des Habitans qu'on croyoit les plus riches, il fut fait un Réglement par lequel il est enjoint à toutes personnes qui sortiront de l'Isle de faire publier leurs congés; et à tous les Créanciers de se présenter et faire reconnoître leurs créances par des obligations, à peine de les perdre.

Nota. Les Habitans doivent faire publier leurs congés dans les lieux de leur domicile, ainsi ordonné par Arrêt du 7 Octobre 1652; et il est défendu à tous Capitaines de Vaisseaux et Maîtres de Barques de les embarquer, qu'au préalable leurs congés ne soient publiés ; ce qui se fait trois Dimanches consécutifs.

(*Cet article et la note sont tirés d'un Recueil de M. ASSIER, mort Doyen du Conseil Souverain de la Martinique : Recueil qui répond à la réputation méritée dont a joui ce Magistrat.*)

Le Conseil de la Martinique, dont sont émanés les Arrêts que nous rapportons ci-dessus, étoit un Tribunal composé des Chefs Militaires de la Colonie et des principaux Habitans et Officiers des Milices, et fut établi au desir de la Déclaration du Roi, du premier Août 1645. Nous en rapportons un grand nombre de décisions, parce qu'elles ont été adoptées à Saint-Domingue, ou qu'elles ont influé sur celles des Tribunaux de cette derniere Colonie, ainsi que nous l'expliquons plus en détail dans la note sur la Déclaration du Roi, du 11 Octobre 1664, placée à son rang.

LETTRES-PATENTES pour l'Etablissement des Religieux Carmes de la Province de Touraine aux Isles de l'Amérique.

Mai 1650.

LOUIS, etc. SALUT. Les Rois, nos prédécesseurs, ont toujours eu en singuliere recommandation la piété et charité; à ce que l'Evangile fût prêché et annoncé par toute l'étendue de leur domination comme l'ayant les premiers reçu entre tous les Empereurs, Rois et Princes de la terre; et comme leur domination n'a point eu de limites, mais qu'elle s'est étendue jusqu'aux lieux les plus éloignés de l'Univers, et où la force de leurs armes a pu jetter les ancres et prendre port, sans distinction des Pays et des Nations les plus sauvages et barbares, après avoir arboré leurs armes en terre auparavant inconnue, ils y ont aussi planté la Croix; desirant, comme nosdits prédécesseurs Rois, contribuer de tout notre pouvoir à ce que les peuples qui habitent les Isles de Saint-Cristophe en l'Amérique, et qui sont sous notre obéissance, soient instruits en la parole de Dieu, Religion Catholique, Apostolique et Romaine; A CES CAUSES, bien informé de la piété, dévotion au service de Dieu, intégrité de vie et bonnes mœurs des Religieux, Peres Carmes réformés de la Province de Touraine, mendians, pour enseigner, prêcher l'Evangile, et attirer les ames à leur salut, de l'avis de la Reine Régente, notre très-honorée Dame et Mere, de notre grace spéciale, pleine puissance et autorité

Royale, nous avons permis, accordé et octroyé, permettons, accordons et octroyons, par ces présentes signées de notre main, au Pere Ambroise de Sainte Anne, et autres Religieux Carmes, réformés et mendians de ladite province de Touraine, qui y sont à présent demeurans par obédience et direction de leurs Supérieurs, de s'établir es Isles de Saint-Christophe et autres Isles adjacentes de notre domination et pays de l'Amérique, y faire construire et édifier Eglises, Chapelles, Maisons, Cloîtres, Dortoirs, Réfectoires, Offices, Jardins et autres Edifices, es lieux plus commodes et convenables que faire se pourra pour leur Ordre, et qui leur appartiendront par acquisition, donation ou autrement pour y célébrer le Service divin ; prêcher, confesser, évangéliser, instruire lesdits peuples en la Foi et Religion Catholique, Apostolique et Romaine, et y administrer les Saints Sacremens, du consentement toutefois des Evêques, Prélats, Gouverneurs et principaux habitans des lieux. Si donnons en mandement à notre amé et féal Conseiller en notre Conseil le sieur Commandeur de Poinsy, notre Lieutenant-Général-Gouverneur esdites Isles, et tous autres Juges et Magistrats, auxquels la connoissance des présentes appartient, qu'ils les fassent enregistrer en leur registre, si besoin est, et s'il s'observe ainsi par leur Coutume, et du contenu en icelles, ils souffrent et fassent jouir lesdits Religieux, Carmes réformés, mendians, leurs successeurs, pleinement paisiblement, et perpétuellement, sans permettre qu'il leur soit fait, mis ou donné aucuns troubles ou empêchemens au contraire. DONNÉ au mois de Mai, l'an 1650, et de notre regne le septieme. *Signé* LOUIS.

Les Carmes ont été chargés de plusieurs Cures à Saint Domingue, mais ils n'y en ont plus aucune depuis très long-tems.

DÉCLARATION du Roi touchant la Monnoie.

Du 13 Décembre 1650.

Cette Déclaration renferme une défense de recevoir les réaux d'Espagne, venant du Pérou, au-dessus de leur poids, dont elle fixe la valeur. Elle défend encore de prendre les pieces légeres quelles qu'elles soient.

LETTRES-PATENTES contenant les Privileges accordés aux Peres de la Compagnie de Jésus, dans l'une et l'autre Amérique Septentrionale et Méridionale.

Du mois de Juillet 1651, et du 11 Mars 1658.

LOUIS etc. Considérant les grands travaux que les Peres de la Compagnie de Jesus entreprennent journellement en l'Amérique Septentrionale et Méridionale, pour gagner à J. C. les peuples de cette Contrée, jusqu'à donner leur vie pour les secourir, et répandre leur sang, et souffrir le feu dans ces glorieux emplois; nous aurions, pour pourvoir aucunement à leur subsistance, par Arrêt de notre Conseil du 27 Mars 1647, ordonné que le Commis ou Receveur Général de la Traite de la nouvelle France donneroit ou feroit donner en France chacun an au Supérieur des Missions de cette Compagnie en ladite nouvelle France ou à son ordre, pour la nourriture et entretenement des Peres qui travaillent à la conversion des Sauvages de ces Contrées, la somme de 5,000 liv.; mais par ce que ladite somme ne suffit pas dans la continuation généreuse que lesdits Peres font esdites fonctions, et que d'ailleurs on pourroit à l'avenir faire quelque difficulté au paiement de ladite somme, même les troubler en la possession des terres qu'ils ont achetées ou qu'on leur a données en l'une et l'autre Amérique, voulant y pourvoir à l'avenir, et désirant contribuer autant qu'il nous sera possible à une œuvre si sainte et louable, que celle desdits Peres de la Compagnie de Jesus, qui n'ont pour but et objet que l'amour de la gloire de Dieu, et le desir de profiter et assister les pauvres Sauvages et les conduire au salut éternel; de l'avis de la Reine Régente, notre très-honorée Dame et Mere, nous avons permis et concédé, et de notre grace spéciale, pleine puissance et autorité Royale, permettons et concédons par ces présentes signées de notre main, auxdits Peres de la Compagnie de Jesus, qui sont résidens à présent en l'une et l'autre Amérique Septentrionale et Méridionale, et leurs successeurs à l'avenir de pouvoir pêcher sur les terres qu'ils ont achetées ou qu'on leur a données et dans les détroits et limites qui bornent et qui mouillent lesdites terres, sans qu'aucun autre puisse chasser ou pêcher dans l'étendue de leursdites terres, sans leur permission, ni prendre et recueillir les herbages et toute autre chose qui se trouvera sur les rives de leurs terres par l'ouverture des eaux et des marais, dont en tant que besoin est ou seroit, nous leur en avons fait et faisons don par les présentes ; et pour donner moyen auxdits peres Jésuites de continuer leurs saintes œuvres en l'une et l'autre Amérique, voulons et nous plaît qu'ils puissent, en vertu de cesdites présentes, s'établir dans toutes les Isles et dans tous les endroits de la Terre ferme que bon leur semblera, pour y exercer leurs fonctions selon leurs Privileges, sans qu'ils y puissent être troublés en quelque façon et maniere que ce soit, et qu'à cette fin ils soient reçus favorablement et reconnus comme nos fideles Sujets, et comme tels qu'ils puissent posséder des Terres et des Maisons, et autres choses pour leur subsistance, et tout ainsi qu'ils font présentement en cetui notre Royaume de France où ils sont établis, sans qu'ils soient tenus prendre de nous ni de nos Successeurs autres Lettres que cesdites présentes ; voulons en outre qu'à l'avenir lesdits Commis et Receveurs, ou Préposés à la Recette générale de la Traite de la Nouvelle France, paient annuellement auxdits Peres Jésuites et à leurs successeurs, conformément à l'Arrêt de notredit Conseil dudit jour 28 Mars 1647, ladite somme de 5,000 liv. en la forme et manière contenue en icelui sans aucune diminution quelconque, ni que lesdits Peres Jésuites soient obligés d'avoir autres Lettres, Arrêts et Déclarations que lesdites présentes, etc. etc. ; etc. nonobstant tous Réglemens faits et à faire par les Gouverneurs, leurs Lieutenans et autres Officiers qui pourroient être établis esdits lieux, pour nous et nos successeurs, auxquels nous avons pour cet égard, dérogé et dérogeons par cesdites présentes. Si donnons en mandement, à tous nos Gouverneurs, leurs Lieutenans, par nous établis esdits Pays, et à tous nos Officiers et Sujets de faire pleinement jouir et user lesdits Peres Jésuites et leurs successeurs du contenu en cesdites présentes, sans permettre qu'il y soit aucunement contrevenu, cessant et faisant cesser tous troubles et empêchemens au contraire : Car tel est notre plaisir ; et afin que ce soit chose ferme et stable à toujours, nous avons fait mettre notre scel à cesdites présentes. DONNÉ à Paris, au mois de Juillet, l'an de grace, 1651, et de notre regne le neuvieme.

LOUIS, etc. A nos amés et féaux Conseillers, les Gens tenans notre Cour de Parlement à Paris : SALUT. Notre cher bien amé le Pere Paul le jeune, de la Compagnie de Jesus, Procureur des Missions de ladite Compagnie en l'Amérique, nous a fait remontrer que par nos Lettres-Patentes du mois de Juillet 1651, nous aurions permis auxdits Peres de ladite Compagnie de s'établir dans tous les endroits ès Isles et Terre

ferme

ferme en l'Amérique Septentrionale et Méridionale ; mais d'autant que l'adresse ne vous en a été faite, et que vous pourriez faire difficulté en l'enregistrement d'icelles ; A CES CAUSES, nous vous mandons que vous ayiez à procéder à l'enregistrement de nos Lettres d'établissement et du contenu en icelles, faire jouir et user ladite Compagnie. DONNÉ à Paris, le onzieme jour de Mars, l'an de grace, mil six cent cinquante-huit, et de notre regne le quinzieme. *Signé*, par le Roi en son Conseil, PACHAN.

R. au Parlement de Paris, le 11 d'Avril 1658.

R. au Conseil du Cap, le 10 Septembre 1716.

Les Jésuites n'ayant eu, à Saint-Domingue, des établissemens que dans le ressort du Conseil du Cap, ces Lettres-Patentes n'ont pas été registrées à celui du Petit Goave.

ARRÊT du Conseil de la Martinique, touchant les Esclaves.

Du 7 Octobre 1652.

Cet Arrêt défend absolument d'exiger aucun travail des Esclaves les jours de Dimanches et de Fêtes.

ORDONNANCE du Gouverneur de la Martinique, pour l'Etablissement d'un Marché tous les Samedis.

Du 2 Mai 1654.

Par cette Ordonnance les marchandises transportées au marché par les Habitans pour y être vendues, sont déclarées insaisissables, ainsi que le prix en provenant.

ARRÊT du Conseil de la Martinique, touchant les Monnoies.

Du 9 Mai 1654.

Le cours de l'argent de France est autorisé par cet Arrêt, qui regle la valeur des Monnoies Etrangeres proportionnellement à la valeur de celles du Royaume.

Tome I. K

LETTRES DE PROVISIONS de la Charge de Viceroi et Lieute-nant-Général pour le Roi, représentant sa Personne, dans tous les Ports, Havres, Isles, Côtes, Rivieres et Terre ferme de l'Amérique, données à M. le DUC D'AMPVILLE.

Du mois de Juillet 1655.

Louis, ect. A notre très-cher et bien amé Cousin le Duc d'Ampville, Pair de France, Comte de Biron: SALUT. Comme ainsi soit que par nos Lettres-Patentes du mois de Novembre 1644, nous vous avons fait, constitué, ordonné et établi Viceroi et notre Lieutenant-Général, re-présentant notre Personne dans toutes les Isles, Côtes et Terre ferme de l'Amérique, tant celles qui sont habitées que celles qui le seront ci-après, ainsi qu'il est porté par nosdites Lettres-Patentes, lesquelles vous n'avez fait vérifier en notre Cour de Parlement de Paris dans l'année de l'expédition d'icelles, ayant pour ce besoin de nos Lettres sur ce nécessaires. Voulant de toute notre affection continuer le même dessein que les défunts Rois Henri le Grand notre aïeul, et Louis XIII notre très-honoré Seigneur et Pere, avoient de favoriser la bonne intention de ceux qui avoient entrepris de rechercher et de découvrir ès Pays de l'Améri-que, des Terres, Contrées et lieux propres et commodes pour faire des habi-tations capables d'établir des Colonies, afin d'essayer avec l'assistance de Dieu, d'amener les Peuples qui en habitent les Terres à sa connoissance, et les faire policer et instruire à la Foi et Religion Catholique, Apostolique et Ro-maine, et par ce moyen y établir notre autorité, et introduire quelque com-merce qui puisse apporter de l'utilité à nos Sujets : ayant été informé que par les voyages faits le long des Côtes et Isles, desquelles nos prédécesseurs en auroient fait habiter quelques-unes, il a été reconnu plusieurs Ports, Havres et lieux propres et bien commodes pour y aborder, habiter et donner un bon et grand commencement pour l'entier accomplissement de ce dessein, et aussi pour y découvrir et chercher chemin facile pour aller au Pays de la Chine, de Monoa et Royaume des Incas, par-dedans les Rivieres et Terres fermes dudit Pays, avec assistance des Habitans d'icelles ; pour faciliter laquelle entreprise ils auroient par Lettres-Patentes du 8 Octobre 1612, donné la Charge d'icelle à feu notre très-cher et bien amé Cousin le Comte de Soissons, et icelui fait Gouverneur et notre Lieutenant-Général dudit Pays pour y représenter notre Personne, et amener les Peuples d'icelui Pays à la connoissance de Dieu, et les faire instruire à la Foi et Religion Catholique, Apostolique et Romaine, ainsi qu'il est

plus au long porté par lesdites Lettres , et depuis son décès , à feu notre
très-cher et bien amé Cousin le Prince de Condé , et ensuite aussi à feu notre
très-cher Cousin le Duc de Montmorency , qui s'en seroit volontairement
démis en faveur de de notre aussi très-cher Cousin le Duc de Vantadour; lequel
y desirant voir un progrès selon ledit dessein , et ne pouvant y vaquer selon
son zele , pour les autres grandes occupations qu'il avoit pour le service de
cet Etat , afin de ne laisser une si sainte entreprise qui ne tendoit qu'à la gloire
de Dieu et bien de nos Sujets sans effet , notredit Cousin le Duc de Vantadour s'en seroit volontairement en personne démis entre les mains du feu
Roi de glorieuse mémoire , et l'auroit supplié d'y pourvoir de quelque
personnage qui s'en peut dignement acquitter. Au moyen de quoi ayant
été nécessaire de faire choix de quelque sujet de grande naissance et
condition , dont la vie à l'honneur de Dieu , le courage et dévotion à
notre service nous fussent connus , et qui eut les qualités propres pour ,
en notre absence et par nos ordres , régir et gouverner les Peuples qui
sont à présent et qui seront ci-après en ces quartiers-là ; sachant en cela
ne pouvoir faire une plus digne Election que de vous , pour la connoissance que nous avons de votre valeur , courage , grande probité , prudence et expérience , qui nous fait croire que vous vous acquitterez très-
dignement de cet emploi , ayant en vous toutes les qualités requises ;
Nous vous avons confirmé , et en tant que besoin seroit , vous avons fait ,
constitué , ordonné et établi , confirmons , ordonnons et établissons par
ces présentes signées de notre main , en la dignité et titre de Viceroi ,
représentant notre Personne dans toutes les Rivieres , Ports , Hâvres , Isles
Côtes et Terre ferme de l'Amérique , tant celles qui sont habitées par
nos Sujets , que de celles qui le seront ci-après , comme Guyana que
de celles qui débordent de part et d'autre les Rivieres des Amazones ,
Orénoc , Amacousa , Eschiel et Berbiche , que de tous les autres lieux ,
contrées et endroits sans nul excepter , qui ne sont occupés par aucun
Prince Chrétien , allié de la France; pour , en ladite qualité de Viceroi
et notre Lieutenant-Général y commander en tout ledit Pays de l'Amérique et par-delà , tant et si avant que vous pourrez étendre et faire eten-
dre notre nom , avec plein pouvoir d'y établir notre autorité , et y assujettir , soumettre et faire obéir tous les Peuples desdites Terres et leurs
circonvoisines , les appellans par toutes les voies les plus douces qui se
pourront à la connoissance de Dieu , à la lumiere de la Foi et de la Religion Chrétienne , Catholique , Apostolique et Romaine , y en établir
l'exercice à l'exclusion de toute autre; défendre lesdits lieux de tout votre
pouvoir , maintenir et conserver lesdits Peuples , et tous autres habitués

esdits lieux, en paix, repos et tranquillité; y commander tant par mer
que par terre, ordonner, décider et faire exécuter tout ce que vous ou
ceux que vous y commettrez, jugerez se devoir ou pouvoir faire pour
la manutention et conservation desdits lieux sous notre autorité et obéissance, par les fermes voies et moyens prescrits, ou les plus approchans
qu'il se pourra de nos Ordonnances. Avoir soin de faire vivre les Gens
de guerre qui seront établis en garnison, en bonne union, concorde et
intelligence, ensorte qu'il ne s'y commette aucun désordre; et pour y
vaquer avec vous, commettre, établir, constituer tous Officiers, tant en
affaire de la guerre que de la justice et police; pour la premiere fois, et
de-là en avant nous les nommer et présenter, pour à votre nomination
être par nous pourvu comme nos autres Officiers, à la nomination d'aucuns Princes et Seigneurs de notre Royaume, prescrivant sous notre bon
plaisir, avec avis de gens prudens et capables, des Loix, Statuts et Ordonnances, autant qu'il se pourra conformer aux nôtres, notamment en choses
et matieres auxquelles n'est pourvu par icelles. Traiter et contracter en
notre nom telles paix, alliances et confédérations, bonne amitié, correspondance et communications avec lesdits Peuples, leurs Princes ou
autres, ayant pouvoir ou commandement sur eux; entretenir, garder et
soigneusement observer les Traités et alliances dont vous conviendrez
avec eux, pourvu qu'ils y satisfassent de leur part. Et à défaut leur
faire guerre ouverte pour les contraindre et amener à telle raison que
vous le jugerez nécessaire pour l'honneur, obéissance et service de
Dieu, établissement et conservation de notre autorité parmi eux. Et afin
de mieux hanter et conserver paix avec ceux qui seront par vous commis
ou envoyés à l'effet ci-dessus; et tous nos Sujets avec eux en toute assurance et liberté, leur donner et octroyer graces, Privileges, Charges et
honneurs tels que vous aviserez. Lequel entier pouvoir susdit, voulons
et ordonnnons, que vous ayez sur tous nosdits Sujets ou autres qui se
transporteront et voudront habiter, trafiquer, négocier et résider esdits
Pays et lieux, tenir, prendre et réserver à vous, et vous approprier de
ce que vous voudrez et verrez être plus commode et propre à votre
Charge, qualité et usage desdites Terres; en départir telles parties et
portions à tels droits et censives que vous aviserez; leur donner et attribuer tels titres et honneurs, droits, pouvoirs et facultés que vous verrez
et jugerez être bon; besoin ou nécéssaire, selon les qualités, conditions
et mérite des personnes; cultiver et faire habiter lesdites Terres le plus
promptement, d'extrément et soigneusement, que le tems, les lieux et
endroits d'iceux le pourront permettre; en faire ou faire faire à cette fin

les découvertes et reconnoissance en l'étendue desdites Côtes maritimes, et autres Contrées de ladite Terre ferme, pour essayer de trouver le chemin et routes faciles pour aller esdits Pays de la Chine, de Monoa et des Incas par-dedans les Rivieres ou Terres fermes desdits Pays; auxquels lieux nous voulons et entendons qu'aucuns de nos Sujets ne puissent à l'avenir aller découvrir, traiter et négocier, faire trafic et commerce avec les Habitans desdits lieux, en aucune sorte et maniere que ce soit, ni même s'associer pour ce faire avec aucuns Etrangers, leur donner avis, adresse ni assistance sans votre permission, ou de ceux qu'à ce faire vous commettrez, à peine de confiscation des vaisseaux et marchandises, et dix mille livres d'amende à votre profit; et pour le regard de ceux qui mal affectionnés à notre service se pourroient associer et donner adresse et assistance aux Etrangers, seront déclarés rebelles, punis et châtiés exemplairement. Et pour tirer intérêt des susdites défenses et avancer autant qu'il nous est possible, ce dessein à la gloire de Dieu, et accroissement de notre Couronne; estimant que sous l'autorité de votre Charge le Commerce y sera plus certain, et plus de personnes s'y habitueront, pour le trafic et manufacture de tout ce qui se peut faire esdits lieux; nous vous avons permis et permettons d'établir toutes sortes de Compagnies pour telle sorte de trafic que vous aviserez se pouvoir faire esdits Pays, sous votre nom ou tel autre que bon vous semblera y entrer de part, recevoir et associer toutes personnes Nobles, Officiers et autres pour trois mille livres et au-dessus à chacun embarquement, sans pour ce déroger à aucun Privilege qui soit acquis, après toutefois que les articles auront été vus et communiqués à notre très-cher et très-amé Oncle le Duc de Vendôme à cause de sa Charge de Grand-Maître, Chef et Surintendant du Commerce et Navigation de France, aux droits et pouvoirs de laquelle nous n'entendons pas que les présentes puissent en aucune maniere que ce soit nuire ni préjudicier, et à la charge de prendre ses congés et passeports nécessaires à la Navigation et Commerce. Et pour la direction desdites Compagnies, établir où besoin sera un Bureau et Conseil, y nommer et commettre telles personnes fidelles et gens de bien, de prudhomie, nécessaires pour la sûreté hors les hasards de la mer, de l'argent de ceux qui entreront esdites Compagnies, en auxquels, absens comme présens, par lesdits nommés et commis sera fait compte de ce qui pourra revenir ou aux leurs par le meilleur ordre qui sera avisé, pour être promptement payé quand il sera demandé après ledit compte fait. Et parce que les Mines peuvent apporter une grande commodité en cettui notre Royaume, vous

ferez soigneusement rechercher et reconnoître toutes sortes de Mines
d'or et d'argent, cuivre et autres métaux et minéraux; iceux fouiller,
tirer, purger et affiner pour être convertis en usage, et en disposer selon
et ainsi qu'il est prescrit par nos Ordonnances et Réglemens sur ce fait
en ce Royaume, nous réservant seulement le vingtieme denier de ce
qui proviendra de celles d'or et d'argent; le surplus avec ce qui se tirera
des autres métaux et minéraux ou en cas de société pour lesdites Mines,
tel droit que vous vous y réserverez, et sur tout autre trafic desdits
Pays vous demeurera pour subvenir aux frais et grandes dépenses que la
Charge susdite vous apportera; voulant que pour votre sûreté et commodité et de tous ceux de nosdits Sujets qui s'en iront, habiteront et trafiqueront esdites Terres, comme généralement de tous autres qui s'y ac-
commoderont sous notre autorité par votre permission, vous puissiez
faire bâtir et construire un ou plusieurs Forts, Places, Villes et toutes
autres Maisons, Demeures et Habitations, Ports, Havres, Retraites et
Logemens que vous connoîtrez propres, utiles et nécessaires à l'exécution
de ladite entreprise; établir garnison de Gens de guerre, à la garde
d'iceux, vous aider et prévaloir aux effets susdits des Vagabons, personnes
oiseux et sans aveu, tant ès Villes qu'aux champs; ensemble des condamnés à banissement perpétuel, ou à cinq ans du moins hors de notre
Royaume, pourvu que ce soit par l'avis, consentement et autorité de nos
Officiers, et faisant garder et observer nos Loix et Ordonnances de la
Marine, et autres choses concernant les pouvoirs par nous attribués à la
susdite Charge de Viceroi, et notre Lieutenant - Général représentant
notre personne, et faire généralement pour le maintien et la conservation
des Isles, Côtes et Terre ferme qui sont habitées et occupées, et
pour la conquête, peuplement et conservation desdits Pays, Côtes et
Territoires circonvoisins, et de leurs appartenances et dépendances sous
notre autorité; ce que nous-mêmes ferions ou pourrions faire, si en
personne y étions; jaçoit que le cas requit mandement plus spécial que
nous ne vous prescrivons par cesdites présentes, vous donnant aussi
plein et entier pouvoir pour la conduite et direction du peuplement,
culture, et distribution des Terres dudit Pays, Continens et Isles circonvoisines, à la réservation de la Souveraineté à nous et à nos successeurs Rois de France, pour reconnoissance de foi et hommage de tels
droits que vous aviserez, promettant confirmer tout ce que par vous y
sera ainsi concédé; et à cet effet, mandons, ordonnons, et très-expressément enjoignons à tous nos Justiciers, Officiers et autres nos Sujets de
s'y conformer, et à vous reconnoître, obéir et entendre en toutes et

chacunes les choses susdites circonstances et dépendances, et vous donnent aussi à l'exécution d'icelles, toute aide, confort, main-forte et assistance dont vous aurez besoin, et seront par vous requis. Et pour ce que pour habiter les Terres, les cultiver et ensemencer, il est nécessaire de les défricher et déraciner les bois dont elles sont couvertes, et pour ce faire de grands frais, afin d'y subvenir et apporter quelqu'utilité à nosdits Sujets; nous avons permis et permettons à ceux qui seront par vous commis à l'effet susdit, de faire débiter lesdits bois, en faire des cendres esdits lieux, pour être amenées et vendues dans notre Royaume franches et quittes de tous impôts et subsides durant dix années. Et pour donner plus de facilité à cette notre intention; nous déclarons pareillement toutes sortes de munitions de guerre, vivres et autre choses nécessaires pour l'avituaillement et embarquement susdits, exemptes, quittes et franches de toutes impositions et subsides quelconques pendant ledit tems. Et afin que personne n'en prétende cause d'ignorance de cette notre intention, et se veuille immiscer en toute ou partie de la Charge, dignité ou autorité que vous donnons par ces présentes, nous avons de notre certaine science, pleine puissance et autorité Royale révoqué, supprimé et déclaré nul et de nul effet toutes autres provisions, commissions, pouvoirs, lettres, expéditions et concessions sans votre attache, données et délivrées à quelques personnes que ce soit, pour découvrir, conquérir, peupler et habiter aux susdits Pays tels qu'ils soient; voulant afin d'y rendre une même intelligence par tous les Ports, et qu'aucun ne s'y entremette à votre déçu pour éviter le désordre que pourroit causer la diversité de commandemens qui viendroit d'autre que de vous, où il se trouveroit aucun pouvoir ou commission, qu'ils vous soient représentés dans l'an du premier voyage qui s'y fera sous votre Charge pour y être par vous donné attache ou confirmation si vous jugez que bon soit. Où il arriveroit des procès et différens pour raison de ce que dessus, confiscations pour contraventions à nos susdites défenses ou déprédations sur les Etrangers qui s'y voudroient habituer, et expulser nous ou nosdits Sujets, ou autrement en quelque façon que ce soit, contredire le contenu de ces présentes, troubler, altérer ledit commerce ou peuplement desdites terres sous notre autorité, comme chose qui regarde un ordre, réglement et accroissement de notre Etat, nous nous en sommes retenus et réservés à nous et à notre Conseil la connoissance; et icelle interdite et défendue à tous autres nos Juges et Officiers quelconques. Et parce que les sociétés, accords et traités que nos Sujets pourroient avoir et faire avec vous sur le commerce, peuplement et distributions des Terres

desdites Isles , Côtes et Terres fermes desdits pays leur seront au commencement à grands frais, et que plusieurs de notre Royaume et des plus
riches delà pourroient avoir été divertis d'y entendre, par crainte qu'un
changement à l'avenir de Gouvernement desdits Pays sous notre obéissance , ne leur fît perdre le gain espéré qui leur auroit fait faire les
avances nécessaires, et aussi notre intention seroit retardée; nous pour
enlever tout prétexte de doute et suspicion , avons validé et validons
dès à présent comme pour lors, toutes les sociétés, accords, distributions
desdites Terres , et autres traités en conséquence des présentes ; promettant iceux et toutes provisions, commissions et expéditions qui seront
par vous faites concernant l'Amérique; confirmer, agréer, approuver
et ratifier et à cette fin de l'entretien du contenu ci-dessus , et que l'on y
ait égard sans jamais rien faire au contraire par nous ni nos successeurs
Rois. Mandons et ordonnons à notre très-cher et bien amé Oncle le Duc
de Vendôme , Pair de France , Grand-Maître , Chef et Surintendant
Général de la Navigation et Commerce de ce Royaume, son Lieutenant,
et tous autres qu'il appartiendra , que sur cesdites présentes ils aient à
donner à notre aussi très-cher Cousin le Duc d'Ampville, Pair de
France , ou à ceux qni seront par lui commis ou envoyés en l'Amérique,
tous congés et passeports que les Navires et Vaisseaux sont obligés de
prendre , allant en mer , pour aller et venir esdites Terres , Côtes et Isles
de l'Amérique, avec les marchandises dont elles seront chargées , et les
hommes et femmes qu'on y voudra transporter, sans qu'il leur soit fait
ni donné aucun trouble ni empêchement, et qu'il soit reconnu es susdits
lieux en ladite qualité de Viceroi , et notre Lieutenant Général représentant notre Personne par tout et ainsi qu'il appartiendra, Si donnons en
mandement à nos amés et féaux Conseillers les Gens tenans notre Cour
de Parlement de Paris, et à tous nos autres Justiciers, Officiers et Sujets
de quelque qualité et condition qu'ils soient, chacun en ce qui les concerne
cerne et regarde , que sans vous arrêter à la surannation de nosdites
Lettres-Patentes du mois de Novembre 1644, ci-attachées sous le contre
scel de notre Chancellerie ni au défaut d'adresse d'icelles , vous ayez
ensemble ces présentes à sa requête, poursuite et diligence à les faire
registrer , lire et publier purement et simplement selon leur forme et
teneur ès Registres de leurs Jurisdictions, pouvoirs et détroits, et partout où besoin sera, sans y faire aucuns refus ni défenses au contraire ,
nonobstant icelle surannation et défaut d'adresse dont nous avons relevé
et relevons notredit Cousin le Duc d'Ampville par cesdites présentes ,
sans permettre qu'il y soit jamais contrevenu en aucune maniere que ce
soit ;

soit; ains fassent souffrir et obeir tous ceux qu'il appartiendra, et qui pour ce seront à contraindre, nonobstant oppositions ou appellations quelconques, pour lesquelles et sans préjudice d'icelles ne voulons être diféré, faisant cesser en tant qu'à eux appartiendra, tous troubles et empêchemens au contraire. Prions et requérons tous Rois, Potentats, Princes et autres nos bons amis Alliés et Confédérés, leurs Ministres, Officiers et tous autres à nous non Sujets, vous donner et à ceux qui seront par vous commis et délégués toute aide, faveur et assistance, dont ils seront requis pour l'exécution de ce que dessus, offrant d'en faire le semblable quand requis en serons. Et d'autant que de cesdites présentes l'on pourra avoir affaire en plusieurs et divers lieux : nous voulons qu'aux vidimus d'icelles duement collationnés par l'un de nos amés et féaux Conseillers-Notaires et Secrétaires, foi être ajoutée comme au présent original. Car tel est notre plaisir. DONNÉ à Laferre, au mois de Juillet, l'an de grâce 1655, et de notre regne le treizieme. *Signé* LOUIS. *Et plus bas*, par le Roi, DE LOMÉNIE; et scellé du grand sceau en cire jaune.

R. Ouï le Procureur Général du Roi, à la charge de garder les Ordonnances, Arrêts et Réglemens pour le fait de la Marine. A Paris en Parlement, ce 21 Janvier 1658.

Collationné à l'original par moi Conseiller-Secrétaire du Roi, *de la Vice-Royauté et du Conseil de l'Amérique. Signé* LE COYNTE.

Nous avons pensé que la connoissance des droits de la Charge de Viceroi et des faits que l'on trouve relatés dans ces Provisions les plus anciennes que nous ayons pu nous procurer, pourroit intéresser.

COMMISSION *du premier Commandant pour le Roi de l'Isle de la Tortue, M.* JÉRÉMIE DESCHAMPS, *Sieur de Moussac et de Rousset.*

Du 26 Novembre 1656.

LOUIS, etc. A notre cher et bien amé Jérémie Deschamps, sieur de Moussac et de Rousset : SALUT. Ayant jugé nécessaire de pourvoir à la garde et conservation de l'Isle de la Tortue en l'Amérique nouvellement remise sous notre obéissance, et d'y établir quelque personnage sur la suffisance et fidélité duquel nous puissions nous en reposer , et qui prît un soin particulier du rétablissement des Forts qui y étoient ci-devant et qui ont été ruinés par les Ennemis de cet Etat , ensorte qu'ils fussent suffisans, tant pour la sûreté des Habitans de l'Isle que de ceux de nos Sujets qui pourroient y aller faire de nouvelles habitations, ainsi qu'ils ont fait par le passé ; nous avons à cet effet jeté les yeux sur vous dans la créance que nous avons eue que nous ne pouvions faire choix de personne qui pût mieux que vous s'acquitter de cet emploi vu votre expérience et votre valeur dont vous avez donné de si notables preuves en la reprise de la même Isle ; et ayant d'ailleurs une entiere confiance en la fidélité et en l'affection que vous avez fait paroître en toute rencontre à notre service. A CES CAUSES , et autres à ce nous mouvant , nous vous avons commis et ordonné , commettons et ordonnons par ces présentes signées de notre main pour , sous notre autorité *et celle des Gouverneurs et nos Lieutenans - Généraux ès Isles de l'Amérique*, avoir la garde de ladite Isle de la Tortue et des Forts qui y sont ou pourront être ci-après rétablis, et de ladite Charge jouir aux honneurs , autorité , prérogatives , prééminences, droits, appointemens , profits et émolumens, tels et semblables qu'en ont joui ou dû jouir ceux qui vous ont précédé en la même Charge, avec pouvoir de commander , tant aux Habitans de ladite Isle qu'aux Gens de guerre qui y sont ou seront ci-après établis en garnison, ce qui sera du bien de notre service , faire vivre lesdits Habitans en union et concorde les uns avec les autres , contenir lesdits Gens de guerre en bon ordre et police suivant nos Réglemens , maintenir le Commerce et Trafic de ladite Isle, et généralement faire tout ce que vous jugerez à propos pour la sûreté et la conservation d'icelle , tant qu'il nous plaira ; de ce faire vous avons donné et donnons pouvoir, commission et mandement spécial par cesdites présentes par lesquelles mandons à tous Gouverneurs et nos Lieutenans-Généraux ès Isles de l'Amérique de vous faire reconnoître en ladite qualité par tous ceux qu'il appartiendra, et faire jouir et user de ladite Charge pleinement et paisiblement ; ordonnons en outre, tant auxdits Habitans qu'auxdits Gens de guerre , de vous obéir et entendre ès choses touchant et concernant le présent pouvoir : Car tel est notre plaisir , etc. DONNÉ à Paris , le vingt-sixieme jour de Novembre , l'an de grace , mil six cent cinquante-six , et de notre regne le dix-huitieme.

Lettres-Patentes concernant les Marchands Portugais.

Du mois de Décembre 1656.

Par ces Lettres-Patentes les Marchands Portugais, résidens dans le Gouvernement de Bayonne, sont admis à partager tous les Privileges compris dans les Lettres-Patentes du mois d'Août 1550 et du mois de Novembre 1574.

R. au Parlement de Bordeaux, le 25 Mai 1658.

Arrêt du Conseil Souverain de la Martinique touchant les Juifs.

Du 4 Février 1658.

Par cet Arrêt, le Commerce de l'Isle Martinique est interdit aux Juifs avec défenses de le continuer après un voyage de leurs vaisseaux, à peine de confiscation des marchandises par eux apportées.

Arrêt du Conseil Souverain de la Martinique touchant les Esclaves.

Du 13 Juin 1658.

Cet Arrêt fait défenses aux Esclaves de sortir pendant la nuit sans avoir un billet de leurs Maîtres, qui les y autorise.

Arrêt du Conseil Souverain de la Martinique concernant les Juifs.

Du 2 Septembre 1658.

Cet Arrêt rétablit les Juifs dans le Privilege de commercer aux Isles qui leur avoit été ôté par l'Arrêt du 4 Février précédent.

ARRÊT du Conseil de la Martinique touchant un Livre de Politique.

Du 12 Août 1658.

Par cet Arrêt le Conseil condamne un Livre intitulé : Discours de l'état de Paix et de Guerre, *par Nicolas Machiavel, de la Bibliotheque de Madame du Parquet, Générale de la Martinique, à être brûlé par le Bourreau.*

Tiré du Recueil de M. Assier.

Madame du Parquet, à la mort de son mari, Général et Propriétaire de la Martinique, s'empara du Généralat, ce qui donna lieu à un soulevement de cette Isle, lors duquel ce Livre fut trouvé.

ARRÊT du Conseil de la Martinique qui fixe un prix au Taffia.

Du 31 Mars 1659.

Nous ne donnons cette indication que pour marquer qu'à cette époque de 1659 la maniere de faire le Taffia et sa consommation étoient déjà connues aux Isles.

DÉCLARATION du Roi pour la Paix entre la France et l'Espagne.

Du 7 Novembre 1659.

La Paix conclue entre ces deux Puissances n'ayant aucun trait à leurs possessions de l'Amérique, nous avons cru être dispensés d'en rapporter le Traité connu sous le nom de Traité des Pyrénées.

ARRÊT du Conseil de la Martinique, qui défend de souffrir que les Femmes montent dans les chambres hautes, chez les Marchands Magasiniers & Cabaretiers, hors la présence de leurs Maris.

Du 7 Février 1660.

Le septieme Février sur la Requête du Procureur Fiscal, il est fait défenses à tous Marchands magasiniers et Cabaretiers de permettre aux Femmes de monter dans leurs Chambres hautes et de les y recevoir

à moins que leurs maris ne soient présens, à peine contre les contrevenans de quatre mille livres de Petun d'amende, et autant contre les
Femmes qui seront dans le cas, dont le tiers pour le dénonciateur et le
reste pour le maintien de la Capeterre; et en cas d'insolvabilité, à peine
du baillon et du carcan.

Cette Notice est tirée du Recueil de M. Assier déjà cité.

ARRÊT du Conseil d'Etat et Lettres - Patentes sur icelui portant
révocation des concessions faites antérieurement des Terres & Pays de
l'Amérique, de l'Afrique et des Indes Orientales & qui ne se trouvent
pas établis.

Du 16 Août 1661.

DE PAR LE ROI.

SUR ce qui a été représenté au Roi, étant en son Conseil par le sieur
Marquis de Feuquieres, Viceroi de l'Amérique, que plusieurs Particuliers ayant dessein d'établir des Colonies Françoises en quelque partie
du Continent de l'Amérique et des Indes Orientales, ou des Isles adjacentes, sur les avis certains qu'ils avoient que ces lieux nétoient possédés
par aucuns Princes, ni Etats Chrétiens ni même cultivés pour une demeure
fixe d'habitans assemblés et régis sous quelque forme de gouvernement
certain, se seroient pourvus pardevers ledit sieur de Feuquieres, pour
avoir ce droit et permission de prendre au nom de Sa Majesté possession
desdits postes, y transporter des familles françoises, y fortifier des habitations, et donner le commencement à des Colonies par le moyen desquelles la doctrine de l'Evangile pourroit être portée aux Nations infi-
deles et barbares, et le commerce de la France s'étendre de tous les
côtés de la Terre habitable. Mais ils ont eu avis qu'après que sous l'autorité des concessions qu'ils pourroient obtenir de Sa Majesté ils auroient
formé des Compagnies pour l'exécution de leurs desseins, et seroient
entrés dans les dépenses des grands préparatifs nécessaires à telles entreprises, ils seroient arrêtés par des oppositions de personnes incconnues,
qui prétendent avoir des Lettres de Sa Majesté, obtenues longues années
auparavant pour la concession de ces mêmes terres, qu'ils soutiendront
leur appartenir, bien qu'ils n'aient fait aucune diligence pour en prendre
la possession, ou qu'ayant fait quelqu'embarquement pour s'en emparer,

ils auroient été contraints de les abandonner peu après faute de moyens ou de conduite ou par les mauvais succès de leurs entreprises : et bien que telles oppositions ne dussent pas empêcher ceux qui se trouveroient avoir la force et l'industrie de faire valoir les dernieres concessions de S. Majesté à leur profit, ils n'osent s'y engager, de crainte qu'après les périls et les dépenses de ces grands voyages lorsqu'ils commenceront à jouir du fruit de leurs travaux, ils se vissent troublés par ces porteurs de Lettres, qui ne manqueront pas à réveiller leurs prétentions aussi-tôt qu'ils sauront que l'on auroit fait quelque progrès heureux en ces nouvelles peuplades ; et d'autant qu'il importe à la gloire de Dieu, la propagation de la Foi et au bien de l'Etat, pour de très-grandes considérations, de lever cet obstacle aux bons projets qui pourroient être concertés par plusieurs personnes capables de les exécuter à la faveur de la paix, et qu'il n'est pas juste que ceux qui par une vaine ambition, sur le récit des voyages d'autrui, ou sur la seule connoissance des Cartes géographiques ont surpris des concessions de pays d'une immense étendue dont ils ne se sont point efforcés de faire un véritable usage, ou qui ont manqué de prudence ou de biens pour s'y établir à demeure, traversent et retardent les succès que le Public peut recevoir de l'industrie et de la valeur des autres qui se présentent pour effectuer réellement ce que les premiers n'ont pas exécuté ; à quoi étant nécessaire de pourvoir, Sa Majesté étant en son Conseil, sans s'arrêter auxdites Lettres et concessions qu'elle a révoquées et révoque par ce présent Arrêt, a permis et permet à tous ses Sujets de proposer de nouvelles Colonies ès lieux qui ne seront occupés, et en prendre de nouvelles concessions aux clauses et conditions accoutumées ; sauf à ceux qui prétendront avoir droit par d'autres Lettres et concessions obtenues de Sa Majesté ou des Rois ses prédécesseurs dans lesdits Pays, Terres et Isles de l'Amérique Méridionale et Septentrionale de l'Afrique & des Indes Orientales, de rapporter dans six mois après la publication du présent Arrêt, et mettre entre les mains du sieur Comte de Brienne, Secrétaire des Commandemens de Sa Majesté, tous les originaux desdites Lettres et autres titres, associations et autres actes, ensemble les pièces justificatives de l'Etat présent desdits lieux concédés et des diligences faites en exécution desdites Lettres, pour leur être donné part dans les nouvelles sociétés, ou autrement pourvu ; et à faute de ce faire dans ledit tems, et icelui passé, Sa Majesté déclare les impétrans desdites concessions, et ceux qui sont en leur lieu et place déchus dès à présent de toutes prétentions pour raison d'icelles ; veut Sa Majesté que le présent Arrêt soit publié et affiché dans les principales villes de ce Royaume, et dans tous les Havres et Ports des Provinces maritimes, à la diligence des Officiers des Amirautés, à ce qu'aucun n'en prétende cause d'ignorance: ordonne au sieur Duc de Vendôme, Pair, Grand-Maître, Chef et Surintendant Général de la Navigation et Commerce de France, et audit sieur de Feuquieres, Viceroi de l'Amérique, de tenir la main à l'exécution du présent Arrêt. FAIT au Conseil d'Etat du Roi, Sa Majesté y étant; tenu à Fontainebleau le 16 jour d'Août 1661. *Signé* DELOMENIE.

LOUIS, etc. A notre très-cher et bien amé Oncle le Duc de Vendôme, Pair, Grand-Maître, Chef et Surintendant Général de la Navigation et Commerce de France, et notre amé et féal Conseiller en nos conseils d'Etat et Privé, le sieur Marquis de Feuquieres Viceroi, et notre Lieutenant général représentant notre Personne dans toute l'étendue de l'Amérique, tant Méridionale que Septentrionale, et à tous Gouverneurs de nos Places maritimes, Officiers et Juges de l'Amirauté qu'il appartiendra : SALUT. Nous vous mandons et ordonnons par ces présentes, que l'Arrêt cejourd'hui rendu en notre Conseil d'Etat, vous ayez à faire publier et afficher dans tous les Havres et ports des Provinces maritimes de notre Royaume, Places, Habitations, Havres et ports tenus par nos Sujets auxdits Pays de l'Amérique, à ce que personne n'en prétende cause d'ignorance, et tenir la main à l'exécution d'icelui selon sa forme et teneur. DONNÉ à Fontainebleau, le seizieme jour d'Août, l'an de grace 1661; et de notre regne le dix-neuvieme. *Signé* LOUIS.

CONCESSION *à perpétuité des Isles Lucayes et Caïques en faveur de M. d'OGERON, ses Héritiers et ayans-cause.*

1662.

LOUIS, etc. Le zele de la gloire de Dieu et l'honneur de notre Etat ayant porté quelques-uns de nos Sujets à entreprendre l'établissement de plusieurs Colonies Françoises en divers lieux de l'Amérique, dont le dessein a si heureusement réussi dans le Canada et aux Isles de l'Amérique Méridionale, qu'à leur exemple, certain nombre de nosdits Sujets ayant depuis aussi formé une Compagnie à la faveur de notre concession, sous le titre de la France Méridionale, pour s'établir en Terre ferme, ont eu néanmons un succès si contraire aux premiers établissemens, qu'à

la fin ladite Compagnie, après des dépenses immenses faites en divers
embarquemens, a été contrainte d'abandonner ses desseins, ce qui auroit
obligé notre très-cher et bien amé Bertrand d'Ogeron, Ecuyer, Sieur
de la Bouere, comme intéressé en ladite Compagnie et Seigneur en partie
de ladite Concession, à faire le voyage de l'Amérique depuis quatre ans
pour tâcher de remédier à ces désordres, à l'occasion de quoi il auroit
fait en son particulier de très-considérables dépenses par l'envie qu'il
avoit de contribuer de tout son pouvoir au rétablissement d'une si louable
entreprise; mais étant sur les lieux, voyant les choses entierement déses-
pérées de ce côté-là, il auroit fait recherche de quelques endroits plus
propres que ceux de ladite Terre ferme; et ayant trouvé les Isles Lucayes désertes et non encore habitées, il nous a fait très - humblement
supplier de les lui accorder pour y planter la Foi, pour y faire professer
la Religion Catholique, Apostolique et Romaine, y étendre notre nom,
la réputation de la Nation Françoise, et pour y établir le Commerce,
afin que nous puissions tirer à l'avenir par nos propres et naturels Sujets
et de la premiere main les marchandises qui se trouvent esdits Pays;
A ces causes, après avoir fait mettre cette affaire en délibération en
notre Conseil où étoit notre très-honorée Dame et Mere, notre cher
Frere le Duc d'Anjou, et plusieurs autres grands et notables Personnages de notre Royaume, nous avons de notre certaine science, pleine
puissance et autorité Royale, donné, accordé et concédé, et par ces présentes signées de notre main, donnons, octroyons et concédons audit
sieur d'Ogeron les Isles Lucayes et les Caïques non encore habitées,
situées entre la Floride, et les Isles de Cuba et d'Hispaniola depuis le
vingtieme degré de la ligne jusqu'au vingt-huitieme, à la réserve de
celles qui pourroient se trouver habitées par aucun de nos Sujets ou -
Alliés de notre Couronne; promettons audit sieur d'Ogeron de faire
passer dans lesdites Isles le nombre de deux cents hommes dans la premiere année et jusqu'à deux mille de l'un et l'autre sexe dans les dix
années suivantes, et plus grand nombre si bon lui semble, pour la levée
desquels il lui sera permis de faire afficher en toutes les places publiques
le dessein dudit établissement et le faire publier aux Prônes des grandes
Messes des Paroisses de notre Royaume; à condition de nourrir et loger
pendant les trois premieres années ceux qu'il fera passer auxdites Isles,
après lesquelles finies ledit sieur d'Ogeron leur distribuera des terres
pour les cultiver et en convertir les fruits à leur usage et profit particulier; et à l'égard des François qui passeront pour leur compte et à leurs
frais avec le gré dudit sieur d'Ogeron, il leur distribuera des terres
                                                                        dès

dès la première année pour les faire valoir, ainsi qu'ils verront bon être, et autant qu'ils en pourront cultiver : ordonnons qu'aucun autre que naturels François, Catholiques, Apostoliques et Romains, ne pourront être établis auxdites Isles, soit pour commander, soit pour obéir, ni admis à passer audit Pays dans les navires du sieur d'Ogeron, au contraire lui enjoignons de passer en nombre suffisant des Ecclésiastiques de probité et d'expérience requises pour prêcher la Foi et administrer les Sacremens, lesquels Ecclésiastiques il fournira de logement, vivres, ornemens et de toutes autres choses nécessaires, la mort desquels avenant, il sera obligé d'en substituer d'autres en leur place; et pour récompenser en quelque façon ledit sieur d'Ogeron des grandes dépenses, frais et avances nécessaires à un pareil établissement, conservation et augmentation desdites Colonies, et donner courage aux Gens de bien de se joindre et contribuer à un si noble et si louable dessein, nous avons par ce présent notre Edit perpétuel et irrévocable donné et octroyé, donnons et octroyons à perpétuité audit sieur d'Ogeron, ses hoirs et ayans-cause en toute propriété le fonds, très-fonds et superficie, Justices et Seigneuries desdites Isles Lucayes et Caïques, Ports, Havres, Fleuves, Rivieres, Etangs, Mines et Minieres; à la charge que dans cinq ans ledit sieur d'Ogeron donnera la déclaration des lieux où il aura assis ses habitations et peuplades, et que lui et ses Colonies useront et jouiront desdites Mines et Minieres aux mêmes charges et conditions que les Espagnols et Portugais font travailler en celles des terres qu'ils occupent; et pour ce que nous avons ci-devant accordé plusieurs concessions qui n'ont eu aucun effet ou qui ont été abandonnées, et qu'il ne seroit pas juste qu'après que ledit sieur d'Ogeron auroit fait son établissement et diverses habitations et peuplades, il y fût troublé et inquiété sous prétexte de concessions précédentes prescrites, et auxquelles on a renoncé par le peu de soin qu'on a apporté à les faire valoir, nous avons, pour éviter tous les différends qui en pourroient naître, révoqué toutes autres Concessions non exécutées, en ce qu'elles pouvoient comprendre lesdites Isles, lesquelles ne voulons pouvoir nuire, ni préjudicier à la présente Concession, pour plus grande sûreté et conservation de laquelle permettons et donnons pouvoir audit sieur d'Ogeron d'y faire fondre canons et boulets, forger toutes sortes d'armes offensives et défensives, faire poudre à canon, bâtir et fortifier Places, y préposer Gouverneurs, Capitaines, Lieutenans et autres Officiers, tant de Guerre que de Justice et Police, tels qu'il verra bon être, les révoquer et changer, distribuer les terres entr'eux et aux particuliers, les inféoder avec rétention d'hommages et autres droits

Tome I. M

Seigneuriaux, et généralement faire tout ce qu'il jugera nécessaire pour le bien et avancement desdites Colonies, ne nous réservant autre chose que le ressort, Foi et Hommage qui nous sera porté à la Tour de notre Château du Louvre à Paris, et à nos Successeurs Rois, par ledit sieur d'Ogeron, ses héritiers ou ayans-cause à chaque mutation de Roi, et la provision des Officiers de la Justice Souveraine qui nous seront nommés et présentés par ledit sieur d'Ogeron, lorsqu'il sera jugé à propos d'y en établir ; et d'autant plus que le plus souvent il arrive qu'après que la plus grande dépense de telles entreprises est faite, les fruits s'en recueillent par ceux qui n'y ont rien contribué par le moyen du Commerce qu'ils y exercent au préjudice de ceux qui en ont fait toutes les avances, ce qui est injuste, et le principal empêchement du progrès desdites Colonies, nous avons concédé et accordé, concédons et accordons par ce même notre Edit perpétuel et irrévocable pour toujours audit sieur d'Ogeron, ses hoirs et ayans-cause, tout le trafic qui se pourra faire soit par Mer et par Terre, dans l'étendue desdites Isles Lucayes et Caïques, sans en rien excepter, même celui de la Côte de l'Isle Espagnole ou Saint-Domingue, et de la Tortue, voisines desdites Isles : interdisons ledit Commerce et trafic à tous autres, à peine de confiscation des vaisseaux et marchandises, lesquels dès à présent nous déclarons appartenir au sieur d'Ogeron, en cas de contravention, sans qu'il soit besoin d'autre déclaration ni jugement plus précis, à condition qu'il fera son établissement dans le temps et en la manière ci-dessus exprimée ; au moyen de quoi voulons qu'il ne soit à l'avenir, et tant que ledit établissement subsistera, délivré par notre Oncle le Duc de Vendôme, Grand-Maître, Chef et Surintendant-Général de la Navigation et Commerce de France, ou ses Successeurs en ladite Charge, aucuns congés, passeports ou permissions à autres qu'audit sieur d'Ogeron, pour les voyages et commerce auxdites Isles, sinon par l'exprès consentement par écrit des personnes préposées en France pour les affaires dudit sieur d'Ogeron ; à la charge néanmoins que les François habitués auxdites Isles y pourront librement trafiquer et charger leurs effets et vaisseaux dudit sieur d'Ogeron, tant en allant qu'au retour, sans payer autres ni plus grands frais que les Habitans des autres Isles de l'Amérique déjà habitées ; permettons en outre audit sieur d'Ogeron d'armer en guerre tel nombre de vaisseaux qu'il jugera nécessaire, tant pour la sûreté de sa Navigation et Commerce que pour le bien et avantage de sesdites Colonies, et de mettre sur chacun d'iceux jusqu'à la moitié ou les deux tiers d'artillerie de fonte verte, et tels Capitaines, Lieutenans, Officiers, Soldats et Matelots que bon lui semblera, en prenant à chaque embarquement les Commissions nécessaires pour leur armement de guerre, payant les droits ordinaires et accoutumés, et aux conditions des Ordonnances de la Marine sur le fait desdits armemens, et que les prises qui seront faites, si elles ne peuvent commodément être amenées ès Ports de France où l'armement aura été fait, les Capitaines en feront faire l'instruction par les Officiers qui seront commis et établis aux Ports et Havres desdites Isles pour la Juridiction des causes maritimes par notredit Oncle ou ses Successeurs en ladite Charge sur la présentation dudit sieur d'Ogeron, pour en être les procédures apportées en notre Conseil, et sur icelles lesdites prises jugées suivant nos Ordonnances, à la charge d'amener en France deux ou trois Prisonniers de chacune desdites prises. Et parce que le principal objet dudit sieur d'Ogeron a été la gloire de Dieu et le bien de notre service, et qu'en formant le dessein d'un pareil établissement, il mérite quelque grace de cet Etat, même ceux qui s'associeront avec lui pour contribuer à l'établissement desdites Colonies, nous déclarons qu'eux tous, leurs Successeurs et ayans-cause de quelque qualité et condition qu'ils soient, Prélats, Seigneurs, Gentishommes, Officiers de notre Conseil, Cours Souveraines ou autres, pourront établir et faire le commerce que bon leur semblera auxdites Isles concédées par ces présentes, et autres lieux nécessaires pour le bien dudit établissement sans diminution de leur Noblesse, dignité, qualité, Privileges, Prérogatives et Immunités; et afin que les moindres Habitans de ladite Colonie ne soient pas privés des récompenses que mérite leur résolution, et pour y procurer avec avantage l'établissement de tous Arts et Métiers, voulons que tous ceux qui se transporteront audit lieu, soient toujours censés et réputés Regnicoles et naturels François, eux et leurs descendans, pour quelque temps qu'ils y demeurent, capables de toutes successions, dons, legs et autres dispositions, sans être obligés d'obtenir aucunes Lettres de naturalité; que les Artisans qui auront exercé leursdits Arts et Métiers pendant six années consécutives audit lieu, soient réputés Maîtres de chef-d'œuvre avec pouvoir de lever boutique ouverte en toutes les Villes de notre Royaume, y étant de retour et desirant s'y établir, à la réserve néanmoins de notre Ville de Paris, en laquelle ne pourront tenir boutique ouverte que ceux qui auront exercé leursdits Métiers pendant dix années; et pour favoriser d'autant plus le dessein dudit sieur d'Ogeron, et témoigner combien nous l'avons agréable, nous déclarons que, si-tôt que l'état de nos affaires le pourra permettre, nous déchargerons pendant un temps considérable de toutes impositions les marchandises que ledit sieur d'Ogeron fera venir desdites

Isles en France, pour lui donner et aux autres plus de moyens de travailler à l'augmentation de ladite Colonie ; et dès à présent promettons qu'au premier navire qui en arrivera chargé de marchandises, il sera fait en notre Conseil une taxe modérée des droits qui en devront être payés, ensorte que ledit sieur d'Ogeron et les Habitans desdites Isles en reçoivent tel soulagement qu'ils auront lieu de nous en savoir gré ; lesquelles marchandises arrivant, ledit sieur d'Ogeron pourra tenir en tels magasins que bon lui semblera, les y faire vendre et débiter en gros et en détail à toutes personnes sans aucun trouble ni empêchement, nonobstant tous Privileges de Maîtrises, Ordonnances de Police des Villes où lesdits Marchands se trouveront ou autres empêchemens quels qu'ils soient, auxquels pour ce regard nous avons dérogé et dérogeons. Et d'autant que les procès sont la cause la plus ordinaire de la ruine des plus belles entreprises, en cas de différend pour choses concernant cette présente Concession, soit entre ledit sieur d'Ogeron, ses Associés ou autres Personnes non intéressées auxdites Colonies, nous avons évoqué et évoquons par ces présentes, à nous et à notre Conseil, tous les procès qu'il pourra avoir, tant en demandant qu'en défendant, et iceux renvoyés avec leurs circonstances et dépendances en notre Grand Conseil, auquel nous en attribuons toute connoissance, Cour et Juridiction, et l'interdisons à tous autres Juges. Si donnons en mandement à tous nos amés et féaux les Gens tenans notredit Grand Conseil, et à tous nos autres Officiers qu'il appartiendra, que ces présentes ils fassent lire, publier et enregistrer et du contenu en icelles pleinement et paisiblement jouir ledit sieur d'Ogeron, ses hoirs et ayans-cause, nonobstant toutes autres Lettres et choses à ce contraires, auxquelles pour ce regard et au dérogatoire des dérogatoires, nous avons dérogé et dérogeons : Mandons en outre à notre très-cher et bien amé Oncle le Duc de Vendôme, Pair, Grand-Maître, Chef et Surintendant-Général de la Navigation et Commerce de France, et à notre très-cher et bien amé le Comte d'Estrades, Viceroi, et notre Lieutenant-Général représentant notre Personne dans toutes les Isles, Côtes et Terre-ferme de l'Amérique, chacun en droit soi suivant l'autorité et pouvoir de sa Charge, qu'ils aient à délivrer leurs attaches, expéditions, commissions et lettres nécessaires pour ledit établissement et du contenu en la présente Concession faire jouir ledit sieur d'Ogeron, sans permettre ni souffrir qu'il lui soit donné aucun empêchement, etc. DONNÉ à ... , l'an de grace mil six cent soixante-deux, et de notre regne le

ARRÊT du Conseil Souverain de la Martinique touchant les ravages faits par les animaux qui vaguent

Du 9 Avril 1663.

Cet Arrêt porte défenses de tuer les Bêtes cavalines ou à cornes, qui seront trouvées sur les habitations, à peine de quatre mille livres de petun d'amende; ordonne que le dégât sera estimé par deux voisins pour être payé par le propriétaire de l'animal; & néanmoins autorise, à défaut de réclamation ou de remboursement du dommage, à tuer les bêtes ou à les vendre pour le payer.

ORDONNANCE du Prévôt de Paris, portant défenses très-expresses d'arrêter, retenir, ni enlever aucune personne, sans pouvoir, sous quelque pretexte que ce soit, fûr les peines y mentionnées.

Du 17 Avril 1663.

DE PAR LE ROI et Monsieur le Prévôt de Paris, ou Monsieur son Lieutenant Civil.

SUR ce qui nous a été remontré par le Procureur du Roi, qu'aucuns particuliers depuis peu de jours, de leur autorité privée, et sans aucun pouvoir, ont arrêté des jeunes hommes, même des femmes, sous pré-texte de les faire conduire en l'Amérique pour le service du Roi, ou de les enrôler en des troupes; et après les avoir tenus enenfermés en des maisons particulieres pendant quelques jours, ils les ont fait sortir nuitam-ment hors cette ville de Paris pour les mener en des lieux inconnus; ce qui est un attentat à l'autorité du Roi, et une violence manifeste contre les loix et la liberté publique : requérant qu'il nous plût y pourvoir; nous ordonnons, ouï sur ce le Procureur du Roi, qu'il sera informé par les Commissaires du Châtelet en l'étendue de leurs quartiers des faits con-tenus en ladite plainte, et par nous incessamment procédé à la confection des procès de ceux qui se trouveront coupables desdites violences : faisant très-expresses inhibitions et défenses à toutes personnes de quel-que qualité et condition qu'elles soient, d'arrêter dans la ville de Paris, retenir dans les maisons privées, et d'enlever hors d'icelle aucune personne pour quelque cause que ce soit, à peine de la vie : enjoignant aux Commissaires du Châtelet, et autres Officiers de Justice, de tenir la main à l'exécution des présentes, et d'emprisonner les contrevenans, à peine d'en répondre en leurs propres et privés noms ; et afin que nul n'en prétende cause d'ignorance, sera notre présente Ordonnance lue, publiée et affichée en tous les carrefours et lieux ordinaires de cette ville et fauxbourgs de Paris. CE fut fait et donné par Messire DREUX DAUBRAY, Lieutenant Civil en la Prévôté et Vicomté de Paris, le 17 Avril mil six cent soixante-trois. *Signé* DAUBRAY, DERIANTZ.

Lu, publié par tous les carrefours de cette ville et fauxbourgs de Paris, ce mercredi 18 jour d'Avril 1663. Signé CANTO.

COMMISSION *de Lieutenant Général de l'Amérique pour* M. DE PROUVILLE DE TRACY.

Du 19 Novembre 1663.

LOUIS, etc. Ayant considéré que pendant que le sieur Comte d'Estrades, Viceroi, et notre Lieutenant Général en Amérique, est en Hollande en qualité de notre Ambassadeur occupé pour nos affaires en ce pays-là, pour satisfaire aux desirs que nous avons, non seulement de veiller à la conservation des lieux qui sont sous notre obéissance dans l'Amérique, et y faire de nouvelles découvertes et de nouvelles Colonies, il est nécessaire d'y établir quelque personne d'autorité, qui, en l'absence dudit sieur Comte d'Estrades puisse régir, augmenter et conserver lesdits lieux, et puisse étendre notre domination dans le Pays, y servir particulierement à l'accroissement du Christianisme, et à l'amélioration du Commerce ; et sachant que le sieur de Prouville Tracy, Conseiller en nos Conseils d'Etat et privé, ci-devant Commissaire-Général de notre Armée d'Allemagne, et Lieutenant-Général en nos Armées, a toutes les qualités propres pour s'acquitter dignement de cet emploi, et qu'après les preuves qu'il a données de sa valeur dans les Commandemens qu'il a eu sur nos troupes en Allemagne et ailleurs, et sa prudence dans les Négociations qui lui ont été commises, nous avons tout sujet de croire que nous ne pouvons faire un meilleur choix que de lui pour commander audit Pays. A CES CAUSES, et autres considérations à ce nous mouvant, nous avons ledit sieur de Prouville de Tracy, constitué, ordonné et établi, constituons, ordonnons et établissons par ces présentes, signées de notre main, notre Lieutenant-Général dans toute l'étendue des Terres de notre obéissance, situées en l'Amérique Méridionale et Septentrionale, de Terre ferme et des Isles, Rivieres, Ports et Havres, Côtes découvertes et à découvrir par nos Sujets, pour en l'absence dudit sieur Comte d'Estrades, Viceroi, avoir commandement sur tous les Gouverneurs et Lieutenans-Généraux par nous établis dans toutes lesdites Isles et Terre ferme du Canada, Acadie, Terre Neuve, Isles des Antilles et autres, comme aussi sur tous les Officiers et Conseils Souverains établis dans toutes lesdites Isles, sur les vaisseaux François qui navigueront audit Pays, soit de guerre à nous appartenans, soit marchands, faire prêter nouveau serment de fidélité, tant aux Gouverneurs et Conseils Souverains, qu'aux trois Ordres desdites Isles; enjoignons auxdits Gouverneurs, Officiers, Conseils Souverains et à tous autres de reconnoître ledit sieur de Prouville de Tracy, et de lui obéir en tout ce qu'il ordonnera; assembler quand besoin sera les Communautés, leur faire prendre les armes, prendre connoissance, composer et accommoder tous différends qui pourront être nés et à naître dans lesdits Pays, soit entre les Seigneurs et principaux d'iceux, soit entre les Particuliers et Habitans; assiéger et prendre des Places et Châteaux, selon la nécessité qu'il y aura de le faire; y faire conduire des pieces d'artillerie, et les faire exploiter, établir des garnisons où l'importance des lieux le demandera; faire selon les occurences, paix ou treves, soit avec les autres Nations de l'Europe établies dans lesdits Pays, soit avec les Barbares; faire descente, soit en Terre ferme, soit dans les Isles, pour s'emparer de nouveaux Pays, et pour établir de nouvelles Colonies, et pour cet effet, donner combat, et se servir des autres moyens qu'il jugera à propos pour telles entreprises; commander, tant aux Peuples dudit Pays qu'à tous nos autres Sujets Ecclésiastiques, Nobles, Gens de Guerre et autres, de quelles conditions qu'ils soient, y demeurant, tant et si avant qu'il pourra faire étendre nos limites et notre nom, avec plein pouvoir d'y établir notre autorité, et d'y assujettir, soumettre et faire obéir tous les Peuples desdites Terres, les appellant par toutes les voies les plus douces qu'il se pourra à la connoissance de Dieu, et lumiere de la Foi, et de la Religion Catholique, Apostolique et Romaine, et d'en établir l'exercice à l'exclusion de toutes autres; défendre lesdits lieux de tout son pouvoir, maintenir et conserver lesdits Peuples en paix, repos et tranquillité, et commander, tant par mer que par terre, ordonner et faire exécuter tout ce que lui ou ceux qu'il commettra jugeront se devoir et pouvoir faire

pour l'étendue et conservation desdits lieux sous notre autorité et notre
obéissance, et généralement faire et ordonner par lui, en l'absence dudit
sieur Comte d'Estrades, Viceroi, tout ce qui appartiendra à ladite Charge
de Lieutenant-Général audit Pays, la tenir et exercer, en jouir et user,
aux honneurs, pouvoirs, autorités, prérogatives, prééminences, franchises, libertés, droits, fruits, profits, revenus, émolumens y appartenans, et aux gages et appointemens qui lui seront attribués. Si donnons en
mandement à tous les Gouverneurs et à nos Lieutenans-Généraux dans
toutes lesdites Isles et Terre ferme du Canada, Acadie, Terre Neuve,
Isles des Antilles, et autres; aux Officiers des Conseils établis dans toutes ces
Isles, et à tous nos autres Justiciers et Officiers chacun en droit soi ainsi qu'il
appartiendra, que ledit sieur de Prouville Tracy, duquel nous avons reçu
le serment en tel cas requis et accoutumé, ils aient à reconnoître obéir et
faire souffrir et laisser jouir et user dudit Etat et de ladite Charge; voulons que par les Trésoriers de notre épargne, ou autres Officiers comptables qu'il appartiendra, il soit payé comptant desdits gages et appointemens par chacun an aux termes et en la maniere accoutumée, suivant
les ordres et états qui en seront par nous expédiés et signés, raportant
lesquels avec ces presentes ou copie d'icelles duement collationnées pour
une fois seulement, et quittances sur ce suffisantes, nous voulons que
tout ce qui lui aura été payé à cette occasion soit passé et alloué aux
comptes de ceux qui en auront fait le paiement par nos âmes et féaux
les Gens de nos Comptes à Paris, auxquels nous enjoignons ainsi le
faire sans difficulté, cessant et faisant cesser tous troubles et empêchement au contraire. Mandons et ordonnons à notre très-cher et bien amé
Oncle le Duc de Vendôme, Pair, Grand-Maître, Chef et Surintendant
Général de la Navigation et Commerce de France, ses Lieutenans et
à tous qu'il appartiendra, qu'ils aient à donner audit sieur de Prouville
Tracy ou à ceux qui seront par lui commis ou envoyés en l'Amérique,
tous congés et passeports que les Navires et Vaisseaux sont obligés de
prendre, allant en mer pour aller et venir esdites Terres, côtes et Isles
avec les marchandises dont ils seront chargés, et les hommes et femmes
qu'on y voudra transporter sans qu'il leur soit fait, mis ou donné aucun
trouble ni empêchement; mandons en outre et ordonnons à tous nos
autres Officiers et Sujets qu'il appartiendra, étant auxdits Pays de l'Amérique de reconnoître ledit sieur de Prouville Tracy en ladite qualité de
notre Lieutenant-Général esdits Pays, et de lui obéir et entendre ès
choses concernant ladite Charge, à peine de désobéissance. Car tel est
notre plaisir. Prions et requerons tous Rois, Potentats, Princes, Etats

et autres nos bons Amis, Alliés et Confédérés, leurs Ministres et officiers, et tous autres à nous non sujets de lui donner et à ceux qui seront par lui commis et délégués toute aide, faveur et assistance dont ils seront requis pour l'exécution de ce que dessus, offrant en cas pareil de faire le semblable pour ceux qui nous seront ainsi recommandés de leur part; en témoin de quoi nous avons fait mettre notre scel à ces présentes. Donné à Paris le dix-neuvieme jour de Novembre, l'an de grace 1663, et de notre regne le vingt-unieme. *Signé* Louis.

César, Duc de Vandôme, de Mercœur, de Beaufort, de Penthievre et d'Etampes, Prince d'Anet et de Martigues, Pair, Grand-Maître, Chef et Surintendant-Général de la Navigation et Commerce de France; à tous ceux, etc.: SALUT. Vu par nous les Lettres-Patentes, etc. Nous en vertu du pouvoir et autorité attribué à notredite Charge de Grand-Maître, Chef et Surintendant-Général de la Navigation de ce Royaume, avons consenti et accordé, consentons et accordons par ces présentes, que lesdites Lettres sortent leur plein et entier effet, et soient exécutées selon leur forme et teneur; à la charge de prendre par tous les vaisseaux qui iront audit Pays, et pour chacun voyage qu'ils y feront, nos congés et passeports, en la maniere accoutumée; de garder par ledit sieur de Tracy, et faire garder par ceux qu'il pourra commettre les Ordonnances de la Marine, et que le pouvoir qui lui est attribué par lesdites Lettres de commander par mer esdits Pays, ne pourra être exercé par lui que sous l'autorité de notredite Charge: Mandons et ordonnons à tous Lieutenans-Généraux des Armées Navales de Sa Majesté, etc..., Lieutenans-Généraux et particuliers es Sieges de l'Amirauté, et tous autres sur lesquels notre pouvoir s'étend; prions et requérons tous ceux qu'il appartiendra de ne faire, ni souffrir qu'il soit fait ou donné aucun trouble ni empêchement audit sieur de Tracy, ni à ceux qui seront commis et députés par lui pour l'établissement, fonction et exercice de ladite Charge de Lieutenant-Général de l'Amérique, ains leur donner toute l'aide et assistance dont ils auront besoin; en témoin de quoi, etc. A Paris, le dixieme jour de Décembre mil six cent soixante-trois.

Signé César de Vandôme.

R. au Conseil de la Martinique, le 7 Juin 1664.

Cette Commission contenant des pouvoirs plus étendus et plus détaillés que celles rapportées ci-devant, nous n'avons pu nous dispenser de l'insérer tout au long.

Tome I.   N

LETTRE DE CACHET, aux Conseils Souverains des Isles touchant la nomination de M. de Prouville de Tracy, Lieutenant-Général de l'Amérique en l'absence du Viceroi.

Du 19 Novembre 1663.

CHERS et bien amés, nous avons pourvu le sieur de Prouville Tracy de la Charge de notre Lieutenant-Général de l'Amérique pour commander en ce pays en l'absence du sieur Comte d'Estrades, qui en est Viceroi, et s'en allant sur les lieux prendre possession de cet emploi, et pourvoir aux affaires qui s'y présenteront ; nous vous faisons cette Lettre pour vous mander et ordonner de reconnoître ledit sieur de Prouville de Tracy, de lui rendre l'honneur qui est dû à la dignité de sa Charge, et de déférer à ses avis et conseils, et de lui obéir en tout ce qu'il commandera pour notre service; en quoi faisant votre devoir, il ne vous en pourra revenir que de grands avantages. DONNÉ à Paris, le dix-neuvieme jour de Novembre mil six cent soixante-trois. *Signé* LOUIS; *et plus bas*, DELYONNE.

A nos chers et bien amés les Officiers tenant les Conseils Souverains des Isles de l'Amérique.

R. à la Martinique, le 7 Juin 1664.

ARRÊT du Conseil d'Etat, portant que les Intéressés en la Compagnie des Isles de l'Amérique, et les Propriétaires desdites Isles en rapporteront les Concessions et Titres de propriété.

Du 17 Avril 1664.

LE Roi ayant été informé que le peu de progrès qu'ont fait les François dans les Isles de l'Amérique, vient de ce que les Intéressés en la Compagnie à laquelle le feu Roi les avoit concédées, par ses Lettres du mois de Mars 1642, au lieu de s'appliquer à les peupler d'Habitans pour les cultiver, et y établir un commerce considérable, ainsi qu'ont fait les Etrangers, se sont contentés, après en avoir joui quelques années, de les vendre à des particuliers, lesquels n'ayant pas assez de force pour y établir de puissantes Colonies, et équiper un nombre suffisant de vaisseaux pour y faire porter de France les choses dont les Habitans d'icelles ont besoin, et rapporter en échange les marchandises qu'ils en tirent, ont donné lieu aux Etrangers de s'emparer du commerce dudit Pays, à l'exclusion des Sujets de Sa Majesté, ce qui ne seroit pas arrivé, si ladite Compagnie avoit gardé lesdites Isles, et travaillé à l'établissement dudit Commerce, comme c'étoit l'intention de Sa Majesté, qui ne les leur avoit concédées qu'à cette fin; étant certain qu'une Compagnie composée d'un grand nombre d'Intéressés puissans, travaillant au bien commun et à l'établissement général de toutes lesdites Isles, peut bien plus avantageusement faire ledit Commerce que des particuliers, lesquels ne s'appliquent qu'à faire valoir celles qui leur appartiennent, ce que Sa Majesté ayant reconnu et le préjudice notable que souffre l'Etat par la perte de ce Commerce; Sa Majesté, pour se conformer aux intentions du feu Roi, lorsqu'il a concédé lesdites Isles à ladite Compagnie, et procurer à ses Sujets l'avantage qu'ils en peuvent recevoir par le moyen du Commerce, a résolu de retirer desdits particuliers les Isles qui leur ont été vendues par ladite Compagnie, en les dédommageant du prix de leur acquisition, pour les mettre entre les mains d'une Compagnie puissante qui soit en état d'armer et d'équiper nombre de vaisseaux pour envoyer habiter ledit Pays, y porter toutes les marchandises dont les Habitans ont besoin, et que les Etrangers tirent tous les ans du Royaume, et décharger ses Sujets, habitans desdites Isles, des grandes redevances qu'il paient par capitulation aux Propriétaires desdites Isles; pour à quoi parvenir, Sa Majesté étant en son Conseil, a ordonné et ordonne que les Intéressés en ladite Compagnie des Isles de l'Amérique, rapporteront dans quinze jours pardevant les sieurs d'Aligre, de Seve, Colbert, Conseillers au Conseil Royal, Marin, Intendant des Finances, et Colbert, Maître des Requêtes, que Sa Majesté a commis pour cet effet, leurs Lettres de Concession et Contrats de vente qu'ils ont fait desdits Pays à eux concédés; et que les sieurs Houel et Boisseret, Propriétaires de l'Isle de la Guadeloupe, et Marie Galande; les héritiers du sieur Duparquet, Propriétaires de l'Isle de la Martinique, et Sainte-Alouzie, et de Cérillac, Propriétaires des Isles de la Grenade et Grenadins, et autres qui ont acquis des Isles de ladite Compagnie, rapporteront pareillement leurs Titres et Contrats d'acquisition, avec l'état des Habitans qui sont en chacune desdites Isles, et des droits qu'ils levent sur eux, pour être sur ce pourvu, ainsi qu'il appartiendra; à quoi la dame de Champigny, comme Tutrice des sieurs de Boisseret ses enfans, les Tuteurs desdits Duparquet, qui ont lesdits Titres et Contrats pardevers eux, et la dame Houel et ledit sieur de Cérillac, qui sont présentement en cette Ville de Paris, seront tenus de satisfaire dans ledit temps, du jour de la signification qui leur sera faite du présent Arrêt. FAIT au Conseil d'Etat du Roi, Sa Majesté y étant, tenu à Paris, le dix-septieme Avril mil six cent soixante-quatre.

Signé DE LYONNE.

EDIT *portant Etablissement d'une Compagnie des Indes Occidentales, pour faire tout le Commerce dans les Isles et Terre ferme de l'Amérique, et autres Pays, aux concessions, pouvoirs, facultés, droits, exemptions et Privileges y contenus, et Arrêts du Parlement et de la Chambre des Comptes de Paris sur icelui.*

Des 28 Mai, 11 et 31 Juillet 1664.

LOUIS, etc. SALUT. La paix dont jouit présentement cet Etat, nous ayant donné lieu de nous appliquer au rétablissement du Commerce, nous avons reconnu que celui des Colonies et de la Navigation sont les seuls et véritables moyens de le mettre dans l'éclat où il est chez les Etrangers; pour à quoi parvenir et exciter nos Sujets à former de puissantes Compagnies, nous leur avons promis de si grands avantages, qu'il y a lieu d'espérer que tous ceux qui prendront quelque part à la gloire de l'Etat, et qui voudront acquérir du bien par les voies honorables et légitimes y entreront très-volontiers; ce que nous avons déjà reconnu avec beaucoup de joie par la Compagnie qui s'est formée depuis quelques mois pour la Terre ferme de l'Amérique, autrement appelée *France Equinoxiale;* mais comme il ne suffit pas à ces Compagnies de se mettre en possession des Terres que nous leur concédons, et les faire défricher et cultiver par les gens qu'ils y envoient avec grand frais, si elles ne se mettent en état d'y établir le Commerce, par le moyen duquel les François qui s'habitueront auxdits Pays, communiquent avec les naturels Habitans, en leur donnant en échange des denrées qui croissent dans leurs Pays, les choses dont ils ont besoin, il est aussi absolument nécessaire pour faire ce Commerce, d'équiper nombre de Vaisseaux pour porter journellement les marchandises qui se débitent audit Pays, et rapporter en France celles qui s'en retirent, ce qui n'a point été fait jusqu'à présent par les Compagnies ci-devant formées; ayant reconnu que le Pays de Canada a été abandonné par les Intéressés en la

Compagnie qui s'étoit formée en 1628, faute d'y envoyer annuellement quelque léger secours; et que dans les Isles de l'Amérique, où la fertilité des Terres y a attiré un grand nombre de François, ceux de la Compagnie à laquelle nous les avions concédées en l'année 1642, au lieu de s'appliquer à l'agrandissement de ces Colonies, et d'établir dans cette grande étendue de Pays un Commerce qui leur devoit être très-avantageux, se sont contentés de vendre lesdites Isles à divers Particuliers, lesquels s'étant seulement appliqués à cultiver les terres, n'ont subsisté depuis ce tems-là que par le secours des Etrangers, en sorte que jusqu'à présent ils ont seuls profité du courage des François qui ont les premiers découvert et habité lesdites Isles, et du travail de plusieurs milliers de personnes qui ont cultivé lesdites Terres; c'est pour ces considérations que nous avons repris des Intéressés en ladite Compagnie de Canada, la concession qui leur avoit été accordée dudit Pays, par le feu Roi notre très-honoré Seigneur et Pere, de glorieuse mémoire, laquelle ils nous ont volontairement cédée par acte de leur Assemblée du 24 Février 1663, et que nous avons résolu de retirer toutes les Isles de l'Amérique qui ont été vendues auxdits Particuliers par ladite Compagnie, en remboursant les propriétaires d'icelles, du prix de leurs acquisitions et des améliorations qu'ils y auront faites; mais comme notre intention a été en retirant lesdites Isles de les remettre entre les mains d'une Compagnie qui pût les posséder toutes, achever de les peupler, et y faire le Commerce que les Etrangers y font présentement, nous avons estimé en même tems, qu'il étoit de notre gloire et de la grandeur et avantage de l'Etat de former une puissante Compagnie pour faire tout le Commerce des Indes Occidentales; à laquelle nous voulons concéder toutes lesdites Isles; celle de Cayenne, et toute la Terre ferme de l'Amérique depuis la Riviere des Amazones jusqu'à celle d'Orenoc, le Canada, l'Acadie, Isles de Terres neuves; et autres Isles et Terres fermes depuis le Nord dudit Pays de Canada jusqu'à la Virginie et Floride, ensemble toute la Côte de l'Afrique, depuis le Cap-Vert, jusqu'au Cap de bonne Espérance, soit que lesdits pays nous appartiennent, pour être ou avoir été ci-devant habités par les François, soit que ladite Compagnie s'y établisse, en chassant ou soumettant les Sauvages ou naturels du Pays, ou les autres Nations de l'Europe qui ne sont dans notre alliance; afin que ladite Compagnie ayant établi de puissantes Colonies dans lesdits Pays, elle les puisse régir et gouverner par un même esprit, et y établir un Commerce considérable, tant avec les François qui y sont déjà habitués, et ceux qui s'y habitueront ci-après qu'avec les Indiens, et autres naturels

Habitans desdits Pays, dont elle pourra tirer de grands avantages : pour cet effet nous avons jugé à propos de nous servir de ladite Compagnie de la Terre ferme de l'Amérique, laquelle Compagnie étant déjà composée de beaucoup d'Intéressés, et munie de nombre de Vaisseaux, peut aisément se mettre en état de former celle des Indes Occidentales, et se fortifiant de tous ceux de nos Sujets qui voudront y entrer, soutenir cette grande et louable entreprise. A CES CAUSES, et autres bonnes considérations à ce nous mouvant; savoir faisons qu'après avoir fait mettre cette affaire en délibération en notre Conseil où étoient la Reine notre très-honorée Dame et Mere, notre très-cher Frere le Duc d'Orléans, plusieurs Princes et autres Grands de notredit Conseil, de notre certaine science, pleine puissance et autorité Royale, nous avons par le présent Edit, établi et établissons une Compagnie des Indes Occidentales, qui sera composée des Intéressés en la Terre ferme de l'Amérique et de tous nos Sujets qui voudront y entrer, pour faire tout le Commerce qui se peut faire en l'étendue desdits Pays de la Terre ferme de l'Amérique depuis la riviere des Amazones jusqu'à celle d'Orenoc et Isles appellées Antilles, possédées par les François, et dans le Canada, l'Acadie, Isle de Terre-neuve et autres Isles et Terre ferme depuis le Nord dudit Pays de Canada jusqu'à la Virginie et Floride, ensemble la Côte de l'Afrique depuis le Cap-Vert jusqu'au Cap de Bonne-Espérance, tant et si avant qu'elle pourra s'étendre dans les Terres, soit que lesdits Pays nous appartiennent, pour être ou avoir été ci-devant habités par les François, soit que ladite Compagnie s'y établisse, en chassant ou soumettant les Sauvages ou naturels Habitans desdits Pays, ou les autres Nations de l'Europe qui ne sont dans notre alliance ; lesquels Pays, nous avons concédé et concédons à ladite Compagnie, en toute Seigneurie, Propriété et Justice ; et après avoir examiné les articles et conditions qui nous ont été présentés par les Intéressés en ladite Compagnie, nous les avons agréés et accordés, agréons et accordons, ainsi qu'ils sont insérés ci-après.

ART. Iᵉʳ. Comme nous regardons dans l'établissement desdites Colonies, principalement la gloire de Dieu, en procurant le Salut des Indiens et Sauvages, auxquels nous desirons faire connoître la vraie Religion, ladite Compagnie présentement établie sous le nom de *Compagnie des Indes Occidentales*, sera obligée de faire passer aux pays ci-dessus concédés, le nombre d'Ecclésiastiques nécessaires pour y prêcher le saint Evangile, et instruire ces Peuples en la créance de la Religion Catholique, Apostolique et Romaine; comme aussi de bâtir des Eglises et d'y établir des Curés et Prêtres (dont elle aura la nomination) pour faire le

Service Divin aux jours et heures ordinaires , et administrer les Sacremens aux Habitans ; lesquelles Eglises, Curés et Prêtres, ladite Compagnie sera tenue d'entretenir décemment et avec honneur, en attendant
qu'elle les puisse fonder raisonnablement , sans toutefois que ladite
Compagnie puisse changer aucun des Ecclésiastiques qui sont à présent
établis dans lesdits Pays , sur lesquels elle aura néanmoins le même
pouvoir et autorité que les précédens Gouverneurs et Propriétaires
desdites Isles.

ART. II. Ladite Compagnie sera composée de tous ceux de nos Sujets
qui voudront y entrer, de quelque qualité et condition qu'ils soient ,
sans que pour cela ils dérogent à leur Noblesse et Privileges dont nous
les dispensons , dans laquelle Compagnie pourront pareillement entrer
les Etrangers et Sujets de quelque Prince et Etat que ce soit.

ART. III. Tous ceux qui voudront entrer en ladite Société , soit
François ou Etrangers , y seront reçus pendant quatre mois , à compter
du premier jour du mois de Juin de la présente année , pour telle
somme qu'il leur plaira, qui ne pourra néanmoins être moindre de
trois mille livres , après lequel temps passé aucune personne n'y sera
admise.

ART. IV. Ceux qui mettront dans ladite Compagnie depuis dix
jusqu'à vingt mille livres, soit François ou Etrangers , pourront assister
aux Assemblées générales, et y avoir voix délibérative, et ceux qui y
mettront vingt mille livres et au-dessus , pourront être élus Directeurs
généraux chacun à leur tour, ou selon l'ordre qui sera arrêté par ladite
Compagnie , et acquéreront ceux qui seront intéressés en ladite Compagnie pour vingt mille livres , le droit de Bourgeoisie dans les Villes
du Royaume où ils feront leur résidence.

ART. V. Les Etrangers qui entreront dans ladite Compagnie pour
ladite somme de vingt mille livres, seront réputés François et Regnicoles pendant le temps qu'ils demeureront et seront intéressés pour
lesdites vingt mille livres en ladite Compagnie; et après le temps de
vingt années expiré , ils jouiront dudit Privilege incommutablement sans
avoir besoin d'autres Lettres de naturalité; et leurs parens, quoi qu'é-
trangers , leur pourront succéder en tous les biens qu'ils auront en ce
Royaume, leur déclarant que nous renonçons dès à présent pour ce regard
à tout droit d'aubaine.

ART. VI. Les Officiers qui entreront en ladite Compagnie pour vingt
mille livres , seront dispensés de la résidence à laquelle Sa Majesté les
oblige par sa Déclaration du mois de Décembre dernier , et jouiront de

leurs gages et droits comme s'ils étoient présens aux lieux de leur résidence.

ART. VII. Les intéressés en ladite Compagnie pourront vendre, céder et transporter les actions qu'ils auront en icelle, à qui et ainsi que bon leur semblera.

ART. VIII. Sera établi en la Ville de Paris une Chambre de Direction générale, composée de neuf Directeurs généraux qui seront élus par la Compagnie, et dont il y en aura du moins trois de Marchands, lesquels Directeurs exerceront ladite Direction pendant trois années ; et où les affaires de ladite Compagnie requéreroient des Chambres de Direction particuliere dans les Provinces, il en sera établi par ladite Compagnie avec le nombre de Directeurs qu'elle jugera à propos, lesquels seront pris du nombre des Marchands desdites Provinces, et non d'autres ; lesquels Marchands pourront entrer dans lesdites Directions particulieres, bien qu'ils ne soient intéressés que pour dix mille livres, et ne pourront lesdits Directeurs généraux et particuliers être inquiétés en leurs personnes, ni en leurs biens, pour raison des affaires de ladite Compagnie.

ART. IX. Sera tenu tous les ans une Assemblée générale au premier jour de Juillet pour délibérer sur les affaires générales de la Compagnie, où tous ceux qui auront voix délibérative pourront assister en laquelle Assemblée seront nommés lesdits Directeurs généraux et particuliers à la pluralité des voix ; et comme ladite Compagnie ne peut être entierement formée avant le premier jour d'Octobre prochain, sera le quinzieme dudit mois fait une Assemblée générale pour la nomination des neuf premiers Directeurs généraux, dont trois sortiront après trois années expirées, et en leur place il en entrera trois nouveaux, la même chose se fera l'année suivante, et ainsi toutes les années il en sortira et entrera pareil nombre ; ensorte que ladite Chambre de Direction générale sera toujours composée de neuf Directeurs, savoir six anciens et trois nouveaux qui exerceront trois années, à la réserve des neuf premiers Directeurs, dont trois exerceront quatre années, et les trois autres cinq, afin que les affaires de ladite Compagnie soient conduites avec plus de connoissance ; la même chose se pratiquera pour l'Election des Directeurs particuliers ; et en cas de mort d'aucun des Directeurs, il en sera élu d'autres par ladite Compagnie audit jour premier Juillet.

ART. X. Les Secrétaire et Caissier général de la Compagnie en France, seront nommés par icelle à la pluralité des voix, et ne pourront être destitués qu'en la même maniere,

ART.

Art. XI. Les effets de ladite Compagnie, ni les parts et portions qui appartiendront aux Intéressés en icelle, ne pourront être saisis pour nos affaires, pour quelque cause, prétexte ou occasion que ce soit, ni même les parts qui appartiendront aux Etrangers pour raison ou sous prétexte de guerre, représaille ou autrement, que nous pourrions avoir contre les Princes et Etats dont ils sont Sujets.

Art. XII. Ne pourront pareillement être saisis les effets de ladite Compagnie par les créanciers d'aucuns des Intéressés pour raison de leurs dettes particulieres, et ne seront tenus les Directeurs de ladite Société de faire voir l'état desdits effets, ni rendre aucun compte aux créanciers desdits Intéressés; sauf auxdits créanciers à faire saisir et arrêter entre les mains du Caissier général de ladite Compagnie, ce qui pourra revenir auxdits Intéressés par les comptes qui seront arrêtés par la Compagnie, auxquels ils seront tenus de se rapporter, à la charge que lesdits saisissans feront vuider lesdites saisies dans les six mois, du jour qu'elles auront été faites, après lesquels elles seront nulles et comme non avenues, et ladite Compagnie pleinement déchargée.

Art. XIII. Les Directeurs généraux à Paris, nommeront les Officiers, Commandans et Commis nécessaires pour le service de ladite Compagnie, soit dans le Royaume ou dans les Pays concédés, et ordonneront des achats des marchandises, équipement de vaisseaux, paiement de gages des Officiers et Commis, et généralement de toutes les choses qui seront pour le bien et utilité de ladite Compagnie; lesquels Directeurs pourront agir les uns en l'absence des autres, à la charge toutefois que les Ordonnances pour les dépenses seront signées au moins par quatre desdits Directeurs.

Art. XIV. Les comptes des Chambres de Direction particuliere, ou des Commissaires qui seront établis dans les Provinces, seront rendus à la Chambre de Direction générale à Paris, de six mois en six mois, et ceux de ladite Chambre de Direction générale de Paris arrêtés d'année en année, et les profits partagés, à la réserve des deux premieres années, pendant lesquelles il ne sera fait aucun partage; lesquels comptes seront rendus à la maniere des Marchands, et les livres de raison de ladite Compagnie, tant de ladite Direction générale que des particulieres, tenus en parties doubles, auxquels il y sera ajouté foi en Justice.

Art. XV. La Compagnie fera seule, à l'exclusion de tous nos autres Sujets qui n'entreront en icelle, tout le Commerce et Navigation dans lesdits Pays concédés pendant quarante années; et à cet effet nous faisons défenses à tous nosdits Sujets qui ne seront de ladite Compagnie d'y

Tome I. O

négocier, à peine de confiscation de leurs vaisseaux et marchandises, applicables au profit de ladite Compagnie, à la réserve de la pêche qui sera libre à tous nosdits Sujets.

ART. XVI. Et pour donner moyen à ladite Compagnie de soutenir les grandes dépenses qu'elle sera obligée de faire pour l'entretien des Colonies, et du grand nombre de vaisseaux qu'elle envoyera auxdits Pays concédés, nous promettons à ladite Compagne de lui faire payer pour chacun voyage de sesdits vaisseaux qui feront leurs équipemens et cargaison dans les Ports de France, iront décharger et rechargeront dans lesdites Isles et Terre ferme, où les Colonies Françoises seront établies et feront leurs retours dans les Ports du Royaume, 30 liv. pour chacun tonneau de marchandises qu'ils porteront dans lesdits Pays, et 40 liv. pour chacun tonneau de celles qu'ils en rapporteront et qu'ils déchargeront, ainsi qu'il est dit, dans les Ports du Royaume, dont à quelque somme que chaque voyage se puisse monter, nous lui avons fait et faisons don, sans que pour ce il soit besoin d'autres lettres que la présente Concession, voulons et ordonnons que lesdites sommes soient payées à ladite Compagnie par le Garde de notre Trésor Royal, sur les certifications de deux des Directeurs, et passées dans ses comptes sans aucune difficulté.

ART. XVII. Les marchandises venant desdits Pays qui seront apportées en France par les vaisseaux de ladite Compagnie, pour être transportées par mer ou par terre dans les Pays Etrangers, ne payeront aucuns droits d'entrée ni de sortie, en donnant par les Directeurs particuliers qui seront sur les lieux, ou leurs Commissionnaires, des certificats aux Bureaux de nos Fermes, comme lesdites marchandises ne sont point pour consommer en France, et seront lesdites marchandises mises en dépôt dans les Douanes et Magasins jusqu'à ce qu'elles soient enlevées.

ART. XVIII. Les marchandises qui auront été déclarées pour être consommées dans le Royaume, et acquittées des droits d'entrée, et que la Compagnie voudra renvoyer aux Pays Etrangers, ne payeront aucuns droits de sortie, non plus que les sucres qui auront été raffinés en France dans les raffineries que la Compagnie fera établir, lesquels nous déchargeons pareillement de tous droits de sortie, pourvu qu'ils soient chargés sur des vaisseaux François pour être transportés hors du Royaume.

ART. XIX. Ladite Compagnie sera pareillement exempte de tous droits d'entrée et sortie sur les munitions de guerre, vivres et autres choses nécessaires pour l'avitaillement et armement des vaisseaux qu'elle équipera, même de tous les Bois, Cordages, Goudrons, Canons de fer et fonte, et autres choses qu'elle fera venir des Pays Etrangers pour la construction des Navires qu'elle fera bâtir en France.

Art. XX. Appartiendront à ladite Compagnie en toute Seigneurie, propriété et Justice, toutes les Terres qu'elle pourra conquérir et habiter pendant lesdites quarante années en l'étendue desdits Pays ci-devant exprimés et concédés, comme aussi les Isles de l'Amérique appellées *Antilles*, habitées par les François, qui ont été vendues à plusieurs particuliers par la Compagnie desdites Isles formée en 1642, en remboursant les Seigneurs, Propriétaires d'icelles, des sommes qu'ils ont payées pour l'achat, conformément à leurs Contrats d'acquisition, et des améliorations et augmentations qu'ils y ont faites, suivant la liquidation qu'en feront les Commissaires par nous à ce députés, et les laissant jouir des habitations qu'ils y ont établies depuis l'acquisition desdites Isles.

Art. XXI. Tous lesquels pays, Isles et Terres, Places et Forts qui peuvent y avoir été construits et établis par nos Sujets, nous avons donné, octroyé et concédé, donnons, octroyons et concédons à ladite Compagnie, pour en jouir à perpétuité en toute propriété, Seigneurie et Justice, ne nous réservant autre droit ni devoir que la seule foi et hommage lige, que ladite Compagnie sera tenue de nous rendre et à nos Succeurs Rois, à chaque mutation de Roi, avec une couronne d'or du poids de trente marcs.

Art. XXII. Ne sera tenue ladite Compagnie d'aucun remboursement ni dédommagement envers les Compagnies auxquelles nous, ou nos Prédécesseurs Rois ont concédé lesdites Terres et Isles, nous chargeant d'y satisfaire si aucun leur est dû; auquel effet, nous avons revoqué et revoquons à leur égard, toutes les Concessions que nous leur en avons accordées, auxquelles en tant que besoin, nous avons subrogé ladite Compagnie pour jouir de tout le contenu en icelles ainsi et comme si elles étoient particulierement exprimées.

Art. XXIII. Jouira ladite Compagnie en qualité de Seigneur desdites Terres et Isles, des Droits seigneuriaux qui y sont présentement établis sur les Habitans desdites Terres et Isles, ainsi qu'ils se levent à présent par les Seigneurs propriétaires, si ce n'est que la Compagnie trouve à propos de les commuer en autres droits pour le soulagement desdits Habitans.

Art. XXIV. Ladite Compagnie pourra vendre ou inféoder les Terres, soit dans lesdites Islès, Terre ferme de l'Amérique ou ailleurs dans lesdits Pays concédés, à tels cens, rentes et droits Seigneuriaux qu'elle jugera bon, et à telles personnes qu'elle trouvera à propos.

Art. XXV. Jouira ladite Compagnie de toutes les Mines et Minieres, Caps, Golfes, Ports, Havres, Fleuves, Rivieres, Isles et Islots étant dans l'étendue desdits Pays concédés, sans être tenue de nous payer pour raison desdites Mines et Minieres, aucuns droits de Souveraineté desquels nous lui avons fait don.

Art. XXVI. Pourra ladite Compagnie faire construire des Forts en tous les lieux qu'elle jugera nécessaires pour la défense dudit Pays, faire fondre canons à nos Armes, au-dessous desquelles elle pourra mettre celles que nous lui accordons ci-après, faire poudre, fondre boulets, forger armes, et lever des gens de guerre dans le Royaume pour envoyer auxdits Pays, en prenant notre permission en la forme ordinaire et accoutumée.

Art. XXVII. Ladite Compagnie pourra aussi établir tels Gouverneurs qu'elle jugera à propos, soit dans la Terre ferme, par Provinces ou Départemens séparés, soit dans lesdites Isles, lesquels Gouverneurs seront nommés et présentés par les Directeurs de ladite Compagnie, pour leur être expédié nos Provisions, et pourra ladite Compagnie les destituer toutefois et quantes que bon lui semblera, et en établir d'autres en leur places, auxquelles nous ferons pareillement expédier nos Lettres sans aucune difficulté, en attendant l'expédition desquelles ils pourront commander le tems de six mois ou un an au plus, sur les Commissions des Directeurs.

Art. XXVIII. Pourra ladite Compagnie armer et équiper en guerre tel nombre de Vaisseaux qu'elle jugera à propos pour la défense desdits Pays et la sûreté dudit Commerce, sur lesquels Vaisseaux elle pourra mettre tel nombre de canons de fonte que bon lui semblera, arborer le Pavillon blanc avec les armes de France, et établir tels Capitaines, Officiers, Soldats et Matelots qu'elle trouvera bon, sans que lesdits Vaisseaux puissent être par nous employés, soit à l'occasion de quelque Guerre ou autrement, sans le consentement de ladite Compagnie.

Art. XXIX. S'il est fait aucunes prises par les vaisseaux de ladite Compagnie sur les Ennemis de l'Etat, dans les mers des Pays concédés, elles lui appartiendront et seront jugées par les Officiers qui seront établis dans les lieux desdits Pays où elles pourront être menées plus commodément, suivant les Ordonnances de la Marine, nous réservant sur icelle le droit de l'Amiral, lequel donnera sans difficulté les

Commissions et Congés pour la sortie desdits Vaisseaux des Ports de France.

Art. XXX. Pourra ladite Compagnie traiter de Paix et Alliance en notre nom, avec les Rois et Princes des Pays où elle voudra faire ses Habitations et Commerce, et convenir avec eux des conditions desdits Traités qui seront par nous approuvés, et en cas d'insulte, leur déclarer la Guerre, les attaquer et se défendre par la voie des armes.

Art. XXXI. Et en cas que ladite Compagnie fût troublée en la possession desdites Terres et dans le Commerce par les Ennemis de notre Etat, nous promettons de la défendre et assister de nos Armes et de nos Vaisseaux à nos frais et dépens.

Art. XXXII. Pourra ladite Compagnie prendre pour ses Armes un Ecusson en champ d'azur semé de fleurs de Lys d'or sans nombre, deux Sauvages pour suport et une Couronne treflée; lesquelles armes nous lui concédons pour s'en servir dans ses sceaux et cachets, et que nous lui permettons de mettre et apposer aux Edifices publics, vaisseaux, canons et partout ailleurs où elle jugera à propos.

Art. XXXIII. Pourra ladite Compagnie, comme Seigneurs Hauts Justiciers de tous lesdits Pays, y établir des Juges et Officiers par tout où besoin sera, et où elle trouvera à propos, et les déposer et destituer quand bon lui semblera, lesquels connoîtront de toutes affaires de Justice, Police, Commerce et Navigation tant Civiles que Criminelles, et où il sera besoin d'établir des Conseils Souverains, les Officiers dont ils seront composés, nous seront nommés et présentés par les Directeurs Généraux de ladite Compagnie, et sur lesdites nominations les provisions leur seront expédiées.

Art. XXXIV. Seront les Juges établis en tous lesdits lieux, tenus de juger suivant les Loix et Ordonnances du Royaume, et les Officiers de suivre et se conformer à la Coutume de la Prevôté et Vicomté de Paris, suivant laquelle les Habitans pourront contracter, sans que l'on y puisse introduire aucune autre Coutume pour éviter la diversité.

Art. XXXV. Et pour favoriser d'autant plus les Habitans desdits Pays concédés, et porter nos Sujets à s'y habituer, nous voulons que ceux qui passeront dans lesdits Pays, jouissent des mêmes libertés et franchises que s'ils étoient demeurans en ce Royaume, et que ceux qui naîtront d'eux et des Sauvages convertis à la Foi Catholique, Apostolique et Romaine, soient censés et réputés Regnicoles et naturels François, et comme tels capables de toutes successions, dons, legs et autres dispositions, sans être obligés d'obtenir aucunes Lettres de naturalité, et que les artisans qui auront exercé leurs arts et métiers auxdits Pays pendant 10 années consécutives, en rapportant Certificats des Officiers des lieux où ils auront demeuré, attestés des Gouverneurs, et certifiés par les Directeurs de ladite Compagnie, soient réputés Maîtres de Chefs-d'œuvres en toutes les villes de notre Royaume où ils voudront s'établir sans aucune exception.

ART. XXXVI. Permettons à ladite Compagnie de dresser et arrêter tels Statuts et Réglemens que bon lui semblera, pour la conduite et direction de ses affaires, tant en Europe que dans lesdits Pays concédés, lesquels Statuts et Réglemens nous confirmerons par Lettres-Patentes, afin que les Intéressés en ladite Compagnie soient obligés de les observer selon leur forme et teneur, sous les peines portées par iceux que les contrevenans subiront comme Arrêt de Cour Souveraine.

ART. XXXVII. Tous différends entre les Directeurs et Intéressés en ladite Compagnie, ou d'Associés avec Associés pour raison des affaires d'icelle, seront jugés à l'amiable par trois autres Directeurs dont sera convenu, et où les Parties n'en voudroient convenir, il sera nommé d'Office sur le champ par les autres Directeurs, pour juger l'affaire dans le mois; et où lesdits Arbitres ne rendroient leur jugement dans ledit tems, il en sera nommé d'autres, afin d'arrêter par ce moyen la suite des Procès et divisions qui pourroient arriver en ladite Compagnie, auxquels Jugemens les Parties seront tenues d'acquiescer, comme si c'étoit Arrêt de Cour Souveraine, à peine contre les contrevenans de perte de leur capital qui tournera au profit de l'acquiesçant.

ART. XXXVIII. Et à l'égard des Procès et différends qui pourroient naître entre les Directeurs de ladite Compagnie et les Particuliers non Intéressés pour raison des affaires d'icelle, seront jugés et terminés par les Juges Consuls, dont les Sentences et Jugemens s'exécuteront souverainement jusqu'à la somme de mille livres, et au-dessous de ladite somme par provision, sauf l'appel pardevant les Juges qui en devront connoître.

ART. XXXIX. Et quant aux matieres criminelles dans lesquelles aucun de ladite Compagnie sera partie, soit en demandant ou défendant, elles seront jugées par les Juges ordinaires, sans que pour quelque cause que ce soit, le criminel puisse attirer le civil, lequel sera jugé comme il est dit ci-dessus.

ART. XL. Ne sera par nous accordé aucunes Lettres d'Etat, ni de Répy, Evocation ou Surséance à ceux qui auront acheté des effets de la

Compagnie ; lesquels seront contraints au payement de ce qu'ils devront par les voies et ainsi qu'ils y seront obligés.

ART. XLI. Après lesdites quarante années expirées, s'il n'est jugé à propos de continuer le Privilege du Commerce, toutes les Terres et Isles que la Compagnie aura conquises, habitées ou fait habiter avec les droits seigneuriaux et redevance qui seront dûs par lesdits Habitans, lui demeureront à perpétuité en toute propriété, Seigneurie et Justice, pour en faire et disposer ainsi que bon lui semblera, comme de son propre héritage ; comme aussi des Forts, armes et munitions, meubles, ustensiles, vaisseaux et marchandises qu'elle aura dans lesdits Pays, sans y pouvoir être troublée, ni que nous puissions retirer lesdites Terres et Isles, pour quelque cause, occasion ou prétexte que ce soit, à quoi nous avons renoncé dès-à-présent, à condition que ladite Compagnie ne pourra vendre lesdites Terres à aucuns Etrangers, sans notre permission expresse.

ART. XLII. Et pour faire connoître à ladite Compagnie comme nous desirons la favoriser par tous moyens, contribuer de nos deniers à son établissement, et à l'achat des vaisseaux et marchandises dont elle a besoin pour envoyer auxdits Pays, nous promettons de fournir le dixieme de tous les fonds qui seront faits par ladite Compagnie, et ce pendant quatre années, après lesquelles ladite Compagnie nous rendra lesdites sommes sans aucun intérêt ; et en cas que pendant lesdites quatre années elle souffre quelque perte, en le justifiant par les comptes, nous consentons qu'elle soit prise sur les deniers que nous aurons avancés, si mieux nous ne voulons laisser ledit dixieme ainsi par nous avancé dans la Caisse de ladite Compagnie, encore pour autre quatre années, le tout sans aucun intérêt, pour être en fin desdites huit années fait un compte général de tous les effets de ladite Compagnie ; et en cas qu'il se trouve de la perte du fonds capital, nous consentons que ladite perte soit prise sur ledit dixieme, et jusqu'à la concurrence d'icelui.

ART. XLIII. En attendant que ladite Compagnie soit entierement formée, ce qui ne peut être qu'après le tems accordé à toutes personnes d'y entrer, ceux qui y seront présentement Intéressés nommeront six d'entr'eux pour agir dans les affaires de ladite Compagnie, et travailler incessamment à faire équiper les Vaisseaux, et aux achats des Marchandises qu'il convient envoyer dans lesdits Pays, auxquels Directeurs, ceux qui voudront entrer en ladite Compagnia s'adresseront, et ce qui aura été géré et négocié par eux sera approuvé.

Toutes lesquelles conditions ci-dessus exprimées, nous promettons exécuter de notre part, et faire exécuter par-tout où besoin sera, et en faire jouir pleinement et paisiblement ladite Compagnie, sans que pendant le tems de la présente concession il puisse y être apporté aucune diminution, altération ni changement.

Si donnons en mandement, etc. DONNÉ à Paris au mois de Mai, l'an de grace mil six cent soixante-quatre, et de notre Regne le vingt-deuxieme. *Signé* LOUIS.

ENTRE Charles Houel, Conseiller du Roi en ses Conseils, Seigneur en partie et Gouverneur de la Guadeloupe et autres Isles de l'Amérique; Dame Madelaine Houel, épouse de Messire Jean Bochard, Seigneur de Champigny, aussi Conseiller du Roi en tous ses Conseils, ci-devant veuve de Messire Jean de Boisseret; Charles de Boisseret, Seigneur d'Herbelay, et en partie Gouverneur pour le Roi des Isles de la Guadeloupe, Marie Galande et la Desirade; et Messire Jean Faudoas, Comte de Cérillac, Gouverneur et Propriétaire des Isles de la Grenade et Grenadins sises en l'Amérique; opposans à la vérification de l'Edit ou Déclaration du Roi pour l'établissement d'une Compagnie des Indes Occidentales d'une part; Et le Procureur-Général du Roi, défendeur d'autre. Vu par la Cour, lesdites Lettres-Patentes, etc. Ladite Cour, sans s'arrêter auxdites oppositions, a ordonné et ordonne que lesdites Lettres seront enregistrées au Greffe pour être exécutées selon leur forme et teneur; et pour l'exécution du premier article d'icelles, dans les Colonies établies ou à établir, fait défenses d'y faire passer aucunes personnes qui enseignent ouvertement ou secrétement aucune doctrine contraire à la Religion Catholique, Apostolique et Romaine, le tout à la charge que les Seigneurs, Propriétaires desdites Isles, ne pourront être dépossédés de tous les droits utiles desdites Seigneuries, et de tous les revenus qu'ils ont esdites Isles, desquels ils continueront la jouissance, et pourront disposer ainsi qu'ils ont fait par le passé, jusqu'à ce qu'ils aient été actuellement remboursés par ladite Compagnie des principaux de leurs acquisitions, prix de la construction de leurs Forts, Canons, Armes et Munitions de guerre, et généralement de toutes les impenses et améliorations utiles et nécessaires, frais et loyaux coûts, suivant les estimations et liquidations qui en seront faites, tant sur les lieux entre lesdits Seigneurs, Propriétaires desdites Isles, et celui qui est ou sera envoyé de la part du Roi, dont seront dressés les Etats et Procès-verbaux à ce nécessaires, pour sur iceux rapportés et vus par la Cour, y être pourvu ainsi que de raison; et néanmoins seront tenus lesdits Seigneurs, Propriétaires, de livrer présentement les Forts desdites Isles, avec tous les Canons, Armes et autres munitions

munitions de guerre, suivant l'inventaire qui en sera fait, dans lesquels
Forts ils auront leur demeure jusqu'audit remboursement, pour percevoir
lesdits droits et revenus simplement; en outre à la charge que les inféo-
dations faites seront entretenues, que les contestations pour raison des
prises faites par les vaisseaux, ne pourront être jugées qu'à la charge de
l'appel en la Cour; que les Conseils Souverains ne pourront être établis
qu'en vertu des Lettres-Patentes vérifiées en la Cour, et que l'article
xxxv, touchant les Maîtrises, sera exécuté, à l'exception des Apoticaires,
Chirurgiens, Barbiers, Maîtres des Monnoies, Orfévres et Tireurs d'or;
que l'article xxxvii ne pourra s'étendre aux Associés d'Associés, mais
seulement aux Directeurs et Intéressés en ladite Compagnie, et que
les appellations des Juges Consuls pour les sommes excédans mille liv.
ne pourront être relevées qu'en la Cour. FAIT en Parlement le onzieme
Juillet mil six cent soixante-quatre. *Signé* ROBERT.

VU par la Chambre les Lettres-Patentes du Roi, etc. La Chambre a
ordonné et ordonne lesdites Lettres être registrées, pour être exécutées selon leur forme et teneur; et pour l'exécution des ve et vie art.
que les quatre mois expirés accordés par Sa Majesté pour former ladite
Compagnie, les Directeurs généraux d'icelle seront tenus de rapporter
au Greffe de la Chambre, un état signé et certifié d'eux, contenant les
noms et lieux de la naissance des Etrangers qui auront mis en ladite
Compagnie la somme de vingt mille livres et au-dessous, pour jouir du
Privilege de naturalité; comme aussi un autre état des Officiers qui
auront mis en ladite Compagnie pareille somme, pour être dispensés de
la résidence sur les lieux; et sur les viiie et ixe articles, que les Directeurs qui seront nommés et élus à la premiere nomination qui sera faite,
et à l'avenir d'année en année, seront tenus huitaine après d'apporter au
Greffe de ladite Chambre l'Acte de leur nomination, et de s'inscrire sur
le Registre dudit Greffe, pour y avoir recours quand besoin sera; sur le
xvie article ordonne que pour l'allocation des sommes qui seront employées en dépense dans les comptes du Garde du Trésor Royal, pour
le don des 30 et 40 liv. accordé par Sa Majesté à ladite Compagnie, pour
chacun tonneau des marchandises qui seront chargées en France, pour
porter esdits Pays, et de celles qui seront chargées esdits Pays pour
retourner en France, il sera rapporté, outre les certifications de deux
Directeurs de ladite Compagnie, les certificats en bonne et due forme
des Officiers de l'Amirauté des lieux où se feront les cargaisons desdits
vaisseaux contenant le nombre des marchandises dont ils sont chargés ;

Tome I. P

et sur le xxie article que les Actes de foi et hommages qui se feront à chaque mutation de Roi, seront apportés à ladite Chambre par les Directeurs généraux de ladite Compagnie, avec une Déclaration desdites Isles et Terres fermes, contenant la consistance et étendue d'icelles pour y être registrées. A l'égard du xxiie article, que pour la validité des remboursemens qui pourront être faits par Sa Majesté aux Compagnies auxquelles elle avoit ci-devant concédé lesdites Terres et Isles, il sera pareillement rapporté sur les emplois qui en seront faits sur les comptes du Garde du Trésor Royal, Lettres-patentes duement vérifiées par ladite Chambre ; sur les xxx et xxxvie article, que les Traités de Paix qui pourront être faits au nom de Sa Majesté, ensemble les Statuts et Réglemens de ladite Compagnie, et Lettres-patentes de ratification sur iceux, seront registrés en ladite Chambre ; et sur le xliie article, si pendant les quatre ou huit années y mentionnées, ladite Compagnie souffre quelque perte, et qu'au moyen d'icelle il soit pris quelque somme de deniers sur le fonds de Sa Majesté, il sera justifié de ladite perte pardevant les Commissaires qui seront députés par Sadite Majesté pour en prendre connoissance, qui en dresseront procès-verbal, sur lequel Lettres-patentes seront expédiées, pour être registrées en ladite Chambre, et rapportées sur le compte dudit Garde du Trésor Royal, auquel sera fait emploi de ladite somme. FAIT, les Bureaux assemblés, le dernier jour de Juillet mil six cent soixante-quatre.

R. au Conseil de la Martinique, le 19 Février 1665, sur la présentation de M. DE CHAMBRÉ, Agent général de la Compagnie, qui prit séance au Conseil après le Gouverneur.

ARRET Du Conseil d'Etat, qui exempte la Compagnie d'Occident de la moitié des Droits des Fermes, sur les Marchandises qu'elle fera porter aux Pays de sa Concession, et sur celles qu'elle fera venir desdits Pays.

Du 30 Mai 1664.

LE Roi ayant par le seizieme article de l'Edit d'Etablissement de la Compagnie des Indes Occidentales, du présent mois de Mai, promis à ladite Compagnie de lui faire payer pour chacun voyage de ses Vaisseaux qui feront leurs équipemens et cargaisons dans les ports du Royaume, pour aller dans les Pays de sa concession, trente livres pour chacun tonneau des marchandises qu'ils chargeront en France, et quarante livres pour chacun tonneau de celles qu'ils rapporteront desdits Pays, et déchargeront dans les Ports du Royaume ; et Sa Majesté n'ayant accordé à ladite Compagnie lesdites trente et quarante livres par tonneau, que pour tenir lieu de la moitié des droits dont Sa Majesté lui a promis la décharge, que pour certaines considérations elle n'a pas trouvé à propos d'employer dans ledit Edit : desirant néanmoins que ladite Compagnie en jouisse pleinement et paisiblement ; Sa Majesté étant en son Conseil, a ordonné, ordonne, que ladite Compagnie des Indes Occidentales jouira de l'exemption de la moitié des droits des Fermes sur toutes les marchandises qu'elle fera charger en France pour porter aux Pays de sa concession, et sur les marchandises qu'elle fera venir desdits Pays, dont Sa Majesté lui a fait don et remise, au lieu desdites trente et quarante livres par tonneau, portées par le seizieme article dudit Edit ; fait Sa Majesté défenses aux Fermiers desdites Fermes, et leurs Commis, de prendre et exiger de ladite Compagnie aucune chose au-delà de la moitié des droits de leur Ferme, dont il leur sera tenu compte sur le prix de leurs Baux, en rapportant les certificats des Directeurs de ladite Compagnie, des marchandises qui auront été chargées dans lesdits Vaisseaux, et de celles qui en seront déchargées à leur retour. FAIT au Conseil d'Etat du Roi, Sa Majesté y étant, tenu à Fontainebleau, le trentieme jour de Mai mil six cent soixante-quatre. *Signé* DE LYONNE.

SERMENS *de fidélité prêtés par tous les Ordres de la Martinique, entre les mains DE M. PROUVILLE DE TRACY, Lieutenant-Général de l'Amérique.*

Du 7 Juin 1664.

Sermens des Religieux et Ecclésiastiques.

VOUS jurez et promettez à Dieu de travailler de tout votre pouvoir au maintien de la Religion Catholique, Apostolique et Romaine, de l'avancer autant que vous pourrez par vos exemples et par vos soins, et d'être fideles au Roi ainsi que vous y êtes obligés ; et d'avertir Monsieur de Clermont, votre Gouverneur, par les voies permises, s'il venoit à votre connoissance qu'il se fît quelque chose contre le service de Sa Majesté ; et en cas qu'il n'y fût point remédié par Monsieur votre Gouverneur, d'en avertir le Roi ou moi.

Serment du Gouverneur particulier de l'Isle.

Vous jurez et promettez à Dieu de bien servir le Roi, dans le Gouvernement de cette Isle que Sa Majesté vous a confié ; de porter tous vos soins et l'autorité qui vous est commise pour le maintien de la Religion Catholique, Apostolique et Romaine ; de laisser les Sujets du Roi dans les mêmes Franchises et Privileges-dont ils ont joui du tems de M. Duparquet, Seigneur de ladite Isle ; d'empêcher tous les désordres ; et s'il en arrivoit qu'elqu'un qui méritât d'en informer le Roi ou moi, vous promettez de le faire.

Serment du Conseil Souverain.

Vous jurez à Dieu de bien et fidellement servir le Roi dans les fonctions de vos Charges ; et que s'il vient à votre connoissance qu'il se passe quelque chose dans cette Isle contre le service de Sa Majesté, d'en avertir M. de Clermont, votre Gouverneur ; et en cas qn'il n'y fût promptement remédié, d'en donner avis à Sa Majesté ou à moi, et de garder une justice exacte et prompte, sans acception de personne.

Serment du Peuple de l'Isle.

Vous Jurez à Dieu de bien et fidellement servir le Roi sous la Charge de Monsieur de Clermont, votre Gouverneur ; de l'avertir s'il se passoit quelque chose dans les Isles contre le service de Sa Majesté ; et en cas qu'il n'y fût promptement remédié, d'en avertir le Roi ou moi.

R. au Conseil de la Martinique, ledit jour 7 Juin 1664.

ARRÊT du Conseil de la Martinique concernant une impiété.

Du 16 Juin 1664.

Un Enfant en bas âge ayant été trouvé avec un livre d'Exemples, contenant des vers contre la Religion et contre l'Eucharistie, l'Arrêt le condamna à recevoir douze coups de fouet à la porte de l'Eglise par son pere. Celui-ci et la mere furent condamnés à faire amende honorable, et à payer une amende de deux mille livres de petun. Il fut ordonné de plus que le livre d'Exemples feroit déposé pour être le procès fait au Précepteur après lequel le Livre feroit brûlé par le Bourreau.

RÉGLEMENT *de M.* DE TRACY, *Lieutenant Général de l'Amérique,* *touchant les Blasphémateurs et la Police des Isles.*

Du 19 Juin 1664.

DE PAR LE ROI.

Religion.

1°. DÉFENSES sont faites à toutes personnes de renier, jurer, blasphêmer le Saint-Nom de Dieu à peine de 60 livres de petun d'amende pour la premiere fois, un tiers applicable à l'Eglise, un tiers aux pauvres, et l'autre tiers au dénonciateur; pour la deuxieme fois de 90 livres applicables comme dessus; et pour la troiseme, à peine d'avoir la langue percée, conformément aux Réglemens de Sa Majesté.

Nota. Les blasphêmes et impiétés peuvent être de telle nature que les Juges se déterminent à une plus grande rigueur; on trouve un Arrêt rendu au Conseil de la Martinique, le 3 Décembre 1668, contre Jacques Groche dit de Rouen, qui ordonne que le procés sera brûlé, et qu'un fer rougi au feu sera présenté contre la langue infâme dudit de Rouen pour lui donner lieu d'apréhender un pareil châtiment.

Ce de Rouen n'en eut que la peur; il n'en fut pas de même d'un nommé Olivier... qui par Arrêt du 14 Mars, confirmatif d'une Sentence rendue au Siege de la Trinité, l'onzieme du même mois, fut condamné à faire amende honorable, ensuite à avoir la langue percée d'un fer chaud et les levres fendues, et en outre banni de l'Isle à perpétuité.

(*Cette note est de M. Assier.*)

2°. Pareilles défenses sont faites sur les mêmes peines ci-dessus contre les Séculiers qui s'amusent à parler en public contre les articles de notre Sainte-Foi, et les Cérémonies qui se pratiquent dans l'Eglise Catholique, Apostolique et Romaine.

Esclaves.

3°. Défenses auffi sont faites à tous les Maîtres des Cases, quelque Religion qu'ils professent, d'empêcher les Engagés et les Négres d'aller à la Messe les Dimanches et Fêtes; au contraire leur est ordonné de les

envoyer au Service Divin , et au Cathéchisme sous peine de l'amende
de cent vingt livres de petun.

Juifs.

4°. Ceux de la Nation Judaïque vendront et recevront le jour du
Sabat, jusqu'à ce qu'il en soit autrement ordonné par Sa Majesté , sur
peine de trois cent livres de petun d'amende applicable comme dessus.

Religionnaires.

5°. Défenses sont faites à ceux de la Religion Prétendue-Réformée
d'anticiper aucunes choses au-delà de ce qui leur a été permis jusqu'à
présent de s'assembler dans les maisons particulieres pour y faire leurs
Prieres conformément à ce qui a été pratiqué dans l'Isle , et leur enjoint
de s'éloigner des endroits où ils verront passer le Saint - Sacrement en
quelque Procession, à moins de s'y tenir avec le même respect des Catholiques, Apostoliques et Romains.

(Le quatrieme Septembre 1684 , il y eut Arrêt qui condamna la Demoiselle l'Hermite à avoir un Commandeur François Catholique, à peine de
trois mille livres de sucre d'amende par chacun mois qu'elle y manquera,
et même de plus grande peine en cas d'une opiniâtre désobéissance.)

(*Cette note est de M. Assier.*)

Esclaves.

6°. Il est ordonné à tous Maîtres de Cases de quelque Religion qu'ils
soient de pourvoir aux Baptêmes des Negres qui descendront des Vaisseaux , à leurs Mariages ensuite, et au Baptême des enfans qui en proviendront, à peine de l'amende de cent cinquante livres de petun pour la
premiére fois qu'ils seront accusés d'avoir contrevenu au présent Ordre ;
la deuxieme à 300 livres applicables comme dessus; et pour la troisieme
lesdits Negres seront vendus au profit du Maître de la Case pour être
mis en des mains plus Chrétiennes.

Départ des Habitans.

7°. Sera permis à tous Habitans de cette Isle de la quitter un mois
après avoir fait sa déclaration au Greffe , et d'amener avec eux leurs
Negres et meubles, pourvu que ce soit pour se retirer dans la Terre
ferme, ou autres Isles de l'Amérique qui sont sous l'obéissance du Roi ,
et après qu'ils auront justifié d'avoir payé effectivement et de bonne foi
les dettes qu'ils auront contractées, après quoi leur sera donné congé par
M. le Gouverneur.

Commandeurs et Negres.

8°. Défenses sont faites à tous Commandeurs d'Engagés et des Negres, de débaucher les Négresses, à peine de vingt coups de lianne par le Maître des Hautes-œuvres, pour la premiere fois ; quarante pour la seconde, et cinquante coups et la Fleur-de-lis marquée à la joue pour la troisieme, sans que ce présent Article déroge à ce qui est pratiqué dans l'Isle à l'égard des intérêts civils pour une pareille occasion ; la même chose sera exercée contre les autres Valets des Cases qui auront habité avec les Négresses.

Caraïbes.

9°. Les Terres qui ont été délaissées aux Caraïbes leur seront conservées sans qu'ils puissent être molestés par aucun François, à peine de 30 livres de petun d'amende pour la premiere fois, de 60 livres pour la seconde, et de 100 livres pour la troisieme.

Negres saisissables.

10°. Et d'autant qu'il est à propos de remédier aux abus et à la facilité qu'ont les méchans Ménagers de cette Isle, à s'engager vers les Marchands dans la pensée qu'ils ont de ne payer leurs dettes qu'à leur volonté, il sera permis aux créanciers de faire exécuter les Sentences qu'ils auront obtenues et obtiendront à l'avenir pour leur páiement sur les meubles et Negres des débiteurs.

Juges des Seigneurs.

11°. Ceux qui seront assignés et condamnés à la Justice des Seigneurs ne pourront appeller de la Sentence qui sera rendue contr'eux au-dessous de 100 livres de petun.

Poids du Roi.

12°. L'Ordre qui a été observé dans cette Isle pour la confiscation des petuns, de ceux qui ne les portent point aux poids du Roi, est confirmé.

Domestiques.

13°. Défenses sont faites à tous hommes libres et qui s'engagent de nouveau de quitter le service de leurs Maîtres qu'après le temps expiré, sur peine de perdre les gages desquels ils seront convenus pour le temps qu'ils seroient demeurés dans le service.

Engagés.

14°. Pareilles défenses sont faites aux Maîtres de battre et excéder leur Engagé ; et en cas qu'il y ait preuve suffisante qu'il y soit par eux contrevenu , ledit Engagé sera réputé libre et payé par le Maître de ce qu'ils sont convenus jusqu'au jour qu'il sortira de son service ; le Maître de Case aura soin de faire panser ses Engagés , Negres et Négresses lorsqu'ils seront malades.

Débiteurs aux Eglises.

15°. Ceux qui sont débiteurs aux Eglises ; après le premier refus qu'ils auront faits de payer, ils y seront contraints par la vente de leurs meubles et de leurs Esclaves.

Greffiers.

16°. Le Greffier à l'avenir ne pourra point se servir des Registres dont les feuilles ne soient auparavant paraphées par M. le Gouverneur, à peine d'être privé de sa Charge.

Mesures de Paris.

17°. Les Vins, Eaux-de-vie et autres liqueurs, tant de France qu'Etrangers seront vendus dorénavant à mesures de Paris , abolissant et défendant toutes autres mesures dont on se peut être servi dans l'Isle.

Aune, Poids de Paris.

18°. Comme aussi défenses sont faites d'user pour le mesurage des Toiles, Draps , Serges, Taffetas, Satins, Rubans et autres marchandises aunables d'autre aune que celle de Paris , et d'user d'autres poids que ceux dont on se sert audit Paris, qui est de seize onces la livre.

Monnoie.

19°. Il est pareillement ordonné que toute sorte de monnoies qui a cours en France aura mise en cette Isle à même poids ; savoir, le Louis et Pistole d'Espagne de poids, onze livres , et les Ecus blancs à trois livres, et les autres Monnoies subalternes et inférieures , tant de France que d'Espagne, à l'équipolent.

Esclaves.

20°. Tous les Negres qui vendront au Marché ou qui iront vendre dans les Cases des particuliers, sans avoir pris un billet de leurs Maîtres dans lequel sera spécifié ce qu'ils portent à vendre, concernant les bestiaux et volailles , l'Acheteur sera obligé de rendre au Propriétaire lesdites volailles ou bestiaux qui seront réputés volés par les Negres avec trente livres de petun d'amende pour la première fois, applicables

aux

aux Eglises, pour la seconde de soixante livres, et cent livres pour la troisieme.

Idem.

21°. Tous les Negres qui seront convaincus d'avoir volé du sucre ou du petun à leurs Maîtres, ou qui les auront vendus chez des Bourgeois ou autres, l'Acheteur sera obligé à la restitution desdites denrées et à cent livres d'amende envers le Maître de la Case desdits Negres, qui recevont pour châtiment d'un tel attentat trente coups de lianne en public par les mains de l'Exécuteur de Justice.

Impositions prohibees.

22°. Il est prohibé et expressément défendu à toutes sortes de personnes, de quelque qualité et condition qu'elles puissent être de mettre aucunes impositions ni lever aucun droit sur les Sujets du Roi de cette Isle, autres que ceux qui y étoient du temps de feu Monsieur du Parquet.

Cabaretiers.

23°. Défenses sont faites à tous Cabaretiers de tenir chez eux aucune personne pour boire ou pour manger les jours de Dimanches et Fêtes, et passé sept heures du soir aux autres jours, et d'aller traiter dans les navires, aucunes boissons ni aucunes denrées, mais de les acheter dans les magasins à peine de quatre cent livres de petun d'amende pour la premiere fois; de six cents livres pour la seconde, et de mille livres pour la troisieme fois applicables comme dessus un tiers à l'Eglise, un autre tiers pour les pauvres, et l'autre tiers au dénonciateur.

Gens sans aveu.

24°. Pareillement défenses sont faites à toutes personnes sans aveu de porter aucunes armes à feu ni épées, s'ils ne sont commandés pour le service du Roi, à peine de cent livres de petun d'amende et confiscation de leurs armes applicable comme dessus.

Congés.

25°. Défenses à tous Capitaines de Navires marchands, Maîtres des Barques ou autres Bâtimens, d'embarquer aucune personne sans le Congé par écrit de M. le Gouverneur, à peine contre les contrevenans

Tome I. Q

d'en répondre en leurs propres et privés noms, et de deux mille livres de petun d'amende applicable comme dessus.

26°. Enjoint à M. Lafosse Clermont, Gouverneur de cette Isle, au sieur de Laubiere, son Lieutenant et Major, Capitaines et Officiers du Conseil Souverain, de tenir la main à l'exécution des présens Ordres, sous peine d'encourir l'indignation du Roi, et d'en répondre en leurs propres et privés noms à Sa Majesté. FAIT à la Martinique, le dix-neuvieme jour de Juin 1664. *Signé* ALEXANDRE DE PROUVILLE-TRACY.

R. à la Martinique le même jour.

DÉCLARATION du Roi en faveur des Officiers de son Conseil et de ses Cours Souveraines, intéressées dans les Compagnies des Indes Orientales et Occidentales.

Du 27 Août 1664.

LOUIS etc. SALUT. Ayant par nos Déclarations des mois de Mai et présent, formé et établi en ce Royaume deux grandes Compagnies pour faire seules le Commerce des Indes Orientales et Occidentales, et concédé à chacune desdites Compagnies, en toute propriété, Seigneurie et Justice, toutes les Terres qui sont ou ont été occupées par nos Sujets, en l'étendue desdits Pays, et celles qui ne sont présentement possédées par aucuns Princes qui soient dans notre alliance, avec plusieurs Privileges et Exemptions, ainsi qu'il est plus amplement contenu auxdites Déclarations, nous aurions, pour donner lieu à tous nos Sujets de pouvoir contribuer à cet Etablissement, aussi glorieux à l'Etat, qu'utile aux Particuliers, non-seulement permis à toutes Personnes de quelque qualité et condition qu'elles soient, de prendre intérêt dans lesdites Compagnies, sans pour ce déroger en aucunes façons, à leur naissance, qualité et Privileges; mais aussi puissamment excité par notre exemple, celui de la Reine notre très-honorée Dame et Mere, et de la Reine notre très-chere Epouse et Compagne, de notre très-cher Fils le Dauphin, tous les Princes de notre Sang, autres Princes, Officiers de notre Couronne, de nos Conseils et de toutes nos Compagnies Souveraines, ensemble tous nos Sujets, de contribuer à ce grand ouvrage, participer en ce faisant à l'avantage que notre sainte Religion Catholique, Apostolique et Romaine, et la chose publique de notre Royaume en doivent recevoir, et ce afin que lesdites Compagnies, étant remplies de tout ce qu'il y a de grand et de considérable dans notre Etat, elles puissent subsister avec l'éclat qu'elles méritent, et que cette union d'intérêt les oblige tous à travailler au bon succès que nous en attendons ; mais comme il pourroit arriver que les Officiers de nos Conseils et de nos Cours Souveraines, et autres Officiers de notre Royaume qui ont pris ou prendront intérêt dans l'une ou l'autre desdites Compagnies, pourroient être récusés dans les affaires où il s'agiroit du fait desdites Compagnies en général, ou de l'intérêt des particuliers qui les composent, ce qui ne seroit nullement raisonnable, puisque ces Compagnies sont affaires publiques, dans lesquelles les Compagnies et les particuliers sont également intéressés, ce que voulant prévenir comme chose contraire à notre intention et au bien desdites Compagnies. A ces causes, après nous être fait représenter les susdites Déclarations en notre Conseil, où étoient notre très-honorée Dame et Mere, notre très-cher Frere le Duc d'Orléans, autres Princes, grands et notables Personnages de notredit Conseil ; nous avons par ces présentes, dit, déclaré, disons, déclarons, voulons et nous plaît, que les Officiers qui ont l'honneur d'entrer dans nos Conseils, ceux de nos Cours Souveraines et autres Officiers de notre Royaume qui seront intéressés dans l'une ou l'autre Compagnie puissent connoître et juger de tous procès et différends, en matiere civile et criminelle d'entre lesdites Compagnies, ou intéressés, et les particuliers contre lesquels ils auront à demander ou défendre pour raison des affaires d'icelles, sans que sous prétexte de l'intérêt que lesdits Officiers auront dans lesdites Compagnies, ils puissent être aucunement récusés, ni même les parens des intéressés auxdites Compagnies, faisant très-expresses défenses à nosdites Cours de recevoir aucune requête de récusation contre lesdits Officiers, lesquels ne pourront s'abstenir de connoître lesdits procès et différends, et ce nonobstant toutes Ordonnances, Arrêts et Réglemens contraires, auxquels pour ce regard, nous avons dérogé et dérogeons par ces présentes, et aux dérogatoires y contenus. Si donnons en mandement à nos amés et féaux Conseillers les Gens tenant notre Cour de Parlement à Paris, que ces présentes ils fassent lire, publier et registrer, et le contenu en icelles garder et observer selon leur forme et teneur : Car tel est notre plaisir, en témoin de quoi nous avons fait mettre notre scel à cesdites présentes. Donné à Vincennes, le vingt-septieme jour d'Août, l'an de grace mil six cent soixante-quatre, et de notre regne le vingt-deuxieme. *Signé* LOUIS.

R. pour être exécutees selon leur forme et teneur aux charges portées * *par l'Arrêt de ce jour.*

* Ces charges sont en ces termes dans l'Arrêt: » *Sans néanmoins que*
» *les contestations et procès des particuliers de ladite Compagnie*
» *contre autres particuliers puissent être jugés par leurs parens ,*
» *lesquels pourront être récusés aux termes des Ordonnances, Arrêts*
» *et Réglemens, ainsi qu'il est accoutumé de faire en autres causes.*
» *FAIT en Parlement le premier Septembre 1664.*»

NOMINATION par les Directeurs Généraux de la Compagnie des Indes Occidentales du Sieur d'OGERON, au Gouvernement de l'Isle de la Tortue.

Du 7 Octobre 1664.

LES Directeurs-Généraux de la Compagnie des Indes Occidentales. En conséquence du pouvoir à nous donné, par le XXVIIᵉ article de l'Edit du Roi du mois de Mai dernier, portant établissement de ladite Compagnie, de nommer et présenter à Sa Majesté tels Gouverneurs que ladite Compagnie jugera à propos d'établir en la Terre ferme et Isles de l'Amérique, ou autres lieux concédés à ladite Compagnie par ledit Edit; nous étant informés de l'expérience et capacité au fait des armes du sieur d'Ogeron, de sa fidélité et bonne conduite, nommons et présentons au Roi notre Souverain Seigneur ledit sieur d'Ogeron pour être pourvu par Sa Majesté du Gouvernement de l'Isle de la Tortue et Côte de l'Isle de Saint-Domingue en l'Amérique pour par lui l'exercer pendant trois années, en jouir et user aux pouvoirs, honneurs, autorité, prééminence et prérogatives accoutumés et aux appointemens qui lui seront réglés par nousdits Directeurs Généraux, le tout sous l'autorité du Roi et de ladite Compagnie; suppliant Sa Majesté d'en faire expédier au sieur d'Ogeron toutes Lettres et Provisions nécessaires, en témoin de quoi nous avons signé ces présentes, et icelles fait contre signer par le Secrétaire Général de ladite Compagnie, et y apposer le sceau des armes d'icelles. A Paris, le septieme jour d'Octobre mil six cent soixante-quatre. *Signé* BECHAMEL, MATHAREL, BIBAUD, BERTHELOT; *Et plus bas*, par lesdits sieurs Directeurs, DAULIER.

DÉCLARATION *du Roi, portant Établissement d'un Conseil Supérieur à la Martinique.*

Du 11 Octobre 1664.

LOUIS, etc. SALUT. par notre Edit du mois de Mai dernier, ayant créé et établi une Compagnie pour faire le Commerce des Indes Occidentales, et à icelle concédé plusieurs Pays et Terres en l'étendue desquels il est nécessaire d'établir des Conseils Souverains pour juger et terminer souverainement et en dernier ressort les Procès et Différends, tant civils que criminels qui naissent journellement entre nos Sujets, habitans desdits Pays, sur les appellations interjettées des Sentences et Jugemens des premiers Juges, et obvier à plusieurs abus et inconvéniens qui arriveroient, si les crimes demeuroient impunis; les Créanciers frustrés du payement de leur dû, ne sachant à qui s'adresser pour demander justice en cas d'appel desdits premiers Juges, la plupart aimant mieux abandonner leurs légitimes prétentions que de venir en France, les poursuivre, ne le pouvant faire sans s'exposer aux risques de la mer, et se consommer en dépenses et frais extraordinaires; et d'autant que par ledit Edit, les Officiers desdits Conseils Souverains nous doivent être nommés et présentés par les Directeurs Généraux de ladite Compagnie, pour leur en être expédié sur ce nos Lettres de Provision; lesdits Directeurs nous auroient représenté qu'en attendant qu'il se présente des Officiers de Judicature de la suffisance et qualité requises pour l'Etablissement d'un seul Conseil Souverain pour lesdites Isles de l'Amérique, concédées à ladite Compagnie, il seroit nécessaire d'en établir un Particulier en l'Isle de la Martinique composé du Gouverneur d'icelle, des Officiers et des principaux Habitans, ainsi qu'il a été fait ci-devant en faveur des Seigneurs propriétaires desdites Isles, afin de juger et terminer souverainement et en dernier ressort les Procès et Différends mûs et à mouvoir sur lesdites appellations, de ladite Isle de la Martinique et des petites Isles et dépendances, corriger ou infirmer lesdites Sentences ou les confirmer si besoin est, et maintenir nosdits Sujets dans le devoir, par les voies de la Justice; lesdits Directeurs Généraux nous ayant sur ce supplié d'expédier nos Lettres. A CES CAUSES, et desirant pourvoir au bien et soulagement de nos Sujets, habitans de ladite Isle et ses dépendances, nous avons par ces présentes signées de notre main, établi et

établissons en ladite Isle de la Martinique , un Conseil Supérieur composé du Gouverneur d'icelle qui a été ou qui sera par nous pourvu sur
la nomination desdits Directeurs , et des Officiers que ces Directeurs
trouveront à propos d'y faire entrer , et auxquels ils donneront leurs
commissions expresses pour avec le nombre de Gradués requis par nos
Ordonnances , si tant y en a dans ladite Isle, et au défaut de Gradués
des principaux Habitans d'icelle jusqu'au nombre de six, juger
souverainement et en dernier ressort, tous les Procès et Différends tant
Civils que Criminels, mûs et à mouvoir, entre nosdits Sujets et Habitans de ladite Isle de la Martinique et de celles qui en dépendent, et les
appellations qui auront été interjettés des Sentences et Jugemens des
Juges Seigneuriaux desdites Isles, et ce sans aucuns frais, voulant qu'a-
près la publication et enregistrement des présentes, le Gouverneur de
ladite Isle de la Martinique avec ceux qui le voudront assister à l'Administration de la Justice Souveraine, s'assemblent à certains jours et heures,
au lieu qui sera par eux avisé le plus commode, au moins une fois
le mois , sans qu'il soit besoin de prendre autre Procureur audit Conseil,
que celui de la Justice ordinaire, ni d'autre Greffier que celui de la
même Justice, lequel sera tenu de tenir registre séparé de ce qui se traitera devant le premier Juge , et devant ledit Conseil Supérieur ; le tout
jusqu'à ce qu'il ait été pourvu aux Charges de ladite Justice Souveraine;
et qu'autrement en ait été par nous ordonné, nonobstant tous Edits,
Ordonnances, Réglemens, et autres choses à ce contraires. Si donnons en
mandement au Gouverneur de ladite Isle de la Martinique, qu'après qu'il
lui sera apparu des bonne vie, mœurs, conversation, et R. C. A. R. de
ceux qui devront composer avec lui ledit Conseil Supérieur, et qu'il
aura d'eux pris et reçu le serment en tel cas requis et accoutumé , et
les mette et institue dans les fonctions de leur Charge, les faisant
reconnoître, obéir et entendre à tous ceux qu'il appartiendra : Car tel est
notre plaisir, etc. DONNÉ à Versailles , le 11 Octobre 1664 , et de
notre regne le vingtieme. *Signé* LOUIS; *Et plus bas* , DE LIONNE. *Visa* ,
SEGUIER.

   R. au *Conseil Souverain de la Martinique* , le 19 *Octobre* 1665.

   *Nous plaçons ici ces Lettres-Patentes , parce que l'établissement de ce
Conseil de la Martinique a précédé celui du Conseil du Petit Goave de vingt-un
ans , et qu'étant au chef lieu de la résidence des Administrateurs Généraux
des Colonies, ses Enregistremens et sa Jurisprudence étoient adoptés par
un Tribunal de Saint-Domingue , qui se qualifioit de Conseil de Léogane ,*

et qui connoissoit des contestations en premiere et derniere Instance, comme on le verra par des décisions que nous en rapportons. Ce Tribunal de Léogane avoit même adopté les Enregistremens et la Jurisprudence du Conseil Souverain établi à la Martinique en vertu de la Déclaration du premier Août 1645 ; voilà pourquoi nous rapportons tant d'autorités du Conseil de la Martinique.

EXTRAIT *de l'état de Dépense ordonné par la Compagnie pour les Gouverneurs, Officiers et Soldats à la Martinique, arrêté au Bureau de la Direction générale.*

Du 25 Octobre 1664.

Au Gouverneur.

POUR ses Appointemens, douze cents écus en argent, qui seront payés à Paris.

Pour sa table, compris l'Aumônier, il sera distribué par chacune année les vivres ci-après déclarés :

Savoir, deux mille quatre cents livres de Farine.

Quinze cents livres de Lard.

Deux mille livres de Bœuf.

Cent quatre-vingt livres d'Huile ou de Beure.

Deux tonneaux et demi de Vin François.

Une botte de Vin de Madere.

Une barrique d'Eau-de-vie.

Cent livres de Poudre de chasse.

Quatre cents livres de Plomb pour la chasse.

Extraordinaire pour les Survenans à jours publics.

Trois muids de Vin François.

Une botte de Vin de Madere.

Au Lieutenant de Roi.

Dix-huit cents livres, payées en argent à Paris.

Huit cents livres de Farine par an.

Cinq cents livres de Lard.

Sept cents livres de Bœuf.

Soixante livres d'Huile ou de Beure.

Un tonneau de Vin François.

Le tiers d'une botte de Vin de Madere.

Le tiers d'une barrique d'Eau-de-vie.

Trente-trois livres de Poudre de chasse.

Cent trente-trois livres de plomb pour la chasse.

A la Garnison.

A un Chirurgien, deux rations, chaque composée de cinq quarterons de Lard, deux livres de Bœuf, et chopine d'Eau-de-vie par semaine.

A un Canonnier aussi deux rations.

A un Armurier deux rations.

A vingt-quatre Soldats, deux Caporaux, deux Sergens, sera délivré par chaque semaine trente et une rations :

Savoir, pour chaque Soldat une.

Une et demie pour chaque Caporal, et deux pour chacun des Sergens.

Sera pareillement délivré par semaine six rations pour les Valets du Gouverneur, et deux rations pour les Valets du Lieutenant.

Signé DE CHAMBRÉ, Agent Général de la Compagnie.

VENTE de l'Isle de la Tortue par le Sieur DESCHAMPS, Sieur DU RAUSSET, à la Compagnie des Indes Occidentales.

Du 15 Novembre 1664.

PARDEVANT les Notaires du Roi, notre SIRE en son Châtelet de Paris, soussignés; Fut présent en sa personne Hieremye Deschamps, sieur du Rausset, Gouverneur et Lieutenant-Général pour le Roi de l'Isle de la Tortue, située en l'Amérique, conquise par ledit sieur du Rausset, et dont Sa Majesté lui a accordé le Brevet dès l'année mil six cent cinquante-sept, demeurant ordinairement en ladite Isle, étant de présent Prisonnier au Château de la Bastille, atteint et mis en liberté pour faire et passer ce qui ensuit, lequel a par ces présentes, vendu, cédé, quitté, transporté et délaissé du tout, dès maintenant à toujours à la Compagnie des Indes Occidentales, l'acceptant par Messire Louis Béchamel, Conseiller du Roi en ses Conseils, Secrétaire du Conseil d'Etat, et Direction de ses Finances; sieur Jacques Bibaud, Bourgeois de Paris ; Nobles Hommes François Berthelot, Conseiller-Commissaire des Poudres et Salpêtres de France; François Jacquier, Conseiller du Roi, Maison, Couronne de France et de ses Finances, de l'ancien College; Pierre Dalibert,

Dalibert, Conseiller du Roi, Secrétaire des Finances de Monseigneur le Duc d'Orléans ; M. Jobert Houel, Chevalier de l'Ordre de Saint-Jean de Jérusalem, Marquis de Sainte-Marie ; sieur Robert Poquelin le fils, Marchand, Bourgeois de Paris ; et Noble Homme Claude Thomas, Conseiller du Roi, Receveur Général de ses deniers en Normandie; Directeurs Généraux de ladite Compagnie des Indes Occidentales, à ce présens et acceptans pour ladite Compagnie, c'est à savoir tous et chacuns les droits, noms raisons et actions qu'il a et peut prétendre et demander au fond, propriété et gouvernement de l'Isle de la Tortue, située en l'Amérique ; Forts, Habitations, Terres défrichées ou en friche, Bois et autres Immeubles à lui appartenant en la susdite Isle; Comme aussi ledit sieur du Rausset a vendu, cédé et transporté à ladite Compagnie, stipulant comme dessus, toutes Armes, Canons, Munitions de guerre, et de bouche, Provisions, Meubles, Bestiaux, de quelque espece et nature que ce soit, Negres, Engagés, et généralement tout ce qu'il a ou pourroit avoir en ladite Isle, circonstances et dépendances ; sans en rien réserver ni retenir, voulant et consentant que du tout ladite Compagnie puisse se mettre en possesion, lors et quant bon lui semblera comme de choses à elle appartenant en vertu du présent Contrat ; cette Vente, Cession, Transport et Délaissement faits, tant desdits Fonds, Immeubles et Droits, que Meubles et choses susdites, moyennant le prix et somme de quinze mille livres, sur laquelle ledit sieur du Rausset confesse avoir eu et reçu de M. Nicolas le Mercier, Caissier général de ladite Compagnie, par l'ordre desdits sieurs Directeurs comparans, la somme de mille livres en Louis d'or et d'argent, et Monnoie ayant cours, dont il se contente et quitte ladite Compagnie, ledit sieur le Mercier et tous autres ; et quant aux quatorze mille livres restantes, lesdits sieurs Directeurs audit nom et pour ladite Compagnie seront tenus de les payer audit sieur du Rausset en cette Ville de Paris, trois mois après que Bertrand d'Ogeron, Ecuyer, sieur de la Bouere, Porteur de l'Ordre de ladite Compagnie, aura pris possession du Fort d'icelle Isle, ayant à cette fin ledit sieur du Rausset présentement mis es mains desdits sieurs Directeurs une Procuration qu'il a présentement passée pardevant les Notaires soussignés, le nom dudit Concessionnaire en blanc, portant démission du Gouvernement de ladite Isle ; outre laquelle somme de quinze mille livres ci-dessus stipulée, lesdits sieurs Directeurs ont promis de payer audit sieur du Rausset la somme de mille livres pour gratification au sieur Frédéric Deschamps, Neveu dudit sieur du Rausset, et Commandant pour lui dans ladite Isle, qui sera aussi payée dans lesdits trois mois après ladite prise de possession,

Tome I. R

le tout à peine de tous dépens, dommages et intérêts ; car ainsi et pour l'exécution des présentes, lesdites Parties ont élu leur domicile irrévocable en cette Ville de Paris ; savoir, ledit sieur du Rausset en la maison où est demeurant Me Pierre Francone, Procureur en Parlement, sise rue des Arcis, Paroisse Saint-Jacques de la Boucherie, et lesdits sieurs Directeurs au Bureau de la Direction générale de ladite Compagnie, sise au Cloître et Paroisse Saint-Médéric ; auxquels lieux promettant obligeant chacun en droit renonçant, etc. FAIT et passé par ledit sieur du Rausset audit Château de la Bastille, et par lesdits sieurs Directeurs audit Bureau de la Direction, l'an mil six cent soixante-quatre, le quinzieme jour de Novembre avant midi, et ont signé la minute des présentes, demeurées vers Baudry, l'un desdits Notaires soussignés. *Signé* LEBRUF et BAUDRY.

Ledit Hyeremye Deschamps, sieur du Rausset, dénommé au Contrat ci-devant écrit, de présent à Paris, logé rue Saint-Antoine, en la maison du sieur Dan, Marchand Apothicaire, Paroisse Saint-Paul, a reconnu et confessé avoir eu et reçu de ladite Compagnie des Indes Occidentales ; par les mains dudit sieur le Mercier, Caissier Général de ladite Compagnie, à ce présent, la somme de 9,860 liv. pour le reste et parfait paiement des 14,000 liv. d'une part, qui restoient à payer des 15,000 liv. du prix y porté, et des 1,000 liv. d'autres promises par icelui pour la gratification du sieur Frédéric Deschamps, de tous les intérêts qui lui étoient dûs desdites sommes principales échues du passé jusqu'à hui ; desquelles sommes principales et intérêts payés, ledit sieur du Rausset s'est tenu comptant, en a quitté et quitte ladite Compagnie, lesdits sieurs Directeurs, ledit sieur le Mercier et tous autres, et ne servira la présente quittance avec celle que ledit sieur du Rausset a présentement passée par-devant les Notaires soussignés, audit sieur le Mercier, au bas de l'Ordonnance desdits sieurs Directeurs, de payer ladite somme avec celles que ledit sieur du Rausset a ci-devant données du surplus desdites sommes au fur et mesure des paiemens, que d'un seul et même acquit desdites sommes et intérêts ; et moyennant lesdits paiemens ledit sieur du Rausset a rendu audit sieur le Mercier, Procureur de ladite Compagnie, l'expédition qui lui avoit été délivrée dudit Contrat, comme solute et acquittée, promettant, obligeant et renonçant. FAIT et passé à Paris, au Bureau de ladite Compagnie au Cloître Saint-Médéric, l'an 1667, le sixieme jour de Mai après midi, et ont signé la minute de ladite quittance, étant ensuite de celle dudit Contrat, ci-devant écrit ; le tout demeuré audit Baudry, Notaire.

ORDRES *de M.* PROUVILLE DE TRACY *,* Gouverneur *Général des Isles touchant les Religionnaires.*

Des 18 et 28 Novembre 1664.

ENCORE que j'aie permis à quelques Particuliers de vendre leurs héritages, mon intention n'est pas que cette clause se puisse expliquer en faveur de ceux de la Religion Prétendue Réformée; ce 18ᵉ Novembre 1664. *Signé* TRACY.

R. *au Conseil de la Martinique le même jour.*

DE PAR LE ROI.

DÉFENSES sont faites à toutes personnes de la Religion Prétendue Réformée, de quelque qualité qu'ils soient, de s'assembler en quelque lieu que ce puisse être sous aucun prétexte pour faire leurs Prieres en commun, ni de parler en aucune maniere des Mysteres de la Foi, à peine aux contrevenans de payer cent livres de petun, applicables aux Eglises, et d'être punis suivant la rigueur des Ordonnances. FAIT à la Grenade, le 28 Novembre 1664.

ARRÊT *du Conseil de Commerce, donné en faveur des Marchands, et de tous autres qui feront ci-après bâtir des Vaisseaux, ou trafiqueront sur mer.*

Du 5 Décembre 1664.

LE Roi étant en son Conseil tenu pour le fait du Commerce, ayant mûrement considéré l'état auquel il étoit réduit en son Royaume, lorsque Sa Majesté a bien voulu donner non-seulement ses soins et son application pour son rétablissement, mais même l'emploi de grandes et notables sommes de deniers pour nettoyer les mers de Pirates, et rendre la Navigation libre, et pour former les deux Compagnies des Indes Orientales et Occidentales; et voyant avec beaucoup de satisfaction le progrès de ce travail digne de sa grandeur et de la bonté paternelle qu'elle a pour ses Peuples, Sadite Majesté a résolu, non-seulement de continuer, mais même d'augmenter toujours de plus en plus, et d'employer

R ij

tous les moyens qui seront en son pouvoir pour obliger tous ses Sujets qui font profession du Trafic et de la Navigation, de redoubler leurs soins, et d'employer plus fortement que jamais leurs moyens et leur industrie pour profiter de tant de graces que Sa Majesté leur fait en toutes rencontres pour leurs seuls avantages; et voulant Sadite Majesté être informée par eux-mêmes de tout ce qu'ils pourront desirer d'elle, leur donner en toutes occasions les secours dont ils auront besoin, et les convier par toutes sortes de bons traitemens à s'appliquer à la Navigation et au Commerce par mer; Sadite Majesté étant en sondit Conseil de Commerce, a ordonné et ordonne, que tous les principaux Marchands des Villes de Dunkerque, Calais, Abbeville, Amiens, Dieppe, le Havre de Grace, Rouen, Saint-Malo, Nantes, la Rochelle, Bordeaux, Bayonne, Tours, Narbonne, Arles, Marseille, Toulon et Lyon, seront assemblés par les Maires, Echevins, Consuls et Jurats desdites Villes, et en leur présence, le dernier jour du mois de Janvier de chacune année, à commencer à pareil jour prochain dans l'Hôtel commun d'icelles pour être par eux procédé au choix et nomination de deux desdits Marchands des plus accrédités et expérimentés pour l'effet ci-après, pour être les Actes desdites nominations envoyés à Sa Majesté, et adressés au sieur Colbert, Conseiller au Conseil Royal, et Intendant des Finances, ayant le département du Commerce, pour être fait choix par Sadite Majesté du nombre de trois desdits Marchands des premiers élus en chacune desdites Villes; l'un des Provinces de Picardie, Normandie, Bretagne et Tours; l'autre de Poitou, Xaintonge et Guyenne, et le troisieme de Languedoc, Provence et Lyon; lesquels trois se rendront à la Cour et suite de Sa Majesté pour y faire leur séjour et résidence ordinaire pendant un an, tenir correspondance avec tous les Marchands des Villes de chacun département, et informer Sa Majesté de tout ce qu'il conviendra faire pour le rétablissement et augmentation du Commerce; et à l'égard des seconds élus, Sadite Majesté leur permet, et même leur enjoint de s'assembler tous les ans le vingtieme jour de Juin dans l'une des Villes de chacun desdits trois départemens qu'elle nommera, dans laquelle Assemblée assistera et présidera, si bon semble à Sadite Majesté, le Maître des Requêtes qui fera la visite dans la Province, ou tel autre Officier Royal qui sera nommé par elle, et dans laquelle l'état du Commerce et des Manufactures sera représenté, vu et examiné les causes de la diminution ou cessation de l'un et de l'autre, et les moyens de les rétablir pour sur le tout être fait procès-verbal succinct, et envoyé audit sieur Colbert pour en faire rapport à Sadite Majesté; Et pour exciter d'autant plus tous ses Sujets, de quelque qualité et condition qu'ils soient, au Commerce de mer, Sadite Majesté a permis et permet à tous Gentilshommes, Gens de Robe et autres d'y prendre part, sans pour ce faire aucun Acte de dérogeance, et ce suivant et conformément à l'Ordonnance de 1629 ; Veut et entend que tout Particulier, Marchand ou autre qui fera à l'avenir bâtir un Vaisseau dans les Ports ou Havres du Royaume, du port de cent tonneaux et au-dessus jusqu'à deux cents, recevra de Sa Majesté, par les mains du Garde de son Thrésor Royal pour l'assister au bâtiment de son Vaisseau, cent sols pour chacun tonneau ; ensorte que celui qui fera bâtir un Vaisseau de cent tonneaux, recevra cinq cents livres, et celui de deux cents recevra mille livres ; celui qui fera bâtir un Vaisseau excédant deux cents tonneaux, recevra six livres pour chacun tonneau ; lesquelles sommes seront payées, moitié, lorsque la Quille, l'Etrave et l'Etambord seront en place ; et l'autre moitié, lorsque le Vaisseau sera avaré à la mer. Tout Particulier, Marchand ou autre qui achetera un Vaisseau bâti en Pays étranger, ensorte que la propriété entiere lui appartienne, ou à ses Associés François, sans qu'aucun Etranger y ait part, dont il fera apparoir par Acte en bonne forme, ensorte qu'il ne reste aucun lieu d'en douter, recevra quatre livres pour chacun tonneau, pourvu toutefois que le Vaisseau excede cent tonneaux. Tout Capitaine, Maître ou Propriétaire d'un Vaisseau qui portera dans le Canada, ou dans les Isles, Terre-Neuve, ou autres lieux où les Colonies Françoises, sont ou peuvent être établies, des hommes ou femmes pour y habiter, recevra pour chacun homme cent sols, et pour chacune femme trois livres, en faisant sa déclaration au Greffe de l'Amirauté du lieu d'où il partira, rapportant certificat en bonne forme des lieux où il les débarquera, portant en termes exprès, qu'ils sont demeurés dans le Pays, lequel il remettra au même Greffe de l'Amirauté du même lieu d'où il sera parti ; toutes lesquelles sommes seront payées au retour desdits voyages, en justifiant aux Commissaires qui seront nommés par Sa Majesté, ainsi qu'il est ci-dessus mentionné, de la vérité d'iceux. FAIT au Conseil de Commerce, Sa Majesté y étant, tenu à Paris le cinquieme jour du mois de Décembre l'an mil six cent soixante-quatre.

Signé DE GUENEGAUD.

Arrêt du Conseil d'Etat, pour la décharge de tous les droits de Ville sur les Bestiaux, Vins, Eaux-de-Vie, Chairs, Farines et autres denrées, pour être envoyées dans les Pays de la concession de la Compagnie des Indes Occidentales.

Du 12 Février 1665.

L E R o i ayant été informé par les Directeurs Généraux de la Compagnie des Indes Occidentales, de plusieurs troubles et empêchemens qu'ils reçoivent dans les Ports de Mer où ils font leurs embarquemens, par les Maire et Echevins des Villes, lesquels prétendent leur faire payer les droits desdites Villes, sur les Vins, Eaux-de-Vie, Chairs, Farines, et autre denrées qu'ils font passer, ou mettre dans les Magasins de ladite Compagnie, pour être embarquées dans ses Vaisseaux, et particulierement par les Jurats de la Ville de Bourdéaux, lesquels prétendent lever le droit de pied-fourché sur les Bestiaux que ladite Compagnie fait venir des Provinces de Périgord, Limosin, Quercy, et autres endroits de la Province de Guyenne, pour être salés en ladite Ville, et ensuite embarqués dans lesdits Vaisseaux qu'elle envoie aux Isles de l'Amérique : ce qui n'est nullement raisonnable, vu que lesdits bestiaux et denrées ne sont vendus dans le Royaume, et servent à la nourriture et entretien des Habitans des Isles : sur quoi lesdits Directeurs Généraux auroient supplié Sa Majesté d'expliquer ses volontés pour arrêter le cours des poursuites desdits Maire, Echevins et Jurats, contre les Commissionnaires de ladite Compagnie ; Sa Majesté étant en son Conseil, a déchargé et décharge ladite Compagnie des Indes Occidentales, de tous droits de Ville sur les Bestiaux, Vins, Eaux-de-Vie, Chairs, Farines, et autres denrées qu'elle fera passer par lesdites Villes, et mettre dans ses Magasins auxdits Ports de mer, pour être envoyées dans les Pays de sa concession ; fait défenses aux Maires, Echevins desdites Villes, et aux Jurats de ladite Ville de Bourdeaux, leurs Receveurs et Commis, de lever ni exiger aucuns droits sur les bestiaux et denrées qui passeront dans lesdites Villes pour le compte de ladite Compagnie, à peine de trois mille livres d'amende, et de tous dépens, dommages-intérêts ; et sera le présent Arrêt lu, publié et affiché dans lesdites Villes et Ports de Mer, et par tout où besoin sera, à ce que nul n'en ignore. F a i t au Conseil d'Etat du Roi, Sa Majesté y étant, tenu à Paris le douxieme jour de Février mil six cent soixante-cinq. *Signé* P h e l y p e a u x.

SERMENS prêtés entre les mains de M. PROUVILLE DE TRACY , Gouverneur Général des Isles par tous les Ordres de l'Isle Martinique , lors de la prise de possession de cette Isle au nom de la Compagnie des Indes Occidentales.

Du 19 Février 1665.

Par les Ecclésiastiques.

Vous jurez et promettez à Dieu de travailler de tout votre pouvoir au maintien de la Religion Catholique, Apostolique et Romaine, de l'avancer autant que vous le pourrez par vos exemples et par vos soins, et d'être fidelles au Roi , comme vous y êtes obligés, sous l'autorité de Messieurs de la Compagnie des Indes Occidentales, Seigneurs de cette-dite Isle, autres Antilles et autres Pays concédés par l'Edit de Sa Majesté, et de reconnoître Monsieur de Clodoré pour votre Gouverneur, pourvu du Roi sous la même autorité , et de l'avertir, par les voies permises , s'il venoit en votre connoissance, qu'il se fît quelque chose contre le service de Sa Majesté ou de celui de ladite Compagnie; et en cas qu'il n'y fût point remédié par ledit sieur de Clodoré, votre Gouverneur, d'en donner avis à Sa Majesté ou à MM. les Directeurs de ladite Compagnie.

Par la Noblesse.

Vons jurez et promettez à Dieu de bien et fidellement servir le Roi et la Compagnie des Indes Occidentales, Seigneurs de cette Isle et autres Antilles , et Pays concédés par l'Edit de Sa Majesté sous la Charge de M. de Clodoré, qu'elle a établi pour votre Gouverneur sous l'autorité de ladite Compagnie, et que s'il venoit quelques choses à votre connoissance , qui puissent être contre votre Gouverneur , de l'avertir ; et en cas qu'il n'y fût par lui remédié , d'en donner avis au Roi ou à MM. les Directeurs de ladite Compagnie.

Par le Conseil Souverain.

Vous jurez et promettez à Dieu , de bien et fidellement servir le Roi et Messieurs des Indes Occidentales , Seigneurs de cette Isle , et autres Antilles et Pays concédés par l'Edit de Sa Majesté dans la fonction de vos charges de milices , sous celle de M. de Clodoré, etabli votre

Gouverneur en la même Isle par Sa Majesté sous l'autorité de ladite Compagnie, et que s'il vient quelque chose en votre connôissance, qui puisse être contre le service du Roi et de la susdite Compagnie, d'en avertir ledit sieur Clodoré votre Gouverneur; et en cas qu'il n'y fût par lui remédié, d'en donner avis au Roi ou à Messieurs les Directeurs de ladite Compagnie, comme aussi de garder une Justice exacte, et de la rendre avec toute la diligence et toute l'intégrité que vous devez, sans acception de personne.

Par le tiers Etat.

Vous jurez et promettez à Dieu de bien et fidelement servir le Roi et Messieurs de la Compagnie des Indes Occidentales, Seigneurs de cette Isle, autres Antilles et Pays concédés par l'Edit de Sa Majesté, sous la charge de M. de Clodoré qu'elle a pourvu du Gouvernement d'icelle sous l'autorité de ladite Compagnie, et de l'avertir s'il se passe quelque chose, qui fût à votre connoissance, contre le service de Sa Majesté ou de ladite Compagnie; et en cas qu'il n'y fût par lui promptement remédié, d'en donner avis au Roi ou à Messieurs les Directeurs de ladite Compagnie. *Signé* TRACY,

R. au Conseil Souverain de la Martinique, le même jour.

ARRÊT du Conseil de la Martinique touchant les Negres Marons.

Du 2 Mars 1665.

L'Isle se trouvant dévastée par les Esclaves fugitifs, le Conseil arrêta qu'on traiteroit avec le nommé Francisque, Negre du sieur Fabulet, et Chef d'une grande bande; les conditions de ce Traité, projetté par l'entremise d'un Negre du sieur Renaudot, furent que Francisque auroit sa liberté et mille livres de petun, et qu'on n'infligeroit aucun châtiment à ceux de sa Troupe.

(Tiré du Recueil de M. Assier.)

On verra ailleurs pourquoi nous avons cru devoir parler de cette honteuse Capitulation devenue nécessaire.

ARRÊT

ARRÊT du Conseil d'Etat, pour la décharge de tous Droits de Péages sur les Rivieres de Seine et de Loire, en faveur de la Compagnie des Indes Occidentales.

Du 10 Mars 1665.

SUR ce qui a été représenté au Roi étant en son Conseil, par les Directeurs Généraux de la Compagnie des Indes Occidentales; qu'étant nécessaire d'envoyer dans les Isles de l'Amérique, et autres Pays de sa Concession, nombre de futailles vuides pour mettre les Sucres et autres marchandises et denrées que recueillent les Habitans desdits Pays; lesdits Directeurs en ont fait acheter une quantité de vieilles en cette Ville de Paris, et ailleurs, qu'ils ont fait charger en paquets dans de bateaux pour les transporter plus facilement par la voie des Rivieres de Seine et Loire, et aux Ports de mer où ils font leur embarquement, pour lesquelles futailles les Propriétaires et Fermiers des Péages qui se levent sur les Rivieres, où leurs Commis prétendent faire payer à ladite Compagnie en divers lieux de grands droits qui montent autant que leur valeur, ce qui est contraire aux intentions de Sa Majesté, laquelle a non-seulement accordé à la Compagnie diverses exemptions par l'Edit de sa Concession, mais notamment les droits qui se levent dans toutes les Villes par Arrêt de son Conseil du douzieme Février dernier; à quoi desirant pourvoir, Sa Majesté étant en son Conseil, a déchargé et décharge ladite Compagnie des Indes Occidentales de tous droits de Péages qui se levent le long des Rivieres de Seine et Loire, et autres, sur les futailles vuides et bois propre, tant à faire lesdites futailles qu'à bâtir Vaisseaux; fait défenses à tous Propriétaires et Fermiers desdits Péages, leurs Commis et Préposés, d'exiger aucune chose de ladite Compagnie, ses Commissionnaires et Voituriers, pour raison desdits droits, à peine de mille livres d'amende, et de tous dépens, dommages et intérêts, en rapportant toutefois par lesdits Commissionnaires et Voituriers des Certificats et Passeports de ladite Compagnie, comme lesdites futailles et bois lui appartiendront; et sera le présent Arrêt lu, publié et affiché par-tout où besoin sera à ce que nul n'en ignore. FAIT au Conseil d'Etat du Roi, Sa Majesté y étant, tenu à Paris, le dix Mars mil six cens soixante-cinq.

Signé PHELIPEAUX.

RÉGLEMENS faits par M. DE TRACY, *Gouverneur - Général des Isles.*

Du 17 Mars 1665.

NOUS Alexandre de Prouville, Chevalier, Seigneur des deux Tracy, Conseiller du Roi en ses Conseils, Lieutenant-Général des Armées de Sa Majesté, et dans les Isles de la Terre ferme de l'Amérique Méridionale et Septentrionale, tant par mer que par terre; ayant reconnu que par Concession, Privileges et Coutume il se pratiquoit ou se devoit pratiquer en l'Isle de la Martinique les choses suivantes.

. Desirant empêcher les différends et contestations qui pourroient naître entre lesdits Habitans demeurant en cette Isle, les Etrangers y résidens, et entre les Officiers et Messieurs de la Compagnie des Indes Occidentales, nous en vertu du pouvoir à nous donné par Sa Majesté, avons *sur les Articles* fait le Réglement qui les suivent :

S A V O I R;

ART. Ier. *Que les Seigneurs étoient obligés de faire desservir les Eglises par des Ecclésiastiques et Religieux de Capacité, Exemple et Piété, pour y célébrer le service Divin, assister les Malades à la mort, faire toutes les fonctions Curiales à leurs dépens.*

SUR LE Ier ARTICLE:

1°. Il sera par Messieurs de la Compagnie des Indes Occidentales, Seigneurs de cette Isle, fourni le plus briévement, que faire se pourra, des Prêtres de bonnes vies et mœurs, et de capacité requise, où il n'y en aura pour faire desservir les Eglise, célébrer le service Divin, assister les Malades, et faire les fonctions Curiales, et dès à présent sur la priere que M. de Clodoré, Gouverneur, et M. de Chambré, Intendant, ont faite aux Révérends Peres Jésuites, ils sont demeurés d'accord de faire desservir les Eglises du Fort Saint-Pierre du Carbet et du Prêcheur, ce qui donne lieu à Messieurs les Ecclésiastiques, qui sont dans les deux dernieres Paroisses, d'être dès à présent employés dans celles où il y a besoin d'en avoir.

ART. II. *Que la Justice a été ou dû être rendue exactement avec accélération, sans faveur ni acception de personne, aux dépens des Sei-gneurs, à l'exception des salaires du Greffier.*

2°. La Justice se rendra exactement avec accélération, sans faveur ni acception de personne, étant la volonté du Roi, et que cela est conforme au Serment que nous en avons fait faire au Conseil Souverain, et sera rendue aux dépens des Seigneurs, à l'exception des salaires du Greffier qui seront réglés par M. de Chambré, Intendant, avec connoissance de cause.

ART. III. *Qu'il n'y avoit que les Blancs sujets à la Garde, ou à l'entretien d'icelle.*

3° Cet Article sera exécuté, ainsi qu'il a été fait par le passé.

ART. IV. *Que les Enfans blancs, natifs de l'Isle aussi bien que leurs descendans, ne payoient aucuns droits pour leurs personnes, pour faire distinction entre les naturels du Pays et les autres, ce qui nous a été dit leur avoir été accordé publiquement et solemnellement de paroles verbales, par le feu sieur du Parquet.*

4°. La décision de cet Article est renvoyée à Messieurs de la Com-pagnie, qui sans doute n'y changeront rien, s'il est pleinement justifié à M. l'Intendant qu'il soit de justice, dont il informera ladite Compagnie.

ART. V. *Que les Habitans qui mourroient dans l'Isle y demeurans, leurs héritiers demeurans en France, héritoient, tout ainsi que si les défunts eussent été demeurans en France.*

5°. Nous demeurons d'accord que l'on pratique la même chose, con-tenue en cet Article.

ART. VI. *Que les Seigneurs étoient obligés de fournir les poids publics pour le soulagement des Habitans, moyennant une livre pour cent de chaque marchandise, payable par lesdits Habitans, pour toutes les mar-chandises qui s'y pesoient.*

6°. Ledit Article exécuté en son contenu, tant par les Seigneurs que par les Habitans, chacun à son égard.

ART. VII. *Que les mesures étoient du Pot même de France, de l'Aune de Paris, du Pied du Roi, le Pas de trois pieds et demi.*

7°. Toutes les mesures seront réduites pour les liqueurs à la Quarte de Paris; les Poids, Aunes et autres mesures, ainsi qu'en ladite Ville, et pour le Pas sur le pied de trois pieds et demi, conformément à la mesure d'icelle, à cause que le changement pourroit apporter diverses contes-tations.

ART. VIII. *Qu'il y avoit des Jaugeurs et Visiteurs qui étoient tenus de jauger et visiter les marchandises, et d'y agir en conscience et gens de bien, sur la parole de ceux qui s'en desiroient servir, moyennant quoi ils étoient exempts pour leur tête des droits de Capitation.*

8°. Il y aura ainsi que par le passé des Jaugeurs et Visiteurs, en nombre compétant, qui prêteront serment devant le Juge de la Seigneurie, de bien et fidélement s'acquitter de leurs fonctions, ce qu'ils feront à la priere de ceux qui s'en desireront servir, au moyen de quoi ils jouiront des droits de Capitation pour leur tête; et faute de s'acquitter dignement de leurs Charges, ils seront condamnés à l'amende et déchus du Privilege.

ART. IX. *Que la taxe des marchandises étoit tous les ans faite de concert entre les Marchands, et quelques Habitans connoissans, et de probité, qui étoient nommés à cet effet.*

9°. Ledit Article est accordé, à la charge que ceux qui seront préposés pour assister à ladite taxe, seront gens de négoce, de bonne conscience et sans opiniâtreté, connoissant le prix desdites marchandises.

ART. X. *Que les Habitans ne payoient que cent livres de petun pour tous droits par an pour chacune tête, tant des François, Etrangers, que des Negres et Négresses, depuis l'âge de quinze ans jusqu'à cinquante.*

10°. Cet Article sera exécuté, à l'exception que l'exemption des vieilles personnes, ne commencera qu'à cinquante-cinq ans, et les jeunes à quatorze.

ART. XI. *Que les Gentilshommes d'extraction, les Femmes et Filles blanches, ne payoient aucun droit de Capitation ; que les Hommes qui se marioient, n'en payoient rien la premiere année pour leur tête, et les suivantes que vingt livres de petun pour leurdite tête.*

11°. Les Gentilshommes d'extraction, justifiés à M. l'Intendant et autres mentionnés audit Article, ne payeront aucuns droits de Capitation pendant la présente année, et pour l'avenir, il y sera pourvu par le Roi.

ART. XII. *Que les droits de Capitation étoient payés dans les Poids Royaux par les premiers des grands petuns, des premiers apportés dans lesdits Poids, et l'autre moitié dans le cours du mois de Septembre.*

12°. Cet Article sera exécuté, si on ne le peut faire plutôt, qu'au terme porté par ledit Article.

ART. XIII. *Que les Habitans qui desiroient faire porter leurs Sucres, Petuns, ou autres marchandises, soit en France ou ailleurs, et y passer,* trouvoient toujours des Navires disposés pour les porter, en payant le frêt raisonnable au Maître du Navire.

13°. Attendu que suivant l'Edit du Roi, du mois de Mai 1664, il ett seulement permis à Messieurs de la Compagnie des Indes Occidentales de faire le Commerce en cette Isle, et qu'il n'est loisible à qui que ce soit d'y faire apporter aucunes marchandises, ni de s'embarquer que dans ses Vaisseaux; ladite Compagnie sera tenue d'en avoir nombre suffisant en cettedite Isle en temps convenable, et d'y embarquer pour le compte desdits Habitans et Particuliers, pour rendre dedans les Ports et Havres de France, les Sucres, Petuns et autres marchandises dont ils seront requis, en payant le frêt que nous avons réglé du consentement de M. de Chambré, Intendant, et lesdits Habitans, à sept livres monnoie de France pour cent pesant net de Sucre, Petun et Indigo qui seront rendus aux Ports de France, où les Aides et Droits d'entrée ont cours; moyennant quoi Messieurs de la Compagnie acquitteront lesdits Habitans de tous droits d'entrée du Royaume dûs à Sa Majesté, en considération de ce que par son Edit du mois de Mai 1664, elle remet à ladite Compagnie moitié desdits droits, pour lui donner moyen de gratifier lesdits Habitans sur ledit frêt, ce qu'ils font par ladite Convention de sept livres pour quintal, ou cent pesant, ce qui leur est beaucoup plus avantageux, lesdits droits pour eux acquittés, que celles qui leur étoient ci-devant accordées par les François et Etrangers; et quant aux autres Ports dudit Royaume, où les Aides n'ont cours à dix deniers en monnoie de France, pour chacune livre desdites marchandises nettes, Poids du Roi en France, lesquelles marchandises desdits Habitans, seront rendues à leurs correspondans douze jours après que les Vaisseaux seront arrivés au Port du Royaume.

ART. XIV. *Qu'il leur étoit permis pareillement de faire venir des effets et choses nécessaires dans tels Vaisseaux, que bon leur sembloit, et de revenir en iceux, en payant le fret raisonnable.*

14°. Attendu l'établissement de la Compagnie, elle sera obligée de donner passage en ses vaisseaux auxdits habitans, et leurs engagés, et d'y embarquer seulement les marchandises qui leur seront nécessaires pour leur usage et de leur habitations, en payant le frêt sur le même pied qui a déjà été payé par aucuns qui sont déjà embarqués, et fait venir des marchandises en cette Isle depuis le mois de Février dernier dans les Navires du Capitaine l'Héritier, Bichot et autres.

ART. XV. *Que tel qui embarquoit 3000 livres de sucre ou petun étois passé pour sa personne dans le vaisseau, sans payer aucunes choses pour son passage que le frêt desdites 3000 livres de petun ou de sucre.*

15°. Du consentement de Monsieur de Chambré, Intendant desdits Habitans, ceux qui embarqueront 4000 livres de sucre ou petun, leur passage est accordé franc pour une personne seule, en considération des pauvres d'entre lesdits Habitans, à la charge que ceux qui embarqueront plus grande quantité que lesdites 4000 livres ne pourront prétendre de passer gratis que ledit homme seul.

ART. XVI. *Que les dettes dues aux Habitans et Etrangers se payoient également avec les nouvelles.*

16°. Du consentement dudit sieur de Chambré, Intendant, et desdits Habitans, les dettes dues par ci-devant, se payeront également avec les nouvelles, attendu qu'on sera tenu d'en justifier audit sieur de Chambré, ainsi que les Etrangers pour leurs dettes qui ne pourront jouir de cet avantage s'il n'en ont de lui la permission.

ART. XVII. *Qu'il étoit permis aux Habitans d'avoir Barques, Canots, Bateaux, pour aller et venir par les Isles, pour y aller prendre du sel pour la nécessité des Habitans, pour s'en servir pour la chasse et pêche, pour passer lesdits Habitans d'Isles à autres, vaquer à leurs affaires, et qu'il étoit permis auxdits Habitans de traiter les uns avec les autres dudit sel, ou provenu de leur chasse ou pêche.*

17°. Du consentement dudit sieur de Chambré, cet Article est accordé, à condition qu'il ne se passera rien au préjudice des intérêts de la Compagnie dans son exécution.

ART. XVIII. *Que la Chasse et Pêche leur étoit permise, savoir la Pêche, tant à la ligne qu'aux filets.*

18°. Cet Article remis à l'Edit du Roi.

ART. XIX. *Que les Habitans qui faisoient des Sucreries nouvelles jouissoient de trois années d'exemption de droits pour tous leurs Gens à cause des grands frais qu'il leur falloit pour subvenir aux bâtimens et autres dépenses, ce qui leur auroit été concédé par le défunt sieur du Parquet.*

19°. Du consentement dudit sieur de Chambré, et lesdits Habitans, ceux qui feront des nouvelles Sucreries sur de vieilles places déja défrichées, jouiront de deux années d'exemption de droit de Capitation, tant des anciens que des nouveaux Negres et Engagés qu'ils pourront mettre sur ladite Sucrerie, à commencer du jour qu'ils feront leur déclaration à

M. de Chambré, Intendant; et pour ceux qui établiront des Sucreries sur des places nouvelles, qui ne sont défrichées, ils jouiront de trois années de ladite exemption, tant pour les vieux que nouveaux Negres, et Engagés, du jour qu'il feront déclaration comme dessus.

ART. XX. *Que ceux qui introduisoient quelques Manufactures nouvelles dans l'Isle, étoient exempts, eux et leurs Gens y servant, de l'exemption de tous droits.*

20°. Du consentement dudit sieur de Chambré, Intendant, nous accordons cet Article, pourvu que ces Manufactures soient utiles.

ART. XXI. *Qu'il n'étoit permis à aucuns Habitans ni autres, d'acheter des Negres des Maîtres des Navires qui en étoient chargés, d'en faire regretage et les survendre.*

21°. Cet Article aura lieu.

ART. XXII. *Que ceux qui ont été habitués la premiere année à la Cabsterre, ont eu exemption de droits pendant dix ans, suivant la concession à eux faite par feue Madame du Parquet, Tutrice et Garde-Noble des Enfans de feu son mari et d'elle.*

22°. Messieurs de la Compagnie des Indes Occidentales, décideront de cet Article, auxquels nous en écrirons; conjointement avec M. l'Intendant.

ART. XXIII. *Que ceux qui ont les premiers mis pied à terre en ladite Isle de la Martinique, ont joui de l'exemption de tous droits, conformément à la promesse verbale, qu'on dit avoir été faite par le feu sieur d'Enambuc, confirmée par ledit feu sieur du Parquet.*

23°. M. l'Intendant examinera avec les Habitans, quelles sont les exemptions et privileges portés par ledit Article, pour en informer Messieurs de la Compagnie, et recevoir leur ordre sur ce sujet.

ART. XXIV. *Que les Marchands et Maîtres de Navires faisoient publier et mettre affiches aux Paroisses deux mois auparavant le départ de leurs Navires, et qu'ils alloient prendre les marchandises et tabacs au Poids du Roi, suivant la Coutume.*

24°. Cet Article sera exécuté sans contredit, et M. l'Intendant se chargera volontier de ce soin.

AUGMENTANT à ce que dessus, pour d'autant plus favoriser les Habitans, augmenter les graces de Sa Majesté, et leur donner des marques du soin, et de l'affection de ladite Compagnie.

Nous demeurons d'accord que les Officiers, tant du Conseil Souverain de Milice qu'autres de ladite Isle, seront continués dans leursdites Charges, pourvu qu'ils en soient jugés capables ; et que ceux qui demeureront pour cette année en leurs Charges, jouiront pendant icelles des exemptions et privileges qui leur ont été accordés par feu M. du Parquet, dont il justifieront bien et duement à M. l'Intendant ; et quant à l'avenir il en sera ordonné par Sa Majesté, d'autant que c'est d'elle seule qu'il faut recevoir ses graces ; et pour leur en faciliter l'obtention, nous en écrirons à Sa Majesté, et nous nous employerons auprès de Messieurs de la Compagnie, afin qu'ils aient de leur part la satisfaction qu'ils en doivent espérer.

Que les Terres par nous concédées, demeureront à ceux à qui nous les avons accordées, aux conditions portées par les Concessions, que nous en avons expédiées, et à l'Ordonnance que nous avons fait sur ce sujet, en date du 21 Février dernier ; et pour les autres, elles demeureront pareillement aux Possesseurs d'icelles, en justifiant de leur possession.

Pourront lesdits Habitans recevoir les marchandises qui leur viendront cette année, pour le retour des effets qu'ils ont envoyés l'année derniere en France, à la charge de justifier bien et duement à M. l'Intendant desdits effets envoyés l'année derniere, et que les marchandises qu'ils auront plus qu'il ne leur en faut pour leur usage, et de leurs habitations seront par eux remises au Commis général de ladite Compagnie pour le compte d'icelle, qui les remboursera du prix porté par la facture avec vingt-cinq pour cent de profit, afin d'éviter les abus qui se pourroient commettre, s'ils en avoient la disposition. FAIT et arrêté à la Martinique, le dix-septieme jour de Mars mil six cent soixante-cinq. *Signé* DE TRACY ; et au bas par Monseigneur DE RESSANT, et cacheté des armes de mondit Seigneur.

ARRÊTS du Conseil d'Etat, pour l'exemption des Droits d'Entrée et Sortie de toutes Munitions de guerre, Vivres, et autres choses pour l'Armement et Avitaillement des Vaisseaux de la Compagnies des Indes Occidentales.

Des 24 Avril et 26 Août 1665.

SUR ce qui a été représenté au Roi en son Conseil, par les Directeurs Généraux de la Compagnie des Indes Occidentales, que Sa Majesté ayant accordé à ladite Compagnie, par l'Article xx de l'Edit de son
établissement,

établissement, l'exemption de tous droits d'Entrée et Sortie sur les munitions de guerre, Vivres, et autres choses nécessaires pour l'Avitaillement, Armement des Vaisseaux que la Compagnie équiperoit, même de tous les Bois, Cordages, Goudrons, Canons de fer et fonte, et autres choses venans des Pays étrangers pour la construction des Navires qu'elle feroit bâtir en France; les Fermiers de cinq grosses Fermes prétendent que ladite exemption ne doit avoir lieu pour les mêmes denrées que ladite Compagnie tire de France pour la construction et radoub desdits Vaisseaux, ensorte qu'ils prétendent en faire payer les droits aux lieux où ils passent, pour être portés aux Ports de mer où se font les embarquemens et constructions desdits Vaisseaux; ce qui est absolument contraire à l'intention de Sa Majesté, qui a voulu par ces exemptions donner lieu à ladite Compagnie d'en faire bâtir un grand nombre, comme elle fait présentement en divers endroits. A quoi étant nécessaire de pourvoir; Sa Majesté étant en son Conseil, conformément audit Edit du mois de Mai 1664, interprêtant l'Article XIXe d'icelui, en tant que besoin seroit, a ordonné et ordonne que ladite Compagnie des Indes Occidentales, sera exempte de tous droits d'Entrée et Sortie de Munitions de guere, Vivres, et autres choses nécessaires pour l'Avitaillement et Armement des Vaisseaux qu'elle équipera; comme aussi de tous les Bois, Chanvres, Toiles à faire des voiles, Cordages, Goudrons, Canons de fonte, Boulets et autres choses servans audit Equipage venant pour le compte de ladite Compagnie, tant des Pays étrangers, pour la construction des Navires qu'elle fera bâtir en France, que des Provinces de ce Royaume; à la charge que lesdites denrées seront employées à la construction et radoub de ses Vaisseaux, dont sera donné déclaration en passant aux lieux où se perçoivent lesdits droits; faisant défenses aux Fermiers et Commis des cinq grosses Fermes et autres, de leur donner aucun empêchement. FAIT au Conseil d'Etat du Roi, Sa Majesté y étant, tenu à Saint-Germain-en-Laye, le 24 Avril 1665. *Signé* DE LYONNE.

Le second Arrêt rendu dans les mêmes termes fut donné à cause de quelques Péages exigés sur la Riviere de Loire.

PROCES-VERBAL *de prise de Possession de l'Isle de la Tortue,*
par M. d'OGERON, *au nom de la Compagnies des Indes*
Occidentales.

Du 6 Juin 1665.

Du sixieme jour de Juin mil six cent soixante-cinq, seroit arrivé
dans le Port de l'Isle de la Tortue, la Personne de Bertrand d'Ogeron,
Ecuyer, Sieur de la Bouere, avec Commission et Lettres de Cachet de
Sa Majesté, adressant au sieur de la Place Neveu, du sieur du Rausset,
Commandant pour lors en ladite Isle, pour l'absence dudit sieur du Rausset,
qui en étoit Gouverneur; portant ordre de se démettre dudit Gouvernement entre les mains dudit sieur d'Ogeron, à quoi ledit sieur de la
Place auroit aussi-tôt obéi, et fait assembler lesdits Habitans sous les
armes aux fins de remettre en leur présence ledit Gouvernement,
Canons et Munitions de guerre es mains dudit sieur d'Ogeron; lequel
en leur présence auroit fait lire ladite Commission, depuis un bout
jusqu'à l'autre, et auroient lesdits Habitans reçu ledit sieur d'Ogeron
pour leur seul vrai Gouverneur, criant à haute voix : *Vive le Roi, et*
Nosseigneurs de la Compagnie des Indes Occidentales, dont ladite Isle
dépend sous l'obéissance dudit sieur d'Ogeron, et l'auroit conduit au
bord de la mer; où dans le sable il se seroit trouvé trois pieces de
Canon de fer sans affuts, et delà seroit ledit sieur Gouverneur monté
au Fort, appellé *la Roche,* où il se seroit trouvé quatre pieces de Canon
de fer, montées de leurs affuts sur une plate-forme, une Case à la façon
du Pays en la forme de Corps-de-garde, où à côté il y a une chambre
basse palissadée de vieilles planches, dans laquelle il s'est trouvé environ
quinze ou seize livres de Poudre à canon et quatre-vingt Boulets de
divers calibres, sans aucunes autres armes ; et dudit Fort seroit ledit
sieur descendu au quartier de Cayonne sur le bord de la mer où il se
seroit encore trouvé deux pieces de Canon de fer sans affuts, et de là
serions venus sur le bord de la mer où nous aurions trouvé un vieux
Magasin à moitié couvert d'essentes et à moitié palissadé de palmistes ;
et de là nous serions transportés au lieu de Cayonne en l'habitation où
est demeurant ledit sieur de la Place ; en laquelle nous aurions trouvé
une Case en forme de maison logeable dans laquelle il s'est trouvé
appartenant audit sieur du Rausset, une vieille table et deux vieux bancs,
le tout de bois, avec deux chevaux à poil bei-rouge sans harnois ; et ce

pour satisfaire au Contrat de vente faite par ledit sieur du Rausset à
Messieurs de la Compagnie des Indes Occidentales, par Contrat passé
pardevant le Bon et Baudry, Notaires du Roi, en son Châtelet de
Paris, en date du quinze Novembre mil six cent soixante-quatre, et
scellé le quatorzieme jour de Décembre audit an ; portant vente faite
par ledit sieur du Rausset de tous et chacuns ses biens-meubles et
héritages, et généralement tout ce qui lui peut compéter et appartenir
dans ladite Isle y recours. Maître Claude Legris, Commis général de
nosdits sieurs de la Compagnie des Indes Occidentales, ayant été
présent à tous ce que dessus, nous a requis de nous transporter à la
Montagne sur une place appartenante aussi bien que tout ce que dessus
nommé audit sieur du Rausset, laquelle nous avons trouvée moitié
plantée en cannes de sucres, et l'autre en friche et apparemment abandonnée depuis deux ans ou environ, et sur laquelle n'y a aucuns
bâtimens ; laquelle place ledit sieur de la Place nous auroit dit et
déclaré que ledit sieur du Rausset son Oncle, à son départ de ladite
Isle, pour s'en aller en France, lui auroit promis de lui donner ; et
delà nous aurions par notre Greffier, fait sommer ledit sieur de la Place
de nous dire et déclarer s'il n'avoit pas connoissance que ledit sieur
du Rausset, son Oncle, eût d'autres biens-meubles dans ladite Isle que
ceux ci-devant déclarés, à quoi il nous auroit répondu que non, et
qu'en cas qu'il en eût quelque connoissance, il déclaroit être condam-
nable à la restitution avec tous dépens, dommages et intérêts envers
nosdits Seigneurs de ladite Compagnie ; en foi de quoi il a signé le
présent, l'an et jour que dessus. *Signé* DESCHAMPS DE LA PLACE, et
LABOULAYE, Greffier.

(*Copié sur l'Original.*)

ARRÊT *du Conseil d'Etat, touchant les Marchandises que la*
Compagnie des Indes Occidentales fera décharger par entrepôts.

Du 26 Août 1665.

SUR ce qui a été représenté au Roi en son Conseil, par les Directeurs
Généraux de la Compagnie des Indes Occidentales, qu'encore que
Sa Majesté lui ait accordé la liberté de faire décharger les marchandises
par entrepôts dans les Ports du Royaume, sans être tenus de payer
aucuns droits, et que les Fermiers de Sa Majesté les laissent jouir
librement de cette faculté ; néanmoins les Propriétaires de plusieurs

droits à eux aliénés ou attribués sous titre d'Offices créés, mêmes les Echevins et Communautés d'aucunes Villes qui ont des droits à prendre sur les marchandises qui entrent et sortent desdits lieux, prétendent faire payer lesdits droits sur les marchandises que ladite Compagnie déclare par entrepôts, sous prétexte que Sa Majesté a entendu les comprendre dans cette exemption ; ce qui est bien contraire aux intentions de Sa Majesté, qui a accordé lesdits entrepôts libres et exempts de tous droits, pour faciliter le Commerce de ladite Compagnie, et l'envoi de ses marchandises aux lieux où elle trouvera le débit avantageux ; à quoi desirant pourvoir, Sa Majesté étant en son Conseil, a déchargé et décharge ladite Compagnie des Indes Occidentales de tous droits sur les marchandises qu'elle fera décharger par entrepôts, soit que lesdits droits aient été aliénés à des Particuliers, attribués à des Officiers, ou accordés aux Villes et Communautés des lieux où se feront lesdits entrepôts : faisant défenses auxdits Particuliers, Officiers et Communautés, leurs Fermiers et Commis d'en faire aucune demande, à peine de restitution, et de tous dépens, dommages et intérêts. FAIT au Conseil d'Etat du Roi, tenu à Paris, le vingt-sixieme jour d'Août mil six cent soixante-cinq. *Signé* BERRIER.

ARRÊT du Conseil de la Martinique, touchant le paiement des Negres suppliciés.

Du 16 Juillet 1665.

Cet Arrêt est la plus ancienne autorité que nous connoissions qui ordonne le remboursement du prix des Negres suppliciés à leurs Maîtres. Il est juste que la sûreté que la mort d'un coupable procure à toute la Société ne coûte pas un sacrifice trop cher à un seul individu ; d'ailleurs c'est le moyen de déterminer les Maîtres à livrer à la Justice leurs Esclaves criminels.

ARRÊT du Conseil Souverain de la Martinique, sur la désobéissance d'un Habitant envers le Gouverneur de l'Isle.

Du 5 Octobre 1665.

Sur la plainte portée au Conseil par le Gouverneur de la Colonie, de la désobéissance du nommé Pichonneau, il fut chassé de l'Isle.

ARRÊT *du Conseil de la Martinique, concernant les Insinuations.*

Du 5 Octobre 1665.

Cet Arrêt ordonne qu'à l'avenir tous Actes, Contrats, Donations et Testamens seront insinués et registrés suivant l'Ordonnance, en la Juridiction ordinaire de l'Isle, Audience tenante.

DÉCLARATION *du Roi touchant le parti que prend Sa Majesté d'agir avec les Etats-Unis contre l'Angleterre.*

Du 26 Janvier 1666.

DE PAR LE ROI.

SA MAJESTÉ, ayant eu avis qu'il se formoit quelques mésintelligences entre l'Angleterre et la Holande, auroit donné ordre à ses Ambassadeurs ordinaires, pour tenter par de nouveaux offices d'en arrêter le cours, et composer ces différends par quelque accomodement; mais sa médiation n'ayant pas eu l'effet qu'elle s'en étoit promis; les sieurs les Etats Généraux des Provinces Unies des Pays-Bas ont continué avec empressement leurs instances auprès de Sa Majesté, d'exécuter le Traité de Ligue Défensive qu'elle a conclu avec eux le vingt-Septieme Avril 1662; et Sa Majesté se trouvant obligée de satisfaire à sa parole Royale, et aux engagemens dans lesquels elle est entrée par un Traité solemnel, dans un temps que l'Angleterre et la Holande étoient en bonne correspondance, sans aucune apparance de rupture : Sa Majesté a déclaré et déclare par la présente signée de sa main, avoir arrêté et résolu de secourir lesdits Sieurs les Etats Généraux des Provinces Unies des Pays-Bas, en conséquence dudit Traité de Ligue Défensive, et de joindre toutes ses forces à celles desdits Sieurs les Etats Généraux, pour agir contre les Anglois, tant par Mer que par Terre : enjoint pour cet effet très-expressement Sa Majesté à tous ses Sujets, Vassaux et Serviteurs, de courre sus auxdits Anglois, et leur défend d'avoir ci-après avec eux aucune communication, commerce, ni intelligence, à peine de la vie; et à cette fin Sa Majesté a dès à présent révoqué et révoque toutes permissions, passeports, sauve-gardes, ou sauf-conduits qui pourroient avoir été accordés par Elle ou par ses Lieutenans Généraux, et autres Officiers, contraires à la présente, et les a déclarés nuls, et de nulle valeur; défendant à qui que ce soit d'y avoir aucun égard. Mande et ordonne Sa Majesté à M. le Duc de Beaufort, Pair de France, Grand-Maître, Chef et Surintendant Général de la Navigation et Commerce de ce Royaume, aux Maréchaux de France, Gouverneurs et Lieutenans Généraux pour Sa Majesté en ses Provinces et Armées, etc.; que le contenu en la présente ils fassent exécuter, chacun à son égard, dans l'étendue de leurs pouvoirs et Jurisdictions; Car tel est la volonté de Sa Majesté, laquelle entend que la présente soit publiée et affichée en toutes ses Villes, tant Maritimes qu'autres, et en tous ses Ports, Havres, et autres lieux, etc. FAIT à Saint-Germain en Laye, le 26 Janvier 1666. *Signé*, LOUIS, *et plus bas*, LE TELLIER.

    Publiée à Saint-Christophe le dix-huit Avril suivant.

RÉGLEMENT du Conseil de la Martinique, touchant les Ouvriers; et Ordonnance du Gouverneur-Général sur le même sujet.

Des 2 Mars 1666 et 7 Septembre 1678.

LE Conseil fit un Réglement au sujet de toutes sortes d'Ouvriers et particuliérement des Maçons et Charpentiers, à cause de leur cherté, *de leur insolence*, et de leur paresse; leurs vivres et leurs salaires furent réglés à la mode du Pays; savoir, six livres et demie de Cassave, sept livres de Viande, moitié bœuf et moitié lard, une pinte d'Eau-de-vie, et vingt livres de Petun par semaine.

  Il leur est ordonné de commencer leur travail un quart-d'heure avant le Soleil levé, et de ne finir qu'un quart-d'heure après le Soleil couché.

  Il leur est réglé deux heures par jour de relâche, une pour déjeûner et l'autre pour dîner; y compris le temps qu'il leur faut pour fumer leur bout de tabac.

  Il leur est défendu *de faire les mutins et les insolens* chez les Habitans où ils travailleront; permis, en ce cas, aux Habitans de les châtier comme leurs gens de travail, avec défenses auxdits Ouvriers de répliquer ni discontinuer leurs travaux jusqu'à ce qu'ils soient finis; et en cas qu'ils se trouvent défectueux, ils seront racommodés à leurs dépens.

  Et sur ce que lesdits Ouvriers pourroient à ces conditions refuser de travailler de leur métier, il leur est expressément enjoint de le faire incessamment et de n'exiger rien au-delà de ce qui a été réglé, à peine d'être punis comme Concussionnaires.

Enjoint au Procureur du Roi de se porter Partie contre les Ouvriers sur les plaintes qui lui en seroient faites pour être sévérement punis, suivant l'exigence des cas.

Note de M. Assier. Ce Réglement fut renouvellé le 7 Novembre 1678 par M. de Blenac, qui fit une nouvelle taxe au sujet des Ouvriers, conformément à laquelle il ordonna qu'ils seroient payés, avec défenses à tous Habitans, attendu la nécessité de cette Police, et qu'elle regarde le bien public, de les payer autrement, à peine de cinq cent livres de Sucre pour la première fois, de mille livres pour la seconde, et de punition corporelle pour la troisieme.

A R R Ê T du Conseil de la Martinique, touchant les Cochons, Cabrits et autres animaux qui causent du dommage.

Du 7 Mars 1666.

LE 7 Mars 1666, sur la remontrance du Procureur du Roi, fut rendu Arrêt qui permet aux Habitans, incommodés par les Cochons et Cabrits de leurs voisins, de tuer lesdits Cochons et Cabrits, après avoir au préable averti deux fois leursdits voisins; défend, sous peine de châtimens, l'usage de prendre la tête et les rognons des bêtes tuées; permet pareillement de tuer les volailles d'inde lorsqu'elles porteront dommage aux pois, mil ou ris, et non autrement; enjoint d'avertir sur le champ les Propriétaires desdites bêtes.

(*Tiré du Recueil de M. Assier.*)

O R D R E D U R O I, pour l'embarquement des premieres Troupes réglées par lui envoyées aux Isles.

Du 24 Mars 1666.

SA MAJESTÉ ordonne aux quatre Compagnies du Régiment d'Infanterie de Poitou qui se doivent rendre du côté de la Rochelle de s'embarquer sur les Vaisseaux de Sa Majesté dans le temps et ainsi qu'elles en seront requises par le sieur Colbert de Terron, Intendant

au Pays d'Aunis , et Isles adjacentes pour passer aux Isles Occidentales, et y étant , faire tout ce qui leur sera ordonné par le sieur de la
Barre, Commandant sur les Vaisseaux de Sa Majesté du côté desdites
Isles , avec assurance que les services qu'elles y rendront lui seront très-
agréables. FAIT à Saint-Germain-en-Laye, le 24 Mars 1666.

Signé LOUIS; *et plus bas,* LE TELLIER.

ORDONNANCE *de* M. DE CLODORÉ , *Gouverneur
de la Martinique , qui défend de laisser vaguer les Cochons et les
Bestiaux.*

Du 17 Avril 1666.

*Cette défense est faite à peine contre les Propriétaires des animaux ,
outre la réparation des dommages , de payer cinq cents livres de
Petun d'amende pour la premiere fois, applicables moitié à l'Hôpital et moitié à l'Eglise de la Paroisse, et de peine arbitraire en
cas de récidive.*

R. au Conseil de la Martinique , le . . . . .

ARRÊT *du Conseil Souverain de la Martinique , qui punit une
lâcheté.*

Du 2 Août 1666.

*Sur la plainte portée en la Cour par l'Aide-Major de l'Isle que deux
Habitans s'étoient cachés dans un moment où l'on avoit tiré l'allarme, ils furent condamnés à être mis pendant deux heures sur le
cheval de bois , ayant une quenouille à leur côté , et en une amende
de cinq cents livres de petun.*

ARRÊT *du Conseil d'Etat , qui modere et réduit à quarante sols les
Droits sur les Sucres et les Petuns des Isles.*

Du 7 Mai 1666.

SUR ce qui a été représenté au Roi étant en son Conseil , par les
Directeurs Généraux de la Compagnie des Indes Occidentales, que Sa
Majesté ayant envoyé dans les Isles de l'Amérique le sieur de Tracy,
Lieutenant-Général de ses Armées, il y auroit fait plusieurs Réglemens

sur

sur le fait du Commerce , et entr'autres que ladite Compagnie seroit
tenue d'apporter en France dans ses Vaisseaux les Sucres et Petuns
appartenans aux Habitans desdites Isles, moyennant sept livres du cent
pesant, tant pour le frêt que pour les droits, fondé sur le seizieme
article de l'Edit de l'établissement de ladite Compagnie, par lequel Sa
Majesté lui accorde quarante livres par tonneau de toutes les marchandises que porteront ses Vaisseaux desdits Pays , pour lui tenir lieu de la
remise de moitié des droits que ledit sieur de Tracy avoit cru devoir
être en faveur desdits Habitans, aussi bien que ladite Compagnie ;
mais Sa Majesté ayant depuis ordonné que lesdits Habitans payeroient
lesdits droits sur lesdits Sucres ce Petuns en entier suivant le Tarif
arrêté audit Conseil le 18 Septembre 1664, ils se trouvent hors d'état
d'en pouvoir envoyer en France, attendu l'excès desdits droits à proportion de la valeur de ladite marchandise ; ce que Sa Majesté ayant
mis en considération , et voulant traiter favorablement lesdits Habitans
et leur donner moyen de débiter avantageusement en France lesdits
Sucres et Petuns ; Sa Majesté étant en son Conseil a réduit et modéré
les droits qui se perçoivent aux entrées du Royaume sur les Sucres et
Petuns , venant desdites Isles et Colonies Françoises de l'Amérique , à
quarante sols du cent pesant, au lieu des quatre livres ; à quoi lesdits
droits ont été réglés par le dernier Tarif arrêté au Conseil le 18 de
Septembre 1664 , faisant défenses aux Fermiers des cinq grosses
Fermes et leurs Commis , d'exiger plus grands droits desdits Habitans ,
à peine de concussion ; ordonne Sa Majesté que le présent Arrêt sera
envoyé auxdites Isles et Colonies Françoises de l'Amérique , et qu'il y
sera lu, publié et affiché , et par-tout ailleurs où besoin sera à ce que
personne n'en ignore. FAIT au Conseil d'Etat du Roi, Sa Majesté y
étant tenu à Saint-Germain-en-Laye , le septieme jour de Mai mil
six cent soixante-six. *Signé* DE LYONNE.

*COMMISSION donnée par la Compagnie des Indes Occidentales à
M. DE LA BARRE , pour commander ses Vaisseaux et régir aux
Isles tout ce qui est de l'autorité de cette Compagnie.*

Du 26 Février 1666.

LA Compagnie des Indes Occidentales ayant résolu, pour la sûreté
et conservation des Isles de l'Amérique , d'équiper en guerre nombre
de ses Vaisseaux , et de les y envoyer incessamment sous la conduite de

Tome I. V.

M. de la Barre , Lieutenant-Général pour le Roi , et Gouverneur de la Terre ferme , intéressé en ladite Compagnie , auquel elle donne le Commandement général de ses Vaisseaux ; et ayant trouvé à propos que ledit sieur de la Barre , étant sur les lieux , prenne connoissance de ses affaires , et y regle au nom de ladite Compagnie , toutes les choses qui concernent le Gouvernement des Isles , la Justice et Police , le Commerce et les revenus de la Compagnie , suivant que le bien , et la nécessité de ses affaires le pourront requérir ; et étant pour ce nécessaire de donner audit sieur de la Barre , un pouvoir suffisant pour agir au nom de ladite Compagnie ; nous Directeurs-Généraux de ladite Compagnie , en conséquence de la délibération d'icelle du septieme Janvier dernier , avons à icelui sieur de la Barre , donné plein pouvoir , et en tant que besoin , l'avons nommé et commis, nommons et commettons pour commander les Vaisseaux et Forces maritimes de ladite Compagnie , qu'il menera ou qui seront envoyées dans lesdites Isles , et y régir en son nom toutes les choses qui sont de son autorité , et qui lui ont été accordées par l'Edit de son établissement , tant sur le fait du Gouvernement, la Justice et Police des Isles , que du commerce et revenus de la Compagnie ; voir et examiner l'état de ses affaires , dont il sera informé par M. de Chambré , son Agent général ; faire les Réglemens nécessaires pour la distribution de la Justice , la Police et la sûreté dudit commerce et revenus de la Compagnie , ensorte que les Habitans en reçoivent du soulagement , qu'ils soient bien traités par les Officiers et Commis , et que les intérêts de la Compagnie y soient conservés ; et finalement agir et ordonner en toutes choses au nom de ladite Compagnie , suivant ce qu'il jugera être nécessaire pour le bien et avantage d'icelle. Donné à Paris , le vingt-sixieme de Février mil six cent soixante-six. *Signe* Bechamel, Bibault, Menager, d'Alibert, Berthelot, l'Audais, Thomas ; *et plus bas*, par mesdits sieurs les Directeurs d'Aulier, et scellé des armes de la Compagnie.

R. au Conseil de la Martinique , le premier Octobre 1666.

LETTRE DE CACHET du Roi à M. DE CLODORÉ, Gouverneur de la Martinique, sur la nomination de M. DE LA BARRE pour commander par mer et par terre aux Isles dans les expéditions pour la Compagnie des Indes Occidentales.

Du 22 Mars 1666.

MONSIEUR DE CLODORÉ, la Compagnie des Indes Occidentales ayant donné à M. de la Barre, Conseiller en mes Conseils, et mon Lieutenant-Général en la Terre ferme de l'Amérique, le commandement des Vaisseaux de guerre que je lui ai permis d'armer et d'envoyer aux Antilles pour les défendre contre les Ennemis de l'Etat; et ledit sieur de la Barre ayant les ordres et instructions de ladite Compagnie, de ce qui est à faire dans lesdites Isles à l'occasion de la guerre présente avec l'Angleterre : je vous fais cette Lettre pour vous dire, que suivant ce que je vous ai ci-devant écrit, mon intention est que vous donniez entière créance audit sieur de la Barre, et le connoissiez et fassiez reconnoître par tous les Officiers de l'Isle, où vous commandez en ladite qualité, et agissiez de concert avec lui pour la défense desdites Isles, et en toutes autres choses qui seroit du bien de mon service et utile de ladite Compagnie. Ecrit à Saint-Germain-en-Laye, le vingt-deuxieme jour de Mars mil six cent soixante-six. *Signé* LOUIS; et *plus bas*, DE LYONNE.

INSTRUCTIONS donnés par Sa Majesté à M. DE LA BARRE, Conseiller ordinaire du Roi en ses Conseils, son Gouverneur et Lieutenant-Général en l'Isle de Cayenne et Terre ferme de l'Amérique, pour son voyage aux Isles.

Du 7 Juillet 1666.

SUR l'avis qu'a eu Sa Majesté, qu'en conséquence de la déclaration de la guerre contre les Anglois, les Habitans de l'Isle de Saint-Christophe, de l'une et de l'autre Nation, qui l'ont partagée jusqu'à présent, ont pris les armes, et en sont déja venus aux mains, nonobstant les Concordats ci-devant arrêtés et accordés entr'eux; ensorte qu'il y a lieu

V ij

d'appréhender que cette guerre ne s'étende dans toutes les Isles et Colonies de l'Amérique; et Sa Majesté voulant prévenir toutes les entreprises que pourront faire les Anglois dans ledit Pays, et pourvoir à ce qui est nécessaire, non-seulement pour la défense des Isles, mais encore pour se mettre en état d'attaquer celles qui sont occupées par lesdits Anglois:

ART. Iᵉʳ. Elle a résolu à cet effet d'y envoyer incessamment deux de ses Vaisseaux de guerre et quatre cent hommes de ses meilleures Troupes, pour avec pareil nombre embarqués sur les Navires de la Compagnie des Indes Occidentales que commande ledit sieur de la Barre, composer un Corps de gens de guerre considérable, soit pour jetter les renforts nécessaires dans les Isles Françoises, ou faire descente dans celles qui sont occupées par lesdits Anglois.

ART. II. Sa Majesté entend que ledit sieur de la Barre ait le commandement sur lesdits deux Vaisseaux, aussi-tôt qu'il seront joints à ceux de la Compagnie, suivant la Commission qui lui en a été expédiée, et les Lettres de Sa Majesté, qu'on lui doit adresser à cet effet; et les Capitaines des Vaisseaux seront tenus de lui obéir en tout ce qui sera par lui ordonné pour le service du Roi.

ART. III. Lesdits Vaisseaux de guerre de Sa Majesté, et les quatre cents hommes des vieilles Troupes qu'elle a résolu d'envoyer aux Isles, ne pouvant partir dans le même temps que ledit sieur de la Barre, qui est prêt de mettre à la voile avec les Vaisseaux de la Compagnie; ils auront ordre de le suivre incessamment pour le joindre auxdites Isles au rendez-vous qui leur aura été donné.

ART. IV. Ledit sieur de la Barre fera toute diligence pour se rendre lui-même auxdites Isles sans faire escale qu'à Madère, où il laissera ceux des Vaisseaux de la Compagnie qui sont destinés pour y charger du Vin, qu'elle y fait acheter pour porter auxdites Isles.

ART. V. Sa Majesté entend que ledit sieur de la Barre ait le Commandement sur tous les gens de guerre qui seront sur lesdits Vaisseaux, jusqu'à ce qu'ils aient été mis à terre dans les Isles qui en auront besoin, et alors les Gouverneurs ou Commandans des Isles auront le commandement desdites Troupes pour les employer selon qu'ils l'estimeront à propos.

ART. VI. Que s'il arrivoit qu'il fût jugé nécessaire de faire descente dans aucune des Isles occupées par les Anglois, soit pour les attaquer ou y faire du dégât; le commandement de ladite attaque sera donné au sieur de Saint-Léon, second Capitaine du Régiment de Navarre, que

Sa Majesté fait passer avec lesdites Troupes pour les commander en qualité de Sergent de bataille, et en son absence ou empêchement au plus ancien Capitaine.

ART. VII. Le sieur de la Barre étant arrivé auxdites Isles, rendra aux Gouverneurs les Lettres de Sa Majesté, par lesquelles elle leur explique ses intentions sur le fait de ladite guerre, et concertera avec lesdits Gouverneurs et Officiers desdites Troupes, ce qui sera expédient de faire, soit pour le renforts des Isles Françoises, ou pour l'attaque des Ennemis, afin que toutes les choses se fassent dans l'union que requiert le service de Sa Majesté, et la conservation desdites Isles.

ART. VIII. Que si en arrivant auxdites Isles, le sieur de la Barre trouve que les Anglois se soient rendus Maîtres de la partie de celle de Saint-Christophe, qui appartient aux François, il verra avec lesdits Gouverneurs et Officiers, si les Troupes qu'il aura amenées, et qui le doivent suivre, jointes à celles qu'on pourra tirer desdites Isles, seront suffisantes pour les en chasser ou attaquer quelqu'autres des leurs; à quoi Sa Majesté ne doute pas que lesdits Gouverneurs et Officiers, ainsi que ledit sieur de la Barre, ne se portent avec tout le zele et le courage qu'elle en doit attendre.

ART. IX. Et au contraire, s'il est jugé à propos d'attendre pour cela quelque nouveau secours de France, il prendra soin de dépêcher en toutes diligences quelque Barque ou autre petit Bâtiment pour informer le Roi de l'état des choses.

ART. X. Remettant Sa Majesté le surplus de ce qui sera à faire pour l'exécution de ses ordres, à la prudente conduite dudit sieur de la Barre. FAIT à Fontainebleau, le septieme jour de Juillet mil six cent soixante-six. *Signé* LOUIS; *et plus bas,* DE LYONNE.

RÉGLEMENT fait par M. DE LA BARRE, *chargé de pouvoirs,* M. DE CLODORÉ, *Gouverneur de la Martinique, et* M. DE CHAMBRÉ, *Agent Général, au nom de la Compagnie des Indes Occidentales.*

Du 18 Octobre 1666.

SUR ce qui a été représenté en l'Assemblée tenue cejourd'hui, composée de la plus grande partie des Officiers, et aucuns des bons Habitans de cette Isle, par M. le Febvre, sieur de la Barre, pour et au nom de la Compagnie des Indes Occidentales, qu'elle avoit eu bien du déplaisir d'apprendre les plaintes continuelles des Habitans de cette Isle, tant de la qualité des marchandises qu'elle leur faisoit fournir, prix et paiement d'icelles, que du frêt des marchandises qu'ils font embarquer dans les Navires, et autres choses concernantes son commerce, qu'elle avoit envoyé ensuite des ordres de Sa Majesté, pour en prendre une exacte et parfaite connoissance, et y apporter tous les remedes possibles, eu égard au temps présent et à l'état des affaires de ladite Compagnie; sur quoi ayant été fait diverses propositions par lesdits Officiers et Habitans, ledit sieur de la Barre, et Messieurs de Clodoré et de Chambré sont demeurés d'accord au nom de ladite Compagnie des choses qui ensuivent:

ART. Iᵉʳ. Que lesdits Habitans pourront faire venir de France, par les Vaisseaux de la Compagnie, le nombre de Prêtres nécessaire pour desservir les Eglises du Cul-de-Sac Marin, du Carenage, de la Case Pilote, du Carbet, de Prêcheur, de la Basse-Pointe, du Marigot, et du Cul-de-Sac de la Trinité, en cas que la Compagnie n'y pourvoie assez promptement; et pour l'entretien desdits Prêtres sera payé six mille livres de Sucre par an avec les frais du passage desdits Prêtres qui viendront de France, par le soin desdits Habitans.

ART. II. Qu'ils pourront pareillement faire venir leurs provisions, et celles de leurs Habitations, de France ou d'autres lieux de son alliance en ladite Isle de la Martinique, sans qu'ils soient tenus d'aucuns droits envers ladite Compagnie, mais seulement du frêt d'icelles, en cas qu'ils se servent de ses Vaisseaux.

ART. III. Que tous François auront le Trafic libre en ladite Isle de la Martinique, où ils feront venir telles marchandises que bon leur semblera, dont ils pourront remporter le produit en marchandises du Pays, en tels lieux qu'ils voudront, de l'alliance Françoise, en payant seulement à ladite Compagnie deux et demi pour cent de l'entrée desdites marchandises, et deux et demi pour cent de la sortie du produit.

ART. IV. Qu'il sera permis aux Etrangers qui seront en paix et alliés de la France, de faire aussi le même commerce en ladite Isle, et aux mêmes conditions; excepté qu'ils seront tenus payer à ladite Compagnie cinq pour cent d'entrée de leurs marchandises, et cinq pour cent du produit d'icelles.

ART. V. Que les Habitans traiteront de gré à gré pour le frêt de leursdites marchandises, avec ceux qui leur en feront le transport; mais n'en pourront embarquer aucunes qu'au préalable ils n'aient fait apparoir qu'ils ne doivent rien à la Compagnie.

ART. VI. Que les Commis d'icelles seront tenus de fournir récépissés des marchandises qu'ils recevront des Habitans, au fur et à mesure qu'il leur en sera par eux livré; qu'il sera élu des Officiers et Marchands qui visiteront les marchandises, lesquels en feront le prix et taxe de gré à gré avec les Marchands; et en cas qu'ils ne conviennent, lesdits Marchands auront la liberté de lever l'ancre, et porter vendre les marchandises ailleurs.

ART. VII. Que les taxes qui seront faites, ainsi qu'il est dit en l'Article précédent, seront affichées au Greffe, lieux principaux et magasins de l'Isle, et que le Petun sera taxé, selon sa qualité, par ceux qui seront à ce commis.

ART. VIII. Toutes lesquelles choses demandées, par lesdits Officiers et Habitans, leur ont été très-agréables, se sont soumis à l'exécution d'icelles; enjoint au Procureur du Roi de faire registrer ces présentes sur les Registres du Greffe du Conseil Souverain de cette Isle, et icelles faire publier et afficher où besoin sera, afin qu'elle soit notoire à un chacun. FAIT et arrêté à la Martinique, le dix-huitieme Octobre mil six cent soixante-six. *Signé* LE FEBVRE DE LA BARRE, DE CLODORÉ et DE CHAMBRÉ.

Publié et affiché dans tous les Quartiers de la Martinique, du 19 *Octobre* 1766, *au* 3 *Février* 1668.

COMMISSION *de Lieutenant au Gouvernement-Général de toutes les Isles pour* M. DE LA BARRE.

Du premier Février 1667.

LOUIS, etc. SALUT. Dans la résolution où nous sommes de ne rien omettre de ce qui est en notre pouvoir, non-seulement pour maintenir et conserver ce que nos armes ont acquis dans l'Amérique; mais aussi pour y faire de nouveaux progrès, et y étendre notre domination autant qu'il se pourra, en repoussant les forces barbares et autres qui voudront s'opposer à nos justes desseins, qui n'ont pour but que l'accroissement du Christianisme, l'avantage et augmentation du commerce; nous avons donné nos ordres pour faire passer audit Pays un bon nombre de troupes, outres celles qui y sont déjà; ensemble une Armée navale, et tout ce que nous avons cru nécessaire pour l'exécution de nos entreprises; et nous

avons fait expédier notre pouvoir au sieur de Baas , l'un de nos Lieutenans généraux en nos Armées, pour en ladite qualité commander à tous
nos Gens de guerre, tant de cheval que de pied , François et Etrangers
étant et qui seront ci-après dans lesdites Isles de l'Amérique, et dans la
Terre ferme et autres Pays de notre obéissance de ce côté-là , aux Officiers qui y commandent pour nous, et aux Habitans desdites Isles et Pays,
comme aussi à notre Armée Navale , et aux Vaisseaux de la Compagnie
des Indes Occidentales ; et considérant que dans les occupations qu'un
emploi si considérable et de si grande étendue donnera au sieur de Baas,
il est nécessaire de le faire soulager par un Lieutenant Général qui puisse
s'employer et agir sous ses ordres, et partout où il ne pourra se trouver en
personne, et à tout ce qui sera à faire pour le bien de notre service , et
l'emploi utile de nos armes ; nous avons jetté les yeux sur la personne du
sieur de la Barre, Gouverneur et notre lieutenant Général , en l'Isle de
la Cayenne et Terre ferme de l'Amérique, sachant que nous ne pouvons
pour cette fin, faire un meilleur choix, parce qu'outre la connoissance
qu'il a du Pays et de sa situation , il a toutes les bonnes qualités nécessaires
pour s'en acquitter dignement; ayant aussi une confiance particuliere en
sa valeur, courage , diligence , prudence, et bonne conduite, et en sa
fidélité et affection à notre service, dont il a donné des marques, en
diverses charges et emplois, même dans les commandemens qu'il a
exercés depuis qu'il est audit Pays, ce qui nous a donné lieu de croire
qu'il s'acquittera de celui-ci ; savoir faisons que nous pour les causes et
autres considérations à ce nous mouvant , avons ledit sieur de la Barre
fait, constitué, ordonné et établi , faisons, constituons, ordonnons et
établissons par ces présentes signées de notre main , notre Lieutenant-
Général représentant notre personne, pour, en l'absence dudit sieur de
Baas , et sous son autorité , en sa présence, commander à tous nos Gens
de guerre, tant de cheval que de pied , François et Etrangers qui
sont à présent et qui seront ci-après esdites Isles et Pays de l'Amérique ; comme aussi à notre Armée Navale qui y sera envoyée, et aux
Vaisseaux de la Compagnie des Indes Occidentales ; ordonner aux
Gouverneurs et à nos Lieutenans-Généraux par nous établis auxdites
Isles et Pays , aux Gouverneurs particuliers des Villes , Places es Forts,
et aux Habitans étant en iceux , tout ce qu'ils auront à faire pour notre
service , exploiter et faire agir nosdites Troupes et notredite Armée
Navale , même les Vaisseaux de ladite Compagnie des Indes Occidentales , par-tout et en la maniere qu'il verra être à propos pour le bien
et avantage de nos affaires et service ; et l'effet de nos intentions ; entrer
dans

dans les Pays et Forts des Ennemis, assiéger et faire battre les Forts, Villes et Châteaux, Bourgs et autres Places qui refuseront de nous obéir, y donner assaut, les emporter par force, s'il est possible, ou les prendre à composition ; combattre nos Ennemis, tant par terre que par mer, leur livrer bataille, rencontre, escarmouches, et faire tous autres Actes et Exploits de guerre que besoin sera pour le bon succès de nos desseins ; faire fortifier les Places qui seront réduites en notre obéissance, y laisser des Garnisons suffisantes pour leur conservation, faire faire et exploiter des Pieces d'Artillerie par-tout où besoin sera, et où l'importance des lieux le requiera, et établir notre autorité dans les Pays qu'il pourra conquérir, assujettir et soumettre à notre obéissance les Peuples d'iceux, les conserver par nos forces, faire faire les montres et revues de nosdits Gens de guerre, par les Commissaires et Contrôleurs ordinaires de nos Guerres ; et en leur absence en commettre d'extraordinaires ; faire vivre lesdits Gens de guerre en police et discipline, suivant nos Réglemens et Ordonnances, les faire entretenir et garder inviolablement en tous lieux où nosdites Armées seront employées, faire punir et châtier sévérement ceux qui y oseront contrevenir ; ordonner les paiemens de nos Gens de guerre, tant de cheval que de pied, suivant nos Etats, comme aussi de toutes les autres dépenses ordinaires qui seront à faire près lesdites Troupes, et expédier toutes les Ordonnances nécessaires, et généralement faire et ordonner par ledit sieur de la Barre en ce que dessus, circonstances et dépendances ; et en l'absence dudit sieur de Baas et sous son autorité en sa présence, ce que nous-mêmes ferions ou faire pourrions, si nous y étions présens en personne ; jaçoit que le cas requis, mandement plus spécial qu'il n'est porté par lesdites présentes. Si donnons en mandement à tous nos Officiers desdites Isles et Terre ferme de l'Amérique, aux Gouverneurs particuliers des Villes, Places et Forts desdits Pays, aux Habitans d'iceux, aux Maréchaux et Mestres de nos Camps, Colonels, Capitaines, Chefs et Officiers commandans et conduisans nosdits Gens de guerre, Officiers d'Artillerie, et autres de notredite Armée ; comme aussi au Lieutenans-Généraux, Chefs desdites Escadres, Capitaines de nos Vaisseaux et autres de notre Armée Navale, ensemble aux Capitaines des Vaisseaux de ladite Compagnie des Indes Occidentales, de reconnoître ledit sieur de la Barre, et lui obéir et entendre en tout ce qu'il leur commandera et ordonnera pour notre service, et pour l'exécution de nos desseins, tout ainsi qu'il feroient à notre propre personne, en l'absence (comme

Tome I. X

dit est) dudit sieur de Baas, et sous son autorité en sa présence : Car tel est notre plaisir, etc. DONNÉ à Saint-Germain-en-Laye, le premier jour de Février, mil six cent soixante-sept, et de notre regne le vingt-quatrieme. *Signé* LOUIS, *et plus bas,* LE TELLIER.

R. *au Conseil de la Martinique, le* 4 *Février* 1669.

LETTRE DE CACHET DU ROI à M. DE CLODORÉ, Gouverneur de la Martinique, pour faire reconnoître M. DE BAAS en qualité de Gouverneur-Lieutenant-Général des Isles et Terre ferme de l'Amérique; et M. DE LA BARRE, en celle de Lieutenant au Gouvernement-Général desdites Isles.

Du premier Janvier 1667.

MONSIEUR DE CLODORÉ ayant donné au sieur de Baas la Charge de Lieutenant-Général pour commander à toutes les Troupes, tant d'Infanterie que de Cavalerie, étant et qui seront ci-après ès Isles de l'Amérique, Terre ferme et autres Pays de ces quartiers là, comme aussi à tous les Officiers-Généraux et Particuliers étant audit Pays et aux Habitans d'iceux, ensemble à l'Armée Navale que j'y envoyerai, et aux Vaisseaux appartenans à la Compagnie des Indes Occidentales: j'ai en même temps fait expédier un pouvoir au sieur de la Barre, mon Lieutenant-Général en l'Amérique, pour, en l'absence dudit sieur de Baas, et sous son autorité en sa présence, commander à mesdites Troupes, tant sur terre que sur mer, et voulant leur donner moyen de se bien acquitter de leur Emploi, et de faire agir vaillement mesdites Troupes : je vous fais cette Lettre pour vous dire que mon intention est que vous ayiez à reconnoître les sieurs de Baas et de la Barre, et obéir audit sieur de Baas, et en son absence, et sous son autorité en sa présence, audit sieur de la Barre esdites qualités de mes Lieutenans-Généraux, voulant que vous commandiez et soyez reconnu, tant dedans les Isles tenues par mes armes qu'autres, où mes Troupes seront ensemble, comme Colonel d'Infanterie; que hors de celles de votre Gouvernement vous serviez sous les ordres desdits sieurs de Baas et de la Barre, sous ceux du sieur de Saint-Léon, Sergent de bataille en mes Armées ; et que lorsque mesdites Troupes seront employées et agiront dans l'Isle de la Martinique où vous commandez, soit pour la défense d'icelle ou autrement, vous obéissiez seulement aux ordres desdits sieurs de Baas et de la Barre, et commandiez à tous autres, vous assurant que les services que vous me rendrez dans les occasions qui se présenteront me seront en particuliere considération : sur ce, je prie Dieu qu'il vous ait, M. de Clodoré, en sa sainte garde. A Saint-Germain-en-Laye, le premier de Février mil six cent soixante-sept. *Signé* LOUIS.

R. au Conseil de la Martinique, le 4 Février 1669.

ORDONNANCE *du Roi, concernant la Discipline des Officiers des Troupes aux Isles.*

Du premier Février 1667.

DE PAR LE ROI.

SA MAJESTÉ voulant pourvoir à ce que les Officiers des ses Troupes, tant d'Infanterie que de Cavalerie qui sont et seront ci-après dans les Isles de l'Amérique, fassent vivre leurs Cavaliers et Soldats dans le bon ordre et police requis, et qu'ils soient assidus et fassent le devoir de leurs Charges ; Sa Majesté à donné et donne pouvoir au sieur de Baas, son Lieutenant-Général sur lesdites Troupes, d'interdire ou casser les Officiers d'icelles qui tomberont en faute, suivant l'exigence des cas, et d'en établir d'autres en leurs places; comme aussi de remplir les Charges qui viendront à vaquer, soit par le décès ou par l'abandonnement de ceux qui en sont pourvus, et choisissant pour cette fin les personnes qu'il jugera les mieux mériter; veut Sa Majesté que les Officiers que ledit sieur de Baas établira dans lesdites Charges vacantes soient reçus et reconnus en icelles de tous ceux et ainsi qu'il appartiendra sans difficulté, et ce en attendant que sur l'avis que ledit sieur de Baas en donnera à Sa Majesté, elle lui octroye ses Commissions et Dépêches nécessaires pour les Charges qu'il aura ainsi remplies. FAIT à Saint-Germain-en-Laye, le premier Février mil six cent soixante-sept. *Signé* LOUIS; *et plus bas,* LE TELLIER.

R. au Conseil de la Martinique, le 4 Février 1669.

X ij

ORDRE *du Roi touchant l'Emploi des Troupes aux Isles par les Gou-*
verneurs Généraux ou Particuliers.

Du premier Février 1667.

DE PAR LE ROI.

SA MAJESTÉ voulant pourvoir à ce que les Troupes, tant d'Infanterie
que de Cavalerie qui sont présentement et seront ci-après dans les Isles
de l'Amérique soient employées, et servent utilement où il sera jugé
nécessaire pour la conservation desdites Isles, et Terre ferme tenues par
les Armées de Sa Majesté, ou pour y étendre ses conquêtes; Sa Majesté
ordonne et enjoint très-expressément auxdites Troupes de marcher en
Corps ou par Gens détachés dans lesdites Isles et ailleurs, selon et ainsi
qu'il leur sera ordonné par les Gouverneurs Particuliers desdites Isles
ou leurs Lieutenans en leur absence, soit pour la conservation desdites
Isles, ou pour en attaquer d'autres, et de faire généralement tout ce qui
leur sera par eux commandé pour le service de Sa Majesté, le tout en
l'absence des Gouverneurs et Lieutenans-Généraux pour Sa Majesté èsdites Isles et sur lesdites Troupes, et sous leur autorité en leur présence,
sans y apporter aucune difficulté pour quelque cause et occasion que ce
puisse être; à peine aux Officiers desdites Troupes de désobéissance et
de répondre en leur propre et privé nom des préjudices que le service
de Sa Majesté en pourroit recevoir, et aux Cavaliers et Soldats de la vie.
Veut Sa Majesté que la présente soit lue à la tête de chacune des Compagnies, et qu'elle soit publiée et affichée en tous les lieux et endroits
desdites Isles où besoin sera, à ce que personne n'en prétende cause
d'ignorance. FAIT à Saint-Germain-en-Laye, le premier Février 1667.

R. *au Conseil de la Martinique, le 4 Fevrier 1669.*

ORDONNANCE *du Roi, qui regle le Rang des ses Officiers Généraux*
et Particuliers aux Isles.

Du 18 Février 1667.

DE PAR LE ROI.

SA MAJESTÉ désirant régler l'ordre et la maniere selon laquelle
devront servir dorénavant les Officiers Généraux et Particuliers auxquels
elle a donné le commandement dans les Isles de l'Amérique, et sur ses
Troupes étant audit Pays, ensorte qu'il n'arrive aucunes contestations ni

difficultés entr'eux pour raisons du commandement ; et Sa Majesté ayant donné au sieur de Baas , qu'elle envoie présentement audit Pays , sa Charge de son Lieutenant-Général pour commander à toutes ses Troupes, tant d'Infanterie que de Cavalerie étant et qui seront ci-après esdites Isles de l'Amérique , Terre ferme et autres Pays de ces quartiers là ; Sa Majesté a ordonné et ordonne, veut et entend que ledit sieur de Baas commande généralement à tous les Officiers Généraux et Particuliers , ayant pouvoir et autorité dans lesdites Isles , Places et Forts d'icelles, et sur ses Troupes; même au sieur de la Barre auquel Sa Majesté a donné la Charge de Gouverneur et son Lieutenant-Général esdites Isles ; qu'en l'absence dudit sieur de Baas et sous son autorité en sa présence , ledit sieur de la Barre commande à tous lesdits Officiers , en quelques lieux qu'ils se trouvent, soit dans lesdites Isles ou hors d'icelles, comme aussi à toutes lesdites Troupes, en vertu du pouvoir que Sa Majesté lui en a fait expédier ; qu'après ledit sieur de la Barre, le sieur de Saint-Léon , Sergent de Bataille et Armées de Sa Majesté , commande, soit dans lesdites Isles ou dehors , à tous lesdits Officiers et Troupes, à l'exception toutefois du Gouverneur de l'Isle tenue par les Armées de Sa Majesté , où on sera obligé de faire agir lesdites Troupes, lequel y commandera immédiatement après ledit sieur de la Barre ; et à l'égard des sieurs de Clodoré , Gouverneur de la Martinique; de Lyon , Gouverneur de la Guadeloupe; du Chevalier de Saint-Laurent , Gouverneur de Saint-Christophe ; de Téméricourt , Gouverneur de Marie-Galante , et Vincent , Gouverneur de la Grenade , qu'ils commandent entr'eux comme Colonels d'Infanterie , et suivant l'ordre et le rang qui sont marqués ci-dessus ; à l'exception toutefois des lieux dont chacun d'eux est Gouverneur , dans lesquels ils commanderont immédiatement après lesdits sieurs de Baas et la Barre , à tous les autres Officiers. Mande et ordonne Sa Majesté auxdits sieurs de Baas et de la Barre de tenir la main à l'exacte observation de la présente, et aux Officiers d'y satisfaire; à peine aux Officiers desdites Troupes de désobéissance , et de répondre en leur propre et privé nom du préjudice que le service de Sa Majesté en pourroit recevoir, et aux Cavaliers et Soldats de la vie. Veut Sa Majesté que la présente soit lue à la tête de chacune des Compagnies, étant ou qui seront ci-après esdites Isles de l'Amérique , et qu'elle soit publiée et affichée en tous les lieux et endroits desdites Isles que besoin sera, à ce qu'aucun n'en prétende cause d'ignorance. FAIT à Saint-Germain-en-Laye, le 18 Février 1667. *Signé* LOUIS.

    R. au Conseil de la Martinique , le 4 Février 1669.

ORDONNANCE CIVILE.

Du mois d'Avril 1667.

Nous avons cru, par les mêmes motifs que nous avons donnés à l'égard de la Coutume de Paris, ne devoir pas insérer dans ce Recueil le texte de l'Ordonnance Civile.

Nous entrerons, en son temps, dans l'examen de cette Loi, par rapport aux dispositions inapplicables aux Isles sous le Vent qu'elle renferme.

Cette Ordonnance a été enregistrée au Conseil Souverain de la Martinique en vertu de son Arrêt du 5 Novembre 1681.

Et son exécution a été ordonnée par Arrêt du Conseil Souverain du Petit Goave, du 6 Mars 1687, et par une foule d'autres.

LETTRE DU ROI à M. DE CLODORÉ, Gouverneur de la Martinique, sur l'envoi des premières Troupes réglées aux Isles.

Du 7 Juin 1667.

MONSIEUR DE CLODORÉ, ayant résolu d'envoyer quelques Troupes d'Infanterie dans les Isles de l'Amérique pour leur sûreté, même dans l'Isle de la Martinique, dont je vous ai donné le Gouvernement ; j'ai choisi pour commander lesdites Troupes le sieur de Saint-Léon, Capitaine d'une Compagnie en mon Régiment de Navarre, et Sergent de Bataille en mes Armées ; ce que j'ai bien voulu vous faire savoir par cette Lettre, et vous dire que ledit sieur de Saint-Léon se transportera dans ladite Isle avec les hommes qui seront destinés pour y servir, comme je lui ai ordonné de vous reconnoître et de s'employer sous vos ordres à faire agir lesdites Troupes à tout ce qui sera à faire pour mon service, et pour la sûreté de ladite Isle ; mon intention est que vous le considériez comme une personne de capacité et d'expérience, et en qui j'ai particuliere confiance ; sur ce, je prie Dieu qu'il vous ait, M. de Clodoré, en sa sainte garde. ECRIT à Fontainebleau, le septième jour de Juin mil six cent soixante-sept. *Signé* LOUIS.

ARTICLES de la Paix conclue à Breda entre la France et l'Angleterre qui concernent l'Amérique.

Du 31 Juillet 1667.

ARTICLE PREMIER.

LE ROI très-Chrétien restituera au Roi de la Grande Bretagne, ou au Porteur de ses ordres, duement scellés du grand sceau d'Angleterre, ou à ceux qui les auront obtenus pour cet effet, cette partie de l'Isle de Saint-Christophe que les Anglois possédoient en Janvier de l'année 1665, auparavant la dénonciation de la derniere guerre, et au plutôt que faire se pourra, ou au moins dans six mois, à compter du jour de la signature du présent Traité; et à cet effet ledit Seigneur Roi très-Chrétien, aussitôt après la ratification du présent Traité, baillera audit Seigneur Roi de la Grande Bretagne, ou fera bailler à ceux qui par lui seront commis, tous instrumens et mandemens nécessaires pour ladite restitution en bonne forme.

ART. II. Si toutefois quelqu'un desdits Sujets dudit Seigneur Roi de la Grande Bretagne avoit vendu les biens qu'il possédoit en cette Isle, et reçu le prix de la Vente, il ne pourra en vertu du présent Traité être remis en la possession desdits biens qu'il n'ait auparavant payé le prix, ou restitué la somme qu'il a reçue.

ART. III. S'il arrivoit (dont néanmoins jusqu'à présent on n'a aucun avis) que les Sujets dudit Seigneur Roi très-Chrétien, auparavant ou depuis la signature du présent Traité, eussent été chassés de ladite Isle de Saint-Christophe par les Sujets dudit Roi de la Grande Bretagne, néanmoins les choses seront rétablies en l'état qu'elles étoient au commencement de l'année 1665, c'est-à-dire, devant la dénonciation de cette Guerre cessée; et ledit Seigneur Roi de la Grande Bretagne, aussitôt que l'on aura connoissance de la chose, sans aucuns délais ni retardation, baillera, ou commandera de bailler, audit Seigneur Roi très-Chrétien, ou ses Ministres, par lui pour ce commis, tous instrumens et mandats nécessaires pour ladite restitution, expédiés en bonne forme.

ART. IV. Comme ledit Seigneur Roi de la Grande Bretagne, restituera au Roi très-Chrétien ou à ceux qui auront ses ordres scellés du grand sceau de France, précis et exprès pour cela, le Pays nommé *Acadie*, situé en l'Amérique Septentrionale ; à cet effet ledit Seigneur Roi de la Grande Bretagne, immédiatement après la ratification du préseut Traité, baillera ou commandera de bailler au Seigneur Roi très-Chrétien, tous instrumens et mandats nécessaires pour la restitution duement expédiées.

Art. V. Et si quelques Habitans de ce Pays, qui s'appelle *Acadie*, aiment mieux à l'avenir être Sujets du Sérénissime Roi de la Grande Bretagne, il leur sera libre d'en sortir dans un an, à compter du jour de la restitution dudit Pays, et de vendre, aliéner et disposer en telle maniere qu'ils aviseront, leurs fonds et tous biens, tant meublés qu'immeubles ; et ceux qui auront contracté avec eux, seront tenus et obligés à l'exécution de leurs faits et contracts, par l'autorité du Sérénissime Roi très-Chrétien ; que s'ils aiment mieux emporter avec eux leur argent, ustensiles, vases, et tous biens-meubles, qu'il leur soit permis sans aucun empêchement.

Art. VI. Que le Roi très-Chrétien restituera en la maniere susdite au Roi de la Grande Bretagne, les Isles d'Antigoa et Montsara (si elles sont encore en sa puissance) comme aussi toutes les autres Isles, Pays, Forteresses et Colonies qui auront pu être conquises par les armes dudit Seigneur Roi très-Chrétien avant ou après la signature du présent Traité, et lesquelles ledit Seigneur Roi de la Grande Bretagne possédoit avant que la Guerre qui finit par ce présent Traité, fût déclarée aux Seigneurs Généraux des Etats Confédérés ; et au contraire en la maniere susdite, toutes les Isles, Forteresses et Colonies situées en quelque Pays que ce soit, qui ont été conquises par les armes dudit Seigneur Roi de la Grande Bretagne avant ou après la signature de ce présent Traité, et lesquelles auparavant Janvier de l'année mil six cent soixante-cinq, ledit Seigneur Roi très-Chrétien possédoit, lui seront restituées.

Art. VII. Si quelqu'uns des Serfs ou Esclaves qui étoient aux Anglois en cette partie de l'Isle Saint-Christophe qui appartenoit audit Seigneur Roi de la Grande Bretagne, comme aussi aux Isles nommées *Antigoa* et *Montsara*, lorsqu'elles ont été occupées par les armes dudit Roi très-Chrétien, veulent retourner sous le pouvoir des Anglois (sans toutefois aucune force ni contrainte) que cela leur soit libre et permis dans le temps de six mois, à compter du jour que lesdites Isles seront restituées ; et si les Anglois, auparavant qu'ils sortissent desdites Isles, ont vendu quelques Serfs et reçu le prix, lesdits Serfs ne seront restitués, si le prix n'est rendu et récompensé.

Art.

ART. VIII. Pareillement si quelques-uns des Sujets dudit Roi de la Grande Bretagne (qui ne sont point du nombre de Serfs et Esclaves) se sont engagés au service comme Soldats, Laboureurs ou de quelqu'autre façon que ce soit audit Seigneur Roi très-Chrétien, ou à quelques-uns de ses Sujets, Habitans desdites Isles, moyennant salaires à l'année, au mois ou au jour, après la restitution des Isles, ou de l'Isle, cessera tel louage ou obligation, prenant le salaire au prorata des services rendus; et lui sera libre de retourner en son Pays pour vivre sous la domination du très-Sérénissime Roi de la Grande Bretagne.

ART. IX. Tout ce qui a été réglé pour lesdites Isles et les Sujets, lesquels y habitent, se doit entendre réglé de la même façon pour toutes les autres Isles, Forteresses, Pays et Colonies, les Sujets et Serfs, lesquels y demeurent, dont ledit Roi très-Chrétien s'est saisis par les armes, ou se saisira avant ou après la signature du présent Traité, pourvu que ledit Seigneur Roi de la Grande Bretagne les ait possédés auparavant qu'il eût commencé la Guerre (qui finit par ce Traité) avec les Seigneurs des Etats Généraux Confédérés; comme aussi le même s'entend réglé et arrêté à l'égard des Isles, Pays, Forteresses et Colonies, Sujets et Serfs y demeurans, qui ont appartenu audit Seigneur Roi très-Chrétien auparavant Janvier 1665, et que ledit Roi de la Grande Bretagne aura occupés ou occupera auparavant ou après la signature de ce Traité.

ART. X. Et pour prévenir tout sujet de contestation qui pourroit naître à la restitution des Navires marchands et autres biens meubles, que chacunes des Parties se pourroient plaindre avoir été pris en des Pays éloignés après la Paix résolue, et auparavant qu'on en eût connoissance; tous les Navires, Marchandises et autres Biens meubles qui, après la signature et publication de ce présent Traité, pourront être saisis de part et d'autre, dans le temps de six semaines depuis lesdites Mers jusqu'au promontoire de Saint-Vincent; dans le temps de six semaines depuis ledit promontoire jusques par-delà la Ligne Equinoxiale ou l'Equateur, tant l'Océan et Mer Méditérannée, que partout ailleurs, et finalement dans le temps de six mois, outre ladite Ligne par toute la terre, ils appartiendront et demeureront propres aux occupans, sans aucune exception ou distinction de temps et de lieu plus reculé, et sans avoir aucun égard aux restitutions et compensations prétendues.

ART. XI. Et si (ce que Dieu ne veuille permettre) il arrivoit nouvelle rupture entre lesdits Seigneurs Rois, et qu'ils en vinssent à guerre ouverte; les Navires, Marchandises et tous Meubles des uns et des autres qui se trouveront dans les Ports et Etats du parti contraire, ne seront confisqués ni détournés en aucune façon; mais sera donné six mois entiers aux Sujets desdits Seigneurs Rois, pendant lesquels ils pourront retirer leursdits biens, et les transporter où ils aviseront, sans aucun empêchement.

Art. XII. Sous ce présent Traité de Paix seront compris ceux lesquels auparavant l'échange des ratifications, ou dans six mois après, seront nommés de part et d'autre d'un commun consentement; cependant toutefois comme les Parties qui traitent reconnoissent, autant qu'il se peut, les Offices sinceres et les soins continuels du Sérénissime Roi de Suede, par la médiation duquel ce salutaire ouvrage de la Paix, avec l'aide de Dieu, a été conduit à sa perfection, aussi pour témoigner pareille affection, du consentement commun de toutes les Parties, il a été convenu et arrêté que la sacrée Majesté Royale de Suede, avec tous ses Royaumes, Dominations, Provinces et Ressorts, soit entendues, mentionnées dans ce Traité, et comprise dans cette présente Pacification de la meilleure sorte qu'il se peut. Fait à Breda, le trente-unieme, stile nouveau, et le vingt-unieme stile ancien, du mois de Juillet mil six cent soixante-sept.

Ordonnance du Roi, pour la Publication de la Paix avec l'Angleterre, et Ordonnance du Gouverneur-Général des Isles rendue en conséquence.

Des 24 Août 1667 et 19 Décembre 1669.

De par le Roi.

On fait à savoir que Paix, Alliance et bonne Confédération a été conclue et signée, le trente-unieme du mois de Juillet, selon le nouveau stile, et le vingt-unieme du même mois selon le stile ancien, entre très-haut, très-excellent et très-puissant Prince, Louis, par la grace de Dieu, Roi de France et de Navarre, notre Souverain Seigneur; et très-haut, très-excellent et très-puissant Prince, Charles, par la même grace de Dieu, Roi de la Grande Bretagne, leurs Sujets, Royaumes, Pays et Terres de leurs obéissances; la liberté du Commerce rétablie entre les Sujets desdits Royaumes, ainsi qu'il étoit avant la déclaration de la derniere guerre; et que la présente publication faite d'un commun consentement, servira de regle à l'avenir pour commencer les termes, pendant lesquels, suivant la disposition du dix-septieme Article dudit Traité de Paix, il n'y aura point de réparation pour les Vaisseaux qui auront été pris, desquels termes le premier échéra, le cinquieme Septembre, suivant le nouveau stile, et le vingt-sixieme Août, suivant le stile ancien de l'année présente, dans les Mers prochaines, et qui s'entend du Canal de la Mer, entre l'Angleterre et l'Irlande, et de la Mer Septentrionale et Baltique; le quatrieme Octobre du nouveau stile, et le vingt-quatrieme Septembre du vieux, depuis lesdites Mers prochaines jusqu'au Cap Saint-Vincent; le premier de Novembre du nouveau, et le vingt-deuxizme d'Octobre de l'ancien stile, depuis ledit Cap de Saint-Vincent, jusqu'à la Ligne Equinoxiale, tant dans la Mer Océane que dans la Méditérannée; le vingt-quatrieme Février, selon le nouveau stile, où le quatorzieme selon l'ancien stile, au-delà de ladite ligne Equinoxiale, et dans tout le reste du Monde. FAIT à Breda, le vingt-quatrieme d'Août, suivant le stile nouveau, et le quatorzieme suivant le stile ancien, l'an mil six cent soixante-sept. *Signé* D'ESTRADE, DE COURTIN.

LE sieur le Febvre, Seigneur de la Barre, Conseiller du Roi en tous ses Conseils, son Lieutenant-Général de ses Armées, par mer et par terre, ès Isles et Terre ferme de l'Amérique.

Ayant reçu les Actes de la Proclamation de la Paix, publiée en Angleterre le troisieme Septembre dernier, stile nouveau, et étant nécessaire, en attendant que nous recevions les ordres de Sa Majesté pour l'exécution d'icelle, d'empêcher qu'il ne se fasse aucune hostilité de la part des François contre les Sujets du Roi d'Angleterre :

Nous ordonnons à tous Capitaines de Navires, Barques, et autres Bâtimens, tous Officiers et Soldats des Troupes de Sa Majesté, tous Habitans des Isles, et autres qui sont sous notre charge, de vivre et agir dorénavant avec les Sujets de Sa Majesté Britanique, comme avec Amis et Confédérés; leur faisant défenses de leur faire aucun tort ni dommage, à peine de la vie; et afin qu'aucun n'en ignore, sera la présente vue, lue et publiée dans toutes les Isles dépendantes de Sa Majesté. FAIT à Saint-Christophe, le dix-neuvieme de Décembre, mil six cent soixante-neuf. *Signé* LE FEVRE DE LA BARRE.

LETTRES DU ROI, aux Directeurs de la Compagnie des Indes, et à M. DE LA BARRE, sur la Paix.

Du 27 Août 1667.

CHERS et très-amés : La Paix d'entre moi et le Roi de la Grande Bretagne ayant été heureusement conclue et signée à Breda le 31 du mois passé, et les ratifications de notre Traité ayant été échangées au même lieu le 24 du courant, nous vous faisons cette Lettre pour vous en donner avis et vous dire que vous adressant un exemplaire dudit Traité, notre intention est que vous en envoyés des copies à ceux qui sont commis par vous pour traiter les affaires de votre Compagnie en l'Amérique, et que vous leur ordonniez de notre part de se conformer ponctuellement à tout ce qui y est contenu, tant au sujet de la cessation des hostilités avec les Anglois et leurs Vaisseaux qu'en tous les autres articles qui concernent ce Pays-là. Prions sur ce Dieu qu'il vous, etc.

M. de la Barre, la Paix d'entre moi et le Roi de la Grande Bretagne ayant été heureusement conclue et signée à Breda le 31 du mois passé, et les ratifications de notre Traité ayant été échangées au même lieu le 24 du courant; je vous fais cette Lettre pour vous en donner avis et vous dire qu'ayant fait remettre ici un exemplaire dudit Traité entre les mains des Directeurs de la Compagnie des Indes Occidentales dont je les ai chargés de vous adresser la copie, mon intention est que vous vous conformiez ponctuellement à tout ce qui y est contenu, tant au sujet de la cessation des hostilités avec les Anglois et leurs Vaisseaux, qu'en tous les autres articles dudit Traité qui concernent l'Amérique; et n'étant la présente à autre fin, etc.

ARRÊT du Conseil de la Martinique, touchant les Chemins.

Du 7 Novembre 1667.

Cet Arrêt ordonne l'entretien des Chemins particuliers par ceux qui s'en servent, et non par ceux sur les terres desquels ils passent.

COMMISSION *de Commandant en l'Isle de la Tortue et Côte de Saint-Domingue en l'absence de sieur D'OGERON, pour le sieur* DE POUANÇAY.

Du 30 Décembre 1667.

LOUIS, etc. A notre cher et bien amé le sieur de Pouançay : SALUT. Les Directeurs-Généraux de la Compagnie des Indes Occidentales nous ayant représenté que le sieur d'Ogeron, Gouverneur de l'Isle de la Tortue, et Côte de Saint-Domingue, ayant en France des affaires particulieres qui l'obligent d'y venir faire un voyage, il est nécessaire de commettre une personne d'expérience qui y puisse commander en son absence ; et lesdits Directeurs nous ayant informé de votre bonne conduite, de votre fidélité et affection à notre service : Pour ces causes, nous vous avons commis et établi, commettons et établissons par ces présentes signées de notre main pour et en l'absence dudit sieur d'Ogeron, commander dans ladite Isle de la Tortue et Côte de Saint-Domingue, tant aux Gens de guerre qui y sont ou y seront entretenus, qu'à tous les Habitans de ladite Isle et Côte, tout ainsi que pourroit faire ledit sieur d'Ogeron. Mandons au sieur de Tracy, notre Lieutenant-Général esdits Pays, ou en son absence au sieur d'Ogeron ou autres Officiers qui seront sur les lieux, de vous faire reconnoître en qualité de Commandant dans ladite Isle et Côte ; et ordonnons à tous les Habitans, Officiers et Soldats de vous obéir en toutes les choses que vous leur ordonnerez pour le bien de notre service. Car tel est notre plaisir, ect. DONNÉ à Paris, le trentieme jour de Décembre mil six cent soixante-sept.

PAIX *conclue à Aix-la-Chapelle entre les Couronnes de France et d'Espagne.*

Du 2 Mai 1668.

Ce Traité ne contient aucune disposition qui ait particuliérement trait à l'Amérique.

ARRÉT *du Conseil d'Etat, portant que le commerce des Isles ne sera fait que par la Compagnie des Indes Occidentales, ou par les Bâtimens François, avec permission de ladite Compagnie.*

Du 10 Septembre 1668.

Le Roi ayant été informé qu'au préjudice des intentions de Sa Majesté, lorsqu'elle a formé et établi la Compagnie des Indes Occidentales, dont la principale vue a été d'attirer tout le commerce des Isles de l'Amérique dans le Royaume, duquel les étrangers s'étoient emparés, ladite Compagnie auroit, pendant la derniere guerre avec l'Angleterre, accordé diverses permissions auxdits Etrangers d'y aller négocier moyennant un certain droit qu'elle auroit pris pour sesdites permissions, ce que ladite Compagnie auroit depuis continué de faire; mais lesdits Etrangers, poussés du desir de reprendre ledit commerce, ne se seroient pas contentés d'y envoyer les Vaisseaux pour lesquels ils ont obtenu les permissions de ladite Compagnie, ils y sont allés de leur propre mouvement; et les Gouverneurs desdites Isles méprisant les ordres qui leur ont été donnés de n'en souffrir aucun sans permission de ladite Compagnie, ont reçu indifféremment tous ceux qui y ont été et laissé traiter librement leur marchandises, ce qui a donné lieu aux Etrangers d'enlever tous les Sucres, Tabacs et autres denrées qui croissent dans lesdites Isles, au préjudice même de ce qui est dû à ladite Compagnie par les Habitans, dont les Directeurs ont été obligés de porter leurs plaintes à Sa Majesté, laquelle considérant combien il est important pour le bien de l'Etat, et l'établissement du commerce dans le Royaume, que celui desdites Isles de l'Amérique qui occupe un très-grand nombre de Vaisseaux et consomme une grande quantité de denrées qui croissent dans les Provinces, demeure aux François seuls, et que les Etrangers soient exclus, ainsi qu'ils le pratiquent à l'égard de leurs Colonies, et Sa Majesté ayant pour cette fin mis des fonds si considérables dans ladite Compagnie, donné des assistances extraordinaires dans ces derniers temps, pour réparer les dommages qu'elle pouvoit avoir reçus dans la derniere guerre avec l'Angleterre, et résolu de lui donner encore de nouveaux secours pour la remettre en état de reprendre la meilleure partie dudit commerce; après avoir mandé les Directeurs-Généraux de ladite Compagnie, Sa Majesté étant en son Conseil, suivant et conformément à l'Edit d'Etablissement de ladite Compagnie, veut et entend que ledit commerce des

Isles de l'Amérique, et des autres pays concédés à ladite Compagnie, soit fait par elle seule et par les Particuliers François sous ses permissions; pour lesquelles elle pourra tirer le droit qui a été ou sera ci-après réglé; que ladite Compagnie et lesdits Particuliers feront tous les équipemens et retours de leurs Vaisseaux dans les Ports de France, où ils pourront décharger les Sacres, Petuns et autres marchandises venant des pays de leur concession, pour les renvoyer ensuite dans les pays étrangers, sans payer aucuns droits que ce qui sera consommé dans le Royaume, en faisant les déclarations sur ce nécessaires, pour raison de quoi ladite Compagnie, et lesdits Particuliers, jouiront d'un libre entrepôt; fait sa Majesté très-expresses défenses à ladite Compagnie de donner à l'avenir aucunes permissions aux Etrangers d'envoyer aucuns Vaisseaux audit pays, sur peine d'être privée des priviléges que le Roi lui a concédés; et aux Gouverneurs, Commandans et Officiers qui y seront établis de les y recevoir, ni souffrir qu'il en soit déchargé ni rechargé aucunes marchandises, à peine de désobéissance, et d'être punis comme réfractaires aux ordres de Sa Majesté; et sera le présent Arrêt, publié dans lesdites Isles à la diligence des Directeurs de ladite Compagnie, auxquels Sa Majesté enjoint de le faire. FAIT au Conseil d'Etat du Roi, Sa Majesté y étant, tenu à Saint-Germain-en-Laye le dixieme jour de Septembre mil six cent soixante-huit. *Signé* COLBERT.

COMMISSION au Sieur COMTE D'ESTRÉES pour commander l'Escadre du Roi destinée à aller en Amérique.

Du 19 Septembre 1668.

LOUIS, etc. Ayant résolu d'envoyer une Escadre de nos Vaisseaux dans les Isles de l'Amérique pour les affaires du commerce de cesdites Isles, et étant nécessaire de faire choix d'une personne en qui nous puissions prendre confiance, et qui soit expérimentée au fait de la Marine pour commander ladite Escadre dans ce voyage, nous avons jetté les yeux sur notre cher et bien-amé le sieur Comte d'Estrées, Lieutenant-Général dans nos Armées, lequel nous ayant déjà donné en diverses rencontres des marques de sa prudence, de sa valeur et de son expérience, aussi bien que de son zele et de son affection à notre service, nous estimons être très-capable de se bien acquitter de cet Emploi. A CES CAUSES, et autres à ce nous mouvant, nous l'avons commis, ordonné et député ; Commettons, ordonnons et députons par ces présentes signées de notre main, pour commander ladite Escadre de Vaisseaux allant en l'Amérique, et les faire agir et exploiter, ainsi qu'il l'estimera le plus à propos pour le bien et l'avantage de notre service. Si donnons en mandement à notre très-cher et bien amé Cousin le Duc de Beaufort, etc. de faire reconnoître ledit sieur Comte d'Estrées en ladite qualité, et à tous les Capitaines de nos Vaisseaux, et autres Officiers et Gens de guerre qu'il appartiendra de lui obéir et entendre en toutes les choses qui concerneront le présent pouvoir, sans aucune difficulté ; comme aussi à tous les Gouverneurs de nos Places maritimes, et aux Gouverneurs particuliers desdites Isles de l'Amérique, de donner audit sieur Comte d'Estrées toute l'assistance dont il pourroit avoir besoin. Car tel est notre plaisir, etc. Donné à Saint-Germain-en-Laye, le dix-neuvieme jour de Septembre, l'an de grace, mil six cent soixante-huit, et de notre regne le vingt-sixieme.

Arrêt du Conseil de la Martinique, touchant son attestation invoquée par un Gouverneur Général.

Du 4 Février 1669.

Le 4 Février 1669, le Conseil assemblé, où présida M. de la Barre, les principaux Officiers de l'Isle y furent appellés, au nombre de six notables Habitans de chaque Compagnie ; on y fit lecture de la Lettre de rappel de M. de la Barre ; ensuite M. de la Barre s'étant levé, remontra au Conseil que quelques gens mal intentionnés avoient fait connoître à Sa Majesté que son Gouvernement et Administration en l'Amérique avoient été tiraniques et remplis d'injustice ; que ces gens là avoient poussé la calomnie jusqu'à l'accuser d'ôter le bien des Pauvres pour le donner à qui bon lui sembloit, pourquoi il requit que tous les Habitans, tant ceux qui composoient le Conseil, que tous autres généralement sans exception, eussent à former leurs plaintes contre lui, si aucune y avoit devant M. de Baas, devant lequel il comparoîtroit à tous mandemens pour faire connoître qu'il vouloit obéir à la Justice, et qu'il étoit soumis aux Ordonnances et aux Loix, en cas qu'il y eût contrevenu.

Sur quoi le Conseil faisant droit, après avoir pris les voix des Habitans assemblés, déclara que bien loin d'avoir lieu de se plaindre du Gouvernement

Gouvernement dudit sieur de la Barre, ils avoient tous sujet au contraire de lui rendre des graces infinies de sa bonté, probité, intégrité et amour paternel avec lesquels il avoit traité les Habitans de l'Isle ; et pour lui en témoigner sa gratitude, le Conseil députa quatre des plus anciens Conseillers pour l'en aller assurer, et le supplier de leur continuer ses soins et bienveillance auprès du Roi, et l'assurer de la fidélité, obéissance et respect de tous les Habitans envers Sa Majesté.

(Tiré du Recueil de M. Assier.)

Arrêt du Conseil de la Martinique, touchant une plainte contre un Gouverneur Particulier, portée au Gouverneur Général.

Du 4 Février 1669.

Monsieur de Clodoré, Gouverneur de l'Isle, ayant porté plainte au Conseil contre un Officier de Milice au sujet d'une lettre écrite par celui-ci à M. de la Barre, il fut ordonné que cet Officier comparoîtroit à l'instant pour rendre compte des plaintes par lui faites à M. de la Barre, ce qui ayant été fait, les Parties plaiderent (leur plaidoyer est tout au long couché sur les registres) ; sur quoi, et les conclusions du Procureur du Roi, intervint Arrêt qui condamne l'Officier à demander à l'instant pardon audit Sieur Gouverneur d'avoir écrit si légérement à M. de la Barre, qu'il s'en répent et lui demande très-humblement pardon, et que le lendemain il feroit le semblable dans son Hôtel, lui faisant offre de ses services.

Et sur ce que M. le Gouverneur requit qu'affiches fussent attachées par tous les quartiers de l'Isle, afin que ceux qui auroient quelque sujet de plainte contre lui eussent à la venir déclarer pour leur être fait droit ; il fut prononcé :

Le Conseil et toute l'Assemblé duement informé de l'intégrité de ses actions, de son affection au bien public et service du Roi, a renvoyé ledit article au néant.

(Tiré du Recueil de M. Assier.)

ARRÊT du Conseil d'Etat, portant que les Passeports pour les Vaisseaux François qui iront aux Isles de l'Amérique, seront donnés par le Roi.

Du 12 Juin 1669.

L E R o i ayant formé la Compagnie des Indes Occidentales pour attirer dans son Royaume, au profit et avantage de ses Sujets, le Commerce qui se faisoit par les Etrangers dans les Isles de l'Amérique habitées par les François ; Sa Majesté auroit donné de grandes sommes de deniers, tant pour la former que pour la soutenir et la rendre assez puissante pour pouvoir faire seule ce Commerce, et en donner l'exclusion aux François et aux Etrangers ; et sur ce que Sa Majesté auroit reconnu combien il est difficile à ladite Compagnie de pouvoir faire seule ce Commerce, elle auroit depuis agréé qu'elle donnât aux François des permissions d'y naviguer et trafiquer ; et lesdits Etrangers s'étant prévalus différentes fois de ces permissions, s'étant introduits dans lesdites Isles sous les noms des François, il y auroit à craindre qu'ils ne continuassent à s'approprier ledit Commerce, s'il n'y étoit promptement pourvu : ouï le rapport du sieur Colbert, Conseiller du Roi en tous ses Conseils, Contrôleur-Général des Finances de France, et tout considéré ; Sa Majesté étant en son Conseil a ordonné et ordonne que tous les Passeports portant permission de faire le Commerce dans lesdites Isles, seront donnés par Sa Majesté sur les Certificats des Directeurs de la Compagnie des Indes Occidentales aux François seuls, à l'exclusion de tous Etrangers, avec clause expresse qu'ils ne seront valables que pour huit mois seulement ; que ceux qui les obtiendront donneront caution, soit auxdits Directeurs, soit aux Sieges de l'Amirauté, où ils équiperont leurs Vaisseaux, de charger en France dans le Port qu'ils indiqueront, et qu'ils feront leur retour dans le même Port, ou dans l'un des autres du Royaume ; desquelles cautions ils ne pourront être déchargés qu'en rapportant certificat des Officiers de l'Amirauté des lieux où ils auront chargé et déchargé leurs marchandises. Veut et ordonne que dans tous les Greffes des Amirautés du Royaume, il soit tenu un Registre du départ des Vaisseaux qui auront lesdites permissions, et de leur retour, ensemble de la charge et décharge des marchandises qu'ils ont portées, ou qu'ils auront apportées. Enjoint aux Officiers des Sieges de l'Amirauté de faire publier, enregistrer et exécuter le présent Arrêt selon sa forme et teneur, et d'envoyer à Sa Majesté de trois en trois mois les Certificats des noms, qualités et nombre des Vaisseaux qui seront partis et retournés dans l'étendue de leurs Jurisdictions. FAIT au Conseil d'Etat du Roi, Sa Majesté y étant, tenu à Saint-Germain-en-Laye, le douzieme jour de Juin mil six cens soixante-neuf. *Signé* COLBERT.

EXTRAIT de la Lettre du Roi à M. le Comte D'ESTRÉES, touchant l'exécution de la Paix entre la France et l'Espagne.

Du 13 Juin 1669.

JE ne désaprouve pas que vous ayez fait défenses aux Corsaires François qui ont armé par les ordres du sieur d'Ogeron, Gouverneur de la Tortue de continuer leurs courses; mais il sera bon que vous confériez avec ledit d'Ogeron sur ce point et que vous examiniez ensemble, s'il est bon de continuer à donner ces permissions ou de les révoquer entierement; sur quoi vous devez observer que les Espagnols n'exécutant point l'Article des Traités de Paix, qui donne la liberté entiere du Commerce de mes Sujets dans tous les Pays de leur obéissance, à l'égard de ceux qu'ils possedent hors de l'Europe, ne souffrant point qu'aucun de mes Sujets abordent en aucun de leurs Ports, je ne suis pas obligé aussi de ma part à exécuter la Paix établie par lesdits Traités dans l'étendue desdits Pays; ensorte qu'il faut seulement que vous examiniez s'il convient au bien de mon service et à l'avantage de mes Sujets qui y sont établis, de permettre aux Boucaniers et Flibustiers de leur faire la guerre; sur quoi je desire que vous m'écriviez vos sentimens et ceux dudit d'Ogeron.

Sur ce, je prie Dieu qu'il vous ait, M. le Comte d'Estrées, en sa sainte garde. A Saint-Germain-en-Laye, le 13 Juin 1669.

LETTRE du Roi à M. DE BAAS, Gouverneur-Général des Isles pour lui dire de donner créance à M. DE COLBERT, sur ce qu'il lui écrira de la part de Sa Majesté.

Du 31 Juillet 1669.

MONSIEUR DE BAAS, le défaut de vos Lettres continuant, j'ai été bien aise de voir celles que vous écriviez aux Directeurs de la Compagnie

Z ij

des Indes Occidentales pour connoître ce qui se passe dans les Isles où vous commandez, et ayant reconnu qu'il étoit nécessaire de vous informer de mes intentions sur divers points qui regardent la conduite des Habitans de ces Isles, j'ai donné ordre à Colbert de vous les expliquer amplement, à quoi je desire que vous donniez créance : je vous recommande sur-tout d'empêcher tous les Vaisseaux étrangers d'aborder dans lesdites Isles, de protéger également les Vaisseaux de ladite Compagnie, et ceux de mes autres Sujets qui iront sous les permissions que je leur en donnerai, et de faire ensorte que le nombre des Habitans de toutes les Isles augmente, et m'assurant que vous me donnerez des marques de l'envie que vous avez de contribuer à ma satisfaction et au bien de mon service, je ne vous ferai la présente plus longue que pour prier Dieu qu'il vous ait, M. de Baas, en sa sainte garde. ECRIT à Saint-Germain-en-Laye, le 31 Juillet 1669.

Cette Lettre fut écrite à l'époque où les Colonies qui avoient fait jusques-là partie du Département des Affaires Etrangeres, en furent séparées et données à M. de Colbert, chargé du détail de la Maison du Roi, et Contrôleur-Général des Finances.

―――――――――――――――――――――

ORDONNANCE de M. DE BAAS, touchant les Réligionnaires, les Juifs, les Cabaretiers et les Femmes de mauvaise vie.

Du premier Août 1669.

LE sieur de Baas, Lieutenant-Général des Armées du Roi, et Gouverneur des Isles de l'Amérique. Sur ce qui nous a été représenté par les Ecclésiastiques, Séculiers et Réguliers de la Martinique, que quelques Capitaines de Vaisseaux, faisant profession de la Religion Prétendue-Réformée, chantent publiquement des Pseaumes dans leurs bords, et dans les rades de cette Isle, et qu'ils y font quelqu'autres exercices de leur Religion; que lorsque les Habitans de la même Religion n'ont point de Commandeurs Catholiques, personne ne prend soin d'envoyer leurs Negres à la Messe, aux Catéchismes, de leur faire faire leurs Pâques, ni d'avertir les Curés lorsqu'ils sont malades pour leurs administrer les Sacremens; que les Juifs qui sont établis ici emploient le Samedi à faire leurs Cérémonies, obligent leurs Negres et Engagés de garder leur Sabath, et de travailler le Dimanche, et se montrent en public durant le deüil de l'Eglise, qui dure depuis le Jeudi - Saint jusqu'au Dimanche de Pâques, contre ce qui s'observe dans tous les lieux de l'Europe, où on les tolere; que les Commandeurs et même les Maîtres des Cases abusent de leurs Négresses, nonobstant la défense déja faite; que les Cabarets sont ouverts les Fêtes et Dimanches pendant que l'on fait le service Divin, que les Negres tiennent aussi leurs Marchés pendant ce même temps, ce qui fait que la plupart perdent la Messe; que les juremens et blasphêmes sont impunis, et les femmes de mauvaise vie trop tolérées; à quoi desirant pour l'honneur et le service de Dieu, remédier de tout notre pouvoir, comme nous y sommes obligés; Nous avons fait et faisons très-expresses défenses à tous Capitaines de Vaisseaux faisant profession de la Religion Prétendue-Réformée, de chanter publiquement des Pseaumes, de faire des Mariages ni aucun autre exercice de leur Religion dans aucunes des Rades des Isles Françoises, sous telles peines que nous aviserons, sauf à faire leurs Prieres en particulier et à voix basse, suivant les Ordonnances du Roi, et d'en user aussi dans leur traversée, comme on fait dans les Vaisseaux de Sa Majesté; ordonnons à tous ceux qui font profession de ladite Religion dans lesdites Isles d'en user de même, et de ne se servir que de Commandeurs Catholiques, et lorsqu'ils n'en auront point pour prendre soin d'instruire leurs Negres, et de les faire prier Dieu soir et matin, de les envoyer tous les Dimanches et Fêtes à la Messe, aux Catéchismes, et aux autres exercices de piété; pour tenir la main à ce qu'ils fassent leurs Pâques, et pour avertir de bonne heure les Curés, afin qu'ils puissent administrer à temps les Sacremens, de prendre ce soin eux-mêmes à peine de mille livres de Sucre d'amende toutes les fois qu'ils y manqueront; défendons à tous les Juifs qui sont dans les Isles Françoises de faire le Samedi aucune cérémonie de leur Foi, d'obliger leurs Negres et Engagés à garder le Sabath, de travailler le Dimanche ni se montrer en public depuis le Jeudi-Saint jusqu'au Dimanche de Pâques, à peine d'être punis exemplairement; et à l'égard des Maîtres de Cases, qui abusent de leurs Négresses, nous déclarons dès à présent lesdites Négresses confisquées au profit des Pauvres, et leurs enfans libres; et pour les Commandeurs qui ne sont point mariés, ils payeront quatre mille livres de Sucre d'amende pour la premiere fois; et s'ils y retombent ils payeront une pareille amende, et seront en outre punis exemplairement; les Cabarets seront fermés tous les Dimanches et Fêtes jusqu'à ce que le service Divin soit entierement fait, sans qu'il soit permis d'y recevoir personne, sous quelque prétexte que ce soit, à peine de deux mille livres de Sucre d'amende, la moitié payable par le Cabaretier, et l'autre moitié par celui ou ceux qui seront trouvés dedans; et ne pourront les Negres ni autres, tenir leurs marchés pendant le service Divin; les jureurs et blasphémateurs du Saint Nom de Dieu, seront punis sans exception quelconque, suivant la derniere Ordonnance de Sa Majesté faite sur ce sujet, et les Femmes de vie scandaleuse chassées des Isles Françoises ou punies exemplairement; ordonnons aux Procureurs du Roi desdites Isles Françoises de tenir la main à l'exécution de la présente Ordonnance; et afin que personne n'en puisse prétendre cause d'ignorance, elle sera publiée et affichée dans lesdites Isles, et enregistrées dans les Greffes d'icelles à la diligence des Procureurs du Roi desdites Isles. Fait à la Martinique, le premier Août 1669. *Signé* DE BAAS.

ORDONNANCE DU ROI.
Du mois d'Août 1669.

Cette Ordonnance qui contient six Titres sur les Evocations, les Réglemens de Juges, les Committimus et Gardes Gardiennes, et les Lettres d'Etat et de Répi, a été enregistrée au Parlement de Paris, le Roi y séant en son Lit de Justice, le 13 Août 1669; au Conseil Souverain de la Martinique, le 5 Novembre 1681, et son exécution est ordonnée par Arrêt du Conseil du Petit Goave, du 6 Mars 1687.

Nous ne la rapportons pas ici, parce qu'elle est imprimée partout, et qu'elle est d'ailleurs presque sans application dans les Colonies; nous y reviendrons cependant dans un autre lieu à cause de ce défaut d'application.

EDIT *portant que les Nobles pourront faire le Commerce de mer sans déroger à la Noblesse.*

Du mois d'Août 1669.

LOUIS, etc. Comme le Commerce, et particulierement celui qui se fait par mer, est la source féconde qui apporte l'abondance dans les Etats, et la répand sur les Sujets à proportion de leur industrie et de leur travail, et qu'il n'y a point de moyen pour acquérir du bien qui soit plus innocent et plus légitime : aussi a-t-il toujours été en grande considération parmi les Nations les mieux policées, et universellement bien reçu, comme une des plus honnêtes occupations de la vie civile : mais quoique les Loix et les Ordonnances de notre Royaume n'aient proprement défendu aux Gentilshommes que le trafic en détail, avec l'exercice des Arts méchaniques et l'exploitation des Fermes d'autrui ; que la peine des contraventions aux Réglemens qui ont été faits pour raison de ce n'ait été que la privation des Privileges de Noblesse, sans une entiere extinction de la qualité ; que Nous nous soyons portés bien volontiers, ainsi que les Rois nos prédécesseurs, à relever nos Sujets de ces dérogeances ; que par la Coutume de Bretagne, et par les Privileges de la Ville de Lyon, la Noblesse et le Négoce aient été rendus compatibles, et que par nos Edits des mois de Mai et Août 1664 qui établissent les Compagnies du Commerce des Indes Orientales et Occidentales, il soit ordonné que toutes personnes, de quelque qualité et condition qu'elles soient, y pourront entrer et participer, sans déroger à Noblesse, ni préjudicier aux Privileges d'icelle: Néanmoins, comme il importe au bien de nos Sujets et à notre propre satisfaction d'effacer entierement les restes d'une opinion qui s'est universellement répandue, que le Commerce maritime est incompatible avec la Noblesse, et qu'il en détruit les Privileges : Nous avons estimé à propos de faire entendre notre intention sur ce sujet et de déclarer le Commerce de mer ne pas déroger à Noblesse, par une Loi qui fut rendue publique et généralement reçue dans toute l'étendue de notre Royaume. A CES CAUSES, desirant ne rien omettre de ce qui peut davantage exciter nos Sujets à s'engager dans ce Commerce et le rendre plus florissant : et de notre grace spéciale, pleine puissance et autorité Royale, Nous avons dit et déclaré, et par ces Présentes, signées de notre main, disons et déclarons, voulons et nous plaît, que tous Gentilshommes puissent par eux ou par personnes interposées, entrer en société et prendre part dans les Vaisseaux Marchands, Denrées et Marchandises d'iceux, sans que pour raison de ce ils soient censés ni réputés déroger à Noblesse, pourvu toutefois qu'ils ne vendent point en détail. Si donnons en Mandement, etc. DONNÉ à Saint-Germain-en-Laye au mois d'Août, l'an de grace, mil six cent soixante-neuf, et de notre regne le vingt-septieme. *Signé* LOUIS.

Lu, publié et registré, à Paris en Parlement, le Roi y séant en son Lit de Justice, le treizieme Août mil six cent soixante-neuf.

ORDONNANCE de M. D'OGERON, Gouverneur de l'Isle de la Tortue et Côte Saint-Domingue, sur la vente du Tabac.

Du ... Septembre 1669.

Par cette Ordonnance M. d'Ogeron, attendu les plaintes de la mauvaise fabrique du Tabac que les Habitans donnoient en paiement, leur défend de traiter autrement qu'en argent. Mais comme les especes manquoient souvent à Saint-Domingue, il veut que les stipulations se fassent payables en France, et que les Habitans fournissent à leur Créanciers des délégations sur le produit de ces ventes; entendant que l'Habitant soit déchargé du montant de la délégation, même dans le cas où le Tabac périroit dans le trajet de Saint-Domingue en France.

LETTRE du Roi au Commandant dans l'Isle de la Tortue.

Du 27 Octobre 1669.

MONSIEUR DE LA PLACE ayant pourvu le sieur d'Ogeron, au lieu du sieur du Rausset, du Gouvernement de l'Isle de la Tortue sur la nomination des Directeurs de la nouvelle Compagnie des Indes Occidentales à qui appartient maintenant ladite Isle, je vous écris cette Lettre pour vous dire que mon intention est qu'aussi-tôt qu'elle vous aura été rendue, vous remettiez incessamment les Forts qui sont dans ladite Isle de la Tortue entre les mains dudit sieur d'Ogeron, et que vous vous absteniez dorénavant d'aucun commandement dans ladite Isle et dans lesdits Forts. ECRIT à Paris le vingt-sept Octobre mil six cent soixante-neuf. *Signé* LOUIS.

EDIT portant suppression de la Charge de Grand-Maitre, Chef et Surintendant-Général de la Navigation et Commerce de France, et rétablissement de la Charge d'Amiral de France, avec le Réglement concernant les pouvoirs, fonctions, autorités et droits de cette Charge,

Du 12 Novembre 1669.

LOUIS, etc. SALUT. Entre toutes les affaires de notre Royaume dont nous avons entrepris le réglement et la réformation, ou relevé et augmenté

augmenté les établissemens depuis plusieurs années, il n'y en a point où nous ayons donné plus d'application et employé de plus grandes sommes de deniers qu'au rétablissement de nos forces Maritimes, du Commerce et de la Navigation dans toute l'étendue de notre Royaume; aussi l'avantage que nos Sujets en ont reçu est-il proportionné à l'espérance que nous en avions conçue et au soin que nous en avons pris, puisque nous voyons clairement par l'augmentation de nos droits d'entrée et de sortie, que les Vaisseaux de nos Sujets et des Etrangers qui fréquentent nos Ports et Havres sont augmentés considérablement, et nos forces Maritimes excedent de beaucoup celles des Rois nos prédécesseurs; mais nous avons estimé que pour maintenir et augmenter d'aussi grands établissemens que ceux que nous avons faits jusqu'à présent, il étoit nécessaire d'apporter quelque changement en la Charge de Grand-Maître, Chef et Surintendant de la Navigation et Commerce de France, qui est à présent vacante par la mort de notre très-cher et bien-amé Cousin le Duc de Beaufort; le titre et les fonctions attribuées à ladite Charge, par son Edit de création, n'étant point assez relevés pour pouvoir, avec l'autorité et la dignité nécessaires, commander d'aussi considérables forces que celles que nous pouvons à présent mettre en mer; c'est ce qui nous auroit fait prendre la résolution de rétablir la Charge d'Amiral de France, avec le titre et dignité d'Officier de notre Couronne, qui y est joint; et en même temps pour éviter les inconvéniens qui obligerent, en l'année 1626, le feu Roi notre très-honoré Seigneur et Pere, de glorieuse mémoire, que Dieu absolve, de supprimer les deux Charges de Connétable et d'Amiral, nous réserver le choix et provision de tous les Officiers de Marine. A CES CAUSES, et autres bonnes et grandes considérations, à ce nous mouvant, de l'avis de notre Conseil, où étoit notre très-cher et très-amé Frere unique le Duc d'Orléans, notre très-cher et très-amé Cousin le Prince de Condé, et autres grands et notables Personnages de notre Conseil, et de notre certaine science, pleine puissance et autorité Royale, nous avons par ce présent Edit perpétuel et irrévocable, supprimé et supprimons ladite Charge de Grand-Maître, Chef et Surintendant-Général de la Navigation et Commerce de France, et de la même autorité, rétabli et rétablissons, et en tant que besoin seroit, créé et créons de nouveau ladite Charge d'Amiral de France, pour être exercée dans toute l'étendue de notre Royaume, Pays, Terres et Seigneuries de notre obéissance, à l'exception de notre Province et Duché de Bretagne; aux pouvoirs, autorités, prééminences, jurisdiction, dignité d'office de notre Couronne y jointe, et droits portés par le Règlement que nous en avons

Tome I.　　　　　　　　　　　　　　　　A a

fait, ci-attaché sous le contre-scel de notre Chancellerie, lequel nous voulons être exécuté à perpétuité selon sa forme et teneur. Si donnons en mandement, etc. DONNÉ à Saint-Germain-en-Laye au mois de Novembre, l'an da grace, mil six cent soixante-neuf, et de notre regne le vingt-septieme. *Signé* LOUIS.

RÉGLEMENT.

ART. Ier. Toute la Justice de l'Amirauté, ainsi qu'elle est reglée et établie par les Ordonnances, appartiendra et sera rendue au nom de celui qui sera pourvu de ladite Charge.

ART. II. Il pourvoira de plein droit aux Offices des Sieges des Amirautés dans tous les lieux où ils sont établis.

ART. III. Il jouira pareillement de tout et tel droit de nomination et provision, dont les Amiraux de France ont bien et duement joui sur les Offices de l'Amirauté auxdits Sieges et Tables de Marbre.

ART. IV. Des amendes, confiscations et tous autres droits de Justice dans tous les Sieges particuliers, et de la moitié dans ceux des Tables de Marbre.

ART. V. Du droit de dixieme sur toutes les prises et conquêtes faites à la mer.

ART. VI. Du droit d'Ancrage, ainsi qu'il est réglé par les Ordonnances, et que les précédens Amiraux en ont joui.

ART. VII. Du droit de congé sur tous les Vaisseaux qui partent des Ports et Havres du Royaume.

ART. VIII. Du pouvoir de commander l'une des Armées Navales de Sa Majesté, à son choix, ensemble en ce cas, d'ordonner des finances, ainsi que les Généraux des Armées de terre ont accoutumé de faire.

ART. IX. Lorsqu'il sera près la Personne de Sa Majesté, les ordres qu'elle enverra à ses Armées lui seront communiqués, auxquelles il pourra joindre ses Lettres pour en donner avis.

ART. X. Sa Majesté se réserve le choix, et provision de tous les Officiers de guerre et de finances, qui ont emploi et fonctions; savoir, les Vices-Amiraux, Lieutenans-Généraux, Chefs d'Escadres, Capitaines de Vaisseaux, Brulots, Frégattes, Lieutenans, Enseignes, Pilotes, Capitaines et Officiers des Ports, et Gardes Côtes; Intendans, Commissaires et Contrôleurs-Généraux et Particuliers, Gardes Magasins, et généralement tous autres Officiers de la qualité ci-dessus, ensemble tout ce qui peut concerner les constructions et radoubs des Vaisseaux, et les achats de toutes sortes de marchandises et munitions pour les Magasins, et armemens de Marine, et l'arrêté des états de toutes dépenses faites par les Trésoriers de la Marine. FAIT et arrêté à Saint-Germain-en-Laye le douzieme Novembre mil six cent soixante-neuf. *Signé* LOUIS; *et plus bas*, COLBERT.

Lu, *publié et enregistré à Paris, en Parlement, le 26 Janvier 1670.*
Signé DUTILLET.

ARRÊT *du Conseil d'Etat, qui décharge les Trafiquans aux Isles du Droit de six livres par tonneau.*

Du 9 Décembre 1669.

LE ROI ayant été informé que les Directeurs de la Compagnie des Indes Occidentales avoient résolu que pour le bien des Colonies Fran- çoises de l'Amérique, et la continuation du Commerce qu'ils avoient entrepris, il seroit levé six livres par tonneau de mer du port des Vaisseaux de tous les Particuliers qui trafiqueroient dans lesdites Isles, et qu'ils payeroient ladite somme avant que de sortir des Ports du Royaume; et qu'au retour desdites Isles, les mêmes Vaisseaux paye- roient cinq pour cent en especes des marchandises qu'ils en raine- neroient; le premier desquels droits pouvoit faire quelque préjudice au Commerce, soit à cause que les provisions destinées pour lesdites Isles étoient d'autant plus enchéries, ou parce que le droit étoit une surcharge grande, en ce qu'il se payoit avant le voyage, d'autant qu'il importe pour la commodité desdites Isles de favoriser le Commerce que les Particuliers font en icelles: ouï le rapport du sieur Colbert, Conseiller ordinaire au Conseil Royal, Contrôleur-Général des Finances de France, Commissaire à ce député, et tout considéré; Sa Majesté étant en son Conseil de Commerce, a déchargé et décharge pour l'avenir les Parti- culiers qui trafiquent dans les Isles Françoises de l'Amérique, de ladite somme de six livres pour tonneau de mer du port des Vaisseaux qui iront négocier à l'avenir auxdites Isles, à la charge qu'ils payeront à leur retour cinq pour cent en especes de toutes les marchandises qu'ils rameneront desdites Isles, ainsi qu'il s'est pratiqué ci-devant. FAIT au Conseil d'Etat du Roi, Sa Majesté y étant, tenu à Saint-Germain-en-Laye le neuvième jour de Décembre 1669. *Signé* COLBERT.

Aa ij

Déclaration du Roi, portant qu'il sera fabriqué une Monnoie particuliere pour les Isles de l'Amérique.

Du 19 Février 1670.

Louis, etc. Les Directeurs-Généraux de la Compagnie des Indes Occidentales, nous ayant remontré que pour la facilité du Commerce dans les Isles et Terre ferme de l'Amérique, et autres lieux de la Concession que nous leur avons accordée, et la commodité de nos Sujets qui habitent en icelles, il étoit nécessaire d'y envoyer de la menüe Monnoie, afin d'aider les Artisans et Gens de journée, qui n'ont été jusqu'à présent payés de leur travail qu'en Sucre et Petun, qu'ils sont obligés d'envoyer en France pour en tirer la valeur en denrées nécessaires pour leur subsistance, dont ils ne peuvent recevoir aucuns secours que d'une année à l'autre, au lieu que les Etrangers qui habitent les Isles voisines ont reçu l'usage de diverses Monnoies, desquelles ils se servent dans leur Commerce, ce qui attire la plupart desdits Artisans et Gens de journée dans lesdites Isles, dont nos Sujets reçoivent beaucoup de préjudice, parce qu'ils manquent d'Ouvriers pour cultiver les Sucres et Petuns, et faire les autres ouvrages nécessaires ; et comme notre premier dessein d'établir la Religion dans lesdites Isles, et dans la Terre ferme de l'Amérique, ne pourroit avoir l'effet que nous espérons, si nos Sujets n'y étoient appellés et retenus par le Commerce, et les moyens de s'y maintenir, nous avons résolu de faire fabriquer en l'Hôtel de la Monnoie de notre bonne Ville de Paris de nouvelles espèces d'argent et de cuivre jusqu'à la somme de cent mille livres, au même poids, titre, remede et valeur de celles qui ont cours dans notre Royaume, et d'en remettre notre droit de Seigneuriage, Foiblages et Escharsetés dans les remedes de l'Ordonnance, en considération de l'avance que ladite Compagnie fera des matieres et des risques et frais d'envoyer lesdites espèces dans lesdits Pays : A CES CAUSES, etc. voulons et nous plaît, par ces Présentes signées de notre main qu'il soit incessamment procédé en l'Hôtel de la Monnoie de notredite Ville de Paris, à la fabrique des espèces ci-après jusqu'à la concurrence de la somme de cent mille livres, pour avoir cours dans lesdites Isles et Terre ferme de l'Amérique, et autres lieux de la Concession de ladite Compagnie des Indes Occidentales seulement ; savoir, pour trente mille livres de pièces de quinze sols, et vingt-quatre mille livres de pieces de cinq sols, aux mêmes poids, titre, remedes et valeur que celles qui ont cours en notre Royaume, et pour vingt mille livres de doubles de pur cuivre de rosette aux mêmes taille et remedes que ceux qui ont aussi cours en notre Royaume pour deux deniers, toutes lesquelles Especes seront faites au Moulin et Balancier et Empreintes ; savoir, celles de quinze et cinq sols, ainsi que nos pieces de quinze et cinq sols, avec ces mots d'un côté autour : *Ludovicus Decimus Quartus, Franciæ et Navarræ Rex*, et au revers, *Gloriam Regni tui dicent* ; et lesdits doubles de cuivre, d'un côté d'une L. couronnée avec les mêmes mots : *Ludovicus Decimus Quartus, Franciæ et Navarræ Rex*, et sur le revers ces mots : *Double de l'Amérique Françoise*, et pareille Légende ; et à cette fin les Poinçons quarrés et matieres à ce nécessaires incessamment faits par le Tailleur Général, moyennant ses salaires raisonnables ; pour avoir lesdites Especes cours dans lesdits Pays aux prix ci-devant ordonnés, et y être envoyées par ladite Compagnie, et reçues par lesdits Habitans dans le Commerce, sans qu'elles en puissent être transportées, ni que nos autres Sujets les puissent recevoir ou leur donner cours en France, à peine de confiscation desdites Especes et de punition exemplaire ; et en considération de l'avance que ceux de ladite Compagnie feront des matieres et des risques et frais d'envoi desdites Espèces dans lesdits Pays, nous leur avons remis et remettons par ces Présentes notre droit de Seigneuriage, Foiblages et Escharsetés dans les remedes de l'Ordonnance. Si donnons en mandement, etc. et délivrer lesdites Especes aux Directeurs-Généraux de ladite Compagnie des Indes Occidentales, jusqu'à concurrence de ladite somme de cent mille livres seulement ; et ensuite après ledit travail fait réformer lesdits Poinçons quarrés et matieres qui auront servi à cette fabrication, nonobstant toutes choses à ce contraires, opposition et empêchement quelconques dont si aucuns interviennent, nous nous réservons la connoissance, et à notre Conseil et icelle interdisons à nos autres Cours et Juges, etc. Donné à Saint-Germain-en-Laye, le dix-neuvieme Février mil six cent soixante-dix, et de notre regne le vingt-septieme.

R. *à la Cour des Monnoies, à Paris, le 26 du même mois de Février.*

R. *au Conseil de la Martinique, le 12 Février 1671.*

Cette Monnoie disparut avec la Compagnie.

A RR *ê* T *du Conseil d'Etat , qui ordonne que l'engagement ne sera plus que de dix-huit mois pour ceux passés aux Colonies aux dépens d'autrui.*

Du 28 Février 1670.

L E R O I ayant été informé que plusieurs de ses Sujets auroient perdu les pensées qu'ils avoient eues de passer aux Isles et Terre ferme de l'Amérique , pour y augmenter les Colonies Françoises qui y sont établies , par la juste appréhension qu'ils ont eue d'être à leur arrivée engagés pour trois années au service , et sous le pouvoir de gens qui leur sont inconnus , et de qui ils pourroient craindre de ne pas recevoir un aussi bon traitement qu'il seroit à desirer ; et considérant que cette Coutume d'engagement pour trois ans , qui a passé pour Loi dans ces Pays , pouvoit être tolérée en des temps où le peu de gens qui y passoient sembloit obliger d'y retenir plus long-temps ceux qui y étoient une fois arrivés , au lieu que l'habitude que l'on s'est faite depuis quelque temps en France de ces voyages , faisant naître l'envie à plusieurs personnes de les entreprendre , l'appréhension de cette espece de servitude pourroit être plus nuisible à l'augmentation des Colonies , que la continuation de cet engagement ne leur apporteroit d'utilité ; et Sa Majesté desirant contribuer par ses assistances et sa protection à rendre le séjour de ces nouvelles Colonies agréable et commode à ceux de ses Sujets qui voudront s'y aller établir , et empêcher qu'à l'avenir leur crédulité surprise par les artifices des Marchands , Capitaines de Navires , et autres , ne donne lieu à la continuation des plaintes qu'aucuns d'eux ont faites et font de la dure condition d'un si long engagement , dont souvent on ne leur dit rien avant leur départ de France : le Roi étant en son Conseil a aboli et abrogé la Coutume introduite dans toutes les terres de son obéissance des Indes Occidentales , et qui y tient lieu de Loi , que toute personne qui a été passée audit Pays aux frais et dépens d'autrui , est sujette à l'engagement de trois ans pour le paiement de son passage , desirant qu'elle n'ait plus lieu que pour le temps de dix-huit mois ; lequel expiré , Sa Majesté déclare tous ceux de cette condition libres , et en pouvoir et faculté de se choisir des Maîtres tels que bon leur semblera , ou de vaquer à la culture des terres , et prendre des habitations , ou s'attacher à telle autre vacation qui leur paroîtra la plus convenable , sans qu'aucun d'eux puisse être obligé à aucun service et séjour en la maison où il aura été engagé, ledit temps expiré : n'entendant néanmoins Sa Majesté étendre ce présent Réglement sur les Artisans et Gens de métiers qui auront passé des Contrats en France sous de gros gages, et reçu des avances considérables, lesquels seront tenus de satisfaire à la teneur de leurs Contrats, et de rendre le service qu'ils auront promis par iceux, si mieux ils n'aiment rembourser ceux avec lesquels ils auront contracté des avances et nourritures qu'ils auront reçues d'eux, et des frais qui auront été faits à leur occasion, et de leur passage, en quoi les Juges des lieux suivront la Loi ordinaire des Contrats, sans y déroger aucunement en vertu du présent Arrêt. Ordonne Sa Majesté au Lieutenant-Général, étant pour son service esdits Pays, Gouverneurs et ses Lieutenans, tant ès Isles que Terre ferme de l'Amérique, de tenir la main à l'exécution du présent Arrêt; comme aussi que ceux qui se trouveront engagés pour le temps de dix-huit mois, soient bien traités par leurs Maîtres, qu'il leur soit fourni par eux une bonne et suffisante nourriture, et qu'ils soient bien assistés pendant les maladies qui leur pourroient survenir pendant le temps de leur engagement ; et sera le présent Arrêt et Réglement lu, publié et affiché, tant ès Ports de mer de France, qu'en tous les Bourgs des Isles et Terre ferme de l'Amérique, à ce qu'aucun n'en ignore. FAIT au Conseil d'Etat du Roi, Sa Majesté y étant, tenu à Saint-Germain-en-Laye, le vingt-huitieme du mois de Février mil six cent soixante-dix. *Signé* COLBERT.

R. au Conseil Souverain de la Martinique, le 14 *Juillet* 1670.

ARRÊT *de Réglement du Conseil de la Martinique, portant fixation des cinquante Pas du Roi.*

Du 3 Mars 1670.

SUR la proposition faite au Conseil par le Procureur du Roi, à savoir où doivent commencer les cinquante Pas du Roi qui sont aux environs de cette Isle, le Conseil a demeuré d'accord que les cinquante Pas du Roi doivent commencer leur hauteur du lieu où les herbes et arbrisseaux commencent à croître, et à continuer à mesurer dudit lieu jusqu'à la longueur desdits cinquante Pas. DONNÉ, etc.

ORDONNANCE de M. DE BAAS, Gouverneur-Général des Isles touchant le Port d'Armes.

Du 8 Mars 1670.

CETTE Ordonnance porte défenses à tous Torqueurs*, Sucriers, Commandeurs, Charpentiers, Maçons, Menuisiers, Tonneliers, Tailleurs, Boulangers, Pêcheurs, Cuisiniers, Pâtissiers, Cabaretiers, Chirurgiens, Serviteurs, Commis des Marchands, Sergens exploitans et autres qui peuvent être sans profession et sans aveu, de porter l'épée dans les Isles où ils habitent pour quelque raison que ce puisse être, excepté lorsqu'ils seront commandés pour le service du Roi, à peine de cinq cent livres de Sucre d'amende payables par emprisonnement de leurs personnes; leur défend en outre sous les mêmes peines de porter aucune arme à feu, ni bâton creux, où il y ait des lames de fer cachées, si ce n'est en allant dans les bois à cause des Negres marons; enjoint aux Officiers chacun dans l'étendue de leur quartier d'y tenir la main; et afin que le Réglement soit plus intelligible, il est expliqué, qu'aucun, s'il n'est Gentilhomme, Capitaine, Lieutenant, Enseigne, Sergent, Capitaines des Navires Marchands, ou autres ayant commandé par le passé en qualité d'Officiers dans les Troupes de Sa Majesté, ne pourra porter l'épée ni autre arme défendue, sans être exposé à payer l'amende; rend les Officiers responsables des dommages qui pourroient arriver, en cas qu'il y eût tolérance de leur part.

R. au Conseil Souverain de la Martinique, le même jour.

(* *Ceux qui préparent le tabac.*)

ORDONNANCE de M. DE BAAS, Gouverneur-Général des Isles, touchant la Sortie des Bâtimens des Ports et Rades des Isles.

Du 8 Mars 1670.

PAR cette Ordonnance de M. de Baas, il est défendu à tous Maîtres des Barques et autres Bâtimens de sortir des Ports ou Rades des Isles sans avoir une permission par écrit du Gouverneur ou des Commandans d'icelles, sans faire une déclaration exacte au Commis Général de la Compagnie

Compagnie de tout ce qui sera dans leurs bords et du lieu où ils doivent aller, dont ils prendront expédition pour en donner avis au Commis Général de l'Isle où ils iront, et de laquelle ils ne pourront non plus sortir qu'avec semblable expédition., tant du Commandant que du Commis Général de la Compagnie, qui ne recevront ladite déclaration qu'après avoir fait visiter les Bâtimens, le tout à peine de confiscation, tant des Barques que des Marchandises.

R. au Conseil Souverain de la Martinique, le même jour.

PERMISSION donnée par le Roi au sieur DU RUAU, nommé Agent Général de la Compagnie, de demeurer trois années hors le Royaume.

Du 25 Mars 1670.

AUJOURD'HUI vingt-cinq Mars mil six cent soixante-dix, le Roi étant à Saint-Germain-en-Laye, sur ce que M. Bertrand Pallu, sieur du Ruau, Conseiller au Présidial de Tours, lui a très-humblement représenté qu'il a été prié par la Compagnie des Indes Occidentales d'aller aux Isles Antilles en qualité d'Agent Général, ce qu'il n'a osé accepter sans en avoir la permission de Sa Majesté, ni sans être par elle dispensé de la rigueur des Ordonnances; Sadite Majesté voulant traiter favorablement ledit Pallu, lui a permis et permet d'être absent du Royaume, et de demeurer auxdites Isles Antilles en qualité d'Agent Général de ladite Compagnie, pendant le temps de trois années, sans que pour raison de ce il puisse être censé avoir encouru les peines portées par lesdites Ordonnances, dont en tant que besoin est ou seroit, Sa Majesté l'a relevé et dispensé pour ledit temps, etc.

LETTRE DU ROI à M. D'OGERON, Gouverneur de Saint-Domingue, pour lui dire de révoquer toutes les Commissions qu'il a données en Guerre contre les Espagnols, et de n'en plus délivrer à l'avenir.

Du 30 Mars 1670.

MONSIEUR D'OGERON, les Commissions que vous avez délivrées à aucuns de mes Sujets pour faire la course sur les Espagnols, pouvant altérer la paix, et la bonne intelligence qui est entre nous et notre

Tome I. Bb

très-cher et très-amé bon Frere le Roi d'Espagne : je vous fais cette Lettre pour vous dire que mon intention est que non-seulement vous révoquiez toutes les Commissions en Guerre que vous pouvez avoir données, mais à l'avenir de n'en faire expédier aucune sans mon ordre exprès, à quoi m'assurant que vous vous conformerez exactement, je prie Dieu, M. d'Qgeron, qu'il vous ait en sa sainte garde. ECRITE à Saint-Germain-en-Laye, ce 30 Mars 1670. *Signé* LOUIS ; *et plus bas*, COLBERT.

ARRÊT du Conseil de la Martinique, qui ordonne de Planter des Vivres.

Du 14 Avril 1670.

SUR la Remontrance du sieur de Laubieres, que la plupart des Habitans, même les principaux, n'avoient point de Manioc, et que même ceux qui en avoient le vendoient aux Habitans des Isles voisines ; le Conseil ordonne que tous les Habitans, tant les Sucriers que d'autres, feront incessamment planter des Maniocs sur leurs habitations, jusqu'à concurrence de ce qui leur en faudra pour la subsistance d'eux et de leurs Gens ; enjoint aux Officiers de l'Isle, chacun en l'étendue de leur quartier, d'y tenir la main, et que lesdits Vivres soient plantés dans la fin du mois de Mai ; et défenses à qui que ce soit d'en vendre pour être transportés aux Isles voisines ; permet aux Habitans, qui n'ont lieu de faire du Sucre, de planter des Vivres, et de les vendre à ceux qui en auront besoin ; fait défenses à tous Marchands, tant Chrétiens que Juifs, d'acheter de la Farine de Manioc, des Cassaves, Pois, Ignames, et autres Vivres, pour les transporter aux Isles voisines, sans l'exprès consentement de M. de Baas, ou de celui qui commandera en son absence.

ORDONNANCE DU ROI, portant que toutes les Marchandises qui seront portées dans les Isles de l'Amérique seront vendues aux prix, clauses et conditions dont les Vendeurs et Acheteurs conviendront ; avec défenses de mettre aucun taux auxdites Marchandises, ni aux Sucres.

Du 9 Juin 1670.

SA MAJESTÉ, ayant été informée que dans les Isles de l'Amérique occupées par ses Sujets, l'usage de mettre le taux aux Marchandises qui y sont portées de l'Europe, aux Sucres et autres denrées qui sont prises en échange y a été introduit depuis long-temps pour empêcher que les Etrangers qui avoient usurpé ce Commerce ne profitassent de la nécessité des Habitans pour leur survendre les Marchandises dont ils pouvoient avoir besoin ; et Sa Majesté ayant fait défenses à tous Etrangers de faire aucun Commerce dans lesdites Isles, et l'ayant entierement remis entre les mains de ses Sujets, considérant combien cet usage est contraire à la liberté qui doit être dans le Commerce, et qui doit produire toujours l'abondance ; Sadite Majesté a ordonné et ordonne qu'à l'avenir, et à commencer de la date des Présentes, toutes les Marchandises qui seront portées dans lesdites Isles de l'Amérique sur les Vaisseaux François seront vendues et débitées, soit en gros ou en détail, à tel prix, clauses et conditions dont les Vendeurs et Acheteurs conviendront. Fait Sadite Majesté très-expresses inhibitions et défenses à tous ses Officiers et Sujets, de quelque qualité et condition qu'ils soient, de mettre aucun taux auxdites Marchandises ni Sucres, sous quelque pré-texte que ce soit. Mande Sadite Majesté au sieur de Baas, Lieutenant-Général en ses Armées, Commandant dans lesdites Isles, aux Officiers des Conseils Souverains y établis, aux Gouverneurs Particuliers desdites Isles, même aux Directeurs de la Compagnie des Indes Occidentales, de tenir la main, chacun endroit soi, à l'exécution de la présente Or-donnance, et de la faire publier dans toutes lesdites Isles. Veut Sa Majesté qu'elle soit envoyée dans tous les Sieges des Amirautés du Royaume, pour y être publiée et enregistrée, à ce qu'aucun n'en pré-tende cause d'ignorance. FAIT à Saint-Germain-en-Laye, le neuvieme Juin mil six cent soixante-dix. *Signé* LOUIS ; *et plus bas*, COLBERT.

R. au Conseil Souverain de la Martinique, le 13 Octobre 1670.

ORDONNANCE DU ROI, qui défend le Commerce étranger aux Isles.

Du 10 Juin 1670.

DE PAR LE ROI.

SA MAJESTÉ ayant ci-devant donné ses ordres au sieur de Baas, Lieutenant-Général en ses Armées, Commandant pour son service dans les Isles de l'Amérique occupées par ses Sujets, et aux Gouverneurs particuliers desdites Isles, de ne point souffrir aucun Vaisseau étranger y aborder, ni y faire aucun commerce ; et pour l'exécution desdites défenses , Sadite Majesté ayant envoyé une Escadre de trois Vaisseaux de guerre, pour saisir et arrêter tous les Bâtimens étrangers qui seroient trouvés dans les Ports et Rades desdites Isles , et ès environs ; et étant bien infotmée que lesdites défenses n'ont point encore été exécutées aussi exactement qu'il auroit été nécessaire pour le bien de son service , et l'avantage de ses Sujets , et même que les Vaisseaux et Bâtimens qui ont été pris , ont été rachetés par les Propriétaires pour des sommes modiques ; à quoi étant nécessaire de pourvoir: Sadite Majesté fait très-expresses inhibitions et défenses à tous Vaisseaux et Bâtimens étrangers d'aborder dans les Ports , mouiller dans les Rades desdites Isles , ni naviguer aux environs d'icelles , à peine de confiscation ; ensemble à tous ses Sujets habitans esdites Isles , ou y faisant commerce , de recevoir aucunes Marchandises ni Vaisseaux étrangers , ni avoir aucune correspondance avec eux , à peine de confiscation desdites Marchandises , cinq cents livres d'amende pour la première fois , et de punition corporelle en cas de récidive. Veut Sadite Majesté que les Vaisseaux , Bâtimens et Marchandises qui seront pris en mer soient partagés ; savoir, un dixieme à celui qui commandera l'Escadre de Sa Majesté , un autre dixieme au Capitaine particulier du Vaisseau qui aura fait la prise, un autre dixieme au Lieutenant-Général , Commandant dans lesdites Isles , et le surplus , moitié à l'Equipage des Vaisseaux , et l'autre moitié à la Compagnie des Indes Occidentales , pour être employée à l'établissement et entretenement des Hôpitaux dans lesdites Isles ; et à l'égard des prises de Marchandises qui seront faites à terre , Sadite Majesté veut que le tiers soit donné au Dénonciateur , un autre tiers à partager également entre le Lieutenant-Général et le Gouverneur particulier de l'Isle , et le troisieme à ladite Compagnie , pour être employé à l'établissement et entretenement desdits Hôpitaux. Mande et ordonne Sadite Majesté au sieur de Baas , Lieutenant-Général en ses Armées , Commandant dans lesdites Isles , Gouverneurs particuliers d'icelles , aux Officiers des Conseils Souverains y établis , et à tous ses Officiers et Sujets qu'il appartiendra , d'observer et faire observer , chacun en droit soi , la présente. FAIT à Saint-Germain-en-Laye , le dixieme Juin mil six cent soixante-dix. *Signé* LOUIS.

R. au Conseil Souverain de la Martinique, le 13 Octobre 1670.

ARRÊT du Conseil d'Etat, pour décharger du droit de cinq pour cent les Negres de Guinée qui seront amenés aux Isles Françoises de l'Amérique.

Du 26 Août 1670.

LE ROI connoissant avec quelque sorte de satisfaction, que les soins qu'il continue de prendre, et la protection qu'il donne à ses Sujets, les excitent tous les jours à s'adonner au Commerce de Mer, et notament à celui de ses Isles de l'Amérique : Sa Majesté n'oublie rien aussi de toutes les choses qui les y peuvent convier, les ayant non-seulement déchargés de six livres par tonneau, qu'ils paioient avant leur départ de France, mais aussi introduit auxdites Isles une liberté entiere d'y vendre et acheter des marchandises. Et comme il n'est rien qui contribue davantage à l'augmentation des Colonies, et à la culture des terres, que le laborieux travail des Negres : Sa Majesté desire aussi faciliter, autant qu'il se pourra, la traite qui s'en fait des Côtes de Guinée auxdites Isles. Et étant avertie qu'on fait payer cinq pour cent desdits Negres à leur arrivée auxdites Isles, outre les cinq pour cent qu'on paye encore des Marchandises qui sont rapportées en France, et que la levée de ce droit sur les Negres pourroit faire relâcher les Négocians de ce Royaume qui ont accoutumé d'en faire trafic, s'il n'y étoit remédié : et ouï sur ce le rapport du sieur Colbert, Conseiller du Roi en tous ses Conseils et au Conseil Royal, et Contrôleur-Général des Finances de France : Sa Majesté étant en son Conseil, a ordonné et ordonne que tous particuliers François qui feront à l'avenir la traite des Negres de Guinée aux Isles de l'Amérique, seront exempts du droit de cinq pour cent qu'ils avoient accoutumé de payer pour lesdits Negres, avec défenses aux Commis de la Compagnie des Indes Occidentales, et tous autres, d'exiger ledit droit, à peine de concussion. Et sera, le présent Arrêt, lu, publié et affiché partout où besoin sera, et exécuté nonobstant oppositions ou empêchemens quelconques, dont si aucuns interviennent, Sa Majesté s'en réserve à Elle et à son Conseil la connoissance, icelle interdit et défend à tous autres Juges. FAIT au Conseil d'Etat du Roi, Sa Majesté y étant, tenu à Saint-Germain-en-Laye le vingt-sixieme jour du mois d'Août mil six cent soixante-dix. *Signé* COLBERT.

ORDONNANCE CRIMINELLE.

Du mois d'Août 1670.

Nous aurions inutilement grossi ce Recueil si nous y avions fait imprimer cette Ordonnance qu'il est si facile de se procurer. Elle nous fournira dans un autre lieu des observations, à cause de plusieurs de ses dispositions qui ne peuvent convenir aux Isles de l'Amérique.

R. au Parlement de Paris le 26 Août 1670.

R. au Conseil Souverain de la Martinique le 5 Novembre 1681.

Son exécution est ordonnée du Petit Goave par l'Arrêt du Conseil Souverain du 6 Mars 1687, et par une multitude d'autres.

ORDONNANCE de M. DE BAAS sur le Droit de Poids et celui d'Ancrage.

Du 30 d'Août 1670.

VU la Requête du sieur Camparosse, Intendant, etc. et vu la Requête du sieur de la Calle, tendante aux mêmes fins, et encore à ce que ledit sieur Bouteiller fût condamné de payer 50 livres de poudre à canon pour le droit d'Ancrage du Navire le Bourgeois, Capitaine Raimont, ainsi qu'il se pratique de tout temps dans l'Isle par tous les Navires ayant du canon, à la réserve des Navires de guerre seulement. Les défenses dudit Bouteiller, portant que les Marchands n'ont jamais été tenus de payer ledit droit d'un pour cent en espece ou valeur de marchandises, ainsi que le prétendent les Demandeurs, que ce seroit un droit exhorbitant, suivant un compte qu'il en a dressé; que les Commis de la Compagnie, et notamment le nommé Couillard, n'ont jamais pris qu'une livre de Petun pour cent livres pesant de quelque marchandise que ce puisse être; que c'est un droit établi sans autorité du Roi, ni ordre de Messieurs de la Compagnie; que la preuve en résulte des accommodemens qu'on a fait avec les Marchands pour icelui, et que l'on ne l'a jamais fait payer ponctuellement, et que la perception de ce droit iroit à la foule des Marchands, et par la suite à celle des Habitans, à qui on seroit obligé de vendre les marchandises plus cheres ; que ce droit peut avoir été établi par M. du Parquet ou autres qui l'ont précédé comme Seigneurs de l'Isle ; mais que Messieurs de la Compagnie qui ont acquis les Isles, ont permis aux Marchands François de venir négocier librement, moyennant qu'on leur paye en France les droits qu'ils ont imposés, et que par conséquent ils ont aboli ceux prétendus par lesdits Demandeurs ; que l'intention du Roi est que les Marchands négocient librement suivant une Lettre de Monseigneur Colbert jointe à ladite Requête ; que ledit sieur de la Calle ne fait voir aucun titre dudit droit, qu'il appelle un pour cent, non plus que des 50 livres de poudre par chaque Navire, en conséquence de quoi il conclut à son renvoi.

Les repliques dudit sieur de la Calle, portant que de tout temps, avant que la Compagnie eût acquis la Seigneurie en propriété desdites Isles, M. du Parquet, et autres Seigneurs avant eux, avoient toujours joui desdits droits, ce qu'il est aisé de justifier par les Livres des Peseurs et par la déposition des principaux Habitans des Isles qui ont toujours payé ledit droit d'un pour cent en espece de marchandises, et que du temps de M. du Parquet, tous les Navires étrangers et François ont toujours payé les 50 livres de poudre à canon pour le droit d'Ancrage ; que le droit d'un pour cent ne peut jamais passer pour un droit exhorbitant, ne pouvant pas y avoir de droit seigneurial plus modique ; qu'il n'est point que les Receveurs de la Compagnie, ni le nommé Couillard, ait jamais pris moindre droit que celui qui est prétendu ; que s'il en avoit fait quelque remise, ce ne seroit pas une conséquence pour le détruire ; que c'est un droit établi par les anciens Seigneurs des Isles que Messieurs de la Compagnie lui ont ordonné de lever, ainsi qu'il s'est pratiqué par le passé ; que M. Pellissier étant présentement dans cette Isle, et ayant eu connoissance du refus du paiement fait par ledit Bouteiller, lui auroit expressément ordonné de poursuivre la condamnation contre ledit Bouteiller ; que si l'on a fait des accommodemens dudit droit, cela n'empêche pas qu'il ne soit dû, au contraire c'est une marque de la jouissance dudit droit ; que ce droit est si peu considérable, qu'il ne peut pas aller à la foule des Marchands ni des Particuliers, et qu'il s'en faut beaucoup que ce droit, et plusieurs autres droits reçus par le Seigneur, soient suffisans pour payer les Charges Seigneuriales comme l'entretien des Ecclésiastiques, des Officiers de Garnison, et plusieurs autres ; que les droits qui sont reçus en France par la Compagnie, n'empêchent et ne doivent empêcher les droits Seigneuriaux qui sont dans les Isles ; que si l'on n'a pas les titres originaux des droits prétendus

cela n'empêche pas qu'ils ne soient dûs ; et que l'usage constant est registré
contre lequel un Marchand particulier ne peut aller ; que quand on a donné
des permissions à des Marchands particuliers François, elle l'ont toujours
été aux charges de payer les droits anciens et accoutumés ; que la présence
de M. Pellissier justifie que ce n'est point un droit établi par les Commis
de leur Chef, ainsi qu'il a été dit ; et que la liberté donnée par le Roi
est confirmée par Monseigneur Colbert, et n'a jamais été qu'aux conditions des droits et devoirs ordinaires ; que vu un droit si bien établi,
que tous les Marchands s'y sont toujours soumis, et qu'il n'y a que ledit
Bouteiller seul, qui par un esprit de chicanne s'y est opposé, et que
quoique les Marchands et Habitans des Isles soient Parties en quelque
façon en cette affaire, il est prêt cependant de s'en rapporter à eux ; en
conséquence de quoi, il conclut comme par la première Requête ;
Notre Ordonnance portant qu'auparavant faire droit, les Parties con-
viendroient de quatre anciens Habitans, Notables des Isles, pour être
ouïs et interrogés sur l'usage prétendu desdits droits ; les déclarations
des Parties portant qu'ils se déportent de nommer personne, et s'en
rapportent à nous d'en nommer d'Office ; notre Ordonnance de nomination des sieurs le Vasseur, Capitaine d'Infanterie ; Jean Roi, ancien
Marchand et Habitant, Robert Chevrollier, ci-devant Receveur desdits
droits, pour M. du Parquet et Guillaume d'Orange, anciens Habitans ;
l'audition dudit sieur le Vasseur porte que depuis l'année 1654 qu'il est
Officier dans les Isles, il a toujours vu payer un quart de poudre
d'environ 50 livres pour le droit d'Ancrage, que ce droit a été par
tous les Vaisseaux qui avoient du canon, à l'exception des Navires
de guerre ; qu'au regard du droit de poids, il n'en a connoissance,
n'ayant jamais fait de Commerce ; celle du sieur Roi portant que
depuis l'année 1653 qu'il trafique dans les Isles, qu'il a eu des Navires
en Commission de plusieurs particuliers, il a toujours payé 50 livres
de poudre pour le droit d'Ancrage, et un pour cent pour les Marchandises sujetes au poids, et que depuis quatre ans il auroit vendu du
cuivre en chaudiere, pour le poid duquel il en avoit payé une livre du
cent, ce qui se peut reconnoître par les livres du Peseur ; celle du sieur
d'Orange, portant que depuis vingt ans qu'il est dans l'Isle, il a vu
payer le droit d'Ancrage aux Vaisseaux, tant François qu'Etrangers,
à raison d'un quart de poudre par chaque Vaisseau, et pour le droit de
poid le sieur le Macre, qui en étoit Receveur, s'en accommodoit à
l'amiable avec les Marchands, ainsi il n'y a point eu de contestation ; et
que des Habitans, il n'a vu prétendre qu'une livre de Petun et de
Sucre

Sucre pour chaque cent pesant d'aucunes Marchandises, et qu'il a fait de l'Indigo, pour lequel on ne lui a point fait payer davantage; celle de Robert Chevrollier, lequel a dit avoir bonne connoissance qu'étant Receveur pour M. du Parquet en 1654 des droits de Capitation, il fut conseillé audit sieur du Parquet de prendre 50 livres de poudre par chaque Navire François qui étoit dans la rade; et qu'au lieu de volée de canon qu'ils tiroient journellement en buvant, ils lui feroient ce don, a remarqué que cela fut payé, et depuis a été continué; à l'égard du droit de Poids, qu'il a vu que les Capitaines de Navires avoient coutume de convenir avec les Peseurs à qui ils faisoient un présent honnête, ensuite ils pesoient comme ils vouloient; que pour le Carret, lorsqu'on en pesoit, le Peseur disoit qu'on lui devoit le Poids de cela, et que le Propriétaire lui faisoit présent d'une feuille ou deux, et n'avoit vu exiger de force; que les Habitans n'ont jamais payé plus d'une livre par cent pesant de petun que l'on pesoit; de plus a dit qu'étant dépositaire des Livres du sieur de Laistre ci-devant Fermier du Poids, il a vu des débets de ceux qui avoient pesé du Morfil et du Cuivre, où il voit les Propriétaires Débiteurs d'une livre de Morfil par cent de Morfil pesant, et d'une livre de Cuivre pour cent livres pesant de pareil Cuivre; et avant que de juger le différent des Parties, nous avons fait apporter du Greffe l'enregistrement qui a été fait du Contrat d'acquêt fait par la Compagnie de l'Isle de la Martinique, passé par Baudry et son Compagnon, Notaires au Châtelet de Paris, en date du 14 Août 1665, où ledit droit de Poids est spécifié, et nous sommes fait représenter l'état des Marchandises sujettes au droit de Poids; en conséquence de quoi, et le tout considéré, nous avons condamné et condamnons ledit Bouteiller, Défendeur, de payer au Demandeur le droit de Poids d'une livre pour cent de chaque nature de Marchandises sujetes audit droit de Poids en espece ou la valeur suivant la pancarte ou tarif joint au présent, que nous avons ordonné y être attaché, ensemble le droit de 50 livres de poudre pour le droit d'Ancrage, ainsi qu'il nous a apparu être ci-devant pratiqué; et sera la présente Ordonnance exécutée nonobstant opposition ou appellation quelconque, jusqu'à ce que par Sa Majesté autrement en ait été ordonné. FAIT et donné à la Martinique ce trentieme jour d'Août mil six cent soixante-dix. *Signé* DE BAAS. Et ensuite est la Pancarte des Marchandises sujetes au droit de Poids:

S A V O I R;

Lard, Stocfiche, Beurre, Savon, Epiceries, Bœuf, Tortue, Fromage,

Tome I.   Cc

Cire et Drogues, Morue, Graisse, Chandelle, Dent d'Elephant, Carret, Plomb, Bray, Indigo, Soie filée, Cuivre, Fer, Sucre, Gingembre, Fil, Etain, Acier, Tabac, Canifice, Cassave, Farine.

Signé DE BAAS.

EN conséquence de l'Arrêt ci-dessus, à l'égard du droit d'Ancrage, il est ordonné au sieur Amereux, Commis de la Marine, pour le compte des Indes Occidentales en cette Isle, de recevoir ledit droit d'Ancrage de tous les Navires qui mouilleront et déchargeront de leurs marchandises apportées; ce qu'il exigera d'eux aussitôt qu'ils auront fait déclaration au Bureau de ladite Compagnie de leur décharge en cette Isle, dequoi ledit sieur Amereux rendra compte chaque mois, et sera tenu d'aller à bord de tous les Navires à leur arrivée, pour leur signifier, non-seulement ledit Arrêt, mais encore qu'ils aient à faire leur déclaration dans les vingt-quatre heures, à compter de la premiere qu'ils auront mouillé à la Rade; ledit sieur Amereux observera de plus l'arrivée et le départ des Navires, Barques, et tous autres Bâtimens, et en tiendra un registre. FAIT en double à la Martinique, le 15 Octobre 1670. *Signé* LA CALLE.

ARRÊT du Conseil d'Etat, touchant les Concessions.

Du 12 Octobre 1670.

LE ROI étant en son Conseil, s'étant fait représenter l'état des Isles de l'Amérique, appellés *Antilles*, qui sont sous son obéissance, et ayant bien considéré que l'augmentation des Colonies et la multiplication des Habitans, est notablement empêchée par les Concessions qui ont été faites par les Seigneurs particuliers desdites Isles de grande étendue de Pays, dans l'espérance que les Particuliers auxquels ils faisoient ces Concessions, défricheroient les Terres et les mettroient en culture dans un temps convenable; à quoi n'ayant point satisfait, il se trouve que les meilleures Terres, comprises dans lesdites Concessions, sont demeurées incultes, et par conséquent le nombre des Habitans n'a pas augmenté autant qu'il auroit pu, si ceux des Sujets de Sa Majesté, qui auroient eu disposition de s'y habituer, avoient pu obtenir des Terres proche des Rivieres et en situation commode pour être cultivées; à quoi étant nécessaire de pourvoir, Sa Majesté étant en son

Conseil, a ordonné et ordonne, que pardevant le sieur de Baas, Lieutenant-Général ès Armées de Sa Majesté, commandant dans lesdites Isles ; le sieur Pellissier, l'un des Directeurs de la Compagnie des Indes Occidentales, étant sur les lieux, et les Officiers des Conseils Souverains desdites Isles ; les Particuliers, Propriétaires des Terres dans toute l'étendue desdites Isles, rapporteront les Titres de leurs Concessions. Veut Sa Majesté, que les Terres qui y sont comprises soient vues et visitées par Experts nommés d'Office, qui en feront leur rapport contenant le nombre et qualités desdites Terres, leurs situations à l'égard de la Mer et des Rivieres, celles qui sont défrichées et celles qui ne le sont pas, dont il sera par lesdits Commissaires dressé Procès-verbal, contenant leur avis sur le temps qui pourra être donné auxdits Propriétaires pour achever le défrichement desdites Terres ; pour le tout vu et rapporté, être ordonné ce que de raison. FAIT au Conseil d'Etat du Roi, Sa Majesté y étant, tenu à Chambord, etc. *Signé* COLBERT.

ARRÊT du Conseil de la Martinique, contre un Particulier mauvais Mari et Maître cruel.

Du 20 Octobre 1670.

Cet Arrêt casse un Lieutenant de Milices, parce qu'il vexoit sa Femme et mutiloit ses Negres.

Nous avons cru devoir citer cet Arrêt, qui montre comment un Tribunal, dont les Membres étoient eux-mêmes pris dans la Classe des Officiers des Milices, punissoit un ennemi des Mœurs et de l'Humanité.

ARRÊT du Conseil de la Martinique, contre un Negre qui avoit tué un Bouriquet.

Du 20 Octobre 1670.

Le Negre Jean, au sieur Prost, ayant tué le Bouriquet de Jacques Fromenté, l'Arrêt le condamne à avoir la jambe coupée, pour être icelle attachée à la potence afin de servir d'exemple.

C c ij

ARRÊT du Conseil d'Etat, qui réduit les droits qui se perçoivent aux Entrées sur les Sucres et Petuns venant des Isles de l'Amérique, à quarante sols pour chaque cent pesant.

Du 10 Décembre 1670.

Sur ce qui auroit été représenté au Roi en son Conseil, que l'excès des droits qui sont sur les Sucres et Petuns venans des Isles et Colonies Françoises de l'Amérique, est si grand à proportion de leur valeur, qu'il est impossible que les Habitans en apportent en France, et puissent continuer la culture de leurs terres ; ce que Sa Majesté ayant mis en considération, et voulant traiter favorablement lesdits Habitans, et leur donner moyen de débiter avantageusement en France lesdits Sucres et Petuns ; Sa Majesté étant en son Conseil, a réduit et modéré les droits qui se perçoivent aux Entrées du Royaume sur les Sucres et Petuns venans desdites Isles et Colonies Françoises de l'Amérique, à quarante sols du cent pesant, au lieu de quatre livres, à quoi lesdits droits ont été réglés par les Tarifs, arrêtés au Conseil les 18 Septembre 1664 et 18 Avril 1667 ; faisant défenses aux Fermiers des cinq grosses Fermes et leurs Commis, d'exiger plus grands droits desdits Habitans, à peine de concussion ; ordonne Sa Majesté que le présent Arrêt sera envoyé auxdites Isles et Colonies Françoises, et partout ailleurs où besoin sera, à ce que personne n'en ignore. Fait au Conseil d'Etat du Roi, Sa Majesté y étant, tenu à Paris le dixieme jour de Décembre mil six cent soixante-dix. *Signé* COLBERT.

PASSEPORT DU ROI, en faveur du Pere Ignace de Rouen, Capucin, Supérieur de la Mission des Isles de l'Amérique.

Du 17 Décembre 1670.

DE PAR LE ROI.

A notre cher et bien amé Fils Louis, Comte de Vermandois, Amiral de France, Lieutenans-Généraux en nos Armées Navales et Provinces, Chefs d'Escadres, Capitaines de nos Vaisseaux, Capitaines

Gardes-Côtes, Gouverneurs de nos Villes et Places Maritimes, Maires et Échevins d'icelles, Lieutenans de l'Amirauté, et à tous nos Officiers et Sujets qu'il appartiendra : SALUT. Desirant faciliter le passage du Pere Ignace de Rouen, Capucin, Missionnaire Apostolique et Supérieur de la Mission des Isles de l'Amérique et de ses Confreres dans nos Isles de la Martinique et Grenade en l'Amérique et ès Côtes d'Afrique, et Guinée, aux fins d'y annoncer le Saint-Evangile à ces Peuples privés de la connoissance du vrai Dieu, et pour y assister spirituellement et administrer les Sacremens de l'Eglise et la Parole de Dieu à nos Sujets qui y habitent ; nous voulons et vous mandons que vous ayez à laisser librement et sûrement passer ledit Pere Ignace et ses Confreres, Missionnaires, par tous les endroits où votre Pouvoir et Juridiction s'étendra, sans leur donner ni souffrir leur être donné aucun empêchement ni retardement, ains au contraire toute l'aide et assistance dont ils auront besoin ; mandons aussi aux Propriétaires et Capitaines des Vaisseaux qui partiront de nos Ports et Rades pour naviguer dans lesdites Isles et Pays, comme aussi à leurs Commis, et autres faisant pour eux, qu'ils aient à recevoir dans leurs Navires ledit Pere Ignace et ses Confreres, et les traiter charitablement et favorablement, et aux Capitanes, Gouverneurs et autres nos Sujets, de quelques noms qu'ils soient appellés, commandans en nosdites Isles de l'Amérique et Côtes d'Afrique et Guynée, de recevoir bénignement lesdits Peres Capucins, Missionnaires, et de les assister en la fonction de leur Mission, leur destinant ou faisant destiner des lieux propres pour leur établissement, vivres et aménagement nécessaires à la Vie humaine, les faisant traiter et converser avec les naturels du Pays, afin de faciliter leur conversion : Car tel est notre plaisir. Prions et requérons tous Rois et Potentats, Princes, Etats, et autres nos bons amis Alliés et Confédérés, les Généraux de leurs Armées Navales, Capitaines de leurs Vaisseaux, et autres leurs Officiers de terre et de mer, de donner passage audit Pere Ignace et à ses Confreres, Missionnaires, et les traiter favorablement dans les Terres, Pays, Seigneuries et Juridictions de leur obéissance, offrant de faire le semblable en pareil cas quand nous en serons priés et requis. DONNÉ à Paris, le 17 Décembre 1670. *Signé* LOUIS ; par le Roi, COLBERT.

ARRÊT du Conseil d'Etat touchant les Passeports pour négocier aux Indes Occidentales.

Du 30 Décembre 1670.

LE ROI ayant ordonné, par Arrêt de son Conseil du 12 Juin 1669, que les Passeports ou Permissions qui étoient ci-devant donnés par la Compagnie des Indes Occidentales pour aller négocier aux Isles de l'Amérique, seroient donnés à l'avenir par Sa Majesté aux François seuls, à la charge que les Equipages des Vaisseaux seroient François, et qu'ils feroient leur charge et leur retour en France, dont ils donneroient bonne et suffisante caution avant leur départ; néanmoins étant bien informé que ledit Arrêt ne s'exécute pas aussi exactement qu'il seroit à souhaiter pour le bien de son service et l'avantage de ses Sujets, et qu'il y a des Vaisseaux qui non-seulement partent des Ports de France sans faire enregistrer leur Passeport, et vont faire leur charge et leur retour dans les pays étrangers, mais aussi qu'aucuns vont auxdites Isles sans prendre de Passeport, à quoi étant nécessaire de pourvoir : ouï sur ce le rapport du sieur Colbert, Conseiller du Roi en tous ses Conseils, et au Conseil Royal, Contrôleur-Général des Finances de France; et tout considéré : Sa Majesté en son Conseil, a ordonné et ordonne, conformément à l'Arrêt du Conseil du 12 Juin 1669, que les Passeports de Sa Majesté seront expédiés sur les Certificats des Directeurs de ladite Compagnie, aux clauses et conditions portées par icelui. Fait Sa Majesté très-expresses inhibitions et défenses à tous ses Sujets d'aller trafiquer à l'avenir auxdites Isles Françoises de l'Amérique, qu'en vertu des Passeports enregistrés aux Greffes de l'Amirauté des Ports où les Vaisseaux feront leur charge; veut Sa Majesté que les Capitaines et Maîtres des Vaisseaux, lorsqu'ils arriveront dans lesdites Isles, représentent lesdits Passeports avec l'enregistrement fait d'iceux esdits Sieges, ensemble les Certificats desdits Officiers, contenant le lieu où ils auront chargé, le tout à peine de confiscation desdits Vaisseaux et Marchandises, 1500 livres d'amende pour la premiere fois, et de punition exemplaire en cas de récidive; lesdites amendes et confiscations applicables, savoir le tiers au Dénonciateur, un autre tiers à partager également entre le Lieutenant-Général et le Gouverneur Particulier de l'Isle où le Vaisseau et Marchandises auront été saisis, et le troisieme à la Compagnie, pour être employé à l'établissement et entretenement des Hôpitaux desdites Isles, préalablement pris les frais de Justice. Veut Sa Majesté que le présent Arrêt soit publié et envoyé à tous les Sieges de l'Amirauté du Royaume, ensemble ès Sieges de Justice desdites Isles, et affiché en tous les abords d'icelles. Mande Sa Majesté aux Officiers desdits Sieges de l'Amirauté du Royaume, ensemble aux Lieutenant-Général et Gouverneurs-Particuliers, Officiers des Conseils Souverains et Juges ordinaires des Isles, de tenir soigneusement la main à l'exécution d'icelui. FAIT au Conseil d'Etat du Roi, tenu à Paris le trentieme jour du mois de Décembre mil six cent soixante-dix. *Signé* BECHAMEL.

ARRÊT du Conseil d'Etat, portant qu'il ne sera expédié aucun Passeport pour les Isles de l'Amérique, qu'avec clause expresse que les Capitaines ou Maîtres de Vaisseaux de cent tonneaux, et au-dessus, porteront deux Vaches ou deux Cavalles ; et ceux au-dessous, deux Engagés pour chaque Vache ou Cavalle.

Du 22 Janvier 1671.

LE ROI ayant fait défense à tous ses Sujets, par Arrêt de son Conseil du 30 Décembre dernier, de n'aller négocier dans ses Isles de l'Amérique, qu'en vertu des Passeports de Sa Majesté, enregistrés aux Greffes des Sieges de l'Amirauté, Elle auroit en même temps ordonné que les Capitaines et Maîtres des Vaisseaux qui obtiendroient lesdits Passeports, seroient tenus de porter auxdites Isles deux Cavalles ou deux Vaches. Mais Sa Majesté étant informée qu'on ne peut mettre commodément lesdites Cavalles ou Vaches dans les Vaisseaux au-dessous de cent tonneaux, à cause que les Ponts sont trop bas, et que ces Bestiaux et leur nourriture étant d'un grand encombrement, occupent dans ces petits Vaisseaux la place des Marchandises destinées à la subsistance des Habitans desdites Isles. A quoi étant nécessaire de pourvoir ; et ouï le rapport du sieur Colbert, Conseiller du Roi en tous ses Conseils, et au Conseil Royal, Contrôleur-Général des Finances de France ; et tout considéré : Sa Majesté en son Conseil, a ordonné et ordonne que ledit Arrêt du 30 Décembre dernier sera exécuté selon sa forme et teneur, et conformément à icelui, qu'aucuns Particuliers François ne pourront trafiquer auxdites Isles qu'en vertu des Passeports de Sa Majesté enregistrés aux Greffes des Sieges de l'Amirauté. Veut Sa Majesté que lesdits Passeports soient expédiés à l'avenir, avec clause expresse que les Capitaines ou Maîtres des Vaisseaux du port de cent tonneaux, et au-dessus, seront tenus de porter dans iceux auxdites Isles deux Vaches ou deux Cavalles ; et ceux au-dessous desdits cent tonneaux, deux Engagés, au lieu et place de chacune Cavalle ou Vache, à peine de nullité desdits Passeports ; laissant néanmoins au choix desdits Capitaines et Maîtres des Navires au-dessous de cent tonneaux, de porter ou lesdits Engagés, ou lesdites Bêtes, ainsi qu'ils le jugeront plus à propos pour le bien et l'avantage de leur Commerce. Fait Sa Majesté défense aux Officiers des Sieges de l'Amirauté, chacun endroit soi, d'enregistrer en leurs Greffes lesdits Passeports, qu'après qu'il leur sera apparu que lesdits Engagés, Vaches ou Cavalles auront été embarqués dans lesdits Vaisseaux. FAIT au Conseil d'Etat du Roi, tenu à Paris le vingt-deuxieme jour de Janvier mil six cent soixante-onze. *Signé* BERRYER.

ARRÊT du Conseil d'Etat, qui ordonne que la Compagnie des Indes Occidentales, et les Marchands du Royaume, Négocians dans les Colonies Françoises de l'Amérique, jouiront de la modération des Droits d'entrée et de sortie sur les Sucres, Petuns ou Tabacs.

Du 24 Janvier 1671.

LE ROI ayant, par Arrêt de son Conseil du premier Décembre 1670, ordonné que l'Arrêt du 29 Septembre précédent seroit exécuté ; et ce faisant, que les Directeurs de la Compagnie des Indes Occidentales, et les Marchands qui négocient aux Isles de l'Amérique, jouiroient du bénéfice de l'Etape générale pour les Sucres desdites Isles rafinés en son Royaume, et qu'à cette fin Maître François le Gendre et ses Commis seroient tenus de rendre et restituer lesdits Droits des Sucres rafinés à raison de six livres pour chaque cent pesant, lors que lesdits Négocians les feroient sortir pour être consommés dans les Pays étrangers, même de ceux qu'ils feroient conduire ou voiturer dans les Villes et Pays conquis par Sa Majesté : depuis lequel Arrêt Sa Majesté ayant modéré, par un Arrêt du 10 du même mois, les Droits qui se perçoivent sur les Sucres et Petuns venans des Isles et Colonies Françoises de l'Amérique à quarante sols pour cent pesant au lieu de quatre livres à quoi lesdits Droits avoient été reglés par les Tarifs arrêtés audit Conseil les 18 Septembre

1664

1664 et 18 Avril 1667, et fait défenses audit le Gendre et à ses Commis d'exiger plus grands Droits pour l'entrée desdits Sucres et Petuns, à peine de concussion; il auroit remontré audit Conseil, qu'il étoit juste de modérer la restitution des Droits de six livres pour cent pesant de Sucre rafiné sortant hors le Royaume, portés par ledit Arrêt du premier Décembre 1670, à proportion de la modération faite desdits Droits d'entrée à quarante sols pour cent pesant, parce qu'autrement il seroit obligé de rendre plus qu'il n'avoit reçu, à cause qu'il ne faut que deux cents pesant de Sucre venant desdites Isles pour un cent de Sucre rafiné. A quoi étant nécessaire de pourvoir, vu lesdits Arrêts du premier Décembre 1670 et 10 du même mois, avec lesdits Tarifs des 18 Septembre 1664 et 18 Avril 1667; ouï le rapport du sieur Colbert, Conseiller ordinaire au Conseil Royal, et Contrôleur-Général des Finances : Sa Majesté en son Conseil Royal de Commerce, a ordonné et ordonne que ledit Arrêt du 10 Décembre dernier sera exécuté selon sa forme et teneur; ce faisant, que ladite Compagnie des Indes Occidentales, et les Marchands de ce Royaume négocians dans les Colonies Françoises de l'Amérique, jouiront de la modération des Droits d'entrée sur les Sucres et Petuns, à raison de quarante sols du cent; et en conséquence, a modéré et modere la restitution des Droits des Sucres rafinés et Petuns qui sortiront hors du Royaume, ou seront transportés dans les Villes et Pays conquis par Sa Majesté, à la somme de quatre livres pour chaque cent pesant desdits Sucres rafinés et Petuns; et qu'à cet effet ledit Arrêt sera publié et affiché où besoin sera. FAIT au Conseil d'Etat du Roi, tenu à Paris le vingt-quatrieme jour de Janvier mil six cent soixante-onze. *Signé* BERRYER.

_____

ORDONNANCE de M. DE BAAS, *Gouverneur-Général des Isles, touchant la fabrique du Sucre.*

Du 3 Février 1671.

DANS cette Ordonnance M. de Baas, après avoir rapporté toutes les fraudes qui se commettent dans la fabrique du Sucre Mouscouade, comme d'y mêler du Sirop et de le faire trop cuire, de le mettre trop chaud dans les barriques, de mettre du bon Sucre aux deux bouts, et du mauvais au milieu, et autres qui peuvent se commettre, fait défenses à l'avenir de commettre aucune fraude dans la fabrique ou livraison

Tome I. Dd

desdits Sucres, à peine de confiscation et de cent livres d'amende, et
même de punition corporelle en cas de récidive : ordonne aux Habitans
de s'appliquer avec soin et fidélité à la fabrique des bons Sucres, les
faire bien cuire, lessiver, purger, sécher dans des formes de bois ou
de terre sans se servir de barrique ni futailles, à peine de confiscation et
d'amende, sans qu'il soit loisible de délivrer d'autre Sucre que celui qui
sera réputé loyal et marchand; et que pour en mieux connoître la qualité, chacun sera tenu de faire porter ses Sucres aux Poids dans des sacs;
et en cas qu'on les portât en futailles, les Particuliers seroient obligés de
les faire défoncer, déclaver et ouvrir, pour être, lesdits Sucres, vus
et visités par les Commis peseurs et visiteurs; exhorte les Habitans à
fabriquer des Cassonnades blanches à la façon du Brésil, lesquelles
étant belles, seches, bien et duement purgées, blanchies et condition-
nées, seront prises par la Compagnie en paiement en raison d'une livre
desdites Cassonnades pour deux livres de Sucre Mouscouade pendant le
cours d'une année, sauf les années suivantes à y mettre d'autres prix et
conditions plus avantageuses, s'il y échoit. (*M. Assier.*)

R. *à la Martinique le 26 du même mois de Février 1671.*

ORDONNANCE *de M.* DE BAAS, *Gouverneur-Général des Isles,
touchant la Fabrique du Tabac.*

Du 5 Février 1671.

PAR cette Ordonnance, concernant les Petuns qui se fabriquoient alors
dans les Isles, et dont la mauvaise qualité excitoit les plaintes des Marchands, il est ordonné qu'aucun Habitant ne pourra avoir ni planter plus
de cinq mille plantes ou jambes de bon Petun par chaque personne de
travail; que ces plantes seront bien entretenues sur terre en ôtant les
mauvaises feuilles qui touchent et tombent à terre, avec défenses de les
mêler avec les bonnes feuilles; de les cueillir en bonne saison et avec
maturité, sans les laisser long-temps sur la terre à la pluie ou au grand
soleil; de ne point trop serrer le Petun à la pente, afin qu'il seche plus
aisément et plus promptement et pour l'empêcher de canir; et incontinent qu'il se trouvera sec, de le bien éjamber, et du moins jusqu'à la
moitié, en sorte que la grosse jambe soit dehors, parce qu'étant laissée
à la feuille, elle fait pourrir le Petun; qu'étant ainsi nouvellement éjambé,
il soit torqué sans le tremper dans l'eau de mer ni dans l'eau douce,

mais seulement un peu arrosé avec une goupille de quelques goutes d'eau de mer fraîche et nette en cas de besoin, pour rendre la feuille un peu souple à la main en le torquant ; défense d'user d'eau douce ou de saumure de viande, ainsi que de mêler aucuns vieux Petuns pour bons qu'ils puissent être avec les nouveaux ; que sitôt qu'ils seront torqués, ils seront montés, sans être mouillés d'aucune eau, sur des bâtons bien secs et pelés, d'une même longueur et grosseur, et ne pesant pas plus de deux livres ; que le Petun sera torqué un peu plus gros qu'à l'ordinaire pour se mieux conserver, mais que chaque rôle sera également torqué, et ne pesera que soixante livres au plus ; que les Petuns ainsi montés seront mis dans des cases bien fermées et à couvert sur des planches et non contre terre, dont l'humidité les gâte ; fait défenses à tous Habitans et Torqueurs de torquer aucun Petun s'il n'est conditionné dans les formes ci-dessus expliquées, à peine d'en répondre en leur propre et privé nom, et même de punition corporelle s'il y échoit, ainsi que de confiscation desdits Petuns, et de cent livres d'amende contre les Propriétaires ; ordonne en outre que les Réglemens du Conseil à ce sujet seront exécutés.

R. au Conseil de la Martinique le 16 du même mois de Février 1671.

(Cet extrait est tiré du Recueil de M. Assier.)

ORDONNANCE de M. DE BAAS, Gouverneur-Général des Isles, qui autorise à saisir les Negres et les Bestiaux pour dettes.

Du 6 Février 1671.

PAR cette Ordonnance, qui concerne les dettes contractées par les Habitans envers les Marchands et la Compagnie, M. de Baas ordonne, conformément au Réglement de M. de Tracy du mois de Juin 1664, qu'il sera loisible et permis à tous Négocians et Habitans qui se trouveront créanciers, de faire exécuter les Contrats, Obligations, Sentences et autres condamnations qu'ils auront obtenues et obtiendront à l'avenir pour leurs paiemens, tant sur les Negres, Bestiaux et autres meubles de leurs débiteurs, que par saisie-réelle et vente par décret en la maniere accoutumée de leurs immeubles, et que cette faculté sera commune aux Particuliers et à la Compagnie.

R. à la Martinique le 16 du même mois de Février 1671.

(Cet extrait est tiré du Recueil de M. Assier.)

ORDONNANCE de M. DE BAAS, *Gouverneur-Général des Isles, touchant l'établissement des Indigoteries.*

Du 7 Février 1671.

P AR cette Ordonnance, pour exciter les Habitans à former des Indigoteries et à inventer de nouvelles Manufactures dans les Isles, M. de Baas ordonne que tous ceux qui voudront élever et bâtir des Indigoteries, ou introduire de nouvelles manufactures dont l'usage soit utile et nécessaire au public, outre la préférence qu'ils auront de choisir des Negres dans les premieres cargaisons, jouiront encore de l'exemption des droits de capitation pour leurs personnes et pour le nombre de huit Negres pendant les deux premieres années de leur établissement, à compter du jour qu'ils en auront fait leurs déclarations au Greffe, et icelles signifiées au Commis général auquel ils seront tenus de s'adresser, tant pour justifier et examiner lesdits établissemens, que pour prendre de lui les instructions nécessaires pour la bonne fabrique des Indigots, et en faire de Guatimale, qui est le titre de la premiere espece, meilleure et plus grande valeur.

R. au Conseil de la Martinique le 16 du même mois de Février 1671.

(*Cet extrait est tiré du Recueil de M. Assier.*)

ORDONNANCE de M. DE BAAS, *Gouverneur-Général des Isles, qui établit un Marché public dans chaque Bourg des Isles et déclare insaisissable ce qui y sera porté et vendu, ensemble le prix en provenant.*

Du 9 Février 1671.

S UR ce qui nous a été témoigné de la part de la Compagnie des Indes Occidentales, que pour satisfaire aux ordres du Roi, et à ce que demande la qualité qu'elle a d'être Seigneur et Propriétaires de ces Isles, elle n'a point de passion plus forte que d'employer tous ses soins à l'augmentation du Commerce, et à faciliter les commodités de la vie aux Habitans de ce pays, en quoi les marchés publics contribuent beaucoup par le secours mutuel que cela donne à tous les Habitans de trouver en un même lieu ; et en même temps de quoi subsister et avoir plusieurs rafraîchissemens nécessaires pour l'entretien de leurs familles, comme viande, volaille, poisson, legumes, pain, cassave, vivres et généralement toutes autres sortes de denrées que le pays peut fournir, où les plus foibles s'appliqueront et y feront des gains honnêtes, quoiqu'il y ait eu ci-devant des jours assignés à cet effet en chaque semaine, toutefois la difficulté des paiemens en Sucre et autres échanges les ont rendus inutiles; mais à présent que l'introduction des monnoies a depuis peu été ordonnée, et qu'il et permis à tous François de venir trafiquer dans les Isles, comme aussi à un chacun d'y vendre leurs marchandises et d'exercer à des prix libres, il ne reste plus qu'à donner les privileges et sûretés qu'il convient, à quoi étant nécessaire de pourvoir:

Nous avons ordonné, ordonnons qu'il sera établi en chaque Bourg des Isles un Marché qui se tiendra tous les Samedis de chacune semaine dans la place publique qui se trouvera la plus commode à cet effet, où les Habitans des quartiers circonvoisins et autres Particuliers pourront faire venir toutes sortes de bestiaux, et apporter viandes, poissons, volailles, pain, cassave, vivres, fruits, *legumages* et généralement toutes sortes de marchandises venant du dehors ou du crû des Isles, et autres denrées quelconques que le pays peut fournir; qu'il sera loisible d'y acheter et transporter, sans que pendant le temps nécessaire, tant pour y venir que pour le retour, il soit permis à qui que ce soit de les faire saisir, arrêter sous tel prétexte et pour quelle cause et dette que ce puisse être, ni même d'en arrêter le prix ni le saisir dans les mains de qui les auroient eues par achat, échange ou autrement, sans que le Créancier qui les auroit achetées de son débiteur en puisse retenir le prix par ses mains, si le Vendeur n'y consent; enjoignons à tous Juges et Officiers d'y tenir la main et à la sûreté et aux privileges desdits Marchés publics, et afin qu'aucun ne prétende cause d'ignorance du contenu en la présente Ordonnance, elle sera enregistrée au Greffe des Conseils Souverains de ces Isles, lue, publiée et affichée partout où besoin sera, à la diligence des Procureurs-Fiscaux des Seigneurs et Généraux du Roi. FAIT à la Martinique le neuvieme Février 1671.

R. au Conseil Souverain de la Martinique, le 16 du même mois de Février 1671.

ORDONNANCE de M. DE BAAS, *Gouverneur-Général des Isles,*
qui établit et régle des Exemptions de Droits.

Du 12 Février 1671.

SUR ce qui nous a été remontré de la part de la Compagnie des Indes
Occidentales, Seigneur de ces Isles, qu'il y a des Capitaines, Officiers
de Milice dans cette Isle, et autres habitans particuliers, lesquels prétendent avoir certains priviléges et exemptions indéfinies des droits de Capi-
tations, droits de poids, greffe et autres qu'ils disent leur avoir été
concédés lors des premiers défrichemens et établissemens de ces Isles
par les Seigneurs, sans néanmoins les justifier par aucun titre valable ;
dans lesquelles prétendues exemptions il y a d'autant moins d'apparence
et de raison, que les moindres Officiers seroient gratifiés comme les
Capitaines, ce qui seroit une chose contre l'ordre politique et militaire,
absurde et contre le bon sens ; cependant, quoiqu'à l'égard des uns et
des autres, il n'y ait aucun fondement pour un privilege si grand et si
étendu, il est néanmoins juste que les Officiers de Milice, en considération des soins et des corvées où le Commandement les assujetit, soient
reconnus d'un honnête bénéfice, par une exemption à proportion de leurs
charges et fonctions, qui sont toujours distinguées par l'inégalité et la
diminution de l'autorité et des graces et appointemens ; ainsi il convient
d'établir à cet égard l'uniformité dans toutes les Isles Françoises, et
suivre l'exemple de l'Isle Saint-Christophe, qui est la premiere habituée
par les François, où les Capitaines et Officiers sont honnêtement et justement réglés ; et d'autant que les désordres de la derniere guerre ou la
vanité de plusieurs habitans leur donne lieu de s'attribuer et même d'en
jouir, les uns en prenant la qualité de Nobles, et les autres sur d'autres
fondemens mal établis, il est nécessaire de réformer toutes ces usurpa-
tions, indues jouissances, et de régler ce que chacun doit avoir ; c'est
pourquoi, attendu que M. Pelissier, l'un des Directeurs-Généraux de
ladite Compagnie, Seigneur de ces Isles, nous a volontiers accordé la
grace que nous lui avons demandée de renoncer, tant en son nom que
pour celui de ladite Compagnie, à la répétition des droits de Capitation
dont lesdits Officiers et autres auront induement joui jusqu'au premier
Janvier dernier, sans en pouvoir être recherchés à l'avenir.

Nous, du consentement de mondit sieur Pelissier audit nom, nous

avons ordonné et ordonnons que tous particuliers, habitans de ces Isles,
de quelque qualité et condition qu'ils soient, à commencer du premier
Janvier dernier, seront tenus de payer lesdits droits de Capitation, montant à 100 liv. pesant de sucre par chacune tête de ceux qui sont et
demeureront dans l'Isle, lesquels droits seront acquis, suivant l'usage,
aux Seigneurs, dès le premier jour de l'an, et seront percevables par
préférence à toutes sortes de priviléges et dettes quelconques; du paiement desquels droits de Capitation seront exceptés les Ecclésiastiques
Réguliers et Seculiers, tant pour eux que pour leurs Serviteurs et Négres,
dans le lieu où sera leur résidence actuelle, soit maisons Presbitérales
ou Couvent; les femmes et filles blanches de quelques Pays qu'elles
soient, pour leurs personnes seulement; les mâles et femelles Créoles,
natifs de l'Isle, aussi pour leurs personnes; les Négres au-dessous de
quatoze ans, avec les Blancs et Négres au-dessus de soixante ans,
ceux qui établiront de nouvelles Sucreies à l'avenir, savoir pendant deux
ans dans les vieilles terres, et pendant trois ans dans celles défrichées
nouvellement, à la charge d'en faire par eux leurs déclarations au Greffe
dans le temps, et icelles signifier aux Receveurs; et quant à ceux qui en
établiront à la Capsterre, ils en joüiront pendant le duoble desdites années;
les Officiers de Milice, Habitans dans les Compagnies des Quartiers
joüiront de l'exemption seulement, savoir tous les Officiers de leurs
personnes, et de tous leurs Blancs engagés, et outre ce, chaque Capitaine
de douze Négres, les Lieutenans de huit, les Enseignes de six, les
Sergens de quatre, le Major autant que les Capitaines, le Juge et le
Procureur du Roi, ainsi que lesdits Capitaines, et le Greffier comme un
Enseigne, attendu les expéditions qu'il est obligé de délivrer gratis
pour Messieurs de la Compagnie des Indes Occidentales; les Visiteurs
des Petuns, dont le nombre sera réglé, pour leurs personnes en particulier, et de quatre autres pendant le temps seulement qu'ils seront
Visiteurs, et qu'ils s'en acquitteront bien; desquelles exemptions lesdits
Officiers ne joüiront que durant qu'ils seront dans les fonctions de leurs
charges; les veuves des Officiers, à l'exception des Sergens et Visiteurs
joüiront de pareilles exemptions que leurs maris, pendant leur viduité
seulement, pourvu qu'à leurs décès ils fussent dans lesdites charges et
fonctions; et quant à ceux qui se prétendent Nobles, en rapportant par
eux certificat de la Compagnie à Paris, comme ils lui auront certifié les
titres de leur Noblesse, ils joüiront des mêmes exemptions desdits
droits de Capitation que les Capitaines; que si pareillement aucuns
autres particuliers se prétendoient fondés en titres par les précédens

Seigneurs, ils seront aussi obligés d'en rapporter certificat d'approbation ou de confirmation par ladite Compagnie à Paris, après lui avoir fait voir les pieces justificatives; et jusqu'à ce lesdits prétendus Nobles seront tenus de payer les droits de Capitation, sauf à leur être rendus après connoissance de cause, et les droits des exempts seront tenus en suspens; seront au surplus tous lesdits Officiers et Particuliers obligés au paiement des droits de Capitation pour les Negres qu'ils auront au par-delà dudit nombre fixé, ainsi que les autres Habitans; comme aussi aux droits entiers de Poids, Greffe, Notariat, et autres ordinaires et accoutumés dans les Isles, pour la perception desquels droits de Capitation, les Ordonnances seront délivrées en la maniere accoutumée avant le commencement de chaque nouvelle année avec amende de cent livres monnoyées des Isles a faute de satisfaire au regard des Particuliers qui auront recelé leurs Sucres, outre la confiscation d'iceux et destitution des Officiers qui se trouveront avoir manqué à donner les dénombremens véritables qui seront par eux certifiés et remis incessamment ès mains du Receveur de la Compagnie, pour en conséquence procéder au recouvrement desdits droits suivant l'usage; à l'égard des Officiers qui seront choisis pour être Conseillers au Conseils Souverains, ils jouiront de pareilles exemptions que lesdits Capitaines, et outre ce, des autres émolumens et graces qui seront portés dans les états de la Compagnie; les Commis généraux et particuliers de ladite Compagnie auront les exemptions suivant qu'il en sera fait mention dans les états de Messieurs de la Compagnie; quant aux Officiers et Habitans qui seront commandés ailleurs pour le service du Roi, il leur sera pourvu de paiement ou subsistance pendant le temps qu'ils seront employés hors de l'Isle audit service; et afin qu'aucun ne prétende cause d'ignorance du contenu en la présente Ordonnance, elle sera enregistrée aux Greffes des Conseils Souvernins de ces Isles, lue, publiée et affichée partout où besoin sera, à la diligence des Procureurs-Fiscaux, des Seigneurs et Généraux du Roi. FAIT à la Martinique, le douzieme jour du mois de Février mil six cent soixante-un.

Signé DE BAAS.

R. au Conseil de la Martinique, le 16 du même mois de Février.

ARRÊT

ORDONNANCE *de M. DE BAAS, Gouverneur-Général des Isles, touchant le droit de Poids.*

Du 13 Février 1671.

LE sieur de Baas, Gouverneur et Lieutenant-Général pour le Roi dans les Isles Françoises et Terre ferme de l'Amérique. Sur ce qui nous a été représenté de la part de la Compagnie des Indes Occidentales, Seigneur de ces Isles, que le droit d'un pour cent du Poids des marchandises est un ancien droit de Seigneurie, dont les précédens Propriétaires des Isles ont joui, la perception duquel se fait différemment en chacune des Isles ; mais à l'égard de celle qui se fait en cette Isle Martinique avec le droit d'Ancrage, cela a été reglé par notre Jugement contradictoirement rendu le trentieme Août dernier à l'encontre d'un Particulier qui le contestoit ; lequel droit est dû, tant sur les marchandises venantes du dehors en arrivant dans l'Isle pour les Négocians, que pour celles du crû qui en sortent et s'envoient ailleurs par les Habitans, le tout suivant le tarif et pancartes contenantes celles sujettes audit droit d'un pour cent ; à savoir, lard, bœuf, morue, stocfich, tortue salée, graisse, beurre, fromage, chandelle, savon, cire, dent d'Eléphant, épiceries, drogues, soies filées, fil, farine, caret, cuivre, étain, plomb, fer, acier, brai, sucre, tabac, indigo, gingembre, canifice et cassave, dont ledit droit consiste à un pour cent, c'est-à-dire, une livre pour chaque cent livres pesant desdites marchandises sujettes au Poids ; payables lesdits droits en espece ou la valeur à l'arrivée des Vaisseaux qui auront déchargé leurs marchandises, et avant l'embarquement, pour celles sortant et se transportant ailleurs. Quant audit droit d'Ancrage qui n'est que de cinquante livres de poudre à canon en especes ou la valeur pour chaque Vaisseau mouillant en rade ayant du canon, à l'exception des Navires de guerre, il doit être payé fidellement aussi bien que celui de Poids, attendu que l'un et l'autre sont affectés à soutenir les charges publiques, au lieu qu'ils sont journellement fraudés par les Capitaines et Maîtres des Navires, et par les Habitans de cette Isle ; les premiers en faisant de fausses déclarations, et les autres en ne portant au Poids qu'une partie de leurs Sucres et de leurs Petuns, et en faisant embarquer l'autre de nuit, à quoi ils sont aidés par les intelligences secretes desdits Capitaines et Maîtres des Navires qui conspirent ensemble à la ruine des droits de

Tome I. E e

la Compagnie; à quoi étant nécessaire de remédier, nous avons ordonné et ordonnons que suivant et conformément à notre Jugement du trentieme Août dernier, ledit droit d'Ancrage sera payé, comme aussi que tous Négocians François, Habitans et autres Trafiquans seront obligés au paiement dudit droit de Poids en cette Isle à raison d'un pour cent pesant en espece ou la valeur de chacune nature des marchandises ci-devant mentionnées contenues en ladite Pancarte et Tarif payable à l'ar-rivée des Vaisseaux après la décharge de leurs marchandises, et avant l'embarquement à l'égard de celles sortant et se transportant ailleurs; et pour cet effet il est enjoint à tous Capitaines et Maîtres des Navires à leur arrivée, avant que de décharger aucune chose, de venir au Bureau général faire et signer leur déclaration juste et valable de ce qu'ils apportent de marchandises dont ils acquitteront lesdits droits de Poids comme dit est, sauf à leur rendre et restituer par le Fermier ou Commis audit Poids, les droits qu'il auroit perçus sur celles que l'on rappor-teroit aux autres Isles, en lui en faisant une préalable déclaration et vérification; et quant aux droits de Poids sur les Sucres, Petuns et autres marchandises du crû de l'Isle que les Particuliers voudront trafi-quer, faire sortir et emporter hors d'icelle, défenses très-expresses sont faites à tous Négocians, Habitans et autres d'enlever ni faire enlever leurs marchandises qu'elles n'aient été vues et visitées et pesées au Poids de la Compagnie et le Poids d'icelui acquitté; comme aussi de se servir des romaines ni autres Poids qu'ils n'aient été vérifiés et approuvés par le Peseur, qui en délivrera son certificat; défendons pareillement auxdits Habitans et Particuliers d'embarquer nuitamment lesdits Sucres, Tabacs et autres Marchandises, et même de jour, sans y appeller les personnes qui les pesent lorsqu'ils desireront les livrer; et afin d'apporter quelques certitudes et ordres aux jours et heures que lesdits Sucres, Petuns et Marchandises doivent être apportées et pesées au Poids de la Compagnie dans les différens quartiers de cette Isle, et y régler le temps que les Peseurs ou leurs Commis seront tenus de s'y trouver: ...

Nous avons ordonné et ordonnons que les Poids, tant pour les Sucres que pour les Petuns, et autres Marchandises, se tiendront le même jour et même temps qu'il sera dit ci-après dans les différens quartiers de cette Isles; savoir ... auxquels lieux, jours et heures les Habitans seront tenus de se rendre pour y faire peser leurs Marchandises; ordonnons que les lieux publics où l'on a coutume de poser qui se trouveront découverts et en mauvais état, seront incessamment réparés aux frais et à la diligence des Habitans, attendu qu'ils les ont ruinés, conformément à l'Arrêt du

Conseil Souverain de cette Isle du quatorzieme Avril 1670 ; défendons auxdits Habitans et Particuliers d'embarquer en fraude leurs Sucres, Tabacs, et autres Marchandises, nuitamment, ni même le jour, hors le jour de Poids, sans y appeler les Peseurs lorsqu'ils voudront les livrer, sinon sera permis au Fermier dudit Poids ou ses Commis d'aller dans les Vaisseaux y prendre sur le champ communication des livres du bord, pour en conséquence être fait droit sur la contravention et fraude desdits droits de Poids, ainsi qu'il appartiendra ; et afin qu'aucun ne prétende cause d'ignorance du contenu en la présente Ordonnance, elle sera enregistrée au Greffe du Conseil Souverain de cette Isle, lue, publiée et affichée partout où besoin sera, à la diligence du Procureur-Général du Roi. FAIT à la Martinique, le treizieme Février 1671.

R. au Conseil de la Martinique, le 16 du même mois de Février.

ORDONNANCE DE M. DE BAAS, *touchant les Billets souscrits par les Commis de la Compagnie.*

Du 14 Février 1671.

SUR ce qui nous a été donné à connoître par la Compagnie des Indes Occidentales que pour l'entretien et le paiement de toutes les Charges publiques de la Seigneurie de ces Isles à elle appartenant, comme aussi pour les affaires du Commerce et autres qu'elle y fait par le moyen de ses Commis, elle a toujours laissé entre leurs mains les fonds nécessaires ; néanmoins les Particuliers à qui elle doit, afin de faciliter leurs affaires, au lieu de paiemens effectifs en sucres, se sont ci-devant contentés et se contentent encore maintenant de prendre des Billets desdits Commis, qui ne sont ni tirés sur le Receveur général de ladite Compagnie, ni causés pour aucune de ses dépenses et affaires, ni le paiement limité dans aucuns temps ; lesquels Billets étant réputés bons et sûrs, passent de main en main, et se commercent d'une maniere, que sans savoir où ils sont, il s'écoule quelquefois tant de temps que cela interrompt l'ordre nécessaire dans ses comptes et affaires, avec lesquels les Commis pouvant mêler aussi de leurs Billets pour leurs entreprises et affaires particulieres, il est dans la suite trop difficile lors des incidens qui arrivent de distinguer ceux qui seroient pour ses affaires, d'avec ceux qui seroient particuliers, et au nom propre desdits Commis ; le défaut de monnoie dans ses Isles, et le peu d'ordre y ont beaucoup donné lieu ; mais à présent qu'il y a de nouvelles mon-

noies établies dans ces Isles, et que la Compagnie voulant non-seulement
éviter les confusions, mais aussi entretenir la bonne foi, qu'elle à toujours eu de bien et promptement payer ce qu'elle doit et pourra devoir
ci-après aux particuliers pour ses affaires, à quoi elle a ordonné auxdits
Commis de satisfaire, elle ne prétend pas être sujette à la garantie des
Billets desdits Commis; et afin que tous les Habitans et autres particuliers en puissent être avertis, nous ayant requis sur ce lui pourvoir,
nous, en conséquence de la monnoie introduite dans les Isles, et des
ordres donnés par la Compagnie de payer comptant, soit en ladite
monnoie ou en sucres; avons ordonné et ordonnons qu'à l'avenir elle
ne pourra être tenue de payer aucuns des Billets et promesses que ses
Commis pourroient faire et causer pour quelques dépenses et affaires de
ladite Compagnie, sauf à ceux qui en voudront recevoir, autrement
leur recours contre lesdits Commis en leur particulier et privés noms;
et pour examiner ce qui s'est fait par le passé, et connoître ce qui auroit
été passé pour ses affaires ou non, il est enjoint à tous Porteurs de Billets
ou Promesses desdits Commis que les Particuliers prétendront être pour
le fait de ladite Compagnie, de les rapporter incessamment au Bureau
général d'icelle pour en être fait un état, et pourvu au paiement, sinon
et à faute de ce faire au plus tard dans deux mois après la publication
de la présente, ladite Compagnie n'en pourra être inquiétée ni recherchée
du passé jusqu'à ce jour, sauf auxdits Créanciers, leur recours comme
dit est, à l'encontre desdits Commis; et afin qu'aucun ne prétende
cause d'ignorance du contenu en la présente Ordonnance, elle sera enregistrée au Greffe des Conseils Souverains de ces Isles, lues, publiées
et affichées où besoin sera, à la diligence des Procureurs-Fiscaux et
Généraux du Roi. FAIT à la Martinique, le quatorzieme jour de Février
mil six cent soixante et onze.

---

*ARRÊT du Conseil de la Martinique, qui condamne des Vagabonds
à servir comme Engagés.*

Du 16 Février 1671.

Sur ce qui nous a été aujourd'hui remontré au Conseil Souverain par
le Procureur-Général du Roi, que plusieurs jeunes-hommes libertins,
sans vacations et sans aveu, mènent une vie scandaleuse dans l'Isle, et
par un si mauvais exemple débauchent les jeunes Enfans Créoles des

Isles, et leur font abandonner le travail de leurs Habitations et la culture
des terres, pour suivre leurs inclinations vicieuses et dépravées, sans que
les remontrances des personnes sages, ni même des châtimens aient pu
modérer le déréglement de leurs passions, particuliérement les nommés
François le Maçon, dit Roche-Noire ; et Jean Meige, dit le Cadet, qui
ont été emprisonnés quinze jours par l'ordre de Monseigneur de Baas,
Gouverneur et Lieutenant-Général pour le Roi dans les Isles Françoises
de l'Amérique, pour avoir été surpris en commettant des actions infâmes et défendues ; et néanmoins quatre jours après, lesdits Roche-
Noire et Meige ont été surpris de nouveau dans les mêmes pratiques et
conduite, notament dans les prisons du Fort Saint-Pierre, où ils sont
détenus ; concluant ledit Procureur-Général du Roi, que lesdits Roche-
Noire et le Meige soient chassés de l'Isle ou punis exemplairement pour
arrêter le scandale public, et maintenir la discipline ; sur quoi le Conseil
ayant égard à ladite remontrance, et étant d'ailleurs informés que lesdits
Roche-Noire et le Meige sont sans vacations et sans aveu, a ordonné et
ordonne que ledit Roche-Noire servira dans l'Habitation du sieur de
Saint-Aubin dix-huit mois durant, en qualité d'Engagé, avec les conditions pratiquées par les Engagés qui viennent de France ; et ledit
Jean le Meige, dit le Cadet, servira dans l'Habitation du sieur de la
Paire, en la même qualité et avec les mêmes conditions, sans que
lesdits Roche-Noire et le Meige puissent quitter leursdits Maîtres qu'après
leur terme fini et avec leur congé, sur peine de punition corporelle.
FAIT à la Martinique le seizieme de Février mil six cent soixante-onze.

---

*ORDONNANCE de M. DE BAAS, touchant le Paiement des dettes
aux Colonies.*

Du 16 Février 1671.

LES Négocians nous ayant fait entendre que la grande quantité de
dettes à eux dûes par les Particuliers, Habitans des Isles, ne s'est ainsi
augmentée que par la facilité des trop grands et longs crédits, et pour
n'avoir pas exécuté réguliérement le dixieme article du Réglement ci-
devant fait par Monsieur de Tracy, approuvé et enrégistré au Conseil
Souverain dans le mois de Juin mil six cent soixante-quatre, où il est,

porté en termes exprès, que pour remédier aux abus et à la facilité qu'ont les Habitans de ces Isles à s'engager vers la Compagnie, et les Marchands, dans la pensée qu'ils ont de ne payer leurs dettes qu'à leur volonté; il est permis aux Créanciers de faire exécuter les Sentences qu'ils auront obtenues et obtiendront à l'avenir pour leurs paiemens, sur les meubles et Négres des Débiteurs; les Isles se gouvernant par les Loix de la France, où ces libertés se pratiquent non - seulement à l'égard des biens - meubles, mais aussi des immeubles, il convient qu'elle s'exerce de même dans ces Pays, où le bien général veut qu'en cette rencontre le cours de la Justice ait lieu, en laissant la faculté au Créancier de poursuivre et se faire adjuger le bien de son Débiteur, étant une maxime certaine que le Créancier est toujours meilleur ménager que le Redevable, et qu'il aura plus de soin de la culture de la terre; c'est pourquoi l'expérience ayant aussi fait connoître que cette indulgence est préjudiciable aux Habitans, à cause qu'ils se consomment en des dépenses qu'ils ne feroient pas autrement, outre que cela les rend paresseux et négligens à leurs travaux; il est expédient de renouveller les anciens Réglemens en faveur des Marchands, qui viennent négocier en ces Isles, sous cette liberté et bonne foi du Commerce, ce qui doit être pareillement commun à la Compagnie, qui, par ses grandes avances est extrémement surchargée; à quoi étant nécessaire de pourvoir, nous conformément auxdits Réglemens, avons ordonnés et ordonnons qu'il sera loisible et permis à tous Négocians et Habitans qui se trouveront Créanciers, de faire exécuter les Contrats, Sentences et autres condamnations qu'ils auront obtenues et obtiendront à l'avenir pour leur paiement, tant sur les Négres, bestiaux, et autres meubles de leurs Débiteurs, que par saisie réelle et vente par décret en la manière accoutumée, de leurs immeubles; et jouira ladite Compagnie, à l'égard de ses Débiteurs, de cette même liberté et faculté que lesdits Particuliers, comme aussi de la préférence à elle accordée en la manière accoutumée sur le droit de Capitation, selon qu'il s'est pratiqué par le passé, sans qu'en fraude des Créanciers il soit loisible de faire porter aux Poids les Sucres, Pétuns et autres Marchandises, sous un autre nom et marque, que celui à qui elles appartiendront, à peine de confiscation, dont le tiers sera adjugé au Dénonciateur, et de cent livres d'amende monnoie des Isles, tant contre ceux qui auront prêté leurs noms que les autres; et afin qu'aucun ne prétende cause d'ignorance du contenu en la présente Ordonnance, elle sera enregistrée aux

Conseils Souverains de ces Isles, lue, publiée et affichée où besoin sera à la diligence des Procureurs-Fiscaux et Généraux du Roi. FAIT à la Martinique, le 16 Février 1671. *Signé* DE BAAS. Collationné, MITHON.

Nous avons tout lieu de croire que cette Ordonnance est la même que celle placée dans le Recueil de M. Assier, à la date du 6 Février, et que nous avons rapportée.

ARRÊT du Conseil d'Etat, qui ordonne que ceux qui enverront des Sucres rafinés hors du Royaume, jouiront de la décharge des droits de Sortie, et de la restitution de ceux d'Entrée, et de tous autres droits généralement quelconques.

Du 25 Mars 1671.

LE ROI ayant par Arrêts de son Conseil, des vingt-neuf Septembre et premier Décembre 1670, ordonné que les Directeurs de la Compagnie des Indes Occidentales, les Négocians aux Isles de l'Amérique, et tous autres, jouiront du bénéfice de l'Etape générale, pour les Sucres desdites Isles rafinés dans le Royaume, et que Me François le Gendre, Adjudicataire des Fermes unies, seroit tenu de rendre et restituer les droits d'iceux, à raison de six livres pour chacun cent pesant de Sucre, lorsqu'ils sortiront pour être consommés dans les Pays étrangers, et dans les Places conquises par Sa Majesté; laquelle restitution de six livres, a été modérée à quatre livres, par Arrêt dudit Conseil du 24 Janvier 1671; mais d'autant que les droits de cinquante sols pour cent de Sucre brut qui sont levés à Rouen, ont été engagés à ladite Compagnie des Indes Occidentales, qui les perçoit à son profit, et que les droits de Sortie du côté de Lyon ont aussi été engagés aux Prévôt des Marchands et Eschevins de ladite Ville, qui levent pareillement en icelle, les droits de tiers sur taux sur toutes les marchandises qui y passent; ensorte qu'il ne seroit pas raisonnable qu'ils profitassent du Commerce desdits Sucres hors le Royaume, nouvellement introduit in icelui. Vu lesdits Arrêts des vingt-neuf Septembre, premier Décembre et vingt-quatrième Janvier derniers: ouï le rapport du sieur Colbert, Conseiller ordinaire au Conseil Royal, Contrôleur général des Finances; Sa Majesté étant en son Conseil de Commerce, a ordonné et ordonne que lesdits

Arrêts des vingt-neuf Septembre et premier Décembre 1670 et vingt-quatrieme Janvier 1671, seront exécutés selon leur forme et teneur; ce faisant, que tous ceux qui enverront des Sucres rafinés hors le Royaume, jouiront de la décharge des droits de Sortie, et de la restitution de ceux des Entrées, à raison de quatre livres pour cent pesant de Sucres rafinés; et encore cent sols pour cent de Sucre qui sortira de la Ville de Rouen, à quoi montent les droits de cinquante sols qui s'y paient pour cent desdits Sucres lorsqu'ils y entrent bruts; et en conséquence, Sa Majesté a déchargé lesdits Sucres rafinés des droits de Sortie par ladite Ville de Lyon, du tiers sur taux et de tous autres droits généralement quelconques; faisant défenses auxdites Prévôt des Marchands et Echevins de ladite Ville de lever lesdits droits, à peine de tous dépens, dommages et intérêts. FAIT au Conseil d'Etat du Roi, Sa Majesté y étant, tenu à Saint-Germain-en-Laye, le 25 Mars 1671.

Signé PHELIPEAUX.

ARRÊT du Conseil de la Martinique, contre un Maître cruel.

Du 10 Mai 1671.

SUR ce qui a été représenté par le Procureur-Général du Roi, qu'il lui avoit été ordonné par Monseigneur de Baas de s'informer des excès commis par Charles Brocard à l'endroit d'Anne, Négresse, Esclave dudit Brocard, lequel sieur Procureur-Général auroit présenté le rapport de Me. Jean Chansolles, Chirurgien; vu par le Conseil l'avis donné à mondit Seigneur de Baas, le rapport de Chansolles, et ouï par sa bouche ledit Accusé, et les conclusions dudit sieur Procureur-Général.

Le Conseil pour par ledit Brocard avoir excédé et fait excéder ladite Negresse Anne de plusieurs coups de fouet, ce qui lui a fait diverses grieves blessures en diverses parties de son corps, et outre ce, pour lui avoir fait brûler avec un tison ardent les Parties honteuses, l'a condamné et condamne en cinq cens livres de Sucre d'amende, applicables; savoir, trois cens livres à la Fabrique de l'Eglise Saint-Jacques du Carbet, et deux cens pour le voyage et rapport dudit Chirurgien; pour le paiement de quoi il tiendra actuellement prison ou donnera bonne et suffisante caution, avec défenses audit Brocard de plus tomber en pareille faute, sur peine de punition corporelle et de l'amende qui y échoiera; et à

l'instant

l'instant s'est présenté Simon Duval, Habitant en cette Isle, lequel a déclaré cautionner ledit Brocard pour ladite somme de cinq cens livres de Sucre, à quoi il a été reçu, après en avoir fait les soumissions requises et signé: Simon Duval. FAIT et expédié au Conseil Souverain de l'Isle de la Martinique, tenant le dixieme jour de Mai mil six cent soixante-onze.

LETTRE DU ROI à M. D'OGERON, Gouverneur de Saint-Domingue, touchant la réparation d'un acte d'hostilité commis contre un Bâtiment Portugais.

Du 22 Mai 1671.

Mons d'Ogeron, le Prince de Portugal ayant porté plainte à mon Ambassadeur auprès de lui, que le Capitaine Manuel Correa étant sorti du Port de Cacheu pour venir au Cap Vert, il fut rencontré par le Capitaine Jacques Frebutor, qui le mena à l'Isle Saint-Domingue, où le Vaisseau et sa cargaison furent vendus; et comme cela est directement contraire à la foi publique, et au traité que j'ai avec ledit Prince, et que je desire que ces sortes d'actions soient punies séverement, je vous fais cette Lettre pour vous dire que mon intention est que vous employez toute l'autorité que je vous ai commise pour faire rendre promptement ledit Vaisseau et les Marchandises qui y étoient chargées, ou la juste valeur du tout, et qu'en même temps vous fassiez arrêter ledit Capitaine Frebutor, et lui fassiez faire et parfaire son procès, et le punir suivant la rigueur des Ordonnances; et m'assurant que vous tiendrez ponctuellement la main à ce qui est en cela de mon intention, je prie Dieu qu'il vous ait, Mons d'Ogeron, en sa sainte garde.

LETTRE DU ROI à M. DE BAAS, pour lui dire de laisser entiere liberté de conscience aux Juifs des Isles, et de les faire jouir des mêmes privileges que les autres Habitans.

Du 23 Mai 1671.

Mons de Baas, ayant été informé que les Juifs qui sont établis dans la Martinique, et les autres Isles habitées par mes Sujets, ont fait des dépenses assez considérables pour la culture des terres, et qu'ils

Tome I. Ff

continuent de s'appliquer à fortifier leurs établissemens, ensorte que le public en recevra de l'utilité, je vous fais cette Lettre pour vous dire que mon intention est que vous teniez la main à ce qu'ils jouissent des mêmes privileges dont les autres Habitans desdites Isles sont en possession, et que vous leur laissiez une entiere liberté de conscience, en faisant prendre néanmoins les précautions nécessaires pour empêcher que l'exercice de leur religion ne puisse causer aucun scandale aux Catholiques. Sur ce je prie Dieu qu'il vous ait, Mons de Baas, en sa sainte garde.

ARRÊT *du Conseil d'Etat, qui décharge de tous Droits les Marchandises qui seront chargées en France, pour être portées dans les Isles de l'Amérique, et réduit à trois pour cent le Droit de cinq pour cent établi sur les Marchandises du crû desdites Isles.*

Du 4 Juin 1671.

LE ROI étant en son Conseil, après avoir examiné les moyens d'augmenter les Colonies des Isles de l'Amérique, et de rendre les Etablissemens qui y ont été faits jusqu'à présent considérables à l'avenir, ensorte que la Compagnie établie par Lettres-Patentes de Sa Majesté du mois de Mai 1664, trouve les avantages nécessaires pour soutenir les grandes dépenses qu'elle est obligée de faire pour entretenir le Commerce, et l'augmenter, et même que les Négocians du Royaume soient conviés à le faire en particulier; Sa Majesté auroit résolu d'accorder encore de nouvelles graces à cet effet, soit en remettant les droits des cinq grosses Fermes, soit en déchargeant les Marchands du paiement d'une partie de ce qu'ils doivent à ladite Compagnie sur les Marchandises du crû desdites Isles, dont leurs Vaisseaux reviennent chargés; à quoi voulant pourvoir : Sa Majesté étant en son Conseil, a ordonné et ordonne, qu'à commencer du premier Juillet 1671, les Marchandises qui seront chargées en France pour être portées dans les Isles de l'Amérique occupées par les Sujets de Sa Majesté, seront exemptes de tous droits de Sortie, et autres généralement quelconques, en faisant soumission par les Marchands de rapporter certificat de leur décharge dans lesdites Isles, du principal Commis de ladite Compagnie résident en icelles. Veut Sa Majesté qu'à l'avenir le droit de cinq pour cent accordé à ladite Compagnie, à prendre en essence sur les Sucres,

Tabacs, Indigos, et autres Marchandises du crû desdites Isles qui sont rapportées dans le Royaume, demeure réduit à trois pour cent; faisant Sa Majesté très-expresses défenses aux Adjudicataires de ses Fermes, et aux Directeurs de ladite Compagnie de lever autres ni plus grands droits que ceux contenus au présent Arrêt, à peine de restitution. Ordonne en outre Sa Majesté, qu'à commencer dudit jour premier Juillet, il sera libre aux Marchands de faire partir leurs Vaisseaux pour les Isles, en conséquence des Passeports et Permissions qu'ils auront obtenus, sans être obligés d'y embarquer aucuns Chevaux, Bestiaux ou Engagés, dont Sa Majesté les a dispensés et déchargés, nonobstant l'Arrêt du Conseil du vingt-deux Janvier dernier; et sera le présent Arrêt lu, publié et affiché partout où besoin sera. FAIT au Conseil d'Etat du Roi, Sa Majesté y étant, tenu à Tournay le quatrieme jour de Juin mil six cent soixante-onze. *Signé* COLBERT.

ORDONNANCE du Roi, qui défend le Commerce étranger aux Propriétaires des Vaisseaux bâtis aux Isles et à la Nouvelle France.

Du 18 Juillet 1671.

SA MAJESTÉ ayant été informée que les soins et les précautions qu'elle a pris par les Arrêts de son Conseil, des 12 Juin 1669, et premier Juillet 1670, pour empêcher que les Etrangers ne continuassent leurs Commerce dans les Isles Françoises de l'Amérique au préjudice de ses Sujets, ont été jusqu'à présent inutiles par les liaisons secrettes qu'ils ont eu avec les Marchands François, et par l'intelligence qu'ils ont conservée avec les Habitans desdites Isles et Pays de la Nouvelle France; lesquels ayant fait bâtir quelques Vaisseaux, prétendent pouvoir envoyer dans les Pays Etrangers leurs Sucres et autres marchandises, au préjudice des défenses faites par Sa Majesté; à quoi étant nécessaire de pourvoir. Sa Majesté a fait et fait très-expresses inhibitions et défenses à tous Marchands et Propriétaires des Vaisseaux bâtis dans les Isles Françoises de l'Amérique et de la Nouvelle France, de Trafiquer dans les Pays Etrangers, ni même de prêter leurs noms aux Etrangers pour continuer leur Commerce dans l'étendue desdites Isles et Pays, à peine de confiscation desdits Vaisseaux et des marchandises, de leur chargement, et cinq cent livres d'amende. Veut, Sadite Majesté, que lesdits Arrêts des 12 Juin 1669, et premier Juillet 1670, soient exécutés selon,

leur forme et teneur, tant à l'égard des Marchands, et autres Propriétaires des Vaisseaux, qui partiront des Ports du Royaume, qu'à l'égard
des Marchands et autres Habitans desdites Isles, Propriétaires des Vaisseaux qui en partiront ; et ce faisant, veut Sa Majesté que lors du départ desdits Vaisseaux desdites Isles, les Propriétaires donnent caution
aux principaux Commis de ladite Compagnie, et aux Greffes des Justices desdites Isles qu'ils aborderont dans l'un des Ports du Royaume y
déchargeront les marchandises, dont ils rapporteront à leur retour un
Certificat des Officiers de l'Amirauté du Port où ils auront abordé et
déchargé ; et à faute de rapporter ledit Certificat, veut Sa Majesté que
les Vaisseaux et toutes les marchandises dont il seront chargés soient
confisqués et l'amende payée, tant par les Propriétaires que par leur
caution ; desquelles confiscations et amendes un tiers appartiendra au
Gouverneur et Lieutenant-Général pour Sa Majesté auxdites Isles, un
tiers à ladite Compagnie, et l'autre tiers aux Hôpitaux établis dans
lesdites Isles. Mande, Sadite Majesté, aux sieurs de Baas et de Courcel-
les, Lieutenans-Généraux en ses Armées, Commandans dans lesdites
Isles et en la Nouvelle France, aux Officiers des Conseils Souverains
y établis, aux Gouverneurs particuliers desdites Isles, même aux Directeurs de la Compagnie des Indes Occidentales, de tenir la main, chacun en droit soi, à l'exécution de la présente Ordonnance, et de la faire
publier dans toutes lesdites Isles et Pays de la Nouvelle France. Enjoint
Sa Majesté, aux Officiers des Sieges des Amirautés du Royaume, et
autres exerçans la Justice des Causes Maritimes, d'observer la présente
Ordonnance en tous ses points, même de la faire lire, publier et enrégistrer en la maniere accoutumée. FAIT à Saint-Germain-en-Laye, etc.
Signé, LOUIS. *Et plus bas*, COLBERT.

---

*ARRÊT DU CONSEIL D'ÉTAT, qui ordonne que les
Marchandises venant de l'Amérique pourront sortir du Royaume
sans payer aucun droit, conformément à l'Edit du mois de Février
1699 ; et que les droits payés à l'entrée seront restitués.*

Du 12 Août 1671.

LE Roi s'étant fait représenter en son Conseil les Arrêts rendus en
icelui, notamment ceux des 29 Septembre 1670, 24 Janvier et 3 Juin
derniers, par lesquels, en conséquence de son Edit du mois de Février

1670, qui accorde à ses Sujets et Marchands étrangers, qui auront fait entrer des marchandises en son Royaume, la faculté de les faire sortir sans payer aucuns droits, et ordonne au Fermier de leur restituer ceux qu'ils auront payés pour entrée; Sa Majesté auroit ordonné qu'ils jouiroient du bénéfice porté par ledit Edit, et reglé les droits qui seront restitués pour les Sucres venans des Isles de l'Amérique, qui sortent du Royaume, après y avoir été rafinés. Et Sa Majesté étant informée que, sous prétexte qu'il n'est point fait mention dans lesdits Arrêts, des autres marchandises venans desdites Isles et Terre-Ferme de l'Amérique, les Commis de Mᵉ. François le Gendre, Fermier-Général des Fermes-Unies, font difficulté de les laisser sortir sans payer les droits, et refusent de rendre ceux qui ont été payés pour l'entrée; à quoi étant nécessaire de pourvoir; Vû lesdits Arrêts et ledit Edit: oui le rapport du sieur Colbert, Conseiller ordinaire au Conseil Royal, Contrôleur-Général des Finances: Sa Majesté en son Conseil, interprétant lesdits Arrêts, a ordonné et ordonne, que les marchandises venant des Isles Françoises de l'Amérique et Canada, jouiront du bénéfice porté par ledit Edit du mois de Février 1669. Et en conséquence, qu'elles pourront sortir hors du Royaume, sans aucuns droits; et ceux qui auront été payés, à l'entrée, seront rendus et restitués par Mᵉ. François le Gendre, Fermier des Fermes-Unies, ou ses Commis, à l'exception néanmoins des Sucres bruts, dont les droits seront restitués seulement, après qu'ils auront été rafinés, conformément auxdits Arrêts du Conseil, du 29 Septembre 1670, et autres donnés en conséquence. Et sera le présent Arrêt lu, publié et affiché par-tout où besoin sera. Fait au Conseil d'Etat du Roi, tenu à Paris le douzieme jour d'Août mil six cent soixante-onze.

Signé, RANCHIN.

ARRÊT du Conseil d'Etat, portant décharge de tous droits de sortie, pour les Sirops des Sucres des Rafineries du Royaume, qui seront transportés dans les Pays Etrangers.

Du 12 Août 1671.

SUR ce qui a été représenté au Roi en son Conseil, qu'il se rafine une très-grande quantité de Sucres dans les Rafineries établies dans les Villes de la Rochelle, Bordeaux, Rouen, et autres Villes et lieux du Royaume, qui produit beaucoup de Sirops, lesquels ne se consommant point dans le Royaume, les Marchands n'en pouvant trouver le débit, attendu qu'ils sont de peu de valeur, et que les droits de sortie sont trop forts, ce qui les empêche de les faire sortir hors du Royaume; mais s'ils étoient déchargés desdits droits, ils en trouveroient un débit facile. A quoi Sa Majesté voulant pourvoir, et donner toujours des marques de la protection qu'elle accorde au Commerce, en facilitant à ses Sujets les moyens de l'augmenter : ouï le rapport du sieur Colbert, Conseiller au Conseil Royal, et Contrôleur-Général des Finances ; Le Roi en son Conseil a déchargé et décharge de tous les droits de sortie les Sirops provenans des Sucres rafinés dans les Rafineries de la Rochelle, Bordeaux, Rouen et autres Villes et lieux du Royaume, qui seront transportés dans les Pays Etrangers ; et fait défenses au Fermier-Général des Fermes-Uunies d'en exiger aucuns, à peine de concussion. Et sera le présent Arrêt lu, publié et affiché par-tout où besoin sera. FAIT au Conseil d'Etat du Roi, tenu à Paris le douzieme jour d'Août mil six cent soixante-onze.

Signé R̦ANCHIN.

ARRÊT du Conseil d'Etat, qui ordonne qu'à l'avenir les Barils de Bœuf et Viandes d'Irlande et autres Pays étrangers ; ensemble les Chaudieres et autres Ouvrages de cuivre, servant à la cuisson des Sucres, qui seront amenés dans les Villes et lieux d'Entrepôt, pour être transportés dans les Isles de l'Amérique et Pays Etrangers, seront exceptés de la grace de l'Entrepôt et Etape générale.

Du 17 Août 1671.

LE ROI ayant, par ses Lettres de Déclaration du mois de Septembre 1664, ordonné qu'il seroit établi des Magasins ès Villes de la Rochelle, et autres de son Royaume, pour servir d'Entrepôt, et y recevoir les marchandises qui y seroient conduites, pour être portées dans les Pays Etrangers, sans payer aucuns droits d'entrée ni de sortie, afin de faciliter le Commerce de ses Sujets et des Etrangers ; et Sa Majesté étant informée que, sous prétexte de ladite Permission et de l'Etape générale accordée par autres Lettres de Déclaration du mois de Février 1670, plusieurs Marchands font entrer dans le Royaume, par la Ville de la Rochelle et autres lieux d'Entrepôt, des Barils de Bœuf d'Irlande, et autres marchandises qu'ils déclarent pour les Pays étrangers, et au lieu de les y conduire, ils les font passer dans les Isles de l'Amérique, et par ce moyen ils s'exemptent du paiement des droits d'entrée et de sortié, ce qui cause un préjudice considérable aux Fermes de Sa Majesté, à quoi étant nécessaire de pourvoir; Sa Majesté en son Conseil a ordonné et ordonne qu'à l'avenir les Barils de Bœuf, et autres viandes d'Irlande et autres Pays étrangers; ensemble les chaudieres et autres ouvrages de cuivre servant à la cuisson des Sucres qui seront amenés dans les Villes et lieux d'Entrepôt, pour être tranportés dans les Isles de l'Amérique et Pays étrangers, seront exceptés de la grace de l'Entrepôt et Etape générale accordés par lesdites Lettres de Déclaration des mois de Septembre 1664, et Février 1670. Ordonne, Sa Majesté, que les droits d'entrée et de Sortie dûs pour iceux, seront payés suivant et conformément au Tarif du mois de Septembre 1664; enjoint Sa Majesté aux Juges des Traites de tenir la main à l'exécution du présent Arrêt, qui sera lu, publié et affiché partout où besoin sera, et exécuté nonobstant oppositions et autres empêchemens quelconque. FAIT au Conseil d'Etat du Roi, tenu à Paris, le 17 Août 1671.

RÉGLEMENT du Gouverneur-Général des Isles pour les salaires et vacations des Officiers de Justice, et pour les Droits Curiaux et des Ecclésiastiques.

Du 10 Septembre 1671.

Sur les diverses plaintes qui nous ont été faites touchant les excès de salaires et vacations qui sont exigés par aucuns Officiers de Justice dans toutes les Isles Françoises de l'Amérique de notre Gouvernement, où n'ayant été jusqu'à présent pourvu sur ce sujet, il n'y a ordre ni certitude de ce qui leur appartient légitimement; si bien que dans chaque Isle lesdits salaires se perçoivent différemment selon le plus ou le moins que lesdits Officiers de Justice sont avides ou retenus dans leurs intérêts; d'ailleurs les droits curiaux des Eglises n'étant pas fixés ni égaux dans lesdites Isles, les peuples se trouvent assujetis en plusieurs quartiers à tout ce que demandent les Prêtres séculiers qui en exigent d'excessifs, et même hors l'usage de l'Eglise; tellement que pour corriger l'abus il est nécessaire d'y remédier par un Réglement général, afin que par l'ordre uniforme qui comprendra et qui sera établi dans les Isles Françoises, les Colons vivent comme Citoyens d'une seule Province, et étant dans une même société politique; c'est pourquoi, après avoir considéré toutes ces choses avec attention, Nous avons fait le présent Réglement général touchant la taxe de ce qui sera payé aux Ecclésiastiques, Religieux ou Séculiers, tant pour les droits curiaux des Eglises qu'ils desserviront, que pour les salaires et vacations des Juges, Procureurs-Généraux du Roi et Fiscaux, Greffiers de la Justice ordinaire ou des Conseils Souverains, aux Notaires pour leurs vacations et pour leurs minutes et grosses des Actes qu'ils passeront, et aux Huissiers et Sergens pour les exploits ou exécutions qu'ils feront pour les parties. A CES CAUSES, ayant pris avis de M. Pelissier, Directeur-Général, de la Compagnie des Indes Occidentales, de M. de Saint-Laurent, Gouverneur de cette Isle, du Ruau Pallu, Agent-Général de ladite Compagnie, et des conseils de Messieurs du Conseil Souverain; nous avons ordonné et ordonnons que notre Réglement général transcrit à la fin des présentes, sera exécuté exactement et uniformément selon sa forme et teneur dans toutes les Isles Françoises de l'Amérique; et pour cet effet la présente Ordonnance avec ledit Réglement général seront lus, publiés et affichés aux Greffes des Justices ordinaires, tant des grandes que des petites Isles en dépendantes, et aux Greffes des Conseils Souverains établis en icelles, afin que personne n'en prétende cause d'ignorance; faisant défenses d'y contrevenir, à peine de concussion et d'amende arbitraires; ordonnons à tous les Gouverneurs particuliers et Commandans desdites Isles, de tenir la main à l'exécution des présentes. FAIT à Saint-Christophe, le 10 Septembre 1671.

RÉGLEMENT général qui sera observé en toutes les Isles Françoises de l'Amérique, touchant la Taxe de ce qui sera payé aux Ecclésiastiques Réguliers ou Séculiers pour les Droits Curiaux et Casuels des Eglises qu'ils desserviront, aux Juges, Procureurs-Généraux, Fiscaux du Roi, Greffiers de la Justice ordinaire, et aux Conseils Souverains et aux Notaires pour leurs minutes, grosses et vacations des Actes qu'ils passeront, et aux Huissiers et Sergens pour leurs exploits ou exécutions qu'ils feront pour les Parties; toutes lesquelles Taxes contenues au présent Réglement seront payées en argent monnoyé des Isles.

PREMIEREMENT.

TAXE de ce qui sera payé pour les Droits Curiaux et Casuels des Eglises.

Pour un Baptême. . . . . 6 sols.
Pour celui des Negres. . . . . *gratis.*
Pour un Mariage avec la Messe. . . . . 1 l. 16 s.

Pour

Pour un Mariage sans Messe. . . . . 16 s.

Pour celui des Negres. . . . . *gratis.*

Pour les trois publications de bancs. . . . . . . *gratis.*

Pour un Extrait des Registres, soit de Baptême, Mariage ou Mortuaire pour chacun Extrait. . . . . 6 s.

Pour l'Administration des Sacremens aux Moribonds et Malades. ci. . . . . *gratis.*

Pour une Messe basse. . . . . 18 s.

Pour un Enterrement et Inhumation d'un corps sans luminaire. 18 s.

Pour l'Enterrement d'un Negre. . . . . *gratis.*

Pour l'ouverture de la terre au Cimetiere, à l'exception des Negres, sera payé à l'Œuvre et Fabrique. . . . . 12 s.

Il ne sera enterré dans l'enclos de l'Eglise que Messieurs les Officiers Généraux, Marguilliers en Charge, ceux de la Justice, jusques et compris le Greffier-Notaire, et ceux de Milice, jusques et compris l'Enseigne, avec leurs femmes et enfans, lesquels payeront à la Fabrique, tant pour elle que pour le Sacristain, et Fossoyeur, qu'elle entretiendra; savoir, pour l'ouverture de la terre et fosse dans l'Eglise depuis la porte jusqu'au milieu d'icelle. . . . . 15 l.

Trente livres partout depuis ledit milieu jusqu'au Chœur. . 30 l.

Pour un Service, Messe haute, Vigiles et Vêpres des morts. . 3 l.

Plus à la Fabrique qui fournira des cierges au nombre de six. 1 l. 16 s.

Pour un annuel de Messes basses, à raison de 365 Messes par an, sur le pied de douze sols par chacune Messe, et les autres annuels de moins de Messes à proportion.

Les bancs seront posés dans l'Eglise du consentement du Curé et des Marguilliers, qui ne pourront être que de six pieds de longueur, et de trois de largeur, et tirés de niveau; et pour chaque banc de la grandeur ci-dessus, sera payé à la Fabrique par chacun Particulier une fois avant que ledit banc soit posé; savoir, pour celui depuis la porte de l'Eglise jusqu'au milieu d'icelle. . . . . 15 l.

Et depuis le milieu jusqu'au Chœur. . . . . 30 l.

Quant à ceux qui desireront avoir des pupitres à leurs bancs, ils payeront le double de la Taxe ci-dessus. . 60 liv. *et on fournit le banc.*

La concession desquels bancs ne sera accordée et ne durera que pendant la vie de celui qui la demandera, ou de sa femme; mais après leur mort, leurs enfans et héritiers en pourront jouir préférablement en payant de nouveau ladite Taxe; à faute de quoi lesdits bancs et la place

Tome I.   G g

appartiendront à la Fabrique, pour en disposer en faveur des premiers etplus anciens Officiers, qui demanderont la préférence en payant ladite Taxe.

T A X E de ce qui sera payé à M. le Juge, M. le Procureur du Roi, et le Greffier pour leurs salaires et vacations.

S A V O I R;

A M. le Juge pour toutes Ordonnances étant au pied d'une Requête portant communication, il ne sera payé par l'Exposant aucune chose, mais seront délivrées. . . . . *gratis.*

Pour un Acte de Tutelle ou Curatelle. . . . . 18 s.

Lorsqu'il y aura une Assemblée de Parens et Amis pour le résultat de affaires de Mineurs, l'acte en sera expédié à l'Audience. . *gratis.*

Pour homologation de Sentence arbitrale, Testamens et Insinuations de Donations, le tout sera gratuitement accordé à l'Audience.

Requête portant qui l'on sera reçu à se dire et porter héritier sous bénéfice d'inventaire de la succession ouverte, pour l'Ordonnance d'icelle, étant au pied de ladite Requête, elle sera pareillement faite à l'Audience. ci. *gratis.*

Pour les Procès par écrit, les Epices seront mises et réglées par le Juge suivant l'importance de l'affaire et le temps qu'en conscience il croira y avoir bien et valablement employé; lesquelles Epices seront écrites sur les minutes des Jugemens par ledit Juge, de sa propre écriture, et autant par le Greffier sur les expéditions qu'il en délivrera, sauf l'appel aux Conseils Souverains en cas d'excès.

Pour le transport et descente du Juge, il lui sera payé par chacune journée cinq livres tournois, sans comprendre la nourriture qui sera fournie par les Parties requérantes, et où ledit transport se feroit hors l'Isle en d'autres, il lui y sera payé dix livres, tant pour ses nourritures que vacations, sans comprendre les frais de son passage.

Pour l'audition de chaque témoin, tant en matiere civile que criminelle, sera payé. . . . . 6 s.

Quant à la Taxe des Témoins qui comparoîtront pour être ouïs, tant en matiere civile que criminelle, elle leur sera faite et mise par le Juge au bas de leur exploit, et elle y sera écrite aussi de sa main, le tout suivant la distance des lieux et autres circonstances.

Pour une Ordonnance portant ajournement personnel ou décret de prise de corps. . . . . 1 l. 10 s.

Pour un interrogatoire fait à un accusé prisonnier, ou qui s'est fait interroger en conséquence de l'ajournement personnel lorsqu'il y aura partie civile. . . . . , 1 l. 10 s.

Pour un Jugement rendu portant que l'accusé sera élargi à caution. ci. . . . . 18 s.

Pour le Jugement portant que récolement sera fait des Témoins. 12 s.

Pour ledit récolement de chacun Témoin. . . . . 6 s.

Et pour la confrontation aussi. . . . . 6 s.

Pour les Épices et vacations de la Sentence définitive, sera payé suivant la Taxe, eu égard à l'importance de l'affaire en conscience, et à proportion du temps qu'il aura employé en jugeant le Procès, sauf l'appel comme dessus, en cas d'excès.

A l'égard de l'Ordonnance de certification de criées, l'Acte en sera donné par ledit Juge à l'Audience, sur la certification du Procureur du Roi. . . . . *gratis.*

La Sentence de congé du Juge sera pareillement donnée gratuitement à l'Audience. *gratis.*

Quand aux Sentences d'Ordre et distribution entre Créanciers, les Épices en seront aussi taxées par ledit Juge à proportion du temps qu'il y aura employé sur le pied que dessus.

Ledit Juge ne prendra rien de tout ce qui s'expédiera à l'Audience où il rendra la justice gratuitement.

Et quant aux Procès criminels où il n'y aura point d'autres Parties que le Procureur du Roi, l'instruction s'en fera *gratis*, sauf le recours sur l'accusé.

A Monsieur le Lieutenant dudit Juge.

Il ne lui sera taxé en particulier aucuns salaires ni vacations attendu qu'il ne lui est rien dû qu'en faisant la fonction de Juge pendant l'absence ou maladie dudit Juge, auquel cas ce qui est taxé pour icelui, sera payé audit Lieutenant.

A Monsieur le Procureur-Général du Roi et Fiscal.

Il sera payé de ses conclusions, salaires, vacations et transports, à raison de deux tiers de ce qui est attribué et accordé au Juge, le tout à la charge que le cas y échoïra, et qu'il en sera requis dans les occasions nécessaires.

Au Greffier, tant pour la Justice ordinaire que pour l'expédition de ce qui se fera au Conseil Souverain.

Pour un défaut. . . . . **6 s.**

Pour un congé. . . . . **5 s.**

Pour les Ordonnances données à l'Audience. . . . . . . **5 s.**

Pour Acte de Tutelle. . . . . **6 s.**

Pour Acte d'appel. . . . . **6 s.**

Pour l'Acte d'acceptation sous bénéfice d'inventaire d'une succession. ci. . . . . **12 s.**

Pour audition de témoins, soit en Procès civil, hors l'Audience, ou criminel, pour chacun, sauf l'expédition de la grosse, quand elle sera requise. . . . . **6 s.**

Les plaintes seront reçues par le Juge, et non par le Greffier. ci. . . . . **gratis.**

Pour l'interrogatoire de chaque Témoin. . . . . **6 s.**

Pour le récolement de chacun. . . . . **6 s.**

Pour la confrontation d'un chacun. . . . . **6 s.**

Pour Procès-verbal et Scellés apposés dans le Bourg, il sera taxé par le Juge.

Pour l'évaluation dans le Bourg de chaque journée dudit Greffier. **3 l.** Et quand sera hors le Bourg. . . . . **4 l.**

Pour vacation d'inventaire dans le Bourg, lorsque ledit inventaire sera fait par le Juge à la réquisition des Parties, et non autrement, attendu que s'il y a un commun consentement de toutes les Parties, c'est aux Notaires qu'appartient la confection de tous inventaires et par chacun jour, sera payé comme dessus, sauf la grosse; et lorsque ce sera hors le Bourg quatre livres, sauf la grosse. . . . . **4 l.**

Pour Acte de caution. . . . . **12 s.**

Pour Acte de sommation dans le Bourg. . . . . . . **1 l. 4 s.**

Pour Acte de sommation hors le Bourg, suivant la distance des lieux sur le même pied des journées ci-dessus. . . . . **18 s.**

Pour déclaration faite au Greffe. . . . . **18 s.**

Pour homologation et enregistrement de Mariage, Donation, Testament, et autres Actes. . . . . **1 l. 10 s.**

Pour insinuation de Contrats d'acquêts ou autres. . . . **1 l. 10 s.**

Pour homologation de Sentence arbitrale. . . . . . . **18 s.**

Pour les publications du départ de l'Isle qui seront au nombre de trois, dont sera tenu par lesdits Greffiers un Tableau qui sera exposé au Greffe pour servir d'avis au public, où il enregistrera avant la premiere publication, le nom de celui ou ceux qui voudront sortir de l'Isle, sera payé. . . . . 18 s.

Lorsque la consignation au Greffe du prix de la vente des meubles sera ordonnée par le Juge, en cas de suspicion de l'insolvabilité du Sergent qui l'aura faite, le Greffier ne pourra prétendre autres salaires du recouvrement ni de consignation que cinq pour cent, ci. 5 p. cent.

Pour l'enrégistrement du Procès-verbal de saisie réelle et établissement de Commissaire. . . . . 1 l. 10 s.

Pour l'enrégistrement au Greffe de chaque libelle aux saisies, criées et vente par décret. 12 s.

Pour l'opposition simple. . . . . 6 s.

Pour l'enrégistrement au Greffe du Procès-verbal et Ordonnance ou Jugement, portant la certification des criées. . . . . . 12 s.

Pour toutes les Procédures qui seront remises au Greffe pour être dressé le décret d'adjudication, le Greffier n'en pourra rien prendre; mais pour ledit décret qui sera par lui dressé sur icelles, sera payé ce qui en sera taxé par le Juge.

Pour délivrer un appointement préparatoire, non excédant un feuillet de papier, sera payé six sols. . . . . 6 s.

Finalement à l'égard des grosses et expéditions d'enquêtes, inventaires, et autres sortes d'expéditions, tant en matiere civile que criminelle, elles ne se feront point en grosse en la maniere de France, mais en maniere de copie bien écrite, et dont les pages seront bien remplies et serrées, pourquoi si l'expédition ne contient qu'un feuillet, sera payé. . . . . 12 s.

Et quand il y aura plusieurs rôles, ils seront payés sur le pied de six sols par rôle. . . . . 6 s.

Quand le Greffier sera obligé de se transporter avec le Juge, il aura les deux tiers des vacations dudit Juge; et pour les autres sortes d'homologations, insinuations et enrégistremens, ils seront payés au Greffier à raison de l'Acte qui sera enrégistré et à proportion de ce qui est ci-dessus dit et taxé; à l'exception des enrégistremens qu'il sera tenu de faire gratuitement, de toutes les Ordonnances et Réglemens publics de Justice, Police et autres; le Greffier ne sera tenu de délivrer aucunes expéditions aux Parties, qu'il n'ait été préalablement payé, tant des taxes du Juge et Procureur du Roi, que des siennes.

Au Concierge des Prisons,

Pour l'enrégistrement en son Livre de la grosse de l'écrou d'emprisonnement à l'arrivée de chaque Prisonnier. . . . . 6 s.
Pour la décharge de l'écrou dudit emprisonnement, ci. . . . 6 s.

A l'égard des gîtes et géolages pour chacun des Prisonniers, ils lui
seront taxés par le Juge, ainsi qu'il échoira ; et pour la nourriture de
chacun des Prisonniers, elle leur sera fournie par le Géolier à raison de
dix sols par jour, sans qu'il puisse avoir aucune action pour davantage ;
laquelle nourriture sera avancée par la Partie civile, sauf son recours
contre le Prisonnier ; et où il n'y aura point d'autre Partie que le
Procureur du Roi, ladite nourriture se prendra sur le fond des
amendes.

Aux Experts et Visiteurs nommés par Justice.

Leurs salaires et vacations seront taxés par le Juge, ainsi que le
Procès-verbal de rapport et visite, suivant les différences et cas qu'il
appartiendra.

Taxe de ce qui sera payé aux Notaires.

Pour chaque Contrat de vente, dont le prix sera, jusques et au-dessous
de dix mille livres de Sucre, tant pour leur vacation, que pour une
expédition et grosse, il leur sera payé. . . . . 1 l. 10 s.
Pour les Contrats excédans lesdites dix mille livres de Sucre, à quelque
quantité qu'ils se puissent monter, ne sera payé que. . . . 3 l.
Pour un Contrat de Mariage reçu dans l'Étude du Notaire, sera pris,
tant pour la vacation et minute, que pour une expédition, ci. . 6 l.
Pour les autres Contrats de Mariage, Testamens et autres, où il y
aura transport, outre la taxe ci-dessus, il se pourra faire payer de son
transport, à raison de quatre livres par jour. . . . . 4 l.
Pour les Transactions reçues dans l'Étude du Notaire sera pris, tant
pour une grosse, que vacation et minute, comme pour le Contrat de
vente ci-dessus.
Pour les Procurations, transports et autres simples Actes, tant pour
la minute que pour une grosse. . . . . 1 l.
Pour les Testamens faits dans le Bourg de la demeure du Notaire,
tant pour la minute que pour la grosse. . . . . 6 l.

Lorsqu'il y aura transport seront prises les vacations, sur le pied ci-dessus, à raison de quatre livres par jour, ci. . . . . . . 4 l.

Pour les Comptes et Actes de partages les vacations en seront prises à raison comme dessus, de quatre livres par jour. . . . . 4 l.

Moyennant quoi les grosses seront. . . . . *gratis*

Pour les Obligations pures et simples, tant pour minute que pour une grosse. . . . . 1 l. 10 s.

Pour les Quittances simples, sans retirer de minute. . . . 6 s.

A l'égard des autres Quittances dont il y aura minute ou la décharge d'un contrat. . . . . 18 s.

Quant aux Inventaires des biens délaissés, ils seront faits par les Notaires, à l'exclusion du Greffier; lorsque lesdits Inventaires seront volontairement faits sans opposition des Créanciers et autres Parties; mais lorsqu'ils seront faits ensuite du scellé et autorité de Justice, ce sera audit Greffier, quand le Juge y sera appellé et non autrement; pour la confection desquels Inventaires qui devront être faits par le Notaire, à raison de quatre livres par vacation par jour, et de la grosse suivant la taxe faite ci-dessus au Greffier.

A l'égard des Compulsoires et Collations de pieces par authorité de Justice, ou minutes des Sergens, lesdits Notaires seront payés, savoir vingt-quatre sols pour la recherche, et des expéditions qu'ils en délivreront, sur le pied des rôles ci-dessus.

Finalement quant aux autres Actes non spécifiés en ce Réglement, ils seront payés à proportion des rôles et transports, s'il y en a, comme dit est.

TAXE de ce qui sera payé aux Huissiers et Sergens.

Pour un Exploit qui sera fait dans le Bourg ou lieu de résidence, et sans Records. . . . . 6 s.

Pour l'Exploit fait dans la demi-lieue à l'entour du Bourg, aussi sans Records, sera payé. . . . . 18 s.

Et pour le reste de la banlieue, qui sera expliquée dans chacune des Isles, lors de l'enrégistrement du présent Réglement, sera payé. 1 l. 10 s.

Pour autres faits dans les lieux plus éloignés, sera payé à raison de dix-huit sols d'augmentation par chaque lieue. . . . . . 18 s.

Pour Significations, Commandemens, Sommations, sera payé comme pour les Exploits. . . . . 6 s.

Pour les Records il n'en sera point mené que lorsqu'il s'agira de Saisie réelle, Exécutions de meubles et Emprisonnemens, auquel cas, pour chacun des deux Records, sera payé la moité de ce qui est attribué au Sergent.

Outre les Exploits ci-dessus leur sera payé par chacun rôle des copies des Pieces justificatives et autres Actes qu'ils signifieront, lesdites copies écrites en minute, à raison de six sols pour chacun rôle de minute, comme ci-dessus. . . . . 6 s.

Pour les Arrêts du Sucre au poids. . . . . 6 s.

Pour les Exécutions où il y aura enlevement de meubles, qui seront faites dans le Bourg, sera payé suivant la différence des exécutions qui seront taxées par le Juge.

Et pour la banlieue. . . . . *Idem.*

Lorsqu'il n'y aura point de déplacement dans le Bourg. . 18. s.

Et pour la banlieue dans la premiere demi-lieue. . . 1 l. 10 s.

Et pour le reste de ladite banlieue. . . . . 2 l.

Pour les autres faites dans les lieux plus éloignés sera payé, comme dit est, à raison de dix-huit sols d'augmentation par chacune lieue. 18 s.

Aux Gardiens, Dépositaires de bestiaux qui seront saisis et enlevés, sera payé pour la garde et nourriture d'iceux, savoir pour un cheval, par chaque jour. . . . . 4 s.

Et pour une bête à corne, bœuf ou vache. . . . . . 4 s.

Pour chaque bête à laine et cabrit. . . . . 2 s.

Pour la vente des meubles sera payé à l'Huissier selon qu'elle sera de plus ou moins de peine et conséquence, ce qui sera taxé par le Juge sur les Procès-verbaux, sans que ledit Juge prenne sur ce aucune vacation.

Auxdits Huissiers pour leurs Procès-verbaux de compulsoire de pieces, leurs salaires et vacations seront payés comme dit est, suivant la taxe du Juge.

Pour l'Exploit de saisie réelle et établissement de Commissaire, lorsqu'il y aura transport ou non du Sergent hors la banlieue de sa résidence, sera payé comme est ci-devant dit aux Exploits d'exécution en pareil cas.

Pour le transport du Sergent aux domiciles de qui besoin sera de signifier hors de ladite banlieue, sera payé à raison comme dit est.

Quant aux salaires et vacations des Gardiens, Commissaires ou Séquestres établis sur les terres et autres immeubles, la taxe en sera faite par le Juge suivant l'exigence des cas.

Pour chaque Cri, Publication, Opposition à Pannonceaux et Affiches, sans transport ès lieux et endroits nécessaires, sera taxé par le

Juge,

Juge, suivant les copies et écritures qu'il faudra faire, à proportion de ce qui conviendra, suivant les taxes ci-dessus.

Pour les Publications d'Enchères seront payées comme les Exploits, à proportion des transports.

Finalement pour les autres Procédures non exprimées concernant les saisies réelles, les taxes en seront faites et liquidées par le Juge, ainsi qu'il appartiendra.

Pour l'Emprisonnement fait pour dettes, lorsqu'il sera ordonné par le Jugement, il sera payé à l'Huissier et à son Record, lorsqu'il sera fait dans le Bourg. . . . . 2 l.

Et suivant la distance des lieux sera payé, dans la premiere demi-lieue. . . . . 3 l.

Et dans le reste de la banlieue. . . . . 4 l.

Pour les Emprisonnemens en vertu de décret de prise de corps décernés, seront payés de même que le civil.

Il sera observé en dernier lieu, que dans toutes les taxes généralement qui doivent être faites par le Juge Civil, suivant le présent Réglement, il ne sera pris ni payé aucune vacation par ledit Juge lorsqu'il y procédera, mais sera tenu de le faire gratuitement.

Lesdits Sergens ne seront point tenus de délivrer le rapport de leurs Exploits et autres Actes, avec les Pieces qui leur auront été baillés, que préalablement ils ne soient payés par les Parties, auxquelles en payant ils ne pourront retenir lesdits Exploits, ni garder lesdites Pieces plus tard que la huitaine, autrement ils y seront contraints par corps, avec tous dépens, dommages et intérêts.

Il est enjoint à tous les susdits Officiers de Justice, même aux Notaires, Huissiers et Sergens de mettre au bas de leurs Expéditions et Exploits ce qui leur aura été payé.

FAIT et arrêté à Saint-Christophe, par nous Jean-Charles de Baas, Gouverneur et Lieutenant-Général des Isles, etc. le dixieme jour de Septembre 1671. *Signé* DE BAAS. *Et plus bas*, par M. CEBERET.

R. au Conseil Souverain de la Martinique, le 1 Février 1672.

Arrêt du Conseil d'Etant, qui exempte de tous droits de sortie toutes les Marchandises qui seront chargées dans le Vaisseaux de la Compagn`e des Indes Occidentales , et des autres Sujets de Sa Majesté, dans les Ports du Royaume , pour être portées aux Côtes de Guinée , aux conditions portées par cet Arrêt.

Du 18 Septembre 1671.

LE ROI s'étant fait représenter en son Conseil l'Arrêt rendu en icelui le 4 Juin dernier, portant entre autres choses , qu'à commencer du premier Juillet ensuivant les Marchandises qui seront chargées dans les Ports de France, pour être portées aux Isles de l'Amérique occupées par les Sujets de Sa Majesté, seront exemptes de tous Droits de Sortie et autres généralement quelconques ; et Sa Majesté desirant que les Vaisseaux, tant des Indes Occidentales , que des autres Particuliers François, qui seront lors chargés dans lesdits Ports de France , pour négocier aux Côtes de Guinée , et Traite des Negres, pour lesdites Isles , jouissent de la même exemption : ouï le rapport du sieur Colbert , Conseiller ordinaire au Conseil Royal , Contrôleur-Général des Finances : Sa Majesté en son Conseil , interprêtant , en tant que besoin seroit , ledit Arrêt du 4 Juin dernier, a ordonné et ordonne que toutes les Marchandises qui seront chargées dans les Vaisseaux de la Compagnie des Indes Occidentales , et des autres Sujets de Sa Majesté , dans les Ports de ce Royaume , pour être portées aux Côtes de Guinée , jouiront de l'exemption des Droits de Sortie portée par ledit Arrêt ; à la charge par les Marchands , Maîtres , Capitaines et Propriétaires des Navires , de faire leurs soumissions aux Commis des Bureaux des Fermes unies des Ports où ils chargeront , d'y faire leur retour , et de rapporter certificat de leur décharge en Guinée des Commis de la Compagnie des Indes Occidentales , à peine d'être déchus de ladite exemption , et de trois mille livres d'amende, applicable moitié à Sa Majesté , et l'autre moitié à l'Hôpital des lieux. FAIT au Conseil d'Etat du Roi tenu à Paris le dix-huitieme jour de Septembre mil six cent soixant-onze.

Signé RANCHIN.

ORDONNANCE *du Gouverneur-Général des Isles, touchant la Fabrique
des Indigos.*

Du 10 Octobre 1671.

LE Sieur de Baas, etc. Nous ayant été remontré par le Procureur du
Roi, et les Sindics de cette Isle, qu'il s'est commis depuis un temps un
abus très-commun dans les Manufactures des Indigots par quelques Habitans avides de profit, lesquels jettent, en le manufacturant, de la terre
qui se mêlant avec l'Indigot, le rend d'un poids plus fort de moitié et
cette fraude manifeste en ayant fait ravaler le prix, que l'on doit
maintenir avec tout le soin possible, ce qui ne se peut faire qu'en obligeant les Habitans à s'appliquer d'en faire de bonne qualité et sans
fraude; c'est pourquoi il nous auroit requis qu'il Nous plût ordonner à
tous lesdits Habitans de souffrir la visite de leur Indigo toutes fois
qu'ils en seront requis par ledit Procureur du Roi et lesdits Syndics,
pour en reconnoître la bonne ou mauvaise qualité, et châtier rigoureu-
sement ceux qui se trouveront convaincus d'y avoir mêlé de la terre et
fait quelque fraude; ce qu'ayant considéré et qu'il n'y a rien à quoi les
Habitans doivent être plus fortement portés pour le bien des Colonies
qu'à s'efforcer à faire de bonnes Marchandises en ce pays, nous avons
commis et commettons les sieurs de Bonnemaire, Conseiller au Conseil
Souverain et Syndic de cette Isle, et de la Calliere, Procureur du Roi
pour le quartier de la Basse Terre, et le sieur Guillaume Laitre, Conseiller au Conseil Souverain et Syndic de cette Isle, pour le quartier
de la Pointe de Sable, Anse à Louvet et Cabsterre, pour faire visite,
quand ils le trouveront à propos, dans les Cases et Habitations de tous
les Habitans qui font de l'Indigo, afin d'en reconnoître l'abus s'il s'en
trouve, à quoi faire ils pourront appeller avec eux une personne d'expérience au fait de cette Marchandise; ordonnons audits Habitans d'ex-
hiber auxdits sieurs l'Indigo qu'ils auront alors en leurs possessions; et
où il s'en trouveroit quelques-uns qui fussent convaincus desdits abus,
leur donnons pouvoir de les faire emprisonner ou s'assurer de leurs
personnes, pour ensuite être procédé contre eux, ainsi que le cas le
requérera; et afin que personne n'en prétende cause d'ignorance, la
présente Ordonnance sera enregistrée, lue, publiée et affichée aux lieux
et quartiers ordinaires de cette Isle, à la diligence du Procureur du Roi.
FAIT à Saint Cristophe le 10 Octobre 1671. *Signé* DE BAAS.

H h ij

ORDONNANCE de M. DE BAAS *touchant les Chemins.*

Du 10 Octobre 1671.

LE Procureur du Roi nous ayant remontré que depuis quelque temps on s'est tellement relâché d'entretenir les chemins de tous les quartiers de cette Isle, nonobstant les diverses Ordonnances qui ont été rendues à cet effet par les précédens Gouverneurs et Seigneurs de cette Isle qui les ont toujours fixés de 24 pieds; que bien loin d'être de cet espace, il n'y en a que très-peu qui en aient 15, et par où un cabrouet puisse rouler commodément; ensorte que bien souvent un homme de cheval, en rencontrant dans lesdits chemins, est contraint de rebrousser ou de s'exposer à des accidens dangereux, soit pour lui ou pour son cheval, ainsi que nous en avons de fâcheux exemples en cette Isle; nonobstant quoi et les diverses Ordonnances faites à ce sujet par le sieur Chevalier de Saint-Laurent, Gouverneur, il ne s'y est quasi porté aucun remede jusqu'à présent, on n'a pas même coupé et retranché les raquettes qui bordent les lisieres, et qui croissent et augmentent si abondamment, qu'à peine en beaucoup de chemins peut-on éviter d'en ressentir les pointes à cheval, pour à quoi obvier et chercher la commodité publique, nous a requis qu'il nous plût d'ordonner à tous les Propriétaires des terres qui composent lesdits chemins dans l'étendue de la partie Françoise de cette Isle, de les élargir et rendre de l'espace de 24 pieds francs, à l'entretien de quoi ils seroient obligés sur les peines qu'il nous plairoit, et qu'à cet effet il nous plût commettre telles personnes de chacun desdits quartiers de cette Isle pour visiter lesdits chemins, et faire leur rapport de l'état d'iceux.

Sur laquelle remontrance faisant droit, nous avons ordonné et ordonnons à tous Habitans, Propriétaires des terres composant lesdits chemins de tous les quartiers de la partie Françoise de cette Isle, de les élargir, raccommoder et rendre de l'espace et largeur de vingt-quatre pieds francs, en sorte que l'on y puisse charroyer et passer commodément, et ce dans l'espace de trois mois, à compter du jour de la publication de la présente Ordonnance; à faute de ce ils y seront contraints par paiement de trois cens livres de Sucre d'amende; et pour l'exécution de la présente Ordonnance, nous avons commis et commettons les sieurs Curra et Connex, Lieutenans, avec le sieur Jacques de Bonnemaire,

Conseiller au Conseil Souverain et Syndic en cette Isle pour le quartier de la Basse Terre et ses dépendances, et les sieurs René Cusaler et
Philbert Blaye, Habitans, avec le sieur Laitre, Conseiller audit Conseil
et Syndic pour les quartiers de la Pointe de Sable, Anse à Louvet et
Cabsterre, auxquels nous enjoignons de tenir la main à l'exécution de
ce que dessus; et afin que personne n'en prétende cause d'ignorance,
la présente Ordonnance sera lue, publiée et affichée. FAIT à Saint-
Christophe le dixieme Octobre 1671. *Signé* DE BAAS.

ORDONNANCE *du Gouverneur-Général des Isles, pour prévenir les*
Incendies.

Du 10 Octobre 1671.

LE sieur de Baas, etc.

Sur ce qui nous a été remontré par le Procureur du Roi de cette
Isle, que les Incendies qui ont ci-devant embrâsé et consommé le Bourg
de la Basse Terre avec de très-notables pertes, joint à l'exemple funeste
que nous avons de celui arrivé au Bourg Saint-Pierre de l'Isle
Martinique il n'y a qu'un mois, devroient pousser chacun à chercher
toutes sortes de moyens pour prévenir et empêcher un nouvel Incendie
dudit Bourg de la Basse Terre, lequel n'étant composé pour la plus
grande et notable partie, que de Magasins couverts de canne et sans
cuisine, les Propriétaires ou Locataires d'iceux sont réduits à faire du
feu au milieu quoique sans cheminée; ensorte que la couverture de
canne se séchant et s'échauffant, devient trop susceptible du feu pour
n'en arriver pas quelque malheur; pour à quoi obvier, il nous auroit
requis d'obliger tous les Propriétaires ou Locataires des magasins situés
audit Bourg de la Basse Terre, ou audit lieu de cette Isle, de les
couvrir d'essentes, ou au défaut de ceux qui ne le pourront pas commodément, de s'y bâtir au moins une petite cuisine de maçonnerie
proche de chacun desdits magasins où il puisse faire du feu, et non
pas dans l'enclos desdits magasins, sur peine d'être privés de les occuper
ou donner à loyer, et de telle amende qu'il nous plairoit ordonner; à
quoi ayant égard, nous avons ordonné et ordonnons à tous Propriétaires
des magasins situés au Bourg de la Basse Terre, et ceux de la Pointe
de Sable et Anse à Louvet et Cabsterre, de faire bâtir et construire une
petite cuisine à côté ou au bout de chacun desdits magasins où il n'y en

a point, dans six mois du jour de la publication des présentes ; passé lequel temps, lesdits Propriétaires qui n'y auront pas satisfait, seront privés d'en jouir par louage ni autrement, et condamnés en cinq cens livres de Sucre d'amende. FAIT à Saint-Cristophe le dix Octobre mil six cent soixante-onze. *Signé* DE BAAS.

ORDONNANCE *de M.* DE BAAS, *touchant les Revendeurs et Aubergistes, et Opposition de l'Agent Général de la Compagnie à cette Ordonnance.*

Du 10 Octobre 1671.

LE sieur de Baas, etc.

Sur ce qui nous auroit été représenté par le Procureur du Roi, qu'il se forme depuis quelques temps dans tous les quartiers de cette Isle un nombre si grand de Revendeurs ou Regratiers, qu'ils vont en enlevant et achetant une si grande quantité de vin et eau-de-vie, et même autres marchandises de toute espece, qu'à peine les Habitans en peuvent avoir pour leur provision ; lesquelles boissons et autres marchandises ils détaillent ensuite à des prix si exhorbitans, que leur profit va ordinairement à plus de quatre cens pour cent, se réservant d'en faire distribution aux arrieres saisons, afin de profiter ainsi de la disette qui s'y rencontre toujours ; tellement qu'outre le notable préjudice que souffrent les pauvres Habitans, c'est qu'il se commet et s'engendre continuellement une débauche si fréquente, qu'on en verroit des suites encore plus étranges que celles dont nous avons tant d'exemples, sans les soins qu'apporte M. de Saint-Laurent, Gouverneur, pour en empêcher le cours ; attendu le nombre des Cabarets qui s'élevent incessamment dans le Bourg de la Basse Terre et autres divers lieux de cettedite Isle, où la plûpart des Habitans ou vrais Artisans vont consommer ce qu'ils peuvent avoir de liquide au lieu de le donner à leurs Créanciers et de s'arrêter à travailler ; requérant ledit Procureur du Roi, joint avec lui les Syndics de cette Isle, que sans entendre déroger en aucune façon à la liberté que Sa Majesté a octroyée aux Marchands qui viennent d'Europe commercer en ces Isles, il nous plaise ordonner que taxe seroit imposée sur lesdites Boissons et autres Marchandises vendues en détail par lesdits Regratiers, par ledit Procureur du Roi et lesdits Syndics, et que pour avoir permission de distribuer desdites boissons, de lever et tenir des Auberges ou Cabarets, lesdits Gargotiers ou telles autres personnes recoureroient à nos Lettres ; que sans en être pourvus il leur soit fait de très-expresses défenses de faire aucune desdites distributions , sur les peines qu'ils nous plairoit ; et où il s'en trouveroit qui en fussent ci-après pourvus , leur défendre de donner à boire ni à manger à quelque personne que ce soit pendant le Service Divin des jours de Fêtes et Dimanches sur telles autres peines qu'il nous plairoit ; à laquelle remontrance ayant égard , nous avons fait et faisons très-expresses défenses à quelque personne que ce soit , de faire aucune sorte de distribution de vin , eau-de-vie et autres liqueurs , tant dans le Bourg de la Basse Terre , ceux de la Cabsterre , Ance à Louvet et Pointe de Sable , qu'autres quartier de la partie Françoise de cettedite Isle , sans au préalable être pourvus de notre permission , sur peine de confiscation de leursdites boissons et de mille livres de Sucre d'amende , payables par emprisonnement de leurs personnes ; et où il se trouveroit que ceux qui ont déjà été ou seront ci-après pourvus de nos permissions fissent leursdites distributions à des prix exhorbitans et déraisonnables , permettons audit Procureur du Roi et auxdits Syndics d'imposer telles taxes sur leurs boissons , et sur leurs autres denrées desdits Cabarets , qu'ils verront être raisonnables ; leur faisons pareillement défenses de donner à boire ni à manger à aucunes personnes dans leurs Magasins pendant le service Divin , ni d'en souffrir aucuns désordres , blasphêmes , ni autres déréglemens , à peine de cinq cents livres de Sucres d'amende , payable sans déport ; et afin que personne n'en prétende cause d'ignorance , nous avons ordonné que la présente Ordonnance sera lue , publiée , enregistrée et affichée en tous les lieux de cette Isle qui seront nécessaires , à la diligence dudit Procureur du Roi. FAIT à Saint-Christophe , le dixieme Octobre mil six cent soixante-onze. *Signe* DE BAAS.

APRÈS avoir eu communication de cette quatrieme Ordonnance du 10 Octobre 1671 , touchant le Réglement des Revendeurs et Etablissemens des Auberges , par ladite lecture qui en a été faite , M. Pellissier , l'un des Directeurs Généraux de ladite Compagnie , Seigneur de ces Isles , a déclaré qu'en cette qualité , et pour la conservation des intérêts de la Compagnie , il s'est opposé et oppose , tant à l'enregistrement de ladite Ordonnance , qu'à l'exécution d'icelle , en ce que par ladite Ordonnance , M. de Baas , en sa qualité de Gouverneur et Lieutenant-Général pour le Roi , s'attribue la faculté d'accorder les Lettres et Permissions auxdits Particuliers de distribuer lesdites Boissons , de lever et

tenir des Auberges ou Cabarets en cette Isle ; la disposition desquelles
Provisions, Lettres et Permissions, ledit sieur Pellissier prétend appartenir à ladite Compagnie seule, en ladite qualité de Seigneurs Hauts-
Justiciers de cesdites Isles, ou ses représentans, suivant les Articles VI
et XXIII de l'Edit de son Etablissement, où le Roi ne s'étant réservé
autre droit ni redevance que la seule foi et hommage-lige et ayant
donné pouvoir d'y établir des Juges et Officiers partout où besoin sera,
et où il sera trouvé à propos, avec l'entière connoissance de toutes
affaires de Justice et Police ; il est sans doute que cette faculté de
vendre en détail, et tenir Auberge, étant une fonction, suite et dépendance de la Police, c'est-à-dire, à ladite Compagnie seule, ou à ses Officiers d'y pourvoir ; partant, et où au préjudice de la présente opposition,
il seroit passé outre, ledit sieur Pellissier proteste de se pourvoir en
France où besoin sera, et de nullité de toutes les autres Lettres et Permissions, ainsi que de tout ce qui sera fait et enregistré au préjudice des
droits de ladite Compagnie ; de quoi ledit sieur Pellissier a requis acte.

Signé PELLISSIER.

ARRÊT *du Conseil de la Martinique, qui fixe le Prix de la Capture
des Negres fugitifs, et établit contre eux la peine d'avoir le jarret
coupé.*

Du 13 Octobre 1671.

SUR la Remontrance du Procureur Général, qu'il y avoit un grand
nombre de Negres Marons qui commettoient plusieurs désordres et
violences, prenant les Bestiaux, arrachant les Vivres, et volant même
les Passans dans les grands chemins, et qu'il avoit appris que ces
Negres vivoient en commun dans les bois, où ils avoient des Habitations
défrichées, des Cases bâties, et des Vivres plantés, que ces désordres
pourroient causer de grands accidens, si l'on négligeoit plus long-temps
d'y apporter remede ; le Conseil ordonne que la prise des Negres
Marons sera payée ; savoir, 1000 livres de Sucre pour celui qui seroit
Maron depuis un an jusqu'à trois ; 600 livres de Sucre pour celui qui
auroit été Maron depuis et au-dessus de six mois jusqu'à un an ; 300 l.
depuis deux mois jusqu'à six, et 150 livres aussi depuis huit jours
jusqu'à deux mois ; ce qui sera incessamment payé par les Maîtres desdits
Negres, et avant que de pouvoir les retirer du Corps-de-garde, où ils
seront

seront conduits par les Preneurs, qui auront un privilege spécial sur eux, pour raison de leur prise; et pour empêcher qu'à l'avenir lesdits Negres, ne continuent leur maronnage, le Conseil permet aux Habitans de couper et faire couper les nerfs du jarret à ceux de leurs Negres qui continueront dans leur fuite et évasion.

ORDONNANCE DU ROI, portant Amnistie générale pour les Habitans de la Tortue et Côte Saint-Domingue.

Du mois d'Octobre 1671.

LOUIS, etc. Les ordres que nous avons donné jusqu'ici pour fortifier accroître et augmenter les Colonies de nos Sujets établis dans les Isles de la Tortue et de Saint-Domingue, le soin que nous avons pris de leur envoyer les Vivres et les rafraîchissemens nécessaires de temps en temps, et de leur donner en toutes occasions des marques d'une protection royale, et d'une bonté paternelle, en établissant une Compagnie pour faire un commerce réciproque et avantageux entr'eux et nos Sujets de ce Royaume, nous avoit donné lieu de croire qu'après tant de bienfaits nous n'aurions pas de Sujets plus affectionnés qu'eux à notre service, ni de plus soumis à nos ordres; cependant nous avons appris avec beaucoup de déplaisir, qu'à la persuasion des Ennemis de notre Couronne, et de quelques mal intentionnés d'entr'eux, ils se sont engagés dans une révolte; qu'ils ont commencé par traiter avec deux Navires Hollandois de les charger à frêt, nonobstant les expresses défenses que nous leur avons faites, et se seroient saisis de la personne du sieur Renou, commandant le Quartier du Petit Goave, et d'un autre Officier, qu'ils auroient menés prisonniers à bord desdits deux Navires Hollandois, parce qu'ils avoient voulu s'opposer à la contravention de nos défenses; depuis continuant dans leurs désordres et leur aveuglement, ils auroient pareillement arrêté le sieur Samson, commandant un Vaisseau de ladite Compagnie, duquel ils se seroient efforcés de se rendre les maîtres, ayant pour cet effet tiré quantité de coups de fusils, sans avoir voulu reconnoître le sieur d'Ogeron leur Gouverneur, qui étoit sur le bord dudit Vaisseau, ni la Commission dont nous l'avons honoré; enfin portant leur insolence jusqu'à l'extrémité, ils auroient, au grand mépris de notre autorité, fait refus d'obéir à nos ordres que nous leur aurions envoyés exprès par le sieur Gabaret, commandant une

Escadre de nos Vaisseaux, ce qui étant venu à notre connoissance, nous aurions résolu de punir une rébellion si manifeste ; mais ledit sieur d'Ogeron, nous ayant fait entendre que nosdits Sujets ont cessé tous Actes d'hostilité, qu'ils ont mis bas les armes, et ont un regret sensible de s'être éloignés de l'obéissance qu'ils nous doivent comme à leur Roi, et qu'ils desirent de mériter par leur fidélité et soumission, notre grace et pardon de leurs actions passées, nous avons estimé devoir plutôt user envers eux de notre bonté et clémence, que des voies que Dieu nous a mises entre les mains pour les châtier, avec la sévérité qu'ils ont méritées. A CES CAUSES, ayant fait mettre l'affaire en délibé-ration en notre Conseil, où étoit notre très-cher et très-amé Cousin le Prince de Condé, plusieurs Officiers de notre Couronne, et autres grands et notables Personnages de notre Conseil, de l'avis d'icelui et de notre grace spéciale, pleine puissance et autorité Royale, nous avons par ces présentes signées de notre main, accordé et accordons à nos Sujets, habitans desdites Isles de la Tortue et de Saint-Domingue, qui ont pris part à ladite rébellion, de quelque qualité et condition qu'ils soient, tant Séculiers qu'Ecclésiastiques, l'Amnistie générale de tout ce qui a été par eux fait, depuis le temps de leur révolte jusqu'au jour qu'ils ont mis bas les armes, directement ou indirectement contre le bien de notre service, pour quelque cause et sous quelque prétexte que ce puisse être ; voulons et nous plaît que tous nosdits Sujets, habitans desdites Isles, soient rétablis en tous leurs privileges, libertés, fran-chises, immunités et droits dont ils ont joui paisiblement, et ont droit de jouir sans qu'ils puissent être troublés à l'avenir, conformément aux Traités et Conventions faits avec eux par ledit sieur d'Ogeron, Gou-verneur desdites Isles, que nous avons approuvés et ratifiés, et en tant que besoin seroit, approuvons et ratifions ; révoquons tous dans et con-fiscations faits par nous des biens, meubles et immeubles desdits Habi-tans, et autres choses qui étoient en nature au temps qu'ils ont mis bas les armes ; lesquelles nous voulons leur être rendues de bonne foi, sans que ceux qui ont obtenu lesdits dons et confiscations se puissent exempter de ladite restitution, sous prétexte de perte par eux souffertes, ou jugemens qui pourront être intervenus que nous déclarons de nul effet ; voulons aussi que tous lesdits crimes et excès commis pendant lesdits mouvemens, à raison d'iceux soient pardonnés, éteints et abolis, comme de notre grace spéciale, pleine puissance et autorité Royale, nous les pardonnons, éteignons et abolissons ; imposant sur ce silence perpétuel à nos Procureurs-Généraux, leurs Substituts et à tous autres ;

"faisant défenses à tous nosdits Sujets de s'injurier ni se faire mal les uns les autres. Si donnons en mandement audit sieur d'Ogeron, Gouverneur desdites Isles, et autres Officiers qu'il appartiendra que ces Présentes ils fassent lire, publier et enregistrer, garder et observer selon leur forme et teneur, et de tout le contenu en icelles, jouir et user les Habitans desdites Isles, et tous adhérens, pleinement, paisiblement et perpétuellement. Car tel est notre plaisir, etc. DONNÉ à Saint-Germain-en-Laye, au mois d'Octobre 1671. *Signé* LOUIS.

RÉGLEMENT du Roi, sur le fait du Commandement des Armes, de la Justice, de la Police, des Finances et du choix des Officiers aux Isles.

Du 4 Novembre 1671.

SA MAJESTÉ, ... ordonne ce qui suit :

ART. Ier. Le commandement des Armes appartiendra toujours au Lieutenant-Général établi par Sa Majesté dans lesdites Isles, et aux Gouverneurs Particuliers d'icelles; Sa Majesté voulant néanmoins qu'ils donnent part au Directeur de la Compagnie des Indes Occidentales qui sera sur le lieu, ou à celui qui le représentera, et aura son pouvoir de tout ce qui se passera sur ce sujet, attendu que ladite Compagnie est Seigneur et Propriétaire desdites Isles.

ART. II. La Justice sera administrée en premiere instance par les Juges établis en chacune Isle par la Compagnie; et en cas d'appel, par le Conseil Souverain établi en chacune d'icelles.

ART. III. La Police générale et tout ce qui en dépendra, suivant l'usage et les Ordonnances du Royaume, sera faite par ledit Conseil Souverain en chacune Isle, et la Police particuliere, c'est-à-dire, l'exécution des Réglemens et Ordonnances de Police générale, sera faite par les premiers Juges.

ART. IV. Les Réglemens et Ordonnances de Justice et Police, de quelque qualité qu'ils puissent être, sans aucune exception, seront proposés dans les Conseils Souverains par les Procureurs de Sa Majesté, et iceux délibérés et résolus avec liberté de suffrage, à la pluralité des voix, et seront intitulés du nom du Lieutenant-Général dans l'Isle où il se trouvera, dans les autres Isles des noms des Gouverneurs Particuliers d'icelles, signés, expédiés par les Greffiers desdits Conseils;

publiés et affichés à la diligence des Procureurs-Généraux qui seront aussi chargés de tenir la main à leur exécution, dont ils seront tenus de rendre compte auxdits Conseils.

ART. V. Lesdits Conseils seront composés, conformément aux Lettres-Patentes de Sa Majesté, du Lieutenant-Général qui y présidera toujours dant toutes les Isles où il se trouvera, et des Gouverneurs Particuliers en chacune des autres Isles; la seconde Personne desdits Conseils sera toujours le Directeur ou l'Agent Général de ladite Compagnie; ensorte qu'il aura séance avant le Gouverneur Particulier, lorsque le Lieutenant-Général y sera présent; ladite Compagnie donnera les Commissions à quatre autres Conseillers de chacun Conseil, conformément aux Lettres-Patentes.

ART. VI. En cas de vacances des Officiers de Guerre, Sa Majesté veut que ladite Compagnie donne pouvoir audit Lieutenant-Cénéral, et Directeur ou Agent Général conjointement, d'y commettre; en quoi elle desire, qu'elle fasse connoître audit Directeur Général ou Agent, qu'en cas de différence de choix, il ait à déférer à celui qui sera fait par ledit Lieutenant-Général, jusqu'à ce que la Compagnie en envoie ses Pro-provisions sur les lieux; à l'égard des Officiers qu'elle a droit de pourvoir par ses Lettres de Concessions, ou sa nomination; et les Provisions de Sa Majesté, à l'égard de ceux auxquels elle à droit seulement de nommer.

ART. VII. A l'égard des Charges des Conseils Souverains, lorsqu'elles vaqueront, Sa Majesté veut qu'il en soit donné avis à la Compagnie, afin que ceux qu'elle aura choisi pour les remplir, soient pourvus par Sadite Majesté; et cependant lesdits Conseils nommeront trois personnes aux Lieutenant-Général et Directeur, ou Agent Général, qui y com-mettront conjointement, l'une desdites trois personnes nommées pour l'exercer, jusqu'à ce que les Provisions de Sa Majesté aient été envoyées sur les lieux.

ART. VIII. Les Officiers des premieres Justices seront pourvus par le Directeur, ou Agent Général, et en conséquence du pouvoir qui lui en sera donné par la Compagnie.

ART. IX. Les Concessions de toutes les Terres seront faites par ledit Directeur, ou Agent Général seul, en conséquence du même pouvoir.

ART. X. A l'égard des prises qui seront faites en mer, Sa Majesté enverra ses Provisions sur la nomination de M. le Comte de Vermandois, Amiral de France, pour l'établissement de la Justice de l'Amirauté.

ART. XI. Sa Majesté veut que les premiers Juges et les Conseils Souverains suivent et se conforment à la Coutume de Paris, et aux Ordonnances du Royaume, pour la Justice qu'ils doivent rendre à ses Sujets.

ART. XII. A l'égard de la Police, Sa Majesté veut que lesdits Conseils Souverains s'y appliquent particulierement en chacune Isle, et qu'ils travaillent à faire des Réglemens et Ordonnances, qui aient pour fin d'établir une entiere liberté à tous les Marchands François qui y apporteront leur Commerce, et en exclure entierement les Etrangers, et à perfectionner les Manufactures des Sucres, des Tabacs, et de toutes les autres Marchandises qui croissent dans lesdites Isles, et qu'ils soient persuadés que de tous ces points dépend l'augmentation ou perte entiere des Colonies desdites Isles.

ART. XIII. A l'égard des Finances qui consistent au pouvoir d'ordonner des deniers qui seront envoyés par Sa Majesté ou par la Compagnie, lorsque Sa Majesté y en enverra, elle fera connoître ses volontés par les Ordonnances qu'elle fera expédier; à l'égard des deniers de la Compagnie, Sa Majesté veut que le Directeur ou l'Agent Général en ordonne seul sans difficulté, suivant le pouvoir qui lui en sera donné par la Compagnie.

Veut Sa Majesté que le présent Réglement soit publié en chacun des Conseils Souverains desdites Isles, et envoyé aux Greffes d'iceux, et affiché partout où il appartiendra. Mande Sa Majesté au sieur de Baas, Lieutenant-Général pour Sa Majesté dans lesdites Isles, aux Gouverneurs Particuliers d'icelles, et aux Officiers tenant lesdits Conseils Souverains et autres ses Officiers qu'il appartiendra de tenir soigneusement la main à l'exécution d'icelle.

FAIT à Versailles, le quatre Novembre mil six cent soixante-onze. Signé LOUIS. Et plu bas, COLBERT.

R. à la Martinique, le 27 Février 1672.

ORDONNANCE DU ROI, qui défend le transport des Bœufs, Lards, Toiles et autres Marchandises étrangeres des Païs étrangers dans les Isles.

Du 4 Novembre 1671.

SA MAJESTÉ ayant été informée qu'au préjudice des Arrêts et Ordonnances qui ont été expédiés pour interdire tout Commerce étranger dans les Isles de l'Amérique, occupées par ses Sujets, la plupart des Vaisseaux François qui y vont trafiquer sous les permissions de Sa Majesté, et de la Compagnie des Indes Occidentales, se trouvent chargés de Bœuf, Lards, Toiles et autres Marchandises prises dans les Pays étrangers : ce qui étant directement contraire à son intention; Sa Majesté a fait et fait très-expresses inhibitions et défenses à tous Marchands François, trafiquans auxdites Isles, d'y transporter aucunes viandes ni autres marchandises prises en Pays étrangers, à peine de confiscation, de cinq cent livres d'amende, et de punition corporelle en cas de récidive. Veut, Sadite Majesté, que lesdits Marchands soient tenus de rapporter au Commis de ladite Compagnie, dans l'Isle où ils aborderont, Certificat des Officiers de l'Amirauté, et du Commis des cinq grosses Fermes du lieu où lesdites marchandises auront été chargées en France : et en cas qu'il soit justifié du contraire, par les Chartes Parties, Connoissemens, ou Livres Journaux; veut, Sa Majesté, que le tiers soit donné au Dénonciateur, un tiers à partager également entre le Lieutenant-Général et le Gouverneur particulier de l'Isle, et le troisieme à la Compagnie, pour être employé à l'établissement et entretenement des Hôpitaux établis dans lesdites Isles. Mande et ordonne Sa Majesté, au sieur de Baas, Lieutenant-Général en ses Armées, Commandant dans lesdites Isles, aux Gouverneurs particuliers d'icelles, aux Officiers des Conseils Souverains y établis, et à tous ses Officiers et Sujets qu'il appartiendra, d'observer et faire observer, chacun en droit soi, la présente Ordonnance. Fait à Versailles le quatrieme Novembre mil six cent soixante-onze. *Signé*, Louis. *Et plus bas*, Colbert.

R. au Conseil de la Martinique le premier Février 1672.

ORDONNANCE DU ROI, *touchant les Fortifications des Isles et les Marchés qui y sont relatifs.*

Du 4 Novembre 1671.

DE PAR LE ROI.

Sa Majesté envoyant dans les Isles de la Martinique des marchandises jusques à la somme de vingt-mille livres, pour être employées aux ouvrages et travaux à faire pour la fortification desdites Isles, Sa Majesté a ordonné et ordonne que toutes les sommes de deniers qui seront en-voyées pour lesdits travaux seront dépensées, suivant les Ordonnances particulieres du sieur Pellissier, Directeur-Général de la Compagnie des Indes Occidentales, étant à présent esdites Isles, ou en son absence du sieur du Ruau Pallu, visées du sieur de Baas, Lieutenant-Général pour Sa Majesté esdites Isles. Veut, Sa Majesté, que les Marchés qui seront faits desdits ouvrages, soient publiés et donnés au rabais, autant qu'il se pourra, sinon qu'ils soient passés par ledit sieur de Baas, et lesdits sieurs Pellissier, ou du Ruau Pallu, conjointement. FAIT à Versailles, le quatrieme Novembre mil six cent soixante-onze.

ARRÊT du Conseil d'Etat, qui ordonne que les Marchandises chargées en France, pour les Isles de l'Amérique, seront exemptes de tous Droits de Sortie, et autres ; en donnant par les Marchands, soumissions de rapporter Certificat de leur décharge dans lesdites Isles.

Du 25 Novembre 1671.

LE ROI s'étant fait représenter en son Conseil l'Arrêt rendu en icelui le quatrieme Juin dernier, par lequel voulant favorablement traiter les Colonies des Isles de l'Amérique, il leur auroit accordé entr'autres choses l'exemption de tous Droits de Sortie, et autres généralement quelconques, de toutes les Marchandises qui seront chargées en France, pour être portées dans celles desdites Isles qui seront occupées par Sa Majesté, en faisant soumission, par les Marchands, de rapporter certi-ficat de la décharge d'icelles auxdites Isles, du principal Commis de la Compagnie des Indes Occidentales en chacune d'icelles ; mais d'autant que sous ce prétexte, il s'y pourroit facilement commettre des abus et des fraudes fort considérables, par l'intelligence qu'il pourroit y avoir entre les Marchands et lesdits Commis, qui pourroient se laisser cor-rompre, et délivrer des Certificats qui leur seroient demandés, quoi que les Marchandises eussent été portées ailleurs que dans lesdites Isles ; il seroit à propos de recourir à une précaution plus sûre, pour obvier auxdits abus, en obligeant lesdits Marchands de rapporter des Certificats de la décharge de leurs Marchandises dans les Isles Françoises, du sieur Pellissier, l'un des Fermiers du Roi, ou du sieur du Ruau Pallu, Agent pour la Compagnie des Indes Occidentales, qui sont présentement sur les lieux, ou de celui qui pourra leur succéder ; ce qui seroit une sûreté raisonnable pour la conservation des droits de la Ferme, en cas que les Marchands fussent en intention de frauder ; Vu ledit Arrêt du Conseil du quatrieme Juin dernier , ouï le rapport du sieur Colbert, Conseiller du Roi en ses Conseils, et au Conseil Royal , Contrôleur-Général des Finances ; et tout considéré , Sa Majesté en son Conseil de Commerce , a ordonné et ordonne , conformément audit Arrêt, que les Marchandises qui seront chargées en France, pour être portées dans les Isles de l'Amérique, occupées par les Sujets de Sadite Majesté, seront exemptes de tous Droits de Sorties , et autres généralement quelconques ; à la charge que les Marchands donneront leurs soumissions de rapporter dans six mois, à compter du jour de leur soumission , un certificat de leur décharge dans lesdits Isles dudit sieur Pellissier , l'un des Fermiers de Sa Majesté, ou du sieur du Ruau Pallu, Agent de la Compagnie des Indes Occidentales, étant à présent dans lesdites Isles, ou de celui qui leur succédera, à peine de payer le quatruple des droits ; et sera le présent Arrêt lu, publié et affiché par tout où besoin sera, à ce que personne n'en ignore. FAIT au Conseil d'Etat du Roi, tenu à Saint-Germain-en-Laye , le vingt-cinquieme jour de Novembre mil six cent soixante-onze. *Signé* BECHAMEIL.

ORDONNANCE DU ROI, *qui permet à tous Marchands François de transporter des Vins de Madere dans les Isles Françoises de l'Amérique,*

Du 28 Novembre 1671.

DE PAR LE ROI.

SA MAJESTÉ ayant , par son Ordonnance du quatrieme du présent mois , fait très-expresses inhibitions et défenses à tous Marchands François trafiquans aux Isles Françoises de l'Amérique , d'y transporter aucunes Viandes ni autres Marchandises prises en Pays étrangers ; et d'autant qu'Elle a été informée qu'il se transporte auxdites Isles quantité de Vins de Madere pour la consommation et l'usage ordinaire des Habitans desdites Isles , Sa Majesté a déclaré et déclare n'avoir entendu comprendre dans lesdites défenses lesdits Vins de Madere, lesquels pourront être transportés dans lesdites Isles, par tous lesdits Marchands François, comme auparavant ladite Ordonnance , laquelle au surplus Sa Majesté veut être exécutée de point en point. Et à cet effet, mande et

ordonne

ordonne au sieur de Baas , Lieutenant-Général en ses Armées , Commandant dans lesdites Isles , aux Gouverneurs particuliers d'icelles , aux Officiers des Conseils Souverains y établis , et à tous autres Officiers et Sujets qu'il appartiendra , d'observer et faire observer , chacun endroit soi , ladite Ordonnance et la Présente. FAIT à Saint-Germain-en-Laye le vingt-huitieme Novembre mil six cent soixante-onze. *Signé* LOUIS ; *et plus bas ,* COLBERT.

ARRÊT *du Conseil d'Etat , par lequel il est ordonné qu'il sera délivré aux Négocians de la Ville de Nantes des Passeports de Sa Majesté , en la maniere accoutumée , pour négocier aux Isles de l'Amérique.*

Du 14 Décembre 1671.

LE ROI ayant fait défenses aux Etrangers d'aller négocier en ses Isles de l'Amérique , afin de laisser faire ce commerce , tant par la Compagnie des Indes Occidentales , que par ses autres Sujets , lesdits Etrangers auroient pratiqué toutes sortes de moyens pour se le conserver , tantôt en surprenant des permissions , et d'autres fois en s'introduisant dans lesdites Isles sous les noms mandiés des François ; ce qui auroit obligé Sa Majesté d'ordonner , par Arrêt du 12 Juin 1669 , que tous le Passeports pour lesdites Isles ne seroient donnés à l'avenir que par Elle et à ses Sujets seulement , à la charge que l'Equipage des Vaisseaux seroit François , et qu'ils feroient leur retour dans un des Ports du Royaume ; et par un autre Arrêt du 30 Décembre 1670 , qu'aucun Vaisseau François ne pourroit aller auxdites Isles qu'en vertu desdits Passeports , à peine de confiscation. Et comme par ce moyen lesdits Etrangers se seroient trouvés entierement exclus de ce Commerce , ils auroient pratiqué quelques Négocians de Nantes , sous les noms desquels ils l'auroient continué , par la facilité qu'ils ont eu de faire sortir de la Ville les Sucres bruts venans desdites Isles sans payer aucuns droits , lesquels ils rafinoient ensuite chez eux et les rapportoient vendre en ce Royaume ; de quoi Sa Majesté ayant été informée , Elle auroit sursis pendant un temps de donner ses Passeports aux Négocians de ladite Ville pour lesdites Isles ; mais lesdits Négocians ayant représenté à Sa Majesté le préjudice que ses Sujets , tant de ce Royaume que des Isles pourroient souffrir si cette surséance n'étoit promptement levée , et que d'ailleurs ils offroient de ne

Tome I. Kk

faire sortir aucuns Sucres bruts de ladite Province pour les Pays étrangers, sous peine de confiscation d'iceux, des Vaisseaux et autres Marchandises, même d'y faire rafiner lesdits Sucres, si Sa Majesté avoit la bonté de leur permettre de les porter ensuite dans tout le Royaume, en payant seulement les droits que les Sucres des Isles paient en entrant dans les Ports de France où les cinq grosses Fermes ont cours. A quoi Sa Majesté inclinant; et ouï sur ce le rapport du sieur Colbert, Conseiller du Roi en tous ses Conseils et au Conseil Royal, Contrôleur-Général des Finances, et tout considéré; Sa Majesté étant en son Conseil, a ordonné et ordonne, que conformément aux Arrêts de son Conseil des 12 Juin 1669 et 30 Décembre 1670, il sera délivré aux Négocians de ladite Ville de Nantes des Passeports de Sa Majesté en la manière accoutumée, pour négocier auxdites Isles de l'Amérique, à condition toutefois que les Propriétaires des Vaisseaux donneront caution dans ladite Ville de Nantes, ès mains du Commis à la recette des droits de la Prévôté de Nantes, d'y faire leur retour dans huit mois, à peine de trois mille livres d'amende. Fait Sa Majesté très-expresses inhibitions et défenses à tous Marchands et Propriétaires des Vaisseaux de transporter hors du Royaume les Moscouades et Sucres bruts desdites Isles, à peine de confiscation d'iceux, du Vaisseau dans lequel ils se trouveront chargés, et des autres Marchandises de leur chargement, applicable, savoir; un tiers à Sa Majesté, un tiers aux Hôpitaux des lieux, et l'autre tiers au Dénonciateur. Et pour donner moyen auxdits Négocians de débiter les Sucres qu'ils feront rafiner, provenans desdites Moscouades des Isles, Sa Majesté leur permet de les transporter par la rivière de Loire, en tels lieux du Royaume que bon leur semblera; à la charge qu'ils ne pourront les faire sortir de ladite Province de Bretagne que par le Bureau d'Ingrande seulement, à peine de confiscation, auquel ils payeront quatre livres de chacun cent pesant desdits Sucres rafinés pour tous droits; faisant Sa Majesté défenses au Fermier Général de ses Fermes unies, ses Commis et tous autres, d'en exiger de plus grands, à peine de restitution : enjoint Sa Majesté au Sénéchal de ladite Ville de Nantes de tenir la main à l'exécution du présent Arrêt, qui sera lu, publié et affiché partout où besoin sera. Fait au Conseil d'Etat du Roi, Sa Majesté y étant, tenu à Saint-Germain-en-Laye le quatorzième jour de Décembre mil six cent soixante-onze. *Signé* COLBERT.

ORDONNANCE DU ROI, qui accorde aux Négocians François quatre livres par baril de Bœuf qu'ils feront saler dans le Royaume, et qu'ils enverront aux Isles de l'Amérique ; comme aussi dix livres par tête de Noir de la Côte de Guinée, portée auxdites Isles, et trois livres au Capitaine du Vaisseau qui passera ces Noirs.

Du 13 Janvier 1672.

DE PAR LE ROI.

SA MAJESTÉ ayant déchargé de tous droits de sortie les Marchandises du crû et Manufactures de son Royaume qui se chargent pour ses Isles de l'Amérique, afin d'exciter les Marchands et Négocians ses Sujets d'augmenter leur Commerce dans lesdites Isles, et leur donner moyen de prendre en France les chairs salées, et toutes les autres denrées et marchandises nécessaires à la subsistance des Habitans d'icelle ; Sadite Majesté auroit connu que la défense qu'elle a faite par son Ordonnance du 4 Novembre dernier d'y porter du Bœuf salé pris dans les Pays étrangers pourroit en diminuer l'abondance dans lesdites Isles, si elle ne continuoit à faire de nouvelles graces aux Marchands qui en prendront en France, Sa Majesté déclare, qu'à commencer du premier jour de Février prochain, il sera payé auxdits Négocians François la somme de quatre livres pour chacun baril de chair de bœuf qu'ils feront saler en ce Royaume, et qu'ils enverront auxdites Isles ; savoir, quarante sols des deniers et par les ordres de Sa Majesté, et quarante sols des deniers de la Compagnie des Indes Occidentales ; lesquelles quatre livres ils recevront par les mains des Commis ou Correspondans d'icelle établis dans les Ports de mer du Royaume, en rapportant des certificats en bonne forme des Juges de l'Amirauté, contenant que les Bœufs auront été achetés et salés dans le Royaume, et chargés sur des Vaisseaux François, pour être portés dans lesdites Isles ; ensemble un autre certificat des Agens généraux ou Commis de ladite Compagnie auxdites Isles ou Terre ferme, contenant que les Barils de Bœuf chargés, ainsi qu'il et ci-dessus dit, auront été déchargés et vendus auxdites Isles. Déclare aussi Sa Majesté qu'il sera payé de ses deniers auxdits Négocians François, à commencer dudit jour premier Février, la somme de dix livres pour chacune tête de Noir qu'ils auront chargée aux Côtes de Guinée

Kk ij

et qu'ils apporteront auxdites Isles , et trois livres aussi pour chacun au Capitaine du Vaisseau dans lequel ils auront passé , et ce des deniers de ladite Compagnie ; lesquelles sommes seront payées au retour desdits Vaisseaux en France par lesdits Commis ou Correspondans de ladite Compagnie sur lesdits certificats. Veut Sadite Majesté que la présente Ordonnance soit publiée et affichée dans tous les Sieges de l'Amirauté, et dans tous les Ports de mer du Royaume. FAIT à Saint-Germain-en-Laye le 13 Janvier 1672. *Signé* LOUIS , *et plus bas* , COLBERT.

R. au Conseil de la Martinique le 4 Avril suivant.

ORDONNANCE DU ROI , *touchant les quatre livres accordées par Baril de Bœuf salé en France et envoyé aux Isles.*

Du 18 Février 1672.

SA MAJESTÉ ayant , par son Ordonnance du 13 Janvier dernier, déclaré qu'à commencer du premier Février en suivant , il seroit payé aux Négocians François quatre livres pour chacun Baril de chair de Bœuf qu'ils feroient saler en ce Royaume et qu'ils enverroient aux Isles Françoises de l'Amérique ; savoir , quarante sols des deniers de Sa Majesté , et quarante sols de ceux de la Compagnie des Indes Occidentales , en rapportant des certificats des Juges de l'Amirauté , contenant que lesdits Bœufs auront été salés et achetés dans ce Royaume, et chargés sur des Vaisseaux François , pour être portés dans lesdites Isles, ensemble un certificat des Agens généraux ou Commis de ladite Compagnie en icelle , comme lesdits Bœufs y auront été déchargés ; et Sa Majesté voulant toujours augmenter ses graces en faveur desdits Négocians , et en même temps empêcher les fraudes qui se pourroient commettre en envoyant auxdites Isles des Bœufs étrangers pour des Bœufs de France , Elle déclare qu'à commencer dudit jour premier Février dernier, lesdites quatre livres pour chacun Baril de Bœuf salé en France seront payées en la maniere portée par ladite Ordonnance du 13 Janvier dernier, et incontinent après que les Marchands ou Propriétaires desdites chairs de Bœuf les auront fait visiter par les Correspondans ou Commissionnaires de la Compagnie des Indes Occidentales , et qu'ils auront apposé sur chacun Baril la marque de la Compagnie , à la charge néanmoins par lesdits Marchands ou Propriétaires de faire leur déclaration avec le

Capitaine du Vaisseau dans lesquelles ils voudront faire passer lesdites chairs de Bœuf auxdites Isles sur les Registres des Commis établis aux Bureaux du Fermier des Fermes unies, dans les Ports où il y en aura d'établis, ou par devant les Officiers de l'Amirauté où il n'y en aura point, de la quantité de Barils qu'ils voudront faire charger, avec soumission de n'en point faire embarquer qu'ils n'aient été vus, visités et marqués par lesdits Correspondans et Commissionnaires, et qu'ils ne soient apprêtés en France, à peine de confiscation des Vaisseaux dans lesquels ils se trouveront chargés, et des autres marchandises de leur chargement; et à cette fin, veut Sa Majesté qu'il soit fait une seconde visite par lesdits Commis du Fermier, ou par lesdits Officiers de l'Amirauté, à bord desdits Vaisseaux auparavant leur départ de France, et aux Isles par l'Agent général et Commis de ladite Compagnie des Indes Occidentales après leur arrivée; desquels Agens général ou Commis, lesdits Marchands et Propriétaires seront tenus de rapporter des certificats en bonne forme dans six mois du jour du départ desdits Vaisseaux, contenant l'Isle dans laquelle lesdites chairs de Bœuf auront été déchargées, à peine de restitution desdites quatre livres pour chacun Baril; et pour empêcher qu'on ne fasse passer dans les Barils du Lard pour du Bœuf, afin de jouir de ladite gratification, ordonne Sa Majesté que lesdits Marchands et Propriétaires feront aussi leur déclaration du nombre des Barils de Lard qu'ils feront charger pour lesdites Isles, et se soumettront aux peines ci-dessus, en cas qu'ils soient surpris en fraude; et au surplus sera ladite Ordonnance dudit jour 13 Janvier dernier, exécutée selon sa forme et teneur; veut Sadite Majesté que la présente soit publiée et affichée dans tous les Sièges de l'Amirauté, et dans tous les Ports de mer du Royaume, afin que personne n'en ignore. FAIT à Saint-Germain-en-Laye le 18 Février 1672. *Signé* LOUIS; *et plus bas,* COLBERT.

ARRÊT du Conseil de la Martinique, touchant deux Negres tués en travaillant aux travaux publics.

Du 5 Mars 1672.

Ces deux Negres ayant été tués aux travaux publics du Fort Royal, l'Arrêt ordonne que le prix en sera payé à leurs Maîtres.

Ordonnance du Roi pour faire convoyer les Vaisseaux allant aux Isles.

Du 14 Mars 1672.

De par le Roi.

SA MAJESTÉ ayant été informée que les Hollandois et Zelandois ont envoyé un nombre considérable de Vaisseaux à Surinam, et dans toutes les Isles Françoises de l'Amérique, dans la vue d'y établir leur Commerce, et d'empêcher la continuation de celui que les Marchands François y font depuis qu'il a plu à Sa Majesté de tenir aux environs desdites Isles une Escadre de ses Vaisseaux de guerre pour en interdire l'accès aux Etrangers ; et comme il importe de prévenir les insultes qui pourroient être faites auxdits Marchands, Sa Majesté a ordonné et ordonne qu'à commencer du jour et datte de la présente, il sera donné des Vaisseaux de guerre pour servir d'escorte auxdits Marchands François, lesquels les convoyeront soixante mille hors la vue de l'Isle de Sombrero ; pour cet effet, veut Sadite Majesté que le sieur de Baas, Lieutenant-Général en ses Armées, commandant dans lesdites Isles, donne les ordres nécessaires au Capitaine commandant l'Escadre de ses Vaisseaux étant auxdites Isles, d'en détacher le nombre qu'il estimera à propos pour être employé auxdits Convois ; fait très-expresses inhibitions et défenses à tous Capitaines de Vaisseaux François, trafiquant auxdites Isles, d'en partir pour revenir en France qu'après s'être assemblé au lieu et au jour qui leur sera indiqué par ledit sieur de Baas, à peine de confiscation des Marchandises qui seront chargées sur leurs bords, et de 500 liv. d'amende. Mande et ordonne Sadite Majesté au sieur de Baas et aux Capitaines commandant ladite Escadre, de tenir soigneusement la main à l'exécution de la présente Ordonnance, de la faire publier et enregistrer aux Conseils Souverains de chacune desdites Isles, à ce qu'aucun n'en prétende cause d'ignorance. FAIT à Versailles, le quatorzieme jour de Mars mil six cent soixante-douze. *Signé* LOUIS ; *et plus bas*, COLBERT.

ORDONNANCE du Roi, portant Déclaration de Guerre aux Etats de Hollande.

Du 6 Avril 1672.

LA mauvaise satisfaction que Sa Majesté a de la conduite que les Etats Généraux des Provinces-Unies des Pays-Bas tiennent depuis quelques années à son égard, étant parvenue jusqu'à un tel point, que Sa Majesté ne peut plus, qu'aux dépens de sa gloire, dissimuler l'indignation que lui cause une maniere d'agir si peu conforme aux grandes obligations dont Sa Majesté et les Rois ses prédécesseurs, les ont si libéralement comblés; Sa Majesté a déclaré et déclare par la Présente, signée de sa main, avoir arrêté et résolu de faire la guerre auxdits Etats Généraux des Provinces-Unies des Pays-Bas, tant par mer que par terre; enjoint pour cet effet Sa Majesté à tous ses Sujets, Vassaux et Serviteurs, de courre sus aux Hollandois, et leur a défendu et défend d'avoir ci-après avec eux aucune communication, commerce, ni intelligence, à peine de la vie. FAIT au Château de Versailles, le sixieme Avril mil six cent soixante-douze. *Signé* LOUIS.

R. au Conseil Souverain de la Martinique, le 20 Juin suivant.

ARRÊT du Conseil Souverain de la Martinique, touchant les Vigies pour signaler les Vaisseaux.

Du 20 Juin 1672.

Par cet Arrêt le Conseil ordonne qu'il sera placé des Vigies pour signaler les Bâtimens qui paroîtront à la vue de l'Isle; en se servant pour le jour d'un Pavillon blanc, qu'on hissera autant de fois qu'il y aura de Vaisseaux apperçus, et la nuit d'un Brandon de feu, dont on usera de même.

ARRÊT du Conseil de la Martinique, touchant les Negres fugitifs, et le Remboursement de ceux suppliciés.

Du 20 Juin 1672.

Le Conseil condamne à la mort les Negres qui ayant déjà eu une année de séjour dans les Colonies, seront Marons pendant trois ans; et ordonne aussi que leur valeur sera remboursée aux Maîtres par le Public.

ARRÊT du Conseil de la Martinique, qui fixe l'Amende de l'Appel.

Du 6 Septembre 1672.

Sur la Remontrance du Procureur-Général le Conseil ordonna qu'à l'avenir tous ceux qui se porteroient Appellans et qui seroient jugés sans griefs, seroient condamnés *en 12 liv. tournois* d'amende, et qu'ils ne seroient reçus en leur appel qu'après avoir auparavant consigné l'amende au Greffe, qui leur seroit restituée, en cas qu'ils se trouvassent bien fondés.

Cet Article est extrait des Annales du Conseil de la Martinique, *Ouvrage très-intéressant, livré à l'impression dans ce moment, et rédigé par M. Dessalles, Conseiller actuel de ce même Conseil, qui a bien voulu nous le communiquer manuscrit.*

ARRÊT du Conseil d'Etat, qui confirme l'Arrêt du 28 Février 1670, et ordonne que les Contrats d'Engagemens passés en France, pardevant Notaires, seront exécutés, tant à l'égard des Ouvriers, Gens de Métier et Artisans, que de tous autres Passagers.

Du 31 Octobre 1672.

Le Roi s'étant fait représenter en son Conseil, l'Arrêt rendu en icelui le 28 Février 1670, par lequel Sa Majesté auroit aboli la coutume introduite dans les Indes Occidentales, et qui tenoit lieu de loi, suivant laquelle toutes personnes qui passoient audit Pays aux frais et dépens d'autrui, d'autrui, étoient sujets à l'engagement de trois années de service pour le paiement de leur passage, et réduit ledit temps à celui de dix-huit mois ; après lequel expiré, Sa Majesté auroit déclaré tous ceux de cette condition, libres, et en pouvoir et faculté de se choisir des Maîtres tels que bon leur sembleroit, et de vaquer à la culture des terres, et prendre des habitations, ou s'attacher à telles vacations qu'il leur pourroit convenir ; sans néanmoins que ledit Réglement puisse s'étendre sur les Artisans et Gens de Métier qui auront passé des Contrats en France, sous des gages et avances considérables, lesquels seront exécutés, si mieux ils n'aiment rembourser les avances et nourritures qui leur auront été faites. Et Sa Majesté étant informée que les Juges établis audit Pays cassent et annulent les Contrats qui se trouvent faits avec des Particuliers, autres Gens que de Métier et Artisans ; ce qui est contraire à l'intention de Sa Majesté, qui n'a point entendu toucher aux Contrats faits avec les autres qui ne sont point Artisans ni Gens de Métier, mais seulement retrancher le mauvais usage et coutume qui s'étoient introduits ; A quoi voulant pourvoir ; ouï le rapport du sieur Colbert, Conseiller ordinaire au Conseil Royal, et Contrôleur-Général des Finances : Sa Majesté en son Conseil, a ordonné et ordonne que ledit Arrêt du Conseil du 28 Février 1670, sera exécuté selon sa forme et teneur ; et en conséquence, que les Contrats d'engagemens qui ont été, ou qui seront passés en France pardevant Notaires, seront exécutés, tant à l'égard des Ouvriers, Gens de Métier et Artisans, que tous autres Passagers dans les Isles de l'Amérique, sans que les trois années de service puissent être réduites, sous prétexte de n'être pas Ouvriers et Gens de Métier, pourvu qu'elles soient stipulées par lesdits contrats ; à condition néanmoins qu'il sera loisible à tous engagés de se rendre libres, en remboursant les frais de leur passage et nourriture, suivant et conformément audit Arrêt du 28 Février 1670. Enjoint Sa Majesté au sieur de Baas, Lieutenant-Général audit Pays, et aux Officiers des Justices établies en icelui, de tenir la main à l'exécution dudit Arrêt, qui sera lu, publié et affiché, tant ès Ports de mer de France, qu'en tous les Bourgs des Isles et Terre ferme de l'Amérique, à ce qu'aucun n'en ignore. FAIT au Conseil d'Etat du Roi, tenu à Saint-Germain-en-Laye, le 31 Octobre 1672.

Signé BECHAMEIL.

R. au Conseil Souverain de la Martinique le 23 Mars 1673.

ARRÊT du Conseil d'Etat, touchant le cours des Especes d'Argent dans les Isles Françoises et Terre ferme de l'Amérique.

Du 18 Novembre 1672.

LE ROI ayant, par Arrêt de son Conseil du . . . . permis aux Directeurs de la Compagnie des Indes Occidentales de faire passer dans les Isles Françoises de l'Amérique jusques à la somme de cent mille livres en petites especes marquées d'une devise particuliere, lesquelles ont été introduites et eu cours dans lesdites Isles, en conséquence de l'Arrêt du Conseil Souverain de la Martinique du 26 Janvier 1671, aux conditions portées par icelui et articles arrêtés en conséquence. Et Sa Majesté étant informée de l'avantage que les Habitans dudit Pays reçoivent dans leur Commerce, par la facilité de la Monnoie, elle a résolu que l'exposition en sera non-seulement continuée, mais encore que celles qui ont cours en France, l'auront aussi dans lesdits Pays, en augmentant le prix d'icelles, afin qu'elles puissent y rester, et par ce moyen réduire tous les paiemens des Denrées et Marchandises, et autres choses qui se font en especes, au prix de l'argent, pour la facilité du Commerce et augmentation des Colonies : Sa Majesté en son Conseil, a ordonné et ordonne que la Monnoie marquée de ladite devise, et toutes les autres espèces qui ont cours en France, auront aussi cours dans les Isles Françoises et Terre ferme de l'Amérique de l'obéissance de Sa Majesté; savoir, la piece de quinze sols, pour vingt sols ; celle de cinq sols, pour six sols huit deniers ; le sol de quinze deniers, pour vingt deniers, et ainsi des autres especes à proportion; nonobstant et sans s'arrêter aux défenses portées par les Articles et Arrêts du Conseil Souverain de la Martinique du 26 Janvier 1671 ; et en ce faisant, Sa Majesté a déchargé et décharge ladite Compagnie de reprendre ladite Monnoie, et des autres clauses portées par lesdits Articles : ordonne qu'à l'avenir, à commencer du jour de la publication du présent Arrêt, tous les Contrats, Billets, Comptes, Achats et Paiemens seront faits entre toutes sortes de personnes, au prix d'argent, à Livres, Sols et Deniers, ainsi qu'il se pratique en France, sans qu'il puisse être plus usé d'échange, ni comptes en Sucre, ou autres denrées ; à peine de nullité des Actes qui seront passés, et des Billets qui seront faits, et d'amendes arbitraires contre chacun des contrevenans ; et à l'égard du passé, veut Sa Majesté que toutes les stipulations de Contrats, Billets, Dettes, Redevances, Baux à fermes, et autres affaires généralement quelconques, faites en Sucres et autres denrées, soient réduites et payables en argent, suivant le cours des Monnoies auxdites Isles, sur le pied de l'évaluation faite des Sucres, par lesdits Arrêts du Conseil Souverain, du 26 Janvier 1671, et des autres denrées à proportion. Enjoint Sa Majesté au sieur de Baas, commandant dans lesdites Isles, aux Officiers des Conseils Souverains établis en icelles, et autres Officiers et Juges qu'il appartiendra, de tenir la main à l'exécution dudit présent Arrêt, et aux Habitans desdits Pays, et à tous Marchands et Négocians, de recevoir dans le Commerce lesdites Monnoies sur le pied porté par icelui, qui sera lu, publié et affiché dans lesdites Isles, et partout où besoin sera. FAIT au Conseil d'Etat du Roi, tenu à Versailles, le 18 Novembre 1672. *Signé* BECHAMEIL.

R. au Conseil Souverain de la Martinique, le 27 Mars 1673.

ORDONNANCE DU COMMERCE.

Du mois de Mars 1673.

Nous aurions cru mériter de justes reproches si nous avions augmenté ce Recueil du texte de cette Ordonnance; nous ferons quand il en sera temps des observations sur les Articles qui ne peuvent s'appliquer aux Isles.

R. au Parlement de Paris, le Roi y étant en son Lit de Justice, le 23 Mars 1673.

R. au Conseil Souverain de la Martinique, le 5 Novembre 1681.

Son exécution est ordonnée par Arrêt du Conseil Souverain du Petit Goave, du 6 Mars 1687; et par une foule d'autres.

ARRÊT *du Conseil d'Etat, portant que les Marchandises chargées pour les Isles de l'Amérique, et les Côtes de Guinée, seront exemptes de tous Droits de Sortie; et que les Sucres et Tabacs des Isles, ne payeront que* 40 *sols du cent pesant d'entrée.*

Du 15 Juillet 1673.

LE ROI ayant par Arrêt de son Conseil, du 10 Décembre 1670, réduit les Droits qui se prenoient sur les Moscouades et Tabacs venant des Isles Françoises de l'Amérique en ce Royaume, à 40 sols pour cent pesant, au lieu de quatre livres; et par autres Arrêts, des 4 Juin et 18 Septembre 1671, ordonné que les Marchandises qui seront chargées en France pour être portées auxdites Isles, et aux Côtes des Guinée, seront exemptes de tous Droits de Sortie, et autres généralement quelconques; et Sa Majesté étant informée que Me François le Gendre, Fermier général de ses Fermes unies, prétend que ladite réduction et exemption de Droits, ne doivent avoir lieu que dans les Ports de mer, qui sont de l'étendue de cinq grosses Fermes; ce qui est contraire à la disposition desdits Arrêts; à quoi étant nécessaire de pourvoir, Sa Majesté en son Conseil, a ordonné et ordonne que lesdits Arrêts des 10 Décembre 1670, 4 Juin et 18 Septembre 1671, seront exécutés dans tous les Ports de mer du Royaume, sans distinction; ce faisant, que les Droits sur les Moscouades et Tabacs venant des Isles Françoises de l'Amérique, demeureront réduits à 40 sols pour cent pesant, lesquels seront levés à l'entrée dans les Provinces, dans l'étendue des cinq grosses Fermes, et dans les autres également; a déchargé les Marchandises qui seront chargées pour être portées auxdites Isles et Côtes de Guinée, de tous Droits de Sortie, Convoi et et Comptablie de Bordeaux, et autres généralement quelconques; en conséquence fait Sa Majesté très-expresses défenses au Fermier général des Fermes unies, ses Préposés et Commis, de lever plus grands Droits sur lesdits Moscouades et Tabacs, et d'en prendre aucun pour lesdites Marchandises sortant pour les Côtes de Guinée, à peine de concussion; et sera le présent Arrêt exécuté, nonobstant oppositions et empêchemens quelconques. Fait au Conseil d'Etat du Roi, tenu à Paris le 15 Juillet 1673.

ORDONNANCE du Gouverneur-Général des Isles, touchant les Negres Marons.

Du 28 Août 1673.

Le sieur de Baas, etc.

Nous ayant été représenté par plusieurs Officiers de cette Isle que les divers Partis que nous avons ordonnés n'ont pas eu le succès qu'on s'étoit proposé contre les Negres Marons, et que de plus grands détachemens avoient un plus grand succès, nous ordonnons au sieur le Begue, Major de cette Isle Martinique, de faire savoir à tous les Capitaines de Cavalerie et d'Infanterie de détacher la quatrieme partie de leurs Compagnies, avec un Officier, qui se releveront les uns et les autres, jusqu'à ce que tous les Officiers, qui sont en état de marcher y aient passé ; défendons à tous les Habitans de cette dite Isle d'envoyer aucuns de leurs Negres hors de dessus leurs habitations sans un billet d'eux, leur déclarant qu'on tirera dessus s'ils n'ont ledit billet ; et qu'au cas que l'on tue des Negres sans aveu, celui qui les tuera en sera bien et duement déchargé, attendu que nous jugeons nécessaire pour le bien de l'Isle, et pour empêcher le libertinage des Negres, que cet ordre soit observé ; ordonnons pareillement qu'il sera apporté par tous les Habitans une déclaration au Greffe des Negres qu'ils ont Marons, afin qu'on puisse juger et prendre des mesures sur le nombre, et continuer ou décharger l'Isle de cette fatigue d'être continuellement en détachement et dans les bois sur les différens bruits du nombre desdits Negres Marons, le tout, tant pour la déclaration des Negres Marons que pour les billets donnés aux Negres, ladite Ordonnance être observée du jour de la publication, huitaine après ladite Ordonnance, qui sera lue, publiée et enregistrée à la diligence du sieur de Begue, Major de cette Isle, afin que personne n'en prétende cause d'ignorance. FAIT au Fort Royal de la Martinique, le 28 Août 1678.

R. à la Martinique, le 5 Septembre suivant.

EXTRAIT *de la Lettre du Ministre à M.* DE BAAS, *Gouverneur-Général des Isles, concernant les Gouverneurs Particuliers.*

Du 5 Septembre 1673.

A l'égard des Gouverneurs Particuliers des Isles, Sa Majesté a fort approuvé que vous n'ayez point reçu les Requêtes des Habitans contr'eux, son autorité en auroit trop souffert, et elle ne pourroit subsister si elle toléroit que des inférieures entrassent en un Procès réglé contre celui qui a son pouvoir pour les commander, elle veut seulement que vous l'informiez de tout ce qui concerne leur conduite, afin d'y apporter les remedes qu'elle estimera nécessaires.

L'intention de Sa Majesté est qu'ils s'appliquent à maintenir les Habitans des Isles dans l'exercice des armes, afin qu'ils soient toujours en état de se défendre contre les Ennemis, d'empêcher tout abord de Vaisseaux étrangers et tout commerce avec eux, de protéger et appuyer fortement les principaux Officiers de Justice, et tenir la main à ce que leurs jugemens soient exécutés sans les troubler dans leurs fonctions ; assister aux conseils Souverains suivant le rang et séance que Sa Majesté leur a donné, et y donner leur avis sans forcer les suffrages pour quelque cause et sous quelque prétexte que ce soit ; au surplus maintenir les Habitans en concorde et union entr'eux, et travailler continuellement et par tous les moyens possibles à augmenter le nombre des Habitans de chaque Isle ; Sa Majesté veut que vous leur montriez l'exemple de cette conduite ; et en cas que quelqu'un s'en départe, elle veut que vous lui en donniez avis.

ORDONNANCE du *Roi*, *qui permet de porter de Bœufs salés aux Isles.*

Du 16 Décembre 1673.

DE PAR LE ROI.

SA MAJESTÉ ayant défendu par son Ordonnance, du 4 Novembre 1671, à tous Marchands François, trafiquant dans ses Isles de l'Amérique, d'y transporter aucune viande, ni autres marchandises prises ès Pays étrangers, afin de faciliter la consommation des Manufacturés et denrées de ce Royaume, Sa Majesté auroit eu la bonté, pour donner moyens à ses sujets, de faire ce Commerce avec plus d'avantage, de décharger non-seulement lesdites marchandises et denrées de tous droits de sortie de son Royaume, mais aussi pour les exciter à faire saler des chairs ; elle auroit par son Ordonnance du 13 Janvier dernier ordonné qu'il seroit payé quatre livres pour chacun barril de bœuf salé en France, et qui seroit envoyé auxdites Isles ; mais Sa Majesté étant informée que la continuation de la guerre ayant rendu le Commerce de mer difficile, les Négocians se relâchent de faire des salaisons de bœuf, et d'en envoyer auxdites Isles, et que par ce moyen les Habitans d'icelles pourroient dans la suite en souffrir quelque disette, ce qu'étant important de prévoir ; Sa Majesté a permis et permet à tous Négocians François d'envoyer, trafiquer et négocier auxdites Isles des bœufs salés pris dans les Pays étrangers, en la même maniere qu'ils faisoient avant son Ordonnance du 4 Novembre 1671, à laquelle Sa Majesté a dérogé pour ce regard seulement ; voulant au surplus que ladite Ordonnance sorte son plein et entier effet, et que la présente soit publiée et affichée dans tous les Sieges de l'Amirauté, et dans tous les Ports de mer du Royaume. FAIT à Arras le 10 Mai 1673. *Signé* LOUIS.

ORDONNANCE *du Roi portant Déclaration de Guerre aux Espagnols.*

Du 19 Octobre 1673.

DE PAR LE ROI.

SA MAJESTÉ ayant été informée que le Gouverneur des Pays-Bas Espagnols a fait commencer des Actes d'hostilité par toute la frontiere sur les Sujets de Sa Majesté le seizieme de ce mois; elle a ordonné et ordonne par la présente, signée de sa main, à tous ses Sujets, Vassaux et Serviteurs de courre sus aux Espagnols, tant par mer que par terre, etc. FAIT à Versailles le 19 Octobre 1673. *Signé* LOUIS.

COMMISSION *pour le sieur* DE LA MOTHE *pour commander dans l'Isle de la Tortue et Côte Saint-Domingue en l'absence de* M. D'OGERON.

Du 22 Novembre 1673.

LOUIS, etc. A notre très-cher et bien amé le sieur de la Mothe: étant nécessaire pour le bien de notre service d'établir un Commandant dans l'Isle de la Tortue et Côte Saint-Domingue en Amérique, attendu que le sieur d'Ogeron, qui en est pourvu, est absent; et considérant d'ailleurs les services que vous nous avez rendus en ladite Isle depuis le temps que vous y êtes établi : A CES CAUSES, et sur la nomination qui nous a été faite de votre personne par les Directeurs Généraux de la Compagnie des Indes Occidentales, ci-attachée sous le contre-scel de notre Chancellerie, et bien informés d'ailleurs de votre affection et fidélité à notre service, et de votre capacité, prudence, valeur et expérience au fait des armes; nous vous avons commis et ordonné, commettons et ordonnons par ces Présentes signées de notre main, pour, sous notre autorité et celle des Directeurs Généraux de ladite Compagnie, commander aux Habitans et Gens de guerre dans toute l'étendue de ladite Isle de la Tortue et Côte Saint-Domingue, même dans les Forts qui y sont, ou pourront être construits, faire vivre lesdits Habitans en union et concorde les uns avec les autres, contenir lesdits Gens de guerre en bon ordre et police suivant nos Réglemens, maintenir le Commerce et Trafic de ladite Isle et généralement faire exécuter tout ce qui pourra être du fait dudit

Gouvernement, et en jouir aux pouvoirs, honneurs, autorités, franchises, gages, droits et revenus accoutumés, et y appartenant jusqu'à ce que ledit sieur d'Ogeron soit de retour; de ce faire vous avons donné et donnons pouvoir par cesdites Présentes, par lesquelles mandons à tous Gouverneurs et nos Lieutenans-Généraux ès Isles de l'Amérique de vous faire reconnoître en ladite qualité par tous ceux et ainsi qu'il appartiendra. Ordonnons en outre auxdits Habitans et Gens de guerre de vous obéir et entendre ès choses concernant ledit pouvoir. Car tel est notre plaisir, etc. Donné à Versailles le 22 Novembre, l'an de grace, 1673, et de notre regne le trente-unieme. *Signé*, Louis. *Et plus bas*, par le Roi, Colbert.

Extrait de la Lettre de M. de Baas, *Gouverneur Général des Isles de l'Amérique au Ministre, touchant l'origine de la Réserve des cinquante Pas du Roi le long de la mer.*

Du 8 Février 1674.

Je ne sais, Monseigneur, si quelqu'un vous a jamais expliqué pourquoi les cinquante Pas du Roi ont été réservés dans les Isles Françoises de l'Amérique, c'est-à-dire, pourquoi les Concessions des premiers étages n'ont été accordées aux Habitans qu'à condition qu'elles commenceront à cinquante pas du bord de la mer; et que cette ceinture intérieure qui fait le contour de l'Isle ne peut être donnée en propre à aucun Habitant pour plusieurs raisons judicieuses et avantageuses au bien des Colonies.

La premiere a été pour rendre difficile l'abord des Isles ailleurs que dans les Rades où les bords sont bâtis; car cinquante pas de terre en bois debout très-épais et difficile à percer, est un grand empêchement contre les descentes.

Secondement les cinquante Pas sont réservés pour y faire des fortifications, s'il est nécessaire afin de s'opposer aux descentes des Ennemis; et on a réservé cette terre pour ne rien prendre sur celles des Habitans qui autrement auroient pu demander des dédommagemens.

En troisieme lieu cette réserve est faite afin que chacun ait un passage libre au long de la mer; car sans cela les Habitans l'auroient empêché par des clôtures, et par des oppositions qui tous les jours auroient causé des Procès et des querelles parmi eux.

En quatrieme lieu pour donner moyen aux Capitaines des Navires qui
viennent

viennent aux Isles d'aller couper du bois dans les cinquante Pas du Roi pour leur nécessité; car sans cela les Habitans ne leur permettroient d'en prendre qu'en payant.

La cinquieme et la plus essentielle raison est celle de donner moyen aux Artisans de se loger; car comme ils n'ont aucuns fonds pour acheter des habitations, et qu'ils n'ont pour tout bien que leurs outils pour gagner leur vie, ou leur donne aux uns plus, aux autres moins de terre pour y bâtir des maisons; mais c'est toujours à condition que si le Roi a besoin du fond sur lequel ils doivent bâtir, ils transporteront ailleurs leurs bâtimens; or sur ces cinquante Pas sont logés les Pêcheurs, les Marons, les Charpentiers, etc. personnes nécessaires au maintien des Colonies.

ORDONNANCE de M. DE BAAS, Gouverneur-Général des Isles, touchant les Ventes d'objets pris par les Equipages des Vaisseaux du Roi, et les dettes contractées envers les Officiers desdits Vaisseaux.

Du 5 Mars 1674.

L E sieur de Baas, etc.

Sur les différentes plaintes qui nous ont été faites. que les Habitans de cette Isle, et particulierement ceux qui tiennent Cabaret ou qui vendent en détail de l'eau-de-vie, de la grappe et autres boissons, achetent des Soldats et Matelots qui servent sur les Vaisseaux du Roi, plusieurs choses qu'ils y ont dérobées, et que la facilité qu'ils trouvent à vendre leurs larcins produit deux inconvéniens. beaucoup plus mauvais; l'un, que plusieurs Habitans, fainéans et pauvres, qui ont accès dans les meilleures maisons de l'Isle, dérobent aussi de leur côté, et suivent ce mauvais exemple, ayant l'adresse et la patience de cacher leurs vols jusqu'à ce que lesdits Vaisseaux où sont leurs garants soient partis pour France; et l'autre, les châtimens exemplaires que la Justice est obligée d'en faire, comme de fraîche mémoire la nommée Olive Toquet, qui a été fouettée par la main du Bourreau pour avoir été convaincue d'un vol véritable et d'une fausse allégation de garantie sur les Matelots de la derniere Escadre.

De plus, il nous a été représenté par plusieurs Habitans et Marchands, que les Navires du Roi de cette derniere Escadre ayant été chargés de plusieurs marchandises, comme Vins de Madere, Etoffes de soie, Souliers en broderie pour femme, et Souliers communs pour homme,

Tome I. Mm

Chapeaux, Toiles de haut et bas prix, Eau-de-vie et plusieurs autres choses, les Officiers desdits Vaisseaux les ont vendus en partie aux Habitans, et en partie commises à quelques Marchands qui résident en cette Isle pour en faire la vente en argent, et non pas en sucre, quoique les especes soient en valeur d'un quart plus qu'en France; mais le prix de ce qu'ils vendent est si excessif, qu'ils peuvent facilement en supporter la perte, ce qui tourne à la ruine desdits Habitans, qui à la fin manqueront des especes d'argent que la Compagnie a envoyée aux Isles, avec intention de faciliter leur Commerce intérieur, et entretenir entr'eux une liaison d'amitié et de bonne foi, à quoi la monnoie nouvellement introduite en ce pays a servi jusqu'à présent avec efficacité. Mais le Commerce susdit ne cause pas seulement le transport de l'argent des Isles, il cause encore un dommage fort préjudiciable aux Marchands susdits, en ce qu'après que les Officiers ont fait leur vente, et qu'ils se sont déclarés Créanciers, ils veulent être payés de leurs Débiteurs par préférence, employant pour cet effet les menaces et les termes rigoureux qui donnent de la crainte et intimident les Débiteurs, en telle sorte qu'ils se font payer au préjudice des Créanciers antérieurs de qui les paiemens sont retardés, et ces retours sont si longs, que ce qu'ils peuvent profiter en leurs voyages est consommé par les dépenses; à quoi lesdits Marchands et Habitans ajoutent qu'ils ne prétendent point, en faisant cette plainte, d'empêcher lesdits Officiers de l'Escadre d'employer certaines marchandises propres à traiter avec des nourritures qui se font dans les Isles, desquelles ils ont besoin pour leur subsistance, puisque la constitution du pays est telle que les Etrangers ne sauroient vivre sans traiter avec les Habitans ces nourritures qu'ils élevent par leur adresse. Mais il y a de la différence entre ce médiocre Commerce et ces dettes qu'ils contractent en Vins de Madere, Farine, Lard, Eau-de-vie, etc. qui en un seul article vont à 80,000 livres de Sucre ou environ, sans comprendre celles qui sont d'une médiocre quantité, nous suppliant qu'il y soit pourvu.

Il nous auroit été représenté par lesdits Habitans, que les Escadres précédentes avoient un Commis général pour fournir la subsistance des troupes; mais nonobstant que ce Commis eût apporté des provisions d'Europe, il achetoit des cargaisons entieres, sous prétexte que c'étoit pour la nourriture des Soldats et Matelots de l'Escadre, quoiqu'à la vérité il en fit un commerce public; et ce commerce est si bien vérifié, qu'il a laissé en bons effets en cette Isle, lorsqu'il est parti pour France, plus de 300,000 livres de Sucre qu'il n'a pu emporter, et dont un

Procureur nommé l'Espérance fait tous les jours la recette; ainsi pour éviter qu'à l'avenir il n'arrive rien de semblable, et que ce qui est destiné en France pour la subsistance des Habitans des Isles, ne soit tourné par les Commis à leur profit particulier, d'autant plus que le Traitant général doit fournir aux Troupes du Roi tout leur nécessaire par le moyen des voitures que Sa Majesté leur fournit; ils demandent que tous ces abus déduits ci-dessus soient retranchés. A CES CAUSES, et ayant égard aux remontrances desdits Habitans et Marchands, nous défendons à tous Cabaretiers, Vendeurs de boisson en détail, ou outres, d'acheter aucunes hardes, armes ni autres choses qui pourront leur être présentées pour gages ou en ventes par les Matelots et Gens de Guerre étant présentement sur les Vaisseaux du Roi, depuis le Sergent inclusivement, jusqu'au dernier Factionnaire; et à l'égard des Equipages, depuis le Pilote et Maître, jusqu'au dernier Serviteur, et ce sous peine de 2000 livres de Sucre d'amende, et de confiscation de tout ce qu'ils auront acheté. Faisons défenses sous les mêmes peines aux Marchands établis dans l'Isle, auxquels les Officiers des Vaisseaux de l'Escadre qui est dans l'Isle ont remis des marchandises, d'exiger aucun argent pour la vente d'icelles, mais de les rendre aux Propriétaires comme un bien fictif qui ne peut être exposé en vente sans crime. Faisons défenses expresses à tous Habitans, débiteurs des Officiers du Roi de ladite Escadre, de leur faire aucun paiement en Sucre où argent sans la permission du Juge qui examinera les raisons des autorités des Parties, et ordonnera ce que de droit, à peine contre les Habitans de 6,000 livres de Sucre d'amende, et de confiscation de tout ce qu'ils auront payé. Faisons pareillement défenses à tous Marchands qui sont ou qui viendront aux Isles, de vendre aucunes marchandises venant de France ou d'ailleurs au sieur Pocquet, Commis général de ladite Escadre, quoiqu'il puisse alléguer des nécessités des Troupes; si néanmoins il arrivoit que les ennemis fissent prise du Bâtiment du Roi qui doit porter ces provisions, ou que les magasins fussent entierement épuisés, il nous fera savoir l'un et l'autre de ces accidens pour pourvoir à leur subsistance, ainsi que de raison. DONNÉ à la Martinique le 5 Mars 1673.

Signé DE BAAS.

R. au Conseil de la Martinique le même jour.

ARTICLES dressés par M. DE BAAS, Gouverneur-Général des Isles relativement à l'autorité donnée à sa place par le Roi sur les Escadres et Vaisseaux envoyés auxdies Isles et résolutions de Sa Majesté sur ces Articles.

Des 15 Mai et 4 Novembre 1674.

ART. Ier. LE ROI, par ses instructions et par ses ordres, ordonne à celui qu'il nomme pour commander l'Escadre de ses Vaisseaux en l'Amérique, d'obéir en tout ce que le Gouverneur et le Lieutenant-Général qui est aux Isles Francoises lui commandera pour son service ; néanmoins ledit Lieutenant-Général a ordre de laisser le détail du Commandement au Chef de l'Escadre. Voilà le Réglement de Sa Majesté.

Examen du Détail.

Le Chef supérieur ordonne au Commandant de l'Escadre, par exemple, d'envoyer à l'Isle de la Grenade ou ailleurs le Navire, etc. et lui explique ce que le Capitaine doit faire étant à la Grenade, il faut que l'Ordre du Commandant soit conforme à celui du Chef supérieur, supposé qu'il ne soit ni contraire au service du Roi ni à l'honneur du Capitaine pour lui faire faire aucune chose indigne de sa charge, il faut donc présumer que ce premier ordre sera bien conçu.

Résolution du Roi.

1°. *Le Gouverneur n'est point dit Supérieur de l'Escadre. Celui qui la commande a seulement ordre de lui obéir ; et comme le Commandement sur une Escadre de Vaisseaux n'a jamais été donné à un Officier de terre, Sa Majesté veut que le Gouverneur use bien de cette grace, et qu'il laisse l'entiere exécution de ses ordres à celui qui commande l'Escadre, lequel doit donner ses ordres en conformité de ceux du Gouverneur.*

ART. II. Si le Chef Général a des avis qu'un ou plusieurs Vaisseaux ennemis soient en quelque lieu désigné, il donnera ordre au Commandant de l'Escadre d'envoyer tel ou tels Navires à leur rencontre, les prendre, couler à fonds, ou enfin employer la force ou l'adresse pour les vaincre, ce sera en gros le sens du premier ordre ; mais le Commandant de l'Escadre peut ajouter dans le sien des particularités pour l'ordre du combat, pour se régler suivant les vents, pour la poursuite ou pour la retraite telles qu'il le jugera, pourvu qu'elles aillent au bien comme vraisemblablement elles iront.

2°. Le Roi veut que le Commandant de l'Escadre exécute cet article, mais S. M. estime que le Gouverneur et Lieutenant-Général doit donner ses ordres avec quelque concert, et sans pouvoir pousser ce commandement au-delà de ses bornes.

ART. III. Ainsi pour les escortes des Vaisseaux Marchands pour aller croiser vers les hauteurs où l'on peut rencontrer les ennemis, et en plusieurs autres occasions imprévues, les premiers ordres viendront toujours de l'Officier-Général, et les seconds qui peuvent être plus circonstanciés, pourvu qu'ils ne soient pas contraires, seront donnés par le Commandant de l'Escadre auquel tous les Officiers subalternes doivent obéir sans difficulté.

3°. Idem. . . . .

ART. IV. Si le Chef supérieur commandoit tous les Navires de l'Escadre pour faire une descente en terre ennemie, et qu'il demandât au Commandant cent ou deux cens hommes plus ou moins pour être employés à combattre, à travailler ou à quelqu'autre fonction militaire, le Commandant de l'Escadre fera le choix des Officiers, Sergens et Soldats suivant le nombre porté par le premier ordre, et leur donnera ses instructions pour la forme de l'attaque, qui sera exécutée suivant son projet, pourvu qu'elle soit conforme à la pratique ordinaire en telles occasions, autrement elle sera réformée par le Chef supérieur.

4°. Les Vaisseaux de Sa Majesté ne doivent jamais être abandonnés par les Officiers qui les commandent, qui en doivent répondre à Sa Majesté, ni par l'Equipage ; les Vaisseaux tenant lieu de place et de citadelle, d'où les Gouverneurs et Garnison ne doivent jamais sortir pour quelque cause et par quelque ordre que ce soit. Sa Majesté n'a pas laissé de donner ordre au premier Capitaine commandant l'Escadre de ses Vaisseaux, d'obéir en ce cas ; mais le Gouverneur et Lieutenant-Général ne doit pas donner cet ordre sans une extrême et absolue nécessité.

ART. V. Au surplus, tant que les Vaisseaux seront en Rade ou dans le Port, aucun mouvement ne se doit faire par les Navires du Roi que le Commandant de l'Escadre ne l'ordonne, et ce Commandant n'en peut ordonner aucun que par l'ordre du Chef supérieur; ces deux sortes de commandemens, quoique distincts, doivent avoir une relation mutuelle, et être toujours uniforme comme venant d'une même source et d'une première intention qui est toujours suivie et reconnue partout où il y a gradation et supériorité de commandement.

5°. Le Commandant des Vaisseaux peut faire faire les mouvemens qu'il trouvera bonnes pour la sûreté et pour la poursuite des ennemis, pourvu qu'il en envoie donner part au Gouverneur, et qu'il retourne dans les vingt-quatre heures dans son poste, à moins qu'il n'en fût empêché par la contrariété des vents.

ART. VI. Il est bon de dire que si le Commandant de l'Escadre, ou un Capitaine particulier, trouve en arrivant à la Rade un Bâtiment étranger qui soit à l'ancre par la permission du Chef, l'un et l'autre, soit Commandant ou Capitaine, doivent s'informer pourquoi il y est, mais non pas s'en saisir et y mettre garnison de leur autorité, comme a fait autrefois le sieur de Bleor; car c'est une entreprise violente et hors du respect dû à un Chef, qui peut retenir un Navire étranger pour des raisons dont il ne doit rendre compte qu'à Sa Majesté. Si donc le Commandant de l'Escadre ou le Capitaine particulier ne sont pas satisfaits de la procédure du Chef, ils peuvent en faire faire une information par le Juge du lieu, ou en faire dresser son procès-verbal par l'un des Ecrivains du Roi; et si cela ne leur suffit, qu'ils en demandent un ordre au Chef pour leur décharge, moyennant quoi ils seront à couvert de tout reproche.

6°. Sa Majesté ayant défendu l'abord d'aucun Vaisseau étranger aux Isles, Elle veut que partout où il s'en rencontrera, les Commandans de l'Escadre ou Capitaines particuliers de Vaisseaux les prennent pour être confisqués, suivant les Ordonnances de Sa Majesté, ou les combattent en cas qu'ils se défendissent sans que les Commandans ou Capitaines particuliers de Vaisseaux en puissent être empêchés par l'ordre de qui que ce soit, si ce n'est par les Passeports de Sa Majesté.

ART. VII. Si le Commandant de l'Escadre voyoit en mer un Bâtiment étranger, et que le Lieutenant-Général fût éloigné du Port ou de la Rade où seront les Vaisseaux du Roi, il peut et même il doit l'envoyer reconnoître ou y aller lui-même pour le combattre ou le prendre s'il le juge nécessaire; en ce cas, un Chef supérieur qui va au bien, et qui connoît les bonnes intentions, doit louer l'action du Commandant au lieu de vétiller sur l'exactitude de la discipline, qui dans une extrême sévérité, défend aux Subalternes de vaincre, même les ennemis, si on ne le fait par un ordre précédent.

7°. *Il a été répondu en cet article.*

ART. VIII. Lorsque le Commandant de l'Escadre sera en course ou absent de la Rade pour autre occasion, et que durant son absence il y reste quelques Vaisseaux du Roi, ou qu'un autre Vaisseau de l'Escadre y vienne mouiller, le Capitaine qui se trouvera le plus ancien doit recevoir les ordres qui lui seront donnés par le Lieutenant-Général, et non pas les attendre de leur Commandant, qui en ce moment n'est ni en lieu ni en pouvoir de leur rien ordonner; car avant de leur donner son ordre, il faut qu'il l'ait reçu, c'est dequoi les Capitaines de l'Escadre doivent être informés, pour éviter que ce qu'on a fait sur un cas semblable ne continue.

8°. *Cet article est sans difficulté.*

Si le Chef d'Escadre ou Capitaine de marine, commandant un ou plusieurs Vaisseaux, se trouvent dans les Rades, les Ances et autres endroits où ils peuvent demeurer à l'ancre aux environs desdites Isles, ils donneront le mot et l'ordre sur lesdits Vaisseaux ou joints ou séparés, sans être obligés de l'aller ni envoyer prendre du Lieutenant-Général et Gouverneur à terre, en quoi toutefois ils observeront un bon concert avec ledit Gouverneur et Lieutenant-Général ; ensorte que les ordres donnés ne puissent apporter aucun préjudice à la sûreté des Isles et à la conservation du Commerce des Habitans.

Sur la Justice.

ART. IX. Il est certain que la Justice Militaire réside en la personne du Chef supérieur, et que de-là elle se communique aux Officiers subalternes, qui la font exercer suivant le pouvoir qui leur en est donné.

9°. *La Justice entière de la Marine, dans toute son étendue, appartient à l'Amiral de France et aux Officiers de marine qui sont sous sa Charge, et le Gouverneur et Lieutenant-Général ne doit pas s'en mêler en aucune façon pour ce qui concerne les Officiers, ni pour ce qui concerne les Equipages ; le Gouverneur et Lieutenant-Général peut toutefois interdire un ou plusieurs Officiers particuliers de marine, et en ce cas il faut qu'il en donne des ordres au Capitaine qui commande l'Escadre.*

Cette apostille répond à tous les Articles suivans.

FAIT à Saint-Germain-en-Laye le 4 Novembre 1674. Signé LOUIS.

ART. X. Il n'y a rien à régler au pouvoir que les Capitaines ont sur les Soldats et sur les Equipages de leurs bords ; ils peuvent les châtier de la cale, des fers et de la prison, etc. C'est un détail auquel les Officiers supérieurs n'ont jamais pris garde, pourvu que les Délinquans ne méritent pas la mort ou quelqu'impression infamante, comme la fleur de lys ou le retranchement de quelque membre, car en ce cas il faut y procéder par une information qui prouve le délit, et par l'Assemblée du Conseil de Guerre ; mais cette Assemblée ne peut se faire sans la permission du Chef où il assistera s'il veut, ou il en laissera le jugement aux Officiers de l'Escadre, à son option : il faut que les Juges qui composeront ce Conseil de Guerre soient en nombre suffisant ; et s'ils ne l'étoient pas, on pourra prendre des Gradués s'il s'en trouve sur les lieux, qui suppléeront par leurs suffrages au défaut des Officiers qui manquent, les ordres du Roi le veulent ainsi.

ART. XI. Voilà tout ce qui regarde la simple Justice de la Soldatesque ; mais si un Officier, qui sera Lieutenant ou Enseigne, avoit commis quelque crime qui méritât la mort, j'ordonnerai de mon autorité que son procès lui sera fait par les formes, et après j'enverrai le procès, l'Officier et la connoissance du fait à Sa Majesté, pour en ordonner selon son bon plaisir.

Les fautes des Officiers qui seront moindres, c'est-à-dire, qui ne mériteront que la cassation, interdiction ou la suppression de leur emploi, pourront être jugés par le Chef supérieur ou par le Commandant de l'Escadre en son absence, et voici comment.

La cassation doit être ordonnée par Sa Majesté, et non par un autre.

L'interdiction par le Chef est déclarée par le Commandant ; mais tout Officier interdit ne peut être rétabli que par Sa Majesté.

La suspension n'est prononcée que jusques à nouvel ordre, et le temps de ce nouvel ordre arrive quand le Chef ou le Chef d'Escadre le veulent, après lequel l'Officier suspendu est rétabli dans ses fonctions ordinaires.

Il faut entendre que cette sorte de justice dépend du Chef supérieur à l'exclusion du Commandant de l'Escadre ; mais comme je suis persuadé des bonnes qualités et du mérite du sieur de Larson, et qu'il ne fera aucun châtiment sans avoir de bons fondemens, j'approuverai volontiers ce qu'il fera en telles rencontres, desirant que la bonne union qui a été jusqu'à présent entre nous continue.

Il sera donc à propos que le sieur de Larson fasse entendre aux Capitaines de l'Escadre qu'ils ne peuvent interdire les Officiers du Roi qui servent sous eux, ni leur imposer aucun châtiment pour les cas
                                                                    ordinaires ;

ordinaires; mais ils en feront les plaintes au Commandant de l'Escadre, et celui-ci, au Chef supérieur, qui ordonnera le châtiment dû à l'Officier, ou la satisfaction envers celui à qui elle devra être faite; ce que le Commandant de l'Escadre fera exécuter: si lesdits Officiers commettoient quelqu'un des cas qu'on appelle *capitaux*, comme seroit une désobéissance avérée, ou un appui au soulèvement, ou à la révolte de l'Equipage, le Capitaine peut arrêter l'Officier et le mettre en sûreté jusqu'à ce qu'il ait fait sa plainte, et qu'il ait prouvé son crime.

Art. XII. Il faut encore observer que la Justice du Chef est restrainte et ne s'étend pas au-delà de ce qu'on appelle *Troupe contre Troupe*, ou *Soldats contre Soldats*; car si un Officier, Soldat ou Matelot, e·c. est tombé en crime contre un Habitant, le Roi veut que le Juge du lieu connoisse du délit privativement à tout autre; ainsi l'Habitant ne répond pas à la Justice Militaire, et l'Officier et le Soldat est soumis au jugement des Juges de la Justice de terre; ce point est bien réglé, et le Roi en est si jaloux, que ceux qui y contreviennent sont menacés d'un châtiment rigoureux.

M. de Larson sera informé que les Officiers de l'Amirauté et leur Justice sont en l'Amérique sans aucune fonction, et qu'il n'y a que mes ordres qui sont donnés et exécutés; Sa Majesté ayant voulu par sa bonté me laisser le pouvoir de l'Amiral, et accorder par sa libéralité le dixieme des prises, qui est le droit dû à sa Charge.

Ainsi la Justice, tant terrestre que maritime, est entre mes mains; je la fais observer à terre par les Juges Particuliers et par les Conseils Souverains, et en mer sur les Troupes du Roi et sur les Navires Marchands, suivant l'intention du Roi; mais toujours dans les formes, afin que les Parties n'aient aucun lieu de se plaindre, et que les consciences des Juges soient satisfaites. Ceci demanderoit une plus grande explication, qui sera retranchée pour le présent et donnée lorsqu'elle sera nécessaire. Fait à la Martinique, le quinze Mai mil six cent soixantequatorze. *Signé* De Baas.

DÉLIBÉRATION *de la Compagnie des Indes Occidentales, portant confirmation des Droits et Privileges accordés aux Jésuites par Sa Majesté dans l'une et l'autre Amérique.*

Du 3 Septembre 1674.

LES Directeurs Généraux de la Compagnie des Indes Occidentales, s'étant fait représenter les Lettres-Patentes du Roi du mois de Juillet 1651, vérifiées en Parlement, lesquelles contiennent diverses graces, et particulierement donnent pouvoir auxdits RR. PP. Jésuites de s'établir dans tous les endroits que bon leur semblera, des Pays sujets à Sa Majesté en l'Amérique ; les Concessions qui ont été faites auxdits RR. PP., tant par les précédens Seigneurs des Isles de la Martinique, la Guadeloupe et Saint-Christophe, que par les Directeurs, Intendant et Agens des affaires de ladite Compagnie, portant entr'autres choses exemption générale de tous les Droits et de toutes les Charges réelles et personnelles ; comme aussi la Délibération de ladite Compagnie du 17 Juillet 1673, par laquelle elle accorde auxdits Révérends Peres Jésuites établis à Cayenne et dans la Terre ferme, les mêmes Privileges et Exemptions dont ils jouissent dans lesdites Isles de la Martinique, la Guadeloupe et Saint-Christophe ; lesdits Directeurs Généraux, de l'avis des Commissaires nommés par Sa Majesté pour l'utile emploi des effets de ladite Compagnie soussignés, déclarent par ces Présentes conformément auxdites Lettres-Patentes et Concessions mentionnées ci-dessus, que lesdits RR. PP. ont droit d'établir des Maisons, des Missions, et acquérir des Terres en telle quantité et en tous les endroits que bon leur semblera desdits Pays de l'obéissance de Sa Majesté en l'Amérique ; que tous leurs Domestiques, Engagés et Esclaves sont exempts de tous les Droits réels et personnels ; et toutes leurs Terres et Marchandises aussi exemptes et franches de tous Droits, Charges et Impositions qui se levent, et même des Droits de Poids pour les Marchandises à eux appartenans ; que tous leurs Domestiques, Engagés et Esclaves sont exempts de faire la Garde, et de toutes autres Corvées ordinaires et extraordinaires, sinon aux occasions d'une urgente nécessité ; et que lesdits RR. PP. Jésuites ont droit de Chasse, de Pêche, à l'exclusion de tous autres dans l'étendue et le long de leurs Terres ; comme aussi le Droit de construire des Moulins, et Engins à Sucres ; tous lesquels

Privileges et Exemptions , Pouvoirs et Concessions , lesdits Directeurs et Commissaires ratifient, confirment et accordent d'abondant, en tant que besoin est ou seroit ; et comme il pourroit arriver que l'on établiroit ci-après des nouveaux Droits sur les Marchandises qui entrent en l'Amérique , ou qui en sortent ; et qu'à cause de divers changemens qui se font , dans lesdits Pays et par d'autres considérations , lesdits RR. PP. pourroient faire acquisition de nouvelles Terres ; lesdits Directeurs et Commissaires desirant en ce cas aucunement reconnoître les bons services que lesdits RR. PP. ont depuis long-temps rendus, et continuent tous les jours de rendre en l'Amérique , tant à l'instruction des François , qu'à la conversion des Negres et des Indiens , et leur donner d'autant plus de moyens de les continuer , accordent auxdits RR. PP. remise et exemption générale de tous Droits , Charges et Impositions qui se pourroient ci-après lever sur les Marchandises appartenantes auxdits RR. PP. en entrant en l'Amérique , ou en en sortant ; comme pareillement ils confirment et accordent les mêmes Privileges et Exemptions de Droits sur leurs Domestiques et Esclaves que lesdits RR. PP. ont, ou qu'ils pourront avoir , et sur les Terres qu'ils pourront acquérir ; lesquelles dites Terres , comme celles qu'ils possedent à présent, lesdits Directeurs et Commissaires déclarent, autant qu'ils le peuvent, franches et amorties; en foi de quoi ils ont signé les Présentes, et icelles fait contresigner par le Secrétaire Général de ladite Compagnie , et scellé des armes d'icelles. A Paris , le 3 Décembre 1674. *Signé* BELLIZANY , MESNAGER, D'AULIER, MENIOT. *Et plus bas* , par mesdits sieurs de la Compagnie, D'AULIER DESLANDES, et scellé.

R. au Conseil Souverain de l'Isle de la Guadeloupe , le 5 Août 1675.

E D I T portant Révocation de la Compagnie des Indes Occidentales : *Et Union au Domaine de la Couronne , des Terres , Isles , Pays et Droits de ladite Compagnie ; avec permission à tous les Sujets de Sa Majesté d'y trafiquer , etc.*

Du mois de Décembre 1674.

LOUIS , etc. La situation de notre Royaume , entre la Mer Océane et la Méditérande , facilitant l'enlevement et la décharge des Marchandises de toutes especes, a donné lieu à plusieurs entreprises pour le Commerce des Pays éloignés. Mais quoique le succès n'ait pas toujours répondu à l'attente que l'on en avoit, parce que la plupart des Armemens se faisant par des Particuliers, ils n'étoient pas soutenus des forces nécessaires pour y réussir : nous aurions été invités, par l'affection que nous avons pour nos Peuples, d'entreprendre de nouveau le Commerce dans les Isles et dans les Terres-Fermes de l'Amérique, pour conserver à nos Sujets les avantages que leur courage et leur industrie leur avoient acquis, par la découverte d'une grande étendue de Pays en cette partie du Monde, dont les Etrangers tiroient tout le profit depuis soixante ans. Pour cet effet nous avons, par nos Lettres en forme d'Edit, du mois de Mai 1664, formé une Compagnie des Indes Occidentales, à laquelle nous avons accordé, à l'exclusion de tous autres, la faculté de faire seule le Commerce, durant quarante ans, dans la Terre-Ferme de l'Amérique, depuis la riviere des Amazones jusqu'à celle d'Orénoc, dans les Isles appellées Antilles, Canada ou Nouvelle-France, l'Accadie, dans les Isles de Terre-Neuve et autres, depuis le Nord du Canada jusqu'à la Virginie et la Floride; ensemble dans la Côte d'Afrique, depuis le Cap-Verd jusqu'au Cap de Bonne-Esperance, tant et si avant que la Compagnie pourroit s'étendre dans les Terres. Ce dessein également utile et glorieux, a eu le succès que nous pouvions espérer, et cette Compagnie s'est mise heureusement en possession des Terres que nous lui avons concédées; et ces Pays, qui sont d'une vaste étendue, sont habités à présent de plus de quarante-cinq mille personnes, qui sont gouvernées par deux de nos Lieutenans-Généraux en nos Armées, par huit Gouverneurs particuliers, et par quatre Conseils, qui jugent souverainement, et en dernier ressort. Plusieurs droits utiles, qui produisent un revenu très-considérable, y ont été établis, et ce Commerce occupe aujourd'hui près de cent Navires François, depuis cinquante jusqu'à trois cens tonneaux de port; ce qui donne de l'emploi à grand nombre de Pilotes, Matelots, Canonniers, Charpentiers et autres Ouvriers, produit le débit et consommation des denrées qui croissent et se recueillent en notre Royaume. Cependant, comme nous avons bien su que les difficultés qui se sont présentées dans l'établissement de cette Compagnie, l'ont engagée à de très-grandes et nécessaires dépenses, à cause de la guerre qu'elle a été d'abord obligée de soutenir contre les Anglois : nous aurions bien voulu nous informer de l'état présent de ses affaires; et par les comptes qui en ont été arrêtés par nos Ordres, nous avons reconnu qu'elle est en avance de la somme de trois millions cinq cens vingt-trois mille livres. Et bien que la Compagnie pût se dédommager à l'avenir de cette avance, tant par son Commerce, que par la possession de tant de Pays où elle jouit déjà de plusieurs revenus, qui augmenteront tous les jours à mesure que le Pays se peuplera : néanmoins, comme nous avons jugé que la plupart de ces droits et de ces revenus, conviennent mieux à la premiere Puissance de l'Etat, qu'à une Compagnie, qui doit tâcher à faire promptement valoir ses avances pour l'utilité des Particuliers qui la composent, ce qu'elle ne pourroit esperer qu'après un fort long-tems; et qu'aussi nous avons su que les Particuliers intéressés en ladite Compagnie, qui craignoient de s'engager en de nouvelles dépenses, eussent souhaité que nous eussions voulu les rembourser de leurs avances et de leur fonds capital, en prenant sur nous les soins de la continuation de cet Etablissement, et en acquerant à notre Couronne tous les droits en l'état qu'ils sont : nous en avons reçu volontiers la proposition, et fait examiner par des Commissaires de notre Conseil les affaires de cette Compagnie, depuis son établissement jusqu'au 31 Décembre 1673. Et par la discussion exacte qu'ils ont faite de ses Registres et de ses Comptes, ils ont reconnu que les actions des Particuliers qui s'y étoient intéressés volontairement, montoient à la somme de douze cens quatre-vingt-dix-sept mille cent quatre-vingt-cinq livres; au rembourrsement desquels nous avons fait pourvoir, savoir des deniers et effets appartenans à la Compagnie, de la somme d'un million quarante-sept mille cent quatre-vingt-cinq livres, et des deniers de notre trésor Royal, deux cens cinquante mille livres : en conséquence duquel paiement, le capital de leurs actions a été entiérement remboursé; outre deux repartitions qui ont été ci-devant faites à leur profit, à raison de quatre pour cent, nonobstant la perte sur le fonds capital de trois millions cinq cens vingt-trois mille livres que nous avons bien voulu supporter entiérement. Au moyen de quoi les Particuliers se trouvant remboursés de ce qui leur pouvoit appartenir : nous avons résolu de remettre en nos mains, et réunir à notre Domaine tous les fonds des terres par nous concédées à la Compagnie, (y compris la part restante au sieur Houel, en la propriété et Seigneurie de l'Isle de la Guadeloupe,) avec les droits, tant Seigneuriaux que de capitation, de poids et autres qui se levent à son profit, en conséquence des cessions et transports que les Directeurs et Commissaires de ladite Compagnie nous ont fait, suivant le Contrat passé entr'eux et les sieurs Colbert, Conseiller ordinaire en notre Conseil Royal, Contrôleur-Général de nos Finances, Poncet e: Pussort, aussi Conseillers en notredit Conseil Royal, Hotman, Intendant de nos Finances, que nous avons commis et députés à cet effet. Et pour faire connoître en quelle considération nous avons, ceux qui s'engagent en de pareilles entreprises, qui tournent à l'avantage de nos Etats ; comme aussi pour donner dès-à-présent liberté à tous nos Sujets de faire le Commerce dans les Pays de l'Amérique, chacun pour son compte, en prenant seulement les Passeports et Congés ordinaires, et contribuer par ce moyen au bien et avantage de nos Peuples. A ces causes, de l'avis de notre Conseil, et de notre certaine science, pleine puissance et autorité Royale, nous avons révoqué, éteint et supprimé, revoquons, éteignons et supprimons la Compagnie des Indes Occidentales, établie par notre Edit du mois de Mai 1664. Permettons à tous nos Sujets d'y trafiquer, ainsi que dans tous les autres Pays de notre obéissance, en vertu du remboursement fait aux intéressés, et de la cession, transport et délaissement fait à notre profit, par les Directeurs et Commissaires de la Compagnie, et accepté par lesdits sieurs Colbert, Poncet, Pussort et Hotman, suivant le Contrat passé pardevant le Beuf et Baudry, Notaires, ci-attaché sous le contre Scel de notre Chancellerie. Nous avons uni et incorporé, unissons et incorporons au Domaine de notre Couronne, toutes les Terres et Pays, (y compris la part restante audit sieur Houel, en la propriété et Seigneurie de ladite Isle de la Guadeloupe) qui appartenoit à ladite Compagnie, tant au moyen des concessions que nous lui avons faites par l'Edit de son établissement, qu'en vertu des Contrats d'acquisitions, ou autrement ; savoir les Pays de la Terre-Ferme de l'Amérique, depuis la riviere des Amazones jusqu'à celle d'Orenoc, et Isles appellées Antilles, possédées par les François ; le Canada ou la Nouvelle-France, l'Accadie, l'Isle de Terre-Neuve, et autres Isles de Terres-Fermes, depuis le Nord dudit Pays de Canada jusqu'à la Virginie et à la Floride; ensemble la Côte d'Afrique, depuis le Cap-Verd jusqu'au Cap de Bonne-Esperance ; et la propriété du Fort et Habitation du Senégal, commerce de Cap-Verd et riviere de Gambie: pour être les fonds régis, ainsi que les autres fonds et Domaines de notre Couronne ; et les droits domaniaux de capitation, de poids, d'entrée, de sortie, ensemble ceux de cinquante sols pour cent pesant de Sucres et Cires, entrant en la ville de Rouen, unis à nos Fermes, chacun selon leur qualité et nature, et être perçus dans le tems, et en la maniere qu'il sera par nous ordonné ; à commencer la jouissance du revenu desdits Pays , terres et droits , au premier Janvier de l'année 1681 seulement , attendu que nous avons laissé et abandonné les dettes actives et les revenus pendant six années , pour acquitter les dettes restantes de ladite Compagnie , suivant qu'il est plus amplement porté par l'Arrêt rendu ce jourd'hui en notre Conseil. Et en conséquence voulons que ceux qui seront par nous nommés et préposés pour l'administration , régie desdits revenus et acquittemens desdites dettes , ne soient tenus de compter de leurdite administration en notre Chambre des Comptes ni ailleurs , que pardevant les Commissaires de notre Conseil , qui seront à cet effet par nous députés , attendu que la régie et administration desdits revenus et acquittement desdites dettes n'est qu'une suite des affaires et dissolution de ladite Compagnie , et qui ne regarde en aucune maniere nos intérêts. Et en conséquence des comptes de ladite Compagnie , vus et examinés par les sieurs Hotman et le Vayer , Commissaires par nous députés , nous avons approuvé , confirmé , ratifié et validé , approuvons , confirmons , ratifions et validons toutes les Délibérations , Ordonnances , Jugemens , Ordres , Mandemens , Commissions , Etablissemens , Graces , Concessions , Baux à ferme , et tous autres Actes généralement faits jusqu'à ce jour par les Directeurs et Commissaires de la Compagnie , ses Agens Généraux , Secrétaires , Commis , Procureurs , Caissiers , et tous autres ses Officiers , tant sur les lieux , qu'en France ; même la levée des Droits des Passeports délivrés par la Compagnie , et les Droits d'expédition d'iceux ; avons aussi déchargé et déchargeons tous les Directeurs et Commissaires , Procureurs , Secrétaires , Caissiers , Teneurs de Livres ou Registres , Commis , Officiers , et autres de leur Administration , Gestion ou Commission , à la réserve des Commis particuliers des Isles , et autres Redevables pour les dettes de leurs comptes ; leurs Veuves , Enfans , Héritiers et biens tenans , ensemble de toutes les Saisies faites en leurs mains , pour quelque cause que ce puisse être , nonobstant les contraventions qui pourroient avoir été faites aux Edits et Réglemens par nous faits pour l'Etablissement , conduite et administration des affaires de la Compagnie , et aux Statuts et Réglemens particuliers d'icelle ; faisant très-expresses défenses à tous nos Officiers , et autres personnes , d'intenter pour raison de ce , aucune action ni demande ; comme aussi nous avons validé , approuvé et confirmé , validons , approuvons et confirmons les Concessions des Terres accordées par les Directeurs , leurs Agens et Procureurs , les Ventes particulieres qui ont été faites d'aucunes Habitations, Magasins, Fonds et Héritages dans les Pays par nous accordés, ensemble les remises et compositions des dettes actives et passives qui peuvent avoir été faites par les Directeurs, leurs Commis et Officiers ; comme aussi l'Engagement des Habitations du Sénégal, Commerce du Cap-Verd et Riviere de Gambie, aux termes et conditions portés par le Contrat passé par les Directeurs et Commissaires de la Compagnie, le 8 Novembre 1673, confirmé par Arrêt de notre Conseil du onze du même mois ; et attendu lesdits comptes rendus, dont tous les Registres et Pieces justificatives, ont été rapportées et remises au Greffe de notre Conseil ; nous déchargeons parcillement des Direc-teurs, Commissaires, Agens Généraux, Commis, Caissiers et Officiers, de rendre aucuns comptes à nos Chambres des Comptes, à cause des deniers de notre Trésor, ceux de nos Fermes, et Taxes de la Chambre de Justice, par nos ordres fournis aux Caissiers de la Compagnie, vu ceux qui en ont été rendus à la Compagnie, depuis examinés par les Commissaires de notre Conseil, sans préjudicier néanmoins aux Droits des Créanciers légitimes de la Compagnie, et au remboursement dudit sieur Houel, à cause de ce qui lui reste en l'Isle de la Guadeloupe ; à quoi et auxdites dettes, il sera par nous pourvu en notredit Conseil ; comme aussi, en conséquence de l'extinction, suppression et révocation de la Compagnie, nous nous chargeons de pourvoir, ainsi qu'elle faisoit aux lieux où elle étoit obligée à la subsistance des Curés, Prêtres, et autres Ecclésiastiques, à l'entretien et réparation des Eglises, Ornemens et autres dépenses nécessaires pour le service Divin ; et il sera par nous pourvu de personnes capables pour remplir et desservir des Cures ; voulons aussi que les Gouverneurs Généraux et Particuliers, et leurs Lieutenans, soient ci-après pourvus de plein droit par nous, et nous prêtent le Serment, ainsi que ceux des Provinces et des Places de notre Royaume ; que la Justice y soit rendue en notre nom par les Officiers qui seront par nous pourvus ; et jusqu'à ce, pourront tous les Officiers de la Compagnie continuer aussi en notre nom les fonctions de leurs Offices et Charges, en vertu des présentes Lettres, sans rien innover, quant à présent, à l'établissement des Conseils et Tribunaux, qui rendent la Justice, sinon dans le nombre des Conseillers des Conseils Souverains de la Martinique et Guadeloupe, qui ne sera que de dix au plus à chaque Isle, jusqu'à ce qu'autrement y ait été par nous pourvu ; comme aussi à l'égard du Siege de la Prevôté et Justice particuliere de Quebek, que nous avons éteint et supprimé, éteignons et supprimons ; voulons et

ordonnons

donnons que la Justice y soit rendue par le Conseil en premiere Instance, ainsi qu'elle l'étoit auparavant l'établissement de la Compagnie, et l'Edit du mois de Mai 1664. Si donnons en mandement, etc. DONNÉ à Saint-Germain-en-Laye, au mois de Décembre, l'an de grace, mil six cent soixante-quatorze, et de notre regne le trente-deuxieme. *Signé* LOUIS.

R. au Parlement de Paris, le 18 Janvier 1675.

R. en la Chambre des Comptes, le 9 Février suivant.

R. au Conseil Souverain de la Martinique, le 14 Octobre même année.

R. au Conseil Supérieur du Cap, le 10 Septembre 1716.

ARRÊT du Conseil d'Etat, confirmatif de ceux donnés en faveur de la Compagnie d'Occident et des Négocians faisant le Commerce des Isles.

Du 1er Décembre 1674.

LE ROI s'étant fait représenter en son Conseil les Arrêts et Ordonnances qui ont été rendus en faveur de la Compagnie d'Occident, et des Négocians qui trafiquent aux Isles Françoises de l'Amérique, depuis l'établissement; et entr'autres, etc.; ouï le rapport du sieur Colbert, Conseiller au Conseil Royal, Contrôleur Général des Finances, Sa Majesté en son Conseil, a ordonné et ordonne que lesdits Arrêts des 13 Mai 1665, 12 Février, 10 Mars, 9 et 24 Avril, 6 Mai et 26 Août 1665, 17 Mai 1666, 10 Décembre 1670, 4 Juin 1671, 26 Octobre 1672, et 15 Juillet 1673, seront exécutés selon leur forme et teneur, et conformément à iceux que les Sucres et autres Marchandises des Isles et Terre ferme de l'Amérique qui seront apportés dans le Royaume pendant le cours de six années portées par l'Edit de révocation de ladite Compagnie pour le compte de la Direction et des Fermiers, provenans de leurs Fermes, payeront seulement la moitié des Droits, et conformément à l'Arrêt du 26 Octobre 1672, 20 sols du cent pesant des Sucres et Petuns; fait sa Majesté défenses au Fermier Général des cinq grosses Fermes, ses Commis et préposés d'y contrevenir, à peine de trois mille livres d'amende, dépens, dommages et intérêts; enjoint Sa Majesté aux Commissaires départis, chacun en droit soi, de tenir la main à l'exécution desdits Arrêts et du présent. FAIT au Conseil d'Etat du Roi, tenu à Saint-Germain-en-Laye, le premier Décembre 1674.

Tome I. O o

ARRÊT DU CONSEIL D'ÉTAT, qui commet des Directeurs à l'Administration des Domaines et Affaires des Isles de l'Amérique.

Du 4 Décembre 1674.

LE ROI ayant par sa Déclaration du présent mois suprimé la Compagnie des Indes Occidentales, et réuni à son Domaine les Isles Françoise de l'Amérique, la Nouvelle France, et autres lieux qui dépendoient de la Concession faite à ladite Compagnie; et étant important pour conserver le Commerce desdits Pays aux sujets de Sa Majesté, et empêcher que les Etrangers ne s'introduisent dans lesdites Isles, de commettre la Direction d'icelles à des personnes de probité et intelligentes, lesquelles puissent au surplus travailler au recouvrement de ce qui est dû à ladite Compagnie par les Habitans desdites Isles, et au paiement de ce qu'elle doit encore à divers Particuliers; et Sa Majesté étant satisfaite des services, fidélité, intelligence que les sieurs Bellizani, Mesnager et d'Aulier ont fait paroître pendant leur Administration; et ne pouvant faire choix de personnes qui aient plus de connoissances et de lumieres du Domaine desdites Isles, ni des affaires qui en dépendent, qu'eux : ouï le rapport du sieur Colbert, Conseiller ordinaire au Conseil Royal, Contrôleur Général des Finances; Sa Majesté étant en son Conseil, a ordonné et ordonne que par les sieurs Bellizani, Mesnager et d'Aulier, ci-devant Directeurs Généraux de ladite Compagnie des Indes Occidentales, qu'elle a commis à cet effet la Direction des Domaines et affaires desdites Isles de l'Amérique, Nouvelle France, et autres lieux qui étoient de la Concession de ladite Compagnie, sera continuée; et à cet effet qu'ils établiront tels Agent et Commis que bon leur semblera, tant en Amérique, Afrique, Nouvelle France, qu'en ce Royaume; régleront leurs appointemens et leurs fonctions, ainsi qu'ils aviseront; pourront vendre les Habitations, Magasins et effets mobiliers qui restent à ladite Compagnie; feront le recouvrement de ce qui lui est dû en quelque lieu que ce puisse être, et des deniers en provenant, acquiteront les Créanciers de ladite Compagnie, et ordonneront du paiement des dépenses ordinaires, comme Gages de Commis, et autres de toutes natures; affermeront et passeront des Baux pour tels temps, prix, clauses et conditions qu'ils jugeront à propos des Droits Seigneuriaux, Féodaux, de Capitation, Poids, Entrée, Sortie, et autres qui se levent ou pourront lever

dans lesdites Isles, Nouvelle France , et autres lieux d'Occident , même
les Droits de trois pour cent qui se levent en ce Royaume sur toutes les
marchandises desdites Isles , et sur celles venant de Cayenne ; comme
aussi le Droit de six deniers pour livres qui se levent sur les Sucres et
Cires qui entrent dans la Ville et Banlieue de Rouen ; ordonne Sa Majesté qu'il sera délivré des Passeports en la maniere ordinaire aux Vaisseaux François seulement , pour aller négocier auxdites Isles de l'Amérique , Cayenne, la Tortue, Côte Saint-Domingue et la Nouvelle France,
sur les Certificats desdits sieurs Bellizani, Mesnager et d'Aulier , auxquels les Négocians qui auront obtenus lesdits Passeports , seront tenus de
rapporter des Certificats des Officiers de l'Amirauté que les Vaisseaux
qu'ils enverront auxdits Pays avec leurs Equipages , seront François , et
qu'ils fo leurs cargaisons en ce Royaume ; veut Sa Majesté que toutes
les saisies qui seront faites entre les mains desdits sieurs Bellizani,
Mesnager et d'Aulier , leurs Agens ou Commis , pour raison de ce qui
sera dû par le Domaine desdites Isles à quelques Particuliers , soient
terminées dans six mois , après lequel temps elles demeurerent nulles ;
et sera le présent Arrêt exécuté, nonobstant oppositions ou autres empêchemens quelconques , dont si aucunes interviennent , Sa Majesté s'en
réserve à soi et à son Conseil la connoissance, et icelle interdit à toutes
ses Cours et autres Juges. FAIT au Conseil d'Etat du Roi , Sa Majesté y
étant , tenu à Saint-Germain-en-Laye , le 4 Décembre 1674.

Signé COLBERT.

*ARRÊT du Conseil de la Martinique , touchant la forme de la
Question.*

Du 10 Décembre 1674.

SUR la remontrance faite au Conseil par le Procureur-Général , que
dans toutes les Jurisdictions de France sont établis des genres de torture
pour y être appliqués les Accusés qui ne sont pas suffisamment convaincus
par les preuves de leur procès pour asseoir un jugement de mort , ou
pour avoir révélation de leurs Complices après les condamnations prononcées ; et que n'y en ayant encore aucune établie en la Jurisdiction
de cette Isle , il est nécessaire d'y pourvoir , afin qu'il n'y ait point de
retardement en l'instruction et jugement des procès.

Le Conseil faisant droit sur ladite remontrance , a statué , ordonné et établi qu'à l'avenir ceux qui seront condamnés à être appliqués à la Question, soit par le Juge ordinaire, soit par le Conseil, seront mis et attachés à un petit charriot monté sur quatre roulettes; et ayant les pieds alongés au-devant dudit charriot, en telle sorte qu'ils ne les puissent retirer, seront ainsi approchés du feu, préalablement frottés d'huile et de soufre fondu, pour être leursdits pieds chauffés autant que le Juge et les Commissaires, qui feront donner ladite Question, le jugeront à propos, et par l'avis d'un ou deux Chirurgiens qui y seront appellés; lesquels Juges ou Commissaires au surplus se conformeront aux Ordonnances pour la forme de la Question, et se serviront, pour questionner, des Sergens de la Jurisdiction de cette Isle, pour éviter la multiplicité des Officiers. Sera ledit charriot, et le surplus de ce qui sera nécessaire, fait à la diligence dudit Procureur-Général; et payé par le Fisc.

Signé DE BAAS.

Cette forme pour la Question avoit été adoptée à Saint-Domingue, mais on lui a substitué l'usage des coins.

ARRÊT du Conseil d'Etat, portant augmentation de quarante sols pour cent pesant de Moscouades et Sucres venans des Isles Françoises de l'Amérique; et que les Sucres rafinés à Nantes, sortant de Bretagne par Ingrande, payeront les droits y mentionnés.

Du 24 Mai 1675.

LE ROI s'étant fait représenter ses Lettres de Déclaration du mois de Décembre dernier, par lesquelles et pour les considérations y contenues, Sa Majesté a supprimé la Compagnie des Indes Occidentales, et s'est bien voulu charger d'en payer les dettes, et de faire munir et entretenir les Isles de l'Amérique. Le tarif des cinq grosses Fermes du 18 Septembre 1664, par lequel Sa Majesté a réduit à quatre livres les droits d'entrées par les Bureaux desdites Fermes de chacun cent pesant de Sucre desdites Isles, qui payoit auparavant huit livres. L'Arrêt du Conseil du 18 Décembre 1670, qui modère lesdits droits de quatre livres à quarante sols. Autre Arrêt du 9 Décembre 1669, qui décharge les Négocians trafiquans auxdites Isles, de six livres que la Compagnie levoit sur chacun tonneau du port de tous les Navires qui y étoient envoyés pour y faire le commerce. Autre Arrêt du 4 Juin 1671, qui exempte de tous droits de sortie les marchandises chargées en ce Royaume pour lesdites Isles, et qui réduit à trois pour cent le droit de cinq pour cent accordé à ladite Compagnie, à prendre en espece de toutes les marchandises. Et un autre Arrêt du Conseil du 18 Décembre 1671, par lequel Sa Majesté a permis aux Marchands de la Ville de Nantes d'aller négocier auxdites Isles, et de faire entrer les Sucres rafinés en ladite Ville de Nantes par la riviere de Loîre, en payant seulement quatre livres de chacun cent pesant du Sucre rafiné pour tous droits. Et Sa Majesté considérant qu'étant obligé de faire de grandes dépenses pour soutenir la guerre contre la plus grande partie de l'Europe, outre celles qu'il convient faire pour la conservation des Isles, et qu'il est même presque impossible d'y subvenir sans faire aucune augmentation de droits sur toutes sortes de Moscouades ; ce qui est d'autant plus juste, que cette augmentation ne reviendra qu'au même prix que celui que lesdites Moscouades doivent payer suivant le tarif de 1664, et que les deniers qui en proviendront seront destinés pour la conservation desdites Isles et pour la sûreté du commerce : à quoi étant nécessaire de pourvoir, Sa Majesté étant en son Conseil, a ordonné et ordonne, qu'à commencer du premier jour de Juillet prochain, il sera perçu quarante sols pour chacun cent pesant de Moscouades entrant par les Bureaux des cinq grosses Fermes, convoi de Bordeaux et autres Ports de ce Royaume, à la réserve de la Bretagne seulement, outre et par-dessus les droits qui se levent à présent sur lesdites Moscouades. Ordonne Sa Majesté que l'Arrêt du Conseil du 14 Décembre 1671, donné en faveur des Négocians de la Ville de Nantes, sera exécuté selon sa forme et teneur ; et en l'interprêtant, permet auxdits Négocians de transporter des Sucres rafinés audit Nantes, dans les Pays étrangers, à la réserve toutefois qu'outre et par-dessus les quatre livres ordonnées être payées par ledit Arrêt, sur lesdits Sucres rafinés sortans de la Province de Bretagne par Ingrande, il sera payé douze livres par chacun cent pesant du Sucre rafiné, et dix-huit livres sur chacun cent pesant de Sucre Royal, à quoi faire les Marchands, Voituriers et Conducteurs desdits Sucres et Moscouades seront contraints par les voies ordinaires et accoutumées pour les droits des Fermes de Sa Majesté, en vertu du présent Arrêt, qui sera exécuté nonobstant oppositions ou autres empêchemens quelconques, pour lesquels ne sera différé. FAIT au Conseil d'Etat du Roi, Sa Majesté y étant, tenu au Camp du Casteau-Cambresis le vingt-quatrieme jour de Mai mil six cent soixante-quinze. *Signé* COLBERT.

ARRÉT du Conseil d'Etat, portant qu'il ne sera levé sur les Sucres rafinés aux Isles, entrant dans le Royaume, que quarante sols.

Du 31 Mai 1675.

L E R O I ayant, par Arrêt de son Conseil du 24 Mai dernier, ordonné qu'il sera levé quarante sols sur chacun cent pesant de Moscouades ou Sucres bruts entrant dans tous les Ports et lieux du Royaume, à la réserve de la Province de Bretagne seulement ; douze livres sur chacun cent pesant de Sucre rafiné, et dix-huit livres aussi sur chacun cent pesant de Sucre Royal transporté de ladite Province de Bretagne dans le Royaume ; et Sa Majesté voulant prévenir les contestations qui pourroient survenir au paiement desdits droits sur les Sucres rafinés dans les Isles de l'Amérique : ouï le rapport du sieur Colbert, Conseiller au Conseil Royal, Contrôleur-Général des Finances. Sa Majesté en son Conseil, a ordonné et ordonne que sur les Sucres rafinés dans les Isles de l'Amérique entrant dans le Royaume, il sera levé quarante sols seulement pour chacun cent pesant, outre et par-dessus les anciens droits qui se levent sur lesdits Sucres. Fait Sa Majesté défenses à Maître Jean Oudiette, Fermier dudit droit de quarante sols, d'en percevoir davantage, à peine de concussion. FAIT au Conseil d'Etat du Roi, tenu à Saint-Germain-en-Laye le trente-unieme jour de Mai mil six cent soixante-quinze. *Signé* FOUCAUT.

EXTRAIT des Ordonnances de M. DE BAAS, Gouverneur-Général des Isles de l'Amérique, sur le rang des Conseillers, des Officiers de Milice, de leurs Femmes, etc.

Du 2 Novembre 1675.

R É F O R M E du Conseil Souverain de la Martinique suivant l'intention de Sa Majesté, faite par nous Gouverneur-Lieutenant-Général pour le Roi aux Isles Françoises de l'Amérique.

Présidens.

M. de Sainte-Marthe, Gouverneur. } *Celui des deux qui se trouvera*
M. de Gemosat, Lieutenant de Roi. } *seul à commander, présidera.*

Conseillers.

Le sieur Turpin, Juge, entrera au Conseil lorsqu'il résoudra sur des cas extraordinaires; mais quand il jugera des appels de ses Sentences, il en sera exclu; il précédera tous les Conseillers. Les sieurs de Valmeniere; le Vassort; Descaveryes; de la Calle; Dugas; Roy; Begue; Cornette; Pelletier et Percy de Beaumont, seul Gradué.

M. de Jay, Major de l'Isle.

M. Chevrolier, Procureur-Général du Roi.

M. de Salvert, Greffier en chef.

Les Conseillers nommés ci-dessus prendront le rang et séance étant au Conseil suivant qu'ils sont écrits.

Lorsque lesdits Conseillers assisteront aux cérémonies publiques, chacun marchera et prendra séance suivant son rang.

Il y aura un Banc dans l'Eglise du Bourg Saint-Pierre pour eux, afin d'être distingués des autres Habitans de l'Isle, et le Pain béni leur sera porté après qu'on l'aura présenté aux Marguilliers.

Si outre cela lesdits Conseillers veulent mettre un Banc dans l'Eglise du quartier où ils résident, qui sera pour eux et pour leur famille, ils pourront le faire; et les Capitaines qui ne seront pas Conseillers, pourront aussi faire le semblable; mais leur Banc sera après celui des Conseillers.

Les Conseillers précéderont à l'Eglise et ailleurs tous les Capitaines qui ne seront point Conseillers.

Les Femmes des Conseillers et des Capitaines particuliers suivront les rangs de leurs Maris.

Les Conseillers assisteront tous au Conseil qui se tiendra le premier du mois, sous peine d'amende qui sera arbitrée par ledit Conseil.

Les Conseillers jouiront de l'exemption de douze Negres et de leurs Blancs, qui leur a été accordée par notre Ordonnance du 12 Février 1671, sans qu'ils en puissent avoir davantage, quand même ils seroient Conseillers et Capitaines tout ensemble; sauf à leur être fait de plus grandes graces par Sa Majesté, à laquelle très-humbles supplications en seront faites.

FAIT à la Martinique, le 2 Novembre 1675. *Signé* DE BAAS.

EXTRAIT de l'Ordonnance de M. de Baas, sur le rang et préséance du Conseil, collationné par nous Commissaire-Ordonnateur de l'Isle de la Tortue et Côte Saint-Domingue, y faisant fonction d'Intendant, pour être ladite Ordonnance exécutée dans l'étendue du Ressort du Conseil du Cap, selon sa forme et teneur, et enregistrée au Conseil. A Léogane, le 20 Juin 1610. *Signé* MITHON.

R. au Conseil du Cap, le 16 Août 1710.
Et à celui du Petit-Goave, le 2 Septembre suivant.

ARRÊT *du Conseil de la Martinique, touchant l'Amende de l'Appel.*

Du 11 Novembre 1675.

Cet Arrêt la fixe à 12 livres argent des Isles, qui ne font que 8 livres tournois.

(*Extrait des Annales du Conseil de la Martinique.*)
Conformément à cette décision l'amende de l'Appel n'est à Saint-Domingue que de 12 liv. des Isles; les autres amendes de la tierce opposition de la Requête Civile, etc. ne s'y comptent aussi qu'argent des Colonies.

ARRÊT *du Conseil de la Martinique, touchant les Avocats et les Procureurs.*

Du 13 Janvier 1676.

Cet Arrêt contient défense de souffrir dans la Colonie ceux qui y voudront exercer ces états.

COMMISSION *de Gouverneur de l'Isle de la Tortue et Côte Saint-Domingue pour le sieur* DE POUANÇAY.

Du 16 Mars 1676.

LOUIS, etc. Le Gouvernement de notre Isle de la Tortue et Côte Saint-Domingue étant à présent vacant, par le décès du sieur d'Ogeron, nous avons estimé qu'il étoit important au bien de notre service de remplir cette Charge d'une personne sur la suffisance et la fidélité de laquelle nous nous puissions reposer de la conduite de nos Sujets établis

en

en ladite Isle et en ladite Côte, et de tout ce qui peut augmenter leur Commerce; et pour cet effet nous avons cru ne pouvoir faire un meilleur choix que du sieur de Pouançay... A CES CAUSES, nous avons ledit sieur Pouançay, commis, ordonné et établi, commettons, ordonnons et établissons Gouverneur pour nous, de ladite l'Isle de la Tortue et Côte Saint-Domingue, pour en ladite qualité y commander, et dans les Forts qui y sont ou pourront être ci-après bâtis, tant aux Habitans François ou Etrangers qui s'y établiront à l'avenir, de quelque qualité et condition qu'ils puissent être, qu'aux Soldats et Gens de guerre qui y sont ou pourront être en Garnison, leur faire prêter à tous le Serment de fidélité qu'ils nous doivent, faire vivre lesdits Habitans en union et concorde les uns avec les autres, contenir les Gens de guerre en police et bon ordre suivant nos Réglemens, maintenir le Commerce et Trafic auxdites Isles, et généralement faire par le sieur de Pouançay tout ce qu'il jugera à propos pour leur conservation et pour la gloire de notre nom; et au surplus, jouir de ladite Charge, aux Honneurs, Autorités, Prérogatives et Prééminences accoutumés, et aux Appointemens que nous réglerons par nos Etats pendant trois années, à commencer du premier Mai prochain. Si mandons et ordonnons au sieur de Baas de faire reconnoître ledit sieur de Pouançay... DONNÉ à Saint-Germain-en-Laye, le 16 Mars 1676. *Signé* LOUIS.

Cette Commission fut prolongée par deux autres du 15 Avril 1679, et du premier Mai 1682, chacune pour trois nouvelles années.

ARRÊT *du Conseil d'Etat, qui permet au Fermier des Octrois et Domaines des Isles d'y nommer les Greffiers des Conseils et des Justices Inférieures.*

Du 28 Mars 1676.

SUR la Requête présentée au Roi en son Conseil par Me Jean Oudiette, Fermier des Octrois et Domaines des Isles de l'Amérique, contenant que par résultat du Conseil du 24 Mai 1675, Sa Majesté lui a fait Bail pour sept années, commencées au premier Juillet audit an, de tous les Droits Seigneuriaux qui se levent dans les Isles Françoises de l'Amérique, entre lesquels sont ceux provenant des Emolumens des Greffes des Conseils Souverains, et autres Justices établies dans lesdites Isles; ensorte qu'il a intérêt de nommer à l'exercice des Greffes des personnes capables, tant pour la sûreté desdits Droits, que pour le Public; à ces causes,

Tome I.   Pp requéroit qu'il plût à Sa Majesté, sur ce lui pouvoir; vu ladite Requête, et ouï le rapport dudit sieur Colbert, Conseiller ordinaire au Conseil Royal, Contrôleur Général des Finances : le Roi en son Conseil, a permis et permet au Suppliant de nommer à l'exercice des Greffes des Conseils Souverains, et des Justices desdites Isles de l'Amérique, des personnes capables pour en faire le fonctions, dont il demeurera responsables ; lesquels seront reçus par les Officiers desdits Conseils et Justices en la maniere accoutumée. FAIT au Conseil d'Etat du Roi, tenu à Saint-Germain-en-Laye, le 28 Mars 1676.

ORDONNANCE portant défenses aux Commandans des Vaisseaux de Sa Majesté de prendre ou lever aucuns Matelots ni Soldats aux Isles de l'Amérique.

Du 11 Avril 1676.

SA MAJESTÉ continuant de donner ses soins et son application à tout ce qui peut fortifier et augmenter les Colonies de ses Sujets qui sont établis dans les Isles Antiles de l'Amérique, et ayant été informée que les levées de Soldats et Matelots qui y ont été faites par les Capitaines commandans les Vaisseaux de guerre qu'Elle a ci-devant envoyés auxdites Isles, pourroient les dépeupler, au lieu que tous les armemens qu'Elle a fait faire jusques à présent n'ont été faits qu'en vue d'augmenter lesdites Colonies, et d'assurer le Commerce de ses Sujets. A quoi étant nécessaire de pourvoir : Sa Majesté a fait et fait très - expresses inhibitions et défenses à tous Officiers commandans ses Vaisseaux de guerre, qui ont été ou seront envoyés auxdites Isles Antilles de l'Amérique, d'y prendre ou lever aucuns Matelots ou Soldats, pour quelque cause et sous quelque prétexte que ce puisse être, à peine de cassation. Mande et ordonne, Sadite Majesté, au sieur de Baas, Lieutenant-Général en ses Armées, Commandant dans lesdites Isles, aux Gouverneurs particuliers d'icelles, et à tous ses Officiers et Sujets qu'il appartiendra, d'observer et faire observer la présente Ordonnance. FAIT à Saint-Germain-en-Laye, le 11 Avril 1676. *Signé*, LOUIS. *Et plus bas*, COLBERT.

ARRÊT *du Conseil d'Etat , portant que Jean Oudiette , Fermier-Général du Domaine d'Occident , jouira des droits de Poids , de Capitation , et autres qui se levent dans les Isles et Terre-Ferme de l'Amérique.*

Du 5 Juin 1676.

Su R ce qui a été représenté au Roi en son Conseil , par M. Jean Oudiette , Fermier - Général du Domaine d'Occident , et autres droits que , par résultat dudit Conseil , du 24 Mai 1675 , Sa Majesté ayant ordonné qu'il jouiroit de tous les droits dudit Domaine d'Occident , dans les Isles Françoises et Terre-Ferme de l'Amérique , Canada, France Septentrionale , et autres lieux et pays de la concession ci-devant faite à la Compagnie des Indes Occidentales , sans en rien excepter , pour en jouir , ainsi que ladite Compagnie et les Seigneurs propriétaires desdits Pays et Isles en ont joui ou dû jouir , au préjudice de quoi les Officiers des lieux et autres prétendent empêcher audit Oudiette , la perception de la plus grande partie des droits du Domaine , sous prétexte qu'ils ne sont pas particuliérement spécifiés dans ledit résultat , comme droits de Poids , Capitation , Greffes , Amendes , Confiscations, Redevances , et Droits provenans des Cinquante pas du Roi sur le circuit des Isles , Biens vacans , Aubaines , Droits d'Ancrage , Sauvetage et Biens naufragés ; quoique tous lesdits droits appartiènnent à Sa Majesté , et que ladite Compagnie en ait toujours joui ; desquels droits même plusieurs Habitans desdites Isles et Pays prétendent s'exempter , au préjudice du Réglement fait pour le nombre , et la qualité des priviléges par le sieur de Baas , Lieutenant-Général pour Sa Majesté audit Pays , le 12 Février 1671 , enrégistré aux Conseils Souverains desdites Isles ; duquel Sa Majesté a ordonné l'exécution par ledit résultat , ce qui causeroit un dommage considérable aux droits de Sa Majesté et audit Fermier , s'il n'y étoit pourvu. Vu ledit résultat et Arrêt du Conseil dudit jour 24 Mai 1675 , l'Ordonnance dudit sieur de Baas du 12 Février 1671 , et autres pieces y attachées ; et ouï le rapport du sieur Colbert , Conseiller au Conseil Royal , Comtrôleur-Général des Finances , et tout considéré ; le Roi en son Conseil a ordonné et ordonne que ledit résultat et Arrêt du 24 Mai 1675 , ensemble l'Ordonnance dudit sieur de Baas du 12 Février 1671 , seront exécutés selon leur forme et teneur ; et en conséquence , que ledit Oudiette , Fermier-Général du

Pp ij

Domaine d'Occident jouira des droits de Capitation, de Poids, de Greffes, Amendes, Confiscations, Redevances, et Droits provenans des Cinquante pas du Roi sur le circuit des Isles, Biens vacans, Aubaines, Droits d'Ancrage, Sauvetage, Biens naufrâgés, et généralement de tous autres Droits qui appartiennent à Sa Majesté; dans toùs les Pays de la concession de la Compagnie des Indes Occidentales, sans aucune réserve. Fait, Sa Majesté, défenses de le troubler dans la perception d'iceux. Enjoint, Sa Majesté, au Gouverneur et Lieutênant-Général desdites Isles, Gouverneurs particuliers et Officiers des Conseils Souverains desdits Pays, de tenir la main à l'exécution du présent Arrêt, nonobstant oppositions ou appellations quelconques, pour lesquelles ne sera différé. FAIT au Conseil d'Etat du Roi, tenu à Saint-Germain-en-Laye, le cinquieme jour de Juin 1676. *Signé* COQUELLE.

R. au Conseil de la Martinique, le 1 Février 1677.

LETTRE DU ROI à M. DE BAAS, Gouverneur-Général des Isles, pour faire embarquer sur les Vaisseaux de M. le Comte d'Etrées, Vic-Amiral de France, les huit Compagnies étant aux Isles, et pour exciter les Habitans à s'y embarquer aussi.

Du 18 Août 1678.

MONS DE BAAS, ayant été informé que les Hollandois ont envoyé une Escadre de huit Vaisseaux dans les Isles de l'Amérique, et qu'ils se sont rendus maîtres de l'Isle de Cayenne, et pillé celle de Marie-Galande, j'ai résolu d'envoyer auxdites Isles, sous le commandement du sieur Comte d'Etrées, Vice-Amiral de France, en Ponant, une Escadre d'onze bons Vaisseaux de guerre, qui sera composée, tant de ceux que je fais armer dans les Ports de mon Royaume, que de ceux qui sont auxdites Isles, sous le commandement du sieur Marquis de Grancey, et du sieur de Montortié; pour chasser les Hollandois des lieux qu'ils occupent, et faire même quelques entreprises sur les Habitations qu'ils ont audit Pays; et, comme il importe au bien de mon service de fortifier les Equipages des Vaisseaux de l'Escadre, et de les mettre en état d'exécuter quelque entreprise digne de la gloire de mes forces maritimes, je vous fais cette Lettre pour vous dire que mon intention est, que non-seulement vous donniez les ordres nécessaires aux Officiers commandans les huit Compagnies que j'ai ci-devant envoyées auxdites

Isles, pour s'embarquer sur les Vaisseaux de ladite Escadre ; mais même que vous excitiez les Habitans les meilleurs et les plus aguerris de faire la même chose, étant certain qu'ils contribueront beaucoup au succès des entreprises qui pourront être faites sur mes ennemis ; et m'assurant qu'en une occasion aussi importante au bien et au repos de mes Sujets desdites Isles, vous agirez de concert avec ledit sieur Comte d'Etrées, et me donnerez de nouvelles preuves du zèle que vous avez pour le bien de mon service, je prie Dieu, etc.

LETTRE DU ROI à M. DE BAAS, sur l'envoi d'un Ingénieur pour visiter les Placés des Isles, et en lever le Plan.

Du 16 Décembre 1676.

MONS DE BAAS, j'envoie le sieur de Combes, l'un de mes Ingénieurs ordinaires, pour servir en cette qualité sous les ordres du sieur Comte d'Etrées, Vice-Amiral de France en Ponant ; et, comme je lui ai ordonné en même-temps de visiter les Forts et Châteaux qui ont été bâtis aux Isles Françoises de l'Amérique, et de lever des Cartes exactes, tant des Rades, Ports et Havres, que de toutes les Mers qui sont aux environs desdites Isles ; je vous fais cette Lettre pour vous en donner avis, et vous dire que je lui ai ordonné de ne rien faire que de concert, et par les ordres que vous lui donnerez sur ces points. Ne manquez pas de lui donner toute l'assistance et la protection dont il aura besoin, et lui faire connoître tout ce que vous croirez pouvoir contribuer à la sûreté desdites Isles, à quoi ne doutant pas que vous ne vous conformiez exactement, je prie Dieu, etc.

EXTRAIT des Ordres du Roi, au Gouverneur-Général des Isles, contenant défenses de mettre aucun Taux aux Marchandises qui y seront portées.

Du 7 Mai 1677.

SA MAJESTÉ défend à M. de Blénac de faire ni de souffrir qu'il soit fait, par les Conseils des Isles, aucun Taux fixe sur les Vivres, Denrées et Marchandises qui seront portées de France, même sur les Négres et sur les denrées et Marchandises du crû desdites Isles ; mais au contraire, Elle veut que M. de Blénac laisse une entiere liberté à tous les Marchands François d'y porter et d'y vendre à telles conditions que bon leur semblera, comme aussi aux Habitans des Isles, liberté entiere de vendre de même les Sucres, Tabacs, Indigos et autres Marchandises du crû desdites Isles ; et soyez bien persuadé, ajoute Sa Majesté, qu'il n'y a que cette liberté qui puisse augmenter les Colonies, et les faire fleurir. Donnez-vous bien de garde de rien faire en cela de contraire à mes intentions, quelque raison que l'on puisse vous alléguer. Vous devez aussi bien traiter et favoriser les Marchands François qui font leur Commerce dans lesdites Isles, et principalement ceux qui y apportent des Négres.

R. à la Martinique le 8 Novembre 1677.

Tiré des Annales de la Martinique, par M. Dessalles.

LETTRE DU ROI à M. le Comte DE BLENAC, Gouverneur-Général des Isles, pour faire chanter le Te Deum *pour les succés de M. le Comte d'Etrées en Amérique.*

Du 21 Mai 1677.

MONS le Comte de Blenac, l'heureux succès que mes Vaisseaux, commandés par le sieur Comte d'Etrées, ont remporté sur les Hollandois, en reprenant mon Isle de Cayenne, dont ils s'étoient rendus maîtres, et en combattant ensuite dans le Port de Tabago l'Escadre Hollandoise, composée de quatorze Vaisseaux de guerre, dont onze ont été brûlés, et trois contrains de s'échouer sur les bancs, pour éviter d'être enlevés, étant une suite continuelle de la protection dont il plaît à Dieu de bénir mes justes desseins; je vous fais cette Lettre pour vous dire que mon intention est, que vous fassiez tirer le canon et allumer des feux de joie dans toute l'étendue de mes Isles Françoises de l'Amérique, et donniez les ordres de ma part, aux Officiers de Marine, à ce qu'ils aient à faire tirer le canon sur mes Vaisseaux, et que vous fassiez au surplus toutes les démonstrations de joie accoutumées en pareilles occasions. Sur ce, je prie Dieu, etc. ECRIT au Camp de Tulin, près Saint-Guillain, le 21 Mai 1677. *Signé*, LOUIS.

ARRÊT *du Conseil d'Etat, qui ordonne que les Débiteurs de la Compagnie d'Occident, qui n'ont pas payé, dans les délais accordés par l'Arrêt du 26 Octobre 1672, seront contraints, comme pour les deniers de Sa Majesté.*

Du 3 Juillet 1677.

SUR ce qui a été représenté au Roi en son Conseil, par les sieurs Bellinzani et Mesnager, commis par Arrêt du 21 Juin 1675, pour la direction et conduite des affaires qui restent à régler et terminer par la Compagnie des Indes Occidentales, tant dans le Royaume que dans les Pays qui étoient de sa concession, que par Arrêt du Conseil du 26 Octobre 1672, Sa Majesté auroit accordé un délai de cinq années aux Débiteurs de ladite Compagnie, pour payer ce qui se trouveroit dû par les Habitans desdites Isles, en cinq termes égaux d'année en année, et dont le premier paiement écheroit au 15 Mai 1674, et ainsi continuer par chacune année; sinon, et à faute de ce faire, et ledit temps passé, qu'ils seroient contraints pour le tout: depuis quelques-uns desdits Débiteurs ont payé, mais la plus grande partie font refus d'y satisfaire, s'en défendant sous différens prétextes, les uns alléguant leurs services, particuliérement les Greffiers qui prétendent qu'il leur doit être fait compensation des expéditions d'actes qu'ils ont délivrés pour la Compagnie, sans prendre aucuns droits; d'autres que la guerre a retardé leurs Manufactures; et les autres mettent toutes sortes de chicane en usage, pour ne pas payer: ce qui cause un retardement et un préjudice considérable aux légitimes Créanciers de ladite Compagnie, qui ont des Assignations et Mandémens sur ce qui proviendra desdites dettes pour le paiement des intérêts de leurs actions et pertes sur les effets qui leur ont été donnés en remboursement de leur capital; à quoi il est nécessaire de pourvoir: ouï le rapport du sieur Colbert, Conseiller au Conseil Royal, Contrôleur-Général des Finances. Le Roi en son Conseil a ordonné et ordonne que lesdits Arrêts des 26 Octobre 1672, et 21 Juin 1675, seront exécutés selon leur forme et teneur; et en conséquence que les Débiteurs de la Compagnie d'Occident, qui n'ont pas payé les sommes par eux dûes, dans les délais à eux accordés par ledit Arrêt du 26 Octobre 1672, en demeureront déchus, et seront contraints aux paiement d'icelles; comme pour les deniers de Sa Majesté, pour être les deniers qui en proviendront, employés au paiement des Créanciers de ladite Compagnie, suivant les mandemens qui seront expédiés par lesdits sieurs Bellinzani et Mesnager. Enjoint, Sa Majesté, au sieur Comte de Blenac, Lieutenant-Général, et aux Gouverneurs particuliers desdites Isles, de tenir la main à l'exécution du présent Arrêt, qui sera exécuté nonobstant opposition et autres empêchemens quelconques, dont si aucuns interviennent, Sa Majesté s'en est réservé à soi et à son Conseil la connoissance, icelle interdit à toutes ses Cours et autres Juges. FAIT au Conseil d'Etat du Roi, tenu à Versailles le 3 Juillet 1677.

LETTRE DU ROI à M. DE BLENAC, sur le second Passage de M. le Comte d'Etrées aux Isles.

Du 9 Septembre 1677.

MONS le Comte de Blenac, étant bien-aise de vous expliquer la conduite que je veux que vous teniez à l'égard du sieur Comte d'Etrées, afin qu'il n'y puisse arriver aucune difficulté de votre part sur le sujet du commandement, vous devez être informé que je veux que vous obéissiez audit sieur Comte d'Etrées, lorsqu'il vous demandera des secours des Isles, ou qu'il vous ordonnera quelque chose de ce qui peut contribuer au succès des entreprises qu'il doit tenter, comme vous feriez à ma propre personne; mais à l'égard de ce qui regarde le dedans desdites Isles, les ordres à y donner pour le maintien des Colonies et autres points contenus dans votre Instruction; je veux que vous ayez le commandement entier, suivant ce qui est porté par vos Provisions, et la présente n'étant à autres fins; je prie Dieu, etc. ECRIT à Fontaine-bleau, le 9 Septembre 1677. *Signé*, LOUIS.

ORDONNANCE DU ROI, qui défend le Commerce étranger aux Isles.

Du 11 Septembre 1677.

LE ROI s'étant fait représenter en son Conseil son Ordonnance du 10 Juin 1670, par laquelle Sa Majesté fait défenses à tous Vaisseaux et Bâtimens étrangers d'aborder dans les Ports, mouiller dans les Rades,

et

et naviguer aux environs des Isles de l'Amérique occupées par ses Sujets, à peine de confiscation; ensemble à tous ses Sujets, habitans esdites Isles, ou y faisant commerce, de recevoir aucunes Marchandises, ni Vaisseaux étrangers, ni avoir aucune correspondance avec eux, à peine de confiscation desdites Marchandises, 500 liv. d'amende pour la premiere fois, et de punition corporelle en cas de récidive; et celle du 4 Novembre 1671, par laquelle Sa Majesté a fait défenses à tous Vaisseaux et Bâtimens Marchands François, trafiquant auxdites Isles, d'y transporter aucunes Viandes, ni autres Marchandises prises en Pays étrangers, aux peines portées par ladite Ordonnance; et Sa Majesté estimant nécessaire de renouveller lesdites Ordonnances, Sa Majesté a ordonné et ordonne que lesdites Ordonnances des 10 Juin 1670, et 4 Novembre 1671, seront exécutées selon leur forme et teneur; et en conséquence fait défenses à tous Vaisseaux et Bâtimens étrangers d'aborder dans les Ports, mouiller dans les Rades et naviguer aux environs desdites Isles, à peine de confiscation; ensemble à tous ses Sujets, Habitans desdites Isles, ou y faisant commerce, d'y recevoir ou d'envoyer aucunes Marchandises et Vaisseaux étrangers, à peine de confiscation desdites Marchandises, 500 liv. d'amende pour la premiere fois, et de punition corporelle en cas de récidive. Veut, Sadite Majesté, que les Vaisseaux, Bâtimens et Marchandises étrangers, qui seront pris en Mer et confisqués, soient partagés, savoir un dixieme à celui qui commandera l'Escadre des Vaisseaux de Sa Majesté, un autre dixieme au Capitaine du Vaisseau qui aura fait la prise, un autre dixieme au Lieutenant-Général, commandant dans lesdites Isles, et le surplus moitié à l'Equipage des Vaisseaux, et l'autre moitié au profit de Sa Majesté. Mande et ordonne, Sa Majesté, à M. le Comte de Vermandois, Amiral de France, aux Vice-Amiraux, Lieutenans-Généraux, Chefs d'Escadres, et au sieur Comte de Blenac, Gouverneur et Lieutenant-Général pour son service auxdites Isles, Gouverneurs particuliers d'icelles, aux Officiers des Conseils Souverains y établis, et à tous ses Officiers et Sujets qu'il appartiendra, d'observer et faire observer, chacun en droit soi, la présente Ordonnance. FAIT à Fontainebleau, le 11 Septembre 1677.

RÉGLEMENS *du Conseil de la Martinique, touchant la Police des Esclaves.*

Du 4 Octobre 1677.

Esclaves Voleurs.

'ART. Iᵉʳ. LES Negres convaincus de vols en volailles, cochons ou moutons, n'excédant pas la valeur de 100 liv. de Sucre, seront châtiés par les Maîtres; et si le vol excede ladite valeur, les Negres seront condamnés à avoir une oreille coupée, en cas de récidive; dans les deux cas les Maîtres tenus de réparer les dommages.

Idem.

'ART. II. Dans les vols de chevaux, bœufs, vaches ou bourriques, pour la premiere fois la jambe coupée, et en cas de récidive pendu; le Maître tenu du dommage, si mieux il n'aime abandonner le Negre.

Negres Marons.

'ART. III. Les Negres Marons, depuis quinze jours jusqu'à deux mois, le fouet et la Fleur de lys; depuis quatre mois jusqu'à six, le jarret coupé, et au-dessus de six mois, les jambes coupées; à l'effet de quoi les Maîtres tenus de faire leurs déclarations à l'Officier du Quartier des noms et de l'âge desdits Marons.

Negres qui frappent les Blancs.

'ART. IV. Tous les Negres qui frapperont un Blanc, seront pendus et étranglés; en cas de mort desdits Blancs, seront lesdits Negres rompus tout vifs.

Billets et Bâtons.

'ART. V. Défenses aux Negres d'aller de nuit sans Billet et de porter aucun Bâton ni Bangalas *, à peine de fouet pour la premiere fois, et du jarret coupé en cas de récidive.

ART. VI. Défenses à tous Habitans d'acheter ou récéler des Negres, soit Indigo, Sucre, Carret, Cacao, Canifice, Gingembre, Hardes,

* *Espece de gros Bâton ferré.*

Ustensiles, Nippes, et autres Marchandises, à peine de 4,000 liv. de Sucre d'amende pour la premiere fois, payables par corps, et de punition corporelle en cas de récidive.

Trafic des Esclaves.

ART. VII. Défenses à aucuns Negres de traiter des cochons, volailles, sans Billet de leurs Maîtres ; enjoint à ceux à qui un Negre proposera un pareil Trafic d'arrêter le Negre et la marchandise, et d'en avert r le Maître, qui l'enverra quérir, et le fera châtier ; à peine contre ceux qui travailleront avec ces Negres sans Billets de 1500 liv. de Sucre d'amende, moitié au Roi, et l'autre moitié à l'Hôpital.

(*Cet Article est pris du Recueil de M. Assier.*)

ORDONNANCE *du Gouverneur-Général des Isles, touchant les Voyages à bord des Bâtimens le long de la Côte.*

Du 19 Novembre 1677.

LE Comte de Blenac, Gouverneur et Lieutenant-Général pour le Roi des Isles Françoises de l'Amérique.

Sur les avis que nous avons que plusieurs personnes vont à bord des Navires qui paroissent le long de cette Côte, sous prétexte de savoir des nouvelles de l'Europe, et que sous ce même prétexte il se commet de grands abus, et que bien souvent il passe des Navires Anglois qui n'ont pas de plus forte envie que de négocier avec les Habitans François qui composent la Colonie de l'Amérique, c'est ce que nous prétendons empêcher, en conséquence des ordres qu'il a plu à Sa Majesté nous en donner ; et pour ce nous ordonnons au sieur Chevrolier, Procureur du Roi de cette Isle, de faire savoir de notre part à toutes sortes de Gens, de quelque qualité et condition qu'ils soient, que nous leur défendons d'aller à bord d'aucun Navire ou Barque qui abordera en cettedite Côte, qu'auparavant il n'ait été fait déclaration par le Maître de tout ce qu'il aura dans son Navire ou Barque au Commis du Domaine d'Occident ; toutefois nous désirons que la présente Ordonnance n'ait son effet sur les personnes qui seront porteurs des commissions du Roi ;

Q q ij

et en cas qu'il y eût des contrevenans à ladite Ordonnance, nous ordonnons audit sieur Procureur du Roi d'en faire informer, afin qu'il puisse être fait droit contre les défaillans; la présente Ordonnance sera lue, publiée et enregistrée. FAIT à la Martinique le 19 Novembre 1677.

Signé le Comte DE BLENAC.

R . *à la Martinique, le* 26 *Janvier* 1678.

ORDONNANCE *du Gouverneur - Général des Isles, touchant les Recensemens.*

Du 21 Janvier 1678.

LE Comte de Blénac, etc.

Il est ordonné à tous Capitaines et autres Officiers de Milice de cette Isle, d'assister de leurs soins, et même de leurs personnes, s'ils en sont requis, le sieur Desnoz, Commis général du Fermier du Domaine Royal d'Occident, ou autre qui sera par lui préposé, lorsqu'il se transportera dans toutes les Habitations pour y prendre le dénombrement de tous les Blancs et Negres qui appartiennent à chacun Habitant, et autres de quelque qualité et condition qu'ils soient; auxquels Habitans nous ordonnons très-expressément de déclarer tous leursdits Blancs, Negres et Negrillons, avec leurs noms et surnoms et leur âge, écrit dans un Contrôle qu'il signeront; et en cas que ledit Contrôle ne soit pas fidele, tous les Negres qui se trouveront y avoir été omis seront confisqués et vendus au plus offrant; appliquant le prix qui en proviendra, la moitié aux travaux du Roi qui se feront au Fort-Royal de cette Isle ou ailleurs, le quart à l'Hôpital de cette Isle, et l'autre quart au Dénonciateur; et comme nous desirons, conformément à l'intention de Sa Majesté, éviter autant qu'il nous est possible, que le Fermier général du Domaine ne reçoive ni dol ni fraude des Habitans, nous ordonnons audit sieur Desnotz, Commis général du Fermier général du Domaine Royal d'Occident, de faire enregistrer la présente Ordonnance au Greffe de cette Isle, et ensuite la faire lire, publier et afficher dans toutes les Eglises de cettedite Isle, dequoi il nous rapportera certificat, afin qu'on n'en prétende cause d'ignorance. FAIT à la Martinique le 21 Janvier 1678.

CONVENTIONS *arrêtées entre les Marchands et les Habitans des Isles, autorisées par Ordonnance de* M. DE BLENAC.

Du 25 Janvier 1678.

CES Conventions portent que les Habitans de cette Isle, et les Marchands qui y négocient, desirant unanimement de contribuer aux bonnes intentions qu'a Sa Majesté de les maintenir et y accroître le Commerce, sont convenus des articles suivans, et supplient très-humblement M. de Blenac d'avoir la bonté d'en persuader la Cour, et de faire observer lesdits articles avec une exacte et sévere police.

Qu'il faut faire quatre trous aux barriques et deux aux barils de grandeurs suffisantes pour que le Sucre puisse bien purger, et au lieu de bâton, qu'on y mette des roseaux ou canes de Sucre, à peine de 200 l. de Sucre d'amende à l'Hôpital.

Qu'il faut remplir une barrique tout d'un coup, et non à deux ou trois fois, et que ceux qui ne le pourront faire mettent leurs Sucres en formes.

Que le Sucre mis dans les futailles d'un Marchand ne pourra être livré à un autre sans sa permission, à peine de 1000 livres de Sucre d'amende, tant contre celui qui le livrera que contre celui qui le recevra, dont moitié au Dénonciateur, un quart à l'Hôpital, et l'autre à l'Eglise du quartier; qu'à cet effet le Marchand marquera les futailles qu'il fournira bonnes, et l'habitant en donnera des reçus et les délivrera en bon état; qu'à l'égard des quartiers de la Capsterre, et depuis le Diamant jusqu'à la Pointe des Jardins, les Habitans en fourniront de bonnes, suivant l'usage, qu'on leur rendra lorsqu'on ira chercher les Sucres, qu'ils seront obligés d'avertir quand ils seront prêts; et qu'en cas de faux frêt par leur faute, ils le paieront, ainsi qu'il sera reglé par le sieur Juge.

Que le Sucre qui sera reconnu n'être pas loyal et marchand, sera jetté à la mer en public.

Que pour quelque cause et prétexte que ce soit, il ne sera livré du Sucre à personne, qu'il n'ait été trois semaines à purger, et le Marchand le trouvant bon, donnera son certificat comme il l'agrée, et après ne sera plus reçu à se plaindre; mais sera tenu l'Habitant, en cas que le Sucre ne soit pas assez purgé, de le garder jusqu'à ce qu'il soit livrable.

Qu'il ne sera point livré de Sucres faits de sirops, à moins que ce ne soit pour pannelles , et qu'on n'en mêlera point dans les Sucres sur peine de 200 livres de Sucre d'amende , la moitié au Dénonciateur , et l'autre moitié à l'Hôpital.

A l'égard de l'Indigo et Rocou , on s'en tient aux Réglemens faits précédemment.

Que les Fermiers du Domaine qui reçoivent les droits de Poids , seront tenus d'en fournir dans les lieux où ils sont obligés ; que ceux qui ne voudront pas être sujets d'y porter leur denrées , soit à cause de la difficulté des lieux ou autrement , seront obligés d'avoir des fléaux et poids étalonnés ; et pour obvier aux difficultés qu'auroient les Habitans d'en tirer de France , M. le Général est très-humblement supplié d'écrire en Cour pour qu'il soit enjoint à tous les Navires qui viendront dans les Isles , pendant deux années , d'en apporter un chacun avec 1500 livres des poids de fer assortis , ce qui leur sera payé avec un honnête profit ; au moyen de quoi toutes Romaines et Roches, dont on se sert présentement pour peser , seront abolies comme poids très-scabreux.

A l'égard du bœuf et lard , les barils contiendront 180 livres net , sans tête, pieds ni fressures , et les farines 190 livres à 200 livres net ; et s'ils s'en trouve de falcifiées , seront confiscables , et cependant avant qu'on ait eu connoissance de ce que dessus , on en conviendra à la volonté, soit de les vendre aux poids ou autrement; et pour les boissons, les futailles seront de jauges des pays dont elles viendront , sur peine de confiscation.

Que les paiemens se feront sans préférence dans les temps convenus, et que ceux qui ont leur embarquement dans des rivieres , où les Cha-loupes , faute d'eau, ne peuvent entrer , seront obligés d'envoyer leurs denrées , par Canots ou autrement , à bords desdites Chaloupes , et les autres seront obligés de les rendre au bord de la mer où seront les Ports, et que ceux de la Capsterre et autres endroits difficiles en useront comme par le passé. *Signés* le Vassor, J. Roy, Dugas, J. Bouteille , Clermont, Barnabé , Labat , Roy, Bertrand , Bernon et Tyran ; *et plus bas* , le Comte de Blenac , Gouverneur et Lieutenant-Géneral pour le Roi des Isles Françoises de l'Amérique.

Au bas de ces Conventions est l'Ordonnance de M. de Blenac, du 25 Janvier 1678 , qui ordonne qu'elles seront exécutées, lues , publiées et enregistrées à la diligence du Procureur-Général.

R. au Conseil de la Martinique le 7 Mars 1678.

(*Cet article est tiré du Recueil de M. Assier.*)

ORDONNANCE du Gouverneur - Général , touchant les Déclarations du Chargement des Bâtimens aux Isles.

Du 9 Août 1678.

LE Comte de Blenac, etc.

Sur les avis que nous avons reçus, qu'il se commet plusieurs abus contraires aux intentions et aux intérêts du Roi, sur le fait du Commerce du Pays, par la répugnance que l'on remarque aux Capitaines des Vaisseaux marchands, Barques, et autres Bâtimens François, de faire exactement leurs déclarations aux Commis établis dans les Bureaux des Fermiers du Domaine Royal d'Occident lorsqu'ils arrivent dans les Isles, et lorsqu'ils en partent, ce que lesdits Capitaines de Vaisseaux marchands, Maîtres de Barques, et autres Conducteurs de Bâtimens se dispensent d'exécuter, tant pour pouvoir plus facilement entreprendre de faire le Commerce avec les Etrangers, contre les ordres de Sa Majesté, que pour pouvoir frauder les Droits lorsqu'ils arrivent en France ; à quoi étant nécessaire de pourvoir, nous ordonnons à tous Capitaines de Vaisseaux marchands, Maîtres de Barques, et autres Bâtimens, de faire leurs déclarations au Bureau du Domaine Royal de l'Isle, dont ils partiront ; savoir, les Capitaines des Navires qui leveront l'ancre pour aller directement en France vingt-quatre heures avant leurs départs, et les Maîtres de Barques qui vont d'une Isle à l'autre, en useront en la maniere accoutumée ; observant les uns et les autres de faire lesdites déclarations avec exactitude et sans fraude, sur peine de confiscation ; ordonnons aux Gouverneurs des Isles Françoises, Juges, Procureurs du Roi, et autres Officiers qu'il appartiendra, de tenir la main à l'exécution de la présente Ordonnance, et de la faire lire, publier et enregistrer partout où besoin sera, à la diligence du sieur du Clerc, Agent Général du Domaine Royal d'Occident, afin que personne n'en prétende cause d'ignorance. FAIT au Fort Royal de la Martinique, le 9 Août 1678. *Signé* BLENAC.

ORDONNANCE du Gouverneur-Général des Isles contre les Chirurgiens.

Du 15 Août 1678.

LE Comte de Blenac, Gouverneur et Lieutenant-Général des Isles Françoises de l'Amérique.

Sur ce qui nous a été représenté et même sur ce qui nous est connu, que les nommés Duga, Gast et Peribau, Chirurgiens, ce dernier employé sur l'Etat du Fort Royal, comme Chirurgien Major, font pâtir tous les Malades de l'Isle, et prennent avantage du peu de Gens qu'il y a dans ladite Isle de leur profession, et même font, par les difficultés qu'ils apportent à les aller secourir, pâtir les Malades, soit pour les dépenses qu'ils leur font faire, et sur-tout ledit Duga, demandant souvent d'être porté en lit de coton par relais, par des Negres; et son impudence ayant été à l'égard de feu M. de Baas, Lieutenant-Général, jusqu'à le refuser de venir ici, parce qu'il en avoit appellé un autre, ce qui l'obligea pour le châtier de le réléguer à la Grenade pendant deux mois; voulant régler les abus, secourir les peuples, et favoriser les Malades, et donner un bon ordre dans l'Isle, en conserver les Habitans, leur éviter les frais qu'ils font à l'égard de ces Gens-là, par leur présomption et parce qu'ils se tiennent les plus habiles; nous ordonnons qu'à l'avenir il n'en coûtera par chaque vingt-quatre heures que cent livres de Sucre, et à proportion suivant le temps qu'ils y seront, sans que les Habitans soient obligés de fournir de voiture; et à chacun des autres Chirurgiens de ladite Isle que soixante livres de Sucre, sans être obligés, comme dit est, de fournir de voiture; voulons, à l'égard desdits Chirurgiens et autres de cette profession, qu'en cas qu'ils refusent quelqu'un desdits Habitans, en les payant, de les secourir de leurs soins et de leurs remedes, être par leurs parens averti dudit refus, ou par eux-mêmes, nous réservant cette connoissance, attendu que par la voie de la Justice le Malade seroit mort avant que le Juge en eût reçu la plainte et fait justice; tant pour les condamner à des peines pécuniaires, que corporelles, ainsi que nous le jugerons à propos; voulons qu'au cas de plaintes sur le prix des remedes par eux donnés, les Habitans se pourvoient pardevant le Juge pour leur être fait droit sur le prix desdits remedes, et que Réglement soit fait là-dessus pour servir de Police; et la présente Ordonnance sera lue, publiée, affichée et enregistrée, et signifiée aux dénommés dedans, à la diligence du Procureur Général du Roi. FAIT au Fort Royal de la Martinique, le 15 Août 1678, Signé BLENAC.

IL est ordonné au sieur de Begue, Major de cette Isle, de nous envoyer, soudain le présent ordre reçu, le nommé Duga, Chirurgien, à moins qu'il ne soit occupé à traiter et médicamenter le sieur Jomier, Commissaire de la Marine, pour répondre aux demandes que nous avons à lui faire. FAIT au Fort Royal, le 15 Août 1671.

RÉGLEMENT

RÉGLEMENT que le Roi veut et ordonne être observé pour le paiement des Officiers et Soldats de Marine qui sont et seront destinés pour la Garde des Postes Maritimes des Isles de l'Amérique Méridionale étant sous l'obéissance de Sa Majesté.

Du 13 Septembre 1678.

SA MAJESTÉ fera payer les Officiers qui commanderont lesdites Compagnies à raison de trois livres par jour, et de quatre-vingt-dix livres par mois; et les Officiers subalternes à raison de quarante sols.

Sa Majesté veut que les Compagnies soient toujours composées au moins du nombre de cinquante hommes; et lorsqu'elles diminueront jusqu'au-dessous de quarante, elle veut que les Soldats soient incorporés dans les autres Compagnies, et les Officiers licentiés; il y aura en chacune Compagnie deux Sergens, trois Caporaux, trois Anspessades, et quarante-deux Soldats.

La Solde du Sergent sera de quinze sols par jour; du Caporal dix sols; de l'Anspessade huit sols, et du Soldat six sols.

Le Pain de Munition leur sera fourni en farines, qui seront envoyées de la Rochelle, ou autres ports, dans des sacs de deux cens livres chacun de farine, non compris le son qui en sera ôté sur le pied de quinze livres de son, sur deux cens livres de farine.

Lesdites deux cens livres de farine seront délivrées pour cent cinquante rations de Pain, de vingt-quatre onces chacune, cuit et rassis, ainsi qu'il se pratique pour les Troupes des Armées de terre de Sa Majesté; et pour chacune ration, il sera déduit auxdits Sergens, Caporaux, Anspessades et Soldats, dix-huit deniers sur leur Solde par jour.

Il sera envoyé de plus par chacun an pour chacun Soldat, un Juste-au-corps de drap, doublé d'une revêche valant dix livres; un Juste-au-corps de toile grise rayée à quatre livres; deux Haut-de-chausses de ladite toile, à deux livres piece; deux paires de Bas de ladite toile, à dix sols la paire; trois Chemises, à trente sols piece; deux paires de bons Souliers, à trois livres chacune; un Chapeau bordé d'un galon, à cinquante sols; trois Cravates à six sols huit deniers piece.

Le tout revenant à trente-trois livres, pour lesquels il sera retenu autres dix-huit deniers sur ladite Solde, et le surplus sera envoyé en argent; savoir, douze sols pour chacun Sergent; sept sols pour chaque Caporal, cinq sols pour les Anspessades, et trois sols pour le Soldat; le tout suivant et conformément aux Etats de Sa Majesté, qui seront envoyés sur les lieux; enjoint Sa Majesté au sieur Comte de Blénac, son Lieutenant-Général dans lesdites Isles, de tenir la main à ce que les Revues desdites Compagnies soient faites par chacun mois, et que les paiemens soient faits aux présens et effectifs, conformément au présent Réglement; et au sieur Jolinet, Commissaire-Ordonnateur de Marine, étant auxdites Isles, de la faire pareillement exécuter.

FAIT à Fontainebleau, le treizieme jour de Septembre 1678.

Signé LOUIS.

ORDONNANCE du Roi, portant Déclaration de la Paix conclue à Nimégue avec le Roi d'Espagne.

Du 21 Décembre 1678.

DE PAR LE ROI.

ON fait à savoir à tous qu'une bonne, ferme, stable et solide Paix, avec une amitié et réconciliation entiere et sincere, a été faite et accordée entre Sa Majesté et le Roi Catholique des Espagnes, leurs Vaisseaux et Sujets en tous leurs Royaumes, Pays, Terres et Seigneuries de leur obéissance, etc.

Publiée à Saint-Domingue.

ARRÊT du Conseil d'Etat, qui approuve le Commerce de la Compagnie du Sénégal à la Côte d'Afrique, tant en Marchandises qu'en Négres, à l'exclusion de tous autres.

Du 25 Mars 1679.

VU par le Roi étant en son Conseil, le Traité fait par les Directeurs du Commerce des Indes Occidentales, avec Maître Jean Oudiette, Fermier-Général du Domaine d'Occident, le 16 Octobre 1675, par lequel ledit Oudiette se seroit obligé de faire porter aux Isles Françoises de l'Amérique, pendant quatre années consécutives, la quantité de huit cens Négres au moins par chacun an, à peine de nullité dudit Traité,

lesquels il auroit la liberté de vendre de gré à gré , et aux autres charges , clauses et conditions portées par ledit Traité , lequel auroit été
confirmé par Arrêt du Conseil du 26 dudit mois d'Octobre 1675 , auquel Traité ledit Oudiette n'a point satisfait ; et les Négres ayant manqué
dans les Isles , les Colons désertent et abandonnent pour s'établir ailleurs : ensorte que lesdits sieurs Bellinzany et Menager auroient été obligés de faire un nouveau Traité , le 21 du présent mois de Mars , avec
la Compagnie du Sénégal , qui a fait de grands Etablissemens à la Côte
d'Afrique , stipulans pour ladite Compagnie , les sieurs François et Bains ,
qui se seroient obligés de porter pendant huit années , deux mille Negres
par chacun an aux Isles de la Martinique , Guadeloupe , Saint-Christophe ,
la Grenade , Marie-Galande , Sainte-Croix , Saint-Martin , Cayenne , la
Tortue , Saint-Domingue , et autres Isles et Terre-ferme de l'Amérique ,
moyennant quoi il seroit payé comptant à ladite Compagnie du Sénégal
par les sieurs Bellinzany et Menager esdites qualités de Directeurs , la
gratification de treize livres accordée par chacun Negre audit Oudiette
par l'Arrêt du Conseil dudit jour 26 Octobre 1675 , sur les certificats
de l'Intendant qui sera auxdites Isles ; et en outre se seroient obligés
d'en fournir à Marseille à Sa Majesté tel nombre qu'il plaira pour le
service de ses Galeres , au prix et âge dont on conviendra avec Sa
Majesté , le tout aux charges , clauses et conditions qui en suivent ;
savoir , que lesdit sieurs Bellinzany et Menager feront agréer et approuver
par Sa Majesté ledit Traité ; que défenses seront faites audit Oudiette et
à toutes personnes de quelque qualité et condition qu'elles puissent être ,
d'aller ou d'envoyer dans toutes les Côtes de Guinée jusqu'au Cap de
Bonne-Espérance , faire aucune Traite de Marchandises et de Negres ,
ni d'en transporter dans toutes lesdites Isles et Terre ferme de l'Amérique , sans que pendant ledit tems de huit années il puisse être fait
aucun traité ni donné aucune permission ni passeport au préjudice dudit
traité ; que les Lieutenant-Général , Intendant , Gouverneur et Officiers
de Justice desdites Isles , n'en pourront régler le prix , laissant la liberté
aux Commis et Agens de ladite Compagnie , de le faire de gré à gré
avec les Habitans , et que les Sucres , Tabacs et autres Marchandises
que ladite Compagnie du Sénégal fera venir desdites Isles de l'Amérique
en France , ne payeront que la moitié des droits d'entrée dans le Royaume
aux Fermiers des cinq grosses Fermes , suivant et conformément à l'Arrêt
du Conseil du 30 Mai 1664 , donné en faveur de la Compagnie des
Indes Occidentales , aux droits , privileges et exemptions de laquelle

ladite Compagnie du Sénégal est subrogée par l'Arrêt du Conseil du 11
Novembre 1673, à quoi lesdits sieurs Bellinzany et Menager se seroient
obligés; et d'autant que ledit traité ne peut avoir lieu sans être agréé et
approuvé de Sa Majesté, et sans que celui qu'ils ont ci-devant fait avec
ledit Oudiette ledit jour 16 Octobre 1675 ne soit cassé et annullé : ouï
le rapport du sieur Colbert, Conseiller ordinaire au Conseil Royal,
Contrôleur-Général des Finances : le Roi étant en son Conseil, a cassé
et annullé, casse et annulle le traité dudit Oudiette du 16 Octobre 1675;
en conséquence a approuvé et confirmé, approuve et confirme le traité
fait par lesdits sieurs Bellinzany et Menager le 21 du présent mois de
Mars, avec lesdits sieurs François et Bains, stipulans pour ladite Compagnie du Sénégal : ordonne qu'il sera exécuté selon sa forme et teneur;
ce faisant que ladite Compagnie sera payée des treize livres pour chacun
Negre qu'elle fera transporter aux Isles et Terre ferme de l'Amérique;
à savoir, dix livres des deniers du Trésor Royal, et trois livres des
deniers laissés en fond dans l'état de la Ferme des droits des Isles et du
Canada pour le maintien et augmentation des Colonies desdites Isles sur
les certificats de l'Intendant desdites Isles, et les Ordonnances desdits
sieurs Bellinzany et Ménager; permet Sa Majesté à ladite Compagnie du
Sénégal de vendre aux Habitans desdites Isles lesdits Negres de gré à
gré; faisant défenses aux Lieutenant-Général, Intendant, Gouverneur,
et à tous Officiers de Justice desdites Isles, d'en regler le prix, et à
toutes personnes, de quelque qualité et condition qu'elles soient, d'aller
ou d'envoyer dans les Côtes de Guinée, depuis la riviere de Gambie
jusqu'au Cap de Bonne-Espérance, faire aucune traite de Marchandises
et de Negres, ni d'en transporter dans toutes les Isles et Terre ferme
de l'Amérique, à peine de tous dépens, dommages et intérêts, confiscation de Navires et Marchandises au profit de ladite Compagnie, de
3000 livres d'amende applicable; savoir, la moitié à Sa Majesté, et
l'autre moitié à ladite Compagne. Mande Sa Majesté à M. le Comte de
Vermandois, Amiral de France, et à ses Lieutenans-Généraux, Gouverneurs, Intendans et Officiers des Conseils Souverains desdites Isles
et autres Officiers qu'il appartiendra, de tenir la main à l'exécution du
présent Arrêt, qui sera exécuté nonobstant oppositions et empêchemens
quelconques, dont si aucuns interviennent, Sa Majesté s'en réserve à
soi et à son Conseil la connoissance, icelle interdit à toutes ses Cours
et autres Juges; et afin que personne n'en prétende cause d'ignorance,
veut Sa Majesté que le présent Arrêt soit publié et registré en tous les

Sieges de l'Amirauté du Royaume, ensemble ès Sieges de Justice desdites Isles, et affiché à tous les abords d'icelles. FAIT au Conseil d'Etat du Roi Sa Majesté y étant, tenu à Saint-Germain-en-Laye le 25 Mars 1679. *Signé* COLBERT.

LETTRES-PATENTES, portant confirmation du Conseil de la Martinique.

Du 1er. Avril 1679.

LOUIS, etc. SALUT. Ayant révoqué par notre Edit du mois de Décembre 1674, la Compagnie des Indes Occidentales, et en conséquence en ayant repris l'entiere possession, nous avons estimé important au bien de notre service, et au soulagement de nos Sujets Habitans dudit Pays, de pourvoir aux Charges de Conseillers au Conseil Supérieur que nous avons établi en l'Isle de la Martinique et ses dépendances, par notre Déclaration du 11 Octobre 1664; laquelle nous étant fait représenter, ensemble notre Edit de révocation de la Compagnie, nous avons estimé à propos de déclarer nos intentions, tant sur l'établissement dudit Conseil, que sur le nombre, qualité et fonctions des Officiers qui le composeront à l'avenir, et qui seront par nous pourvus. A CES CAUSES, et autres considérations à ce nous mouvant, nous avons, de l'avis de notre Conseil, et de notre certaine science, pleine puissance et autorité Royale, confirmé, et par ces Présentes, signées de notre main, confirmons l'établissement de notre Conseil Supérieur par nosdites Lettres du 11 Octobre 1664, que nous voulons être exécutées selon leur forme et teneur, en ce qui ne sera point dérogé par ces Présentes; et en conséquence nous avons déclaré et déclarons, voulons et nous plait que ledit Conseil soit toujours composé du Gouverneur et Lieutenant-Général, de l'Intendant de Justice, Police et Finance audit Pays, du Gouverneur particulier et Lieutenant pour nous en ladite Isle, et de six Conseillers audit Conseil, dont nous avons pourvus nos chers et bien Amés Louis de Cacqueray de Valmeniere, François le Vassor, Isaac Canu Descaveries, François Picquet de la Calle, Edmond Dugas et Jean Roy, lesquels auront séance, et tiendront rang suivant l'ordre auquel ils sont ci-dessus nommés; de Gabriel Turpin, Juge de la Jurisdiction ordinaire, qui entrera audit Conseil, et aura voix délibérative pour les affaires extraordinaires, et dont il n'y aura point appel de ses Jugemens;

d'Alexandre l'Homme, Procureur-Général en ladite Isle, et Jean Gervais de Salvert, Greffier en chef; auxquelles charges, vacations avenantes, nous pourvoirons à l'avenir de plein droit: voulons que le Gouverneur et Lieutenant-Général pour nous auxdites Isles préside au Conseil, et en son absence, l'Intendant de la Justice, Police et Finance en icelle; lequel, en présence ou absence dudit Gouverneur et Lieutenant-Général pour nous, demandera les avis, recueillera les voix et prononcera les Arrêts, et aura au surplus les mêmes fonctions et jouira des mêmes avantages que les Premiers Présidens de nos Cours, et que notre Déclaration du 11 Octobre 1664, soit exécutée selon sa forme et teneur.

Si donnons en mandement à nos Amés et féaux Conseillers, les Gens tenant notre Conseil Supérieur à la Martinique, ils aient à registrer, et le contenu aux Présentes, garder et observer selon leur forme et teneur, nonobstant tous Edits, Déclarations, Arrêts et autres choses à ce contraires, auxquelles nous avons dérogé et dérogeons; car tel est notre plaisir; en témoin de quoi nous avons fait mettre notre scel à cesdites Présentes.

DONNÉ à Saint-Germain-en-Laye le premier Avril 1679.

Signé LOUIS; *et au dos*, par le Roi, COLBERT.

R. au Conseil Souverain de la Martinique le 7 Avril de la même année.

Les raisons qui nous ont portés à insérer la Déclaration du 11 Octobre 1664, qui établit ce Conseil, nous ont décidés à placer ici les Lettres-Patentes de sa confirmation.

PREMIÈRE *Commission d'Intendant de Justice, Police et Finances des Isles Françoises de l'Amérique, donnée par le Roi, à M. de* PATOULET.

Du 1er Avril 1679.

LOUIS, etc. A notre amé et féal le sieur Patoulet: SALUT. Etant nécessaire pour le bien de notre service, le soulagement de nos Peuples, et le Réglement de la Justice, Police et Finances en nos Isles Françoises de l'Amérique, d'établir en la Charge d'Intendant auxdites Isles, une personne capable de nous servir dignement, nous avons jetté les yeux sur vous pour la particuliere confiance que nous avons en votre expérience,

bonne conduite et intégrité, dont vous nous avez donné des preuves en
toutes les occasions que vous avez eues de faire paroître votre affection
pour notre service. A CES CAUSES, et autres à ce nous mouvant, nous
vous avons commis, ordonné et député, commettons, ordonnons et députons par ces Présentes, signées de notre main, Intendant de Justice,
Police et Finances en nos Isles Françoises de l'Amérique ; pour, en
cette qualité, vous trouver aux Conseils de Guerre, qui seront tenus
par le Comte de Blénac, Gouverneur, notre Lieutenant-Général auxdites Isles ; ouïr les plaintes qui vous seront faites par nos Sujets, par
les Gens de guerre, et tous autres, sur tous excès, torts et violences ;
leur rendre bonne et brieve Justice ; informer de toutes entreprises,
pratiques et menées contre notre service ; procéder contre les coupables
de tous crimes, de quelque qualité et condition qu'ils soient ; leur faire
et parfaire leur Procès jusqu'à jugement et exécution d'icelui inclusivement ; appeller avec vous le nombre de Juges et Gradués, portés par
nos Ordonnances, et généralement connoître de tous crimes, abus et
malversations qui pourroient être commis en nos Isles par quelques personnes que ce puisse être ; présider aux Conseils Souverains, en l'absence
du sieur de Blénac ; tenir la main à ce que tous les Juges inférieurs de
nosdits Pays, et tous nos Officiers de Justice soient maintenus dans leurs
fonctions, sans y être troublés ; que les Conseils Souverains, auxquels
vous présiderez, ainsi que dit est, jugent toutes matieres Civiles et Criminelles, conformément à nos Edits, Ordonnances, et à la Coutume de
notre bonne Ville, Prevôté et Vicomté de Paris ; faire, avec les Conseils
Souverains, tous les Réglemens que vous estimerez nécessaires pour la
Police générale desdites Isles ; ensemble pour les Foires et Marchés,
Ventes, Achats et Débits de toutes denrées et marchandises ; lesquels
Réglemens généraux vous ferez exécuter par les Juges subalternes qui
connoissent de la Police particuliere dans l'étendue de leur Jurisdiction ;
et en cas que vous l'estimiez plus à propos et nécessaire pour le bien de
notre service, par la difficulté ou le retardement de faire lesdits Réglemens
avec les Conseils Souverains, nous vous donnons pouvoir et faculté de
les faire seul, même de juger souverainement seul en matiere Civile et
Criminelle, et de tout ordonner, comme vous verrez être juste et à propos ;
validant dès à présent, comme pour lors les Jugemens, Réglemens et
Ordonnances qui seront ainsi par vous rendus, tout ainsi que s'ils étoient
émanés de mes Cours Souveraines ; nonobstant toutes Transactions,
Prises à Partie, Edits, Ordonnances, et autres choses à ce con-

traires ; voulons aussi que vous ayiez la Direction du maniement et la distribution de nos deniers destinés pour l'entretien des Gens de Guerre ; comme aussi des vivres, munitions, réparations, fortifications, parties inopinées, emprunts et autres contributions qui pourroient avoir été et être faits pour les dépenses pour notre service ; voir, vérifier et arrêter les Etats et Ordonnances qui en seront expédiés par notre Lieutenant-Général en chef, et en son absence, par nos autres Lieutenans-Généraux aux payeurs qu'il appartiendra. Vous faire représenter les extraits des montres et revues, les contrôler et enregistrer, et en tout ce que dessus, circonstances et dépendances ; distribuer, par provision, les terres aux Habitans des Isles, et à ceux qui y passeront, bien intentionnés, disposés à les cultiver et faire valoir pour s'y habituer, jusqu'à ce qu'ils se soient pourvus pardevant nous pour en demander la confirmation. Comme aussi nous voulons que vous ayez seul la connoissance et jurisdiction souveraine de tout ce qui concerne la levée et perception de nos droits de Capitation et de Poids, circonstances et dépendances, tant en matiere civile, de quelque nature qu'elle puisse être, qu'en matiere criminelle, sur laquelle toutefois, et en cas de peine afflictive, vous prendrez le nombre de Gradués porté par mes Ordonnances ; voulons que vos Jugemens soient exécutés comme Arrêts de Cour Souveraine, nonobstant toutes oppositions, appellations et autres empêchemens quelconques ; voulons, de plus, que vous connoissiez de la distribution des deniers provenans de la levée et perception de mes droits, suivant et conformément aux états que nous envoyons par chaque année ; et au surplus, faire et ordonner ce que vous verrez être nécessaire et à propos pour le bien et avantage de notre service, et qui dépendra de la fonction et exercice de ladite Charge d'Intendant de Justice, Police et Finances en nosdites Isles, de laquelle nous entendons que vous jouissiez aux honneurs, autorités, prérogatives et prééminences qui y appartiennent, aux appointemens qui vous seront par nous ordonnés ; de ce faire, nous vous donnons pouvoir, autorité, commission et mandement spécial, même subdéléguer en votre absence, et dans les lieux où votre service ne vous permettra pas de vous transporter et d'être en personne.

Mandons audit sieur de Blénac, Gouverneur, et notre Lieutenant-Général auxdites Isles, de vous faire jouir de l'effet et contenu en cesdites Présentes ; ordonnons aux Officiers des Conseils Souverains, et à tous nos autres Officiers, Justiciers et Sujets, de vous reconnoître, entendre et obéir en ladite qualité ; de vous assister et prêter main forte, si besoin est,

est , pour l'exécution desdites Patentes ; car tel est notre plaisir. Donné à Saint-Germain-en-Laye le premier jour d'Avril , l'an de grace 1679, et de notre regne le trente-sixieme. *Signé* Louis; *et plus bas ,* par le Roi, Colbert. Et scellé du grand sceau de cire jaune.

R. à la Martinique le 17 Juillet suivant.

ARRÊT du Conseil d'Etat , qui ordonne que les Employés au recou-vrement des dettes et effets cédés à Sa Majesté aux Isles Antilles de l'Amérique par la Compagnie d'Occident , seront tenus de compter incessamment pardevant M. Patoulet.

Du 8 Avril 1679.

LE ROI ayant par Arrêt de son Conseil du 22 Février 1676, commis le sieur de la Calle pour faire le recouvrement aux Isles Antilles de l'Amérique des dettes et effets cédés à Sa Majesté par la Compagnie d'Oc-cident; et Sa Majesté voulant que ledit sieur la Calle et les autres Commis particuliers établis auxdites Isles soient tenus de compter incessamment de leur maniment pardevant le sieur Patoulet , Intendant de Justice , Police et Finances auxdites Isles; et pourvoir ensuite au recouvrement de ce qu'ils devront, même à la vente des effets restant dans lesdites Isles appartenant à ladite Compagnie, afin d'employer ce qui en proviendra au paiement des intérêts qui restent dûs aux Créanciers de ladite Com-pagnie, suivant et conformément à l'état arrêté au Conseil ce jourd'hui : ouï le rapport du sieur Colbert, Conseiller ordinaire au Conseil Royal, Contrôleur-Général des Finances; Sa Majesté en son Conseil a ordonné et ordonne que ledit la Calle et autres Commis particuliers employés par ladite Compagnie dans lesdites Isles , seront tenus de compter inces-samment pardevant ledit sieur Patoulet de leur administration et gestion par eux faite des effets, tant mobiliairs qu'immobiliers, appartenant à ladite Compagnie dans lesdites Isles cédées à Sa Majesté; et à cet effet, ils représenteront pardevant lui tous leurs comptes, états et inventaires ; ensemble ceux qui ont été remis entre leurs mains par les Agens de ladite Compagnie, et des états de la recette et dépense par eux faite des effets de ladite Compagnie; comme aussi les diligences par eux faites pour le recouvrement d'iceux, et les Procès-verbaux de discussion qu'ils ont dû faire sur les débiteurs en bonne et due forme, pour être le tout vu et examiné par ledit sieur Patoulet, et ce qui se trouvera dû par lesdits

Tome I. Ss

Commis, suivant les comptes qui en seront arrêtés par ledit sieur Patoulet, ensemble ce qui proviendra de la vente des marchandises restant dans les magasins, meubles, immeubles, ustensiles, et autres effets appartenant à ladite Compagnie, seront employés à l'acquittement des intérêts dûs aux Créanciers de ladite Compagnie, conformément à l'Arrêt du Conseil du 28 Mars dernier, et à l'état arrêté au Conseil ce jourd'hui. FAIT au Conseil d'Etat du Roi, tenu à Saint-Germain-en-Laye, le 8 Avril 1679.

PROVISIONS du premier Lieutenant du Roi au Gouvernement de l'Isle de la Tortue et Côte Saint-Domingue, le sieur DE FRANQUESNAY.

Du 20 Avril 1679.

LOUIS, etc. A notre cher et bien amé le sieur de Franquesnay; Etant nécessaire d'établir un Lieutenant pour nous au Gouvernement de l'Isle de la Tortue et Côte de Saint-Domingue, lequel puisse résider actuellement en l'un des Quartiers de ladite Côte, tel qu'il lui sera ordonné par le sieur de Pouançay, Gouverneur de ladite Isle et Côte Saint-Domingue, pour le soulager dans les fonctions du commandement d'icelles; nous avons estimé que nous ne pouvions faire un meilleur choix que de votre personne pour cet Emploi. A CES CAUSES, nous vous avons commis, ordonné et établi, et par ces Présentes signées de notre main, commettons, ordonnons et établissons Lieutenant pour nous au Gouvernement de ladite Isle et Côte Saint-Domingue, pour, pendant le temps de trois années, à compter de cejourd'hui, en l'absence dudit sieur de Pouançay et sous son autorité en sa présense, commander, tant aux Habitans de ladite Isle qu'aux Gens de guerre qui y pourront être ci-après en Garnison, leur ordonner ce qu'ils auront à faire pour notre service; faire vivre lesdits Habitans en union et concorde entr'eux, contenir les Gens de Guerre en police et bon ordre, suivant nos Réglemens et Ordonnances Militaires, maintenir le Commerce et Trafic desdites Isles et généralement faire par ledit sieur de Franquesnay tout ce qu'il verra être nécessaire pour le bien de notre service; voulant qu'il jouisse de ladite Charge de Lieutenant pour nous au Gouvernement de ladite Isle et Côte Saint-Domingue, aux honneurs, autorités, prérogatives accoutumés, et aux appointémens qui lui seront réglés par nos Etats. Si donnons en mandement au sieur Comte de Blénac, Gouverneur et Lieutenant-Général pour nous en nos Isles et Terre ferme de l'Amérique de le faire reconnoître et obéir par tous ceux et ainsi qu'il appartiendra en l'absence dudit sieur de Pouançay : Car tel est notre plaisir. Donné à Saint-Germain-en-Laye, le 20 Avril 1679, et de notre regne le trente-sixieme.

Ordre du Roi, qui défend aux Gouverneurs Particuliers de mettre les Habitans en prison et de les condamner à l'amende.

Du 24 Avril 1679.

De Par le Roi.

Sa Majesté ayant établi un Conseil Souverain en chacune des Isles de l'Amérique, occupées pour ses Sujets pour y administrer la Justice; et ayant été informée que quelques-uns des Gouverneurs particuliers desdites Isles, ont quelquefois pris l'autorité d'arrêter et de constituer prisonniers aucuns desdites Habitans, ce qui est entierement contraire au bien et à l'augmentation des Colonies desdites Isles; à quoi étant important de remédier, Sa Majesté a fait et fait expresses défenses aux Gouverneurs particuliers desdites Isles de faire arrêter et mettre en prison à l'avenir aucun des François qui y sont habitués, sans l'ordre exprès du Gouverneur et Lieutenant-Général auxdites Isles, ou Arrêts de l'un desdits Conseils Souverains ; défend pareillement, Sa Majesté, auxdits Gouverneurs, de condamner aucun desdits Habitans à l'amende, et de rendre peut cet effet aucun Jugement de leur autorité privée, à peine d'en répondre en leur nom ; enjoint Sa Majesté au sieur Comte de Blénac, Gouverneur et Lieutenant-Général, au sieur Patoulet, Intendant de la Justice, Police et Finance auxdites Isles ; ensemble aux Officiers des Conseils Souverains y établis, d'observer et faire observer, chacun en droit soi, le contenu en la présente Ordonnnance, qui sera lue, publiée et enregistrée partout où besoin sera.

Donné à Saint-Germain-en-Laye, le 24 Avril 1679. *Signé* Louis. *Et plus bas*, Colbert.

R. au Conseil de la Martinique, le 17 Juillet 1679.

LETTRE du Roi à M. le Comte D'ESTRÉES, pour détacher deux Vaisseaux de son Escadre devant aller aux Isles, et leur faire poursuivre deux Corsaires Holandois.

Du 26 Avril 1679.

MONS le Comte d'Estrées, j'ai reçu avis certain que deux Particuliers ont fait depuis peu un Armement dans les Ports de Zelande, et en sont partis avec deux Vaisseaux, montés l'un de vingt pieces de canon, et l'autre de vingt-quatre, pour aller aux Isles de l'Amérique faire la guerre à mes Sujets sous la Commission de l'Electeur de Brandebourg; et comme ils pourroient y faire un désordre d'autant plus grand dans le Commerce de mesdits Sujets, qu'ils trafiquent à présent en toute liberté sous la confiance de la Paix; je vous fais cette Lettre pour vous dire que je veux que vous détachiez de l'Escadre que vous commandez les Vaisseaux l'Opiniâtre, commandé par le sieur Comte de Nourdis, et le Mignon, par le sieur Chevalier de Bethune, pour les faire partir aussi-tôt que vous aurez reçu la présente, et les faire aller en droite route auxdites Isles, où ils s'informeront des nouvelles qu'on aura desdits Corsaires, et en avertiront dans leur route tous les Vaisseaux Marchands, afin qu'ils se tiennent sur leurs gardes; et lorsqu'ils auront eu avis que lesdits Corsaires seront arrivés autour desdites Isles, mon intention est que vous leur donniez les ordres de les chercher partout, de les prendre ou couler à fonds, et de donner auxdits Vaisseaux Marchands de mes Sujets, en attendant que vous arriviez auxdites Isles, toute la protection que je vous ai tant recommandée, et que vous savez être une des fins principales de l'Armement que j'ai fait cette année, etc. sur ce, je prie Dieu, etc. ECRIT à Saint-Germain-en-Laye, le 26 Avril 1679.

ARRÊT du Conseil d'Etat, qui déclare les Negres, Chaudieres et Bestiaux des Sucreries insaississables pour le paiement du Droit de Capitation.

Du 2 Mai 1679.

LE ROI continuant de donner ses soins à tout ce qui peut fortifier le Commerce de ses Sujets qui sont établis aux Isles Françoises de l'Amérique, et voulant leur donner les moyens d'augmenter les Sucreries auxdites

Isles ; Sa Majesté étant en son Conseil , a déchargé et décharge les Negres , Chaudieres et Bestiaux servant aux Sucreries établies dans lesdites Isles, de toutes saisies qui pourroient être faites par Me Jean Oudiette , Fermier du Domaine d'Occident, pour le paiement des Droits de Capitation dûs par les Habitans desdites Isles, sauf à lui de procéder par voie de saisie, et vente des autres biens et effets appartenant auxdits Habitans pour le paiement desdits Droits, même par les voies ordinaires et accoutumées pour les affaires de Sa Majesté, laquelle enjoint au sieur Patoulet, Intendant de la Justice , Police et Finances auxdites Isles de tenir la main à l'exécution du présent Arrêt. FAIT au Conseil d'Etat du Roi, Sa Majesté y étant, tenu à Saint-Germain-en-Laye, le 2 Mai 1679.

Signé COLBERT.

LETTRES-PATENTES, *portant confirmation de la Compagnie du Sénégal et de ses Privileges.*

Du mois de Juin 1679.

Louis, etc. La Compagnie établie par notre Edit du mois de Mai 1664, pour le Commerce des Indes Occidentales et de la Côte d'Afrique, depuis le Cap-Verd jusqu'au Cap-de-Bonne-Espérance , ayant cédé et transporté par Contrat, du 8 Novembre 1673, à MM^{rs}. Maurice Egrot ; François François et François Raguenet , le Fort et les Habitations qu'elle avoit au Sénégal sur la Riviere de Gambie , et autres lieux de ladite Côte , avec la faculté d'y faire le Commerce pendant trente années qui restoient des quarante à elle accordées ; nous avons bien voulu lors de la suppression de ladite Compagnie, portée par notre Edit du mois de Décembre 1674, approuver et confirmer le Contrat, et la cession par elle faite ; et le succès que cette Compagnie formée a eu dans son Commerce , l'ayant mise en état de faire d'autres entreprises , particulierement le Commerce et transport des Negres dans nos Isles de l'Amérique ; elle s'étoit obligée, par le Traité fait avec les sieurs Bellinzani et Mesnager , Directeurs du Commerce des Indes Occidentales, d'y en envoyer tous les ans le nombre de 2,000 , même de nous en fournir un nombre considérable pour le service de nos Galeres, suivant les Traités qu'elle en a faits ; et d'autant qu'elle n'a encore obtenu Lettres de nous pour la confirmation de son établissement, elle nous auroit très-humblement supplié de lui accorder nos Lettres à ce nécessaires. A CES CAUSES, et voulant lui donner des marques de la satisfaction que nous recevons de son travail, et de l'application qu'elle donne, à bien et solidement établir le Commerce de la Côte d'Afrique ; de l'avis de notre Conseil, qui a vu lesdits Contrat et Traité, lesdits Edits des mois de Mai 1664, et Décembre 1674, et les Arrêts de notre Conseil donnés en conséquence, les 30 Mai 1664, 12 Février, 10 Mars, 24 Avril, 26 Août 1665, 10 Septembre 1668, 4 Juin, 18 Septembre, 25 Novembre 1671, 11 Novembre 1673, et 25 Mars 1679 ci-attachés sous le contre-scel de notre Chancellerie, et de notre certaine science, pleine puissance et autorité Royale, nous avons d'abondant, et en tant que besoin est, confirmé et autorisé, confirmons et autorisons la Compagnie établie par le Commerce du Sénégal, Riviere de Gambie, et autres lieux de la Côte d'Afrique, depuis le Cap-Verd jusqu'au Cap-de-bonne-Espérance ; voulons et nous plaît que les Intéressés en icelle, fassent seuls, à l'exclusion de tous autres nos Sujets, tout le Commerce et Navigation dans lesdits Pays ; et ce pendant le temps qui reste à expirer des 40 années, par nous accordées à la Compagnie des Indes Occidentales en l'année 1664 ; faisons défenses à tous nos Sujets, sous les peines portées par lesdits Arrêts des 11 Novembre 1673 et 25 Mars 1679, d'intreprendre ni faire aucun Commerce dans lesdits Pays, soit avec les Naturels d'iceux, soit avec les autres Nations qui y ont des établissemens ; ordonnons que ladite Compagnie jouira comme elle a fait jusqu'à présent, de l'exemption de la moitié des Droits d'entrée des marchandises qui viendront pour son compte, tant de la Côte d'Afrique que des Isles et Colonies Françoises de l'Amérique, ainsi que nous l'avons ci-devant accordé à la Compagnie des Indes Occidentales par Arrêt de notre Conseil du 30 Mars 1664 ; lequel ensemble tous les autres rendus en faveur de ladite ancienne Compagnie, auront leur effet et exécution en faveur de ladite Compagnie, comme s'ils avoient été accordés au nom et à la requête des Intéressés en icelle. Si donnons en mandement, etc. DONNÉ à Saint-Germain-en-Laye, au mois de Juin 1679, et de notre regne le trente-septieme.

Signé LOUIS.

R. au Parlement de Paris, le 10 Juillet 1679.

R. au Parlement de Rouen le premier Août suivant,

ARRÊT du Conseil de la Marinique, touchant les Canots et Chaloupes, et l'enlevement d'iceux par les Esclaves.

Du 17 Juillet 1679.

PLUSIEURS Esclaves étant accusés et convaincus d'avoir pris et enlevé une Chaloupe à bord d'un Navire étant en rade, et de s'en être servis pour s'évader hors de l'Isle; ils furent condamnés, savoir, les Négres à avoir la jambe gauche coupée, les Négresses à avoir le nez coupé, et ensuite marquées d'une fleur-de-lys ardente sur le front; déclare le Conseil avoir usé d'indulgence envers lesdits accusés, et ordonne qu'à l'avenir un pareil crime sera puni du dernier supplice; et pour obvier à pareil enlevement, ordonne à tous Capitaines et Maîtres des Navires et Barques, même à tous Habitans de veiller soigneusement à leurs Bâteaux, Chaloupes et Canots, et de n'y point laisser les voiles, avirons et autres agrés pendant la nuit, à peine d'être responsables en leurs propres et privés noms dès évasions qui pourroient se faire dans lesdits Bâteaux, Chaloupes et Canots; et en particulier, ordonne auxdits Habitans, comme il a été ci-devant ordonné de faire tirer leurs Canots devant les Corps-de-Gardes, ou de les faire enchaîner dans des lieux assurés.

Tiré du Recueil de M. Assier.

REMONTRANCES du Conseil de la Martinique à Sa Majesté, pour demander qu'il fût porté de la Monnoie aux Isles.

Du 12 Septembre 1679.

SIRE,

Le Conseil Souverain de la Martinique, assemblé extraordinairement, remontre très-humblement à Votre Majesté, que pour seconder les bonnes intentions qu'elle a pour le bien et l'augmentation de ses Colonies, il s'est étudié avec beaucoup de soin et d'application à chercher les moyens les plus utiles et les plus nécessaires pour y parvenir, et après les avoir mûrement examinés, il a été délibéré que l'on supplié-roit très-humblement Votre Majesté, comme nous faisons, Sire, avec tout le respect et la soumission que nous devons, pour qu'il plaise à Votre

Majesté d'avoir la bonté de faire passer en ces Isles une somme de cent mille écus d'argent monnoyé, pour y rester ; afin d'abolir entiérement l'usage de stipuler les actes et marchés en Sucre, ce qui est très-assurement ruineux à la Colonie et au Commerce , et empêche beaucoup de bien qu'il se pourroit faire s'il y avoit de l'argent. Premiérement, parce que le même Commerce en sera plus grand et plus aisé, les Sucres et autres productions de la terre des Isles se conditionneront mieux qu'elles n'ont pas été jusqu'à présent, puisqu'elles ne seront vendues qu'à proportion de leurs bonnes qualités , ce qui fera que tous les procès et contestations qui arrivent journellement pour raison de ce , et qui ont fait tant de bruit et d'embarras cesseront.

De plus, le desir d'avoir de l'argent fera connoître aux Habitans des Isles l'envie de travailler à mille petits ouvrages qu'ils négligent , parce qu'ils n'en ont point le débit faute d'argent, et facilitera encore l'établissement des Foires et des Marchés publics ; ce qui ne s'est pu faire jusqu'ici, faute de monnoie, quoique cette nécessité ait toujours été bien connue.

Ce même secours , Sire , produira encore un bien incomparable à la Colonie, en ce qu'il rendra un chacun beaucoup plus ménager de son bien, qu'il n'est pas ; étant constamment vrai qu'un particulier a plus de peine à sortir un écu de sa poche, que de signer un billet de plus grande valeur en Sucre, et évitera même une infinité de contestations, procès et querelles qui naissent, et néanmoins que l'on ne peut éviter qu'en y introduisant l'argent.

Messieurs de la Compagnie des Indes Occidentales avoient si bien reconnu cette nécessité , qu'ils y firent passer, il y a quelques années, une somme considérable d'argent ; mais , comme cette monnoie étoit d'une qualité à être emportée et débitée en France, sans perte, elle n'est restée en ces Isles que très-peu de temps , de sorte que les bonnes intentions de cette Compagnie sont demeurées inutiles au désavantage du service de Sa Majesté , et au public.

Le Conseil estime, Sire, que si Votre Majesté à la bonté de donner aux Isles le secours que nous lui demandons au nom de tous les peuples avec beaucoup d'empressement, il seroit nécessaire que Votre Majesté donnât ses ordres dans une de ses Monnoies pour en faire faire le nombre qu'Elle ordonneroit , qui fût carrée ; dont les especes seroient de valeur de trois livres , de douze sols , de dix sols et de cinq sols marqués, et des doubles , le tout sur le pied du sol tournois , et au même titre de celles de France ; qu'il plaise aussi à Votre Majesté de faire
défendre

défendre à toute sorte de personnes, de quelque qualité et condition qu'elles puissent être, de la transporter hors des Isles, de la faire entrer et exposer en France, la recevoir dans les Monnoies, ni chez les Orfévres; à peine de confiscation, de mille livres d'amende, applicable moitié au dénonciateur, et l'autre moitié à Votre Majesté.

Nous sommes très-persuadés, Sire, que Votre Majesté ne sauroit rien faire à cet égard qui soit plus avantageux au bien de cette Colonie, que ce que nous prenons la liberté de lui représenter; tous les Sujets qu'Elle y a redoubleront leurs vœux et leurs prieres à Dieu pour la conservation de la santé et prospérité de Votre Majesté.

C'est, Sire, ce que le Conseil fait journellement en général et en particulier, puisque nous sommes avec de très-profonds respects ses très-humbles et très-obéissans et très-fideles Sujets et Serviteurs : *Les Gens tenant votre Conseil Souverain de l'Isle Martinique.*

Nota. Ces Remontrances furent sans fruit; mais dans la suite le Commerce et l'Industrie des Habitans ayant jetté une quantité d'argent dans les Isles, les stipulations en Sucres furent entiérement abolies.

Tiré du Recueil de M. Assier.

LETTRE DU ROI au Gouverneur-Général des Isles, sur les Emprisonnemens des Habitans et les Revues des Milices.

Du 7 Mai 1680.

J'ESTIME très-nécessaire à mon service et au repos de mes Sujets dans les Isles, de maintenir les défenses que j'ai faites avec grande connoissance de cause aux Gouverneurs particuliers, de faire mettre aucun Habitant en prison de leur autorité; mais quoique je vous aie écrit que la liberté que cette Ordonnance vous donne de le faire ne doit être étendue qu'au seul cas d'intelligence avec les ennemis, j'ai assez de confiance en vous, et assez bonne opinion de votre modération et de l'envie que vous avez de conformer votre conduite à mes volontés, pour vous dire que vous pouvez étendre cette autorité aux cas graves, que vous estimerez du bien de mon service; mais surtout je vous recommande d'en user sobrement, et de me rendre compte, par vos Lettres, de ceux que vous aurez fait mettre en prison, et des raisons qui vous y auront obligé.

Cependant je veux que vous fassiez recommander les exercices qui se

Tome I. T t

sont faits jusqu'à présent tous les Dimanches par les Milices, et que sans en venir à l'effet, vous fassiez craindre à ceux qui y manqueront de les faire mettre en prison, etc.

R. à la Martinique le 22 Avril 1684.

EXTRAIT *des Lettres du Roi à M. de Blénac, Gouverneur-Général des Isles de l'Amérique, touchant, 1°. le Commerce étranger; 2°. le Droit du dixieme des Confiscations; 3°. le Commerce en denrées; 4°. les Conseils de Guerre et les Places dans les Milices pour les Habitans; 5°. la visite des Isles par les Gouverneurs particuliers; et 6°. les Commissions en Course.*

Du 7 Mai 1680.

1°. JE vous répete encore qu'en ce point, d'empêcher le Commerce étranger, consiste le principal de votre application, et que vous ne pouvez me rendre un service plus utile ni qui me soit plus agréable, parce qu'il n'y a que la multiplicité des Vaisseaux de mes Sujets qui iront dans les Isles, à l'exclusion des Etrangers, qui puisse augmenter le nombre des Habitans des Isles, et faire profiter mes Sujets de tout le Commerce qui s'y peut faire.

L'ordre que vous devez tenir à l'égard du Commerce étranger, consiste à ce que vous empêchiez qu'aucun Vaisseau étranger n'aborde aux Rades desdites Isles; et en cas que contre les défenses qui ont été faites, et qui sont publiques, aucuns Vaisseaux étrangers y abordent, vous devez leur envoyer ordre de partir sur le champ; et s'ils demeurent, vous devez les faire arrêter, et laisser ensuite faire les procédures, et prononcer la confiscation et la vente par le Conseil Souverain dans les formes ordinaires.

2°. Je donne les ordres nécessaires pour vous maintenir dans le droit du dixieme des confiscations des prises par mer, et du tiers à séparer entre vous et le Gouverneur particulier de l'Isle, pour celles faites par terre, et je suis persuadé que vous serez beaucoup plus touché du service que vous me pouvez rendre en cela, que du profit que ces Confiscations pourront vous produire.

3°. Sur ce que vous dites de la nécessité d'établir le Commerce en argent, et d'empêcher qu'il ne se fasse en Sucre, j'estime seulement nécessaire de vous répéter ce qui vous a déjà été écrit sur ce sujet : que pourvu que vous vous appliquiez à maintenir la liberté entiere entre les Habitans pour leur Commerce, de quelque maniere qu'ils veuillent le faire, et leur procurer le repos et la tranquillité nécessaires pour s'y appliquer, en empêchant de tout votre pouvoir les vexations que les plus riches font ordinairement aux pauvres, tenant la main à ce que la justice leur soit promptement rendue, et assistant vous-même pour cela à tous les Conseils qui se tiendront; en contribuant de tout votre pouvoir à tout ce qui peut leur faciliter le gain et la commodité de la vie; vous parviendrez bien plus facilement, que par tout autre moyen, à augmenter le nombre des Habitans, à y attirer de François, fortifier et augmenter le Commerce, et en un mot mettre les Isles de mon obéissance dans l'état florissant que je desire.

4°. Je vous permets de remplir les places de Commandans de Milice qui viendront à vaquer; mais je vous répete encore que je ne veux point que vous assembliez jamais de Conseil de Guerre des Habitans, sous prétexte qu'ils sont du corps de la Milice ; cette prétention n'ayant aucun fondement, et étant directement contraire à l'ordre des Jurisdictions que j'ai établi dans les Isles.

5°. La proposition que vous faites d'obliger les Gouverneurs à faire tous les ans la visite des différens quartiers des Isles où ils commandent, et de faire la revue de la Milice, est très-bonne, j'en donne ordre auxdits Gouverneurs, et je veux que vous teniez la main à ce qu'ils l'exécutent ponctuellement.

6°. A l'égard des Commissions pour armer en course, vous ne devez jamais en donner aucunes dans les Isles pendant la paix ; et en cas de guerre dans la suite je vous ferai savoir sur ce sujet mes intentions. A Fontainebleau le 7 Mai 1680.

R. à la Martinique le 21 Avril 1684.

EXTRAIT *du Mémoire du Roi à* M. PATOULET, *Intendant des Isles Françoises de l'Amérique sur le pouvoir de subdéléguer.*

Du 8 Juin 1680.

SA MAJESTÉ recommande à M. Patoulet de ne pas user du pouvoir de subdéléguer porté en sa Commission, qu'en cas de nécessité absolue ; et même de ne le faire alors que pour une seule affaire, de maniere que la Subdélégation finisse avec elle.

DÉCLARATION *du Roi sur les Récusations.*

Du 2 Juin 1680.

Louis, etc. Ayant été informé des difficultés qui se rencontrent dans les Conseils Souverains que nous avons établis dans nos Isles de l'Amérique lorsqu'il y faut juger les procès criminels et les causes de Récusations qui sont proposées contre aucuns des Juges, à cause du petit nombre d'Officiers dont ces Tribunaux sont composés, qui sont souvent ou absens ou intéressés dans les affaires, nous avons résolu d'y pourvoir par un nouveau Réglement. A ces causes, voulons et nous plaît que les procès pendans en l'un desdits Conseils Souverains dans lesquels aucuns de nos Présidens et Conseillers seront Parties, soient renvoyés sur la simple réquisition de l'une des Parties, devant l'Intendant, pour être jugés par lui et deux Conseillers non suspects tels qu'il voudra choisir dans ledit Conseil ou ailleurs, duquel Jugement la Partie lésée pourra interjetter appel, dont nous nous réservons la connoissance et à notre Conseil, et sera le Jugement exécuté nonobstant l'appel et sans y préjudicier, s'il est ainsi ordonné, ce que nous laissons à la discrétion des Juges. Voulons que les causes de Récusations soient jugées en dernier ressort dans celui des deux Conseils où le Procès est pendant, au nombre de trois Juges au moins ; et si les Récusations sont proposées contre un si grand nombre qu'il n'en reste pas trois non suspects pour le juger, le nombre des Juges sera suppleé par d'autres Officiers, même ceux des Sieges inférieurs, et à leur défaut, par des Praticiens ou Notables qui seront appellés par celui qui présidera ; et à l'égard des Jugemens dans nosdits Conseils Souverains en matiere criminelle, voulons qu'ils puissent être donnés par cinq Juges au moins ; et si ce nombre ne se rencontre dans le Conseil, ou si quelques-uns des Officiers sont absens, récusés ou s'abstiennent pour cause jugée légitime par ledit Conseil, il sera pris d'autres Officiers, même des Sieges inférieurs, à la réserve de ceux qui auront rendu la Sentence dont l'appel seroit à juger. Si donnons, etc.

R. au Conseil de la Martinique le 15 Octobre 1680.

Lettres-Patentes, *portant attribution à l'Intendant des Isles de la nomination aux Offices de Notaires, Greffiers et Huissiers.*

Du 7 Juin 1680.

Louis, etc. A notre amé le sieur de Patoulet, etc. Etant nécessaire de commettre des personnes capables et expérimentées pour faire l'exercice et fonctions des Charges de Notaires Garde-notes en notre Isle, d'Huissiers en notre Conseil Souverain de ladite Isle, et de Greffiers dans nos Jurisdictions Royales, nous vous avons donné et donnons pouvoir de commettre auxdites Charges, avec pouvoir à ceux qui seront par vous commis à celles de Notaires Garde-notes et de Greffiers, de les exercer et faire les fonctions qui y seront attribuées, comme s'ils étoient par nous pourvus, et à ceux qui seront par vous commis à celle d'Huissiers d'exploiter et mettre en exécution dans l'étendue de l'Isle tous Contrats et Obligations, Lettres-Patentes, Arrêts, Sentences, Jugemens, Ordonnances et autres Actes émanés de notre Conseil Souverain, et des autres Juges de ladite Isle.

Ordonne Sa Majesté que ceux qui seront ainsi pourvus, seront reçus aux Conseils Souverains et Jurisdictions Royales, après qu'il aura apparu de leur bonne vie et mœurs, conversation, Religion Catholique, Apostolique et Romaine, et âge compétens, et après qu'ils auront prêté le serment en tels cas requis et accoutumés; pour par eux jouir et user desdites Charges, aux honneurs, autorités, prérogatives, prééminences, droits, fruits, profits revenus et émolumens y appartenans, tant qu'il plaira à Sa Majesté, sans qu'il leur soit fait ou donné aucun trouble ni empêchement dans l'exercice desdites Charges, dont ils ne pourront être destitués que pour crime, etc.

R. au Conseil de la Martinique, le 10 Octobre 1680.

Lettre du Ministre à M. de Blénac, Gouverneur-Général des Isles, 1°. sur la faveur à donner aux Habitans pour les multiplier, et 2°. sur le Commerce étranger

Du 10 Juin 1680.

Vous devez être persuadé que le seul et unique expédient de regler toutes choses, et de mettre le tout en état de produire de l'avantage aux

Habitans des Isles, consiste uniquement à augmenter le nombre desdits Habitans, et à laisser une entiere liberté aux Marchands et Habitans de vendre et acheter leurs denrées; parce que le Marchand forain qui apporte des Marchandises, et qui en veut tirer du Sucre en échange, s'appliquera lui-même à connoître la qualité du Sucre qui lui sera fourni, et préférera celui qui donnera de meilleur Sucre à celui qui lui en donnera de moindre; et l'Habitant qui veut avoir de la Marchandise pour ses besoins, cherchera lui-même le meilleur marché, s'efforcera de faire de meilleur Sucre, et soyez certain qu'en cela seul consiste tout ce qui peut être pensé et exécuté pour le bien du Commerce des Isles.

Pour ce qui est de l'augmentation du nombre des Habitans, il faut seulement que vous vous appliquiez à les maintenir en paix et en repos, à les exciter à la culture de leurs terres et à tenir la main par votre présence, dans tous les Conseils, à ce que la justice leur soit bien et promptement administrée, et à bien traiter les Marchands François qui y envoient des Vaisseaux; et soyez certain qu'en vous appliquant bien à ces trois points, vous parviendrez a la seule fin que vous devez avoir, et que le Roi desire de vous, qui est l'augmentation du nombre des Habitans; et lorsque ce nombre augmentera considérablement, vous verrez que l'industrie des hommes qui cherchent tous les jours ce qui leur est nécessaire pour leur subsistance et pour leur avantage, fera réussir tout ce que l'on peut rechercher, tant pour la culture des terres, que pour perfectionner la fabrique des Sucres, et en un mot pour tout ce qui peut regarder le Commerce.

Vous avez vu par beaucoup d'Ordonnances qui ont été envoyées dans les Isles, par vos instructions, et par toutes les Lettres que le Roi vous a écrites, combien Sa Majesté desire que les seuls François fassent le Commerce des Isles, et que vous en bannissiez entierement tout Commerce étranger; et c'est particulierement sur cette matiere que vous devez employer toute l'autorité que le Roi vous a commise; faire saisir tous les Vaisseaux qui aborderont dans les Isles, y employer pour cela les Officiers et les Soldats qui sont sous votre commandement, et même en cas qu'il n'y en eût pas sous votre main, les Milices des Isles; et quelque raison que l'on vous allegue, Sa Majesté veut que vous fassiez confisquer généralement les Vaisseaux de toutes les Nations qui y aborderont; comme, en ce pays-là, il y a plus à craindre que les Anglois n'introduisent ce Commerce, vous devez déclarer aux Gouverneurs des Isles Angloises avec lesquels vous avez communication, que le Roi vous a donné cet ordre là , et que vous le ferez exécuter sans souffrir aucune contravention pour quelque cause que ce soit ; Sa Majesté desirant aussi en même temps que ses Sujets n'aient aucun commerce avec les Isles Angloises. A Fontainebleau le 10 Juin 1680.

R. à la Martinique le 10 Avril 1684.

───────────────────────

ARRÊT du Conseil d'Etat, touchant les Concessions et Lettres-Patentes sur icelui.

Du 11 Juin 1680.

LE ROI ayant été informé que ses Sujets qui sont établis aux Isles Françoises de l'Amérique, ont obtenu des Concessions d'une très-grande quantité de Terres dans lesdites Isles, lesquelles ils n'ont pu défricher à cause de leur trop grande étendue, ce qui incommode les Habitans desdites Isles, et même empêche que d'autres François n'y passent pour s'y habituer, ce qui étant entierement contraire aux intentions de Sa Majesté, et à l'application qu'elle a bien voulu donner depuis plusieurs années pour l'augmentation des Colonies qui y sont établies ; attendu qu'il se trouve aucune partie des Terres qui sont autour desdites Isles cultivées, le reste ne l'étant point, et ne le pouvant être à cause de la trop grande étendue desdites Concessions, et de la foiblesse des Propriétaires d'icelles ; à quoi étant nécessaire de pourvoir, Sa Majesté étant en son Conseil, a ordonné et ordonne que par le sieur Patoulet, Conseiller en ses Conseils, Intendant de Justice, Police et Finances auxdites Isles, il sera fait une déclaration précise et exacte de la quantité des Terres concédées aux principaux Habitans desdites Isles, du nombre d'arpens ou autres mesures usitées auxdites Isles qu'elles contiennent autour desdites Isles, et au-dedans des Terres ; du nombre de personnes et de bestiaux propres et employés à la culture et au défrichement d'icelles; en conséquence de laquelle déclaration, la moitié des Terres qui auroient été concédées auparavant les dix dernieres années, et qui ne se trouveront défrichées et cultivées en cannes propres pour les Sucres, et autres marchandises servant pour le Commerce desdites Isles, sera retranchée des Concessions, et donnée aux Particuliers qui se présenteront pour les cultiver et défricher ; ordonne Sa Majesté que les Ordonnances qui seront faites par ledit sieur Patoulet, seront exécutées selon leur forme et teneur, souverainement et en dernier ressort , comme Jugement de Cour

Supérieure ; Sa Majesté lui attribuant pour cet effet toutes Cour, Juridiction et connoissance ; ordonne en outre, Sa Majesté, que par provisions les Concessions des Terres qui auront été ainsi retranchées seront données à de nouveaux Habitans par le sieur Comte de Blénac, Gouverneur et Lieutenant-Général pour Sa Majesté auxdites Isles, et ledit sieur Patoulet conjointement ; à condition toutefois qu'ils les défricheront entierement dans les six années suivantes et consécutives ; autrement et faute de ce faire et ledit temps passé, lesdites Concessions demeureront nulles ; enjoint Sa Majesté audit Comte de Blénac et aux Officiers des Conseils Souverains établis auxdites Isles de tenir la main à l'exécution du présent Arrêt, lequel sera exécuté, nonobstant opposition ou empêchement quelconques. Fait au Conseil d'Etat du Roi, Sa Majesté y étant, tenu à Fontainebleau, le 11 Juin 1680.

Louis, etc. étant nécessaire de pourvoir à la Concession de nouvelles Terres aux Habitans demeurant actuellement aux Isles, et à ceux qui pourront s'y transporter pour s'y habituer ; nous vous avons donné et donnons pouvoir conjointement, pour donner les Concessions des Terres . . . . . ; à condition que ces Concessions nous seront représentées dans l'année de leur date pour être confirmées ; autrement et à faute de ce, ledit temps passé, nous les déclarerons nulles ; voulant de plus que lesdites Concessions ne soient accordées qu'à condition de défricher les Terres, et les mettre en valeur dans les six années prochaines ; veut et entend Sa Majesté qu'elles soient accordées de proche en proche, et contigues aux Concessions faites auparavant, et qui seront défrichées. Mande et ordonne Sa Majesté aux sieurs Comte de Blénac et Patoulet, etc.

R. à la Martinique, le 10 Octobre suivant.

LETTRE du Roi à M. DE BLENAC, qui défend les Conseils de Guerre avec des Officiers de Milice.

Du 11 Juin 1680.

Tout ce que vous m'écrivez sur la tenue des Conseils de Guerre, sur les difficultés que vous trouvez d'avoir le nombre d'Officiers nécessaires pour juger les Soldats accusés de crimes, et les propositions que vous faites d'y appeller des Officiers de Milices, tend à l'envie que vous avez d'établir un Conseil ordinaire de Milice, dans lequel vous voulez

attirer

attirer tout ce qui est de la connoissance de Juges ordinaires et des Conseils Soùverains ; sous prétexte que les Coupables seront du Corps de la Milice et des Compagnies des Soldats que j'entretiens pour la défense desdites Isles ; et comme ces propositions et ces pensées vont à renverser l'ordre qui s'observe dans mon Royaume, et que j'ai voulu établir dans les Isles, je suis bien-aise de vous dire que je ne veux pas que vous teniez de Conseils de Guerre, ni que vous connoissiez dans ces Conseils que de ce qui regarde les désertions et les contraventions à l'ordre et à la discipline de la guerre ; je ne veux pas aussi que vous y appelliez d'autres que les Officiers des Compagnies, puisqu'il ne paroît pas, par votre lettre même, qu'il y ait eu d'occasion où vous ayez manqué du nombre d'Officiers nécessaire pour juger les Soldats coupables.

Observez aussi que tous crimes commis entre Habitans, entre Soldats et Habitans, ou même par des Soldats, doivent être de la connoissance des Juges ordinaires, hors pour les cas dans lesquels ces derniers seroient accusés de désertion ou de contravention aux ordres de la Guerre; vous connoissez par là que vous avez eu tort de faire juger au Conseil de Guerre un Soldat qui avoit volé dans le Fort-Royal, et que la connoissance et la punition de ce crime appartenoit aux Juges ordinaires.

R. au Conseil Souverain de la Martinique, le 21 Avril 1684.

LETTRE du Roi au Gouverneur-Général des Isles, portant que les affaires du Jeu sont du Ressort de la Justice ordinaire.

Du 11 Juin 1680.

JE n'ai pas approuvé le Jugement que vous avez rendu, de votre chef, contre l'Habitant que vous avez prétendu avoir trompé au Jeu : vous ne devez jamais vous mêler de ces sortes d'affaires, qui sont entièrement de la compétence des Juges.

R. à la Martinique, le 21 Avril 1684.

*L e t t r e du Roi au Gouverneur-Général des Isles, sur les Contestations
entre lùi et le Conseil Souverain de la Martinique.*

Du 11 Juin 1680.

J'ai été informé par vos lettres , et par les pieces qui y étoient jointes,
du différend que vous avez eu avec le Conseil Souverain de la Martinique , au sujet des Arrêts rendus par ledit Conseil , sur les abus de
la Fabrique des Sucres ; et , quoique je sois persuadé que les lettres
de l'année derniere , que vous avez reçues depuis , vous auront mis
l'esprit en la situation où il doit être à cet égard , et qu'il paroît même,
par les dernieres lettres que j'ai reçues des Isles , que vous avez suivi
sur ce point mes intentions, qui vous ont été expliquées; je ne laisse-
rai pas de vous dire encore que vous avez eu tort de vous mêler de ce
qui regarde la Police , de recevoir et répondre favorablement des Requêtes injurieuses audit Conseil , telles qu'étoient celles à vous présentées par les Commissionnaires des Marchands François, et de donner
ordre audit Conseil Souverain , de suspendre l'exécution de l'Arrêt
qu'il avoit rendu , et de l'empêcher de votre part, ainsi que vous l'avez
fait ; et qu'en un mot , je veux que vous laissiez agir librement ledit
Conseil Souverain sur toute matiere de Police et de Justice : mon intention étant que vous teniez la main à l'exécution ponctuelle des Arrêts
qui y seront rendus , sans y apporter aucun retardement , ni modification pour quelque cause et sous quelque prétexte que ce soit ; et en
cas que , pour ce qui regarde la Police et le Commerce , et les autres
matieres , vous crussiez nécessaires de faire quelque Réglement , vous
devez en conferer avec le sieur Patoulet , et le proposer, conjointement
audit Conseil , à qui seul appartient de faire des Réglemens généraux
sur telles matieres ; et en cas que par quelque intérêt particulier de ceux
qui les composent , ils ne voulussent pas consentir à ce que vous auriez
estimé nécessaire , je veux que vous m'en donniez avis, et je vous ferai
savoir mes intentions sur le tout.

R. à la Martinique le 21 Avril 1684.

LETTRE *du Roi à* M. DE BLÉNAC, *Gouverneur-Général des Isles, sur le Concert qui doit régner entre les Gouverneurs et Intendans.*

Du 11 Juin 1680.

JE donne ordre au sieur Patoulet d'agir en tout de concert avec vous, et avec le respect et la déférence qu'il doit à votre caractere; mais principalement sur les mesures à prendre pour empêcher le Commerce étranger; en quoi je ne doute pas que vous ne concouriez l'un et l'autre avec zele à l'exécution de ce qui est en cela de ma volonté; vous devez seulement observer que les ordres que je donne au sieur Patoulet, de vous déférer volontiers, après vous avoir représenté ses raisons, sont pour vous éviter toutes discussions et difficultés entre vous, qui est le plus grand mal qui puisse arriver pour le maintien et l'augmentation des Colonies; mais tant plus il aura de déférence pour vos volontés, tant plus devez-vous être circonspect à ne rien entreprendre qui ne soit de vos fonctions, et à déférer à des raisons sur toutes les matieres qui concernent la Justice, Police et Finances, qui sont naturellement de ses fonctions, et de celles du Conseil Souverain.

R. à la Martinique, le 21 Avril 1684.

EXTRAIT *de la Lettre du Roi à* M. PATOULET, *Intendant, touchant le Concert qui doit régner entre lui et le Gouverneur-Général, et la Prépondérance des volontés de ce dernier.*

Du 11 Juin 1680.

POUR répondre aux Articles de vos Lettres qui concernent les Finances, je vous envoie la copie de celle que j'écris à M. le Comte de Blénac, qui vous instruira presque entierement de ce que vous avez à faire; vous devez toujours observer que le plus grand bien qui puisse arriver à la Colonie, est que vous demeuriez unis, et dans une parfaite intelligence avec lui, et que le plus grand mal peut venir de votre désunion; c'est pourquoi vous devez lui communiquer tout ce que vous

Vv ij

estimerez à propos de faire pour la Justice, la Police et les Finances, et lui dire vos raisons avant que de rien exécuter; et s'il demande quelque chose, que vous n'estimiez ni nécessaire ni avantageux à la Colonie, il faut que vous lui représentiez vos raisons; et s'il persiste que vous exécutiez ce qu'il desirera, et que vous en rendiez compte; c'est la regle que vous devez observer dans toute votre conduite.

LETTRE du Roi à M. le Comte DE BLÉNAC, Gouverneur-Général des Isles, touchant les Conseils desdites Isles.

Du 11 Juin 1680.

JE suis informé que vous négligez de vous trouver à la tenue du Conseil Souverain; et je suis bien aise de vous avertir que mon intention est que vous vous y trouviez le plus souvent que vous pourront permettre les autres affaires qui vous surviendront pour mon service; et qu'au reste vous contribuiez en ce qui dépendra de vous à établir et maintenir le respect que mes Sujets, Habitans desdites Isles, doivent à ceux qui composent ces Compagnies.

R. à la Martinique le 21 Avril 1684.

EXTRAIT de la Lettre du Roi au Comte DE BLÉNAC, touchant l'Intelligence qui doit régner entre le Gouverneur Général et l'Intendant, et la liberté à laisser aux Conseils Souverains des Isles.

Du 11 Juin 1680.

AU surplus, je vous recommande sur toute chose de maintenir entre vous et le sieur Patoulet la bonne intelligence, si nécessaire pour mon service; il a ordre d'avoir toute la déférence qu'il vous doit, et de faire exécuter vos Ordonnances en tout ce qui dépend de ses fonctions; mais je serai bien aise aussi que vous suiviez ses avis, et qu'agissant de concert ensemble sur tout ce qui peut être du bien de mon service, vous ayiez pour regle de votre conduite la modération et la douceur, qui sont les seuls moyens de faire augmenter les Colonies, et d'y appeller de nouveaux Habitans; à quoi m'assurant que vous satisferez avec zele et affection,

je remets à votre prudence et à la connoissance que je vous ai donnée de
mes intentions, tout ce qui surviendra dans les Isles où vous commandez,
sur quoi l'éloignement pourroit vous empêcher de recevoir assez tôt
mes ordres; et observant de laisser toujours la liberté entiere à l'Intendant, et la distribution de la Justice aux Juges et Conseils Souverains en
la forme prescrite par leur Edit d'Etablissement; sur ce, je prie Dieu
qu'il vous ait, Mons de Blénac, en sa sainte garde. A Fontainebleau, le
11 Juin 1680. *Signé* Louis. *Et plus bas*, Colbert.

R. *à la Martinique, le 21 Avril 1684.*

EXTRAIT *de la Lettre du Ministre à M. le Comte* DE BLÉNAC,
*Gouverneur Général des Isles, touchant la Prépondérance de l'Intendant
en matiere de Finance.*

Du 11 Juin 1680.

MONSIEUR, je vous envoie une Lettre de Sa Majesté, qui fait
réponse à tous les Articles de vos Lettres; et comme elle m'a ordonné
de vous expliquer ses intentions à l'égard de ses Finances, je vous dirai
que Sa Majesté veut que le sieur Patoulet, Intendant, prenne connoissance de lui rendre compte de tout ce qui regarde cette matiere, en
laquelle toutefois il ne doit rien faire d'important qu'après vous en avoir
communiqué; mais comme cette matiere est purement de ses fonctions,
après que, par cette communication, il aura rendu ce qu'il doit à votre
caractere, vous devez déférer à ses raisons et lui laisser exécuter ce qu'il
aura trouvé bon et avantageux au service du Roi, à la levée de ses Droits,
et appuyer de votre autorité l'exécution de tout ce qu'il aura jugé nécessaire pour cela.

R. *à la Martinique, le 21 Avril 1684.*

EXTRAIT *de la Lettre du Ministre à M. le Comte* DE BLÉNAC,
touchant les Conseils Souverains des Isles.

Du 11 Juin 1680.

SUR ce que vous dites, que les Conseillers des Isles sont entêtés de
leur Souveraineté, je dois vous dire qu'au lieu de le trouver mauvais,

vous devez leur relever même l'honneur qu'ils ont, pourvu qu'ils n'en abusent pas; et c'est à quoi vous et l'Intendant, qui devez assister aux Conseils, pouvez facilement remédier; car il est bon que les principaux Habitans croient avoir de l'honneur dans les Isles, parce que cela peut contribuer à y attirer de plus en plus d'honnêtes gens, et à donner quelqu'envie à ceux qui y sont de se rendre plus habiles.

Je suis, Monsieur, etc.

R. à la Martinique, le 21 Avril 1684.

Extrait de la Lettre du Roi à M. de Blénac, sur l'emploi des Droits sur les Cabaretiers, la perception des autres Droits et les Dépenses pour les Fortifications.

Du 11 Juin 1680.

J'ai fait expédier l'Arrêt nécessaire pour continuer la levée des trois mille livres de Sucres brut sur les Cabaretiers, et mon intention est que ce qui en proviendra, soit employé aux Fortifications sur vos Ordonnances visées par le sieur Patoulet; à l'égard des amendes et des autres casuels, ils appartiennent sans difficulté aux Fermiers du Domaine, et vous ne devez pas en disposer sous aucun prétexte; je vous ai déja fait savoir que mon intention est que les dépenses pour les Fortifications des postes des Isles soient faites sur vos Ordonnances, visées par le sieur Patoulet; c'est à vous à vous conformer en cela à mes intentions.

Ordonnance du Gouverneur-Général et de l'Intendant des Isles touchant la Pêche dans les Rivieres.

Du 8 Octobre 1680.

Le Comte de Blénac, etc.

Et Jean-Baptiste Patoulet, etc.

Sur les avis qui nous ont été donnés que quelques Particuliers, sur les terres desquels passent des Rivieres, en prétendent la propriété et empêchent toutes sortes de personnes d'y venir pêcher; et attendu que cette attribution ne leur appartient pas, et que chacun doit jouir de la Pêche, soit dans les Anses ou dans les Rivieres, pourvu qu'ils le fassent sans enivrer le poisson ; nous ordonnons que toutes sortes de personnes pourront pêcher dans les Rivieres qu'ils aviseront bon être ; défendons qu'il leur soit apporté aucun obstacle ou empêchement. DONNÉ le 8 Octobre 1680. *Signé* BLÉNAC et PATOULET.

R. au Conseil Souverain de la Martinique le même jour.

ORDONNANCE *des Administrateurs-Généraux des Isles , touchant le Commerce étranger.*

Du 11 Octobre 1680.

LE Comte de Blénac , etc.

Et Jean-Baptiste Patoulet , etc.

Sa Majesté ayant ci-devant rendu une Ordonnance du 4 Novembre 1671 , portant défense à tous Marchands François trafiquans auxdites Isles d'y transporter aucun bœuf, lard , toiles et autres marchandises prises dans les Pays étrangers, à peine de confiscation, de cinq cens livres d'amende , et de punition corporelle en cas de récidive , laquelle elle nous ordonne de nouveau de faire diligemment et séverement exécuter ; et afin qu'elle soit notoire à tous , et que personne n'en puisse prétendre cause d'ignorance, nous avons ordonné qu'elle sera de nouveau lue, publiée et affichée partout où besoin sera dans toutes lesdits Isles Françoises de l'Amérique : et comme Sadite Majesté a derogé à ladite Ordonnance par celle qu'elle a fait expédier le 10 Mai 1673 à l'égard du bœuf seulement, nous attendrons sur ce point qu'elle nous ait plus amplement expliqué ses intentions. FAIT au Fort Saint-Pierre de la Martinique le onze Octobre mil six cent quatre-vingt.

Signé BLÉNAC et PATOULET.

LETTRE DU ROI *à M. le Comte de* BLÉNAC *, sur le Privilege exclusif accordé au Marquis de Maintenon de trafiquer aux Isles avec les Espagnols pendant quatre ans.*

Du 2 Novembre 1680.

MONS le Comte de Blénac ; ayant permis au sieur d'Angennes de Maintenon de naviguer dans l'étendue de mes Isles , et même jusques aux Côtes de Terre ferme de l'Amérique, avec ma Frégate la Sorciere dont je lui ai confié le commandement; j'ai été bien aise de vous en donner avis, et de vous dire en même temps que je veux qu'il ait la liberté d'aller partout où bon lui semblera avec madite Frégate et les autres qu'il commandera, et qui seront chargées des Marchandises de mon Royaume, ou de celles qui croissent dans lesdites Isles; mon intention étant au surplus que vous empêchiez qu'aucun Bâtiment ne navigue aux Côtes de Terre ferme et Isles de l'Amérique habitées par les Espagnols, sans le consentement dudit sieur d'Angennes de Maintenon, et que pour cet effet vous teniez la main à ce qu'il ne soit délivré aucun Passeport ni Congé pour ces sortes de voyages; et en cas qu'il se rencontre quelque Bâtiment allant ou venant desdites Côtes de Terre ferme et Isles Espagnoles de l'Amérique, je veux que vous le fassiez confisquer avec les Marchandises de son chargement, et que le sieur d'Angennes de Maintenon jouisse seul de la permission que je lui ai accordée de faire commerce audit Pays pendant le temps de quatre années. Sur ce je prie, etc. *Publiée à Saint-Domingue.*

ARRÊTÉ du Conseil de Saint-Christophe, pour faire placer un Banc dans chacune des Eglises de l'Isle pour le Conseil.

Du 3 Février 1681.

SUR la Remontrance du Substitut du Procureur-Général du Roi, que Sa Majesté ayant bien voulu établir un Conseil Souverain en cette Isle, qui fût reconnu, entendu, obéi et honoré dans toutes les cérémonies, soit de l'Eglise ou autres Assemblées publiques, et le Corps étant séparé en divers quartiers de cette Isle, il est absolument nécessaire que pour l'honneur qui lui est dû, même l'autorité de la Justice qu'il a en main, il soit mis et placé un Banc dans toutes les Eglises de cette Isle, vis-à-vis celui où le Commandant se met ordinairement; à laquelle Remontrance ayant égard, et faisant droit à icelle; Le Conseil a ordonné qu'il sera incessamment mis et placé, dans chacune des Eglises ou Chapelles de cette Isle, un Banc vis-à-vis de celui du Commandant pour l'utilité actuelle du Conseil, afin qu'il reçoive l'honneur et le respect dû à son caractere et à l'autorité qu'il a, en ce qui concerne la Justice; ce qui
sera

sera exécuté : et enjoint audit Substitut d'y tenir la main, et pour cet effet de s'adresser aux Curés et Trésoriers desdites Eglises et Chapelles, afin de faire placer un Banc dans l'endroit ci-dessus ordonné. Donné en Conseil à Saint-Christophe le 3 Février 1681.

Signé sur le Registre, LE CORREUR.

Nous rapportons cet Arrêté comme l'Exemple qui avoit inspiré un pareil desir à plusieurs Conseils des Isles dans leur origine.

ARRÊT du Conseil d'Etat, qui accorde un Entrepôt aux Tabacs des Isles.

Du 8 Avril 1681.

LE ROI s'étant fait représenter, en son Conseil, l'Arrêt rendu en icelui, Sa Majesté y étant le sixieme jour d'Avril 1680, portant rétablissement des Entrepôts et Transits qui avoient été révoqués par Arrêt dudit Conseil du 2 Décembre 1673 ; et Sa Majesté voulant que ses Sujets qui font commerce de Tabacs aux Isles Françoises de l'Amérique, et à la Côte de Saint-Domingue, jouissent de la faculté dudit Entrepôt pour ceux qu'ils en font venir, et par ce moyen leur en faciliter le débit dans les Pays étrangers : ouï le rapport du sieur Colbert, Conseiller ordinaire au Conseil Royal, Contrôleur-Général des Finances : Sa Majesté étant en son Conseil, a ordonné et ordonne que tous ses Sujets qui font le commerce de Tabacs aux Isles Françoises de l'Amérique et à la Côte de Saint-Domingue, et les font venir dans les Ports de son Royaume, jouiront à l'avenir de la faculté de l'Entrepôt accordé par ledit Arrêt du Conseil du 6 Avril 1680, et en conséquence qu'ils pourront mettre lesdits Tabacs dans les Magasins établis à cet effet par le Fermier des cinq grosses Fermes, convoi et comptablie de Bordeaux et autres unies dans les Villes de Dieppe, du Havre, Honfleur, la Rochelle, Nantes et Bordeaux, en déclarant qu'ils sont destinés pour les Pays étrangers, pour en être tirés ensuite sans payer aucuns droits d'entrée et de sortie, à la charge que les destinations desdits Tabacs seront faites par les connoissemens, etc. *Signé* COLBERT.

Extrait de la Lettre du Roi à M. de Blénac, Gouverneur Général des Isles touchant : 1°. l'Envoi à faire chaque mois à l'Intendant par le Procureur Général des Arrêts avec leurs motifs : 2°. la Discipline des Habitans : 3°. le Commerce étranger : 4°. la Saisie des Negres : 5°. les Jugemens du Point-d'Honneur : 6°. la Police des Negres, et 7°. la Préséance entre les Conseillers et les Majors.

Du 30 Avril 1681.

A l'égard des Conseils des Isles où vous n'habitez point, comme les Gouverneurs y doivent toujours assister suivant les jours des Réglemens des jours de Séances que vous ferez avec ces mêmes Conseils, ils pourront tenir la main à ce que la même Justice soit rendue ; et même pour plus de précaution, je donne dès à présent mes ordres à mes Procureurs Généraux aux Conseils de chacune Isle, d'envoyer chacun mois au sieur Patoulet les Extraits et les Motifs des Arrêts qui y seront rendus ; afin qu'il puisse m'en rendre compte, et que j'y puisse pourvoir, en cas qu'ils soient contraires au bien de mon service, ou à la Justice qu'ils doivent rendre à mes Sujets.

Quant à ce qui concerne le Commandement des Armes, vous devez exécuter ponctuellement ce que je vous ai écrit plusieurs fois pour faire faire et souvent l'exercice aux Habitans, les diviser par Compagnies, et les obliger d'avoir toujours des Armes et des Munitions ; sans permettre néanmoins qu'ils soient emprisonnés pour avoir manqué auxdites Revues. Je vous fis savoir par mes Lettres de l'année derniere, que vous deviez tenir la main à l'exécution de l'Ordonnance du 4 Novembre 1671, qui défend le transport dans les Isles des Marchandises prises dans les Pays étrangers ; et je vous répete encore que c'est mon intention ; mais comme il ne me paroît pas que vous entendiez assez cette Ordonnance, je veux bien vous expliquer qu'elle ne regarde point les Marchandises étrangeres prises dans le Royaume, pour lesquelles les Marchands rapportent le Certificat des Officiers de l'Amirauté et du Commis des Fermes du lieu où lesdites Marchandises auront été chargées en France ; mais lorsqu'ils ne rapportent pas ce à quoi ils sont tenus par ladite Ordonnance, les Marchandises doivent être confisquées sans difficulté ; ainsi le Conseil Souverain de la Martinique n'a pas eu raison d'ordonner par son Arrêt du 3 Février dernier, que le nommé *Ribaut* donneroit caution des Marchandises de Hollande qu'il avoit apportées, jusqu'à ce qu'il eût fait apparoir qu'elles avoient passé au Bureau de la Rochelle, puisque c'est au Marchand à venir pourvu de tout ce qui est nécessaire pour la justification du lieu où il a pris ces Marchandises; et que lorsqu'il y manque, elles doivent être confisquées suivant l'Ordonnance.

Je n'estime pas du bien de mon service d'empêcher le transport aux Isles du Bœuf d'Irlande, et des Vins de Madere; ainsi il n'y a rien à changer à cet égard à ce qui a été observé depuis 1673 jusqu'à présent.

J'ai approuvé la proposition que vous me faites d'empêcher la saisie des Negres, de la même maniere que la saisie des Bestiaux est défendue dans mon Royaume; et j'envoie au sieur Patoulet l'Arrêt nécessaire pour le faire exécuter, avec ordre d'en conférer avec vous et avec les plus habiles Officiers du Conseil Souverain, et de ne faire exécuter cet Arrêt qu'en cas qu'il soit jugé sans inconvénient.

A l'égard de l'Arrêt du Conseil Souverain de la Guadeloupe, portant défenses de vendre des Filets pour prendre de la Tortue ou du Carret le long des Côtes, et de vendre la chair de Tortue plus de trois livres de Sucre la livre, mon intention n'est pas que les Conseils Souverains mettent aucuns taux sur les denrées qui se débitent aux Isles; et je n'estime pas qu'il soit du pouvoir desdits Conseils ni des Gouverneurs de donner des Permissions pour la Pêche, qui doit être libre; jusqu'à ce que j'aie envoyé dans les Isles l'Ordonnance que je ferai incessamment publier dans mon Royaume, portant Réglement sur tout ce qui regarde la Pêche.

Je vous recommande de tenir la main à ce que les Gouverneurs fassent deux fois l'année la Revue de tous les Habitans; je permets aussi au sieur Patoulet de subdéléguer dans les Isles pour cet effet, et je lui ordonne de m'envoyer les Rôles signés par vous, pour ce qui regarde la Martinique, et par ses Subdélégués conjointement avec les Gouverneurs des autres Places; et soyez bien persuadé que le plus grand service que vous me puissiez rendre, et celui auquel doivent tendre tous vos soins, est l'augmentation des Habitans; à quoi vous parviendrez, en vous appliquant, ainsi qu'il vous a été recommandé, à maintenir la liberté entiere entr'eux pour le Commerce, en leur procurant le repos et la tranquillité nécessaire pour s'y appliquer, tenant la main à ce que la Justice leur soit promptement rendue, contribuant de tout votre pouvoir à tout ce qui leur peut procurer les commodités de la Vie, et surtout ayant pour regle de votre conduite, la modération et la douceur, qui sont les seuls moyens d'augmenter les Colonies et d'y appeller de nouveaux Habitans.

X x ij

Je desire que vous me donniez avis des Officiers principaux qui seront convaincus de faire Commerce et de Contravention à mes ordres ; comme aussi de ceux qui n'obéiront pas à ceux que vous leur donnerez pour le bien de mon service , afin que je puisse les casser , ou les punir d'une autre maniere, à proportion des fautes qu'ils auront faites.

Vous devez juger toutes les matieres de Point d'honneur entre Gentilshommes, de la même maniere que mes Gouverneurs et Lieutenans-Généraux en mes Provinces les doivent juger, suivant les Edits et Réglemens faits par les Maréchaux de France, suivant mes ordres, dont je vous envoie la copie.

Rien n'est plus nécessaires pour la sûreté des Habitans des Isles, et pour empêcher la révolte des Negres que de tenir la main à l'observation des défenses qui ont été faites de laisser marcher lesdits Negres sans Billet de leurs Maîtres, et vous devez y tenir la main sans difficulté ; mais comme il ne paroît pas que cette défense ait été faite par Arrêt du Conseil Souverain, sans quoi les Juges ne peuvent prononcer de peines contre les Contrevenans , j'écris au sieur Patoulet d'agir de concert avec vous pour faire donner cet Arrêt.

Sur le différend survenu entre les Majors et Officiers du Conseil Souverain , je vous dirai que le Major n'y peut rien prétendre lorsque ces Officiers sont en Corps ; mais dans les visites particulieres, quoique je n'aie point encore vu naître cette question en aucun lieu de son Royaume, vu que ces Officiers gardent toujours beaucoup d'honnêteté entr'eux ; je vous dirai néanmoins que le Major doit toujours avoir la Préséance.

R. au Conseil de la Martinique le 21 Avril 1684.

R. au Conseil du Cap , (en ce qui concerne l'Envoi à faire chaque mois par le Procureur-Général à l'Intendant des Arrêts et de leurs motifs, et de la Préséance entre les Conseillers et les Majors,) le premier Décembre 1710.

LETTRE DU ROI au Gouverneur-Général des Isles , concernant les Comptes qui doivent être rendus en commun par les Généraux et Intendans.

Du 30 Avril 1681.

J'AI vu et examiné la lettre qui vous a été écrite par le sieur Gouverneur de la Guadeloupe , etc. Et premiérement lors que vous m'écrirez sur pareille matiere, qui regarde la Justice et l'observation de mes Ordonnances, il est nécessaire que vous le fassiez avec le sieur Intendant, etc.

EXTRAIT *du Mémoire du Roi à* M. *le Comte* DE BLÉNAC, *sur le Rang du Gouverneur Lieutenant-Général des Isles, et de l'Intendant.*

Du 30 Avril 1681.

QUOIQUE dans toutes les Dépêches de M. de Patoulet il n'y ait rien qui concerne les difficultés qu'il peut avoir trouvées concernant le rang ou séance qu'il prétend ou doit tenir, néanmoins Sa Majesté est bienaise de lui faire savoir que dans les Conseils Souverains son Lieutenant-Général doit avoir une séance distinguée de tous les autres, et que ledit sieur Patoulet doit recueillir les voix, prononcer les Arrêts, et avoir partie de la discipline des Compagnies, qui appartient à celui qui préside ; et comme l'autorité de Sa Majesté, qui réside au commandement des armes, est toujours la premiere et la plus excellente, l'Intendant ne doit jamais avoir que la seconde place ; ainsi dans toutes les Isles où le Lieutenant - Général sera, il doit toujours prendre rang ou séance après lui ; mais dans toutes celles où ledit Lieutenant - Général ne se trouvera pas, le Gouverneur ou celui qui commande les armes, doit avoir toujours le premier rang et séance.

Dans toutes les Processions et autres Cérémonies publiques, le Lieutenant-Général doit avoir le choix, ou de marcher seul avec ses Gardes ; et en ce cas le Conseil Souverain doit marcher après lui, à la tête duquel sera l'Intendant, comme Président ; et si le Lieutenant - Général choisit de marcher avec le Conseil Souverain, l'Intendant marchera à sa gauche.

Dans toutes les Isles où il n'y aura que le Gouverneur, l'Intendant marchera à sa gauche, et en même rang que lui.

EXTRAIT de la Lettre du Roi à M. DE BLÉNAC, touchant les Soldats des Troupes des Colonies, qui sont mariés en France.

Du 30 Avril 1681.

A L'ÉGARD des Soldats qui sont mariés en France, et que vous demandez à renvoyer, je ne suis pas d'avis que vous le fassiez, qu'à condition qu'ils fourniront à leur place un Soldat non marié, qu'ils feront passer du Royaume, sans en lever aucun dans les Isles.

EXTRAIT de la Lettre du Roi à M. DE BLÉNAC, portant que les Lieutenans de Roi ne doivent pas prétendre en remplacer un qui s'absente d'un quartier, et que c'est au Major à y commander.

Du 30 Avril 1681.

LES Lientenans pour moi dans les deux Quartiers différens de l'Isle de Saint - Chistophe ne doivent point avoir de Commandement dans le Quartier l'un de l'autre, en cas d'absence ; mais ces deux Commandemens doivent toujours demeurer séparés, et le Major doit commander dans le Quartier où il n'y aura ni Gouverneur ni Lieutenant pour moi.

EXTRAIT d'un Mémoire du Roi à M. PATOULET, touchant une demande de mettre les Conseillers en Robe.

Du 30 Avril 1681.

IL ne doit point insister sur l'habit de Robe longue qu'il estimeroit nécessaire de faire porter aux Conseillers du Conseil Souverain, puisque ce n'est pas l'avis dudit sieur de Blénac, et que d'ailleurs cela est peu important ; ledit sieur Patoulet doit seulement tenir la main à ce que les Conseillers desdits Conseils Souverains soient exacts à se trouver

pour la tenue du Conseil, et leur déclarer que ceux qui ne feront pas
leur devoir à cet égard seront privés des exemptions dont ils jouissent.

Les Magistrats des Cours Souveraines et ceux des Sieges inférieurs
de Saint-Domingue rendent la Justice en Habit noir et l'Epée au
côté, comme tous ceux des autres Colonies.

EXTRAIT du Mémoire du Roi à M. PATOULET portant que
l'Intendant n'a aucune autorité sur les Milices.

Du 30 Avril 1681.

SA MAJESTÉ a fait connoître au sieur de Blénac qu'il ne devoit se mêler,
en aucune maniere, des affaires de Finances, et que c'étoit au sieur Patoulet seul à en rendre compte ; mais, comme elle a appris que lorsqu'il a
eu besoin de l'assistance des Milices pour faciliter le recouvrement des
deniers, et pour d'autres raisons, il leur a donné ordre de son chef ;
il doit bien prendre garde que cela ne lui arrive plus, n'étant pas de
son fait de rien ordonner aux affaires de Milices ; mais il doit s'adresser
au sieur Blénac, qui a ordre de lui donner toutes les assistances dépendantes de l'autorité qui lui est commise.

EXTRAIT de la Lettre du Roi à M. DE BLÉNAC, touchant
l'importance de l'union entre le Gouverneur-Général et l'Intendant,
et la subordination de l'opinion de ce dernier en cas de diversité.

Du 30 Avril 1681.

MONS le Comte de Blénac, pour réponse aux Lettres que j'ai reçues
de vous en date du 4 Mai, 29, 30 Juin, 5, 13 et 14 Juillet, 20
Octobre, 19, 25, 29 Novembre, 7 et 16 Décembre 1680, et 9
Février 1681, je vous dirai que je suis bien aise que vous ayez commencé de vous conformer à mes intentions, et aux ordres que je vous
ai donnés par mes précédentes concernant l'union qui doit être entre vous
et le sieur Patoulet ; et vous voyez assez combien je desire et combien
j'estime absolument nécessaire, pour le bien de mon service, que cette
union soit constante, et que vous ne vous en départiez pour quelque

cause que ce soit , puisque je donne ordre audit sieur Patoulet qu'en toutes occasions où vous serez de sentimens contraires , même dans tout ce qui concerne les fonctions plus certaines de son emploi, après vous avoir représenté ses raisons , il défere sans difficulté à vos sentimens et les exécute, se réservant seulement de me donner part de ce qui se sera passé entre vous sur ces matieres ; mais d'autant plus que cette déférence que je lui ordonne d'avoir pour vous est entiere , d'autant moins devez-vous vous en servir dans les occasions qui sont de ses fonctions, et vous devez seulement me donner part de la diversité de vos sentimens dans les seules occasions que vous estimerez importantes au bien de mon service, et c'est la regle que vous devez suivre en toutes choses.

Extrait de la Lettre du Roi à M. le Comte de Blénac , touchant ,
1°. l'ordre à suivre dans les Lettres ; 2°. la conduite des Ecclésiastiques ,
et 3°. l'érection d'un Evêché et l'établissement des Dixmes.

Du 30 Avril 1681.

COMME les Pays dans lesquels vous commandez pour mon service sont éloignez, et que je ne puis aussi souvent recevoir de vos Lettres , et vous faire part de mes volontés que je le desirerois , vous devez toujours observer dans vos Dépêches de me rendre compte par ordre des matieres qui regardent l'Eglise et le bien de la Religion ; ensuite de celles qui concernent le Commandement des Armes , celles de la Justice et de la Police, et en dernier lieu, des Finances et du Commerce. Afin que je puisse aussi , sur chacune de ces matieres, vous expliquer avec ordre mes intentions , sur lesquelles vous aurez plus de facilité de vous conformer, et pour suivre ce même ordre dans mes réponses.

Je vous dirai que vous devez toujours observer que ceux qui font les fonctions de Curés dans toutes les Isles fassent bien leur devoir, qu'ils soient de bonne vie, qu'ils n'aient point de différens entr'eux, et qu'ils donnent l'exemple aux Peuples de toutes les vertus Chrétiennes auxquelles ils doivent les porter ; et en cas qu'aucun d'eux soit de mauvaise vie , ou ne fasse pas son devoir , vous ne devez pas manquer de m'en informer pour y porter les remedes que j'estimerai nécessaires.

Cependant comme le plus important point de cette matiere consiste à établir un Evêque dans ces Isles , je continue à faire faire à Rome les
instance ;

instances, en mon nom, pour l'établissement de cet Evêché ; mais il
faut que vous examiniez, avec le sieur Patoulet, les moyens qui se pourront pratiquer pour porter les Habitans à établir les Dixmes sur les fruits
de la terre, pour donner aux Curés les moyens ordinaires de desservir
les Cures, et de leur administrer les Sacremens.

*ORDRE DU ROI, qui enjoint aux Procureurs-Généraux d'envoyer
à l'Intendant les motifs des Arrêts.*

Du 3 Mai 1681.

DE PAR LE ROI.

SA MAJESTÉ voulant être informée de la maniere que la Justice se
rend à ses Sujets dans toutes l'étendue des Isles de l'Amérique, pour
éviter les plaintes que Sa Majesté reçoit souvent des contraventions à ses
Ordonnances, et aux Coutumes qui doivent servir de regles aux Officiers
desdits Conseils qui se trouvent souvent dans les Arrêts qui y sont rendus, Sa Majesté a ordonné et ordonne, veut et entend que ses Procureur-Généraux èsdits Conseils Souverains envoient, chacun mois, au sieur
Patoulet, Intendant de la Justice, Police et Finance auxdites Isles, les
extraits et motifs des Arrêts qui y auront été rendus, pour être par lui
examinés et envoyés à Sa Majesté avec ses avis ; pour, en cas de contravention, y apporter le remede qu'il estimera convenable au bien de son
service et à l'avantage de ses Sujets Habitans desdites Isles. FAIT à
Versailles le 3 Mai 1681. *Signé* LOUIS, *et plus bas*, COLBERT.

R. à la Martinique le 3 Novembre suivant.

ARRÊT du Conseil d'Etat, qui défend la Saisie des Negres de Culture.

Du 5 Mai 1681.

LE ROI étant informé que les Negres, qui font la principale richesse
des Habitans des Isles Françoises de l'Amérique, en ce qu'ils les emploient à l'Agriculture, et autres travaux, pour procurer l'abondance

Tome I. Yy

èsdits Pays, étant saisis pour dettes, ainsi que d'autres effets, lesdites saisies jettent lesdits Habitans dans l'impuissance de satisfaire leurs Créanciers; au lieu que si lesdits Negres étoient exempts de saisie, ils pourroient, par l'utilité qu'ils en retirent journellement, acquitter leurs dettes; à quoi voulant pourvoir, Sa Majesté étant en son Conseil, a fait et fait très-expresses inhibitions et défenses à tous Créanciers des Habitans des Isles Françoises de l'Amérique, et à tous Huissiers et Sergens, de saisir pour dettes, tant de Communautés que de Particuliers, les Negres appartenans auxdits Habitans, sans préjudice toutefois du privilege des Créanciers qui les auront vendus, ou qui en auront payé le prix, auxquels il sera loisible de faire procéder, par voie de saisie, sur lesdits Negres, nonobstant les défenses portées par le présent Arrêt. FAIT au Conseil d'Etat du Roi, Sa Majesté y étant, tenu à Versailles le 5e. jour du mois de Mai 1681. *Signé* COLBERT.

R. à la Martinique le 3 Novembre suivant.

EXTRAIT d'une Lettre du Roi au Gouverneur-Général des Isles, portant que les Habitans ne doivent pas être emprisonnés dans les Prisons Militaires pour des faits du ressort de la Justice ordinaire.

Du 15 Juillet 1681.

POUR répondre à la Lettre que vous m'écrivez sur la difficulté arrivée au Fort Saint-Pierre au sujet de l'évasion d'un Habitant mis en prison dans ledit Fort, pour un assassinat commis en la personne d'un autre Habitant; je vous dirai qu'il est contre l'ordre établi dans mon Royaume de mettre les Prisonniers des Justices ordinaires dans les Châteaux ou Forteresses où il y a garnison; ainsi, pour suivre cet ordre, j'écris au sieur Patoulet de prendre les mesures nécessaires pour faire bâtir promptement une Prison au Bourg Saint-Pierre où puissent être mis les Prisonniers arrêtés par ordre de la Justice ordinaire ou du Conseil Souverain; et en attendant que cette Prison puisse être bâtie, je consens qu'on continue de mettre lesdits Prisonniers dans le Fort, mais à condition qu'il sera accommodé un endroit sûr dans lequel ils pourront être gardés par un Concierge établi par le Conseil Souverain, et qui aura serment en Justice.

Vous ne devez jamais faire mettre dans le Fort Royal aucuns Prisonniers arrêtés par ordre de Justice; ainsi il n'est pas question de cela, ni de savoir ce qui arriveroit sur ce sujet, si le Capitaine de garde avoit laissé sauver quelque prisonnier.

R. au Conseil de la Martinique le 21 Avril 1684.

ORDONNANCE du Roi, servant de Réglement sur les Droits des Fermes.

Du 22 Juillet 1681.

Du Commerce du Tabac dans le Royaume.

ART. IX. DÉFENDONS aussi à toutes personnes de vendre et distribuer du Tabac, tant en corde qu'en poudre, encore qu'il soit marqué ou cacheté de la marque de Fermier du nos Droits, sinon de son ordre et pouvoir par Arrêt, ou de ses Procureurs et Commis, à peine de confiscation et de 300 liv. d'amende pour la premiere fois, et de mille livres en cas de récidive; et à cet effet permettons aux Commis de faire toutes les visites nécessaires, et de dresser leurs Procès-verbaux des contraventions, auxquels sera foi ajoutée, comme pour nos Droits des autres Fermes.

ART. XXIX. Ceux qui seront surpris en vendant ou en portant en vente aucun Tabac en corde ou en poudre non marqué ni cacheté comme dessus, seront, outre la confiscation, condamnés; savoir, à l'égard du Tabac en corde en 30 liv. d'amende pour chacune livre de Tabac, depuis un jusqu'à dix; en 500 liv. d'amende depuis 10 jusqu'à 50, et en 1,000 liv. d'amende au-dessus de 50 liv. de Tabac; le tout pour la premiere fois; en deux mille livres d'amende par la seconde fois.....; et à l'égard du Tabac en poudre en 10 liv. d'amende pour chacune once, depuis une once jusqu'à une livre; en 300 liv. d'amende, depuis une livre jusqu'à dix, et en 500 liv. d'amende au-dessus de dix livres de Tabac, le tout pour la premiere fois; et en cas de récidive, aux peines portées pour le Tabac en corde.

L'exécution de ces deux Articles fut ordonnée pour Saint-Domingue par Arrêt du Conseil d'Etat du 20 Juin 1698, rapporté à sa date.

Yy ij

Lettres-Patentes du Roi en forme d'Edit, portant confirmation de la nouvelle Compagnie du Sénégal et Côtes d'Afrique, et de ses Privileges.

Du mois de Juillet 1681.

Louis, etc. Par nos Lettres-Patentes du mois de Juin 1679, nous avons confirmé et approuvé la nouvelle Compagnie établie en exécution des Arrêts de notre Conseil, et du Contrat sur ce fait avec les Directeurs de la Compagnie des Indes Occidentales, pour faire le Commerce du Sénégal, riviere de Gambie, et autres lieux de la Côte d'Afrique, depuis le Cap-Verd jusqu'au Cap de Bonne-Espérance, et ce à l'exclusion de tous autres nos Sujets auxquels nous aurions défendu tout Commerce, tant avec les Naturels qu'avec les Nations qui ont des Etablissemens dans l'étendue desdits lieux ; à quoi nous aurions joint plusieurs autres Privileges et Exemptions suivant les Arrêts de notre Conseil sur ce donnés ; et entr'autres la faculté de faire, à l'exclusion de tous autres, la Traite des Négres, si nécessaire pour la manutention des Colonies Françoises, des Isles Antilles, conformément à l'Arrêt de notre Conseil du 25 Mars 1679. Mais ladite Compagnie ayant commencé ses Etablissemens dans un temps de Guerre, et n'ayant pu soutenir ses pertes et les dépenses auxquelles elle s'est vue engagée, sans se mettre en de très-grandes avances, elle auroit trouvé plus à propos d'entendre aux propositions qui lui ont été faites par aucuns de nos Sujets, personnes d'expérience et de moyens suffisans pour soutenir une si grande entreprise ; à l'effet de quoi ladite Compagnie leur auroit vendu et cedé généralement tous et un chacun ses Effets, Habitations, Vaisseaux, Marchandises et Privileges, aux charges, clauses et conditions portées par le Contrat passé entr'eux le 2 Juillet dernier, en conséquence duquel cette nouvelle Compagnie auroit requis nos Lettres de confirmation, et nous auroit humblement supplié, pour lui faciliter d'autant plus le succès d'un si grand Commerce, de vouloir lui accorder les demandes qu'elles nous a faites par les Mémoires à nous présentés. A ces causes, voulant favorablement traiter ladite Compagnie du Sénégal, Côte de Guinée et d'Afrique, et lui faire connoître combien cet Etablissement nous est agréable ; considérant d'ailleurs de quel avantage il peut être au

bien de notre Etat : de l'avis de notre Conseil, qui a vu ledit Contrat
de vente et cession faites par l'ancienne Compagnie du Sénégal, l'Edit
du mois de Juin 1679, ensemble les Arrêts de notre Conseil y mentionnés ; duquel Contrat, Edit et Arrêts, copies collationnées sont ci-
attachées sous notre Scel ; et de notre certaine science, pleine puissance
et autorité Royale, nous avons, par ces Présentes, signées de notre
main, dit, statué et ordonné, disons, statuons et ordonnons, ainsi qu'il
ensuit.

ART. Ier. Le Contrat de vente et cession qui a été fait par les Directeurs et Intéressés de l'ancienne Compagnie du Sénégal, au profit de
la nouvelle, le 2 Juillet de la présente année, sera exécuté selon sa
forme et teneur ; et à cet effet, nous avons icelui confirmé et approuvé,
confirmons et approuvons, en conséquence jouira la nouvelle Compagnie en pleine propriété, avec tous droits de Seigneurie, Directe et
Justice, sans autres réserves ni conditions que de la Foi et Hommage
Lige qu'elle sera tenue de nous rendre et à nos Successeurs Rois, sous
la redevance d'une Couronne d'Or de trente marcs à chaque mutation,
des Habitations, Terres et Pays appartenans ci-devant à l'ancienne
Compagnie, soit en vertu des Concessions que nous lui avons faites,
soit en vertu des Traités faits avec les Rois Noirs, ou à titre de conquête, tant sur la Côte du Sénégal, Isle d'Arguin et ses dépendances,
jusqu'audit Sénégal, que de la Côte de Terre-Ferme d'Afrique, avec
six lieues de profondeur dans les Terres depuis le Cap-Verd jusqu'à la
rivière de Gambie ; ensemble des Conquêtes qu'elle fera ci-après sur
les Naturels du Pays ou autres, le tout suivant que l'ancienne Compagnie en a joui ou dû jouir, conformément aux Lettres-Patentes de
son établissement du mois de Juin 1679, et de l'Edit de l'Etablissement de la Compagnie des Indes d'Occident, et aux mêmes Droits,
Privilèges et Exemptions y mentionnés.

ART. II. Jouira en outre la nouvelle Compagnie aux mêmes Droits
et Privilèges que dessus, des Terres et Habitations que l'ancienne Compagnie avoit dans l'Isle de Gorée, de laquelle, comme à Nous appartenant en conséquence de la conquête qui en a été faite durant la dernière Guerre, sur les Etats Généraux des Provinces-Unies, et de la
cession qui nous en a été faite par ledit Traité de Nimegue, du 10
Août 1678, nous avons, en tant que besoin, fait et faisons, par ces
Présentes, don à la nouvelle Compagnie du Sénégal ; ensemble de tous
les Droits de Propriété, Seigneurie, Directe et de Justice, pour, par

elle en jouir et la tenir de nous à une seule Foi et Hommage, conjointement et en la même maniere que les autres Terres, Pays et Habitations à elle cedés par l'ancienne Compagnie, par ledit Contrat dessus daté.

Art. III. Confirmons aussi et approuvons la cession et transport fait à la nouvelle Compagnie, par le même Contrat, des Vaisseaux, Marchandises, et tous autres Effets ci-devant appartenans à l'ancienne Compagnie, et nommément du Privilege de faire seule, à l'exclusion de tous autres, par elle et par ses Préposés et Commis, le Commerce dans toute l'étendue des Habitations et Pays qui lui ont été cedés, ou par nous accordés en propriété depuis et compris Arguin jusqu'au Cap de Bonne-Espérance.

Art. IV. Permettons en ce faisant à ladite Compagnie, de faire les Traites de toutes les Marchandises qu'elle pourra négocier sur la Côte, et en la Terre-Ferme et Isles voisines, dans l'étendue desdits lieux, et entr'autres des Negres Captifs, que la Compagnie pourra seule vendre et transporter dans les Isles et Terres - Fermes de l'Amérique, le tout pendant le cours et espace de trente années consécutives ; et à cet effet avons, en tant que de besoin, continué et prorogé les Privileges de l'ancienne Compagnie de sept années, au-delà des vingt-trois qui restoient à expirer de l'ancien Privilege ci-devant accordé.

Art. V. Faisons en conséquence défenses à tous nos Sujets d'aller trafiquer dans lesdits Pays, Côtes et Isles adjacentes, depuis ledit lieu d'Arguin jusqu'au Cap de Bonne-Espéranc, directement ou indirectement, sous quelque prétexte que ce soit, soit en prenant Commission des Princes Etrangers ou autrement, et aux Sujets desdits Princes ou Etats de venir négocier dans les Pays présentement occupés par ladite Compagnie, ou qu'elle occupera ci-après ; à peine, savoir à l'égard de nos Sujets, de confiscation de leurs Vaisseaux et Marchandises au profit de ladite Compagn'e, et de trois mille livres d'amende, applicable moitié à l'Hôpital général de Paris, l'autre moitié à ladite Compagnie ; et à l'égard des Vaisseaux et Bâtimens Etrangers, permis, en cas de contravention, de sen saisir, et des Marchandises dont ils seront chargés, et d'en faire juger les prises au profit de la Compagnie, pardevant le plus prochain de nos Juges des lieux où lesdites prises auront été faites.

Art. VI. Après lesdites trente années expirées, les Terres et Isles que la Compagnie aura habitées et conquises avec tous les Droits en dépendans, lui demeureront à perpétuité en toute propriété, Seigneurie et Justice, pour en disposer comme de son propre héritage ; comme aussi des Forts, Armes, Munitions, Meubles, Vaisseaux, Marchandises et Effets, etc.

ART. VII. Sera ladite Compagnie régie et gouvernée suivant et au desir de la Société passée le deuxieme jour de Juillet de la présente année, et sans que ceux de nos Sujets qui entreront dans ladite Société, dérogent à leur Noblesse et Privileges.

ART. VIII. Seront par nous délivrés les Passeports nécessaires aux Etrangers pour les Vaisseaux sur lesquels ils viendront prendre aux Isles Françoises de l'Amérique les Negres qui leur seront vendus par ladite Compagnie, sans qu'ils soient tenus pour raison de ce nous payer aucun Droit.

ART. IX. Il sera loisible à ladite Compagnie de disposer, ainsi que bon lui semblera, en tout ou partie de son Privilege, pourvu que ce ne soit qu'en faveur de nos Sujets seulement; et ceux avec qui elle en traitera, jouiront des mêmes Droits, Privileges et Exemptions que ceux dont ladite Compagnie doit jouir en exécution des Présentes, sans abus toutefois, à peine de perte dudit Privilege.

ART. X. Les Lettres en forme d'Edit, portant établissement de la Compagnie des Indes d'Occident, et les Lettres de confirmation de l'ancienne Compagnie du Sénégal, ensemble les Arrêts rendus depuis en leur faveur, seront exécutés au profit des Intéressés en la présente Compagnie, laquelle en ce faisant jouira des Droits, Privileges et Exemptions portés par iceux, comme s'ils avoient été donnés à sa Requête.

ART. XI. Pourra ladite Compagnie prendre pour ses Armes un Ecusson en champ d'Azur, semé de Fleurs-de-Lys d'or sans nombre, deux Negres pour supports, et une Couronne tréflée; lesquelles Armes nous lui concédons pour s'en servir dans ses Sceaux et Cachets, et que nous lui permettons de mettre et apposer aux Edifices publics, Vaisseaux, Canons, et partout ailleurs où elle jugera à propos.

Si donnons en mandement, etc. DONNÉ à Versailles au mois de Juillet l'an 1681, et de notre regne le trente-neuvieme. *Signé*, LOUIS.

R. au Parlement de Paris, le 9 Janvier 1682.

R. au Parlement de Rouen, le 27 Juillet 1682.

ORDONNANCE DE LA MARINE.

Du mois d'Août 1681.

Quoique cette Ordonnance n'ait pas été enregistrée à Saint-Domingue,
elle y est cependant gardée et observée en tout ce qui n'est pas con-
tredit par des dispostions locales ; et l'exécution en a été ordonnée
dans une multitude de cas par des Jugemens des Tribunaux de ces
Isles, et par des décisions de la Cour.

Nous nous croyons dispensés de répéter à son égard ce que nous avons
dit à l'Article de la Coutume de Paris, de l'Ordonnance de 1667, etc.
d'ailleurs il faut la lire commentée par Vaslin.

ORDONNANCE du Roi, portant défenses aux Officiers de sa Marine
de quitter leurs Postes aux Isles de l'Amérique.

Du 12 Septembre 1681.

SA MAJESTÉ ayant été informée que quelques-uns des Officiers de
Marine, qui la servoient dans les Isles de l'Amérique ou dans d'autres
Pays éloignés, ont abandonné sans congé le Poste qu'ils occupoient, et
sont revenus en France; et ayant été mis au Conseil de Guerre, la nouveauté de ce crime, dont il n'y a presque jamais eu d'exemple dans le
Royaume, a fait que les Officiers qui y ont assisté n'ont sçu à quoi ceux
qui ont déserté devoient être condamnés ; à quoi étant nécessaire de
pourvoir, Sa Majesté veut et entend que tout Officier de Marine qui
en temps de guerre aura quitté le Poste qu'il occupoit sans congé par
écrit, soit condamné à la Mort; et que celui qui aura fait la même chose
pendant la Paix, soit dégradé des Armes et déclaré incapable de servir
Sa Majesté dans la Marine. Mande et ordonne Sa Majesté à M. le Comte
de Vermandois, Amiral de France, aux Vices-Amiraux, Lieutenans-
Généraux, Intendans, Chefs d'Escadres, Commissaires-Généraux, Capitaines, et autres Officiers de Marine, de tenir la main à l'exécution de la
présente Ordonnance, qu'elle veut être lue, publiée et affichée dans tous
les Ports et Arcenaux de Marine. FAIT à Fontainebleau le 12 Septembre
1681. *Signé* LOUIS. *Et plus bas,* COLBERT.

R. au Contrôle à Saint-Domingue.

ARRÊT

A R R Ê T *du Conseil Supérieur de la Martinique, qui ordonne l'enrégis-*
trement et l'exécution de la Coutume de Paris , et des Ordonnances
de 1667 , 1669 , 1670 et 1673.

Du 5 Novembre 1681.

Sur ce qui a été représenté au Conseil par le Procureur du Roi , pour
le Procureur-Général , que la Coutume de Paris , à laquelle les Peuples
des Isles et Colonies Françoises sont sujettes, n'a point encore été enré-
gistrée au Conseil, ni même les nouvelles Ordonnances de Sa Majesté ,
tant celles faites au sujet des Procédures civiles et criminelles, que celles
qui servent de regle dans les différens qui surviennent entre les Marchands et Négocians du Royaume, ce qui donne lieu à plusieurs abus
et contraventions, qui ne peuvent procéder que de ce que ladite Coutume et lesdites Ordonnances sont ignorées en ces Isles, à quoi il est
important d'apporter le remede nécessaire , puisque Sa Majesté , par
lesdites Ordonnances, déclare positivement qu'Elle veut et entend
qu'elles soient observées dans toute l'étendue du Royaume, par ses
Sujets, Officiers et Magistrats, sans qu'aucun s'en puisse dispenser et
y contrevenir , sous les peines portées par lesdites Ordonnances ; requiert ledit Procureur du Roi , l'enrégistrement d'icelles, afin qu'aucun
n'en puisse prétendre cause d'ignorance.

Vu ladite Coutume de Paris , redigée par l'Ordonnance des Rois ,
prédécesseurs de Sa Majesté , suivant le Procès-verbal qui en a été fait
le 22 Février 1580 ; les Ordonnances des mois d'Avril 1667, Août
1669, Août 1670 et Mars 1673 , ledit Procureur du Roi retiré, la
matiere mise en délibération.

Le Conseil ayant égard audit Requisitoire, a ordonné et ordonne que
ladite Coutume de Paris , ensemble lesdites Ordonnances de Sa Majesté
susdatées , seront enrégistrées ès registres du Conseil et de la Jurisdiction ordinaire de cette Isle Martinique , pour être exécutées suivant leur
forme et teneur. Et sera, le présent Arrêt lu , publié et affiché en tous
les quartiers de l'Isle, à la diligence dudit Procureur du Roi. Fait et
arrêté au Conseil Supérieur de la Martinique, le 5 Novembre 1681.
Signé, Patoulet.

DÉCLARATION du Roi, touchant l'envoi des Procédures criminelles des Greffes des Sieges à ceux des Cours.

Du 3 Décembre 1681.

LOUIS, etc. SALUT. Nous avons été informés qu'il est en usage, en notre Cour de Parlement de Dijon, que dans les Procès criminels qui s'y poursuivent par appel des Procédures ou Jugemens diffinitifs des Juges ordinaires et subalternes, on fait apporter au Greffe criminel de notredite Cour les Originaux des Plaintes et Informations, Recollemens, Confrontations, et de toutes les Procédures qui ont été faites par lesdits Juges ordinaires et subalternes : et parce que l'expérience a souvent fait voir qu'il en est arrivé de grands inconvéniens à la Justice, soit parce que ceux qui ont été chargés desdites Procédures, n'ayant pas pris les précautions nécessaires pour les conserver, les ont égarées, ou partie d'icelles, soit que bien souvent lesdites Procédures leur ont été enlevées par les Parties intéressées.

A quoi voulant pourvoir et contribuer de tous nos soins pour faire rendre la Justice à nos Sujets, savoir, faisons que nous, pour ces causes et autres à ce nous mouvant, de notre propre mouvement, pleine puissance et autorité Royale, avons déclaré et ordonné, déclarons et ordonnons par ces Présentes, signées de notre main, voulons et nous plait que les Originaux des Procédures faites par nos Juges ordinaires ou ceux des Seigneurs, pour crime de quelque nature et qualité qu'ils soient, dans l'étendue de notre Ressort du Parlement de Dijon, demeurent toujours ès Greffes desdits Sieges, sans qu'en aucun cas et sous quelque prétexte que ce puisse être, notredite Cour puisse en ordonner la remise au Greffe criminel de ladite Cour; mais simplement des Grosses, dont sera expressement fait mention dans les Arrêts ou Commissions qui s'expédieront en la Chancellerie près notredite Cour : pourra néanmoins notredite Cour ordonner la remise des Originaux desdites Procédures, lorsqu'elles seront arguées de faux, ou que les Juges qui les auront faites seront accusés de prévarication.

Si donnons en mandement, ect. DONNÉ à Saint-Germain-en-Laye, le troisieme jour de Décembre l'an de grace 1681, et de notre régne le trente-neuvieme. *Signé*, LOUIS.

R. *au Parlement de Dijon le 3 Janvier 1682.*

L'exécution de cette Déclaration est ordonnée notamment par deux Arrêts du Conseil du Cap, des 19 Octobre 1769 et 12 Juin 1770.

ARRÊT d'un Conseil de Léogane, jugeant en premiere et derniere Instance, composé d'Officiers de Milices et d'Habitans, et antérieur à celui créé au Petit-Goave en 1685.

Du 1er. Février 1682.

EXTRAIT des Registres du Greffe du Conseil de Léogane.

Du Lundi premier jour de Février 1682, Audience du Conseil de Léogane tenue par M. Moraud ; présens MM^{rs}. Yvon, Mocquet, Gobin et Duvivier au lieu de la Ramnie, après les neuf heures du matin.

Est comparu en personne honnête femme Anne Sillot, femme veuve de défunt le sieur François Jannet, à présent femme du sieur Nicolas Noiron ; laquelle a déclaré répéter le renonci qu'elle a fait au Greffe du Conseil de Léogane le 26 Janvier dernier, de la communauté dudit défunt Jannet, et cela sans préjudice de ses droits à elle échus par son Contrat de mariage avec le feu Jannet, dont elle requiert Acte.

Duquel renonci le Conseil a donné Acte à la Dame Sillot, pour valoir et servir ce que de raison. *Signé* FASSARD, Greffier.

Cette Piece, la plus ancienne qui puisse nous faire connoître l'administration de la Justice à Saint-Domingue avant l'Edit de 1685, nous a coûté bien des recherches. Elle est au nombre des minutes du Greffe du Siege Royal du Port-au-Prince, et ne tardera pas à devenir entierement la pâture des vers.

D'autres découvertes, relatives à la partie historique, nous ont conduit à croire que ce Tribunal de premiere et derniere Instance, et qui n'a pas dû exister long-temps avant 1680, avoit été formé d'après des Lettres-Patentes semblables à celles que nous avons rapportées pour le Conseil de la Martinique à la date du 11 Octobre 1664, parce qu'il en fut expédié de semblables pour les Isles à différentes époques. Mais à Saint-Domingue, où il n'y avoit point de Sieges inférieurs, le Conseil de Léogane prononçoit de plano sur toutes les contestations.

Le sieur Moraud, désigné dans le Procès-verbal de l'Audience comme Président, étoit Capitaine des Milices, Commandant des quartiers du Cul-de-Sac. Il fut le premier nommé pour être Conseiller par l'Edit en forme de Lettres-Patentes, donné au mois d'Août 1685 pour l'établissement du Conseil Souverain du Petit-Goave ; les autres Juges étoient des

Habitans et des Officiers de Milices ; dont la descendance habite encore, aujourd'hui le Cul-de-Sac et les environs.

Nous avons aussi trouvé une Requête introductive d'instance adressée à ce Tribunal pour avoir un permis d'assigner. Elle est intitulée : A M. de Franquesnay *, Lieutenant pour le Roi de l'Isle de la Tortue et Côte Saint-Domingue, et à MM. du Conseil de Léogane. Elle est suivie d'une Ordonnance de soit communiqué au Procureur-Général, et des conclusions de celui-ci, c'est-à-dire, de M. Deslandes, Major des Milices à Léogane, auquel les fonctions de Procureur-Général étoient dévolues à ce titre.*

Nous rapportons plusieurs décisions de ce Tribunal.

RÉGLEMENT de l'Intendant des Isles sur la levée des Droits de la Ferme d'Occident.

Du 16 Mars 1682.

JEAN-BAPTISTE PATOULET, Conseiller du Roi en ses Conseils, Intendant de Justice, Police et Finances des Isles Françoises de l'Amérique.

Sur les différentes plaintes que nous avons reçues que les Commis de M^e. Jean Oudiette, Fermier-Général du Domaine Royal d'Occident, forment des prétentions dans la perception et levée des droits de sa ferme, qui vont au grand préjudice de tous les Habitans des Isles, qui en sont journellement troublés et inquiétés ; à quoi étant nécessaire de pourvoir, nous avons donné le Réglement qui suit, pour être observé en tous ses points par tous lesdits Commis.

ART. Ier. Lesdits Commis ne pourront saisir ou faire saisir aucuns effets des Habitans, qu'en vertu des Ordonnances du Juge, laquelle ne sera accordée qu'après que lesdits Commis auront justifié que leur demande est pour Droits de Capitation ou de Poids, lesquels Droits doivent être payés par préférence, et ce pour obvier aux malversations qui peuvent se commettre par lesdits Commis qui font le Commerce, et qui ont coutume de recueillir leur dû particulier, et délaissent en arriere la perception des Droits de Sa Majesté, ce qui ne se peut faire qu'au désavantage des intérêts de la Ferme et du bien du Public ; de sorte que les premiers Sucres qui seront fournis auxdits Commis par les Habitans, seront toujours réputés être payés pour les Droits de Capitation, quelque prétention que lesdits Commis puissent avoir d'ailleurs.

ART. II. Les Droits de Capitation se paieront en Sucre effectif seulement, et les Droits de Poids de l'un pour cent, en nature des Marchandises qui seront pesées, ou en argent, au choix des Particuliers ou Marchands sur le pied de la facture du prix de France.

ART. III. Les Negres mutilés de mains ou de pieds seront réputés invalides, et ne paieront point de droit.

ART. IV. Toutes les Marchandises seront portées au Poids public pour y être pesées, et ce pour ôter beaucoup d'occasions de Commerce étranger, et lesdits Commis y resteront depuis les sept heures jusqu'à onze heures du matin, et de relevée, depuis deux heures jusqu'au soleil couchant, pour ne pas retarder les Particuliers qui y portent leurs Sucres ou autres denrées, ainsi qu'il s'est pratiqué jusqu'à présent ; et pour y recevoir et délivrer les déclarations et acquits à caution des Marchands qui s'expédient des Navires, Barques ou Chaloupes, lesquels portent des plaintes du retardement qui leur est causé par la négligence desdits Commis, qui ne demeurent plus assidus au Bureau ; sur peine de répondre en leurs propres et privés noms du retardement qu'ils auront causés auxdits Marchands.

ART. V. Ils ne visiteront point de Bâtimens ni de Magasins soupçonnés, chargés ou remplis de Marchandises étrangeres sans l'Ordonnance des Juges, laquelle ne sera jamais refusée ; et afin que la visite qui pourra se faire soit juridique, le Procureur du Roi sera commis pour la faire en présence desdits Commis ; et comme il arrive souvent que lesdits Commis font eux-mêmes le Commerce étranger, le Procureur du Roi, et tous autres Particuliers, pourront demander, comme les Commis, la visite des Bâtimens et Magasins soupçonnés, laquelle sera pareillement accordée pour être faite par ledit Procureur du Roi, appellé avec lesdits Commis.

ART. VI. Les déclarations seront registrées sur un Registre paraphé du Juge par premier et dernier feuillet, pour y avoir recours toutefois et quantes qu'il en sera estimé nécessaire, pour éviter que lesdits Commis, qui sont accusés de favoriser ou faire eux-mêmes le Commerce étranger, par la liberté qu'ils ont d'enregistrer les déclarations et acquits à caution quand et comme ils le jugent à propos, éludant la confiscation desdits Marchandises dans lesquelles ils ont intérêt, ou ceux qu'ils protegent par argent ou autrement, et pour enfin leur ôter les moyens et facilité qu'ils ont eu jusqu'à présent de contrevenir impunément aux Ordonnances de Sa Majesté sur ce sujet.

ART. VII. Et comme encore lesdits Commis prennent peu de soins de vérifier s'il est apporté des Marchandises étrangeres qui n'auront point passé par les Bureaux des Fermes de Sa Majesté en France, et que eux-mêmes peuvent faciliter les contraventions à son Ordonnance du 4 Septembre 1671, ils ne recevront et enregistreront lesdites déclarations et acquits à caution des Marchandises qui seront apportées dans les Vaisseaux qui viennent trafiquer en ces Isles, qu'après qu'elles auront été visées de MM^{rs}. les Gouverneurs ou Commandans, ainsi que M. le Comte de Blénac leur en a donné l'ordre.

ART. VIII. Les Commis paieront les charges du Pays en Sucre effectif, conformément et ainsi qu'il est porté par l'Etat de Sa Majesté des charges desdites Isles; savoir, pour les appointemens des Gouverneurs et des Officiers de Justice, et pour la subsistance des Ecclésiastiques par quartier dû, et pour la Garnison tous les derniers jours des mois.

ART. IX. La Cassave, Farine de Magnoc, ni les autres denrées pour la subsistance des Habitans qui se font dans les Isles et qui se consomment, n'y doivent point de Droit de Poids, elles ne doivent qu'alors qu'elles sortent, le Droit de Poids étant un Droit de Sortie et d'Entrée.

ART. X. Les Negres de soixante ans ne paieront pas de Droit de Capitation, non plus que ceux au-dessous de l'âge de quatorze ans; et pour prévenir les difficulté qui peuvent arriver entre les Habitans et lesdits Commis, au sujet de l'âge desdits Negres, les Habitans en seront crus à leur Serment, si lesdits Commis ne justifient par preuve le contraire; il en sera de même pour les Blancs sujets auxdits Droits.

ART. XI. Et comme le principal Commerce qui se fait avec les Etrangers, se fait par mer avec les Officiers de Navires, ou Commissionnaires-Marchands, qui sont dans les Rades, lesdits Commis tireront desdits Maîtres ou Commissionnaires un reçu des Sucres, que chacune Chaloupe ou Barques porteront à bord, pour ensuite former sur lesdits reçus une déclaration de ce qui en aura été embarqué, laquelle sera envoyée en France par lesdits Commis à M. Jean Oudiette, où ses Préposés où lesdits Navires iront faire leur décharge; afin de la confronter à celles que lesdits Maîtres ou Commissionnaires feront au Bureau dudit M. Jean Oudiette, à leur arrivée en France, et seront tenus de nous en envoyer tous les trois mois des Extraits, avec le nom des Maîtres et des Navires.

ART. XII. Lesdits Commis tiendront un Registre de tous les Vaisseaux qui arriveront de France, ou d'ailleurs, marquant d'où ils sont partis, où ils doivent retourner, de leur Port et de ceux qui trafiquent de ces Isles en Terre-Neuve, Canada, ou Pêche de la Tortue, pour, par le Commis de Saint-Christophe, en être donné tous les trois mois un état à M. Correur, Conseiller au Conseil Souverain, pour nous l'envoyer après l'avoir vérifié sur le Registre.

Art. XIII. Toutes déclarations des Maîtres de Barques, Navires et autres qui trafiquent d'une Isle à l'autre, soit pour la Pêche de la Tortue ou Cayenne, Saint-Domingue, et autres lieux, soit pour le Commerce, contiendront le nom du Maître et des Matelots qui composent l'Equipage, lequel sera réuni au Greffe, pour, de trois mois en mois, être par ledit sieur Juge, à la diligence du Procureur de Sa Majesté, interrogé par Serment s'ils n'auront point fait de commerce étranger dans leurs différens voyages.

Art. XIV. Les Commis déchargeront les acquits à caution qui leur seront présentés, et ce dans le même jour, à peine de répondre en leur propre et privé nom des événemens du retardement.

Art. XV. Les Créoles des Isles changeant d'une Isle à l'autre, jouiront de l'exemption des Droits de Capitation.

Art. XVI. Les Commis pourront faire saisir les Sucres des Particuliers, Débiteurs des Droits de Capitation et de Poids, quoiqu'ils soient mis dans les Barques, et autres futailles appartenant à des Marchands ou autres, en rendant par lesdits Commis les futailles aux Propriétaires d'icelles, incessamment et avant l'enlevement du Sucre.

Art. XVII. Le Roi accordant l'exemption de douze Negres par chacun des onze Capitaines de Milice; de huit pour chacun des onze Lieutenans, et de six pour chacun des onze Enseignes, de quatre pour chacun des vingt-deux Sergens, montant toutes lesdites exemptions à la quantité de trois cens soixante-quatorze Negres; ils jouiront de cette exemption comme et ainsi qu'il sera réglé par Monsieur le Chevalier de Saint-Laurent, Gouverneur de Saint-Christophe, pour l'Isle de Saint-Christophe.

Art. XVIII. Les Commis feront étalonner les Poids tous les six mois en présence du Procureur du Roi, d'un Marchand, et d'un Habitant, qui seront nommés par le Juge; et pour prévenir plusieurs abus qui se commettent par les Habitans et Marchands qui embarquent des Sucres, et autres denrées, sans être pesées; à quoi étant nécessaire de pourvoir, nous ordonnons que lesdits Commis auront une Etampe marquée d'une Fleur-de-Lys, de laquelle toutes les Bariques pesées seront marquées, afin que celles qui ne le seront point et qui seront embarquées dans les

Chaloupes , Canots , Navires ou Barques , soient confisquées au profit du Fermier.

Mandons au sieur Dupas, Conseiller du Roi , Juge Civil et Criminelle de cette Isle, et au sieur Deguerre , Procureur de Sa Majesté, de tenir la main à l'exécution des Présentes , lesquelles seront enregistrées en la Juridiction ordinaire de cette Isle , publiées et affichées. FAIT à Saint-Christophe , le 16 Mars 1682. *Signé* PATOULET.

A R R È T du Conseil d'Etat du Roi , portant que les Sucres rafinés venans de l'Amérique paieront , pendant deux années , huit livres par cent pesant.

Du 18 Avril 1682.

LE ROI s'étant fait représenter l'Arrêt rendu en son Conseil, le 10 Décembre 1670 , par lequel Sa Majesté a réduit et modéré les Droits qui se percevoient aux Entrées du Royaume sur les Sucres et Petuns venant des Isles et Colonies Françoises de l'Amérique à quarante sols pour cent pesant, au lieu de quatre livres à quoi lesdits Droits avoient été reglés par les Tarifs des 18 Septembre 1664 et 18 Avril 1667 , comme aussi celui du 15 Juillet 1673 , par lequel Sa Majesté auroit ordonné que celui du 18 Septembre 1671 seroit exécuté dans tous les Ports de mer du Royaume sans distinction ; ce faisant , que les Droits sur les Moscouades et Sucres des Isles demeureroient réduits à quarante sols pour cent pesant pour les Droits des cinq grosses Fermes ; et en outre l'Arrêt dudit Conseil du dernier Mai 1675 , par lequel Sa Majesté a ordonné que sur les Sucres rafinés dans lesdites Isles , entrant dans le Royaume , il sera levé quarante sols seulement pour chaque cent pesant, outre et par-dessus les anciens Droits qui se levent sur les Sucres. Et Sa Majesté étant informée que lorsque lesdits Arrêts ont été rendus , il n'y avoit qu'un très-petit nombre de Rafineries auxdites Isles ; ensorte que les Habitans envoyoient leur Moscouades en France pour les faire rafiner dans les Rafineries établies dans le Royaume , et profitoient eux-mêmes du bénéfice qui se trouvoit, au lieu qu'à présent il a été établi un grand nombre de Rafineries dans lesdites Isles par divers Particuliers ; ce qui fait un préjudice considérable aux Droits de Sa Majesté : à quoi étant nécessaire de pourvoir ; ouï le rapport du sieur Colbert , Conseiller ordinaire au Conseil Royal , Contrôleur-Général des Finances. Sa Majesté en son Conseil, a ordonné et ordonne que les Sucres rafinés venant

des

des Isles et Colonies Françoises de l'Amérique, paieront pendant deux années, à commencer du premier jour de Mai prochain, la somme de huit livres pour chacun cent pesant; savoir, six livres à Mᶜ. Jean Fauconnet, Fermier général des cinq grosses Fermes, Convoi et Comptablie de Bordeaux, Douannes de Lyon et Valence, et autres Fermes unies; et deux livres à Mᶜ. Jean Oudiette, Fermier du Domaine d'Occident. Enjoint Sa Majesté audit Fauconnet, ses Procureurs, Commis et Préposés, d'exécuter le présent Arrêt, lequel à cet effet sera envoyé dans tous les Bureaux desdites Fermes. FAIT au Conseil d'Etat du Roi, tenu à Saint-Germain-en-Laye le 18 Avril 1682.

ORDRE du Roi, touchant une Erection de Fiefs aux Isles.

Du 15 Juillet 1682.

SA MAJESTÉ sur l'avis de MMʳˢ. de Blénac et de Patoulet, Gouverneur-Général et Intendant des Isles, promet d'ériger en Fiefs avec Haute, Moyenne et Basse-Justice, les Terrains de quatre ou cinq cens arpens, qui seroient établis en quatre ou cinq ans, et auront soixante Engagés et quatre-vingt Negres; mais sous la condition expresse d'y planter des Mûriers pour servir à élever des Vers à soie.

Cet Ordre n'a jamais eu d'effet, la Culture des Mûriers, tentée seulement par forme d'essai, ayant été abandonnée aussi-tôt.

ARRÊT du Conseil d'Etat, touchant la décharge de Acquits à Caution des Marchandises pour les Isles.

Du 18 Juillet 1682.

LE ROI ayant par Arrêts de son Conseil des 4 Juin, 25 Novembre 1671, 15 Juillet 1673, et 10 Mai 1677, déchargé les Marchandises destinées pour les Isles Françoises de l'Amérique et Canada, des Droits de Sortie de ce Royaume, en faisant par les Marchands et Négocians leurs soumissions de rapporter dans six mois Certificat de leur décharge dans lesdits Isles des Intendans de Justice esdits lieux, ou sinon de payer le quadruple des droits; et Sa Majesté étant informée que sous prétexte des voyages desdites Isles et Canada, il se commet une infinité d'abus par les Marchands, lesquels au lieu de faire les voyages par eux destinés, et de porter les Marchandises comme ils le déclarent, les menent à l'Etranger, corrompent les Commis, et demeurent les Droits sans être acquittés, et les soumissions dans les Registres d'Acquits à caution, sans être déchargés, comme il est arrivé à la Rochelle pendant le dernier Bail de Saunier ; ensorte que pour faire rapporter lesdits Acquits à caution déchargés, le Permier est réduit à faire autant de procès comme il y a de soumissions ; à quoi étant nécessaire de pourvoir, ouï le rapport du sieur Colbert, Conseiller ordinaire au Conseil Royal, Contrôleur-Général des Finances, Sa Majesté en son Conseil, a ordonné et ordonne que les Marchands Négocians qui feront porter des Marchandises destinées pour être consommées dans les Isles Françoises de l'Amérique et de Canada, déchargés du paiement des Droits de Sortie, seront tenus de faire leurs soumissions dans le Registre des Acquits à caution, de rapporter dans huit mois Certificats de la descente desdites Marchandises des sieurs Gouverneurs et Intendans desdites Isles, et Pays de Canada, au bas des Acquits à caution qui seront fournis auxdits Marchands lors de leur départ par les Commis des Bureaux des Fermes Unies, ou de payer le quatruple des droits desdites Marchandises, ou de ce qui s'en défaudra ; et à faute par les Marchands Négocians dans lesdits Isles et Canada de rapporter lesdites décharges, et de faire décharger leurs soumissions sur les Registres dans ledit temps, ordonne Sa Majesté qu'ils en demeureront exclus, et contraints au paiement dudit quatruple, et qu'à l'avenir les Commis desdites Fermes Unies, seront tenus de rapporter, en rendant leurs comptes, lesdits Registres des Acquits à caution, et de faire recette dans leursdits comptes du quatruple desdits Droits contenus aux soumissions non déchargées par un chapitre séparé et divisé ; et pour cet effet, afin que nuls desdits Marchands et Commis n'en prétendent cause d'ignorance, que le présent Arrêt sera lu, publié où besoin sera, et icelui transcrit et attaché dans tous les Registres des Acquits à caution pour être exécuté, nonobstant oppositions ou appellations quelconques, et sans préjudice d'icelles. FAIT au Conseil d'Etat du Roi, tenu à Versailles, le 18 Juillet 1682.

EDIT *pour la Punition de différens Crimes , et notamment celui d'Empoisonnement.*

Du mois de Juillet 1682.

LOUIS, etc. SALUT. L'exécution des Ordonnances des Rois nos prédécesseurs, contre ceux qui se disent Devins, Magiciens et Enchanteurs, ayant été négligée depuis long-temps, et ce relâchement ayant attiré des Pays étrangers , dans notre Royaume , plusieurs de ces Imposteurs , il seroit arrivé que , sous prétexte d'horoscope et de divination , et par le moyen des prestiges des opérations des prétendues magies et autres illusions semblables , dont ces sortes de gens ont accoutumé de se servir, ils auroient surpris diverses personnes ignorantes ou crédules, qui s'étoient insensiblement engagées avec eux , en passant des vaines curiosités aux superstitions , et des superstitions aux impiétés et aux sacriléges ; et , par une suite d'engagemens, ceux qui se sont le plus abandonnés à la conduite de ces Séducteurs , se seroient portés à cette extrémité criminelle d'ajouter le maléfice et le poison aux impiétés et aux sacriléges, pour obtenir l'effet des promesses desdits Séducteurs, et pour l'accomplissement de leurs méchantes prédictions. Ces pratiques étant venues à notre connoissance , nous aurions employé tous les soins possibles pour en faire cesser et pour arrêter, par des moyens convenables, les progrès de ces détestables abominations : Et , bien qu'après la punition qui a été faite des principaux auteurs et complices de ces crimes , nous dussions espérer que ces sortes de gens seroient pour toujours bannis de nos Etats , et nos Sujets garantis de leur surprise; néanmois , comme l'expérience du passé nous a fait connoître combien il est dangereux de souffrir les moindres abus qui portent aux crimes de cette qualité , et combien il est difficile de les déraciner lorsque, par la dissimulation ou par le nombre de coupables ils sont devenus crimes publics; ne voulant d'ailleurs rien omettre de ce qui peut être de la plus grande gloire de Dieu , et de la sûreté de nos Sujets, nous avons jugé nécessaire de renouveller les anciennes Ordonnances , et de prendre encore , en y ajoutant de nouvelles précautions , tant à l'égard de tous ceux qui usent de maléfices et de poisons , que de ceux qui , sous la vaine profession de Devins , Magiciens, Sorciers ou autres noms semblables , condamnés par les Loix Divines et humaines, infectent et corrompent l'esprit des Peuples

A aa ij

par leurs discours et pratiques, et par la profanation de ce que la Religion a de plus saint : savoir faisons que nous, pour ces causes et autres à ce nous mouvant, et de notre propre mouvement, certaine science, pleine puissance et autorité Royale, avons dit, déclaré et ordonné, disons, déclarons et ordonnons, par ces Présentes, signées de notre main, ce qui suit.

Art. Ier. Que toutes Personnes se mêlant de deviner, et se disant Devins ou Devineresses, videront incessamment le Royaume après la publication de notre présente Déclaration, à peine de punition corporelle.

Art. II. Défendons toutes pratiques superstitieuses, de fait, par écrit ou par parole, soit en abusant des termes de l'Ecriture-Sainte ou des prieres de l'Eglise, soit en disant ou en faisant des choses qui n'ont aucun rapport aux causes naturelles; voulons que ceux qui se trouveront les avoir enseignées, ensemble ceux qui les auront mises en usage, et qui s'en sont servis pour quelque fin que ce puisse être, soient punis exemplairement, et suivant l'exigence des cas.

Art. III. S'il se trouvoit, à l'avenir, des Personnes assez méchantes pour ajouter et joindre à la superstition l'impiété et le sacrilege, sous prétexte d'opérations, de prétendues magies, ou autre prétexte de pareille qualité, nous voulons que celles qui s'en trouveront convaincues soient punies de mort.

Art. IV. Seront punis de semblable peine tous ceux qui seront convaincus de s'être servis de vénéfices et de poison, soit que la mort s'en soit ensuivie ou non; comme aussi ceux qui seront convaincus d'avoir composé ou distribué du poison pour empoisonner. Et, parce que les crimes qui se commettent par le poison sont non-seulement les plus détestables et les plus dangereux de tous; mais encore les plus difficiles à découvrir, nous voulons que tous ceux, sans exception, qui auront connoissance qu'il aura été travaillé à faire du poison, qu'il en aura été demandé ou donné, soient tenus de dénoncer incessamment ce qu'ils en sauront à nos Procureurs-Généraux, ou à leurs Substituts; et en cas d'absence, au premier Officier public des lieux, à peine d'être extraordinairement procédé contr'eux, et punis selon les circonstances et l'exigence des cas, comme fauteurs et complices desdits crimes; et sans que les Dénonciateurs soient sujets à aucune peine, ni même aux intérêts civils, lorsqu'ils auront déclaré et articulé des faits ou des indices considérables qui seront trouvées véritables et conformes à leur dénonciation, quoique dans la suite les Personnes comprises dans lesdites dénonciations, soient décharchées des accusations ; dérogeant à cet effet à l'Article 73 de l'Ordonnance d'Orléans, pour l'effet du vénéfice et du poison seulement, sauf à punir les calomniateurs selon la rigueur de ladite Ordonnance.

A<small>RT</small>. V. Ceux qui seront convaincus d'avoir attenté à la vie de quelqu'un par vénéfice et poison, en sorte qu'il n'ait pas tenu à eux que ce crime n'ait été consommé, seront punis de mort.

A<small>RT</small>. VI. Seront réputés au nombre des poisons, non - seulement ceux qui peuvent causer une mort prompte et violente, mais aussi ceux qui, en altérant peu-à-peu la santé, causent des maladies, soit que lesdits poisons soient simples, naturels ou composés, et faits de main d'Artiste : Et en conséquence défendons à toutes sortes de personnes, à peine de la vie, même aux Médecins, Apothicaires et Chirurgiens, à peine de punition corporelle, d'avoir et garder de tels poisons simples ou préparés, qui retenant toujours leur qualité de venin, et n'entrant en aucune composition ordinaire, ne peuvent servir qu'à nuire, et sont de leur nature pernicieux et mortels.

A<small>RT</small>. VII. A l'égard de l'Arsenic, du Réagale, de l'Orpiment et du Sublimé, quoiqu'ils soient poisons dangereux de toute leur substance, comme ils entrent et sont employés en plusieurs compositions nécessaires, nous voulons, afin d'empêcher à l'avenir la trop grande facilité qu'il y a eu jusqu'ici d'en abuser, qu'il ne soit permis qu'aux Marchands qui demeurent dans les Villes, d'en vendre et d'en livrer eux-mêmes seulement aux Médecins, Apothicaires, Chirurgiens, Orfévres, Teinturiers, Maréchaux, et autres personnes publiques, qui, par leurs professions, sont obligées d'en employer, lesquelles néanmoins écriront, en les prenant, sur un Registre particulier, tenu pour cet effet par lesdits Marchands, leurs noms, qualités et demeures, ensemble la quantité qu'ils auront pris desdits minéraux ; et si, au nombre desdits Artisans qui s'en servent, il s'en trouve qui ne sachent écrire, lesdits Marchands écriront pour eux ; quant aux personnes inconnues auxdits Marchands, comme peuvent être les Chirurgiens et Maréchaux des Bourgs et Villages, ils apporteront des Certificats en bonne forme, contenant leurs noms, demeures et professions, signés du Juge des lieux, ou d'un Notaire et de deux témoins, ou du Curé et de deux principaux Habitans ; lesquels Certificats et attestations demeureront chez lesdits Marchands pour leur décharge ; seront aussi les Epiciers, Merciers et autres Marchands demeurans dans lesdits Bourgs et Villages, tenus de remettre incessamment ce qu'ils auront desdits minéraux entre les mains des Syndics, Gardes ou anciens Marchands

Epiciers ou Apothicaires des Villes plus prochaines des lieux où ils demeureront, lesquels leur en rendront le prix; le tout à peine de trois mille livres d'amende, en cas de contravention, même de punition corporelle s'il y échet.

ART. VIII. Enjoignons à tous ceux qui ont droit par leurs professions et métiers, de vendre ou d'acheter des susdits minéraux, de les tenir en des lieux sûrs, dont ils garderont eux-mêmes la clef; comme aussi leur enjoignons d'écrire sur un Registre particulier la qualité des remedes où ils auront employé desdits minéraux, les noms de ceux pour qui ils auront été faits, et la quantité qu'ils y auront employée, et d'arrêter à la fin de chaque année, sur leursdits Registres, ce qui leur en restera; le tout à peine de mille livres d'amende pour la premiere fois, et de plus grande s'il y échet.

ART. IX. Défendons aux Médecins, Chirurgiens, Apothicaires, Epiciers-Droguistes, Orfévres, Teinturiers, Maréchaux et tous autres, de distribuer desdits minéraux en substance à quelque personne que ce puisse être, et sous quelque prétexte que ce soit, sur peine d'être punis corporellement; et seront tenus de composer eux-mêmes ou de faire composer en leur présence, par leurs garçons, les remedes où il devra entrer nécessairement desdits minéraux, qu'ils donneront après cela à ceux qui leur en demanderont pour s'en servir aux usages ordinaires.

ART. X. Défenses sont aussi faites à toutes personnes, autres qu'aux Médecins et Apothicaires, d'employer aucuns insectes vénéneux, comme Serpens, Crapauds, Viperes et autres semblables, sous prétexte de s'en servir à des médicamens, ou à faire des expériences, et sous quelqu'autre prétexte que ce puisse être, s'ils n'en ont la permission expresse et par écrit.

ART. XI. Faisons très-expresses défenses à toutes personnes, de quelque profession et condition qu'elles soient, excepté aux Médecins approuvés, et dans le lieu de leur résidence; aux Professeurs en Chimie, et aux Maîtres Apothicaires, d'avoir aucuns laboratoires et d'y travailler à aucunes préparations de drogues ou distillations, sous prétexte de remedes chimiques, expériences, secrets particuliers, recherche de la pierre philosophale, conversion, multiplication ou rafinement des métaux, confection des cristaux ou pierres de couleur, et autres semblables prétextes, sans avoir auparavant obtenu de nous, par Lettres du grand Sceau, la permission d'avoir lesdits laboratoires, présenté lesdites Lettres et fait déclaration en conséquence à nos Juges et Officiers de Police des lieux; défendons pareillement à tous Distillateurs, Vendeurs d'Eau-de-vie, de faire autre distillation que celle de l'Eau-de-vie et de l'Esprit-de-vin, sauf à être choisi d'entr'eux le nombre qui sera jugé nécessaire pour la confection des Eaux-fortes, dont l'usage est permis ; lesquels ne pourront néanmoins y travailler qu'en vertu des nosdites Lettres, et après en avoir fait leur déclaration, à peine de punition exemplaire. Si donnons en mandement, etc. Donné à Vaisailles, au mois de Juillet, l'an de grace, mil six cent quatre-vingt-deux, et de notre regne le quarantieme.

Signé Louis.

R. au Parlement de Paris , le 3 1 Août 1 6 8 2.

La publication de cet Edit est ordonnée par un Arrêt du Conseil du Cap du 2 0 Janvier 1 7 5 8.

Il est encore rappellé dans un Arrêt du Conseil du 1 0 Mars même année , dans les Jugemens des autres Tribunaux , et dans les Ordonnances des Administrateurs.

ORDONNANCE DU ROI, *portant que les absens aux revues des Milices seront punis d'amende à la premiere fois , et de prison en cas de récidive.*

Du 8 Août 1682.

SA MAJESTÉ ayant, par son Ordonnance du 19 Avril 1679, fait défenses aux Gouverneurs particuliers des Isles de l'Amérique de faire arrêter et mettre en prison aucuns des François qui y sont habitués, sans ordre exprès du Gouverneur et Lieutenant-Général auxdites Isles, ou Arrêt de l'un des Conseils Souverains qui y sont établis ; et étant informée que plusieurs des Habitans desdites Isles abusent de l'ordre porté par l'Ordonnance, et refusent de se trouver sous les armes les jours d'exercice reglés par lesdits Gouverneurs ; à quoi étant nécessaire de pourvoir, Sa Majesté veut et ordonne que tout Habitant qui sans cause légitime négligera de se trouver avec les Compagnies de Milices les jours reglés pour faire l'exercice , soit puni pour la premiere fois par l'amende d'un écu ou de la valeur en Sucre ; et voulant , en cas de récidive, qu'il soit puni de prison, où il restera pendant vingt-quatre heures ; enjoint Sa Majesté au sieur Comte de Blénac , Gouverneur et Lieutenant-Général, et au sieur Begon , Intendant de la Justice, Police et Finances desdites

Isles, de tenir la main à l'exécution de la présente Ordonnance, qu'elle veut être lue, publiée et affichée partout où besoin sera, à ce qu'aucun n'en prétende cause d'ignorance. FAIT à Versailles le huitieme jour d'Août 1682. *Signé* LOUIS ; *et plus bas,* COLBERT.

R. *à la Martinique, le* 21 *Avril* 1684.

EXTRAIT de la Lettre du Ministre au Gouverneur-Général des Isles, touchant, 1°. *la maniere de mander les Habitans ;* 2°. *leur absence des revues ;* 3°. *les honneurs des Général et Intendant ;* 4°. *la convocation des Conseils extraordinaires ;* 5°. *les différens d'entre les Habitans ;* 6°. *le défaut de pouvoir de chaque Conseiller isolé ; et* 7°. *le Commerce étranger.*

Du 15 Août 1682.

1°. LES Gouverneurs peuvent, sans difficulté, envoyer chercher un Habitant par un Garde, lorsqu'il est question du service ; mais ils doivent empêcher que les Gardes n'usent de violence et de voie de fait ; et en cas que l'Habitant refusât de venir, le Gouverneur particulier doit vous porter plainte de sa désobéissance, et en ce cas vous leur pourrez imposer tel châtiment que vous estimerez à propos, après avoir examiné les raisons de part et d'autre, en évitant pourtant, autant que vous pourrez, de faire mettre les Habitans en prison, parce que bien que Sa Majesté vous en ait réservé le pouvoir en cas que vous l'estimiez à propos, elle desire que vous en usiez sobrement.

2°. Sur ce que vous m'écrivez que les Habitans refusent de se trouver à l'exercice, et se rendent désobéissans depuis qu'ils savent que les Gouverneurs ne peuvent plus les faire mettre en prison, vous trouverez ci-joint un Réglement que Sa Majesté a fait sur ce sujet, qui remédiera à tous les inconvéniens portés par votre Lettre.

3°. Sur le compte que j'ai rendu à Sa Majesté des petites difficultés survenus entre vous et l'Intendant pour la séance et pour ce qui regarde vos fonctions dans le Conseil Souverain, elle m'a ordonné de vous faire savoir que dans les Conseils Souverains vous devez, comme son Lieutenant-Général, avoir une place distinguée * des autres ; mais l'Intendant

---

* *De-là l'usage introduit dans le Conseil Souverain de la Martinique, et par suite dans tous ceux des Isles, d'avoir un Fauteuil particulier pour le Gouverneur-Général.*

doit

doit recueillir les voix, prononcer et signer les Arrêts sans difficulté.

Dans toutes les Processions, et autres Cérémonies publiques, Sa Majesté vous laisse le choix, ou de marcher seul avec vos Gardes; et en ce cas le Conseil doit marcher après vous, à la tête duquel sera l'Intendant comme Président : et si vous choisissez de marcher avec le Conseil Souverain, l'Intendant doit marcher à votre gauche. L'Intendant peut sans difficulté avoir un Banc dans le Chœur de l'Eglise, mais non pas sur la même ligne que le vôtre.

4°. Il est au pouvoir de l'Intendant de faire assembler extraordinairement le Conseil Souverain de chaque Isle lorsque des affaires particulieres le requerront, de quelque nature qu'elles puissent être.

Lorsque le Conseil Souverain des Isles, dans lequelles vous vous trouverez, sera assemblé extraordinairement, Sa Majesté desire que vous vous y trouviez, et elle donne ordre à l'Intendant de vous en faire avertir par un Huissier.

5°. Sur ce que vous m'écrivez concernant le soin que vous prenez pour terminer les différens des Habitans et les empêcher de plaider, Sa Majesté loue vos bonnes intentions à cet égard; mais il faut que vous observiez que vous ne devez jamais vous mêler de ces sortes d'accommodemens par autorité, mais seulement quand les Parties y consentiront et vous en prieront.

6°. L'entreprise du sieur Courpon, Conseiller du Conseil Souverain de Saint-Christophe, de donner des Ordonnances de son chef, est insoutenable; et s'il retomboit dans cette faute, Sa Majesté donneroit sa Place à un autre; et quoique cette Ordonnance fût conforme à un Arrêt dudit Conseil Souverain, c'est au Conseil à faire exécuter ses Arrêts, et les Particuliers qui le composent n'ont aucune autorité par eux-mêmes, mais seulement lorsque le Conseil les a nommés Commissaires.

7°. L'exclusion de tout Commerce étranger dans les Isles doit être générale, non-seulement à l'égard de toutes les autres Nations, mais même à l'égard des Espagnols, dont les Vaisseaux pourroient venir trafiquer dans lesdites Isles, Sa Majesté n'estimant qu'il en puisse venir aucun du côté des Terres fermes, et ne voulant pas qu'il en vienne du côté de Portoric et des autres Isles appartenantes aux Espagnols.

Les six premiers Articles ont été enregistrés au Conseil de la Martinique le 21 Avril 1684.

PREMIERE ORDONNANCE *d'un Intendant , portant suspension*
d'un Arrêt.

Du 7 Septembre 1682.

LE 6 Novembre 1682 , M. Patoulet étant sorti du Conseil, et M. Ge-
mozat, Lieutenant de Roi , Président, il fut ordonné qu'il seroit passé
outre au Jugement des moyens d'une Requête Civile présentée au Conseil
par le sieur Jean Roi, Conseiller en icelui, et François Bignet.

Pour entendre cette affaire, il faut savoir que lesdits Jean Roi, et
François Bignet, avoient été condamnés par Arrêt du 5 Novembre 1681
à la restitution de quelques effets, qu'on prétendoit avoir été pillés par
leurs Bateaux dans une Pirogue Espagnole, ensorte qu'ils avoient été
condamnés à 3000 liv. d'amende; et en conséquence le Conseil par autre
Arrêt du 7 Juillet 1682 sur la Remontrance du Procureur-Général, fit
défenses audit sieur Roi de prendre séance au Conseil, jusqu'à ce que
Sa Majesté en eût autrement ordonné.

Lesdits sieurs Roi et Bignet ayant eu un Certificat des Espagnols en
leur faveur, présenterent au Conseil une Requête, par laquelle ils deman-
derent à être dispensés de l'obtention des Lettres de Chancellerie,
attendu qu'il n'y avoit en l'Isle ni Chancellerie ni Avocat, et par conséquent qu'il étoit impossible de se conformer aux Ordonnances du Roi
au sujet des Requêtes Civiles; le Conseil leur accorda leurs conclusions
par Arrêt du 7 Septembre.

Cette Procédure n'étant pas du goût de M. Patoulet, il voulut s'opposer
au Jugement des moyens contenus en ladite Requête; mais le Conseil se
trouvant dans des dispositions contraires, M. Patoulet leva le siége avec
emportement, en disant qu'il y avoit de la Cabale, et que même le
Procureur-Général en étoit, et se retira.

Incontinent après M. Patoulet fit signifier par un Huissier, au Conseil
tenant, une Ordonnance qu'il venoit de rendre, par laquelle, attendu
que l'Arrêt du 7 Septembre est contraire à l'Ordonnance du Roi de
1667 ; Titre des Requêtes Civiles : » Nous, dit-il, en vertu du pouvoir
» à nous donné par Sa Majesté par son Ordonnance du 3 Mai 1681 ,
» registrée au Conseil le 3 Novembre audit an, avons sursis et sursoyons
» l'exécution dudit Arrêt, pour en donner avis à Sa Majesté, pour en
» ordonner ce qu'elle verra bon être ».

Sur cela le Procureur-Général requit l'enregistrement de ladite Ordonnance, et qu'il fût passé outre au Jugement de la Requête Civile, et qu'à ses diligences l'Arrêt qui interviendroit fût envoyé à Sa Majesté, pour savoir sur ce ses intentions; et au sujet des termes de Cabale dont mondit sieur l'Intendant s'étoit servi, il requit que mondit sieur l'Intendant fût interpellé de nommer les Cabalistes, pour en être informé, protestant qu'à son égard il en porteroit ses plaintes à Sa Majesté comme d'une calomnie.

Le Conseil ordonna que l'Ordonnance en question seroit enregistrée, et qu'à la diligence du Procureur-Général, elle seroit envoyée à Sa Majesté avec l'Arrêt; et cependant, que nonobstant icelle, il seroit passé outre au Jugement des moyens de la Requête Civile, et Acte au Procureur-Général de la plainte par lui faite.

Nota. M. Patoulet s'oublia étrangement dans cette occasion, et écouta bien plus sa passion que ses pouvoirs, et la dignité du Conseil.

M. Patoulet se trompa sur l'Ordonnance du 3 Mai; car elle ne lui donnoit pas le pouvoir de surseoir aux Arrêts, mais seulement d'en demander les motifs au Procureur-Général pour être envoyés à Sa Majesté.

Tout cet Article est tiré du Recueil de M. Assier.

ARRÊTÉ du Conseil de la Martinique, contenant présentation de trois Sujets, pour une Place de Conseiller vacante.

Du 4 Novembre 1682.

LE Procureur-Général du Roi ayant donné avis au Conseil de la mort du sieur de Valminiere, Doyen des Conseillers, et ayant représenté le Réglement fait par Sa Majesté le 4 Novembre 1671, registé au Conseil le 27 Février 1672, à requis en conséquence d'icelui de vouloir procéder à la nomination de trois Personnes de cette Isle qui seront estimées les plus capables de remplir cette Charge, pour être, l'une desdites trois Personnes, commise par M. le Comte de Blénac, Gouverneur et Lieutenant-Général pour Sa Majesté, et par M. Patoulet, Intendant de Justice, Police et Finances, en attendant que Sa Magesté ait envoyé les provisions sur les lieux; la matiere mise en délibération:

Le Conseil, après avoir mûrement examiné le mérite et les qualités de toutes les Personnes de cette Isle, à déclaré ne pouvoir faire un meilleur choix que celui des sieurs de Begue, Correur de Mareuil et de

Bbb ij

Salvert ; ordonne ledit Conseil , qu'à la diligence dudit Procureur-Général la présente Nomination sera portée à M. le Comte de Blénac et à M. Patoulet , pour être par eux commis, celle de trois Personnes qu'ils jugeront le plus à propos, pour exercer la Charge de Conseiller , en attendant que Sa Majesté y ait pourvu, conformément au septieme article du Réglement fait à Versailles le 4 Novembre 1671. Ordonne en outre , ledit Conseil , qu'à la diligence dudit Procureur-Général il sera donné avis à Sa Majesté de la présente Nomination , et de la Personne qui aura été commise. FAIT audit Conseil , le 4 Novembre 1682.

ARRÊT du Conseil d'Etat , portant Imposition de trois milliers de Sucre brut par an sur chaque Cabaretier.

Du 5 Septembre 1683.

Vu au Conseil d'Etat du Roi, Sa Majesté y étant , l'Arrêt rendu en icelui le onzieme Juin mil six cent quatre-vingt-un , par lequel Elle auroit confirmé celui du Conseil Souverain de la Martinique , du mois de Février mil six cent soixante - quatorze, et ordonner , pour éviter les inconvéniens que le trop grand nombre des Cabaretiers qui s'établiroient dans ladite Isle peut causer au bien du service de Sa Majesté et à l'augmentation de ses Sujets , qu'il seroit levé un Droit de trois mille livres de Sucre brut par chacun an , sur tous ceux de ladite Isle; et Sa Majesté ayant considéré que les mêmes inconvéniens pourroient avoir lieu dans les autres Isles de l'Amérique ; qui sont sous l'obéissance de Sa Majesté , si le même Droit n'y étoit levé sur tous les Cabaretiers qui y sont établis, ou qui s'y établiront à l'avenir ; à quoi étant nécessaire de pourvoir , Sa Majesté étant dans son Conseil , a ordonné et ordonne que ledit Arrêt du onze Juin mil six cents quatre-vingt-un sera exécuté selon sa forme et teneur ; en conséquence , qu'il sera imposé et levé par chacun an , sur tous les Cabaretiers établis ou qui s'établiront dans ladite Isle de la Martinique , et dans toutes les autres Isles Françoises de l'Amérique , la quantité de trois mille livres de Sucre brut par chacun an , sur lesdits Cabaretiers, dont le fond sera employé suivant les ordres que Sa Majesté en donnera ; laquelle enjoint au sieur Begon , Intendant de Justice , Police et Finance auxdites Isles , de tenir la main à l'exécution du présent Arrêt. FAIT au Conseil d'Etat du Roi , Sa Majesté y étant , tenu à Fontainebleau le 5 Septembre 1683. *Signé*, COLBERT.

R. au Conseil de la Martinique, le 2 Mai 1684.

R. au Conseil du Petit-Goave , le 9 Janvier 1696.

RÉGLEMENT *du Conseil de la Martinique, touchant les Saisies réelles.*

Du 7 Septembre 1683.

SUR la Remontrance de M. François le Merle, Substitut du Procureur-Général, que les formalités des Ordonnance et des Coutumes n'étoient point observées dans les Saisies et Criées, ce qui causoit des Procès de grande conséquence, et rendoit les Adjudicataires incertains de leurs droits; pourquoi requeroit qu'il plût au Conseil examiner lesdites Coutumes et Ordonnances sur le faits des Saisies et Criées, pour les faire exécuter à l'avenir dans tous les points, dont l'exécution est possible; et à l'égard des articles dont l'exécution est impossible dans cette Isle, regler ce qu'il seroit à propos de faire, pour y suppléer autant qu'il se pourroit, et établir, par ce moyen, une Jurisprudence certaine sur cette matiere. Le Conseil, la matiere mise en délibération, vu le titre des Criées de la Coutume de Paris, l'Ordonnance du Roi Henri II, du 3 Septembre 1551, ensemble toutes les autres Ordonnances des Rois successeurs, sur le fait des Criées et Saisies réelles; le tout diligemment examiné, ordonne, sous le bon plair du Roi, et jusqu'à ce qu'il en ait été autrement ordonné par Sa Majesté.

ART. Ier. Que toutes les formalités prescrites par ladite Coutume et Ordonnance seront observées à l'avenir dans le Ressort du Conseil, à peine de nullité, dont les Huissiers et Sergents chargés des Décrets demeureront responsables, à la réserve des articles qui sont d'impossible exécution, qui seront ci-après déclarés.

ART. II. Si aucun avoit obmis de s'opposer, afin de distraire ou de faire adjuger l'héritage à quelque charge, il peut s'opposer pour venir sur le prix avant le Décret levé et délivré à l'Adjudicataire des héritages saisis, dont le Greffier sera tenu de faire mention sur la Grosse et sur la Minutte dudit Décret, sans qu'on soit obligé de les faire sceller, attendu qu'il n'y a point de Sceaux établis dans les Isles.

ART. III. Avant que de procéder à l'adjudication des choses saisies, est requis que le saisi soit ajourné, parlant à personne pour voir adjuger par Décrets quarante jours après le Jugement donné, lesquels quarante jours ne courent que du jour de la premiere Affiche mise; et où l'on ne pourroit parler à la personne dudit saisi, suffit de faire l'ajournement au domicile du saisi, et à la principale porte de l'Eglise Paroissiale du lieu où l'héritage est assis, avec Affiche à ladite porte, sans faire aucune publication au Prône, attendu le refus formel que les Curés Missionnaires de cette Isle font de faire lesdites publications, sur quoi Sa Majesté sera suppliée de donner ses ordres.

ART. IV. Qu'incontinent après la saisie et auparavant que faire la première Criée, seront établis Commissaires au régime et gouvernement des choses criées, sous peine de nullité d'icelles Criées, et seront lesdits Commissaires tenus de bailler lesdites choses criées à ferme au plus offrant et dernier Enchérisseur, moyennant bonne caution. Et d'autant que dans l'état où sont à présent ces Isles, il sera très-difficile de trouver des Fermiers solvables, qui se veulent charger de la Ferme des Habitations, le Conseil a ordonné et ordonne qu'il sera établi des Economes, au cas qu'après les publications faites il ne se trouve point de Fermiers solvables ; lesquels rendront compte du revenu des choses saisies, avec défenses aux Saisis de les troubler ni inquieter, à peine de punition exemplaire, et de confiscation de leurs biens.

ART. V. Les Criées parfaites, elles seront mises entre les mains du Greffier du Conseil Souverain, du Procureur du Roi, et du principal Notaire de l'Isle, lesquel, après les avoir examinées, les certifieront aux Juges des lieux, en pleine Audience.

ART. VI. Le prix des Ventes et Adjudications par Décret sera en Sucre et non en argent, attendu que l'argent est fort rare dans les Isles, et que les paiemens se stipulent ordinairement en Sucre.

ART. VII. Les Saisissans et Opposans seront tenus, le jour de l'Adjudication, de nommer et choisir un Habitant ou Marchand solvable, entre les mains duquel le prix de l'Adjudication sera payé ; et à faute par eux d'en convenir, ledit prix sera mis entre les mains du Greffier.

ART. VIII. L'Adjudicataire sera tenu de payer au plus tard un mois après l'Adjudication le prix d'icelle en bons billets courans, payables dans le mois du jour de la consignation d'iceux, dont il demeurera garant ; et à faute par lui de faire ledit paiement dans ledit mois ; icelui passé, seront de nouveau les héritages publiés et affichés sur sa folle Enchere, après trois publications qui seront faites à l'issue des Messes Paroissiales, dans trois Dimanches consécutifs, sans autre formalité.

ART. IX. Ne seront tenus, les Enchérisseurs, de nommer leur Procureur en faisant leurs Encheres ; mais seulement d'élire domicile, attendu qu'il n'y a aucun Procureur d'établi dans les Isles.

ART. X. En cas que le Saisi, Saisissant ou Opposant accusent les Enchérisseurs d'insolvabilité, ils seront tenus de donner bonne et suffisante caution.

Art. XI. Lorsqu'une Habitation, Sucrerie ou Indigoterie sera saisie réellement, les Negres et bestiaux servant actuellement sur ladite Habitation, Sucrerie ou Indigoterie, seront compris dans ladite Saisie, et désignés, savoir les Negre par leurs noms et âge, et les Bestiaux par leurs poils, et le tout sera vendu et adjugé conjointement.

Art. XII. Après l'Adjudication sera faite une ventilation de la valeur desdits Negres et Bestiaux sur le pied d'icelles Adjudications, pour être le prix provenant de la Terre distribué aux Créanciers Hypothécaires; et celui provenant des Negres et Bestiaux distribué comme meubles.

Art. XIII. Ne seront payés aucun Droits de Consignations ni de Commissaires aux Saisies-réelles; mais les Commissaires établis aux biens saisis, les Economes et Dépositaires du prix desdites Adjudications seront payés suivant la taxe qui en sera faite par le Juge; Et sera le présent Arrêt envoyé à Sa Majesté à la diligence du Procureur-Général.

Arrêt du Conseil de la Martinique, qui attribue des Epices aux Conseillers en cas de Voyages et Transports.

Du 7 Septembre 1683.

Sur la Remontrance du Substitut du Procureur-Général de la nécessité qu'il y a de faire un Réglement pour les taxes des voyages des Commissaires, et pour la maniere de taxer les Exécutoires, le Conseil ordonne que lorsqu'un Conseiller d'icelui sera établi Commissaire pour faire descente sur les lieux, la Partie requérante sera tenue de consigner au Greffe du Conseil ce qu'il conviendra pour le voyage, suivant l'Ordonnance particuliere qui en sera rendue par ledit Commissaire, lequel sera censé l'avoir fait gratuitement, lorsqu'il n'aura point ordonné ladite Consignation; et seront les journées dudit Commissaire réglées à 200 liv. de Sucre; celles du Procureur-Général et du Greffier aux deux tiers de ladite somme, outre son Expédition et celle des Huissiers; que les Epices seront taxées par le Président au bas des Arrêts; et que lorsqu'il ne sera point mis de taxe, les rapports seront réputés faits gratuitement.

Tiré des Annales du Conseil de la Martinique.

ORDRE DU ROI *sur les Réglemens de Police.*

Du 23 Septembre 1683.

DE PAR LE ROI.

S A MAJESTÉ estimant nécessaire pour le bien de son service de faire savoir ses intention sur l'Ordre qui doit être suivi pour le bien et l'avantage de ses Sujets, Sa Majesté a ordonné et ordonne que tout ce qui concerne la Police particuliere en chacune desdites Isles demeurera à la connoissance des Juges ordinaires; et par appel aux Souverains qui y sont établis; et dans le cas qu'il arrive des occasions importantes et pressées, dans lesquelles le Gouverneur-Lieutenant-Général et l'Intendant estiment à propos de faire de nouveaux Réglemens pour la Police générale, veut, Sa Majesté, qu'après avoir formé de concert ces Réglemens, ils les portent eux-mêmes aux Conseils Souverains pour y être vus et examinés, et qu'ils soient ponctuellement exécutés, en cas que ledit Conseil les approuve; mais si, par l'intérêt des Particuliers qui le composent, ils s'opposoient à l'enregistrement et à l'exécution desdits Réglemens, veut, Sa Majesté, qu'il soit dressé un Procès-verbal des raisons qui auront été alléguées par ceux dudit Conseil Souverain qui auront été d'avis contraire, et cependant que lesdits Réglemens soient exécutés par provision, jusqu'à ce qu'autrement par elle il en ait été autrement ordonné.

R. à la Martinique le 2 Mai 1684.

Et au Conseil du Cap, le premier Décembre 1710.

DÉCLARATION *du Roi sur le Rang entre l'Intendant et le Gouverneur Particulier des Isles,*

Du 23 Septembre 1683.

S A MAJESTÉ voulant régler les contestations arrivées entre les Gouverneurs Particuliers des Isles de la Martinique et l'Intendant de la Justice, Police et Finance audit Pays, au sujet de leur Rang et Séance dans les Conseils Souverains, et de leurs marches dans les Cérémonies publiques, Sa Majesté a ordonné et ordonne que lorsque le Gouverneur-Lieutenant-Général sera présent dans l'Isle, et que le Gouverneur
Particulier

Particulier voudra assister au Conseil, l'Intendant, en qualité de Président, passera devant lui sans difficulté; mais en cas que ledit Gouverneur-Lieutenant-Général soit absent de l'Isle, et que ledit Gouverneur Particulier commande en Chef, Sa Majesté veut qu'il ait la même Séance qu'auroit le Gouverneur et Lieutenant-Général, et qu'il soit placé au-dessus de l'Intendant; et à l'égard des Cérémonies publiques, Sa Majesté laisse au choix desdits Gouverneurs d'accompagner ledit Lieutenant-Général, marchant devant ses Gardes, ou de demeurer avec le Corps dudit Conseil; enjoint Sa Majesté au sieur Comte de Blénac, Gouverneur et Lieutenant-Général, et au sieur Bégon, Intendant de la Justice, Police et Finances auxdites Isles, de tenir la main à l'exécution de la présente Ordonnance, qu'elle veut être lue, publiée et affichée, à ce qu'aucun n'en ignore. FAIT à Fontainebleau le 23 Septembre 1683. *Signé* LOUIS. *Et plus bas*, COLBERT.

R. *au Conseil de la Martinique, le 2 Mai 1684.*

ORDONNANCE du Roi, qui assujettit les Bâtimens Marchands à porter des Fusils de certaine dimension aux Isles.

Du 23 Septembre 1683.

DE PAR LE ROI.

SA MAJESTÉ étant informée que la plupart des Habitans des Isles Françoises de l'Amérique sont mal armés, ce qui provient de la mauvaise qualité des Fusils que les Marchands qui ont permission d'y aller sont obligés d'y transporter; à quoi étant nécessaire de pourvoir, Sa Majesté a ordonné et ordonne que tous les Capitaines de Vaisseaux et autres Bâtimens Marchands auxquels il sera accordé à l'avenir des Passeports pour faire Commerce auxdites Isles Françoises de l'Amérique, seront tenus de porter douze Fusils de quatre pieds et demi, pour être vendus et débités aux Habitans desdites Isles, sur le pied de quinze livres chacun; leur fait défenses de se charger d'aucuns Fusils de mauvaise qualité, à peine de confiscation et de cent livres d'amende; enjoint Sa Majesté au sieur Comte de Blénac, Gouverneur et Lieutenant-Général,

Tome I. Ccc

et au sieur Begon, Intendant de la Justice, Police et Finances auxdites Isles, de tenir la main à l'exécution de la présente Ordonnance, et aux Officiers de l'Amirauté de la faire lire, publier et afficher. FAIT à Fontainebleau le 23 Septembre 1683. *Signé* LOUIS. *Et plus bas*, COLBERT.

ORDONNANCE *du Roi, portant défenses aux Habitans des Isles de l'Amérique d'acheter aucuns Negres des Indiens, tant de la Terre-Ferme que des Isles Caraïbes, et de les porter dans les Isles Françoises de l'Amérique et Côte Saint-Domingue.*

Du 23 Septembre 1683.

DE PAR LE ROI.

SA MAJESTÉ étant informée du préjudice que la Compagnie du Sénégal reçoit du Commerce que les François, Habitués aux Isles de l'Amérique et Côte Saint-Domingue, font des Negres avec les Naturels, tant de la Terre-Ferme que des Isles Caraïbes, qui les enlevent aux Anglois et Hollandois établis auxdits Pays; et voulant maintenir le Privilege qu'elle lui a accordé de porter seule des Negres auxdites Isles et Côte Saint-Domingue, Sa Majesté a fait très-expresses inhibitions et défenses à tous ses Sujets d'acheter aucuns Negres des Indiens, tant de la Terre-Ferme que des Isles Caraïbes, et de les porter dans les Isles Françoises de l'Amérique et Côte Saint-Domingue, à peine de confiscation desdits Negres et des Bâtimens sur lesquels ils seront embarqués et de 1,000 liv. d'amende, le tout applicable; savoir, les deux tiers à ladite Compagnie du Sénégal, et l'autre tiers à l'Hôpital de la Martinique; enjoint Sa Majesté à M. le Comte de Blénac, Gouverneur et Lieutenant-Général, et au sieur Bégon, Intendant de la Justice, Police et Finances auxdites Isles, de tenir la main à l'exécution de la présente Ordonnance, qu'elle veut être publiée et affichée où besoin sera, à ce qu'aucun n'en ignore. FAIT, etc. à Fontainebleau le 23 Septembre 1683. *Signé* LOUIS.

R. au Conseil de la Martinique le 2 Mai 1684.

ORDONNANCE *du Roi, qui fixe le Rang entre les Officiers des Troupes entretenues aux Isles, et entre les mêmes Officiers et ceux de la Marine.*

Du 23 Septembre 1683.

SA MAJESTÉ voulant prévenir les contestations qui pourroient arriver pour le Rang entre les Officiers commandant les Soldats entretenus pour la défense des Ports Maritimes de l'Amérique qui sont sous son obéissance, Sa Majesté a ordonné et ordonne que les Enseignes, Gardes de la Marine, et autres Officiers commandant lesdits Soldats, auront rang entr'eux, suivant la date de leurs Brevets et Commission de Marine, sans avoir égard à l'ancienneté des Compagnies; et à l'égard des Capitaines de ses Vaisseaux de guerre, Sa Majesté veut qu'il commandent à tous les autres Capitaines desdites Compagnies. Mande Sa Majesté à M. le Comte de Vermandois, Amiral de France, et aux Gouverneur et Lieutenant-Général, et Intendant dans lesdites Isles, de tenir la main à l'exécution de la présente Ordonnance, qu'elle veut être lue, publiée et affichée. FAIT à Fontainebleau le 23 Septembre 1783. *Signé* LOUIS. *Et plus bas,* COLBERT.

ORDONNANCE *du Roi, qui fixe la nourriture que les Capitaines de Navires doivent fournir à leurs Equipages aux Isles Françoises de l'Amérique.*

Du 23 Septembre 1683.

SA MAJESTÉ étant informée que la plupart des Capitaines et Maîtres des Vaisseaux de ses Sujets, qui trafiquent aux Isles Françoises de l'Amérique, ne font donner aux hommes de leur Equipage que de la cassave et de l'eau pour leur subsistance pendant le séjour qu'ils y font, bien qu'étant employés à la recherche et embarquement des Sucres destinés pour le chargement desdits Vaisseaux; et estimant qu'il soit nécessaire d'y pourvoir, Sa Majesté veut et ordonne qu'à l'avenir les Capitaines et Maîtres des Vaisseaux Marchands, qui trafiquent aux Isles de l'Amérique, soient tenus de fournir à chacun homme de leur Equipage, huit onces de biscuit, une livre de cassave et trois quarts de pinte de vin abreuvés d'autant d'eau, ou la cinquieme partie d'une pinte d'eau-de-vie de France par jour, trois fois la semaine du bœuf; savoir, pour un plat de sept hommes cinquante-six onces crû, et pour tous les autres repas, des légumes abreuvées d'huile et de graisse; savoir, pour un plat de sept hommes vingt-huit onces; défend Sadite Majesté auxdits Capitaines de se dispenser de l'exécution du contenu en la présente Ordonnance, à peine de cent livres d'amende applicables à l'Hôpital des lieux. Enjoint Sa Majesté au sieur Comte de Blénac, Gouverneur et Lieutenant-Général, et au sieur Bégon, Intendant de la Justice, Police et Finances auxdites Isles, de tenir la main à l'exécution de la présente Ordonnance, qu'elle veut être lue, publiée et affichée. FAIT à Fontainebleau le 23 Septembre 1683. *Signé* LOUIS. *Et plus bas*, COLBERT.

R. *à la Martinique le 2 Mai 1684.*

ORDRE DU ROI, *qui chasse les Juifs des Colonies.*

Du 30 Septembre 1683.

SA MAJESTÉ ne voulant pas souffrir le mauvais exemple que les Juifs établis dans les Colonies donnent à ses Sujets par l'exercice de leur Religion, ni permettre qu'ils y demeurent plus long-temps, elle mande et ordonne auxdits Juifs de sortir de l'étendue des Isles Françoises de l'Amérique, un mois après la publication du présent Ordre, pour aller où bon leur semblera; leur défend expressément d'y faire un plus long séjour à peine de désobéissance. Enjoint Sa Majesté aux sieurs de Blénac et Bégon, Général et Intendant desdites Isles, de tenir la main à l'exécution du présent Ordre. A Versailles le 30 Septembre 1683.

R. *à la Martinique le 2 Mai 1684.*

ORDRE DU ROI *aux Administrateurs-Généraux des Isles, touchant les différens entre les Officiers de Milices.*

Du 30 Septembre 1683.

SUR la demande faite si les Officiers de Milices doivent être sujets aux Réglemens des Maréchaux de France, et justiciables du Commandant dans les Isles pour ce qui regarde les différends qui peuvent arriver en-tr'eux, Sa Majesté veut que, lorsqu'ils seront actuellement sous les armes, et qu'ils auront quelques démêlés entr'eux pour leurs Fonctions Militaires, il y soit pourvu par le Lieutenant-Général, ou par le Gouverneur Particulier en son absence; mais à l'égard des autres démêlés qui pourront arriver en d'autres occasions, Sa Majesté veut qu'ils se pourvoient à la Justice ordinaire.

R. au Conseil du Cap le 4 Décembre 1710.

ORDRE DU ROI *aux Administrateurs-Généraux des Isles, portant défenses aux Fermiers du Domaine d'exiger aucun Droit pour la décharge des acquits à caution.*

Du 30 Septembre 1683.

SA MAJESTÉ a appris, par leurs Lettres, que les Commis des Fermes du Domaine d'Occident exigeoient un Droit des Marchandises qui vont auxdites Isles, pour la décharge des acquits à caution; et comme cela est certainement contraire à ses intentions, elle veut qu'ils fassent châtier séverement ceux qui se trouveront avoir fait cette concussion.

EXTRAIT *de l'Ordre du Roi aux Administrateurs - Généraux des Isles, touchant la visite des fusils apportés aux Isles.*

Du 30 Septembre 1683.

SA MAJESTÉ ayant été informée que la plupart des Habitans des Isles sont mal armés, ce qui provient de la mauvaise qualité des fusils que les Marchands y portent suivant les Passeports qui leur sont accordés; pour remédier à cet inconvénient, elle veut qu'en examinant lesdits Passeports lors de l'arrivée de chacun Vaisseau, ledit sieur Begon oblige les Marchands à montrer les fusils qu'ils apportent, et qu'il tienne la main à ce qu'ils ne soient vendus que quinze livres chacun; et lorsqu'ils ne seront pas de bonne qualité, et qu'ils ne résisteront pas aux épreuves qu'il en fera faire, son intention est que ceux qui les auront apportés soient condamnés en l'amende portée par l'Ordonnance de Sa Majesté.

EXTRAIT de l'Ordre du Roi à MM. DE BLÉNAC et BEGON, touchant les Religionnaires.

Du 30 Septembre 1683.

A l'égard des prétendus Réformés, ils ne doivent pas souffrir qu'ils fassent aucun exercice de leur Religion, ni qu'aucun soit employé dans les Fermes; et ils ne doivent pas même permettre qu'aucun Habitant de cette Religion s'établisse dans lesdites Isles pour y prendre des terres sans un ordre exprès de Sa Majesté; et pour ce qui est de ceux qui y viendront pour leur commerce, ils peuvent y être tolérés, sans permission qu'ils y fassent exercice de Religion.

PROVISIONS de Gouverneur de l'Isle de la Tortue et Côte Saint-Domingue, pour M. TARIN DE CUSSY, attendu le décès de M. de Pouançay.

Du 30 Septembre 1683.

Cette Commission, donnée pour trois années à commencer du premier du même mois de Septembre, est absolument semblable à celle de M. de Pouançay du 16 Mars 1676.

EXTRAIT de l'Ordre du Roi à MM. DE BLÉNAC et DE BEGON, Administrateurs-Généraux des Isles, touchant le Droit de Capitation des Habitans-Gentilshommes, et de ceux qui sont Peres de Famille.

Du 30 Septembre 1683.

ILs doivent tenir la main à ce qu'aucun Habitant ne jouisse de l'exemption des Droits de Capitation qu'il ne soit véritablement Gentilhomme; et à l'égard de ceux qui ont déja des enfans, Sa Majesté ne veut pas leur accorder l'exemption, s'ils ne sont de qualité à en jouir par d'autres raisons. DONNÉ à Fontainebleau, etc.

Déclaration du Roi sur les Evocations et les Requêtes Civiles.

Du mois de Septembre 1683.

Louis, etc. Nous avons ordonné, par notre Déclaration du 2 Juin 1680, que les procès pendans dans l'un de nos Conseils Souverains des Isles de l'Amérique, dans lesquels aucuns de nos Présidens ou Conseillers seroient Parties, seroient renvoyés, sur la simple requisition de l'une des Parties, devant l'Intendant de Justice, Police et Finances auxdits Pays, pour juger par lui et deux Officiers de Justice non suspects tels qu'il voudra choisir, à la charge d'appel, dont nous réservons la connoissance à notre Conseil; et depuis ayant été informés que la plupart des Parties, qui sont en procès contre aucuns desdits Présidens et Conseillers, aiment mieux être jugés dans le Conseil où leurs Parties sont Officiers, que d'être renvoyés devant l'Intendant, à la charge d'appel, qui pouvoit devenir un objet de vexation pour tirer desdits Pays nos pauvres Sujets qui n'auroient pas de quoi supporter les frais d'un si long voyage, et du séjour qu'ils seroient obligés de faire à la suite de notre Cour; à quoi il est besoin de pourvoir, et particulierement aux abus qu'on pourroit faire des Requêtes Civiles dans nosdites Isles contre les Arrêts qui y sont rendus, sans le ministere des Avocats et Procureurs, entre les Parties qui ignorent les formalités prescrites par notre Ordonnance de 1667, il n'y auroit point d'Arrêt auquel on ne pût donner atteinte, s'il n'étoit soutenu par le mérite du fond, duquel néanmoins notre Ordonnance défend de prendre connoissance èsdites Requêtes Civiles. A ces causes, voulons et nous plaît, en interprêtant et réformant notredite Déclaration du 2 Juin 1680, que le renvoi des procès pendans en nosdits Conseils, où aucuns desdits Présidens et Conseillers sont Parties, ne puisse être demandé pardevant lesdits Intendans par lesdits Présidens et Conseillers, mais seulement par les Parties contre lesquelles ils sont en procès si bon leur semble, et qu'ils soient tenus le déclarer avant la contestation en cause, autrement n'y seront plus recevables; et en cas de renvoi, les Parties seront jugées en dernier ressort par l'Intendant à l'un des Conseils Souverains tel qu'il voudra choisir, autre que celui dans lequel les Présidens et Conseiller qui sont Parties sont Officiers; et sera, au surplus notredite Déclaration du 2 Juin 1680, exécutée selon sa forme et teneur. Donnons en outre pouvoir auxdits Conseils Souverains en jugeant les Requêtes

Civiles , lesquelles nous permettons à nos Sujets desdites Isles, de présenter par simple Requête, de prononcer en même temps sur le rescindant et le rescisoire nonobstant notre Ordonnance de 1667, à laquelle
nous avons dérogé pour cet égard. Si donnons en mandement à nos amés
et féaux Conseillers les Gens tenant notredit Conseil Souverain établi
dans l'Isle Martinique , etc. Donné à Fontainebleau au mois de Septembre 1683, et de notre regne le quarante-unieme.

Signé Louis. *Par le Roi*, Colbert.

R. *au Conseil Souverain de la Martinique le 2 Mai 1684.*

Cette Déclaration a été adoptée à Saint-Domingue , où les procès avec
les Présidens et les Conseillers ne sont pas renvoyés d'un des deux
Conseils à l'autre ; mais la cumulation du rescindant et du rescisoire
y est toujours defendue , conformément à l'art. 37 du titre des
Requuêtes Civiles de l'Ordonnance de 1667.

<hr>

Arrêt du Conseil d'Etat touchant les Concessions.

Du 12 Octobre 1683.

Le Roi ayant été informé qu'il naît journellement entre les Habitans
des Isles plusieurs contestations au sujet des Concessions qui leur ont
été accordées, lesquelles jettent les Habitans dans de longues suites de
Procès qui demandent des descentes de Juges sur les lieux, causent
beaucoup de peines et de frais aux Parties , qui sont d'ailleurs considérablement détournées de leurs occupations ordinaires, ce qui cause souvent
la ruine de leurs familles ; et que ces contestations procedent de ce que
les Habitans ont obtenu en différens temps de grandes Concessions de
Terres, sur lesquelles ils ne faisoient aucun défrichement , et ne sont
point en état d'en faire à l'avenir, soit à cause de la foiblesse des propriétaires , ou de la trop vaste étendue des Terres qui leur ont été concédées en différens endroits des Isles , ce qui a jusqu'à présent retardé
l'augmentation des Colonies; à quoi étant nécessaire de pourvoir, Sa
Majesté étant dans son Conseil, a ordonné et ordonne que la partie des
Terres qui auront été défrichées et cultivées auxdites Isles Françoises de
l'Amérique , demeurera incontestablement à celui des Habitans qui aura
fait le défrichement, sans avoir égard aux plus anciennes ou plus nouvelles
Concessions , à moins que le Propriétaire de la plus ancienne n'ait avant

la

là fin du premier mois de l'ouverture ou travail, fait sommation au Propriétaire de la plus ancienne Concession d'en cesser le défrichement, jusqu'à ce qu'il en ait été autrement ordonné; veut Sa Majesté que toutes les Terres qui auront été concédées avant les trois dernieres années, et qui ne sont pas cultivées et défrichées, soient réunies à son Domaine; et à l'égard de celles qui sont seulement défrichées en partie, et qui par la trop grande étendue du reste de leurs Concessions ne peuvent être cultivées par les Propriétaires, Sa Majesté ordonne que la moitié de ladite étendue, qui sera restée inculte, sera retranchée par la partie la plus éloignée du défrichement et réunies à son Domaine; pour être par provision de nouveau distribuées aux Particuliers qui se présenteront pour les défricher et les cultiver; à l'égard de celles sur lesquelles il n'aura été fait aucun défrichement une année après la date de ladite Concession, veut Sa Majesté qu'elles soient données à d'autres Habitans par les sieurs Comte de Blénac, Gouverneur et Lieutenant-Général, et Bégon, Intendant de la Justice, Police et Finances auxdites Isles conjointement; à condition toutefois que les Concessions qui auront été de nouveau accordées, seront par les nouveaux Habitans défrichées et mises entierement en valeur dans les six années suivantes et consécutives, autrement et faute de ce faire, et ledit temps passé, ce qui en restera de non défriché, sera réuni à son Domaine; ordonne en outre Sa Majesté que les Ordonnances qui seront faites par le sieur Bégon, au sujet de la réunion des Terres, soient exécutées selon leur forme et teneur, souverainement et en dernier ressort; Sa Majesté lui attribuant pour cet effet toute Cour, Jurisdiction et connoissance; enjoint Sa Majesté audit sieur Comte de Blénac et aux Officiers des Conseils Souverains établis auxdites Isles, de tenir la main à l'exécution du présent Arrêt nonobstant opposition ou appellation quelconque, dont si aucunes interviennent, Sa Majesté s'en réserve la connoissance, à elle et à son Conseil. FAIT au Conseil d'Etat, le 12 Octobre 1683.

R. à la Martinique, le 2 Mai 1684.

BREVET du premier Major pour le Roi de l'Isle de la Tortue et Côte de Saint-Domingue pour le sieur LE CLERC DE LA BOULAYS.

Du 5 Novembre 1683.

AUJOURD'HUI cinquieme jour de Novembre 1683, le Roi étant à Versailles, voulant commettre une personne capable et expérimentée au fait de la Guerre, pour faire la fonction de Major en l'Isle de la Tortue et Côte Saint-Domingue, et résider pour cet effet en l'un des Quartiers de ladite Isle ; et sachant que le sieur le Clerc de la Boulays a toutes les qualités nécessaires pour s'en bien acquitter ; Sa Majesté l'a retenu et ordonné, retient et ordonne Major de ladite Isle de la Tortue et Côte Saint-Domingue, pour, en cette qualité, commander aux Habitans et Gens de guerre qui y sont ou seront ci-après envoyés, faire vivre les Habitans en union et concorde les uns avec les autres, contenir lesdits Gens de guerre en bon ordre et police, suivant les Réglemens de Sa Majesté, maintenir le Commerce et Trafic, et généralement faire et exercer tout ce qui pourra être du fait de ladite Charge de Major et en jouir aux Honneurs, Autorités, Prérogatives, Prééminences et Droits y appartenans, et aux appointemens qui lui seront ordonnés par les Etats qui seront expédiés à cet effet ; le tout sous l'autorité du Gouverneur Particulier de ladite Isle de la Tortue et Côte Saint-Domingue, auquel Sa Majesté enjoint et à tous autres Officiers qu'il appartiendra de reconnoître ledit sieur le Clerc de la Boulays en ladite qualité de Major de ladite Isle de la Tortue et Côte S. Domingue et de le faire obéir et entendre ès choses concernant ladite Charge ; et pour témoignage de sa volonté Sa Majesté m'a recommandé d'expédier le présent Brevet, qu'elle a signé de sa main, et fait contre-signer par moi Conseiller-Secrétaire d'Etat, et de ses Commandemens et Finances, etc.

M. le Clerc de la Boulays a été le premier Major pour le Roi, nommé à Saint-Domingue ; car M. Renou, qui avoit cette qualité dès 1671, ne l'étoit que des Milices, sans Commission du Roi, ainsi que tous ceux qui le furent depuis lui jusqu'à M. de la Boulays.

EXTRAIT de l'Ordonnance de l'Intendant des Isles sur les Honneurs dans les Eglises.

Du 5 Décembre 1683.

Sur l'avis qui nous a été donné des contestations survenues dans l'Isle de Marie-Galande, tant pour la distribution du Pain béni que pour le le Rang que les Officiers de Milice et de Justice doivent tenir à la Procession ; nous, après avoir examiné les Réglemens qui ont été faits à ce sujet, avons ordonné et ordonnons que le Pain béni sera premierement présenté au Prêtre célébrant et aux Ecclésiastiques qui assisteront au Service, aux Gouverneurs, et en leur absence aux Commandans, aux Marguilliers et aux Officiers de Justice qui auront un banc qui leur sera particulierement destiné, hors lequel ils ne pourront prétendre aucunes distinctions; et à l'égard de tous les autres Habitans, soit Capitaines, Lieutenans ou autres Officiers de Milice, le Pain béni sera distribué suivant la situation où chacun se trouvera, sans observer aucun Rang, et sans que lesdits Officiers de Milice en puissent prétendre aucun; et sera l'ordre ci-dessus observé dans la marche de la Procession. *Signé* BÉGON.

Collationné par nous Commissaire-Ordonnateur de l'Isle la Tortue et Côte Saint-Domingue, y faisant fonction d'Intendant pour ladite Ordonnance être exécutée selon sa forme et teneur, et enregistrée au Greffe du Conseil. A Léogane le vingt-trois Juin mil-sept cent dix. Signé MITHON.

R. au Conseil Supérieur du Cap le 16 Août 1710.

ARRÊT du Conseil d'Etat, qui défend à tous les Sujets de Sa Majesté habitans des Isles et Colonies Françoises de l'Amérique, d'établir à l'avenir aucune nouvelle Rafinerie ésdites Isles et Colonies.

Du 21 Janvier 1684.

LE ROI ayant été informé que les Habitans des Isles et Colonies Françoises de l'Amérique ayant beaucoup augmenté, et ne s'appliquant à autre chose qu'à la plantation et culture des Sucres, ont établi une si grande quantité de Rafineries ésdites Isles, que presque tout le Sucre qui y croît s'y rafine; ce qui fait que les Rafineries établies en France ne travaillent presque point, et les Ouvriers et Rafineurs qui n'ont point d'autres moyens pour subsister, quittent et abandonnent le Royaume. A quoi Sa Majesté voulant pourvoir; le Roi étant en son Conseil, a fait et fait très-expresses inhibitions et défenses à tous ses Sujets habitans des Isles et Colonies Françoises de l'Amérique, Marchands, Négocians, ou autres, de quelque qualité et condition qu'ils soient, d'établir à l'avenir aucune nouvelle Rafinerie ésdites Isles et Colonies, à peine de trois mille livres d'amende. Enjoint Sa Majesté à ses Lieutenans-Généraux, Gouverneurs, Intendans et autres Officiers y de tenir la main à l'exécution du présent Arrêt, qui sera lu et publié partout où besoin sera, et

D d d ij

exécuté nonobstant oppositions ou empêchemens quelconques, dont, si aucuns interviennent, Sa Majesté se réserve la connoissance, et icelle interdit à toutes ses autres Cours et Juges. FAIT au Conseil d'Etat du Roi, Sa Majesté y étant, tenu à Versailles le 21 Janvier 1684.

Signé COLBERT.

ARRÊT de Réglement du Conseil de la Martinique touchant les Retraits.

Du 7 Mars 1684.

Au procès de Charles Dupont, Habitant de la Guadeloupe, Demandeur en retrait, et Appellant de Sentence rendue en la Jurisdiction le 24 Février, et Jean-Pierre Barret, Défendeur audit Retrait, et Intimé.

LE CONSEIL faisant droit sur la Remontrance du Substitut du Procureur-Général, que le titre des Retraits de la Coutume de Paris se trouve d'impossible exécution en certain cas, et notamment les Articles 136 et 140, qui porte que le Retrayant sera tenu de payer à l'Acquéreur, ou consigner au Greffe dans les vingt-quatre heures après le Retrait adjugé par Sentence, les deniers payés au Vendeur, et que le Retrayant offre bourse, deniers loyaux coûts, et à parfaire, tant par l'ajournement qu'à chacune journée de la cause principale, à faute de quoi il doit être débouté du Retrait, ce qui ne peut s'observer dans les Contrats qui sont faits en Sucre ou en Lettres de change; pourquoi requéroit qu'il plût au Conseil, en expliquant lesdits articles, faire un Réglement de ce qui doit être observé en pareil cas pour l'avenir, intervint l'Arrêt suivant.

La matiere mise en délibération, et après avoir examiné les Articles ci-dessus, et tous les moyens dont on se peut servir pour ne s'en pas entierement éloigner,

LE CONSEIL a ordonné et ordonne que lorsque les Contrats seront faits en argent, lesdits Articles seront observés selon leur forme et teneur; mais comme la monnoie du Pays est ordinairement des Sucres, et quelquefois des Lettres de change, le Retrayant sera tenu dans vingt-quatre heures après le Retrait adjugé par Sentence, et que l'Acheteur aura mis ses Lettres au Greffe, Parties présentes ou appellées, et qu'il aura affigné le prix s'il en est requis, de fournir à l'Acheteur, ou de consigner au Greffe, à son refus, une Lettre de change payable dans les mêmes termes et dans le même lieu que celle qui aura été donnée en paiement; et si le Contrat est fait en Sucre, de fournir des bons billets des Sucriers, payables à la premiere requisition, desquels le Retrayant demeurera garant jusques au paiement actuel, et demeurera responsable de tous les dépens, dommages et intérêts qui pourroient survenir faute desdits paiemens; et sera le présent Arrêt, lu, publié à l'Audience du Siege ordinaire de cette Isle, et enregistré au Greffe, pour y avoir recours quand besoin sera.

(*Tiré du Recueil de M. Assier.*)

ARRÊT *du Conseil de la Martinique, portant que les Negres et Bestiaux sont réputés meubles.*

Du 5 Mai 1684.

L'Arrêt décide que quoique les Negres et Bestiaux soient insaisissables, ils seront toujours meubles.

LETTRE *de MM.* DE BLÉNAC *et de* BÉGON, *Administrateurs-Généraux des Isles au Ministre, touchant l'usage qu'ils ont introduit dans les Conseils pour suppléer les Lettres de Chancellerie.*

Du 18 Juin 1684.

NOUS ne croyons pas qu'il soit à propos d'établir une Chancellerie dans les Isles, où il est bon de retrancher tout ce qui peut retarder la prompte expédition des procès ; et nous avons, sous le bon plaisir de Sa Majesté, introduit une pratique qui peut suppléer aux Lettres de Chancellerie, c'est que dans tous les cas où il seroit nécessaire d'en obtenir, on se pourvoit par Requête au Conseil, lequel, en connoissance de cause, dispense les Parties de la formalité des Lettres si la matiere y est disposée, sinon il déboute le Suppliant de sa Requête.

ARRÊT *du Conseil Souverain de Saint-Domingue, présidé par l'Intendant-Général des Isles, et composé d'Officiers de Sa Majesté et des Milices, portant condamnation d'un Particulier aux Galeres.*

Du 26 Août 1684.

VU par le Conseil extraordinairement assemblé, où a présidé M. Bégon, Conseiller du Roi, Intendant de Justice, Police et Finances aux Isles de l'Amérique, et où ont assistés M. de Cussy, Gouverneur pour le Roi de la partie Françoise de cette Isle, et de la Tortue ; M. de Franquesnay, Lieutenant de Roi ; M. de Norays, Ecuyer sieur d'Orsigny, et les sieurs Lelong, Bedué, Houllé et de Nantes, Officiers des Milices ; le procès criminel extraordinairement fait et parfait à la requête du Procureur du Roi, Demandeur, Accusateur contre le nommé Giraudeau, Défendeur et Accusé ; la Plainte présentée audit Conseil par ledit Procureur du Roi ; l'Ordonnance dudit Conseil, portant permission d'informer, par laquelle ledit sieur Bedué, Capitaine de Milice, a été commis pour faire ladite information. Ordonnance dudit sieur Bedué, portant que les témoins comparoîtroient pardevant lui ; information, interrogatoire de l'Accusé, récolement et confrontation ; conclusions définitives dudit Procureur du Roi, et tout considéré :

LE CONSEIL, après avoir ouï l'Accusé sur la Sellette, l'a déclaré duement atteint et convaincu d'avoir de nuit volé au Capitaine Baudouin la somme de deux mille livres tournois, dont on en a seulement trouvé quatorze cens livres, le reste ayant été perdu ; et pour réparation, l'a condamné à servir, sa vie durant, Sa Majesté en qualité de Forçat sur ses Galeres, où il sera conduit à la première occasion qui se présentera, tous ses biens acquis et confisqués au Roi, sur iceux préalablement prise la somme de six cens livres volées audit Capitaine Baudouin. FAIT audit Conseil, tenu *au bas du Cap* Côte Saint Domingue en Amérique, ce 26 Août 1684. *Signé* BEGON, Intendant ; et plus bas est écrit : la présente Sentence a été, ledit jour, lue et prononcée audit Antoine Giraudeau, par moi soussigné Greffier, de l'Ordonnance de M. l'Intendant, à ce qu'il n'en ignore. *Signé* MACÉ, Greffier.

Ce Conseil fut assemblé dans le lieu où est aujourd'hui la Ville, et appellé alors le bas du Cap, pour le distinguer de celui qui garde encore le nom de haut du Cap, où il y avoit un Etablissement à cette époque, avec une Paroisse sous l'invocation de Saint-Pierre.

M. Bégon, en rendant compte de ce Jugement au Ministre par sa Lettre du même jour, observe que les Juges étoient d'avis de condamner le coupable à la mort ; mais que le défaut d'Exécuteur de la Haute-Justice les avoit contraints à prononcer la peine des Galeres.

Cette Piece est une nouvelle preuve de l'existence d'un Tribunal jugeant en premiere et derniere instance à Saint-Domingue, et antérieur à l'établissement du Conseil Souverain du Petit-Goave.

ARRÊT *du Conseil d'Etat, portant défenses aux Intéressés en la Compagnie d'Afrique, aux Fermiers du Domaine d'Occident et autres d'envoyer aux Isles et Colonies Françoises de l'Amérique et Côtes d'Afrique d'autres personnes que des François, faisant profession de la Religion Catholique, Apostolique et Romaine.*

Du 12 Septembre 1684.

SA MAJESTÉ ayant été informée que ceux auxquels elle a fait des Concessions, tant dans les Isles et Colonies Françoises de l'Amérique, que dans les Côtes d'Afrique, et particullierement les Intéressés en la Compagnie du Sénégal, envoient des Commis de la Religion Prétendue Réformée dans les lieux de leur Concession, auxquels ils ont donné leurs principaux Emplois, ce qui est contraire aux intentions de Sa Majesté, qui a pour principal objet dans ces établissemens qu'elle a faits et donné permission de faire dans ces lieux d'y établir la Religion Catholique, Apostolique et Romaine, et le Culte Divin dans sa pureté; et voulant y pourvoir, le Roi étant en son Conseil, a fait et fait très-expresses inhibitions et défenses, tant aux Intéressés en la Compagnie d'Afrique, qu'aux Fermiers du Domaine d'Occident et autres, d'envoyer aux Isles et Colonies Françoises de l'Amérique et Côtes d'Afrique, ni de donner des commissions de quelque qualité qu'elles soient à d'autres qu'à des François, faisant profession de la Religion Catholique, Apostolique et Romaine, à peine de 3,000 liv. d'amende contre lesdits Fermiers, Intéressés et autres, dont le tiers sera donné au Dénonciateur, un autre tiers aux Hôpitaux, et l'autre tiers aux Fermiers des Domaines de Sa Majesté. Mande Sa Majesté à ses Lieutenans-Généraux, Gouverneurs, Intendans et Officiers des Conseils Souverains desdites Isles, et autres Officiers qu'il appartiendra de tenir la main à l'exécution du présent Arrêt qui sera publié dans tous les Sieges de l'Amirauté du Royaume et Justices desdites Isles, et affiché partout où besoin sera. FAIT au Conseil d'Etat du Roi, Sa Majesté y étant, tenu à Versailles le douzieme jour de Septembre 1684. *Signé* COLBERT.

Arrêt du Conseil d'Etat, qui revoque le Privilege accordé aux Intéressés en la Compagnie du Sénégal, en exécution du Contrat du 21 Mars 1679 ; et fait défenses auxdits Intéressés et aux Capitaines de leurs Vaisseaux, Commis et Préposés, et tous autres, de s'en aider à l'avenir.

Du 12 Septembre 1684.

LE ROI s'étant fait représenter en son Conseil le Contrat fait le 21 Mars 1679, entre les sieurs Bellinzani et Mesnager, Directeurs du Domaine d'Occident, et les Intéressés en la Compagnie du Sénégal, par lequel lesdits Intéressés auroient offert et se seroient obligés de porter, par chacun an, pendant huit années, la quantité de deux mille Negres aux Isles Françoises de l'Amérique, à condition qu'ils feroient seuls le Commerce dans toutes les Côtes de Guinée jusques au Cap de Bonne-Espérance ; ensemble l'Arrêt du Conseil du 25 Mars audit an, par lequel Sa Majesté auroit cassé le Traité fait le 16 Octobre 1675, avec M^e. Jean Oudiette, Fermier du Domaine d'Occident, qui s'étoit engagé de faire porter auxdites Isles huit cens Negres par chacun an, pendant quatre années ; et en confirmant ledit Contrat fait avec les Intéressés en la Compagnie du Sénégal, auroit révoqué la permission accordée audit Oudiette de traiter à la Côte de Guinée, avec défenses à lui et à tous autres d'aller ou envoyer dans lesdites Côtes, depuis la riviere de Cambie jusques au Cap de Bonne-Espérance, faire aucune traite de Marchandises et de Negres. Et Sa Majesté étant informée que non - seulement lesdits Intéressés en la Compagnie du Sénégal n'ont point exécuté ledit Contrat, ni porté aux Isles lesdits deux mille Negres ; mais même qu'ils y en ont transporté si peu, que la plupart des Habitans des Isles qui en manquent, et n'ont point d'autres moyens de faire cultiver leurs Terres et Habitations, projettent d'abandonner les Isles, et de se retirer en la Côte Saint-Domingue et autres lieux : ce qui ruineroit infailliblement ce Commerce et les Colonies. D'ailleurs, la concession faite auxdits Intéressés de la Compagnie du Sénégal, portée par les Lettres - Patentes du mois de Juin 1679, qui leur donne permission de faire seuls le Commerce dans toutes les Côtes d'Afrique, depuis le Cap Vert jusques au Cap de Bonne-Espérance, étant d'une trop vaste étendue ; ils n'ont pu, jusqu'à présent, équiper autant de Vaisseaux ni faire des fonds suffisans pour faire en même-temps la traite du Sénégal, et le Commerce

de

de la Poudre d'Or et de Guinée, depuis la riviere de Gambie jusques au Cap de Bonne-Espérance : ce qui a donné lieu aux Etrangers d'y faire de nouveaux Etablissemens, d'augmenter ceux qu'ils y avoient, et d'enlever tous les ans, desdites Côtes, une quantité considérable de Poudre d'Or, dont la meilleure partie auroit été apportée dans le Royaume, si lesdits Intéressés avoient fait le Commerce, comme ils s'y étoient engagés. A quoi Sa Majesté voulant pourvoir, et procurer par tous les moyens possibles le maintien et la conservation des Colonies de l'Amérique, et faire jouir ses Sujets du profit que le Commerce de la Côte d'Or peut leur apporter : Le Roi étant en son Conseil a révoqué et révoque le Privilege accordé aux Intéressés en la Compagnie du Sénégal, en exécution du Contrat du 21 Mars 1679. En conséquence, sans s'arrêter à l'Arrêt de confirmation d'icelui du 25 Mars audit an, et Lettres-Patentes du mois de Juillet 1681, fait, Sa Majesté, défenses aux Intéressés en ladite Compagnie du Sénégal, et aux Capitaines de leurs Vaisseaux, Commis et Préposés, et tous autres de s'en aider à l'avenir, et de troubler et empêcher, sous quelque prétexte que ce soit, les autres Sujets de Sa Majesté dans le Commerce et Traite qu'ils feront aux Côtes de Guinée, depuis la riviere de Gambie jusques au Cap de Bonne-Espérance, à peine, en cas de contravention, de tous dépens, dommages et intérêts, confiscation des Navires et Marchandises, et trois mille livres d'amende; le tout néanmoins sans préjudice auxdits Intéressés en la Compagnie du Sénégal, des Privileges à eux accordés par Sadite Majesté, suivant et en exécution du Contrat fait avec eux le 8 Novembre 1673; lequel, et l'Arrêt d'homologation d'icelui du 11 du même mois seront exécutés selon leur forme et teneur; ce faisant, maintenus en la faculté de faire ou faire faire, à l'exclusion de tous autres, le Commerce dans toute l'étendue du Pays de Sénégal, Cap Vert et lieux circonvoisins, jusques et compris la riviere de Gambie; et sans que, sous prétexte des concessions que Sadite Majesté pourroit faire ci-après du Privilege de la Traite de la Côte d'Or et de Guinée, et autres lieux qui ne sont compris en la concession portée par ledit Contrat du 8 Novembre 1673, et Arrêt du 11 du même mois; lesdits Intéressés, en la Compagnie d'Afrique, puissent être troublés dans le Commerce et transport de Negres et Marchandises de quelque nature qu'elles soient, qu'ils tireront dudit Pays de Sénégal et lieux circonvoisins, jusques et compris la riviere de Gambie; desquels Negres et Marchandises ils auront, comme ci-devant, la faculté de traiter de gré à gré dans toutes les Isles et Colonies Françoises, sans néanmoins qu'ils puissent être contrains d'y en faire porter si bon ne leur semble ; dont en conséquence de la révocation du Privilege porté par ledit Contrat du 21 Mars 1679 , et Arrêt du Conseil du 25 du même mois, Sadite Majesté les a déchargés et décharge , par le présent Arrêt, lequel sera exécuté, nonobstant oppositions ou empêchemens quelconques; dont si aucuns interviennent, Sa Majesté s'est réservé la connoissance et à son Conseil , et icelle interdit à toutes ses autres Cours et Juges. FAIT au Conseil d'Etat du Roi , Sa Majesté y étant , tenu à Versailles le douzieme jour de Septembre mil six cens quatre-vingt-quatre. *Signé* , COLBERT.

ORDONNANCE DU ROI , *pour la Publication de la Treve entre la France , l'Empire l'Espagne.*

Du 24 Septembre 1684.

Cette Ordonnance , qui n'a rien de particulier pour les Isles , fut adressée au Gouverneur - Général , et publiée à Saint - Domingue le 6 Mai 1685.

ARRÊT *du Conseil d'Etat , qui ordonne que les Sucres rafinés venant des Isles et Colonies Françoises de l'Amérique , payeront huit livres pour cent pesant ; et que les Sucres appellés Moscouades , Cassonades , Sucre-Noir de Saint-Christophe , Panelles , Sucres de Saint-Thomé , et autres lieux desdites Isles , qui seront apportés dans les villes de Rouen , Dieppe , Bordeaux et la Rochelle , jouiront du Privilege de l'Etape , après qu'ils auront été rafinés , etc.*

Du 28 Septembre 1684.

LE ROI ayant , par Arrêt de son Conseil du dix-huitieme Avril 1682, ordonné , etc. Sa Majesté en son Conseil a ordonné et ordonne que les Sucres rafinés venans des Isles et Colonies Françoises de l'Amérique , paieront tant et si longuement qu'il plaira à Sa Majesté , la somme de huit livres pour chacun cent pesant, comme ils ont fait depuis ledit Arrêt du 18 Avril 1682 jusqu'à ce jour , savoir six livres audit Fauconnet , et deux livres audit Oudiette ; et qu'à l'égard des Sucres appellés Moscouades, Cassonnades pour la poële , Sucre noir de Saint-Christophe,

Panelles, Sucres de Saint - Thomé, et autres lieux desdites Isles de l'Amérique Françoise, qui seront apportés dans les villes de Rouen, Dieppe, Bordeaux et la Rochelle, ils jouiront du Privilege de l'Etape, après qu'ils y auront été rafinés; et ce faisant, qu'il sera rendu et restitué à ceux qui feront charger lesdits Sucres bien et duement rafinés, pour les Pays étrangers, la somme de neuf livres pour chacun cent pesant, savoir quatre livres dix sols par ledit Fauconnet, et quatre livres dix sols par ledit Oudiette ou leurs Commis, le tout en vertu du présent Arrêt, qui sera exécuté nonobstant oppositions ou appellations quelconques; dont si aucunes interviennent, Sa Majesté s'en est réservé et à son Conseils la connoissance, et icelle interdit à toutes ses autres Cours et Juges. FAIT au Conseil d'Etat du Roi, tenu à Paris, le vingt-huitieme jour de Septembre mil six cens quatre-vingt-quatre. *Signé* RANCHIN.

ARRÊT d'un Conseil Souverain de Léogane, concernant les Animaux que les Habitans laissent vaguer.

Du 31 Octobre 1684.

LE CONSEIL ordonne à tous les Habitans de ce Quartier qui ont des Chevaux et Vaches de les faire nourrir dans les Ecuries; et dans le cas qu'on les trouve sur les Places de quelques Particuliers, le Maître de l'animal sera condamné à cinq Pieces de huit pour la premiere fois, quinze Pieces pour la seconde, et à la confiscation de la bête à la troisieme; et à l'égard des Cochons et Cabrits trouvés sur les Places, il sera permis de les tuer, etc.

Nouvelle preuve d'un Conseil Souverain avant celui créé au Petit-Goave en Août 1685.

ARRÊT du Conseil de Saint-Domingue, qui confisque un Bâtiment trouvé avec un Passeport suspect et des Armes.

Du 22 Novembre 1684.

Extrait des Registres du Conseil de Léogane.

DU mardi vingt-deuxieme jour de Novembre mil six cent quatre-vingt-quatre.

LE CONSEIL des Officiers de Léogane assemblé au Bourg de la Petite Riviere en la maison du sieur Moraud, où a présidé M. Bégon, Conseiller du Roi en ses Conseils, et Intendant de Justice, Police et Finances des Isles Françoises de l'Amérique, et où ont assisté MM. Norays, Moraud, Pellé, Yvon, Dupuis, Lecour et Subsol.

Entre le sieur Jean Quay, Capitaine, commandant le Navire la Françoise en Guerre contre les Ennemis déclarés de Sa Majesté, pour lui et son Equipage, Demandeur.

Contre le sieur Jean Thrope Anglois, Maître du Navire le Jacquin, et Jean Ovales, Bourgeois dudit Navire, Défendeur présent.

LE CONSEIL, après avoir ouï les Parties, et que les sieurs Jean Thorpe, et Jean Ovales, sont demeurés d'accord, qu'ils n'ont ni charte partie, ni connoissement, ni factures en forme, pour justifier que lesdites Marchandises ont été chargées à la Jaunique, et qu'elles appartiennent aux Sujets du Roi de la Grande Bretagne, a déclaré, conformément à l'Article VI du Titre IX de l'Ordonnance de la Marine, ledit Bateau nommé *le Jacques*, ensemble l'Argent monnoyé et Marchandises contenues en icelui, suivant l'inventaire qui en a été fait, être de bonne prise, faute d'avoir trouvé aucun connoissement, charte partie, ni facture dans ledit Vaisseau qui sortoit d'un Port d'Espagne, pour aller dans un autre; outre que le Passeport représenté est pour un Bateau de vingt à vingt-cinq tonneaux, et que ledit Vaisseau pris est de cinquante tonneaux, ce qui marque l'intelligence du Capitaine avec les Espagnols, avec lesquels il a traité des Armes; et il s'en est trouvé sur le bord de Neuves destinées pour traiter avec les Espagnols, Ennemis de Sa Majesté; en conséquence, ledit Conseil les a confisquées au profit dudit Capitaine Jean Quay et de son Equipage, à la charge de payer le dixieme que Sa Majesté a adjugé à M. le Comte de Blénac, tant sur ce qui proviendra de la vente dudit Vaisseau et Marchandises, que sur l'argent comptant; sur lequel néanmoins il sera pris huit cens Pieces de huit pour donner moyen audit Capitaine Jean Thorpe et à son Equipage de retourner chez lui; et seront toutes les Hardes, servant à leur usage, rendues et restituées. Signé en la Minute BÉGON.

Le Greffier a obmis dans ladite Sentence de me mettre présent, ayant assisté à tout ce qui s'est passé en cette affaire; ce que je certifie être véritable. *Signé* DE CUSSY, Gouverneur de la Colonie.

Nous avons encore rapporté cette Piece pour établir de plus en plus l'existence d'un Conseil antérieur à celui de 1685.

ARRÊT du Conseil d'État, qui maintient la Compagnie du Sénégal en la faculté de faire seule le Commerce ès Côtes d'Afrique, depuis le Cap Blanc jusques à la riviere de Serre-Lionne.

Du 6 Janvier 1685.

Vu par le Roi, étant en son Conseil, le Placet présenté par les Intéressés de la Compagnie du Sénégal, tendant à ce qu'il plaise à Sa Majesté, sans avoir égard à l'Arrêt du Conseil du 12 Septembre 1684, les maintenir et conserver, conformément au Contrat et Arrêt du Conseil des 21 et 25 Mars 1679, en la faculté de faire seuls, à l'exclusion de tous autres, le Commerce des Côtes de Guinée jusques au Cap de Bonne-Espérance ; attendu que d'une part, l'habitation du Sénégal, et la faculté de faire la Traite jusques à la riviere de Gambie et dans toutes les Côtes, Rivieres, Ports et Havres en dépendans, leur appartient en propre, par la vente qui leur en a été faite par les Directeurs de la Compagnie des Indes Occidentales, par Contrat du 8 Novembre 1673 ; et que de l'autre, la concession en laquelle ils demandent d'être maintenus, est fondée en un Contrat sur la foi, et pour l'exécution duquel ils se sont engagés en des dépenses considérables. Le Contrat fait le 21 Mars 1679, entre les sieurs Bellinzany et Mesnager, Directeurs du Domaine d'Occident, et les Intéressés en la Compagnie du Sénégal ; par lequel lesdits Intéressés se sont obligés de porter par chacun an, pendant huit années, la quantité de deux mille Negres aux Isles Françoises de l'Amérique, à condition qu'ils feroient seuls le Commerce de toutes les Côtes de Guinée jusques au Cap de Bonne-Espérance. L'Arrêt du Conseil du 25 Mars audit an, qui confirme et approuve ledit Contrat ; les Lettres-Patentes du mois de Juin 1679, et l'Edit du mois de Juillet 1681, portant confirmation des Privileges accordés à ladite Compagnie du Sénégal. Ledit Arrêt du Conseil du 12 Septembre 1684 ; et Sa Majesté, après avoir ouï les Intéressés en ladite Compagnie, étant informée qu'ils n'ont pu jusques à présent faire entierement le Commerce des Côtes d'Afrique, parce qu'elles sont d'une trop vaste étendue, voulant y pourvoir, et faire jouir ses Sujets du profit que celui de la Côte d'Or peut leur apporter, en réservant auxdits Intéressés une étendue de Pays suffisante pour y continuer leur Commerce avec utilité. Le Roi étant en son

seil, sans s'arrêter audit Arrêt du 12 Septembre dernier, en ce que par
icelui la concession faite à la Compagnie du Sénégal a été réduite au Pays
de Sénégal, Cap-Vert et lieux circonvoisins, jusques et compris la Rivière de Gambie seulement, a maintenu et maintient les Intéressés en
ladite Compagnie en la faculté de faire le Commerce, à l'exclusion de
tous autres, ès Côtes d'Afrique, depuis le Cap-Blanc jusques à la Rivière
de Serre-Lionne exclusivement, dans laquelle étendue ils jouiront de
tous les Privileges qui leur ont été accordés par l'Edit du mois de Juillet
1681, et autres Déclarations et Arrêts du Conseil rendus en leur faveur,
avec défenses à toutes personnes d'aller trafiquer dans lesdits Pays e
Côtes, sous quelque prétexte que ce soit, à peine de trois mille livres
d'amende, et de confiscation des Vaisseaux et Marchandises. Au moyen
de quoi, veut Sa Majesté, qu'au surplus ledit Arrêt du 12 Septembre
1684, soit exécuté selon sa forme et teneur; et ce faisant, a révoqué et
révoque le Privilége accordé aux Intéressés en ladite Compagnie du
Sénégal, en exécution du Contrat du 21 Mars 1679, de faire seuls le
Commerce dans toutes les Côtes de Guinée, jusqu'au Cap de Bonne-
Espérance, avec défenses à eux et aux Capitaines de leurs Vaisseaux,
Commis et Préposés, de s'en aider à l'avenir, et de troubler et empêcher,
sous quelque prétexte que ce soit, les autres Sujets de Sa Majesté dans
le Commerce et Traite qu'ils feront aux Côtes de Guinée, depuis la
Rivière de Serre-Lionne inclusivement, jusqu'au Cap de Bonne-Espé-
rance, à peine, en cas de contravention, de tous dépens, dommages et
intérêts, confiscation des Navires et Marchandises, et trois mille livres
d'amende. FAIT au Conseil d'Etat du Roi, Sa Majesté y étant, tenu à
Versailles, le 6 Janvier 1685. *Signé* COLBERT.

ORDONNANCE *des Administrateurs Généraux des Isles, touchant les*
Maladies apportées par les Bâtimens Négriers.

Du 18 Janvier 1685.

L E Comte de Blénac, etc.
Dumaitz de Goimpy, etc.
Sur la remontrance qui nous a été faite, que dans les Vaisseaux de la
Compagnie du Sénégal, apportant des Noirs aux Isles, il s'y met souvent
dans le trajet des maladies contagieuses, par l'infection que le nombre
des Noirs embarqués cause; laquelle étant communiquée à ceux des

Habitans, attireroit une grande mortalité, comme il arriva en 1669, par la communication précipitée qu'il y eut avec des Noirs qui étoient infectés de ces maladies; pour prévenir les accidens qui pourroient arriver:

Nous ordonnons que les Capitaines Négriers et autres, venant des lieux suspects pour la santé, arrivant dans les Rades, mouilleront le plus éloigné qu'ils pourront des autres Vaisseaux qui y seront; et venant à terre, ne se débarqueront point qu'ils n'en aient eu le consentement des Commandans et Officiers de Justice, qui les feront visiter par le Médecin et les principaux Chirurgiens, qui en dresseront leur Procès-verbal, pour, du tout, en faire le rapport; avant quoi lesdits Capitaines n'auront aucune communication avec personne, à peine d'encourir les mêmes peines décernées contre ceux qui rompent la quarantaine; et les Habitans aussi qui iront à leur bord, avant que la permission soit donnée, encourront les mêmes peines. S'il n'y a point de malades, on leur donnera la permission de mettre à terre; mais en cas que les Médecins et Chirurgiens trouvassent dans lesdits Vaisseaux les Negres ou Equipages attaqués de quelques maladies contagieuses, les Capitaines aussitôt leveront l'ancre, et s'en iront mouiller aux endroits qui leur seront marqués, pour y rester l'espace de tems que les Médecins et Chirurgiens trouveront à propos; et afin que les Noirs et autres gens en bonne santé puissent se défaire du mauvais air qu'ils auroient contracté, et qu'ils pourroient porter et communiquer à ceux qu'ils fréquenteroient au commencement, il sera fait à terre des tentes avec les voiles de rechange du Vaisseau ou des Cazes, dans lesquelles seront séparés les malades et ceux qui se porteront bien, sans avoir aucune communication les uns avec les autres; et afin que les Habitans n'en approchent que lorsque les Médecins trouveront qu'il n'y aura plus rien à appréhender, il sera posé un Corps-de-Garde à une certaine distance des Tentes et Cazes, pour empêcher lesdits Habitans de n'en point approcher. Mandons et ordonnons aux Juges et Procureurs du Roi, et Capitaines de Port, chacun dans l'étendue de ses fonctions, de tenir la main à l'exécution de cette Ordonnance. FAIT à la Martinique, ce 18 Janvier 1686. *Signé* BLÉNAC et DUMAITZ.

ORDONNANCE *de l'Intendant des Isles, touchant les Chemins, et Ordre du Gouverneur Général en conséquence.*

Du 22 Janvier 1685.

LE Comte de Blénac, etc.

Sur ce qui nous a été remontré par plusieurs des principaux Habitans de cette Isle , qu'il y a plus d'un an qu'on n'a travaillé à la réparation des Chemins, ce qui empêche la communication des quartiers, et expose ceux qui y passent à la morsure des serpens, et à plusieurs autres dangers; à quoi étant nécessaire de pourvoir , nous ordonnons à tous Habitans , de quelque qualité et condition qu'ils soient, soit qu'ils soient Privilégiés ou non, de faire incessamment réparer les Chemins qui passent sur leurs Terres , à peine de réunion du Terrain dont le Bois n'est pas abattu, et de trois cens livres de Sucre d'amende ; et à l'égard des Chemins qui passent dans des lieux dont les Terres n'ont pas encore été concédées , seront aussi incessamment réparés par les Habitans non Privilégiés, à la diligence des Capitaines du Quartier , qui nous rendront compte des contraventions. FAIT au Fort Saint-Pierre de la Martinique, ce 22 Janvier 1685. *Signé* BÉGON.

IL est ordonné à M. Pesset, Capitaine de Milice de cette Isle Martinique , de faire exécuter dans son Quartier, de six mois en six mois , l'Ordonnance de M. l'Intendant , sur la réfacture des Chemins , et d'observer ladite Ordonnance sans aucune explication ; et en cas que , par les Habitans, il soit fait incident à ladite Ordonnance , il les renverra pardevant M. l'Intendant, pour les régler comme il avisera bon être , et fera observer ledit Réglement , et nous tiendra informés du tout. FAIT au Fort Royal de la Martinique , le 22 Janvier 1685. *Signé* BLÉNAC.

Cette Ordonnance , et l'Ordre ensuite , prouvent que dans l'origine de l'Etablissement des Isles , l'Intendant avoit le droit de juger les contestations relatives à la confection des Chemins , droit qui a été restraint , comme on le verra par la suite.

LETTRES-PATENTES

LETTRES-PATENTES *sur l'Etablissement d'une Compagnie pour
le Commerce exclusif aux Côtes d'Afrique, depuis la riviere de Serre-
Lyonne, jusqu'au Cap de Bonne - Espérance, sous le nom de*
Compagnie de Guinée.

Du mois de Janvier 1685.

LOUIS, etc. Après avoir heureusement fini tant de longues et de différentes Guerres, pendant le cours desquelles Dieu a béni visiblement et
fait prospérer nos armes, nous nous sommes appliqués à procurer le
repos à nos Peuples par les Traités de Paix et de Treve que nous avons
faits avec les Princes et Etats nos voisins; et, comme dans la tranquillité
dont jouit à présent notre Royaume, rien ne peut si naturellement introduire l'abondance que le Commerce, nous avons résolu d'en procurer
par toutes sortes de voyes l'augmentation, notamment de celui qui se
fait dans les Pays éloignés; et ayant été informés que la Compagnie du
Sénégal jouit d'une trop grande étendue de Pays, et qu'elle prétend
étendre sa Concession depuis le Cap Blanc jusques au Cap de Bonne-
Espérance, ce qui comprend plus de quinze-cens lieues de Côtes,
dans lesquelles cette Compagnie, en conséquence de ses Privilèges,
exclut nos Sujets de faire non-seulement le Commerce et la Traite des
Cuirs, de la Gomme, du Morfil, de la Cire, et autres Marchandises
dans les Lieux et Pays du Sénégal, rivière de Gambie et Gorée; mais
même celle des Negres et de la Poudre d'Or dans la Côte de Guinée,
quoiqu'elle ne soit point en état d'y aller, ni par conséquent de porter
aux Isles Françoises de l'Amérique le nombre de Negres nécessaires
pour les Plantations et les Cultures qui font subsister nos Sujets desdites
Isles, ni de traiter la quantité de Poudre d'Or qu'on peut aisément tirer
de cette Côte pour la faire entrer dans notre Royaume; nous aurions,
par l'Arrêt rendu en notre Conseil, nous y étant, le 12 Septembre
dernier, révoqué les Privilèges accordés aux Intéressés en la Compagnie
du Sénégal, en exécution du Contrat du 21 Mars 1679, de faire seuls
le Commerce des Côtes de Guinée depuis la rivière de Gambie jusques
au Cap de Bonne-Espérance; et ensuite, par autre Arrêt aussi rendu en
notre Conseil le 6 Janvier 1685, après avoir entendu lesdits Intéressés,
nous les aurions maintenus en la faculté de faire le Commerce, à l'exclusion de tous autres, ès Côtes d'Afrique, depuis le Cap Blanc jusqu'à la

Tome I. F ff

riviere de Serre-Lyonne exclusivement, au lieu de celle de Gambie, portée par le précédent Arrêt. En conséquence desquels Arrêts, ayant invité ceux de nos Sujets que nous avons cru les plus capables et les plus intelligens à ces sortes de choses, d'entreprendre le Commerce desdites Côtes de Guinée; voyant les dispositions des Particuliers qui pourroient faire une Compagnie selon notre intention, nous avons résolu de faire pour ce, expédier nos Lettres-Patentes pour l'établissement et conditions sous lesquelles nous voulons former ladite Compagnie. A ces causes, et pour autres considérations à ce nous mouvant, après avoir fait mettre cette affaire en délibération en notre Conseil, et en conséquence de la révocation faite par ledit Arrêt de notre Conseil du 12 Septembre 1684, ci-attaché sous ledit Contrescel de notre Chancellerie, lequel nous voulons d'abondant être exécuté, sous la modification toutefois portée par ledit Arrêt du 6 Janvier 1685, pareillement aussi attaché sous ledit Contrescel. Nous avons de notre certaine science, pleine puissance et autorité Royale, établi et établissons, par ces Présentes, une Compagnie, sous le titre de la Compagnie de Guinée, qui sera composée de ceux de nos Sujets que nous choisirons à cet effet pour, par les Intéressés en icelle faire seuls, à l'exclusion de tous autres nos Sujets, le Commerce des Negres, de la Poudre d'Or, et de toutes autres Marchandises qu'ils pourront traiter ès Côtes d'Afrique, depuis la Riviere de Serre-Lyonne, inclusivement jusqu'au Cap de Bonne-Espérance, soit que lesdites Côtes aient été ci-devant occupées par nos Sujets, ou que ladite Compagnie s'y établisse en quelque maniere que ce soit, sans préjudice néanmoins des Traités d'Alliance et de Commrce que nous avons faits avec les Princes et Etats de l'Europe, qui demeureront en leur force et vertu.

Art. Ier. Pourra, ladite Compagnie, transporter seule, à l'exclusion de tous autres, des Negres aux Isles Françoises de l'Amérique, à la réserve toutefois de la Compagnie du Sénégal, à laquelle nous permettons d'y faire transporter ceux qu'elle traitera dans l'étendue du Sénégal, Cap Vert et Lieux circonvoisins, jusqu'a la Riviere de Serre-Lyonne exclusivement.

Art. II. Jouira, ladite Compagnie, de l'effet du Privilege à elle ci-dessus accordé, pendant le temps et espace de vingt années consécutives, à commencer du jour et datte dès Congés qui seront expédiés pour le départ des premiers Vaisseaux qu'elle envoyera faire ledit Commerce, sans que, sous quelque prétexte que ce soit, ladite Compagnie de Guinée soit tenue d'aucun dédommagement et indemnité envers ceux auxquels nous avons ci-devant accordé des Privileges pour traiter ès Lieux de la présente Concession ; dont, en tant que besoin, nous avons dès à présent, comme dès lors, déchargé ladite Compagnie de Guinée. Faisant défenses à tous autres nos Sujets d'y négocier, ni de transporter aucuns Negres desdits Pays aux Isles, à peine de tous dépens, dommages et intérêts, confiscation des Vaisseaux, Negres et Marchandises au profit de ladite Compagnie, 3,000 liv. d'amende, applicable moitié aux Hôpitaux des Isles, et l'autre moitié à la Compagnie.

ART. III. Pourront, les Intéressés à la Compagnie, prendre entr'eux, en leurs Assemblées, telles Délibérations, et faire tels résultats qu'ils aviseront pour le fait de leur Commerce, et Direction d'icelui en général et en particulier, suivant le Contrat de Société qu'ils feront entr'eux.

ART. IV. Ne pourront, les Effets de ladite Compagnie, ni le fond des Intéressés en icelle, tant en principal que profits, être saisis pour nos deniers et affaires, ni sous quelqu'autre prétexte que ce soit ; et en cas de saisies et arrêts qui porroient être faits à la Requête des Créanciers particuliers d'aucuns des Intéressés, elles tiendront entre les mains du Caissier général de ladite Compagnie, qui fera délivrance jusqu'à concurrence des causes de la saisie, et à proportion des répartitions qui devront être faites entre les Associés, suivant les résultats de l'Assemblée, et les Comptes qui y seront arrêtés, auxquels les Saisissans seront tenus de se rapporter, sans que, sous quelque prétexte que ce soit, le Caissier général ou particulier, et les Commis préposés et Directeurs de la Compagnie soient tenus d'en rendre compte ni faire déclaration en conséquence desdites saisies, desquelles ils seront déchargés en représentant les comptes arrêtés par la Compagnie, qui leur serviront de décharge, en payant néanmoins le reliquat à qui il sera dû, si aucun y a.

ART. V. Appartiendront à ladite Compagnie en pleine propriété les Terres qu'elle pourra occuper ès lieux, et pendant le temps de sa Concession, esquels nous lui permettons de faire tels établissemens que bon lui semblera, y construire des Forts pour sa sûreté, y faire transporter des Armes et Canons, et y établir des Commandans, et nombre d'Officiers et Soldats nécessaires pour assurer son Commerce, tant contre les Etrangers que les Naturels ; auquel effet nous permettons à ladite Compagnie de faire avec les Rois Negres tels Traités de Commerce qu'elle avisera.

ART. VI. Et après l'expiration du Privilege par nous présentement accordé, voulons que ladite Compagnie puisse disposer de ses Habitations, Armes, Munitions, ainsi que de ses autres Effets, Meubles,

Fff ij

Ustensiles, Marchandises et Vaisseaux, comme de choses à elle appartenantes en toute propriété.

ART. VII. Ne pourra ladite Compagnie employer ni donner aucunes Commissions qu'à des Gens de la Religion Catholique, Apostolique et Romaine ; et en cas que ladite Compagnie fasse quelques Etablissemens dans les Pays de la présente Concession, elle sera obligée de faire passer le nombre des Prêtres Missionnaires nécessaires pour l'Instruction et Exercice de ladite Religion, et donner les secours Spirituels à ceux qui auront été envoyés.

ART. VIII. Ne pourra ladite Compagnie se servir pour son Commerce, d'autres Vaisseaux que de ceux à elle appartenans, ou à nos Sujets, armés et équipés dans nos Ports ; à peine de déchéance de la présente Concession, et de confiscation des Navires et des Marchandises dont ils se trouveront chargés.

ART. IX. Les prises, si aucunes sont faites par la Compagnie des Navires qui viendront traiter ès Pays qu'elle aura occupés, ou qui contre la prohibition portée par ces Présentes, transporteront aux Isles et Colonies Françoises de l'Amérique des Negres de Guinée, seront jugées ; savoir, celles qui seront faites au-dessus ou à la hauteur des Canaries allant en Guinée, ou venant de Guinée aux Isles, par les Intendans des Isles Françoises de l'Amérique, avec eux appellé le nombre de six Conseillers des Conseils Souverains desdites Isles ; et pour toutes les autres, par les Officiers de nos Amirautés des Havres et Ports de France, où les Vaisseaux qui auront fait lesdites prises feront leur retour ; le tout en la forme et ainsi qu'il est porté par notre Ordonnance du mois d'Août 1681; et à l'égard des contestations qui pourroient naître entre ladite Compagnie de Guinée et autres Compagnies, elles ne pourront être jugées qu'en notre Conseil.

ART. X. Les Marchandises de toutes sortes que la Compagnie fera apporter pour son compte des Pays de sa Concession, ou des Isles de l'Amérique, seront exemptes conformément à l'Arrêt de notre Conseil du 30 Mai 1664, de la moitié des Droits à nous, ou à nos Fermiers appartenans, mis ou à mettre aux Entrée, Ports et Havres de notre Royaume ; faisant défenses à nosdits Fermiers, leurs Commis et tous autres, d'en exiger au-delà du contenu aux Présentes, à peine de concussion et de restitution du quadruple ; faisons défenses, conformément à l'Arrêt de notre Conseil du 12 Février 1665, aux Maires, Echevins, Consuls, Jurats, Syndics et Habitans des Villes, d'exiger de ladite Compagnie aucuns Droits d'Octrois, de quelque nature qu'ils soient, sur les

Denrées et Marchandises qu'elle fera transporter dans ses Magasins et Ports de mer pour les charger dans ses Vaisseaux, desquels Droits nous avons déchargé ladite Compagnie et sesdites Denrées et Marchandises, nonobstant toutes Lettres, Arrêts et clauses contraires.

ART. XI. Déclarons pareillement conformément à l'Arrêt de notre Conseil du 10 Mai 1665, ladite Compagnie exempte de tous les Droits de Péages, Travers, Passages, et autres impositions qui se perçoivent ès Rivieres de Loire, de Seine, et autres sur les futailles vuides, bois mairin, et bois à bâtir Vaisseaux appartenans à ladite Compagnie.

ART. XII. Comme aussi jouira, suivant les Arrêts de notre Conseil des 24 Avril et 26 Août 1665, de l'exemption et immunité de tous les Droits d'Entrée et de Sortie, et du bénéfice de l'Entrepôt des Munitions de guerre et de bouche; Bois, Chanvre, Toile à faire Voiles, Cordages, Goudron, Canons de fer et de fonte, Poudre, Boulets, Armes, et autres choses généralement quelconques de cette qualité, que ladite Compagnie fera venir pour son compte, tant des Pays étrangers que de ceux de notre obéissance, soit que lesdites choses soient destinées pour l'avitaillement, armement, radoub, équipement ou construction des Vaisseaux qu'elle équipera, ou fera construire dans nos Ports, soit qu'elles doivent être transportées ès lieux de sa Concession.

ART. XIII. Et quant aux Marchandises de ladite Compagnie, destinées pour lesdits lieux, et pour les Isles et Colonies Françoises de l'Amérique, elles jouiront de l'exemption des Droits de Sortie, conformément aux Arrêts de notre Conseil des 18 Septembre 1671 et 25 Novembre audit an, même en cas qu'elles sortent par le Bureau d'Ingrande, encore qu'il ne soit exprimé par lesdits Arrêts.

ART. XIV. Jouira en outre ladite Compagnie de toutes autres exemptions, franchises, décharges et immunités que nous avons accordées à ladite Compagnie des Indes Occidentales et à la Compagnie du Sénégal, par notre Edit du mois de Mai 1664 et par les Arrêts de notre Conseil, donnés en faveur de l'une et de l'autre Compagnie, que nous voulons être exécutés comme s'ils avoient été accordés au nom de la Compagnie de Guinée.

ART. XV. Ceux qui seront par nous choisis pour composer ladite Compagnie de Guinée, fourniront à notre Secrétaire d'Etat, ayant le département de la Marine et du Commerce, leur soumission de faire porter sur leurs Vaisseaux par chacun an, durant le temps porté par ces Présentes, dans nos Isles et Colonies de l'Amérique, la quantité de mille Negres de Guinée, que la Compagnie ou ses Commis pourra néanmoins traiter de gré à gré esdites Isles et Colonies, et de faire pendant le même temps porter de la Côte de Guinée dans notre Royaume; savoir, chacune des deux premieres années la quantité de mille marcs de poudre d'or, et celle de douze cens marcs pour chacune des années suivantes.

ART. XVI. Et pour donner moyen à ladite Compagnie de soutenir son entreprise, nous voulons que conformément à ce qui s'est pratiqué jusqu'à présent, depuis le Traité fait avec Maître Jean Oudiette le 16 Octobre 1675, il soit payé à ladite Compagnie la somme de treize livres par forme de gratification pour chacune tête de Negre de Guinée qu'elle aura porté dans nos Isles et Colonies de l'Amérique sur le prix de notre Domaine d'Occident en la maniere accoutumée, en conséquence des Certificats de l'Intendant des Isles, ou des Gouverneurs en son absence, visez par les Directeurs dudit Domaine.

ART. XVII. Et à l'égard de la Poudre d'or qu'elle rapportera des Pays de sa Concession, nous voulons aussi et ordonnons être payé à ladite Compagnie, par forme de gratification en la maniere que dessus, la somme de vingt livres pour chaque marc de Poudre d'or, en rapportant les certifications du Maître et du Garde du Bureau de la Monnoie de Paris, visez par les Directeurs du Domaine d'Occident.

ART. XVIII. Ne seront par nous accordées aucunes Lettres d'Etat, de Répi, Surséance ou Evocation aux Débiteurs de la Compagnie; et si aucunes étoient obtenues de nous ou de nos Juges, nous les avons dès à présent comme dès-lors, déclarées nulles et de nulle valeur, faisant défenses à nos Juges d'y avoir égard.

Si donnons en mandement, ect. DONNÉ à Versailles au mois de Janvier, l'an de grace, 1685, et de notre regne le quarante-deuxieme. *Signé* LOUIS. *Et plus bas*, par le Roi, COLBERT.

R. au Parlement de Paris, le 22 Janvier 1685.

CODE NOIR OU EDIT servant de Réglement pour le Gouvernement et l'Administration de la Justice et de la Police des Isles Françoises de l'Amérique, et pour la Discipline et le Commerce des Negres et Esclaves dans ledit Pays.

Du mois de Mars 1685.

LOUIS, etc. Comme nous devons également nos soins à tous les Peuples que la Divine Providence a mis sous notre obéissance, nous avons bien voulu faire examiner, en notre présence, les Mémoires qui nous ont été envoyés par nos Officiers de nos Isles de l'Amérique, par lesquels ayant été informés du besoin qu'ils ont de notre Autorité et de notre Justice pour y maintenir la Discipline de l'Eglise Catholique, Apostolique et Romaine, et pour y regler ce qui concerne l'Etat et la qualité des Esclaves dans nosdites Isles; et désirant y pourvoir et leur faire connoître qu'encore qu'ils habitent des climats infiniment éloignés de notre séjour ordinaire, nous leur sommes toujours présent, non-seulement par l'étendue de notre puissance, mais encore par la promptitude de notre application à les secourir dans leurs nécessités. A CES CAUSES, de l'avis de notre Conseil, et de notre certaine science, pleine puissance et autorité Royale, nous avons dit, statué et ordonné, disons, statuons et ordonnons, voulons et nous plaît ce qui suit.

ART. Ier. Voulons et entendons que l'Edit du feu Roi, de glorieuse mémoire, notre très-honoré Seigneur et Pere, du 23 Avril 1615, soit exécuté dans nos Isles; ce faisant, enjoignons à tous nos Officiers de chasser hors de nos Isles tous les Juifs qui y ont établi leur résidence, auxquels, comme aux ennemis déclarés du nom Chrétien, nous commandons d'en sortir dans trois mois, à compter du jour de la publication des Présentes, à peine de confiscation de corps et de biens.

ART. II. Tous les Esclaves qui seront dans nos Isles seront baptisés et instruits dans la Religion Catholique, Apostolique et Romaine. Enjoignons aux Habitans qui acheteront des Negres nouvellement arrivés, d'en avertir les Gouverneur et Intendant desdites Isles, dans huitaine au plus tard, à peine d'amende arbitraire; lesquels donneront les ordres nécessaires pour les faire instruire et baptiser dans le temps convenable.

ART. III. Interdisons tout exercice public d'autre Religion que la Catholique, Apostolique et Romaine; voulons que les contrevenans soient punis comme rebelles, et désobeissans à nos Commandemens. Défendons toutes Assemblées pour cet effet, lesquelles nous déclarons conventicules, illicites et séditieuses, sujets à la même peine, qui aura lieu, même contre les Maîtres qui les permettront ou souffriront à l'égard de leurs Esclaves.

ART. IV. Ne seront préposés aucuns Commandeurs à la direction des Negres, qui ne fassent profession de la Religion Catholique, Apostolique et Romaine; à peine de confiscation desdits Negres contre les Maîtres qui les auront préposés, et de punition arbitraire contre les Commandeurs qui auront accepté ladite Direction.

ART. V. Défendons à nos Sujets de la R. P. R. d'apporter aucun

trouble ni empêchement à nos autres Sujets , même à leurs Esclaves ,
dans le libre exercice de la Religion Catholique, Apostolique et Romaine, à peine de punition exemplaire.

· ART. VI. Enjoignons à tous nos Sujets, de quelque qualité et condition qu'ils soient, d'observer les jours de Dimanches et Fêtes qui sont
gardés par nos Sujets de la Religion Catholique, Apostolique et Romaine. Leur défendons de travailler, ni faire travailler leurs Esclaves esdits
jours , depuis l'heure de minuit jusqu'à l'autre minuit ; soit à la culture
de la Terre, à la Manufacture des Sucres , et à tous autres Ouvrages, à
peine d'amende et de punition arbitraire contre les Maîtres, et de confiscation tant des Sucres que desdits Esclaves qui seront surpris par nos
Officiers dans leur travail.

ART. VII. Leur défendons pareillement de tenir le Marché des Negres
et tous autres Marchés lesdits jours, sur pareille peines , et de confiscation des Marchandises qui se trouveront alors au Marché, et d'amende
arbitraire contre les Marchands.

ART. VIII. Déclarons nos Sujets qui ne sont pas de la Religion
Catholique , Apostolique et Romaine, incapables de contracter, à l'avenir,
aucun Mariage valable. Déclarons Bâtards les Enfans qui naîtront de telles
conjonctions , que nous voulons être tenues et réputées , tenons et
réputons pour vrais Concubinages.

ART. IX. Les Hommes libres qui auront un ou plusieurs Enfans de
leur Concubinage avec leurs Esclaves, ensemble les Maîtres qui l'auront
souffert, seront chacun condamnés à une amende de deux mille livres de
Sucre ; et s'ils sont les Maîtres de l'Esclave, de laquelle ils auront eu
lesdits Enfans, voulons , qu'outre l'amende, ils soient privés de l'Esclave
et des Enfans , et qu'elle et eux soient confisqués au profit de l'Hôpital,
sans jamais pouvoir être affranchis. N'entendons toutefois le présent
Article avoir lieu , lorsque l'Homme qui n'étoit point marié à une autre
personne durant son Concubinage avec son Esclave , épousera dans les
formes observées par l'Eglise sadite Esclave, qui sera affranchie par ce
moyen , et les Enfans rendus libres et légitimes.

ART. X. Les Solemnités prescrites par l'Ordonnance de Blois,
articles 40, 41, 42, et par la Déclaration du mois de Novembre 1639,
pour les Mariages , seront observées tant à l'égard des personnes libres
que des Esclaves , sans néanmoins que le consentement du pere et de
la mere de l'Esclave y soit nécessaire ; mais celui du Maître seulement.

ART. XI. Défendons aux Curés de procéder aux Mariages des Esclaves , s'il ne font apparoir du consentement de leurs Maîtres. Défendons

aussi

aussi aux Maîtres d'user d'aucunes contraintes sur leurs Esclaves pour les marier contre leur gré.

ART. XII. Les Enfans qui naîtront de Mariages entre Esclaves, seront Esclaves, et appartiendront aux Maîtres des femmes Esclaves, et non à ceux de leur maris, si le mari et la femme ont des Maîtres différens.

ART. XIII. Voulons que, si le mari Esclave a épousé une femme libre, les Enfans, tant mâles que filles, suivant la condition de leur mere, soient libres comme elle, nonobstant la servitude de leur pere; et que si le pere est libre et la mere Esclave, les Enfans soient Esclaves pareillement.

ART. XIV. Les Maîtres seront tenus de faire mettre en Terre-Sainte, dans les Cimetieres destinés à cet effet, leurs Esclaves baptisés; et à l'égard de ceux qui mourront sans avoir reçu le Baptême, ils seront enterrés la nuit dans quelque champ voisin du lieu où ils seront décédés.

ART. XV. Défendons aux Esclaves de porter aucunes armes offensives, ni de gros bâtons, à peine du fouet, et de confiscation des armes au profit de celui qui les en trouvera saisis; à l'exception seulement de ceux qui seront envoyés à la chasse par leurs Maîtres, et qui seront porteurs de leurs billets ou marques connues.

ART. XVI. Défendons pareillement aux Esclaves appartenant à différens Maîtres, de s'atrouper, soit le jour ou la nuit, sous prétexte de noces ou autrement, soit chez un de leurs Maîtres ou ailleurs, et encore moins dans les grands chemins ou lieux écartés, à peine de punition corporelle, qui ne pourra être moindre que du fouet et de la Fleur-de-Lys; et en cas de fréquentes récidives et autres circonstances aggravantes, pourront être punis de mort, ce que nous laissons à l'arbitrage des Juges. Enjoignons à tous nos Sujets de courir sur les contrevenans, de les arrêter et conduire en prison, bien qu'ils ne soient Officiers, et qu'il n'y ait contr'eux encore aucun décret.

ART. XVII. Les Maîtres qui seront convaincus d'avoir permis ou toléré telles Assemblées, composées d'autres Esclaves que ceux qui leur appartiennent, seront condamnés, en leur propre et privé nom, de réparer tout le dommage qui aura été fait à leurs voisins, à l'occasion desdites Assemblées, et en dix écus d'amende pour la premiere fois, et au double au cas de récidive.

ART. XVIII. Défendons aux Esclaves de vendre des cannes de Sucre, pour quelques causes ou occasions que ce soit, même avec la

Tome I. G g g

permission de leurs Maîtres, à peine de fouet contre les Esclaves, et de dix livres tournois contre leurs Maîtres qui l'auront permis, et de pareille amende contre l'acheteur.

ART. XIX. Leur défendons aussi d'exposer en vente au Marché, ni de porter dans les maisons particulieres pour vendre; aucunes sortes de denrées, même des fruits, légumes, bois à brûler, herbes pour leur nourriure, et celle des bestiaux des Manufactures, sans permission exprêsse de leurs Maîtres, par un billet, ou par des marques connues; à peine de revendication des choses ainsi vendues, sans restitution du prix par leurs Maîtres, et de six livres tournois d'amende à leur profit contre les Acheteurs.

ART. XX. Voulons à cet effet que deux personnes soient préposées par nos Officiers dans chacun marché, pour examiner les denrées et marchandises qui seront apportées par les Esclaves, ensemble les billets et marques de leurs Maîtres.

ART. XXI. Permettons à tous nos Sujets, Habitans des Isles, de se saisir de toutes les choses dont ils trouveront les esclaves chargés lorsqu'ils n'auront point de billets de leurs Maîtres, ni de marques connues, pour être rendues incessamment à leurs Maîtres, si les Habitations sont voisines du lieu où les Esclaves auront été surpris en délit, sinon elles seront incessamment envoyées à l'Hôpital pour y être en dépôt jusqu'à ce que les Maîtres en aient été avertis.

ART. XXII. Seront tenus les Maîtres de fournir par chacune semaine à leurs Esclaves âgés de dix ans et au-dessus, pour leur nourriture, deux pots et demi, mesure du Pays, de farine de Magnoc, ou trois cassaves pesans deux livres et demie chacune au moins, ou choses équivallantes, avec deux livres de bœuf salé, ou trois livres de poisson ou autre chose à proportion; et aux Enfans, depuis qu'ils sont sevrés jusqu'à l'âge de dix ans, la moitié des vivres ci-dessus.

ART. XXIII. Leur défendons de donner aux Esclaves de l'Eau-de-vie de canne guildire, pour tenir lieu de la subsistance mentionnée au précédent Article.

ART. XXIV. Leur défendons pareillement de se décharger de la nourriture et subsistance de leurs Esclaves, en leur permettant de travailler certain jour de la semaine pour leur compte particulier.

ART. XXV. Seront tenus les Maîtres de fournir à chacun Esclave, par chacun an, deux habits de toile, ou quatre aunes de toile, au gré desdits Maîtres.

ART. XXVI. Les Esclaves qui ne seront point nourris, vêtus et entretenus par leurs Maîtres , selon que nous l'avons ordonné par ces Présentes, pourront en donner avis à notre Procureur , et mettre leurs Mémoires entre ses mains ; sur lesquels, et même d'office, si les avis lui en viennent d'ailleurs , les Maîtres seront poursuivis à sa Requête et sans frais ; ce que nous voulons être observé pour les crieries et traitemens barbares et inhumains des Maîtres envers lenrs Esclaves.

ART. XXVII. Les Esclaves infirmes par vieillesse, maladie , ou autrement , soit que la maladie soit incurable ou non, seront nourris et entretenus par leurs Maîtres ; et en cas qu'ils les eussent abandonnés , lesdits Esclaves seront adjugés à l'Hôpital , auquel les Maîtres seront condamnés de payer six sols par chacun jour , pour leur nourriture et entretien de chacun esclave.

ART. XXVIII. Déclarons les Esclaves ne pouvoir rien avoir qui ne soit à leur Maître ; et tout ce qui leur vient par industrie ou par la libé-ralité d'autres personnes , ou autrement, à quelque titre que ce soit , être acquis en pleine propriété à leur Maître, sans que les Enfans des Esclaves, leur Pere et Mere, leurs Parens, et tous autres Libres ou Esclaves, puissent rien prétendre par succession , disposition entre-vifs ou à cause de mort ; lesquelles dispositions nous déclarons nulles , ensemble toutes les promesses et obligations qu'ils auront faites , comme étant faites par gens incapables de disposer et de contracter de leur chef.

ART. XXIX. Voulons néanmoins que les Maîtres soient tenus de ce que les Esclaves auront fait par leur ordre et commandement ; ensemble de ce qu'ils auront géré et négocié dans la boutique , et pour l'espece par-ticuliere du Commerce à laquelle les Maîtres les auront préposés : ils seront tenus seulement jusqu'à concurrence de ce qui aura tourné au profit des Maîtres ; le pécule desdits Esclaves que leurs Maîtres leur auront permis, en sera tenu, après que leurs Maîtres en auront déduit par préférence ce qui pourra leur en être dû ; sinon que le pécule consiste en tout ou partie en marchandises, dont les Esclaves auront permission de faire trafic à part, sur lesquels leurs Maîtres viendront seulement par contribution au sol la livre avec les autres Créanciers.

ART. XXX. Ne pourront les Esclaves être pourvus d'Offices ni de Commissions ayant quelques fonctions publiques, ni être constitués Agens par autres que leurs Maîtres , pour agir et administrer aucun négoce ni affaire , en Partie, ou Témoins , tant en matiere Civile que Criminelle ; et en cas qu'ils soient ouïs en témoignage, leurs dépositions ne serviront que de Mémoires , pour aider les Juges à s'éclaircir d'ailleurs, sans que l'on en puisse tirer aucune présomption, ni conjecture, ni adminicule de preuve.

ART. XXXI. Ne pourront aussi les Esclaves être Parties, ni en Jugement, ni en matiere Civile, tant en demandant qu'en défendant, ni être Partie Civile en matiere Criminelle, ni poursuivre en matiere Criminelle la réparation des outrages et excès qui auront été commis contre lesdits Esclaves.

ART. XXXII. Pourront les Esclaves être poursuivis criminellement, sans qu'il soit besoin de rendre leur Maître Partie, sinon en cas de complicité; et seront lesdits Esclaves accusés, jugés en premiere Instance par les Juges ordinaires, et par appel au Conseil Souverain, sur la même Instruction, avec les mêmes formalités que les personnes libres.

ART. XXXIII. L'Esclave qui aura frappé son Maître, ou la femme de son Maître, sa Maîtresse ou leurs enfans, avec contusion de sang, ou au visage, sera puni de mort.

ART. XXXIV. Et quant aux excès et voies de fait qui seront commis par les Esclaves contre les Personnes libres, voulons qu'ils soient sévérement punis, même de mort, s'il y échet.

ART. XXXV. Les vols qualifiés, même ceux de Chevaux, Cavalles, Mulets, Bœufs et Vaches, qui auront été faits par les Esclaves, ou par ceux Affranchis, seront punis de peines afflictives, même de mort, si le cas le requiert.

ART. XXXVI. Les vols de Moutons, Chevres, Cochons, Volailles, Cannes de Sucre, Poix, Maignoc ou autres légumes faits par les Esclaves, seront punis selon la qualité du vol, par les Juges, qui pourront, s'il y échet, les condamner à être battus de verges par l'Exécuteur de la Haute-Justice, et marqués à l'épaule d'une Fleur-de-lys.

ART. XXXVII. Seront tenus les Maîtres, en cas de vol ou autrement, des dommages causés par leurs Esclaves, outre la peine corporelle des Esclaves, réparer les torts en leur nom, s'ils n'aiment mieux abandonner l'Esclave à celui auquel le tort a été fait; ce qu'ils seront tenus d'opter dans trois jours, à compter du jour de la condamnation; autrement ils en seront déchus.

ART. XXXVIII. L'Esclave fugitif qui aura été en fuite pendant un mois, à compter du jour que son Maître l'aura dénoncé en Justice, aura les oreilles coupées, et sera marqué d'une Fleur-de-Lys sur une épaule; et s'il récidive, un autre mois, à compter pareillement du jour de la dénonciation, aura le jarret coupé, et sera marqué d'une Fleur-de-Lys sur l'autre épaule, et la troisieme fois il sera puni de mort.

ART. XXXIX. Les Affranchis qui auront donné retraite dans leurs maisons aux Esclaves fugitifs, seront condamnés par corps envers leurs Maîtres, en l'amende de trois cens livres de Sucre par chacun jour de rétention.

ART. XL. L'Esclave puni de mort sur la dénonciation de son Maître, non complice du crime pour lequel il aura été condamné, sera estimé avant l'exécution, par deux des principaux Habitans de l'Isle, qui seront nommés d'Office par le Juge, et le prix de l'estimation sera payé au Maître; pour à quoi satisfaire, il sera imposé par l'Intendant, sur chacune tête de Negre payant droit, la somme portée par l'estimation; laquelle sera réglée sur chacun desdits Negres, et levée par le Fermier du Domaine Royal d'Occident, pour éviter à frais.

ART. XLI. Défendons aux Juges, à nos Procureurs et aux Greffiers, de prendre aucune taxe dans les Procès Criminels contre les Esclaves, à peine de concussion.

ART. XLII. Pourront pareillement les Maîtres, lorsqu'ils croiront que les Esclaves l'auront mérité, les faire enchaîner et les faire battre de verges ou de cordes; leur défendant de leur donner la torture, ni de leur faire aucune mutilation de membre, à peine de confiscation des Esclaves, et d'être procédé contre les Maîtres extraordinairement.

ART. XLIII. Enjoignons à nos Officiers de poursuivre criminelle-ment les Maîtres ou les Commandeurs qui auront tué un Esclave sous leur puissance ou sous leur direction, et de punir le Maître selon l'atrocité des circonstances; et en cas qu'il y ait lieu à l'absolution, permettons à nos Officiers de renvoyer tant les Maîtres que Commandeurs absous, sans qu'ils aient besoin de nos Lettres de grace.

ART. XLIV. Déclarons les Esclaves être meubles; et comme tels entrer en la Communauté, n'avoir point de suite par hypotheque, et se partager également entre les cohéritiers, sans préciput ni droit d'aînesse; n'être sujets au Douaire Coutumier, au retrait Féodal et Lignager, aux Droits Féodaux et Seigneuriaux, aux formalités des Décrets, ni aux retranchemens des quatre Quints, en cas de disposition à cause de mort ou testamentaire.

ART. XLV. N'entendons toutefois priver nos Sujets de la faculté de les stipuler propres à leurs personnes et aux leurs, de leur côté et ligne, ainsi qu'il se pratique pour les sommes de deniers et autres choses mobiliaires.

ART. XLVI. Dans les saisies des Esclaves, seront observées les for-malités prescrites par nos Ordonnances, et les Coutumes pour les saisies des choses mobiliaires. Voulons que les deniers en provenans soient distribués par ordre des saisies ; et en cas de déconfiture au sol la livre , après que les dettes privilégiées auront été payées , et généralement que la condition des Esclaves soit réglée en toutes affaires , comme celles des autres choses mobiliaires, aux conditions suivantes.

ART. XLVII. Ne pourront être saisis et vendus séparément , le Mari et la Femme , et leurs Enfans impuberes , s'ils sont sous la puissance du même Maître ; déclarons nulles les saisies et ventes qui en seront faites ; ce que nous voulons avoir lieu dans les aliénations volontaires , sur peine qu'encourront les Aliénateurs, d'être privés de celui ou de ceux qu'ils auront gardés , qui seront adjugés aux Acquéreurs , sans qu'ils soient tenus de faire aucun supplément du prix.

ART. XLVIII. Ne pourront aussi les Esclaves travaillant actuellement dans les Sucreries , Indigoteries et Habitations , âgés de quatorze ans et au-dessus , jusqu'à soixante ans , être saisis pour dettes , sinon pour ce qui sera dû du prix de leur achat , ou que la Sucrerie , ou Indigoterie , où Habitation dans laquelle ils travaillent , soient saisis réellement ; défendons , à peine de nullité , de procéder par Saisie réelle et Adjudication par Décret , sur les Sucreries , Indigoteries ni Habitations, sans y comprendre les Esclaves de l'âge susdit et y travaillant actuellement.

ART. XLIX. Les Fermiers Judiciaires des Sucreries, Indigoteries ou Habitations saisies réellement, conjointement avec les Esclaves , seront tenus de payer entier le prix de leur bail , sans qu'ils puissent compter parmi les fruits et droits de leur bail qu'ils percevront , les enfans qui seront nés des Esclaves pendant le cours d'icelui , qui n'y entrent point.

ART. L. Voulons nonobstant toutes conventions contraires , que nous déclarons nulles, que lesdits Enfans appartiennent à la Partie saisie , si les Créanciers sont satisfaits d'ailleurs , ou à l'Adjudicataire , s'il intervient un Décret ; et qu'à cet effet mention soit faite dans la dernière Affiche , avant l'interposition du Décret , des Enfans nés des Esclaves depuis la Saisie réelle ; que dans la même Affiche il soit fait mention des Esclaves décédés depuis la Saisie réelle , dans laquelle ils auront été compris.

ART. LI. Voulons , pour éviter aux frais et aux longueurs des Procédures , que la distribution du prix entier de l'Adjudication , conjointement des fonds et des Esclaves , et de ce qui proviendra du prix des Baux judiciaires , soit faite entre les Créanciers , selon l'ordre de leurs privileges et hypotheques, sans distinguer ce qui est provenu du prix des fonds d'avec ce qui est procédant du prix des Esclaves.

ART. LII. Et néanmoins les Droits Féodaux et Seigneuriaux ne seront payés qu'à proportion du prix des fonds.

ART. LIII. Ne seront reçus les Lignagers et les Seigneurs Féodaux à retirer les fonds décrétés, s'ils ne retirent les Esclaves vendus conjointement avec les fonds, ni les Adjudicataires à retenir les Esclaves sans les fonds.

ART. LIV. Enjoignons aux Gardiens Nobles et Bourgeois, Usufruitiers, Admodiateurs et autres jouissans des fonds, auxquels sont attachés des Esclaves qui travaillent, de gouverner lesdits Esclaves comme bons Peres de Familles, sans qu'ils soient tenus après leur administration, de rendre le prix de ceux qui seront décédés ou diminués par maladies, vieillesse ou autrement, sans leur faute; et sans qu'ils puissent aussi retenir comme des fruits de leurs profits, les Enfans nés desdits Esclaves durant leur administration, lesquels nous voulons être conservés et rendus à ceux qui en sont les Maîtres et Propriétaires.

ART. LV. Les Maîtres, âgés de vingt ans, pourront affranchir leurs Esclaves par tous actes entre vifs, ou à cause de mort, sans qu'ils soient tenus de rendre raison de leur affranchissement, ni qu'ils aient besoin d'avis de parens, encore qu'ils soient mineurs de vingt-cinq ans.

ART. LVI. Les Esclaves qui auront été faits Légataires Universels par leurs Maîtres, ou nommés Exécuteurs de leurs Testamens, ou Tuteurs de leurs Enfans, seront tenus et réputés, et les tenons et réputons pour affranchis.

ART. LVII. Déclarons leurs affranchissemens faits dans nos Isles, leur tenir lieu de naissance dans nos Isles; et les Esclaves affranchis n'avoir besoin de nos Lettres de Naturalité, pour jouir des avantages de nos Sujets naturels dans notre Royaume, Terres et Pays de notre obéissance, encore qu'ils soient nés dans les Pays étrangers.

ART. LVIII. Commandons aux Affranchis de porter un respect singulier à leurs anciens Maîtres, à leurs Veuves et à leurs Enfans; ensorte que l'injure qu'ils leur auront faite soit punie plus grièvement, que si elle étoit faite à une autre personne. Les déclarons toutefois francs et quittes envers eux de toutes autres charges, services et droits utiles que leurs anciens Maîtres voudroient prétendre, tant sur leurs personnes, que sur leurs biens et successions en qualité de Patrons.

ART. LIX. Octroyons aux Affranchis les mêmes droits, privileges et

immunités dont jouissent les Personnes nées libres; voulons qu'ils méritent une liberté acquise, et qu'elle produise en eux, tant pour leurs
Personnes que pour leurs biens, les mêmes effets que le bonheur de
la liberté naturelle cause à nos autres Sujets.

ART. LX. Déclarons les confiscations et amendes, qui n'ont point de
destination particuliere, par ces Présentes, nous appartenir, pour être
payées à ceux qui sont préposés à la Recette de nos revenus. Voulons
néanmoins que distraction soit faite du tiers desdites confiscations et
amendes au profit de l'Hôpital établi dans l'Isle où elles auront été
adjugées.

Si donnons en mandement, à nos Amés et Féaux, les Gens tenant
nos Conseils Souverains établis à la Martinique, la Guadeloupe et Saint-
Christophe, que ces Présentes ils aient à faire lire, publier et enregistrer, et le contenu en icelles garder et observer de point en point,
selon leur forme et teneur, sans y contrevenir, ni permettre qu'il y soit
contrevenu, en quelque sorte et maniere que ce soit; nonobstant tous
Edits, Déclarations, Arrêts et Usages à ce contraires, auxquels nous
avons dérogé et dérogeons par cesdites Présentes. Car tel est notre
plaisir; et afin que ce soit chose ferme et stable à toujours, nous y avons
fait mettre notre Scel. DONNÉ à Versailles, au mois de Mars mil six
cent quatre-vingt-cinq, et de notre Regne le quarante-deuxieme.
Signé LOUIS. *Et plus bas;* par le Roi. COLBERT. *Visa,* LE TELLIER.

*Lu, publié et enregistré le présent Edit; ouï et ce requérant le Pro-
cureur-Général du Roi, pour être exécuté selon sa forme et teneur; et
sera, à la diligence dudit Procureur-Général, envoyé Copies d'icelui aux
Sieges ressortissans du Conseil, pour y être pareillement lu, publié et
enregistré. FAIT et donné au Conseil Souverain de la Côte Saint-Domingue, tenu au Petit-Goave, le 6 Mai 1687. Signé* MORICEAU.

*Cet Edit fut rédigé d'après les Mémoires de M. le Comte de Blénac,
Gouverneur-Général des Isles, de MM. de Patoulet et de Bégon,
Intendans desdites Isles, et ceux des Conseils de Saint-Christophe,
de la Martinique et de la Guadeloupe. Nous en ferons ailleurs un
examen scrupuleux, plusieurs de ces dispositions ne pouvant plus
convenir à Saint-Domingue.*

BREVET

BREVET *de Major de la Côte de Saint-Domingue pour* M. DESLANDES.

Du 5 Août 1685.

AUJOURD'HUI cinquieme jour d'Août 1685, le Roi étant à Versailles, voulant commettre une personne capable et expérimentée au fait de la guerre pour faire la fonction de Major de la Côte de Saint-Domingue, et résider pour cet effet en l'un des quartiers de ladite Isle ; et sachant que le sieur Deslandes, etc.

Cette Commission est conforme à celle de M. le Clerc de la Boulays du 5 Novembre 1683. C'est le même M. Deslandes qui faisoit, comme Major des Milices, les fonctions de Procureur-Général au Tribunal Souverain de la Côte Saint-Domingue. Voy. la Note sur l'Arrêt du 16 Février 1682.

PROVISIONS *de Lieutenant de Roi de la Côte Saint-Domingue pour* M. DUMAS.

Du 6 Août 1685.

LOUIS, etc. à notre bien amé le sieur Dumas, SALUT. Etant nécessaire d'établir encore un Lieutenant pour nous au Gouvernement de la Côte de l'Isle de Saint-Domingue à cause de sa grande étendue, et qui puisse résider actuellement en l'un des quartiers de ladite Isle tel qu'il lui sera ordonné par le Gouverneur d'icelle pour le soulager dans les fonctions de sa Charge, nous avons estimé, etc. Si donnons en Mandement au sieur Comte de Blénac et au sieur de Cussy, qu'après leur être apparu que vous faites profession de la Religion Catholique, Apostolique et Romaine, de vous faire reconnoître, etc.

Ces Provisions, qui établissent une seconde Lieutenance de Roi à Saint-Domingue, sont au surplus semblables à celles de M. de Franquesnay du 20 Avril 1679.

Tome I. Hhh

Lettre du Roi à M. *de Cussy, touchant l'exécution de la Treve avec les Espagnols.*

Du 13 Août 1685.

Mons de Cussy, mon intention étant que la Treve de Ratisbonne soit ponctuellement exécutée dans tous les Terres et Pays de mon obéissance, je vous fais cette Lettre pour vous dire que je veux que vous la fassiez publier et établir dans l'Isle de Saint-Domingue entre mes Sujets et ceux du Roi d'Espagne, en cas que vous soyez assuré que le Commandant pour Sa Majesté Catholique dans ladite Isle ait le même pouvoir que celui que je vous donne, et qu'il veuille de sa part la faire aussi publier et observer; sans quoi je vous défends de rien faire à cet égard, n'étant pas juste de défendre les voies de fait à mes Sujets, si le Roi d'Espagne les permet aux siens. Et la Présente, etc.

Arrêt du Conseil d'Etat, touchant l'exemption du Droit de Capitation aux Isles.

Du 14 Août 1685.

Le Roi continuant à s'appliquer à tout ce qui peut contribuer, maintenir et augmenter le Commerce qui se fait dans les Isles de l'Amérique qui sont sous son obéissance; et connoissant qu'il n'y a point de meilleur moyen d'y parvenir qu'en maintenant et faisant jouir ses principaux Sujets, établis dans lesd. Isles, de l'exemption du Droit de Capitation pour une partie de leurs Negres, afin de leur donner moyen, non-seulement de continuer à faire le Commerce, mais même de travailler par tous moyens possibles à le faire fleurir; et voulant en outre traiter favorablement les Officiers qui commandent les Milices dans lesdites Isles, Sa Majesté étant en son Conseil, a ordonné et ordonne que les Officiers des Compagnies de Milice étant à présent auxdites Isles, tant d'Infanterie que de Cavalerie, jouiront, ainsi qu'ils ont fait ci-devant, de l'exemption du Droit de Capitation; savoir, le Capitaine pour le nombre de douze Negres, les Lieutenans de huit, les Enseignes de six, et les Maréchaux et Brigadiers de la Cavalerie et les Sergens de quatre, conformément au Réglement fait par ordre de Sa Majesté, en l'année 1671, par le sieur de Baas, ci-devant Gouverneur et Lieutenant-Général desdites Isles ; et qu'à l'avenir, en cas que par l'augmentation de la Colonie il soit nécessaire de former un plus grand nombre de Compagnies de Milice, ce qui ne se pourra faire que par ordre du Gouverneur et du consentement de l'Intendant, ceux qui seront établis Officiers desdites Compagnies jouiront de la même exemption ; fait Sa Majesté défenses au Fermier général des Droits de Capitation, ses Commis et Préposés, de les inquiéter ni exiger d'eux ledit Droit de Capitation pour ledit nombre de Negres ci-dessus expliqué, à peine de concussion ; enjoint Sa Majesté au sieur Dumaitz de Goimpy, Conseiller en ses Conseils, Intendant de Justice, Police et Finances auxdites Isles, de tenir la main à l'exécution du présent Arrêt, qu'elle veut être lu, publié et affiché. FAIT au Conseil d'Etat, à Versailles le 14 Août 1685.

R. au Conseil de la Martinique le 3 Décembre suivant.

ORDONNANCE *des Administrateurs-Généraux des Isles, qui défend de tuer des Genisses.*

Du 24 Août 1685.

LE Comte de Blénac, etc.
Dumaitz de Goinpy, etc.

Sur la Remontrance qui nous a été faite que la liberté que les Bouchers ont eue jusque à présent de tuer indistinctement des Genisses, pourroit dans peu diminuer extraordinairement le nombre des bestiaux, et par conséquent mettre la disette dans cette Isle, laquelle étant beaucoup peuplée, fait journellement une grande consommation de viande ; pour subvenir à ces inconvéniens, et rétablir l'abondance dans les Isles, nous défendons à tous Bouchers de tuer dorénavant aucune Genisse, sous quelque prétexte que ce soit, à peine de mille livres de Sucre d'amende ; mandons au Procureur du Roi de tenir la main à l'exécution de la présente Ordonnance, laquelle sera lue, publiée et affichée. FAIT au Fort Saint-Pierre de la Martinique le 24 Août 1685. *Signé* BLENAC et DUMAITZ.

ORDONNANCE du Gouverneur-Général des Isles, pour faire recevoir en Sucre le paiement des Greffiers, Notaires et Huissiers.

Du 25 Août 1685.

LE Comte de Blénac, etc.

Voulant prévenir les torts et dommages que les pauvres Habitans pourroient recevoir par les retardemens s'ils étoient obligés de payer en argent les expéditions qu'ils retirent des Greffiers, Huissiers et Notaires, à cet effet, ordonnons auxdits Greffiers, Notaires et Huissiers de ne faire aucunes difficultés de délivrer les expéditions à toutes sortes de personnes en les payant en Sucre, étant la monnoie du Pays, et sur le pied du prix courant; voulons et entendons que la présente Ordonnance soit exécutée sans aucune restriction; mandons au Procureur du Roi de tenir la main à l'exécution d'icelle, qu'il fera lire et publier pour que personne n'en ignore. FAIT au Fort Saint-Pierre de la Martinique le 25 Août 1685. *Signé* BLÉNAC et DUMAITZ.

R. *au Conseil Souverain de la Martinique le 3 Septembre 1685.*

EDIT portant établissement d'un Conseil Souverain et de quatre Sièges Royaux à Saint-Domingue; savoir, le Conseil Souverain au Bourg du Petit-Goave, le premier Siege au même lieu, le second à Léoganne, le troisieme au Port-de-Paix, et le quatrieme au Cap.

Du mois d'Août 1685.

LOUIS, etc. Le zele que les Peuples qui habitent la Côte de l'Isle Saint-Domingue dans l'Amérique ont témoigné pour notre service, et dont ils ont donné des marques en toutes occasions à nos Sujets qui ont formé une Colonie considérable, a mérité nos soins et notre application particuliere à pourvoir à tous leurs besoins; nous leur avons envoyé plusieurs Missionnaires pour les élever à la connoissance du vrai Dieu, et les instruire dans la Religion Catholique, Apostolique et Romaine; nous avons tiré de nos Troupes des Officiers principaux pour les commander, les secourir et les défendre contre leurs ennemis; ainsi ce qu'il nous reste est de régler l'administration de la Justice par l'Etablissement

des Tribunaux et des Sieges en des lieux certains, en la même manière,
dans les mêmes formes et sous les mêmes Loix, qui s'observeront par
nos Sujets, afin qu'ils puissent y avoir recours dans leurs affaires Civiles
et Criminelles, en première Instance et en dernière ressort. A CES CAUSES,
et de l'avis de notre Conseil, de notre certaine science, pleine puissance
et autorité Royale, nous avons créé et établi, créons et établissons par ces
Présentes, signées de notre main, dans la Côte de l'Isle Saint-Domingue
dans l'Amérique, un Conseil Souverain et quatre Sieges Royaux qui y
ressortiront; savoir, ledit Conseil Souverain dans le Bourg du Petit-
Goave à l'instar de ceux de l'Amérique qui sont sous notre obéissance;
lequel sera composé du Gouverneur, notre Lieutenant-Général dans
lesdites Isles, de l'Intendant de la Justice, Police et Finances dudit
Pays, du Gouverneur Particulier de la Côte, des deux Lieutenans pour
nous, deux Majors, douze Conseillers, nos amés et féaux les sieurs
Moraud, Beauregard, de Marquant, du Veaumartin, Boisseau, Coustard,
Leblond de la Joupiere, Beauregard du Cap, de la Richardiere, de
Mercy, Frondemiche, et Gallichon, d'un notre Procureur-Général et un
Greffier. Donnons pouvoir audit Conseil Souverain de juger en dernier
ressort tous les Procès et différends, tant Civils que Criminels, mûs et
à mouvoir entre nos Sujets dudit Pays, sur les appellations des Sentences
desdits Sieges Royaux, et ce sans aucuns frais; lui enjoignons de s'assembler pour cet effet à certains jours et heures au lieu qui sera par eux
avisé le plus commode, au moins une fois le mois; voulons que le Gouverneur, notre Lieutenant-Général auxdites Isles, préside audit Conseil,
et en son absence, l'Intendant de Justice, Police et Finances; que le
même ordre soit gardé entre le Gouverneur Particulier de ladite Côte,
les deux Lieutenans pour nous, les deux Majors, et les douze Conseillers, pour y prendre leurs séances et présider, en cas d'absence les
uns des autres, dans le même rang que nous les avons nommés, et que
l'ordre de l'Ecriture leur tienne lieu de Réglement entr'eux pour leurs
honneurs; voulons néanmoins que l'Intendant de Justice, Police et Finances audit Pays, lors même que le Gouverneur, notre Lieutenant-
Général auxdites Isles, sera présent audit Conseil et y présidera, demande
les avis, recueille les voix, prononce les Arrêts, et qu'il ait au surplus
les mêmes avantages, et fasse les mêmes fonctions que les premiers Présidens de nos Cours; et en cas d'absence de l'Intendant, que le plus
ancien de nosdits Conseillers ait les mêmes droits, encore qu'il soit
présidé par nosdits Gouverneurs, Lieutenans et Majors. Seront les quatre
Sieges Royaux, à l'instar de ceux de notre Royaume, composés chacun

d'un Sénéchal, d'un Lieutenant, d'un notre Procureur et d'un Greffier ; et seront établis, un audit lieu du Petit-Goave, dont la Jurisdiction s'étendra sur le Grand et Petit-Goave, le Rochelois, Nippes, la Grande Anse, et l'Isle à Vache ; un autre à Léogane, qui comprendra les Etablissemens de l'Arcahaye ; un autre au Port de Paix, contenant depuis le Port François jusqu'au Mole Saint-Nicolas, et toute l'Isle de la Tortue ; et un autre au Cap, dont le Ressort sera depuis le Port François jusqu'à l'extrémité des Quartiers habités par les François dans la bande du Nord tirant vers l'Est. Si donnons en mandement au Gouverneur, notre Lieutenant-Général desdites Isles, et en son absence, au Gouverneur de la Tortue et Côte Saint-Domingue, qu'après lui être apparu des bonnes vies, mœurs, conversation et Religion Catholique, Apostolique et Romaine de ceux qui devront composer ledit Conseil Souverain, et qu'il aura pris d'eux le Serment en tel cas requis et accoutumé ; il les mette et institue dans les fonctions de leurs Charges, les faisant reconnoître et obéir de tous ceux et ainsi qu'il appartiendra. Mandons pareillement aux Officiers dudit Conseil Souverain de faire de même et installer les Officiers desdits Sieges Royaux : Car tel est notre plaisir, etc. Donné à Versailles au mois d'Août 1685, et de notre regne le quarante-troisieme.

Signé Louis.

R. au Conseil Souverain du Petit-Goave, le 4 Mai 1686.

La premiere Audience de ce Conseil a eu lieu le premier Juillet 1686, en l'Hôtel de M. de Cussy, Gouverneur, où a assisté M. Deslandes, Major.

ORDONNANCE *de M. DE CUSSY, Gouverneur, pour défendre la Course.*

Du ... Octobre 1685.

Par cette Ordonnance, il est défendu à tout François de l'Isle de la Tortue et Côte Saint-Domingue, de faire la Course, sous peine de punition corporelle et de confiscation de ses biens.

ORDONNANCE *de M.* DE CUSSY *, touchant la Sortie des Bateaux et Barques des différens Ports.*

Du ... Octobre 1685.

M. de Cussy, pour assurer encore mieux l'exécution de l'Ordonnance précédente, fait défenses très-expresses aux Commandans des quartiers de laisser sortir aucun Bateau ni Barque où il se trouvera plus de huit hommes.

Toutes ces mesures étoient prises pour arrêter la Flibuste qui dépeuploit la Colonie encore dans son berceau.

ARRÊT *du Conseil d'Etat, touchant le paiement des Droits du Domaine d'Occident.*

Du 11 Décembre 1685.

SUR la Requête présentée au Roi en son Conseil, par Maître Jean Fauçonnet, Fermier Général des Fermes unies, et du Domaine d'Occident, contenant que par Arrêt du Conseil rendu au rapport du feu sieur Colbert, Contrôleur-Général des Finances, le . . Juin 1666, Sa Majesté auroit ordonné que ceux qui obtiendroient des Passeports, portant permission de faire Commerce dans les Isles de l'Amérique, seroient tenus de donner caution au Siege de l'Amirauté où ils équiperont leurs Vaisseaux, et de faire leur retour dans les Ports de France ; l'exécution duquel Arrêt auroit été ordonnée par d'autres Arrêts dudit Conseil des 8 et 30 Juillet 1670, rendus aussi au rapport dudit feu sieur Colbert ; et par le Bail fait à Maître Jean Oudiette, précédent Fermier dudit Domaine d'Occident, le 24 Mai 1675, il est entr'autres choses porté que les défenses faites aux Etrangers de commercer dans les Pays de Canada et Isles de l'Amérique, seroient continuées, et qu'il ne seroit expédié aucuns Passeports aux Négocians François, qu'à condition de faire leur retour en France, et d'y payer les Droits de ladite Ferme audit Oudiette ; que le Suppliant s'est rendu Adjudicataire de ladite Ferme du Domaine d'Occident le 7 Avril dernier, et que par le Bail qui lui a été fait, il est expressément porté qu'il en jouira de même qu'avoit joui ou dû jouir ledit Oudiette ; cependant depuis le premier Juillet dernier qu'il est entré en jouissance de sa Ferme, quelques Vaisseaux François ont passé desdites Isles en droiture en Hollande, chargés de Tabacs et autres Marchandises sujettes aux Droits de ladite Ferme du Domaine d'Occident; ce qui est non-seulement contraire au bien du Commerce desdites Isles, et à l'intention de son Etablissement, mais encore auxdits Arrêts, et aux conditions de son Bail, et aux Droits de ladite Ferme du Domaine d'Occident, et de celle du Tabac, laquelle tire sa principale provision desdites Isles. A CES CAUSES, requéroit qu'il plût à Sa Majesté, sur ce lui pourvoir, et ordonner que le Bail à lui fait, sera exécuté selon sa forme et teneur; en conséquence que tous les Vaisseaux François commerçans auxdites Isles, seront tenus de faire leur retour dans les Ports de France, et non ailleurs, à peine de confiscation desdits Vaisseaux et de leurs Marchandises, de leurs chargemens et de quinze cens livres d'amende; et l'Arrêt qui interviendra sera enregistré dans tous les Greffes des Amirautés, et Justices desdites Isles, et publié et affiché dans tous les Ports de France, pour être exécuté selon sa forme et teneur, nonobstant oppositions ou appellations quelconques, dont, (si aucunes interviennent) Sa Majesté s'en réservera à soi et à son Conseil la connoissance, et icelle interdira à toutes ses Cours, et autres Juges; vu ladite Requête, le Bail fait audit Oudiette, et celui du Suppliant; et ouï le rapport du sieur le Pelletier, Conseiller ordinaire au Conseil Royal, Contrôleur-Général des Finances, le Roi en son Conseil, a ordonné et ordonne que lesdits Arrêts du Conseil des 22 Juin 1669, 8 et 30 Juillet 1670, et les Baux faits auxdits Oudiette et Fauconnet les 24 Mai 1675 et 7 Avril dernier, seront exécutés selon leur forme et teneur; en conséquence que les Négocians François qui feront commerce auxdites Isles, seront tenus de faire leur retour en France, et d'y payer les Droits des Marchandises qui seront par eux rapportées, suivant et conformément auxdits Arrêts et Baux, sur les peines y portées; et sera le présent Arrêt enregistré dans tous les Greffes des Amirautés, et Justices desdites Isles, et publié et affiché dans tous les Ports de France, pour être exécuté selon sa forme et teneur. FAIT au Conseil d'Etat du Roi, tenu à Versaille le onzieme jour de Décembre mil six cent quatre-vingt-cinq. Collationné. *Signé* COQUILLE.

ORDONNANCE

ORDONNANCE *du Gouverneur - Général des Isles ; touchant les Départs des Employés au Service du Roi et des autres Particuliers.*

Du 30 Mars 1686.

LE Comte de Blénac, etc.

Après avoir examiné avec M. Dumaitz, Intendant de Justice, Police et Finances, es Isles Françoises et Terre - Ferme de l'Amérique, la facilité que les personnes envoyées par les Ordres de Sa Majesté et à ses frais, avoient à s'en retourner en France ou autres lieux, où ils ne rendoient point les services auxquels Sa Majesté les avoit destinés, et connoissant la conséquence qu'il y a pour l'exécution de ses Ordres, de les y retenir.

Nous défendons pour cet effet, à tous Gouverneurs, Lieutenans de Roi et Commandans desdites Isles, d'avoir à donner aucuns Passeports ni Congés à de telles personnes, de quelque condition et état qu'elles puissent être, pour passer autre part que dans les Isles de l'obéissance de Sa Majesté, à peine d'en répondre au Roi ; et en cas qu'ils en fussent requis, de nous les renvoyer pour les obtenir, ou à celui qui commandera, en notre absence, dans lesdites Isles. Défendons en outre à tous Maîtres de Barques et Brigantins, de les embarquer sans le Congé dudit Lieutenant-Général, ou de celui qui commandera en son absence ; et à tous Commandans de Navires Marchands, de les recevoir dans leurs Bords, sur les peines telles que l'on avisera bon être, et suivant l'échéance du cas et des personnes qu'ils embarqueront. Ordonnons à tous les Gouverneurs, Lieutenant de Roi, Commandans, d'exécuter et tenir la main à ce que le présent Ordre soit exécuté ; faire arrêter les Contrevenans, et faire publier et afficher le présent Ordre dans les Places publiques de leurs Gouvernemens, afin que personne n'en prétende cause d'ignorance, et du tout nous donner avis. Et quant aux autres personnes, pourront lesdits Gouverneurs ou Commandans leur donner des Congés suivant l'usage ordinaire, et après qu'ils auront satisfait à leurs dettes. FAIT au Fort-Royal de la Martinique, le 20 Mars 1686.

COMMISSION *de Capitaine de Cavalerie - Milice , au Quartier de Léogane.*

Du 2 Mai 1686.

L'enregistrement de cette Commission au Conseil Souverain du Petit-Goave , le 6 Mai 1687 , ne doit pas paroître étonnant , si l'on observe que les Membres de ce Conseil étoient en même-tems Officiers des Milices.

ORDONNANCE *du Roi , portant que le nombre des Engagés sera , à Saint-Domingue , égal à celui des Negres , à peine de confiscation de l'excédant de ces derniers.*

Du 30 Septembre 1686.

SA MAJESTÉ étant informée que ce qui a le plus contribué à l'augmentation de la Colonie de la Côte de Saint-Domingue , est le grand nombre d'Engagés qui y ont passé , dont plusieurs se sont rendus Habitans dans la suite du temps , et y ont fait même des Habitations considérables ; et étant important non-seulement de continuer , mais même d'augmenter ces sortes d'envois , Sa Majesté a ordonné et ordonne , veut et entend , qu'à commencer du premier de Mai 1687 , tous les Habitans de ladite Côte , de quelque qualité et condition qu'ils soient , soient tenus d'avoir un nombre d'Engagés pareil à celui des Negres qu'ils entretiendront pour faire valoir leurs Habitations ; voulant que ledit temps passé , les Negres que lesdits Habitans auront au-delà du nombre d'Engagés , demeurent acquis et confisqués à Sa Majesté ; laquelle enjoint au sieur de Cussy , Gouverneur de ladite Côte , de tenir la main à l'exécution de la présente Ordonnance , qui sera lue , publiée et affichée où besoin sera , afin que personne n'en ignore. FAIT , etc.

EXTRAIT des Ordres du Roi, portant défenses aux Gouverneurs particuliers de rendre des Ordonnances.

Du 30 Septembre 1686.

SA MAJESTÉ a aussi approuvé les précautions portées par l'Ordonnance du Sieur Chevalier de Saint-Laurens, du 24 Décembre dernier, pour empêcher le Commerce étranger ; mais elle a trouvé fort mauvais qu'il se soit ingéré de rendre ladite Ordonnance, sans la participation du Lieutenant-Général et de l'Intendant, ayant en cela excédé son pouvoir.

TRÈS-HUMBLES Supplications que font les Conseillers du Conseil Souverain, avec les principaux Officiers de ce Quartier, au nom de tous les principaux Habitans de Saint-Domingue, à Monseigneur le Marquis de SEIGNELAY ; après avoir pris le sentiment de chaque Quartier sur la proposition qui a été faite de supprimer la Ferme du Tabac, en donnant par les Habitans, au Roi, un quart de leur Tabac, en France, quitte de fret et en nature.

Du mois de Septembre 1686.

MONSEIGNEUR,

Les Sujets de Sa Majesté qui sont établis dans la Côte de Saint-Domingue, s'adressent aujourd'hui à Votre Grandeur, comme leur illustre Protecteur, afin qu'elle ait la bonté de les aider dans leurs miseres, la suppliant très-humblement, au nom de tous les Habitans, de vouloir intercéder pour eux auprès de Sa Majesté, et de les regarder avec des yeux de compassion, étant réduits à la derniere extrémité par l'établissement de la Ferme du Tabac, qui, sous le nom de Sa Majesté, et sous son autorité, exige et leur enleve plus de la moitié de leurs revenus, et tout ce qu'ils peuvent gagner par un grand travail à la sueur de leur corps ; ensorte que quelques-uns sont obligés d'abandonner leurs Habitations, pour aller dans les Bois chercher leurs subsistances par le moyen de la Chasse ; et les autres, par désespoir, s'en aller Forbans. Cela vous surprendra, Monseigneur, parce que vous n'avez pas été

informé de cette vérité que par les Mémoires de M. Bégon, qui vous en
a touché quelque chose, les Habitans jusqu'ici n'ayant osé prendre cette
liberté ; mais à présent que vous leur avez donné la permission, ils vous
réiterent leurs très-humbles Supplications pour obtenir du Roi quelque
soulagement, lequel, non plus que vous, Monseigneur, n'a pas été
informé des préjudices notables que ce parti cause à ses Sujets ; de pauvres Habitans représentent donc très-humblement à Votre Grandeur,
que dans l'Isle de Saint-Domingue, où ils sont établis, il n'y croît ni
Bled ni Vin ; qu'ils sont obligés, pour la plupart, de manger de la
cassave ; qu'ils n'ont d'autre Commerce dans cette Isle, que celui du
Tabac, ayant été obligés de quitter les Cotons qui ne réussissoient pas,
et d'abandonner la Chasse des Bœufs sauvages, qui sont présentement
fort rares ; ainsi qu'il ne leur reste que cette Marchandise sur laquelle,
avant le Parti, ils faisoient un profit assez considérable, par la défaite
avantageuse qu'ils trouvoient en France, à cause de la liberté qui y étoit ;
ce qui donnoit de la consolation à ces pauvres gens, que l'on peut dire
être comme des Exilés de leur Pays, par le grand éloignement, étant
privés de tous les biens et des grands avantages que l'on jouit en France,
sous un si Grand Roi, dont le Regne est le plus doux qui ait jamais été ;
mais depuis que des Particuliers se sont avisés de proposer de mettre
cette Marchandise en Parti, se servant de l'autorité du Roi, ils se sont
rendus les Maîtres de cette Marchandise, qu'ils mettent à un prix si bas,
que ceux à qui elle appartient n'en peuvent pas tirer les frais qui leur
coûtent à la recueillir ; et ces Fermiers, sans courir aucuns risques de la
mer, ni perte ni frais, vendent ce Tabac quatre fois plus qu'ils n'en
paient, ne faisant valoir le meilleur, qu'ils prennent en petite quantité,
que huit ou neuf écus au plus, qu'ils revendent aussitôt jusqu'à quarante ;
et c'est de cette maniere, Monseigneur, que ces Particuliers ont trouvé
le moyen de dépouiller ces pauvres Habitans de tout ce qu'ils peuvent
recueillir de tout leur labeur, qui est leur nourriture et leur propre
substance, n'y ayant eu jamais d'exemple que l'on ôte la liberté aux
Peuples de vendre leurs Marchandises, en payant les Droits du Prince ;
à quoi ils se soumettent volontiers, particulierement aux Négocians par
mer, dans des voyages de long cours, qui se font avec beaucoup de péril
et dépenses excessives.

   Ces pauvres Habitans proposeroient donc à Votre Grandeur, si elle
l'avoit agréable, de payer au Roi telle Taxe qu'il lui plairoit imposer,
au lieu du quart proposé, et comme l'on fait sur toutes sortes de Marchandises qui entrent dans le Royaume ; à quoi les Intéressés pourront

répondre que l'on est obligé d'en user ainsi, à cause de la fraude qui se feroit ; à quoi l'on leur répliquera qu'il est impossible que l'on puisse frauder les Droits du Roi sur cette Marchandise, dont l'odeur se fait sentir si loin, qu'il est impossible de la cacher.

Vous voyez donc, Monseigneur, que ces pauvres Habitans sont dignes de compassion, ils sont les Sujets du Roi aussi-bien que ceux qui sont en France ; ils ne sont pas moins fideles à Sa Majesté, ayant été toujours très-prompts à obéir à ses ordres; ils en ont donné des preuves en plusieurs rencontres, et particulierement dans la Campagne des Isles d'Aves, où il y en eut près de dix-sept cens qui quitterent leurs Habitations et tous leurs biens pour suivre le Maréchal d'Estrées à leurs dépens ; ils n'ont point de Garnison, et ce sont eux-mêmes qui veillent à leur sûreté et leur conservation, par les Gardes qu'ils font journellement pour se garantir des insultes des demi-Galeres, qui ont pillé et ravagé quelques Quartiers.

Il ne dépend donc que de vous, Monseigneur, de soulager ces pauvres Misérables : vous n'avez qu'à représenter au Roi l'état pitoyable où ils sont ; Sa Majesté vous écoute en toutes choses, et elle vous aime, parce qu'elle sait que vous êtes juste, et elle ne rejettera pas les très-humbles Supplications que font les pauvres Habitans à sa Sacrée Personne ; elle les conservera contre ses Ennemis, et leur donnera le moyen de subsister, en les traitant comme ses autres Sujets, en leur donnant la même liberté de faire valoir leurs biens, et d'en faire eux-mêmes un Commerce, avec tels Droits qu'il lui plaira d'imposer ; quoi faisant, ces Habitans, Monseigneur, vous seront redevables de leur vie, et continueront incessamment leurs Vœux et leurs Prieres au Ciel, pour la prospérité et santé de Votre Grandeur. *Signés* COUSTARD, LE MARQUANT, DE LA JOUPIERRE, et BEAUREGARD, Conseillers; BOBAIN, MALMAIN, F. HARDOUINFAU, et D'HAUDIN, Officiers.

M. le Marquis de Seignelay, Ministre, avoit écrit cette même année 1688, à M. de Cussy, sur la Ferme du Tabac, pour permettre aux Habitans de faire entendre leurs Représentations à cet égard. En conséquence M. de Cussy écrivit aux Commandans des Quartiers de les assembler ; ensuite au Commandant de la partie de l'Ouest de l'Isle, de réunir les Conseillers, les Juges, les Officiers de Milice et les principaux Habitans, afin de solliciter les bontés du Ministre, et ce fut lors de cette derniere assemblée générale qu'on arrêta les Supplications ci-dessus.

ARRÊT du Conseil du Petit-Goave, portant Evocation des Contestations relatives à ses Membres.

Du 7 Octobre 1686.

SUR la Plainte portée au Conseil par le sieur Leblond de la Joupierre, Conseiller audit Conseil Souverain, au sujet d'un Décret d'ajournement personnel décerné par le Juge ordinaire de ce lieu, contre ledit sieur Leblond, sur de prétendues informations faites pardevant ledit Juge, à la Requête du nommé Devaux, Huissier audit Conseil Souverain, et Sergent de ladite Jurisdiction ordinaire du Petit-Goave; disant ledit sieur Leblond, qu'il a représenté il y a déjà quelque temps audit Conseil une Plainte, et en vertu d'icelle auroit obtenu permission d'informer contre ledit Devaux des faits contenus en sa Plainte; ce qui auroit été fait par M. de Frondemiche, Conseiller en ce Conseil Souverain, Commissaire à ce député. Cependant ledit Devaux, pour tacher d'éviter la punition qu'il mérite pour les insolences qu'il a commises contre la personne dudit sieur Leblond, se seroit avisé dans le même temps de porter sa Plainte par-devant ledit Juge ordinaire, lequel a travaillé aux Informations, même décerné ledit Décret d'ajournement personnel contre ledit sieur Leblond, nonobstant la parfaite connoissance qu'il avoit que le Conseil Souverain s'étoit saisi de cette affaire, sa Plainte n'ayant dû être portée ailleurs, attendu que ledit sieur Leblond est Conseiller audit Conseil, et ledit Devaux a l'honneur d'en être Huissier, et par conséquent cela n'est nullement de la compétence dudit Juge ordinaire; requérant qu'il plaise au Conseil casser et annuller les prétendues Informations et Décret d'ajournement personnel en question, attendu l'incompétence dudit Juge, et ordonner que les Parties se pourvoiront audit Conseil Souverain.

Le Conseil faisant droit sur la réquisition dudit sieur Leblond, et attendu qu'il est saisi de cette affaire par les Informations qui en ont été faites pardevant M. Frondemiche, par ordre dudit Conseil, et que les Parties *sont du Corps d'icelui* Conseil Souverain, et n'ont dû se pourvoir ailleurs, a cassé et annullé les Informations en question et Décret d'ajournement personnel décerné. En conséquence, ordonne que les Parties se pourvoiront audit Conseil Souverain, etc. DONNÉ au Conseil du Petit-Goave, les jour et an que dessus.

RÉGLEMENT *du Conseil Souverain du Petit-Goave, concernant la Taxe des Officiers de Justice et autres.*

Du 7 Octobre 1686.

SUR ce que le Procureur-Général du Roi a remontré qu'il a reçu plusieurs plaintes de divers Particuliers, qui se plaignent des Salaires excessifs que quelques Officiers de Justice exigent d'eux dans les Affaires, où on a besoin de leur ministere, ce qui va au grand préjudice du Public; requerant qu'il plût au Conseil faire un Réglement, dans lequel les Salaires des Juges, leurs Lieutenans, Procureurs du Roi, Greffiers, Notaires, Huissiers ou Sergens, fussent taxés, avec défenses à eux d'exiger au-delà de la Taxe portée par lesdits Réglemens, à peine de concussion; le Conseil, après avoir mis cette affaire en délibération, a ordonné et ordonne ce qui suit, et fait le Réglement pour les Salaires et Vacations, et pour les Gens de Justice, en la maniere suivante.

Taxe de ce qui sera payé au Juge.

Pour toutes Ordonnances étant au pied d'une Requête, portant communication, il ne sera payé, par l'Exposant, aucune chose; mais seront délivrées, ci. . . . . *gratis.*

Pour un Acte de Tutelle ou Curatelle, lorsqu'il y aura assemblée des parens et amis, pour le résultat des affaires des Mineurs; l'Acte en sera expédié à l'Audience, ci. . . . . *gratis.*

Pour homologation de Sentence arbitrale, Testament et Insinuation de donation, le tout sera gratuitement accordé à l'Audience. . . *gratis.*

Pour l'Ordonnance étant au pied de la Requête, portant que l'on sera reçu à se dire et porter héritier sous bénéfice d'inventaire de la succession ouverte, elle sera pareillement faite à l'Audience, ci. . . . *gratis.*

Pour les Procès par écrit, les Epices seront mises et reglées par le Juge, suivant l'importance de l'Affaire, et le temps qu'en conscience il croira y avoir bien et utilement employé; lesquelles Epices seront écrites sur les Minutes des Jugemens par ledit Juge, de sa propre écriture, et autant par le Greffier, sur les Expéditions qu'il en délivrera, sauf l'appel au Conseil Souverain, en cas d'excès.

Pour les Transport et Descente de Juge, il lui sera payé par chaque journée, sans comprendre la nourriture, qui sera fournie par les Parties, ci. . . . . 12 liv.

Pour l'audition de chaque Témoin, tant en matiere civile que criminelle, hors l'Audience, sera payé, ci. . . . . 12 sols.

Quant à la Taxe des Témoins, qui comparoîtront pour être ouis, tant en matiere civile que criminelle, elle leur sera faite et mise par le Juge, au bas de leurs Exploits, et elle y sera aussi écrite de sa main, le tout suivant la distance des lieux et autres circonstances.

Pour une Ordonnance portant ajournement personnel ou décret de prise de corps, ci. . . . . 3 l.

Pour un Interrogatoire fait à un Accusé prisonnier, ou qui s'est fait interroger en conséquence de l'ajournement personnel, lorsqu'il y aura partie civile, ci. . . . . 3 l.

Pour un Jugement portant que l'Accusé sera élargi, à caution, ci. 1 l. 16 sols.

Pour le Jugement portant récol, être fait des Témoins, ci. 1 l. 4 sols.

Pour le récol de chaque Témoin, ci. . . . . 12 sols.

Pour la confrontation aussi, ci. . . . . 12 sols.

Pour les Epices et vacations de la Sentence définitive sera payé suivant la Taxe, eu égard à l'importance de l'Affaire, en conscience, et à proportion du temps qu'il aura employé en jugeant ledit Procès, sauf l'appel comme dessus, en cas d'excès.

A l'égard de l'Ordonnance de certification de Criées, l'Acte en sera donné gratuitement par ledit Juge à l'Audience, sur la certification du Procureur du Roi, ci. . . . . *gratis.*

La Sentence du congé d'à juger sera pareillement donné à l'Audience, ci. . . . . *gratis.*

Quant aux Sentences d'Ordre et distribution entre Créanciers, les Epices en seront aussi taxées par ledit Juge, à proportion du temps qu'il aura employé, sur le pied susdit.

Ledit Juge ne prendra rien de tout ce qui s'expédie à l'Audience, où il rendra la Justice gratuitement.

Et quant aux Procès criminels où il n'y aura point d'autres Parties que le Procureur du Roi, l'Instruction s'en fera *gratis*, sauf le recurs sur l'Accusé.

Le Lieutenant de Juge.

Il ne lui sera taxé en particulier aucuns Salaires et vacations, attendu qu'il ne lui est rien dû qu'en faisant la fonction de Juge pendant l'absence ou maladie dudit Juge; auquel cas, ce qui est taxé pour icelui sera payé audit Lieutenant.

Le Procureur du Roi.

Il fera payer ses Conclusions, Salaires, Vacations et Transports à raison de deux tiers de ce qui est attribué et accordé au Juge, le tout à la charge que le cas y échera, et qu'il en sera requis dans les occasions nécessaires.

Au Greffier.

Pour un Défaut, ci . . . . 12 sols.
Pour un Congé, ci . . . . 12 sols.
Pour les Ordonnance délivrées en l'Audience, ci . . . 12 sols.
Pour Acte de Tutelle, ci . . . . 3 l.
Pour Acte d'appel, ci . . . . 15 sols.
Pour l'Acte d'acceptation sous bénéfice d'inventaire, d'une succession ouverte, ci . . . . 1 l. 4 sols.
Pour l'audition des Témoins, soit en Procès civil hors l'Audience, ou criminel, pour chacun seing d'expédition de la Grosse quand elle sera requise, ci . . . . 12 sols.
Les Plaintes seront reçues par le Juge et non par le Greffier.
Pour l'Interrogatoire de chacun Témoin, ci . . . . . 12 sols.
Pour Récolement d'un chacun, ci . . . . 12 sols.
Pour Confrontation d'un chacun, ci . . . . 12 sols.
Pour Procès-verbal de Scellé apposé dans le Bourg, il sera taxé par le Juge.
Pour la Vacation dans le Bourg, de chaque journée dudit Greffier, ci . . . . 6 l.
Et quand sera faite hors le Bourg, ci . . . . 8 l.
Pour Vacation d'Inventaire dans le Bourg, lorsque ledit Inventaire sera fait par le Juge, à la réquisition des Parties et non autrement; attendu que s'il y a un commun consentement de toutes les Parties, c'est au Notaire qu'appartient la confection de tous Inventaires, par chacun jour sera payé, comme dessus, sans la Grosse, ci . . . . 6 l.
Lorsque ce sera hors le Bourg, sauf la Grosse, ci . . . 8 l.
Pour Acte de Caution, ci . . . . 1 l. 4 sols.
Pour Acte de Sommation dans le Bourg, ci . . . . 2 l. 8 sols.
Pour Acte de Sommation hors le Bourg, suivant la distance des lieux, sur le même pied des journées ci-dessus.

Tome I.   Kkk

Pour déclaration faite au Greffe, ci. . . . . . . 1 l. 16 sols,

Pour Homologation et Enrégistrement de Mariages et autres Actes, ci. . . . . 3 l.

Pour Insinuation de Contrat d'acquisition, ci. . . . . . 3 l.

Pour Homologation de Sentence arbitrale, ci. . . 1 l. 16 sols.

Pour Copie de ladite Sentence arbitrale, ci. . . . 1 l. 16 sols.

Pour les Publications du départ des Isles, qui seront au nombre de trois, dont sera tenu par ledit Greffier un Tableau, qui sera exposé au Greffe, pour servir d'avis au Public, où il enregistrera, et avant la premiere Publication, les noms de celui ou ceux qui voudront sortir de l'Isle, sera payé, ci, ... 1 l. 16 sols.

Lorsque la consignation au Greffe, du prix de la Vente des Mineurs sera ordonnée par le Juge, en cas de supputation de l'insolvabilité du Sergent qui l'aura faite, le Greffier ne pourra prétendre aucuns Salaires du recouvrement, ni droit de consignation, que cinq pour cent.

Pour l'Enrégistrement du Procès-verbal de Saisie - Arrêt et Etablissement de Commissaire, ci. . . . . 3 l.

Pour l'Adjudication de Bail à Ferme judiciairement faite, ci. 3 l.

Pour Enrégistrement au Greffe de chaque expédition . . . . aux Saisies criées et Ventes par Décrets, ci. . . . . 1 l. 4 sols.

Pour l'Opposition simple, ci. . . . . 12 sols.

Pour l'Enrégistrement au Greffe de Procès-verbal, Ordonnance ou Jugement portant la rectification desdites Criées, ci. . . 1 l. 4 sols.

Pour l'Enrégistrement de Procès-verbal de Publication des Encheres, ci. . . . . 1 l. 4 sols.

Pour toutes les Procédures qui seront remises au Greffe, pour être dressé le Décret d'Adjudication, le Greffier ne pourra rien prétendre; mais pour ledit Décret, qui sera par lui dressé sur icelles, lui sera payé ce qui sera taxé par le Juge.

Pour délivrer un Appointement Préparatoire, non excédant un feuillet de papier, sera payé, ci. . . . . 12 sols.

Finalement à l'égard des Grosses et Expéditions, tant en matieres civiles que criminelles, elles ne se feront point en Grosse à la maniere de France; mais bien en Minutes de copies bien écrites, et dont les pages seront bien remplies et serrées, pourquoi, si l'Expédition ne contient qu'un feuillet, sera payée six sols, ci. . . . . . 6 sols.

Et quand il y aura plusieurs Rôles, ils seront payés sur le pied de six sols par Rôle, ci. . . . . 6 sols.

Quand ledit Greffier sera obligé de se transporter avec le Juge, il aura les deux tiers des Vacations dudit Juge.

Et pour autres sortes d'Homologations, Insinuations et Enregistremens, ils seront payés au Greffier à raison de l'Acte qui sera enregistré, à proportion de ce qui est ci-dessus dit et taxé, à l'exception des Enregistremens qu'il sera tenu de faire gratuitement de toutes les Ordonnances et Réglemens publics de Justice, Police et autres.

Le Greffier ne sera tenu de délivrer aucunes Expéditions aux Parties, qu'il n'ait été préalablement payé, tant des taxes du Juge, Procureur du Roi, que des siennes.

Au Concierge des Prisons.

Pour l'Enrégistrement en son Livre et Registre de Géole de l'Ecrou d'Emprisonnement à l'arrivée de chaque Prisonnier.

Pour la décharge de l'Ecrou dudit Emprisonnement à la sortie.

A l'égard des Gîtes et Geolages pour chacun des Prisonniers, ils lui seront taxés par le Juge, suivant qu'il échera.

Et pour la nourriture, par chacun jour, des Prisonniers, elle leur sera fournie par les Geoliers, à raison de . . . . . . par jour, sans qu'ils puissent avoir action pour davantage, laquelle nourriture sera avancée par la partie Civile, sauf son recours contre le Prisonnier; et où il n'y auroit point d'autre Partie que le Procureur du Roi, ladite nourriture se prendra sur le fond des amendes.

Aux Experts et Visiteurs nommés par Justice.

Leurs Salaires et Vacations seront taxés par ledit Juge, ainsi que leur Procès-verbal et Rapports et Visites, suivant les différences et cas qu'il appartiendra.

Taxe de ce qui sera payé aux Notaires.

Pour chaque Contrat de Vente, dont le prix sera jusqu'audessus de trois mille livres de Tabac, tant pour leurs Expéditions que pour leurs Vacations et Grosses, il leur sera payé, ci. . . . . 3 l.

Et pour les Contrats excédants, lesdites trois mille livres de Tabac, à telle quantité ils se puissent monter, ne sera payé que, ci. . . 6 l.

Pour Vacation de Contrat de Mariage, reçu dans l'Etude du Notaire, sera pris, tant pour la Vacation et Minute, que pour une Grosse, ci. . . . . 12 L

Pour les autres Contrats de Mariage, Testamens et autres, où il y aura Transport, outre la Taxe ci-dessus, il pourra se faire payer de son Transport, à raison de huit livres par jour, ci. . . . . . . 8 l.

Pour les Transactions reçues dans l'Etude du Notaire, sera pris, tant pour une Grosse que Vacations et Minutes, comme pour les Contrats de Vente ci-dessus.

Pour les Procurations, Transports et autres Actes simples, tant pour la Minutte que pour une Grosse, ci. . . . . 2 l.

. . Pour les Testamens faits dans le Bourg de la demeure du Notaire, tant pour la Minute que pour la Grosse, ci. . . . . . . 12 l.

Lorsqu'il y aura Transport, seront prises les Vacations, sur le pied ci-dessus, à raison de huit livres par jour, ci. . . . . . . 8 l.

Pour les Comptes et Actes de partage, les Vacations en seront prises à raison comme dessus, de huit livres par jour, moyennant quoi les Grosses des Pieces seront *gratis*, ci. . . . . 8 l.

Pour les Obligations pures et simples, tant pour Minute que pour une Grosse, ci. . . . . , ... 3 l.

Pour les Quittances simples, sans réserve de Minutes, ci. 12 sols.

Et à l'égard des autres Quittances où il y aura Minute ou Décharge de Contrat, sera pris, ci. . . . . 1 l. 16 sols.

Quant aux Inventaires des Biens délaissés, ils seront faits par le Notaire, à l'exclusion du Greffier, lorsque lesdits Inventaires seront volontairement faits sans oppositions des Créanciers ou autres Parties ; mais lorsqu'ils seront faits ensuite du Scellé et Autorité de Justice, ce sera audit Greffier, quand le Juge y sera appellé, et non autrement ; pour la confection desquels Inventaires, qui devront être faits par le Notaire, sera payé à raison de huit livres de Vacation, par jour, et de la Grosse, suivant la Taxe faite ci-dessus au Greffier.

Et à l'égard des Compulsoires et Collations des Pieces par autorité de Justice ou Ministere des Sergens, lesdits Notaires seront payés, savoir 2 liv. 8 sols pour la recherche, et les expéditions qu'ils délivreront sur le pied des Rôles ci-dessus.

Finalement quant aux autres Actes non spécifiés en ce Réglement, ils seront payés à raison des Rôles et transports s'il y en a comme dit est.

Taxe de ce qui sera payé aux Huissiers ou Sergens.

Pour un Exploit qui sera fait dans le Bourg au lieu de la résidence de l'Huissier, et sans recors, sera payé, ci . . . . 12 s.

Et pour le reste de la banlieue, qui sera expliquée lors de l'enregistrement du présent Réglement, sera payé, ci . . . . 3 liv.

Pour autres faits, dans des lieux plus éloignés, sera payé à raison de, ci . . . . 1 liv. 16 s.

D'augmentation par chacune lieue, ci . . . . 1 liv. 16 s.

Pour une Sommation, Commandement, sera payé comme pour les Exploits.

Pour les Recors, il n'en sera point mené que lorsqu'il s'agira de saisie-réelle, exécution de meubles et emprisonnemens ; auquel cas, pour chacun desdits Recors, sera payé la moitié de ce qui est attribué au Sergent.

Outre les Exploits ci-dessus, leur sera payé par chacun rôle des copies des pieces justificatives et autres actes qu'ils signifieront, lesdites copies écrites en minute à raison de 12 sols pour chacun rôle de minute comme ci-dessus, ci . . . . 12 s.

Pour les Arrêts de la . . . . . . pour les exécutions où il y aura enlevement de meubles, qui seront faits dans le Bourg, sera payé suivant la différence des exécutions qui seront taxées par le Juge.

Et pour la Banlieue, *idem.*

Lorsqu'il n'y aura point de déplacement dans le Bourg, ci 1 liv. 16 s.

Et pour la Banlieue dans la premiere demi-lieue, ci . . . . 3 liv.

Et pour le reste de ladite Banlieue, ci . . . . 4 liv.

Pour les autres faites dans les lieux plus éloignés, sera payé, comme dit est, en raison de 1 liv. 16 sols d'augmentation pour chacune lieue, ci . . . . 1 liv. 16 s.

Aux Gardiens et Dépositaires.

Des bestiaux qui seront saisis et enlevés, sera payé pour la garde et nourriture d'iceux ; savoir, pour un Cheval par chaque jour, ci 8 liv.

Et pour une bête à corne, Bœuf ou Vache, *idem.*

Pour chaque Bête à laine et Cabritte. . . . . .

Pour la vente desdits meubles, sera payé l'Huissier selon qu'elle se fera avec plus ou moins de peine ; en conséquence, ce qui sera taxé par le Juge sur ledit Procès-verbal, sans que ledit Juge prenne sur ce aucunes vacations.

Auxdits Huissiers ou Sergens pour . . . . . Procès-verbaux de compulsoires de Pieces, leurs salaires et vacations, seront payés, comme dit est, suivant la taxe du Juge.

Pour l'Exploit, saisie-réelle et établissement de Commissaires, lorsqu'il y aura transport au nom du Sergent hors la Banlieue de sa résidence, sera payé comme il est dit ci-devant aux Exploits d'exécution en pareil cas.

Pour chaque Copie à signifier, sera payé comme dit est ci-devant aux Copies.

Pour le transport du Sergent au domicile de ceux à qui besoin sera de signifier hors ladite Banlieue, sera payé en raison comme dit est.

Quant aux salaires et vacations des Gardiens, Commissaires ou Séquestres établis sur les terres ou autres immeubles, la taxe leur en sera faite par le Juge selon l'exigence du cas.

Pour chaque criée . . . . publications, appositions . . . . et affiches sans transport en lieu et endroit nécessaires, sera taxé par le Juge suivant les Copies et Ecritures qu'il lui faudra faire à proportion de ce qui conviendra suivant la taxe ci-dessus.

Pour les publications d'encheres, seront payés comme les Exploits à proportion des transports.

Finalement pour les autres procédures non exprimées concernant lesdites saisies-réelles, les taxes en seront faites et liquidées par ledit Juge, ainsi qu'il appartiendra.

Pour l'emprisonnement pour dettes, lorsqu'il sera ordonné par Jugement, il sera payé à l'Huissier et à se Recors, lorsqu'il sera fait dans le Bourg, ci . . . . 4 liv.

Et suivant la distance des lieux, sera payé dans la premiere demilieue, ci . . . . 6 liv.

Et dans le reste de la Banlieue, ci . . . . 8 liv.

Pour les emprisonnemens en vertu de Décrets de prise de corps décernés, seront payés de même que pour le civil.

Il sera observé en dernier lieu que dans toutes les taxes généralement qui doivent être faites par le Juge suivant le présent Réglement, il ne sera pris ni payé aucune vacation par ledit Juge lorsqu'il y procédera, mais . . . . . seulement de le faire gratuitement.

Lesdits Sergens ne seront point tenus de délivrer le rapport de leur Exploit . . . . payés par les . . . . ils ne pourront . . . . lesdites Epíces . . . . autrement ils y . . . . avec tous dépens. . . . . une Requête soit pour

. . . . plainte en matiere . . . . . . 2 liv.

. . . .

. . . . . A Léogane, le Conseil tenant . . . .

. . . . . . septieme jour d'Octobre mil . . . . . .

. . . . *Signé* GOFF.

Le Conseil a ordonné et ordonne que le présent Réglement sera observé régulierement par tous les Officiers y dénommés dans l'étendue de
cette Côte de Saint-Domingue, et que le présent sera enregistré au
Greffe; faisant très-expresses inhibitions et défenses auxdits Officiers de
Justice d'exiger rien au-delà de ce qui est porté par ledit Réglement
sur peine de concussion. Ordonne que Copies collationnées dudit Réglement seront envoyées aux Sieges ordinaires de cette Côte à la diligence
du Procureur-Général du Roi. FAIT et arrêté cejourd'hui Lundi 7 Octobre 1686. *Signé* GOFF.

> *Ce Réglement est devenu illisible en beaucoup d'endroits, ainsi que le*
> *prouve les blancs que nous avons laissés. Il fut mis sur de simples*
> *feuilles volantes.*

ARRÊT du Conseil d'Etat en interprétation des Articles 7 et 30 de
l'Edit de Mars 1685, et qui permet les Marchés des Negres les
Dimanches et Fétes, et d'admettre leur témoignage à défaut de celui
des Blancs, hormis contre leurs Maîtres.

Du 13 Octobre 1686.

VU par le Roi, en son Conseil, les Remontrances faites à Sa Majesté
par les Officiers du Conseil Souverain de l'Isle de la Martinique, sur le
septieme et trentieme articles de l'Ordonnance du mois de Mars 1687,
concernant les Esclaves de l'Isle de l'Amérique, contenant, à l'égard
du premier article qui défend la tenue des Marchés publics les jours de
Fêtes et Dimanches, que si les Negres ne s'y trouvent ces jours-là, ils
manqueroient, pour la plupart, d'entendre la Messe et le Catéchisme,
et deviendroient plus libertins; que les Maîtres et les Esclaves ne peuvent gueres, les jours ouvriers, se trouver aux Marchés sans interruption
de leur Commerce, qui demande une assiduité particuliere; et que les
Marchands, les Artisans, les Maîtres et les Esclaves, et tout le Public,
reçoivent beaucoup d'utilité des Marchés établis les jours de Dimanches

et Fêtes, sans que cela les empêche de faire leurs devoirs spirituels ; ces Marchés ne durant environ que trois heures par jour ; et à l'égard du trentieme article de l'Ordonnance, qui défend de recevoir des Negres en témoignage ; ils remontrent que plusieurs crimes pourroient demeurer impunis si on ne reçoit le témoignage des Negres au défaut de celui des Blancs, la plupart des crimes n'étant commis et ne pouvant être prouvés que par des Negres, estimant pourtant que le témoignage desdits Negres ne doit pas être admis contre leurs Maîtres. A CES CAUSES, requéroient qu'il plût à Sa Majesté, sans avoir égard aux septieme et trentieme article de ladite Ordonnance, permettre que lesdits Marchés seront tenus les jours de Dimanches et Fêtes, et que lesdits Negres seront reçus en témoignage, hormis contre leurs Maîtres, comme auparavant ladite Ordonnance. A quoi ayant' égard, Sa Majesté étant en son Conseil, sans s'arrêter auxdits septieme et trentieme articles de l'Ordonnance de Mars 1685, concernant les Esclaves des Isles de l'Amérique, a ordonné et ordonne que les Marchés seront tenus les jours de Dimanches et Fêtes, et que les Negres seront reçus en témoignage au défaut de Blancs, hormis contre leurs Maîtres, ainsi qu'il s'est pratiqué avant ladite Ordonnance ; enjoint Sa Majesté aux sieurs Blénac et Dumáitz, Lieutenant-Général et Intendant auxdites Isles, de tenir la main à l'exécution du présent Arrêt, et le faire enregistrer aux Greffes des Conseils Souverains où ladite Ordonnance a été enregistrée, etc.

Cet Arrêt est ponctuellement exécuté à Saint-Domingue, après y avoir été long-temps ignoré,

---

ORDONNANCE *du Gouverneur-Général des Isles, touchant la remise des Lettres apportées par les Vaisseaux Marchands.*

Du 25 Octobre 1686.

LE Comte de Blénac, etc.

Sur les avis que nous avons, que plusieurs personnes vont à bord des Navires qui paroissent le long de cette Côte ; sous prétexte de savoir des nouvelles d'Europe, et sous ce même prétexte, il se commet de grands abus dans le Commerce, interceptant les Lettres des Négocians pour savoir le secret de leurs affaires, et s'en prévaloir, ce qui est d'un très-grand trouble, et dommage audit Commerce ; et pour l'empêcher, nous défendons

à

à toutes sortes de personnes de quelque qualité et condition qu'elles soient, d'aller à l'avenir à aucun bord, que premier le Maître n'ait fait sa déclaration, de tout ce qu'il aura dans son Navire, aux Commis du Domaine Royal d'Occident établis dans cette Isle, et que les Lettres qu'il a dans son Vaisseau n'aient été distribuées à qui il appartient; et en cas de contravention, sera informé contre les contrevenans, pour être fait droit comme il échoira; et la présente Ordonnance sera lue, publiée et affichée pendant trois Dimanches consécutifs aux portes des Eglises Paroissiales de cette Isle; et afin que tout le monde au Bourg Saint-Pierre, et à celui du Fort Royal n'en prétende cause d'ignorance, elle sera aussi publiée par un tambour, depuis un bout desdits Bourgs jusqu'à l'autre. FAIT au Fort Royal de la Martinique le 25 Octobre 1686. *Signé* BLÉNAC.

ARRÊT du Conseil d'Etat, qui exempte de tous droits les Sucres provenans de la Rafinerie établie à la Guadeloupe, par M. Château-du-Bois.

Du 30 Octobre 1686.

SUR la Requête présentée au Roi étant en son Conseil par le sieur Château-du-Bois, Gentilhomme, demeurant en l'Isle de la Guadeloupe, contenant, qu'ayant établi une Rafinerie en ladite Isle, dans l'intention d'employer tous les Sucres qui en proviendront au soulagement des pauvres des Isles de l'Amérique, il plût à Sa Majesté décharger lesdits Sucres de tous droits; à quoi ayant égard, Sa Majesté étant en son Conseil, a déchargé et exempté tous les Sucres qui proviendront de ladite Rafinerie de toutes sortes de droits, tant de ses Fermes, que de tous autres; faisant défenses aux Receveurs d'iceux d'en exiger aucun, tant et si long-temps qu'ils seront employés au soulagement des Pauvres des Isles de l'Amérique; enjoint Sa Majesté aux sieurs Comte de Blénac et Dumaitz de Goimpy, Lieutenant-Général et Intendant desdites Isles, de tenir la main à l'exécution du présent Arrêt. FAIT au Conseil d'Etat du Roi, Sa Majesté y étant, tenu à Fontainebleau le 30 Octobre 1686.

Nous insérons cet Arrêt, parce qu'il justifie encore l'existence des Rafineries aux Isles; d'ailleurs on goûte un plaisir secret en publiant et l'emploi que ce vertueux Colon faisoit du produit de cette Manufacture, et la faveur qu'elle a mérité du Prince.

Tome I. L l l

A R R É T *de Réglement du Conseil du Petit-Goave, qui taxe les Viandes salées et fumées, et ordonne que les Chasseurs et Coralistes soient tenus de prendre du Tabac en paiement.*

Du 7 Novembre 1686.

SUR la Remontrance faite par le Procureur-Général du Roi, qu'il a reçu plusieurs Plaintes des Habitans des Quartiers de cette Côte Saint-Domingue, qui se plaignent que les Chasseurs et Coralistes * de leurs Quartiers, se prévalant du peu d'argent qu'il y a présentement en cette Côte, ne veulent vendre leur Viande qu'en argent comptant; et quand on leur propose de la vendre en Tabac, en veulent exiger un prix exhorbitant, ce qui cause un grand préjudice au Public; requérant le Conseil qu'il soit fait un Réglement, par lequel lesdites Viandes soient taxées en argent, et ordonner aux Chasseurs et Coralistes de recevoir leur paiement suivant le prix qui sera fixé en Tabac au prix courant.

LE CONSEIL ayant mis l'affaire en délibération, a taxé la Viande fumée à cinq pieces de huit le cent pesant, et la Viande salée en vert à trois pieces de huit le cent pesant; et ordonne que lesdits Chasseurs et Coralistes seront obligés de prendre du Tabac en paiement au prix courant; ordonne ledit Conseil aux Substituts du Procureur-Général du Roi, établis aux Sieges Royaux de cette Côte, de tenir la main à l'exécution du présent Réglement. FAIT au Petit-Goave en Conseil.

* *Ceux qui élevent des Troupeaux de Cochons.*

A R R É T *du Conseil Souverain du Petit-Goave, touchant une Lettre diffamatoire.*

Du 4 Février 1687.

Ce Arrêt ordonne que la Lettre diffamatoire écrite contre M. le Goff de Beauregard, Conseiller en la Cour, sera brûlée par l'Exécuteur des Hautes-Œuvres; condamne son Auteur à faire réparation publique à ce Conseiller et en 300 liv. d'amende.

Arrêt du Conseil du Petit-Goave, qui ordonne l'exécution de la Coutume de Paris, et des Ordonnances de Sa Majesté.

Du 6 Mars 1687.

Vu par le Conseil Souverain la Requête à lui présentée par le Procureur-Général du Roi, expositive qu'il a remarqué qu'il se commet plusieurs abus dans l'administration de la Justice, à cause du peu de soin que les Juges apportent à l'observation des Ordonnances de Sa Majesté, qui leur doivent servir de regles, et auxquelles ils doivent conformer les Jugemens qu'ils rendent, l'inobservation desquelles rend le droit d'un chacun fort incertain ; à quoi il est nécessaire de pourvoir, pourquoi il auroit requis qu'il plût au Conseil donner un Arrêt, par lequel il seroit expressément dit et enjoint, tant aux Juges ordinaires qu'aux autres Officiers de Justice, d'observer de point en point les Ordonnances de Sa Majesté, et la Coutume de Paris ; le Conseil Souverain ayant égard à la Requête du Procureur-Général du Roi, ordonne que les Ordonnances de Sa Majesté seront exécutées de point en point selon leur forme et teneur ; enjoint à tous les Juges ordinaires ressortissans dudit Conseil de s'y conformer dans les Jugemens qu'ils rendront, tant pour les affaires passées, où il n'y a Sentence ni Jugement, que pour celles qui surviendront à l'avenir ; et cependant pourront lesdits Juges, en affaires dont l'action a été commencée, avant la création dudit Conseil Souverain et Sieges ordinaires, les juger et décider, suivant ce qui s'est pratiqué par le passé, et de la maniere qu'ils jugeront la plus raisonnable ; fait défenses à tous lesdits Juges et Officiers de contrevenir auxdites Ordonnances, Coutume, et au présent Arrêt, à peine de nullité de leurs Jugemens, de répondre des dommages-intérêts des Parties, et d'autres plus grandes peines si le cas y échoit ; et afin que le présent Arrêt soit notoire, ordonne qu'à la diligence du Procureur-Général, il en sera envoyé copies dans tous les Sieges qui ressortissent audit Conseil Souverain, pour y être lues, publiées à l'Audience tenante, affichées où besoin sera, et enregistrées ès Greffes desdits Sieges.

ORDONNANCE du Gouverneur, touchant l'Amnistie accordée aux Flibustiers.

Du 9 Mars 1687.

LE sieur de Cussy, Gouverneur pour le Roi en l'Isle de la Tortue et Côte Saint-Domingue.

Sur ce qui nous a été représenté par les principaux Officiers, que quelques personnes mal intentionnées, ennemies du repos public, avoient répandu un faux bruit, par lequel ils exposoient que nous étions dans la résolution de confisquer tous les Bâtimens et les biens des Flibustiers qui aborderoient dans les Ports et Rades de notre Gouvernement, même les faire punir en leur personne, ce qui est tout à fait opposé aux ordres de Sa Majesté, qui, par une bonté toute particuliere, veut bien les recevoir à miséricorde et pardon, leur donnant une Amnistie de toutes les fautes par eux commises, et de toutes les prises qu'ils ont pu faire sur les Amis et Alliés de la Couronne, aux conditions qu'ils retourneront dans les Ports, et qu'ils cesseront leurs pirateries, en se rendant Habitans, ou s'adonnant au Négoce de la mer. A CES CAUSES, et pour nous conformer ponctuellement aux ordres de Sa Majesté, nous déclarons et protestons à tous les Flibustiers, en général et en particulier, qu'ils peuvent se rendre dans les Ports et Rades de ce Gouvernement, leur promettant, de la part du Roi, qu'il ne leur sera fait aucun tort, ni en leur bien, ni en leur personne, et même qu'on leur donnera un temps raisonnable pour payer leurs dettes peu à peu, au moyen qu'ils se rangent à leurs devoirs; et comme la plupart peuvent être éloignés, et qu'ils ne peuvent pas être si-tôt informés des intentions de Sa Majesté, nous leur avons accordé six mois pour tout délai, à compter du jour de la publication des Présentes, que nous enjoignons et ordonnons à tous les Officiers des Quartiers, de faire lire, publier et afficher, à ce que personne n'en ignore, et afin que plus grande foi soit ajoutée à la présente Déclaration, nous l'avons signée et à icelle fait opposer le sceau de nos Armes, et contre-signer par notre Secrétaire. DONNÉ au Fort du Petit-Goave le 9 de Mars 1687. *Signé* DE CUSSY.

Le contenu ci-dessus a été par moi soussigné, Aide-Major, lu, publié et affiché à la Place d'Armes, les Compagnies de Cavalerie et d'Infanterie assemblées à la Porte de l'Eglise Paroissiale de ce lieu, le Peuple y étant assemblé en grand nombre ledit jour et an que dessus.

Signé ROMIEU.

LETTRES *de confirmation des Concessions accordées à M. DE CUSSY,* *Gouverneur de Saint-Domingue, au Quartier du Port de Paix, par* *l'Intendant des Isles.*

Du mois de Mars 1687.

LOUIS, etc. SALUT. Notre bien amé et féal le sieur de Cussy, Gouverneur de l'Isle de la Tortue et Côte Saint-Domingue, nous a très-humblement fait remontrer, que par Acte du 16 Décembre 1684, le sieur Bégon, ci-devant Intendant de Justice, Police et Finances des Isles Françoises et Terres-Fermes de l'Amérique, lui a donné et octroyé une Habitation, sise dans ladite Isle de Saint-Domingue au Quartier du Port de Paix, au lieu nommé *la Plaine Françoise*, de 750 pas de large sur 3,000 de chasse ; bornée du côté du Nord des trois Rivieres, et du Sud des mornes de la Plaine de l'Esprit, et chassant Ouest vers la Riviere Salée ; et une autre Place proche le Port de Paix, depuis le morne dudit lieu jusqu'aux trois Rivieres, avec toute l'étendue de la Savanne, bornée du côté du Nord de la mer, et du Sud des sieurs du Geursay et Fournier, et vers l'Ouest des sieurs la Plante et Truchon, pour en jouir par ledit sieur de Cussy à perpétuité, par lui, ses hoirs et ayans cause, sans pouvoir y être troublés ; à la charge de prendre par lui dans un an nos Lettres de confirmation, et qu'il n'y pourra vendre ni aliéner le bois debout qui se trouvera sur ladite Place, qu'après qu'il en aura défriché les deux tiers ; lesquelles Lettres de confirmation l'Exposant ne pût obtenir dans ledit temps, à cause de l'éloignement et des occupations auxquelles il a été engagé, si bien qu'à présent il desireroit qu'il nous plût lui accorder nosdites Lettres de confirmation. A CES CAUSES, voulant honorablement traiter l'Exposant en considération des bons et agréables services qu'il nous a rendus et que nous espérons qu'il nous continuera à l'avenir ; nous avons en agréant et confirmant ladite Concession de notre grace spéciale, pleine puissance et autorité Royale, et en tant que besoin seroit de nouveau donné et octroyé audit sieur de Cussy l'Habitation sise dans ladite Isle Saint-Domingue au Quartier du Port de Paix, au lieu nommé *la Plaine Françoise*, de 750 pas de large, sur 3,000 mille pas de chasse, bornée du côté du Nord des trois Rivieres, et du Sud des mornes de la Plaine de l'Esprit, et chassant Ouest vers la Riviere Salée, et une autre Place située proche le Port de Paix, depuis le morne dudit lieu jusqu'aux trois Rivieres avec toute l'étendue de la Savanne, bornée du côté du Nord de la mer, et du Sud des sieurs du Geursay et Fournier, et vers l'Ouest des sieurs de la Plante et Truchon, pour en jouir à perpétuité par ledit sieur de Cussy, ses hoirs et ayans cause, nonobstant qu'il n'ait reçu nos Lettres de confirmation dans ledit temps perdu, dont nous l'avons relevé et dispensé, relevons et dispensons par ces Présentes, à la charge qu'il ne pourra vendre ni aliéner les bois debout qui se trouveront sur ladite Place, qu'après qu'il en aura défriché les deux tiers, conformément audit Acte de Concession. Si donnons en mandement à nos amés et féaux les gens tenant le Conseil Souverain de ladite Isle de Saint-Domingue, et à tous autres nos Officiers desdits lieux qu'il appartiendra, que les Présentes il fassent régistrer, et de leur contenu jouir et user ledit sieur de Cussy, pleinement et paisiblement et perpétuellement, et cesser tous troubles et empêchemens contraires, sauf en autre chose notre droit et l'autrui en toutes : Car tel est notre plaisir, et afin que ce soit chose ferme et stable à toujours; nous avons fait mettre notre scel auxdites Présentes. DONNÉ à Versailles au mois de Mars, l'an de grace, 1687, et de notre regne le quarante-quatrieme. *Signé* LOUIS. Par le Roi, COLBERT.

ARRÊT *du Conseil Souverain du Petit-Goave, portant tarif pour les Arpenteurs.*

Du 5 Mai 1687.

VU par le Conseil Souverain la Requête présentée à icelui par Charles Boursier, Arpenteur de cette Côte, etc.

LE CONSEIL Souverain ayant égard à la Requête dudit Boursier, a reglé ses vacations et honoraires pour raison desdits arpentages; savoir, pour une place de trois cens pas de largeur et six cens de hauteur, à dix pieces, et ainsi des autres plus petites ou plus grandes, dont les vacations seront augmentées ou diminuées à proportion de leur largeur et hauteur sur le pied ci-dessus. FAIT au Conseil du Petit-Goave les jour et an que dessus.

ARRÊT *du Conseil du Petit-Goave, qui autorise un Héritier à faire au Procureur des successions vacantes la remise de plusieurs objets appartenans à un tiers, et trouvés dans une succession.*

Du 5 Mai 1687.

Vu par le Conseil Souverain la Requête présentée à icelui par, etc. contenant, qu'en procédant à l'inventaire des meubles, effets et papiers du défunt Lemire, il s'est, parmi iceux, trouvé des Marchandises, Papiers et Billets appartenans au sieur Etienne Saumeur, lesquels ont été inventoriés et ne sont point réclamés ; et comme ledit Durvieux a intérêt d'en être déchargé, il auroit requis qu'il plût au Conseil ordonner que lesdites Marchandises et Billets fussent mis entre les mains du Procureur des biens vacans ; ce faisant, qu'il en seroit bien et valablement déchargé, ladite Requête signée Durvieux.

Le Conseil Souverain ayant égard à ladite Requête, ordonne que ledit Durvieux mettra entre les mains du Procureur des successions vacantes de ce quartier du Petit-Goave toutes les Marchandises, Papiers et Billets appartenans audit Saumeur, qui sont entre ses mains comme héritier bénéficiaire dudit défunt Lemire, dont il retirera décharge ; ce faisant, la succession dudit défunt Lemire en demeurera bien et valablement déchargé. Fait au Conseil du Petit-Goave, etc.

ARRÊT *du Conseil Souverain du Petit-Goave, contre un Calomniateur qui avoit noirci la réputation des Chefs, celle du Conseil et des Missionnaires.*

Du 7 Mai 1687.

Entre le Procureur-Général du Roi, Demandeur et Accusateur.

Et Me. François-Leger Pellé, Défendeur et Accusé, et encore ledit Pellé, Demandeur et Accusateur.

Et Me. Jean Goff sieur de Beauregard, Conseiller audit Conseil, Défendeur et Accusé.

Vu la Plainte dudit sieur Procureur-Général, au bas de laquelle est l'Ordonnance du Conseil du 4 Mars dernier, portant permission d'informer des faits y contenus, les charges et informations faites à la requête dudit sieur Procureur-Général à l'encontre dudit Pellé...Un Libelle signifié à la requête dudit Pellé audit sieur Procureur-Général le 29 dudit mois de Mars, par lequel il auroit demandé son renvoi devant M. l'Intendant des Isles ; Requête dudit sieur Procureur-Général, par laquelle il auroit demandé au Conseil qu'il fût ordonné, que sans avoir égard au renvoi demandé par ledit Pellé devant mondit sieur l'Intendant, il fût passé outre à l'instruction du procès. Arrêt du Conseil Souverain du 29 dudit mois de Mars, par lequel, sans avoir égard au renvoi requis par ledit Pellé devant M. l'Intendant dont il a été débouté, il auroit été ordonné qu'il seroit passé outre à l'instruction dudit procès jusqu'à Arrêt définitif ; Requête dudit sieur Procureur-Général, par laquelle il auroit demandé qu'une Missive écrite par ledit Pellé à M. de Cussy, Gouverneur, fût jointe au Procès ; au pied de laquelle est l'Ordonnance dudit Conseil du même jour 6 Mai, qui ordonne ladite jonction ; ladite Missive non datée, signé Pellé. Conclusions définitives du sieur Procureur-Général du Roi en date de ce jour ; ouï le rapport dudit sieur de Frondemiche, Conseiller-Commissaire et Rapporteur, le tout bien et diligemment vu et examiné.

LE CONSEIL Souverain a déclaré et déclare ledit Pellé atteint et convaincu d'avoir méchamment et malicieusement tenu plusieurs discours injurieux contre la réputation et conduite de M. de Cussy, Gouverneur de cette Côte ; contre la mémoire de feu M. de Pouançay, vivant Gouverneur aussi de cette Côte ; contre M. de Franquesnay, Lieutenant pour le Roi audit Gouvernement, et contre les Officiers du Conseil Souverain ; comme aussi contre les Révérends Pères Victor et Gery, Religieux Missionnaires Capucins, lesquels discours tendent à former une sédition dans le Pays. Pour réparation de quoi, condamne ledit Pellé à être mandé dans la Chambre, le Conseil y étant assemblé ; et là, mis tête nue et à genoux, être blâmé, et demander pardon à mondit sieur le Gouverneur et au Conseil des injures atroces qu'il a proférées contre leur réputation, et contre la mémoire de mondit sieur de Pouançay et réputation dudit sieur de Franquesnay ; les reconnoître pour Gens d'honneur et non entachés des injures contenues aux informations dont il passera acte au Greffe dudit Conseil Souverain à ses dépens ; condamne ledit Pellé en mille livres tournois d'amende applicables aux nécessités publiques, comme aussi banni à perpétuité de cette Côte, lui enjoint de garder son ban, et le condamne aux dépens ; et à l'égard des informations et procédures extraordinaires faites à la requête dudit Pellé contre ledit sieur de Beauregard, a renvoyé et renvoie icelui sieur de Beauregard absous

de

de l'accusation contre lui faite, condamne ledit Pellé aux dépens envers ledit sieur de Beauregard. FAIT et donné audit Conseil Souverain, où étoient présens MM^{rs}. de Vaumartin, Président; Boisleau et Frondemiche, Conseillers audit Conseil Souverain; Duvivier, *Juge Royal, Civil et Criminel de Léogane;* Denis Biennau, Ecuyer sieur du Petit Beauchamp, *Capitaine de Milice à Léogane;* Pierre Hardouineau, *Lieutenant de Milice audit lieu;* et Gabriel du Garnier, *Enseigne de Milice audit Léogane.* Au Petit-Goave ce 7 Mai 1687.

Lu l'Arrêt ci-dessus au sieur Pellé, prisonnier au Fort du Petit-Goave, par moi Greffier soussigné, le 8 Mai 1687. Signé MORICEAU.

Il faut remarquer que l'instruction de ce Procès fut faite au Tribunal Souverain, parce que la qualité des personnes calomniées au nombre desquelles le Conseil se trouvoit lui-même, ne lui permettoit pas de livrer cette Instruction au premier Juge, la plainte étant donnée par le Procureur-Général pour venger la Cour et les Chefs de la Colonie qu'elle compte parmi ses Membres. Cet Arrêt qui confirme au surplus la Jurisprudence adoptée par celui du 7 Octobre 1686, ci-devant rapporté, n'eut aucune exécution, attendu l'ordre exprès du Roi.

ARRÊT *du Conseil du Petit Goave, qui nomme le plus ancien des Conseillers restans de ceux Juges lors des Arrêts, pour les signer.*

Du 7 Juillet 1687.

SUR ce qui nous a été représenté par le Procureur-Général du Roi, que les Arrêts rendus à l'Audience du Conseil et aux Audiences tenues les 29 Mars, 5 et 6 Mai et 2 Juin, n'ont pu être signés, attendu l'absence du sieur Goff, Conseiller, la maladie et le décès du sieur de Vaumartin, aussi Conseiller, et la maladie de notre Greffier ordinaire; à quoi il est nécessaire de pourvoir, en commettant le plus ancien des Conseillers, qui ont assisté au Jugement des Causes terminées auxdites Audiences. LE CONSEIL SOUVERAIN a commis et commet, pour signer les susdits Arrêts, M^e. Jean Boisseau, Conseiller.

JUGEMENT du Conseil de Guerre, contre des Forbans qui avoient fait une descente au Petit Goave.

Du 11 Août 1687.

LE Conseil de Guerre étant assemblé au Petit Goave, après avoir vu les auditions des Espagnols, tant Blancs, Mulâtres, qu'Indes, commandés par le nommé Bras Michel, Capitaine d'une Pirogue et d'un Bateau, et qui mirent à terre audit Petit Goave le jour d'hier, qu'ils ont pillé, brûlé les Maisons, violé et massacré jusqu'aux femmes. Ouï M. le Major, en ses conclusions, et le sieur Duquesnot, en son rapport, le Conseil de Guerre les a condamnés à être, tant Blancs, Mulâtres, qu'Indes que Negres, pendus et étranglés jusqu'à ce que mort s'ensuive; et ledit Capitaine Bras Michel, comme Chef et Auteur desdits excès et entreprises, et un Inde nommé Pascoualles Onan, à être roués vifs, et ensuite leurs têtes être attachées à la potence. DONNÉ au Fort du Petit Goave, le onzieme Août 1687. *Signés*, DUMAS, BOISSEAU, COUSTARD, BOUTARD, DE GROSSENILLE, DE GEMARE, AMBROISE, SUBSOL, ROUMIER, FRONDEMICHE, P. L. BRUMENT, DUQUESNOT et DEGUER, Greffier.

Le même jour onze on pendit les quarante-deux Espagnols pris, et le lendemain les deux Chefs furent rompus.

ARRÊT du Conseil d'Etat, qui défend d'exposer dans le Commerce des Isles des Piastres et autres Pieces legeres.

Du 22 Août 1687.

SUR ce qui a été représenté au Roi, étant en son Conseil, qu'il s'est introduit dans les Isles Françoises de l'Amérique des Réaux, Piastres, et Demies Piastres légeres, qui y ont cours pour le même prix que si elles étoient du poids qu'elles doivent avoir, quoiqu'il y ait près du tiers de différence, ce qui porte cependant un préjudice considérable au Commerce, à quoi étant nécessaire de pourvoir.

Sa Majesté étant en son Conseil a fait et fait très-expresses inhibitions et défenses à toutes personnes dans les Isles et Terre-Ferme de l'Amérique de son obéissance , d'exposer dans le Commerce , ni d'employer dans aucun paiement les Piastres légeres , demi-Piastres, Quarts et Réaux ; veut et entend que celles qui y sont actuellement soient apportées en France, dans les Hôtels de Monnoies , pour y être converties en especes à ses Coins et Armes, où la valeur en sera payée poids pour poids , et titre pour titre , suivant les Réglemens et Arrêts de son Conseil sur ce rendus ; permet néanmoins , Sa Majesté , l'exposition des Piastres du poids de vingt-un deniers huit grains trébuchant, pour le prix d'un écu ; et les demi-Piastres, Quarts et Réaux, à proportion. Enjoint, Sa Majesté, au sieur Comte de Blénac , Gouverneur et Lieutenant-Général dans lesdites Isles , au sieur Dumaitz de Goimpy , Intendant, aux Gouverneurs Particuliers d'icelles , aux Officiers des Conseils Souverains y établis , et à tous autres Officiers et Sujets qu'il appartiendra, d'observer et faire observer, chacun en droit soi, le présent Arrêt, lequel Sa Majesté veut être lu , publié et affiché partout où besoin sera. *Signé* BOUCHERAT.

ARRÊT du Conseil d'Etat , qui commet les Administrateurs-Généraux pour se faire représenter les Titres de ceux qui possedent des Terres actuellement en friche aux Isles de l'Amérique.

Du 22 Août 1687.

SUR ce qui a été représenté au Roi, étant en son Conseil, que plusieurs Particuliers abusant de la facilité qu'ils ont trouvée auprès des Directeurs des anciennes Compagnies des Indes , et des Lieutenans-Généraux et Intendans des Isles Françoises de l'Amérique , se sont fait donner de vastes concessions de terres, qui sont la plupart demeurées en friche , ce qui est contraire à l'intention de ceux mêmes qui ont fait ces concessions , en ce qu'ils avoient prétendu qu'elles soient cultivées en peu de temps , et porte un notable préjudice au service de Sa Majesté , en empêchant que ces Isles ne se peuplent, et qu'on en tire les denrées qu'elles seroient capables de produire ; à quoi étant nécessaire de pourvoir, Sa Majesté étant en son Conseil a commis et commet les sieurs Comte de Blénac , Gouverneur et Lieutenant-Général , et Dumaitz de Goimpy , Intendant desdites Isles de l'Amérique , pour se faire représenter les Titres de ceux qui jouissent des Terres qui sont actuellement en friche , examiner les concessions de ces Terres, retrancher partie de

Mmm ij

celles qui sont d'une trop grande étendue, et que les Propriétaires ne peuvent mettre en valeur en peu de temps ; concéder à d'autres les parties qu'ils auront retranchées ; fixer aux uns et aux autres le temps nécessaire pour les défricher, et redonner à d'autres celles qui n'auront pas été défrichées dans le temps prescrit ; voulant que dans les concessions qu'ils feront, tant par retranchement des anciennes, que faute de défrichement, ils obligent ceux auxquels ils feront ces concessions à planter une quantité de Mûriers, à proportion de l'étendue des Terres qui leur seront concédées, et à les cultiver jusqu'à ce qu'ils soient en état de servir à la nourriture des vers à soie. FAIT, etc.

ARRÊT du Conseil d'État, sur l'exécution de l'Article quarante-quatrieme de la Déclaration du mois de Mars 1685, touchant les Esclaves des Isles de l'Amérique, qui déclare les Negres meubles.

Du 22 Août 1687.

SUR ce qui a été représenté au Roi, étant en son Conseil, que l'exécution du quarante - quatrieme Article de la Déclaration rendue par Sa Majesté, au sujet des Esclaves des Isles de l'Amérique, au mois de Mars 1685, portant que lesdits Esclaves sont déclarés meubles, et comme tels entrent dans la communauté, auroient des suites très - fâcheuses si cette Déclaration avoit un effet rétroactif en ce que lesdits Negres ayant été censés immeubles, et les partages étant faits sur ce pied, toutes les familles seroient obligées d'en venir à de nouveaux partages ; ce qui y mettroit la division, et en ruineroit un grand nombre ; à quoi Sa Majesté voulant pourvoir et expliquer ses intentions sur ce sujet, Sa Majesté étant en son Conseil a ordonné et ordonne que ladite Déclaration du mois de Mars 1685, n'aura lieu dans lesdites Isles que du jour de son Enrégistrement ; et en conséquence que tous les partages faits jusqu'audit jour, quoique contraires à la disposition de ladite Déclaration, soient exécutés en leur entier ; mais à l'égard des partages qui n'auront pas été faits, et pour toutes les autres affaires qui n'auront pas été réglées avant l'Enrégistrement de ladite Déclaration, quoique provenant d'une cause antérieure à icelle, veut, Sa Majesté, que ladite Déclaration sorte son plein et entier effet ; enjoint aux Officiers, tenant les Conseils Souverains établis dans les Isles de la Martinique, la Guadeloupe et Saint-Christophe, de tenir la main à l'exécution du présent Arrêt, et de le faire Enrégistrer au Greffe desdits Conseils, pour y avoir recours. FAIT, etc.

Arrêt du Conseil d'Etat, touchant la Fabrique des Soies aux Isles.

Du 22 Août 1687.

LE ROI étant informé que ses Sujets des Isles de l'Amérique desireroient introduire audit Pays la Fabrique et Commerce des Soies, qui n'y a pas encore été établi, et voulant les traiter favorablement, en considération des avantages que cet établissement apportera à la Colonie, leur faciliter le moyen de le faire, et les exciter de s'y appliquer avec soin, en leur accordant l'exemption du Droit de poids établi sur toutes les Marchandises qui croissent dans lesdites Isles. Sa Majesté étant en son Conseil a déclaré et déclare les Soies, qui seront fabriquées auxdites Isles de l'Amérique, et qui seront transportées ailleurs, exemptes du Droit de poids. Fait, Sa Majesté, défenses à ses Fermiers du Domaine d'Occident d'exiger, quoi que ce soit pour raison dudit Droit, dont Sa Majesté a déchargé lesdits Habitans, en considération des dépenses qu'ils sont obligés de faire pour ledit Etablissement. Enjoint, Sa Majesté, au sieur Dumaitz de Goimpy, Intendant de la Justice, Police et Finances desdites Isles, de tenir la main à l'exécution dudit Arrêt, et de le faire publier et enregistrer aux Greffes des Conseils Souverains établis dans lesdites Isles. FAIT à Versailles, etc.

Enregistré au Conseil Souverain de la Martinique le . . . .

ORDONNANCE du Roi, touchant les Revues des Troupes et des Milices aux Isles.

Du 25 Août 1687.

DE PAR LE ROI.

SA MAJESTÉ voulant que les Compagnies du Détachement de la Marine, servant à la garde des Ports Maritimes des Isles de l'Amérique, soient toujours complettes et bien entretenues, et que les Milices desdites Isles conservent entr'elles la Discipline, et soient toujours en état de servir à la défense d'icelles, a ordonné et ordonne, veut et entend que, par les Gouverneurs Particuliers desdites Isles il soit fait tous les mois des Revues desdites Compagnies, servant à la garde des Ports Maritimes, dans lesquelles lesdits Gouvesneurs examineront si lesdites Compagnies sont complettes; si les Soldats reçoivent les hardes qui leur sont envoyées de France; si ces hardes sont bien conservées, et s'ils reçoivent réguliérement leur Solde et la farine qui leur est ordonnée pour leur subsistance, de quoi ils feront mention dans les Rôles desdites Revues, qu'ils envoyeront tous les mois au Lieutenant - Général et à l'Intendant desdites Isles, pour pourvoir à ce qui se passera sur cela contre les intentions de Sa Majesté; à l'égard des Milices, veut, Sa Majesté, que lesdits Gouverneurs en fassent pareillement la Revue tous les deux mois dans chaque Quartier desdites Isles, sans obliger les Habitans de sortir de ceux où ils demeurent; et pour cet effet, qu'ils fassent tous les deux mois le tour de leur Gouvernement, à moins de maladie ou autres empêchemens légitimes. Mande et ordonne, Sa Majesté, audit Sieur Comte de Blénac, Gouverneur et Lieutenant - Général desdites Isles, de tenir la main à l'exécution de la présente Ordonnance. FAIT à Versailles le 25 Août 1687. *Signé* LOUIS. *Et plus bas,* COLBERT.

EXTRAIT *du Mémoire du Roi aux sieurs Comte* DE BLÉNAC *et* DUMAITZ DE GOIMPY, *Administrateurs - Généraux des Isles, concernant les Religionnaires.*

Du 25 Août 1687.

SA MAJESTÉ a fort approuvé les mesures qu'ils ont prises pour la conversion de ses Sujets de la R. P. R. qui étoient auxdites Isles, et elle a été très - aise d'apprendre le succès que leurs soins ont eu à cet égard. Elle approuve la conduite que ledit sieur de Blénac marque tenir avec eux, son intention n'étant pas qu'il leur soit fait aucune vexation pour les obliger d'aller à la Messe, ni de s'approcher des Sacremens; mais il est nécessaire que lesdits sieurs de Blénac et Dumaitz tâchent de les engager à faire leur devoir, par douceur, de leur part, et par instruction, du côté des Missionnaires. Elle leur recommande d'entrer avec attention dans ce détail, et surtout, de prendre toutes les précautions qu'ils estimeront convenables pour empêcher que ces gens n'abandonnent les Isles, parce qu'outre qu'ils seroient perdus pour la Religion, ce seroit une fort grande perte pour la Colonie, que cela diminueroit considérablement.

ORDONNANCE DU ROI, qui défend aux Officiers des Troupes détachées de la Marine de retenir l'Argent et la Farine des Soldats.

Du 30 Novembre 1687.

SA MAJESTÉ étant informée que les Officiers qui commandent les Déta-chemens des Soldats de la Marine qu'Elle entretient aux Isles de l'Amé-rique pour la garde des Ports Maritimes, s'approprient la Solde de leurs Soldats qui travaillent pour le service des Habitans, et payent aux autres leur Solde en Viande et en toile, au lieu de l'Argent qui leur est remis pour cet effet par le Commis du Trésorier de la Marine, qui sert sur les lieux; et étant nécessaire d'empêcher la suite d'un abus aussi in-juste et aussi contraire aux intentions de Sa Majesté, Elle a ordonné et ordonne, veut et entend que les Soldats qui travailleront pour le service des Habitans soient payés de leur Solde, sans que, pour raison dudit travail, il leur puisse être fait aucune diminution; et que généralement tous les Soldats, tant ceux-là que les autres, soient payés sur le pied de deux cens livres de Farine pour cent cinquante Rations, et de trois Sols en Argent chacun par jour, ainsi qu'il est porté par les Etats de Sa Majesté; laquelle fait défenses auxdits Officiers de payer cette Solde en autres Espéces, et de rien retenir auxdits Soldats sous quelque prétexte que ce soit, à peine de cassation. Mande et ordonne, Sa Majesté, au sieur Comte de Blénac, Gouverneur et Lieutenant-Général, et au sieur Dumaitz de Goimpy, Intendant de Justice, Police et Finances desdites Isles, de tenir la main à l'exécution de la présente Ordonnance. FAIT à Versailles le 30 Novembre 1687. *Signé* LOUIS. *Et plus bas*, COLBERT.

LETTRE du Ministre à M. DE CUSSY, Gouverneur de Saint-Domingue, touchant le Commerce avec les Espagnols.

Du 7 Janvier 1688.

MONSIEUR, le Roi a été informé que les Officiers de la Côte de Saint-Domingue veulent empêcher les Marchands François, qui vont en ladite Côte, de faire aucun Commerce direct avec les Espagnols de l'Isle; et, comme cela est contraire aux intentions de Sa Majesté, Elle m'a ordonné de vous dire qu'Elle veut que vous empêchiez qu'il ne soit causé aucun trouble aux Marchands dans leur Commerce, et qu'ils jouissent d'une pleine liberté de le faire, comme bon leur semblera, avec les François et les Espagnols de ladite Isle; pourvu que ce soit d'ailleurs suivant les Ordonnances de Sa Majesté.

Je suis, etc.

<hr/>

ARRÊT du Conseil d'Etat, touchant les Partages et Inventaires.

Du 17 Janvier 1688.

VU par le Roi, étant en son Conseil, l'Ordonnance rendue par les Officiers du Conseil Souverain de l'Isle de la Martinique, le cinq du mois de Mai dernier, en l'absence du sieur Dumaitz de Goimpy, Intendant de Justice, Police et Finances de l'Isle de l'Amérique, portant que les Inventaires et Partages qui auroient été faits jusqu'alors par les Officiers de la Jurisdiction ordinaire, seroient faits à l'avenir par les Notaires; celle du sieur Dumaitz de Goimpy, du vingt-six Juillet suivant, portant que lesdits Officiers continueroient leurs mêmes fonctions dans lesdits Inventaires et Partages jusqu'à ce qu'autrement, par Sa Majesté, en ait été ordonné; et Sa Majesté estimant nécessaire d'établir en ladite Isle l'ordre qui s'observe dans tout le Royaume à cet égard; le Roi étant en son Conseil a ordonné et ordonne que les Inventaires et Partages seront faits à l'avenir, en ladite Isle de la Martinique, par le Notaires seuls, sans que les Officiers de la Jurisdiction puissent s'en entremettre, sinon, en cas de contestation; et qu'ils soient requis d'y assister. Veut néanmoins, Sa Majesté, que son Procureur en ladite Jurisdiction continue d'y assister, lorsque quelqu'un des Héritiers présomptifs se trouvera absent, ou qu'il n'aura donné sa Procuration à personne, et en cas qu'il y ait des Mineurs qui n'aient pas de Tuteurs, que ledit Procureur en fasse créer, et qu'en attendant il assiste à leurs Inventaires et Partages; lui enjoignant de se retirer aussitôt que ladite création aura été faite. Au surplus fait, Sa Majesté, très-expresses inhibition et défenses auxdits Officiers du Conseil Supérieur, de rien changer aux Usages établis en ladite Isle, ni de faire aucuns Réglemens à l'avenir, sans la participation dudit Intendant, auquel elle enjoint de tenir la main à l'exécution du présent Arrêt, et de le faire Enregistrer au Greffe du Conseil Souverain, pour y avoir recours en cas de besoin. FAIT au Conseil d'Etat du Roi, Sa Majesté y étant, tenu à Versailles le 7 Janvier 1688. Signé COLBERT.

ARRÊT

ARRÊT du Conseil du Petit-Goave, qui nomme et reçoit provisoirement, attendu la mort du Procureur-Général, un Substitut pour en faire les fonctions.

Du 19 Janvier 1688.

Sur ce qui a été représenté au Conseil Souverain par M. Jean Goff, sieur de Beauregard, que le décès de M. Jean Dracon Dupuy, Pocureur-Général de ce Conseil, étant arrivé dès le dix du mois d'Août dernier, ledit Conseil est demeuré vacant; mais, comme il se trouve quantité d'affaires, tant civiles que criminelles, lesquelles sont indécises par la Vacance dudit Siege, il seroit nécessaire, en attendant qu'il plaise au Roi nommer un Procureur-Général, au lieu et place dudit sieur Dupuy, établir un Substitut du Procureur-Général, pour faire les fonctions de Procureur-Général, pourquoi l'Affaire mise en délibération.

Le Conseil Souverain a choisi et nommé le sieur Jean Duquesnot, *Cornete de Cavalerie,* pour exercer et faire les fonctions de Procureur-Général du Conseil, en qualité de Substitut du Procureur-Général audit Conseil; et après le serment de lui pris en tel cas requis et accoutumé, de se bien acquitter de son devoir en fait de sa Charge, et qu'il nous est apparu de ses bonne vie et mœurs, capacité, Religion Catholique, Apostolique et Romaine, a reçu et reçoit ledit sieur Duquesnot à exercer ledit Office de Substitut du Procureur-Général, jusqu'à ce qu'il ait plu à Sa Majesté d'y pourvoir. Donné en Conseil, etc.

ARRÊT du Conseil d'Etat, qui confirme l'exemption de la moitié des Droits d'entrée accordée à la Compagnie de Guinée, pour les Marchandises qu'elle fait venir des Isles et des Pays de sa Concession.

Du 9 Mars 1688.

Sur les Requêtes respectivement présentées au Roi en son Conseil, l'une par M. Jean Fauconnet, Fermier du Domaine d'Occident et autres Fermes unies; et l'autre, par les Intéressés en la Compagnie de Guinée. Ouï le rapport du sieur le Pelletier, Conseiller ordinaire au Conseil Royal, Contrôleur-Général des Finances, le Roi en son Conseil, faisant

Tome I. N n n

droit sur lesdites Requêtes respectives , ayant aucunement égard à celle des Intéressés en la Compagnie de Guinée , a ordonné et ordonne, con- formément aux Lettres d'Etablissement de ladite Compagnie , que les Marchandises de toutes sortes qu'elle fera apporter pour son compte des Pays de sa Concession , seront exemptes de la moitié des Droits appar- tenans à Sa Majesté , ou à ses Fermiers , mis ou à mettre , aux Entrées , Ports et Havres du Royaume. Et à l'égard des Sucres et autres Marchan- dises des Isles de l'Amérique , que ladite Compagnie pourra en rap- porter provenant de la vente des Negres , et autres Marchandises qu'elle y aura transportées des Côtes de Guinée , qu'elle jouira pareillement de l'exemption de la moitié desdits droits , jusqu'à la concurrence seulement de ce qui lui aura été donné en paiement desdits Negres et Marchandises , qu'elle aura fait transporter des Côtes de Guinée dans lesdites Isles , suivant les Certificats qui en seront délivrés par l'Intendant esdites Isles , ou ses Subdélégués en son absence. FAIT au Conseil d'Etat du Roi , tenu à Versailles le 9 Mars 1688.

ARRÊTÉ *du Conseil du Petit-Goave , concernant l'ouverture d'un Chemin de communication entre le Petit et le Grand-Goave et Léogane , par le bord de la Mer.*

Du 9 Mars 1688.

SUR ce qui a été judiciairement remontré par le Procureur-Général du Roi , que pour le bien et utilité publics , il est nécessaire de faire faire un Chemin par lequel on puisse aisément aller du Petit-Goave à Léogane le long des Tapions du Grand-Goave , par le bord de la Mer ; a requis , attendu que les principaux Officiers de ces quartiers sont présentement assemblés en ce Conseil , que la chose soit mise en délibération , ce qu'ayant été fait.

LE CONSEIL Souverain a ordonné et ordonne que , pour l'urgente nécessité des Habitans de ce quartier , ils feront faire un Chemin le long du bord de la Mer des Tapions du Grand-Goave , pour la communi- cation des quartiers du Petit - Goave ; le Grand - Goave , Léogane et autres lieux circonvoisons, et fourniront les Negres et Argent nécessaires pour les travaux dudit Chemin , suivant l'état qui en sera ci-après dressé. FAIT au Conseil , etc.

ARRÊT *du Conseil Souverain du Petit-Goave, touchant une Plainte d'empoisonnement.*

Du 9 Mars 1688.

Cet Arrêt renvoie la dame B. . . . .d'une accusation d'empoisonnement formée contr'elle par son mari.

ARRÊT *du Conseil du Petit-Goave, qui ordonne provisoirement qu'un Chemin qui conduit le Public à une Source restera ouvert pendant le Procès et l'Examen d'un autre Chemin offert par l'Habitant voisin de cette Source.*

Du 9 Mars 1688.

ENTRE Simon de la Bussiere, Lieutenant de Milice au Quartier de la Petite Riviere, Appellant d'une Sentence de Léogane d'une part.

Et du Garnier, Marchand, demeurant à la Petite Riviere, Intimé.

Noble Homme, Louis le Blond, sieur de la Joupiere, Conseiller du Roi en ce Conseil; François Descaux, Aide-Major; Magdelaine Hebert Veuve du sieur Hursevont; Elie Filleul, sieur de la Riviere, et Nicolas Millon, Habitans; tous demeurans au susdit Quartier de la Petite Riviere, Demandeurs en Requête d'intervention, aussi Demandeurs.

LE CONSEIL Souverain, Parties ouies, avant de faire droit ordonne, de leur consentement, que Me Adrien Frondemiche se transportera avec notre Greffier sur les lieux, pour voir la situation de la Terre, par laquelle ledit sieur du Garnier prétend donner le Chemin en question pour aller puiser de l'eau de la Source, étant près de sa Place, et nommera ledit Conseiller, deux Habitans, non suspects aux Parties, desquels il prendra le Serment en la maniere accoutumée, pour voir les lieux, prendre leur avis sur la commodité ou incommodité publique, pour le Procès-verbal fait et rapporté, être ordonné ce qu'il sera convenable; et cependant par provision, ledit Chemin restera ouvert. DONNÉ en Conseil, ect.

ARRÊT du Conseil Souverain du Petit-Goave, qui enjoint aux Caboteurs de dégréer et haller haut leurs Chaloupes ou Canots dans la même journée de leur arrivée.

Du 9 Mars 1688.

SUR la remontrance faite par le Procureur-Général du Roi, que les Chaloupes et Canots des Habitans Chasseurs, et autres personnes du Pays ont favorisé fort souvent les Negres dans leur évasion, en passant de cette Côte dans des Isles et Pays de différentes dominations, ce qui a causé très-souvent la ruine des Habitans ; joint que lesdites Chaloupes et Canots pourroient aussi servir aux Ennemis pour le pillage des quartiers de cettedite Côte, la chose mise en délibération.

LE CONSEIL Souverain ayant égard à ladite délibération, a ordonné et ordonne que tous ceux qui arriveront à la Côte avec des Chaloupes ou Canots, et qui en auront, les feront haller haut dans les endroits où il y aura des Corps-de-Gardes, et les dégréeront entièrement dans la même journée de leur arrivée, ou de les amarer sous les Forts, dans les quartiers où il y en aura, en les dégréant pareillement ; à peine, aux contrevenans, de confiscation desdites Chaloupes, Canots, Agrès, et de ce qui se trouvera embarqué, de cinquante pieces d'Huit d'amende, payable sans déport ; et en outre, de demeurer responsable des désordres qui pourront être causés par lesdites Chaloupes et Canots, sans que lesdites peines puissent être déclarées comminatoires ; et afin que le présent Réglement soit notoire, ordonne qu'il sera lu, publié et affiché partout où besoin sera. FAIT au Petit-Goave en Conseil, etc.

ORDRE DU ROI, qui soumet les Conseillers et autres Officiers, à l'exécution de tous Décrets de Justice.

Du 1ᵉʳ Septembre 1688.

DE PAR LE ROI.

SA MAJESTÉ étant informée que les Officiers des Conseils Souverains des Isles Françoises de l'Amérique, prétendent qu'aucun Décret de quelque Jurisdiction qu'il puisse être émané ne peut être exécuté chez eux qu'avec un ordre du Lieutenant-Général ou de l'Intendant ; à quoi étant nécessaire de pourvoir , Sa Majesté a ordonné et ordonne , veut et entend que toutes sortes de Décrets de quelque Jurisdiction qu'ils puissent être émanés soient , à l'avenir , exécutés chez lesdits Officiers des Conseils Souverains , et des autres Corps de Justice desdites Isles , sans qu'il soit pour cela besoin d'autres formalités que celles qui sont prescrites par les Ordonnances , à peine d'interdiction contre ceux desdits Officiers qui s'opposeront à l'exécution desdits Décrets , et de plus grande peine s'il y échoit. Enjoint , Sa Majesté , aux sieurs Comte de Blénac et de Maitz de Goimpy , Lieutenant-Général pour le Roi , et Intendant desdites Isles , de tenir la main à l'exécution de la présente Ordonnance. FAIT à Versailles le premier Septembre 1688. *Signé* LOUIS. *Et plus bas* COLBERT.

R. au Conseil Souverain de la Martinique le 9 Novembre suivant.

ORDRE DU ROI *touchant les Religionnaires et les nouveaux Convertis envoyés aux Isles.*

Du 1er Septembre 1688.

SA MAJESTÉ a approuvé la distribution que les Administrateurs ont fait dans toutes les Isles , des Religionnaires et nouveaux Convertis qu'Elle leur a envoyés , et leur recommande de tenir la main à ce que ceux qui font encore profession de la Religion Prétendue Reformée abjurent , et que les autres fassent leurs devoirs de Catholiques , non pas en les obligeant par force à approcher des Sacremens ; mais en les traitant avec douceur , et les obligeant seulement à assister aux instructions. Elle desire aussi qu'ils tiennent la main à ce que les Ecclésiastiques des Isles aient une application particuliere à les instruire , et qu'ils fassent de leur côté tout ce qui dépendra d'eux pour les obliger à rester dans les Isles , et de s'y faire Habitans.

R. au Conseil de la Martinique le......

Arrêt du Conseil d'Etat, touchant les Récusations contre les Parrains.

Du 4 Septembre 1688.

Sur ce qui a été représenté au Roi, étant en son Conseil, que quelques Particuliers qui ont commenté les Ordonnances des Isles de l'Amérique, ont mis au nombre des Juges qui pourront être recusés, ceux qui ont été Parrains des enfans de l'une des Parties; et Sa Majesté étant informée que cela produit souvent des désordres considérables, en ce que plusieurs Conseillers étant obligés de se retirer, on est dans la nécessité, faute d'Avocats, d'appeler de simples Particuliers pour les remplacer; ce qui fait que la Justice est fort souvent mal administrée, à quoi il est nécessaire de pourvoir. Sa Majesté étant en son Conseil a ordonné et ordonne que les Juges et autres Officiers des Jurisdictions desdites Isles, qui se trouveront Parrains des enfans de l'une des Parties, ne puissent être recusés, pourvu qu'il n'y ait en eux aucune autre cause de récusation; voulant que les Jugemens où ils auront assistés soient exécutés, tout ainsi que s'ils n'avoient pas été recusés. Enjoint aux sieurs de Blénac et Dumaitz de Goimpy de tenir la main à l'exécution du présent Arrêt, qu'Elle veut être enregistré aux Greffes des Conseils Souverains et Justices ordinaires desdites Isles. Fait au Conseil d'Etat du Roi, le 4 Septembre 1688.

R. à la Martinique, le 5 Septembre 1689.

Arrêt du Conseil d'Etat, portant confirmation de l'exemption des Droits de Capitation établis par le Réglement de M. de Baas.

Du 4 Septembre 1688.

Le Roi étant en son Conseil, étant informé que, bien que, par le Réglement fait par le sieur de Baas, ci-devant Gouverneur et Lieutenant-Général pour Sa Majesté des Isles Françoises de l'Amérique, autorisé par Arrêt du Conseil de Sa Majesté, du 24 Mai 1675; il soit dit en termes formels, que les Officiers de Milice et autres dénommés dans le Réglement, jouiront de l'exemption du Droit de Capitation pour leurs Personnes, pour tous les Blancs engagés, et outre ce, pour un certain nombre de Noirs, à proportion de leurs Emplois, ainsi qu'il est plus amplement porté par le Réglement, et que ce Réglement ait, depuis, été exécuté sans aucune difficulté, tant de la part de la Compagnie des Indes Occidentales, que depuis par les Fermiers de Sa Majesté; Néanmoins les Commis de M^e. Pierre Dommergue, à présent Fermier-Général du Domaine d'Occident, prétendent obliger ceux qui sont déclarés exempts par ledit Réglement, de payer le Droit de Capitation des Blancs qui sont à leur service; à quoi il est nécessaire de pourvoir. Sa Majesté étant en son Conseil a ordonné et ordonne que ledit Réglement sera exécuté selon sa forme et teneur; et en conséquence veut et entend que lesdits Officiers et autres, déclarés exempts par ledit Réglement, jouissent, comme par le passé, de l'exemption du Droit de Capitation de leurs Blancs engagés, et du nombre des Noirs, ainsi qu'il est porté par ledit Réglement; faisant défenses audit Dommergue, à ses Commis et à tous autres de les y troubler, à peine de tous dépens, dommages et intérêts. Enjoint, Sa Majesté, aux sieurs Comte de Blénac et Dumaitz de Goimpy, Lieutenant-Général pour Sa Majesté, et Intendant desdites Isles de l'Amérique, de tenir la main à l'exécution du présent Arrêt. FAIT au Conseil d'Etat du Roi, Sa Majesté y étant, tenu à Versailles le 4 Septembre 1688. *Signé* COLBERT.

ARRÊT du Conseil d'Etat, touchant les cours de certaines Monnoies aux Isles.

Du 9 Septembre 1688.

VU par le Roi, étant en son Conseil, le résultat de l'Assemblée tenue par ordre de Sa Majesté au Fort Saint-Pierre de la Martinique le 11 Août 1687, à laquelle ont assisté les sieurs Comte de Blénac et Dumaitz de Goimpy, Lieutenant-Général pour le Roi et Intendant des Isles Françoises de l'Amérique, et plusieurs principaux Habitans desdites Isles, portant qu'il seroit nécessaire pour le bien desdites Isles et pour y conserver les especes, que les pieces de trois sols six deniers continuassent d'avoir cours sur le pied de trois sols neuf deniers, et les sols marqués à raison de quinze deniers; à quoi ayant égard, Sa Majesté étant en son Conseil, a ordonné et ordonne qu'en attendant, et jusqu'à ce qu'autrement par Sa Majesté en ait été ordonné, les pieces de trois sols six derniers aient cours dans lesdits Isles, sur le pied de trois sols neuf deniers, et les sols marqués à raison de quinze deniers, sans néanmoins que cela puisse tirer à conséquence pour les autres especes de monnoies, qui n'auront cours que sur le pied qu'elles l'ont en France; enjoint Sa Majesté auxdits sieurs de Blénac et Dumaitz de Goinpy de tenir la main à l'exécution du présent Arrêt. FAIT à Versailles, etc.

ACTE passé en l'Isle de Sainte-Croix, et Ordonnance du Juge du Cap, qui en permet le dépôt au Greffe de son Siege.

Des 20 Septembre 1688 et 17 Juillet 1711.

PARDEVANT Claude Lefebvre, Notaire Royal, Juré-Commis et établi en l'Isle Sainte-Croix, soussigné en Amérique; Furent présens en leurs personnes le sieur Pierre Menet, etc. FAIT et passé à Sainte-Croix ce vingtieme jour de Septembre 1688, etc.

Collationné et Vidimé fidellement à la Minute par moi Notaire soussigné, qui s'est trouvé parmi celles de Sainte-Croix qui ont été mises et déposées en ce Greffe par le sieur Heran, et la Présente délivrée ce quatorzieme jour du mois de Mai 1703. *Signé* CHAUVET, Notaire.

Aujourd'hui 17 Juillet 1711, au Greffe du Siege Royal du Cap, est comparu M. de Silvecanne, Conseiller au Conseil Supérieur de ce lieu, lequel nous a requis enregistrement de ce qui suit:

SAVOIR;

A Monsieur, Monsieur le Juge Civil et Criminel du Siege Royal du Cap, ou son Lieutenant.

Supplie humblement Pierre de Silvecanne, Conseiller du Roi en son Conseil Supérieur du Cap; Disant qu'étant informé que les Papiers, Actes et Contrats passés à l'Isle Sainte-Croix, et transportés au Greffe de Léogane, étoient ou la plupart égarés ou mangés de poux de bois, et que votre Suppliant n'auroit qu'une Copie de Contrat de mariage de feu Menet et Jeanne Thiau, aujourd'hui son Epouse, avec un Inventaire des biens délaissés par le feu Peru son premier mari, et une Requête par elle présentée au Juge du lieu pour faire assembler les parens pour ledit Inventaire; et comme ces pieces ci-attachées sont à votre Suppliant de grande conséquence, et que malheur pourroit lui arriver de les perdre par plusieurs accidens. Ce considéré, Monsieur, il vous plaise ordonner que tant ledit Contrat de mariage que Requête et Inventaire ci-attachés
seront

seront enregistrés au Greffe de la Jurisdiction , pour y avoir recours en temps et lieu , et ferez bien. *Signé* DE SILVECANNE.

Vu la Requête de l'autre part , l'Ordonnance de soit communiqué, Conclusions du Procureur du Roi, ensemble les Requête présentée au Juge de Sainte-Croix, Inventaire et Contrat de mariage au rapport de le Febvre, Notaire audit lieu, collationné par Chauvet, Notaire à Léogane, le 14 Mai 1703 , le tout ci-attaché; nous ordonnons que le tout sera enregistré au Greffe de ce Siege , ainsi qu'il est requis, pour avoir recours si besoin est. DONNÉ de nous Pierre Guibert , Lieutenant Particulier au Siege Royal du Cap Côte Saint-Domingüe, le 17 Juillet 1711. *Signé* GUIBERT.

En 1695 , Sa Majesté s'étant déterminée à abandonner l'Isle de Sainte-Croix, elle donna ordre à M. le Chevalier Desaugiers d'y passer avec son Escadre pour en retirer tous les Habitans, leurs Esclaves et leurs effets. Cet ordre fut exécuté, et l'Escadre partie le 26 Janvier 1696 de Sainte-Croix, mouilla le premier Février suivant au Cap , où la Colonie transportée fut distribuée pour augmenter les différens quartiers de l'Isle Saint-Domingue.

Ce fut sans doute à cette époque que le dépôt des Registres et de tous les Papiers publics de Sainte-Croix fut fait au Greffe de Léogane par le sieur Héran (dont nous ignorons le caractere). Ce dépôt a eu le sort des Actes anciens de la Colonie , exposés aux ravages des insectes , aux révolutions qui ont détruit les Greffes , et à des transports également nuisibles. Et comment s'étonner de son état actuel, quand on observe que dès 1711 on en craignoit la perte totale !

Les Personnes qui descendent des Emigrans de Sainte-Croix, et qui possedent encore des expéditions authentiques d'Actes importans, feroient donc sagement d'imiter l'exemple de M. de Silvecanne , et nous avons cru devoir saisir cette occasion de leur donner ce conseil, dont l'utilité sera rendue encore plus sensible par les Remarques suivantes.

Remarques sur la perte des Registres des Paroisses de l'Isle Sainte-Croix , mises en tête de la transcription de ceux restans , faite en vertu d'Arrêt du Conseil du Petit-Goave du 8 Juillet 1730.

Il ne s'est rien trouvé des anciens Registres pour l'année 1667. Il est à remarquer que la plus grande partie sont perdus, et voici comment :

Tome I. Ooo

Au rapport du R. P. Eustache du May, ancien Missionnaire de cette Colonie de Sainte-Croix, tous les effets de ladite Mission ayant été transportés au Cap et mis en dépôt chez un Habitant, le coffre où étoient contenus les Registres et les ornemens des Paroisses fut, par inadvertance, enseveli sous un tas de Sel que des Canoteurs vinrent décharger dans la même chambre; ensorte que deux mois après qu'on renvoya lesdits effets à Léogane, tous les papiers se trouverent pourris, hors d'état d'être même copiés. Il n'y en a qu'un seul cahier qui se soit conservé, et c'est celui que je transcris. *Signé* F. P. SAVORNIN.

Depuis l'année 1672 jusqu'à l'année 1674, je n'ai pu trouver aucun Acte mortuaire. Apparemment que les Registres ou feuilles volantes de l'année 1673 ont été perdues ou peut-être pourries dans le coffre de la Chapelle déposé au Cap par l'accident que j'ai marqué dans le Registre des Mariages, selon le rapport du R. P. Eustache du May, Missionnaire en l'Isle Sainte-Croix.

Il s'est encore écoulé 54 ans depuis ces Remarques, et le Tremblement de Terre de 1770 auroit suffi seul pour anéantir les Actes de l'Isle Sainte-Croix.

ARRÊT du Conseil d'Etat, qui exempte les Religionnaires et les nouveaux Convertis envoyés aux Isles du Droit de Capitation pendant la premiere année de leur établissement.

Du 24 Septembre 1688.

SUR ce qui a été représenté au Roi, étant en son Conseil, que les Religionnaires et nouveaux Convertis que Sa Majesté a fait passer aux Isles de l'Amérique pourroient difficilement devenir Habitans, suivant ses intentions, si elle ne leur accordoit quelque exemption des charges publiques dans le commencement de leur établissement; à quoi ayant égard, Sa Majesté étant en son Conseil, a ordonné et ordonne que tous lesdits Religionnaires et nouveaux Convertis qu'elle a fait passer auxdites Isles depuis le mois de Janvier de l'année derniere jusqu'à présent, et ceux qu'elle pourra y faire passer par la suite et qui se feront Habitans, seront exempts du Droit de Capitation pendant la premiere année de leur établissement; à l'effet de quoi il en sera remis, par le sieur Dumaitz de Goimpy, Intendant de Justice, Police et Finances desdites

Isles, un Rôle signé de lui aux Commis à la recette de ce Droit, auquel Sa Majesté fait défenses de l'exiger de ceux qui seront compris dans ledit Rôle, à peine de restitution. Enjoint Sa Majesté audit sieur Dumaitz de tenir la main à l'exécution du présent Arrêt. *Signé* BOUCHERAT.

ARRÊT du Conseil d'Etat, qui autorise les Officiers des Jurisdictions des Colonies à juger en définitif jusqu'à 40 liv.

Du 24 Septembre 1688.

SUR ce qui a été représenté au Roi, en son Conseil, que ce qui a jusqu'à présent empêché le plus le défrichement des terres des Isles de l'Amérique et l'établissement des Manufactures et du Commerce dans lesdites Isles, est la nécessité dans laquelle la plupart des Habitans se trouvent réduits, au moindre procès qu'ils ont, de quitter celles où ils demeurent pour aller plaider par appel dans les Isles où sont établis les Conseils Souverains; et que pour des affaires souvent d'une très-petite conséquence, ils sont obligés de perdre autant de temps et de faire autant de frais que si elles étoient bien considérables; et d'autant que cela porte aucuns notables préjudices à la Colonie, qui ne pourroit s'établir solidement s'il n'y étoit pourvu : Sa Majesté étant en son Conseil, a donné pouvoir à ses Officiers des Jurisdictions ordinaires des Isles de juger en dernier ressort, et sans appel, jusqu'à la somme de 40 liv. et au-dessus; et en conséquence ordonne que leurs Jugemens, en ce cas, soient exécutés de la même maniere et avec la même force et autorité que si c'étoient des Arrêts des Conseils Souverains. Enjoint Sa Majesté au sieur Dumaitz de Goimpy, Intendant desdites Isles, et aux Officiers des Conseils Souverains, de tenir la main à l'exécution du présent Arrêt.

R. à la Martinique le 9 Novembre suivant.

ARRÊT du Conseil du Petit-Goave, concernant les Blasphémateurs.

Du 29 Septembre 1688.

SUR ce qui a été représenté au Conseil Souverain par le Procureur-Général du Roi, qu'encore que Sa Majesté ait rendu plusieurs Edits et Déclarations très-séveres contre les Blasphémateurs du Saint Nom de

Dieu dont personne ne peut ignorer, néanmoins quantité de libertins, par une impiété sacrilege et un mépris auxdits Edits et Déclarations du Roi, ne laissent de demeurer dans leurs déréglemens; et pour pousser leur impiété jusqu'à l'excès, portent leurs blasphêmes jusqu'aux portes des Eglises et Lieux les plus saints, requérant qu'il plût au Conseil y remédier. A CES CAUSES, le Conseil Souverain ayant égard à ladite Remontrance, a fait et fait défenses à toutes Personnes, de quelque qualité et condition qu'elles soient, de jurer et blasphémer le S. Nom de Dieu, à peine contre les contrevenans, pour la première fois, de deux pieces d'huit d'amende; et à faute de paiement, les délinquans seront mis à un carcan, attaché à un poteau qui à cet effet sera planté dans les Places publiques; auquel poteau ils demeureront à la vue du Public pendant une heure; et pour la récidive, seront attachés audit poteau pendant deux heures; et condamnés à plus grandes peines pécuniaires à l'arbitrage des Juges, suivant l'exigence des cas; et sera, le présent Arrêt, lu et publié partout où besoin sera, et enregistré dans les Greffes des Sieges ressortissans du Conseil. Enjoint aux Substituts dudit Procureur-Général du Roi de tenir la main à l'exécution du présent Arrêt. FAIT au Petit-Goave, etc.

ARRÊT du Conseil du Petit-Goave, qui ordonne la publication de l'Edit de 1685 dans toutes les Paroisses de la Colonie.

Du 29 Septembre 1688.

VU ce qui a été représenté au Conseil par le Procureur-Général du Roi, qu'encore que l'Edit de Sa Majesté du mois de Mars 1685 ait été de l'Ordonnance du Conseil, registré ès Greffes des Jurisdictions qui en ressortissent, et publié ès Audiences d'icelles, ce qui suffit pour le rendre notoire; néanmoins quelques Personnes, par malice ou ignorance, violant les Loix établies par ledit Edit, s'excusent et prennent avantage de ce que ledit Edit n'a pas été publié dans les Paroisses de cette Colonie; requérant qu'il plût au Conseil d'y pourvoir.

LE CONSEIL Souverain ayant égard à ladite Remontrance, a ordonné et ordonne qu'à la diligence des Substituts du Procureur-Général de ce ressort, ledit Edit sera incessamment lu, publié dans toutes les Paroisses de cette Colonie un jour de Dimanche à l'issue de la Messe Paroissiale, et affiché aux portes des Eglises.

COMMISSION *délivrée par le Gouverneur à un Officier des Milices pour aller, avec plusieurs Habitans, réclamer ceux retenus à la Jamaïque.*

Du 5 Octobre 1688.

Le sieur de Cussy, Gouverneur pour le Roi de l'Isle de la Tortue et Côte Saint-Domingue.

Etant nécessaire d'envoyer à la Jamaïque une Personne dont la fidélité et capacité au service de Sa Majesté nous soit connue pour aller réclamer ses Sujets qui y sont retenus contre tout droit par M. le Chevalier Holmes, nous avons estimé ne pouvoir faire un meilleur choix que de la Personne du sieur Lepage, Capitaine de Cavalerie de Léogane, accompagné des sieurs Duvillard, Jupin et Fondommier, auxquels nous avons donné nos Lettres pour M. le Duc d'Albermale, Lieutenant-Général pour Sa Majesté Britannique de l'Isle de la Jamaïque et lieux en dépendans, lesquelles ne sont à autre fins que pour réclamer les Sujets du Roi, avec tout ce qui peut leur appartenir, pour les ramener en cette Côte dans le Navire la Notre-Dame de Délivrance que nous avons fretté à ce sujet; et en cas de refus par mondit sieur le Duc d'Albermale de rendre les Sujets de Sa Majesté, ledit sieur Lepage fera ses protestations en mon nom, le plus respectueusement que se pourra, dont je ne manquerai d'informer Sa Majesté de l'injuste détention de ses Sujets à la Jamaïque, et des miseres que l'on leur fait souffrir, ce qui est tout à fait opposé aux Articles d'un Traité qui doit être inviolable; et en cas que l'on trouve en revenant de la Jamaïque quelques Navires Espagnols, nous défendons expressément de leur faire aucun tort, mais au contraire leur donner toute assistance; et si l'on avoit besoin de Vivres, leur payer à un prix raisonnable. Donné au Fort du Petit-Goave, le 28 Septembre 1688. *Signé* Cussy.

R. *au Conseil du Petit-Goave, lemême jour.*

LETTRE *du Ministre à M. DE CUSSY, sur les Missionnaires de Saint-Domingue.*

Du 7 Octobre 1688.

M. le Provincial des Capucins de la Province de Normandie m'écrit que ses Religieux qui sont à Saint-Domingue sont réduits à manger de la Cassave et à boire de l'Eau, par le refus que font la plupart des Habitans de leur payer ce qu'on est convenu de leur donner pour leur subsistance ; je vous avoue que j'ai été surpris que cela soit en cet état et que vous n'y ayiez pas donné ordre, n'étant pas convenable que des Ecclésiasques qui font les fonctions Curiales soient réduits à une pareille misere : il faut donc que vous y pourvoyiez pour l'avenir ; et il me paroît que vous pourriez sans inconvénient commettre en chaque Quartier un Habitant pour faire la recette de ce qui doit être payé pour la subsistance des Curés, avec obligation de payer eux-mêmes ces Curés par quartiers, sans que ces Ecclésiastiques eussent affaire à d'autres : je vous propose cet expédient comme un moyen qui ne me paroît pas embarrassant, m'en remettant cependant à vous de faire à cet égard ce que vous estimerez plus convenable, pourvu que vous ne laissiez pas ces Ecclésiastiques dans l'état où ils sont à présent.

Je suis, etc.

ARRÊT du Conseil d'Etat, qui regle les Droits d'entrée pour les Bœufs salés d'Irlande qui entreront en France, pour être transportés dans les Isles Françoises de l'Amérique.

Du 7 Décembre 1688.

SUR ce qui a été représenté au Roi en son Conseil, par les Marchands et Négocians qui trafiquent aux Isles Françoises de l'Amérique, le Roi en son Conseil a ordonné et ordonne que le Bœuf salé d'Irlande qui entrera par les Ports du Havre, de Nantes, Saint-Malo, la Rochelle et Bordeaux, et qui y sera déclaré pour les Isles Françoises de l'Amérique, sera exempt du Droit porté par ledit Arrêt du Conseil du 29 Juin 1688, à condition qu'en attendant que le chargement s'en puisse faire dans les Vaisseaux destinés pour lesdites Isles, il sera entreposé dans un Magasin, sous deux clefs différentes, dont l'une sera mise entre les mains du Commis de l'Adjudicataire des cinq Grosses Fermes, et l'autre sera gardée par les Marchands, ou par celui qui sera par eux préposé, pour être ledit Bœuf salé transporté auxdites Isles, quand l'occasion s'en présentera, comme il auroit pû être auparavant ledit Arrêt du 29 Juin 1688, en prenant par les Marchands des acquits à caution, lesquels ils seront tenus de rapporter déchargés en bonne forme, par les Commis des Fermes qui sont établis esdites Isles, dans le temps dont ils seront convenus, à peine de mille livres d'amende, et du quadruple des Droits. FAIT au Conseil d'Etat du Roi, tenu à Versailles le 7 Décembre 1688.

ORDONNANCE DE LOUIS XIV, *pour les Armées Navales et Arsenaux de la Marine.*

Du 15 Avril 1689.

L'exécution de cette Ordonnance est spécialement recommandée dans les Colonies, par les Ordres du Roi; elle y sert de Regle toutes les fois qu'une Loi expresse et particuliere n'a pas prononcé. Cependant cette Ordonnance est soumise aux changemens qu'y ont apportés celles postérieures, sur la même matiere.

Nous ne faisons que l'indiquer, parce qu'elle est très-volumineuse, et qu'on peut se la procurer aisément.

ORDONNANCE DU ROI, *portant Déclaration de Guerre aux Espagnols.*

Du 15 Avril 1689.

ORDONNANCE DU ROI, *portant Déclaration de Guerre au Prince d'Orange, Anglois et Ecossois Fauteurs de son Usurpation.*

Du 25 Juin 1689.

SA MAJESTÉ auroit déclaré la Guerre à l'Usurpateur d'Angleterre dès que son entreprise a éclaté, si Elle n'avoit appréhendé de confondre, avec les Adhérans dudit Usurpateur, les Sujets fideles de Sa Majesté Britannique, et qu'Elle n'eût toujours espéré que les honnêtes-gens de la Nation Angloise, ayant horreur de ce que les Fauteurs du Prince d'Orange leur ont fait faire contre leur Roi légitime, pourroient rentrer dans leur devoir, et travailler à chasser ledit Prince d'Orange d'Angleterre et d'Ecosse; mais Sa Majesté ayant été informée que ledit Prince d'Orange lui a déclaré la Guerre par son Ordonnance du 17 du mois de Mai dernier, Sa Majesté a ordonné et ordone à tous ses Sujets Vassaux et Serviteurs, de courre sus aux Anglois et Ecossois, Fauteurs de l'Usurpateur des Royaumes d'Angleterre et d'Ecosse, et leur a défendu et défend d'avoir ci-après avec eux aucune communication, etc.

Publiée à Saint-Domingue.

ARRÊT du Conseil du Petit - Goave , qui défend au Procureur du Roi de la même Ville de faire apposer ni lever des Scellés sans Ordonnance du Juge , et lui enjoint d'assister aux Audiences , pour donner des conclusions verbales dans les Affaires , où son Ministere est intéressé.

Du 20 Janvier 1690.

ENTRE Maître Etienne Norois Chevalier, sieur d'Orsigny , Sénéchal du Siege Royal du Petit-Goave , Demandeur , présent en personne ; d'une part.

Et M⁣ᵉ. Pierre Lecour , Procureur du Roi audit Siege , Défendeur , aussi présent en personne ; d'autre part.

LE CONSEIL Souverain , Parties ouïes , après avoir eu lecture des conclusions du Procureur-Général du Roi , a fait défenses au Défendeur de faire , à l'avenir , apposer les Scellés , ni faire procéder à la levée d'iceux , sinon en vertu d'Ordonnance du Demandeur , ou de son Lieutenant en son absence ; enjoint audit Défendeur de se rendre aux Audiences , pour y donner ses conclusions verbales dans les Affaires sommaires où son ministere est nécessaire. DONNÉ en Conseil, etc.

ARRÊT du Conseil du Petit-Goave , en forme d'exécutoire , contre les Habitans des quartiers du Rochelois , de Nippes , du Petit-Goave et du Grand-Goave , pour achever le paiement de leur quote-part , dans le remboursement du prix des Negres suppliciés.

Du 20 Janvier 1690.

IL est mandé au premier Huissier ou Sergent Royal sur ce requis , à la Requête de M. Guy Coustard , Conseiller du Roi en ses Conseils ; et des sieurs Hesnand, Savoyard , Cussy , Boulanger et Rouannes , poursuite et diligence de M. Pierre Lecour , Procureur du Roi au Siege Royal du Petit-Goave , contraindre par toutes voies dûes et raisonnables les Habitans du quartier du Rochelois , Nippes , Petit - Goave et Grand-Goave , au paiement pour solution de la somme de sept cens dix pieces d'Huit en argent ou Marchandises solides au prix courant de la Côte , qu'ils doivent audit sieur Coustard et consorts , à cause des Negres
repris

repris de Justice et suppliciés à eux appartenans , suivant les Arrêts du
Conseil Souverain , faisant par chaque tête de Negre , travaillant suivant la supputation qui en a été faite , la somme de trois livres quinze
sols , de ce faire est donné plein pouvoir.

> *La Piece de Huit valoit 6 liv. monnoie des Isles. Les sept cens dix*
> *total de l'imposition formoient donc une somme de 4260 liv. qui ,*
> *divisées par 3 liv. 15 sols , à laquelle étoit taxée chaque tête de*
> *Negres travaillans , donne 1136 pour le nombre des Negres de*
> *cette classe recensés , à l'époque de 1690 dans les quartiers du*
> *Rochelois , de Nippes et du Grand et du Petit-Goave ; ce nombre*
> *est environ douze fois aussi considérable aujourd'hui.*

ARRÊT du Conseil du Petit-Goave , touchant l'absence du Procureur-
Général.

Du 2 Février 1690.

M. Duquesnot , Procureur-Général , étant allé faire un voyage au
Port de Paix , le Conseil nomme M. Lecourt , Procureur du Roi
au Siege Royal du Petit-Goave , pour remplir ses fonctions pen-
dant son absence.

COMMISSION de Receveur-Général des Droits de M. l'Amiral
à Saint-Domingue.

Du 2 Février 1690.

Cette Commission est donnée par M. de Cussy au sieur Champenois ,
avec un sol pour livre , et pouvoir d'établir et de révoquer les
Receveurs particuliers.

R. au Conseil du Petit-Goave , le 19 Mars 1690.

COMMISSION de Receveur-Général des Consignations dans toute l'Isle.

Du 3 Février 1690.

LE SIEUR DE CUSSY, Gouverneur pour le Roi, de l'Isle de la Tortue et Côte Saint-Domingue ; Sur plusieurs contestes et incidents qui sont arrivés en plusieurs endroits de notre Gouvernement au sujet des Consignations, tant par l'incapacité que par l'insolvabilité de ceux entre les mains de qui elles ont été confiées, et pour prévenir de semblables désordres, il est nécessaire d'établir dans toute l'étendue de notre Gouvernement, des Personnes dont la capacité, la fidélité et la solvabilité nous soient connues ; c'est pourquoi nous avons estimé ne pouvoir faire un meilleur choix que de la personne du sieur Champenois, faisant profession de la Religion Catholique, Apostolique et Romaine, possédant toutes les qualités requises pour s'en bien acquitter. A CES CAUSES nous avons établi et établissons, par ces Présentes, ledit sieur Champenois, Receveur-Général dans toute l'étendue de notre Gouvernement, de toutes les Consignations qui s'y pourront faire, tant pour vente de meubles qu'immeubles, jusqu'à Sentence d'Ordre, aussi bien que des marchandises et effets qui seront ordonnés être consignés sur les contestations entre les Parties, et généralement de quelque nature et pour quelques raisons que lesdites Consignations puissent être faites, dont ledit Champenois tiendra ou fera tenir Registre par les Receveurs Particuliers que nous lui permettons de commettre et de révoquer quand bon lui semblera ; parce que ledit sieur Champenois repondra de leur solvabilité en son propre et privé nom, et les payer à ses dépens sur le sol par livre que nous lui accordons pour son droit de Consignation et Distribution, suivant les Sentences qui interviendront pour raison d'icelle. Enjoignons à MM. du Conseil Souverain de faire enregistrer les Présentes, après avoir reçu le serment dudit sieur Champenois, comme aussi de les faire enregistrer ailleurs si besoin est ; en foi de quoi nous avons signé la Présente notre Commission, et à icelle fait apposer le Sceau de nos armes, et fait contresigner par notre Secrétaire. DONNÉ à . . . . le 3 Février 1690. *Signé* DE CUSSY.

R. *au Conseil du Petit-Goave*, *le* 28 *Mars* 1690.

Arrêt de Réglement du Conseil du Petit-Goave, qui taxe le Prix du Pain et des Boissons, et défend aux Cabaretiers et Gargotiers d'en vendre de mauvaise qualité.

Du 18 Mars 1690.

Sur ce qui a été judiciairement remontré par le Procureur-Général du Roi, qu'ayant eu avis que plusieurs Cabaretiers et Gargotiers, au mépris des Réglemens et Ordonnances qui ont été ci-devant faits, vendent journellement du Pain et du Vin, Eau-de-Vie et autres choses nécessaires à la vie à un prix excessif; que même ils débitent des Boissons de si méchante qualité, qu'elles causent de grandes maladies à ceux qui les consomment, et portent un grand préjudice au Public; à quoi il est nécessaire de remédier, requerant qu'il y soit pourvu.

Le Conseil ayant mis la matiere en délibération, a fait et fait défenses à tous Cabaretiers, Gargotiers et autres, vendans et débitans, de vendre, Pain, Biscuit, Vin et Eau-de-Vie qui ne soient de bonne qualité et aux prix suivans; savoir, le Pain pesant seize onces, un escalin; le Biscuit pesant dix onces, un escalin; le Vin quatorze sols le pot, et l'Eau-de-Vie six escalins le pot, et feront le débit des choses ci-dessus en Marchandises qui se fabriquent en cette Colonie; et afin que le présent Réglement soit notoire, ordonne qu'il sera lu, publié et affiché à la diligence des Substituts dudit Procureur-Général, partout où besoin sera; leur enjoint de tenir la main à ce qu'il soit exécuté, jusqu'à ce que le Conseil en ait autrement ordonné. Fait au Petit-Goave, etc.

Arrêt du Conseil d'Etat du Roi, pour la fixation des Droits sur les Sucres rafinés et Sucres étrangers à leur entrée dans le Royaume.

Du 25 Avril 1690.

Le Roi étant informé qu'il vient tous les ans dans le Royaume une grande quantité de Sucres rafinés et autres, des Pays étrangers, dont la consommation cause un préjudice notable, tant au débit des Sucres des Colonies Françoises de l'Amérique, que de ceux des Rafineries du Royaume; et Sa Majesté voulant favoriser le Commerce des Sucres desdites Colonies, et leur donner dans toute l'étendue de son Royaume la préférence qu'ils y doivent avoir sur ceux des Pays étrangers, vu l'Arrêt du 15 Janvier 1671. Ouï le rapport du sieur Phelipeaux de Ponchartrain, Conseiller ordinaire au Conseil Royal, Contrôleur-Général des Finances, Sa Majesté en son Conseil a ordonné et ordonne, qu'à commencer du 15 Mars prochain, il sera levé, en toutes les entrées du Royaume, tant par mer que par terre, dans les Bureaux qui sont ou seront établis, sur tous Sucres rafinés en pain ou en poudre, Candis blancs et bruns, venant des Pays étrangers, 22 liv. 10 sols du cent pesant ; sur les Cassonades blanches ou grises, fines ou moyennes, venant du Brésil, 15 liv. aussi du cent pesant ; sur les Mosouvades du même Pays, 7 liv. 10 sols ; et sur les Barboudes, Panelles et Sucrés de Saint-Thomé, 6 liv. du cent pesant : lesquels Droits seront aussi perçus sur les Sucres des Pays étrangers, qui, entreront par les Ports de Marseille et de Dunkerque, même par les Ports et Havres de la Province de Bretagne ; ordonne néanmoins, Sa Majesté, que les Sucres étrangers, que les Négocians voudront faire passer aux Pays étrangers, seront reçus par forme d'entrepôt dans les Ports de Marseille, Dunkerque, Saint-Malo, Nantes et Bayonne, sans payer aucuns Droits ; à condition que lesdits Sucres seront déclarés aux Commis de l'Adjudicataire des cinq Grosses Fermes, à l'instant de leur arrivée et mis en entrepôt, sans que lesdits Sucres puissent être déchargés que pour être transportés hors du Royaume, et qu'en présence du Commis des cinq Grosses Fermes, qui en délivrera un acquit à caution, sous la déclaration et soumission des Marchands, de rapporter Certificat de la décharge des Sucres dans les lieux pour lesquels ils les auront déclarés, à peine de confiscation et de 1500 liv. d'amende. FAIT au Conseil d'Etat du Roi, tenu à Marly le 25 Avril 1690.

PROVISIONS de Gouverneur et Lieutenant Général des Isles de l'Amérique, pour M. le Marquis D'ERAGNY.

Du 1er Mai 1690.

LOUIS, etc. SALUT. Etant nécessaire de pourvoir à la Charge de Gouverneur et notre Lieutenant-Général dans les Isles Françoises de l'Amérique, vacante par la permission que nous avons accordée au sieur Comte de Blénac, de se retirer, et d'en pourvoir une personne qui puisse régir, conserver, bien et dignement commander les Habitans desdites Isles , et augmenter les Colonies qui y sont établies , tant pour l'accroissement du Christianisme, que pour l'augmentation du Commerce, et sachant que le sieur Marquis d'Eragny a toutes les qualités nécessai-res pour s'acquitter dignement de cet Emploi , par les preuves qu'il nous a données de sa valeur et bonne conduite, zèle et affection à notre service depuis vingt-huit ans, tant en qualité d'Officier subalterne , que de Capitaine dans notre Régiment des Gardes ; nous avons sujet de croire que nous ne pouvons faire un meilleur choix que de lui , pour com-mander audit Pays. A CES CAUSES , et autres bonnes considérations à ce nous mouvant , nous avons ledit sieur Marquis d'Eragny constitué , or-donné et établi, et par ces Présentes signées de notre main, constituons, ordonnons et établissons Gouverneur et notre Lieutenant-Général dans les Isles de l'Amérique , pour, en ladite qualité , avoir commandement sur tous les Gouverneurs Particuliers et Lieutenans que nous y avons établis , et sur les Vaisseaux François qui y navigueront , soit de Guerre à nous appartenans , soit Marchands , faire prêter nouveau serment de fidélité , tant auxdits Gouverneurs et Officiers des Conseils Souverains , qu'aux trois Ordres desdites Isles ; leur enjoignant pour cet effet , et à tous autres , de reconnoître ledit sieur Marquis d'Eragny , et de lui obéir en tout ce qu'il leur ordonnera ; assembler, quand besoin sera, les Commu-nautés , leur faire prendre les armes ; composer et accommoder tous les différends qui pourroient être nés et à naître dans lesdites Isles entre les Habitans ; assiéger et prendre des Places sur nos Ennemis , suivant la nécessité qu'il y aura de le faire ; y faire conduire et exploiter des pieces d'Artillerie ; établir des Garnisons où l'importance des lieux le deman-dera ; faire , selon les occurrences , Paix ou Treve avec les autres Na-tions de l'Europe , ou avec les Naturels du Pays qui occupent les Isles voisines ; y faire des descentes pour établir de nouvelles Colonies , et pour cet effet donner combat , et se servir des autres moyens qu'il ju-gera à propos pour telle entreprise ; commander à tous nos Sujets Ecclé-siastiques , Nobles , Gens de guerre et autres , de quelque condition qu'ils soient y demeurans ; défendre lesdits lieux de tout son pouvoir ; maintenir et conserver les Peuples en paix , repos et tranquillité ; com-mander , tant par mer que par terre ; ordonner et faire exécuter tout ce que lui ou ceux qu'il commettra jugeront devoir et pouvoir faire pour la conservation desdites Isles , sous notre autorité et sous notre obéis-sance ; et généralement faire et ordonner par lui tout ce qui appartient à ladite Charge de Gouverneur et Lieutenant-Général auxdites Isles , la tenir et exercer , en jouir et user pendant trois années , aux honneurs , pouvoirs, autorités, prérogatives, prééminences, franchises, libertés, droits, fruits, profits, revenus et émolumens y appartenans, et aux gages et appointemens qui lui seront ordonnés par nos Etats. Si donnons en mandement à tous Gouverneurs, Lieutenans et Officiers des Conseils Souverains établis auxdites Isles, et à tous autres nos Officiers et Sujets qu'il appartiendra, chacun en droit soi, que ledit sieur Marquis d'Eragny, duquel nous nous sommes réservés de recevoir le serment en tel cas requis et accoutumé, ils aient à reconnoître et lui obéir, faire et laisser jouir et user dudit Etat et Charge; voulons que par le Garde de notre Trésor Royal, et autres Officiers comptables qu'il appartiendra, il soit payé comptant desdits gages et appointemens par chacun an, aux termes, et en la maniere accoutumée, suivant les Ordonnances et Etats qui en seront par nous expédiés et signés, rapportant lesquels avec les Présentes ou copies d'icelles, duement collationnés pour une fois seulement, et quittance sur ce suffisante; nous voulons que tout ce qui lui aura été payé, à cette occasion, soit passé et alloué aux comptes de ceux qui lui en auront fait le paiement, par nos amés et féaux les Gens de nos comptes à Paris, auxquels nous enjoignons ainsi le faire sans difficulté, cessant et faisant cesser tous troubles et empêchemens à ce contraires. Mandons et ordonnons à notre très-cher et bien – amé fils Louis-Alexandre de Bourbon, Comte de Toulouse, Amiral de France, Vice-Amiraux, Lieutenans-Généraux, Chefs d'Escadres, Capitaines et autres Officiers de Marine qu'il appartiendra, de reconnoître et faire reconnoître ledit sieur Marquis d'Eragny en ladite qilité de Gouverneur et notre Lieutenant-Général auxdites Isles; car tel est notre plaisir, en témoin de quoi nous avons fait mettre notre Scel à cesdites Présentes. DONNÉ à Versailles le premier Mai l'an de grace 1690, et de notre regne le quarante-huitieme. *Signé* LOUIS.

R. au Conseil Souverain de la Martinique le 5 Février 1691.

R. au Conseil Souverain du Petit-Goave le 10 Septembre 1691.

Il sera aisé de voir que ces Provisions diffèrent de celles de M. Prouville de Tracy, du 19 Novembre 1663.

Il paroît que M. le Marquis d'Eragny est le seul Gouverneur-Général des Isles Françoises de l'Amérique, qui ait envoyé ses Provisions à l'Enregistrement à Saint-Domingue, jusqu'à l'époque où cette Colonie est devenue elle-même le Chef-lieu du Gouvernement général des Isles sous le vent en 1714.

Arrêt du Conseil du Petit-Goave, qui renvoie un Conseiller d'une Accusation contre lui intentée.

Du 6 Juin 1690.

Entre M. Louis le Blond, sieur de la Joupiere, Conseiller du Roi en ce Conseil, Demandeur et Accusateur d'une part;

Et Françoise Destors, Femme du sieur François Gobin, Capitaine de Milice, Défenderesse et Accusée d'autre;

Et encore entre Marie Simon, Fille Mineure, Demanderesse et Accusatrice d'autre part;

Et ledit sieur de la Joupiere, Défendeur et Accusé d'autre part.

Vu la Requête en forme de Plainte présentée en ce Conseil par ledit sieur de la Joupiere, au bas de laquelle est l'Ordonnance qui commet M. Adrien de Frondemiche, Conseiller, pour informer à l'encontre de ceux qui calomnient ledit sieur de la Joupiere d'avoir forcé ladite Simon..... Vu aussi la Dénonciation en forme de Plainte faite par ladite Simon au Substitut du Procureur-Général au Siege Royal de Léogane à l'encontre dudit sieur de la Joupiere, du 28 Janvier dernier, la Requête présentée au Conseil par ladite Simon en forme de Plainte.... Rapport de Paul Boussand, Chirurgien de l'incommodité de ladite Simon; Procès-verbal fait devant ledit sieur Commissaire au sujet de ladite indisposition..... Conclusions définitives du Procureur-Général du Roi; ouï le sieur Goff en son rapport; le tout vu et diligemment examiné.

Le Conseil Souverain faisant droit sur le tout, a renvoyé et renvoie ledit sieur de la Joupiere absous de l'accusation en question; fait défenses auxdits Simon et Destors, et tous autres, de le calomnier à l'avenir sur plus grandes peines; leur enjoignant de lui porter respect: Condamne lesdites Simon et Destors en tous les dépens; savoir, ladite Simon en ceux des Poursuites faites sur sa Dénonciation et Plainte, et en moitié du coût du présent Arrêt; et ladite Destors aux dépens de la Poursuite faite sur la Plainte dudit sieur de la Joupiere contre ses Calomniateurs, et en l'autre moitié du coût du présent Arrêt; et à ce que ces Présentes soient notoires, ordonne qu'elles seront lues, publiées et affichées à la porte de l'Eglise Paroissiale de la Petite Riviere, à l'issue de la Grand'Messe, qui y sera célébrée, et partout ailleurs que besoin sera. Fait en la Chambre du Conseil du Petit-Goave, etc.

ORDONNANCE de M. DE CUSSY, *portant suspension de l'Arrêt*
du Conseil du Petit-Goave du 6 Juin qui précede.

Du 24 Juillet 1690.

Le sieur de Cussy, etc. Ayant vu et lu, à notre retour de Saint-Jacques,
la copie d'un Arrêt le plus injuste et le plus détestable qui ait jamais été
rendu, contre la petite Clement et la Demoiselle Gobin, nous avons
estimé à propos pour le service de Sa Majesté, et pour mettre l'inno-
cence sous notre protection, de nous servir de l'autorité que le Roi,
par sa grace, nous a mis en main pour empêcher les mauvaises suites
qui pourroient arriver, par l'exécution d'un si pernicieux Arrêt, qui a
été rendu par des Conseillers qui avoient été, avec juste raison, recusés,
et par d'autres qui n'avoient aucun caractere, et aussi par le refus que
quelques-uns du Conseil ont fait d'y appeller les Personnes que nous
avions nommées par ordre de la Cour, pour remplir les places vacantes
des Conseillers décédés. A CES CAUSES, nous avons fait très-expresses
inhibitions et défenses à tous Huissiers et Sergens de mettre ledit Arrêt
à exécution, quelque commandement qu'ils en aient pu recevoir du
Conseil, sur peine de punition corporelle. Enjoignons au sieur Dumas,
Lieutenant pour le Roi en ce Gouvernement, de tenir la main à l'exécution de la Présente ; et afin que personne n'en ignore, nous ordonnons
qu'elle sera lue, publiée et affichée aux portes de toutes les Eglises des
quartiers du Cul-de-Sac, et enregistrée aux Greffes des Jurisdictions, en
foi de quoi nous avons signé la Présente, à icelle fait apposer le Sceau
de nos armes, et fait contresigner par notre Secrétaire. DONNÉ au Fort
du Port de Paix le vingt-quatrième du mois de Juillet mil six cent quatre
vingt-dix. *Signé* DE CUSSY. *Et plus bas* par mondit sieur le Gouverneur
BOYER.

Publiée et affichée aux portes des Eglises, et enregistrée aux Greffes
des Jurisdictions.

ARRÊT

ARRÊT du Conseil du Petit-Goave, portant qu'un Conseiller et le Greffier de la Cour seront députés vers le Gouverneur - Général et l'Intendant des Isles, pour porter leurs plaintes sur la conduite de M. de Cussy, Gouverneur de Saint-Domingue.

Du 14 Août 1690.

AUJOURD'HUI quatorzieme d'Août mil six cens quatre vingt - dix, le Conseil Souverain tenans, où étoient présent MM. Goff de Beauregard, Boisseau, Coustard et Frondemiche, Conseillers audit Conseil, et Duquesnot, Procureur-Général en icelui ; ledit sieur de Beauregard a dit que le Conseil ayant rendu un Arrêt le sixieme Juin 1690, entre M^e. Louis le Blond, sieur de la Joupierre, Conseiller en ce Conseil, d'une part, et Marie Simon, d'autre ; et encore la Demoiselle Françoise d'Estor, femme du sieur Gervais Gobin, d'autre part ; ledit Arrêt ayant été à la connoissance de M. de Cussy, Gouverneur de cette Colonie, il a, par une supériorité qu'il prétend avoir, donné une ordre diffamatoire contre ledit Conseil ; et pour le rendre notoire et faire injure audit Conseil, il l'a fait publier à l'issue des Messes Paroissiales, et afficher aux portes des Eglises par les Aides - Majors de ce quartier et de Léogane, et de son autorité l'a fait enregistrer aux Greffes des Jurisdictions ; de plus se plaint, ledit sieur Goff, que depuis deux ans en çà le nommé Christophe Reverdin, dit le Lionnois, ayant été envoyé du Port de Paix en ce quartier du Petit-Goave, il fut constitué Prisonnier ès prisons de ce Conseil ; et sur la plainte que ledit sieur de Cussy faisoit contre ledit Reverdin, son Procès lui fut instruit en la Jurisdiction dudit Petit-Goave, jusqu'à Sentence définitive, de laquelle y ayant eu appel en ce Conseil, Arrêt y intervint, par lequel, après avoir examiné la procédure extraordinaire, et entendu la lecture d'une Lettre dudit sieur de Cussy, qui fut faite par M. Dumas, Lieutenant de Roi en ce Gouvernement, portant ordre de faire faire le Procès audit Reverdin ; le Conseil renvoya ledit Reverdin absous de l'accusation contre lui faite ; après cet Arrêt ledit Reverdin ayant été élargi, ledit sieur Dumas et le Conseil engagerent ledit Reverdin de chercher les moyens de gagner les bonnes graces dudit sieur de Cussy ; et étant allé au Port de Paix le trouver pour cela, icelui sieur Cussy le fit arrêter Prisonnier, assembla un Conseil de Milice, encore que le Roi le défende par ses Réglemens,

Tome I. Qqq

et ensuite il fit casser la tête audit Reverdin, à coups d'armes, de quoi ledit sieur de Beauregard rend plainte audit Conseil, et requiert qu'il y soit pourvu, aussi-bien qu'à plusieurs autres abus qui se commettent à la destruction de la Colonie. Le Procureur-Général pour le Roi dit : qu'il n'empêche que la plainte ci-dessus ne soit portée à M. le Général et Intendant, pour y être pourvu. *Signé* DUQUESNOT.

La Compagnie est d'avis que ledit sieur de Beauregard et Mᵉ. Charles Moriceau, Greffier dudit Conseil, s'embarquent incessamment pour porter leurs plaintes de ce que dessus, à M. le Général et Intendant, aux dépens de qui il appartiendra ; et cependant, attendu que l'exécution des Arrêts est interrompue, par l'autorité dudit sieur de Cussy, a ordonné que tous Procès et Instances mus et à mouvoir, demeureront en état jusqu'au retour desdits sieurs Députés. *Signés* GOFF, BOISLEAU, COUSTARD, FRONDEMICHE, MORICEAU et DE GUER, Greffier appellé.

ORDONNANCE DU ROI, *qui fait défenses à tous Capitaines d'embarquer aucuns Habitans des Isles, sans la permission du Gouverneur.*

Du 3 Septembre 1690.

SA MAJESTÉ étant informée que quelques Corsaires et Capitaines de Vaisseaux armés en course, qui ont abordé aux Isles Françoises de l'Amérique y ont embarqué, pour renforcer leurs Equipages, plusieurs Habitans, dont la plupart étant chargés de dettes, se sont servis de cette occasion pour se dispenser de les payer, ce qui peut dans la suite causer un préjudice et une diminution considérable aux Colonies ; à quoi étant nécessaire de pourvoir, Sa Majesté a fait très-expresses inhibitions et défenses à tous Capitaines de Vaisseaux armés en course, et de tous autres Bâtimens qui aborderont auxdites Isles, de recevoir sur ledit bord aucuns Habitans sans un Congé exprès du Gouverneur de l'Isle, d'où ils seront, à peine contre lesdits Capitaines et Marchands de 500 liv. d'amende. Mande, Sa Majesté, au sieur Marquis d'Esragny, Gouverneur et Lieutenant-Général desdites Isles, au sieur Dumaitz de Goimpy, Intendant, et aux Gouverneurs Particuliers d'icelles, de tenir la main à l'exécution de la présente Ordonnance, qu'Elle veut être publiée, etc.

EXTRAIT d'une Lettre du Roi à M. BÉGON, Intendant des Isles, touchant les Lettres de Récision.

Du 3 Septembre 1690.

IL ne seroit pas juste d'ôter aux Habitans les moyens de se pourvoir contre les Contrats et Actes dans lesquels ils auroient été lézés ; mais c'est au sieur Dumaitz, Intendant, à entrer dans le détail de leurs moyens lorsqu'ils lui présenteront leurs Requêtes, les rejetter quand leurs moyens ne seront pas admissibles, et tenir la main à ce que les Juges en usent, en son absence, ou dans les autres Conseils Souverains, de la même maniere.

R. à la Martinique, le 2 Août 1691.

LETTRE du Ministre au Provincial des Capucins, touchant l'exercice des Milices les Dimanches.

Du 3 Septembre 1690.

MON révérend Pere, l'usage qui a été observé jusqu'à présent dans les Isles, de faire faire l'exercice aux Milices le premier Dimanche du mois avant la Grand'Messe, pouvant détourner les Habitans du Service Divin, MM. de Blénac et Dumaitz sont convenus avec les Religieux de votre Ordre, qui sont à la Martinique, de le remettre au second Dimanche du mois, depuis la derniere Messe jusqu'à quatre heures ; mais comme le Supérieur a paru désapprouver ce qui a été fait sur ce sujet, le Roi m'ordonne de vous écrire que Sa Majesté veut que ce qui a été statué avec MM. de Blénac et Dumaitz soit exécuté, et que son intention est que vous mandiez à tous les Religieux de votre Ordre qui sont aux Isles de s'y conformer.

Je suis, etc.

LETTRE du Ministre à M. DE CUSSY, sur le Commerce avec les Espagnols.

Du 4 Octobre 1690.

M. le Roi ayant permis à quelques Marchands de Saint-Malo d'armer des Frégates de 20 à 30 pieces de Canons pour aller faire la course dans le Golfe du Mexique, et sur les Isles Angloises ; Sa Majesté leur a fait expliquer que son intention est que ces Frégates soient occupées, chacune à son tour, à naviguer le long des Côtes de l'Isle Saint-Domingue, où les François sont établis pour les garder et en éloigner les Corsaires ennemis ; et elle m'ordonne de vous en informer, afin que vous fassiez agir ces Capitaines ; et que réglant de concert avec eux leur navigation, vous en tiriez tout l'avantage qu'il se pourra pour le maintien de la Colonie et pour en assurer le Commerce.

Un des objets de l'armement de ces Frégates étant le Commerce avec les Espagnols, Sa Majesté veut que vous laissiez aux Capitaines la liberté de le continuer, et que vous leur donniez toutes les facilités qui dépendront de vous pour le faire sûrement ; Sa Majesté est persuadée qu'on peut en tirer une très-grande utilité en accoutumant peu à peu les Espagnols à traiter avec ses sujets, et elle ne doute pas qu'on ne parvienne dans la suite à établir avec eux un Commerce tel que celui des Hollandois, si on y apporte toute l'attention nécessaire dans une chose aussi importante.

Je suis, etc.

LETTRE du Ministre au sieur DUMAS, Lieutenant de Roi, sur ses fonctions à Saint-Domingue.

Du 22 Décembre 1690.

LE Roi ayant vu par une Lettre que je reçois de M. de Cussy du 29 Août dernier, que vous vous êtes ingéré de donner une Commission en guerre au nommé Jacob et à quatre-vingt Flibustiers, et des Congés, tant pour des Députés du Conseil que pour le sieur de la Joupiere, et le nommé Cénaye, sans sa participation ; Sa Majesté m'a ordonné de vous écrire pour vous dire qu'elle a été surprise de ce procédé, et qu'un ancien Officier, comme vous, se soit assez peu souvenu de ses fonctions et de la discipline qu'il doit suivre pour tomber dans une pareille faute ; elle a bien voulu vous la pardonner en considération de vos services, espérant que vous la réparerez, et que vous ne sortirez plus à l'avenir de la subordination dans laquelle vous devez être; et l'intention du Roi est que vous ne donniez aucun Congé, Commission ni Passeport, à quelque personne que ce soit, en l'absence dudit sieur de Cussy, qu'avec sa participation, et lorsque vous en serez convenu avec lui ; il est chargé de rendre compte à Sa Majesté de ceux de ses Sujets qui composent la Colonie dont il a le gouvernement, et il ne pourroit autrement exécuter les ordres qu'elle lui a donnés plusieurs fois de la réunir autant qu'il sera possible, et d'empêcher les Flibustiers de s'écarter, surtout dans la conjoncture présente, où on peut en avoir besoin pour la défense des Isles ou pour attaquer les Colonies Angloises.

LETTRE du Ministre à M. DE CUSSY, sur la Suspension de l'Arrêt du Petit-Goave du 6 Juin précédent.

Du 22 Décembre 1690.

J'AI lu au Roi tout ce que vous m'écrivez de la conduite des Officiers du Conseil dans le Jugement de l'affaire que le sieur de la Joupiere a eue contre une Fille, qu'il est accusé d'avoir forcée; Sa Majesté approuve que vous ayiez défendu l'exécution de ce Jugement : mais il eut été à desirer que vous l'eussiez fait en termes plus décens, et qu'on ne pût regarder cela comme un effet de partialité ou d'emportement. Elle donnera sur le Mémoire que lui présenteront les Députés du Conseil les ordres qu'elle jugera à propos ; cependant vous ne devez avoir aucune inquiétude, et vous pouvez vous reposer sur la connoissance que le Roi a de votre zele et de votre application pour son service. J'écris vivement au sieur Dumas pour l'obliger à rentrer dans son devoir, et lui expliquer qu'il ne doit donner ni Congé, ni Passeports pendant votre absence, que par votre participation, et lorsque vous en serez convenu avec lui.

Je suis, etc.

ORDONNANCE du Commandant en Chef de Saint-Domingue par Interim, qui veut que les Boissons se vendent dans le Bourg du Cap, et non dans la Campagne aux environs.

Du . . . Février 1691.

M. *Dumas*, *Lieutenant de Roi au Gouvernement de l'Isle de la Tortue et Côte Saint-Domingue*, *à la résidence du quartier du Cul-de-Sac*, *se trouvant Commandant dans l'Isle par la mort de M. de Cussy*, *tué dans un combat contre les Espagnols*, *rendit au Cap où il s'étoit transporté*, *l'Ordonnance que nous venons d'indiquer. Elle avoit pour objet de favoriser le rétablissement de ce Bourg*, *détruit par les ennemis*, *en y fixant le Commerce*, *et notamment celui de la Boisson qu'il interdit dans la Campagne aux environs.*

ORDONNANCE du Commandant en Chef de l'Isle Saint-Domingue, qui défend de chasser avec des chiens dans la dépendance du Cap.

Du . . . Février 1691.

Le *Cap et ses dépendances venant d'être dévastés par les ennemis*, *et les moyens d'y subsister y étant infiniment rares*, *cette Ordonnance interdit la Chasse avec des chiens pour que les Cochons marons fussent moins détruits*, *et que les Habitans trouvassent*, *par cette prévoyance*, *plus aisément leur nourriture.*

ORDONNANCE des Administrateurs-Généraux des Isles, touchant le cours des Especes.

Du premier Mars 1691.

LE Marquis d'Esagny , etc.
Et Dumaitz de Goimpy , etc.
Le Roi ayant jugé à propos pour le bien de son service et l'avantage de ses Sujets , par ses Edits et Déclarations, de faire fabriquer dans les

Hôtels de ses Monnoies de nouvelles especes d'or et d'argent à ses coins et armes; savoir, des louis d'or pour avoir cours à 12 liv. 10 sols, des demi louis d'or à 6 liv. 5 sols, des doubles louis d'or à 25 liv., des louis ou écus d'argent à 66 sols, des demi-écus à 33 sols, les quarts à 16 sols 6 deniers, et de mettre les écus d'ancienne fabrique à 62 sols, les demi écus à 31 sols, les quarts à 15 sols 6 deniers, et les louis de 5 sols à 5 sols 6 deniers, nous ordonnons que les especes ci-dessus, tant de nouvelle qued'ancienne fabrique, seront exposées dans toutes les Isles et Terre de l'obéissance du Roi dans l'Amérique ; savoir, les louis d'or à 12 liv. 10 sols, les demi louis d'or à 6 liv. 5 sols, les doubles louis d'or à 25 liv. les écus d'argent à 66 sols, les demi-écus à 33 sols, les quarts à 16 sols 6 deniers, et les écus d'ancienne fabrique à 62 sols, les demi écus à 31 sols, les quarts à 15 sols 6 deniers, et les louis de 5 sols à 5 sols 6 deniers ; et à l'égard des louis d'or et demi louis d'or d'ancienne fabrique, pistoles d'Espagne, écus d'or et demi écus d'or, ils seront exposés sur le même pied qu'ils ont cours présentement dans lesdites Isles et Terre de l'obéissance du Roi dans l'Amérique. DONNÉ au Fort Royal de la Martinique le premier jour ds Mars 1691.

COMMISSION *de Gouverneur de l'Isle de la Tortue et Côte Saint-Domingue pour* M. DUCASSE *à la place de* M. DE TARIN DE CUSSY.

Du premier Juin 1691.

Cette Commission est absolument conforme à celle de M. de Pouançay *du 16 Mars 1676.*

R. au Conseil du Petit-Goave le premier Octobre 1691.

C'étoit le premier Gouverneur nommé depuis l'établissement du Conseil.

EXTRAIT *de la Lettre du Ministre à* M. le Marquis D'ERAGNY, *Gouverneur-Général des Isles, qui lui attribue le dixieme des Prises faites par les Bâtimens armés aux Isles.*

Du 18 Juin 1691.

LE dixieme des Prises qui sont faites dans les Isles par les Vaisseaux armés en course dans les Ports de France, appartiennent à M. l'Amiral sans contestation , ou à M. le Duc de Chaulnes, si ces Vaisseaux sortent des Ports de Bretagne ; mais à l'égard des Prises faites par les Bâtimens armés aux Isles , Sa Majesté veut bien que vous jouissiez du dixieme , et vous pouvez vous le faire payer , de même que celui qui proviendra des Vaisseaux étrangers qui auront abordé aux Isles sans permission du Roi , sous quelque prétexte que ce soit. *Pour Copie.* Signé Ducasse.

R. *au Petit-Goave le premier Octobre* 1691.

ORDONNANCE *du Roi*, *portant Amnistie en faveur des Forbans.*

Du 24 Septembre 1691.

Sa Majesté ayant été informée par le compte qui lui a été rendu de l'état auquel est la Colonie Françoise de Saint-Domingue , qu'un nombre considérable de ses Habitans se sont retirés dans les Isles An- gloises ou chez les Espagnols pour des affaires qui leur sont survenues , ou pour avoir contrevenu aux défenses d'aller en course qui leur étoient faites par ses Officiers , en exécution des ordres particuliers de Sa Majesté, et que ces Habitans sont à présent dans la disposition de rentrer dans leur devoir et de revenir dans leurs Habitations , s'ils étoient assurés de n'être point recherchés pour les désobéissances et contraventions dans lesquelles ils sont tombés , ou exposés aux poursuites de leurs Créan- ciers qu'ils n'ont point été en état de satisfaire par leur retraite ; sur quoi voulant pourvoir , Sa Majesté a permis et permet aux Habitans des Quartiers François de la Côte Saint-Domingue , de la Religion Catho- lique, Apostolique et Romaine, qui se sont retirés chez les Anglois et les Espagnols , ou dans les autres Pays Etrangers ou Ennemis , de revenir dans ladite Isle , et d'y reprendre leurs Habitations et Emplois, de même qu'ils faisoient avant leur sortie , sans qu'ils puissent en aucune maniere, ni sous quelque prétexte que ce soit , être recherchés ni inquiétés pour les désobéissances ou contraventions à son Ordonnance par eux commises jusqu'à ce jour, imposant sur ce silence à son Procureur-Général , au Conseil Souverain de ladite Isle , et à tous ses Officiers et Juges ; leur accorde en outre Sa Majesté terme et délai de trois ans pour payer leurs dettes, pendant lequel temps elle fait défenses à tous Créanciers de faire aucunes poursuites , et aux Juges qu'il soit exercé contre eux aucunes contraintes, à peine de nullité des procédures , et de tous dépens, dom- mages et intérêts. Veut Sa Majesté que sa présente Ordonnance soit
publiée

publiée et affichée dans tous les Quartiers de cette Côte Saint-Domingue et Isle de la Tortue, et au Greffe du Conseil Souverain, auquel elle enjoint de la faire ponctuellement exécuter. FAIT à Fontainebleau le 24 Septembre 1691. *Signé* LOUIS.

R. au Conseil du Petit-Goave le 20 Mars 1692.

LETTRE *du Ministre à* MM. D'ESRAGNY *et* DUMAITZ DE GOIMPY, *touchant les Negres François enlevés à Saint-Christophe.*

Du 24 Septembre 1691.

J'AI rendu compte au Roi de ce que vous m'écrivez sur la contestation qui est entre les Armateurs qui ont été enlever les Negres restés à Saint-Christophe et les Propriétaires de ces Negres ; Sa Majesté vous a déja fait savoir ses intentions à cet égard, et elle estime qu'en donnant à ces Propriétaires les Negres pour la moitié de leur juste valeur, toutes les Parties doivent être contentes, parce qu'ils ont leurs Negres à un prix beaucoup moindre que ce qu'ils valent, et que sans les Armateurs ils les auroient perdus, et les Armateurs parce qu'ils sont dédommagés par la moitié qui leur est payée des frais d'un armement qu'ils n'avoient pas fait dans les vues d'enlever ces Negres. Collationné par M. Dumaitz.

R. au Conseil du Petit-Goave le premier Octobre 1692.

ARRÊT *du Conseil du Petit-Goave, concernant le serment des Juges.*

Du premier Octobre 1691.

LE Procureur-Général du Roi a représenté au Conseil qu'ayant reçu ordre de M. Dumaitz, Intendant, de ne permettre qu'aucuns Juges ou leurs Lieutenans fassent les fonctions dudit Office, quand même ils auroient Commission du Roi, qu'au préalable ils ne se fassent recevoir en ce Conseil après avoir fait preuve de leurs vie et mœurs, et obtenu ses conclusions, Qu'il a appris qu'il étoit venu des Commissions pour exercer par intérim dans les Jurisdictions du Cap et du Port-de-Paix, et que même par celle de M. Dumas, Lieutenant de Roi, Commandant à présent en chef en ce Gouvernement, ceux qui avoient été nommés à cet Office par intérim exerçoient journellement sans donner aucunes marques de soumission audit Conseil, sans l'autorité duquel ils ne peuvent exercer lesdits Offices, et devant lequel ils doivent satisfaire auxdites formalités.

LE CONSEIL faisant droit à la Remontrance du Procureur-Général, ordonne que les Juges, Lieutenans de Juges, Procureurs du Roi des Sieges Royaux du Cap, du Port-de-Paix exerçant lesdits Offices par intérim, se présenteront incessamment au Conseil pour subir les informations de leurs vies et mœurs chacun en leur particulier. DONNÉ au Petit-Goave en Conseil, etc.

RÉGLEMENT de M. DUCASSE, *pour la défense du quartier du Cul-de-Sac, et autres circonvoisins.*

Du 6 Novembre 1691.

LE sieur Ducasse, etc.

Nous avons reconnu, entre les Terres Espagnoles et les nôtres, qu'il y a un grand Lac qui peut avoir sept lieues de longueur et une de largeur dans son plus étroit. Les deux bouts de ce Lac sont bordés de fort hautes Montagnes, séches, arides et fort pierreuses, avec des falaises de distances à autres, contre lesquelles l'eau dudit Lac bat, et en rend le chemin impraticable; ensorte que du côté de l'Ouest il y a trois lieues d'une difficulté continuelle, et quatre Montagnes à traverser dans ledit espace de chemin; ainsi nous avons ordonné qu'il seroit établi un Corps-de-Garde au lieu nommé le *Fond du Mortier*, qui est l'entrée des défilés de notre côté; qu'il y aura huit Garçons dans ce Corps-de-Garde, payés aux frais du Quartier, pour le soulagement des Habitans qui se trouveroient trop fatigués d'aller monter une Garde aussi éloignée que celle-là, dont le plus proche Habitant est à deux lieues, l'une desquelles est un chemin apre, pierreux et mauvais; au lieu que les huit Garçons y feront leurs résidence habituelle, et serviront de Vigies pour tout le Quartier, qui est dans cette rangée, depuis le Parc du Gascon jusqu'au Bourg, qui est à six lieues d'étendue; il sera mis une boîte de pierrier audit Corps-de-Garde, afin que s'il se trouvoit pressé il tire la boîte, qui peut s'entendre de chez le sieur Marin, où il sera mis une piece de canon de quatre ou de six, la bouche tournée du côté des plaines, qui s'entendra facilement jusqu'au Marécage, sur la Place du sieur Duvivier le cadet, qui répétant l'allarme, se fera entendre jusqu'au bord de la mer.

Le Corps-de-Garde venant à tirer la boîte, et le sieur Marin répondant du canon, les Habitans de la plaine de Saint-Sens, les plus voisins, s'avanceront vers le Corps-de-Garde, et toujours à couvert des raques de bois, pour s'en servir dans le besoin.

Les Habitans du Marécage s'avanceront vers la plaine de Saint-Sens, dans le même ordre que ci-dessus, et ceux de là à l'Espagnol jusqu'aux Vareux, s'achemineront pour joindre ces derniers, et par ce moyen la Troupe grossira en peu de temps, et sera en état de faire tête aux Espagnols qui voudroient faire quelques entreprises, qui ne peuvent être considérables, à cause de la difficulté des chemins, et du long défilé qu'ils ont à faire ; ainsi ce ne peut être que quelque petits partis, dont des plus forts ne passent pas cinquante hommes.

Le bout du Lac du côté de l'Est se trouve également bordé de hautes Montagnes, pendant trois lieues, et est impraticable aux gens de cheval, et jusqu'à présent il n'y a jamais eu de chemin pour y passer ; cependant, comme on y peut venir à pied, il est nécessaire d'y établir un autre Corps-de-Garde, au lieu nommé le *Fond du Parisien*, où aboutissent les trois lieues de montagne de notre côté. Ce Corps-de-Garde sera également gardé par huit Garçons, dans lesquels sont compris les deux Mocquets, qui ont un corail audit lieu. Il leur sera donné aussi une boîte de pierrier, pour s'en servir en cas de besoin ; mais, comme depuis ledit lieu du Fond de Parisien il n'y a aucun Habitant dans l'espace de trois lieues d'un Pays pierreux et montueux, il est à craindre que cette boîte ne soit pas entendue ; en ce cas il faut qu'un des Garçons parte pour venir chez le nommé Chailhac, où il y aura une autre boîte, qui se fera aisément entendre des Habitans des Palmistes-Clairs, où il y aura une pièce de canon, qui se fera entendre dans tout le Quartier.

Quand l'allarme tirera les Habitans des Palmistes-Clairs s'avanceront jusques chez le nommé Chailhac, et ceux de la grande plaine, jusques chez M. Dubois, s'y rendront aussi.

Etant audit lieu, si l'allarme redoubloit du côté de la plaine de Saint-Sens, ils y marcheront ; mais toujours en gros et sans se séparer, et toujours le plus près des Raques de bois que faire se pourra, pour s'en servir dans le besoin pressant.

Si au contraire l'allarme redoubloit du côté des Palmistes-Clairs, ceux assemblés dans la plaine de Saint-Sens y marcheront dans le même ordre que dessus.

Lorsque l'allarme redoublera du côté de la plaine de Jean de Saint-Sens, le rendez-vous sera à la Hâte de la Mare aux Têtes ; et quand il

Rrr ij

y aura un gros suffisant, ils marcheront à l'endroit où sera l'allarme; et si l'allarme redouble du côté de la grande plaine, le rendez-vous sera au Pont de la grande plaine, où il se fera également un gros suffisant, pour marcher où sera l'allarme. Donné, etc. *Signé* Ducasse.

Jugement du Conseil de Guerre, contre deux Negres et un Engagé Blanc, Auteurs et Chefs d'une Conspiration.

Du 11 Novembre 1691.

Nous, le Chevalier de la Boulais, Lieutenant pour le Roi en l'Isle de la Tortue et Côte Saint-Domingue, après avoir fait assembler tous les Officiers et tenu le Conseil de Guerre en la maniere accoutumée, et après leur avoir fait lecture, des dépositions et confrontations et récolement des accusés, et ayant pris d'eux leurs avis; nous, en vertu du pouvoir à nous donné par Sa Majesté, de l'avis desdits Officiers, avons condamné et condamnons, savoir; les deux Negres d'être brûlés tout vifs, comme étant accusés et convaincus du crime de leze Majesté; et au regard de Louis Blaise, Blanc, l'avons condamné, faute de Bourreau, d'avoir la tête cassée, et ensuite son corps être jetté dans le feu, pour y être brûlé et consumé. Donné à la Savanne de feu M. le Marquand, cejourd'hui onzieme Novembre 1691, le Conseil de Guerre tenant. *Signé* de la Boulais.

Nous croyons qu'on ne sera pas fâché de trouver ici un précis de la Procédure et des faits.

Aujourd'hui 8 Novembre 1691, sur les trois heures après midi, étant à la Savane de Jaquezy, a été présenté au Chevalier de la Boulais, Lieutenant pour le Roi, etc. le nommé Janot Marin, Negre, du sieur de la Fosse, lequel on a accusé d'avoir fait dessein, avec le Negre du sieur Fouquet et plusieurs autres, d'aller se rendre à l'Espagnol, Ennemis jurés de la Couronne, ce qui causeroit la perte totale de tout ce Quartier, et ruineroit entiérement le dessein que le sieur de la Boulais a formé d'aller sur les Terres desdits Ennemis, leur faire la Guerre.

Interrogé le nommé Marin, lequel nous a dit que son dessein étoit fait il y a plus de deux mois entiers, d'aller se rendre à l'Espagnol avec le nommé Pierrot, Negre du sieur Fouquet; que le Negre nommé Pierrot, appartenant au sieur Fouquet, a dit audit Marin s'il songeoit à leur entreprise, lequel Marin a dit qu'oui; et ledit Pierrot a demandé s'il alloit à la Guerre avec son Maître, il lui a répondu qu'oui ; et lui a demandé où il iroit coucher le jour de son départ, dont ledit Marin lui dit que ce seroit chez le Gascon, à Limonade ; et ledit Pierrot dit qu'il iroit avertir tous les Complices, qui s'en iroient tous ensemble à Limonade le trouver chez ledit Gascon, que de là ils partiroient pour s'en aller tous ensemble se rendre à l'Espagnol ; que c'étoit Pierrot, Negre du sieur Fouquet, qui étoit le Chef de l'entreprise, et que lui Marin étoit le second ; que lui septieme devoit aller au Port de Paix, pour suborner les Negres et les attirer de leur parti, et ledit Marin étoit Chef de ces sept qui devoient partir pour le Port de Paix ; que lui et le Negre du sieur Fouquet ont déclaré leur dessein au nommé Louis, Engagé du sieur Roquier, et qu'ils lui ont témoigné toute leur entreprise, et devoient l'emmener avec eux en quelque endroit qu'ils fussent ; que leur dessein étoit, lorsque les Troupes seroient parties pour aller à l'Espagnol, et que les Negres du Port de Paix seroient venus d'égorger tout ce qui restoit en ce Quartier, soit hommes, femmes et enfans jusqu'à la mamelle, et se rendre entiérement maîtres du Quartier ; qu'il y a environ trois mois qu'il a vu et parlé avec un Mulâtre Espagnol, Espion, et envoyé exprès de Saint-Domingue, avec lequel il a bu sa part d'une ducdale d'Eau-de-Vie et de cinq pains, lequel Mulâtre parloit fort bon François, et ont bu et mangé le tout en la Place d'Armes du Cap, sous les Canificiers ; que le Mulâtre Espagnol lui a dit de tâcher de suborner tous les Negres et Negresses du Quartier, et les tirer de son parti, et que sitôt qu'ils seroient tous d'accord, d'envoyer l'avertir au Gonave, et lorsque les Espagnols auroient les nouvelles, ils ne manqueroient de venir pour détruire tout ce qui restoit de François en ce Quartier du Cap ; qu'il a demandé au Mulâtre s'il avoit perdu beaucoup de monde au combat de Limonade (entre les François et les Espagnols, en Janvier 1691) lequel lui a dit qu'oui, et qu'ils ont perdu tous leurs Officiers, et que leur Général avoit été blessé, et qu'il doutoit qu'il en rechappât ; a déclaré et dit ne savoir autre chose après l'avoir enquis et requis de nous dire vérité, ce qu'il dit avoir fait en bon Chrétien, Catholique Romain, ne mentir en aucune chose de la déposition, c'est à quoi il conclud ; dit en outre qu'en la fin du mois de Décembre prochain l'Espion doit venir, et pour signal doit envoyer une fusée par derriere le morne du Pere, laquelle doit tomber vers le Magasin de chez la Fraîcheur Chirurgien, après quoi ledit Espion doit écrire sur un morceau de parchemin, et l'attacher avec un clou à un Monbain du sieur Franchou ; et en cas qu'il ne trouve point ledit Espion, il dit qu'il lui a dit d'aller à la Savane, mettre une croix dans la ravine, au pied du Monbain, et est tout; et a signé. *Signés* DE LA BOULAIS, D'EMONTIS, Secrétaire du sieur de la Boulais.

Aujourd'hui 9 Novembre 1691, étant en la Savane de Limonade, a été présenté par le sieur de Longchamp, Capitaine de Cavalerie, à M. de la Boulais, le nommé Louis Blaise, de Tours en Touraine, *âgé de seize ans ou environ*, Engagé du sieur Rouquier, Marchand, demeurant au bas du Cap; il convient de tout, et dit que si nos gens revenoient que les Negres se revolteroient et prendroient les armes, et se battroient jusqu'à ce que l'Espagnol fût revenu, lesquels devoient être ici en peu de jours.

Aujourd'hui 10 Novembre 1691, étant en la Savane de Jaquery, nous a été présenté le nommé Georges Dollo, dit Pierrot, Negre Séné-galois, *âgé d'environ dix-huit ans*, appartenant au nommé Fouquet, Capitaine de la Basse-Terre du Cap; lequel nous a dit et déclaré; (*il convient de la conspiration, et soutient seulement qu'il n'étoit que le Lieutenant de l'entreprise, le Negre Congre du sieur de Lamalle en étant le Chef*) et que ledit Negre Congre à M. Lamalle s'est transporté Lundi dernier à la Place de la Fontaine, située au haut du Cap, qui est l'endroit qu'il avoit pris pour s'assembler, et qu'en cet endroit dénommé le Negre à la Lestorel s'y est trouvé; lequel Negre de la Lestorel dit au Congre que tout étoit prêt, et qu'il en partit incessamment pour aller au Gonave avertir l'Espagnol,

Récolement et Confrontation.

Aujourd'hui 11 Novembre 1691, après midi, étant en la Savane de M. le Marquant, sise au Quartier Morin, a été devant nous sieur de la Boulais, etc. fait le récolement et confrontation, etc.

ORDRE *concernant les Negres de la Dépendance du Cap.*

Du 12 Novembre 1691.

Par cet Ordre de M. de la Boulais, Lieutenant de Roi au Cap, il est enjoint à tous les Negres de se conduire respectueusement envers les Blancs; et ces derniers sont autorisés à les tuer s'ils apperçoivent dans leur conduite la moindre preuve de soulevement.

Cet Ordre étoit une suite de la découverte de la Conspiration qui avoit donné lieu au Jugement du jour précédent.

LETTRE du Ministre à MM. D'ESRAGNY et DUMAITZ DE GOIMPY, Administrateurs-Généraux des Isles, touchant le Paiement des Negres enlevés à Saint-Christophe.

Du 15 Novembre 1691.

L A conduite que le sieur Desragny à tenue à l'égard des Armateurs de la Barque qui a été prendre à Saint-Christophe des Negres des Fran-çois qui en sont sortis, a été agréable à Sa Majesté, et elle trouve bon qu'il ait engagé les Armateurs à les vendre pour cinquante écus seule-ment à ceux auxquels ils appartenoient; mais il doit les obliger à les recevoir en Sucre, si les Propriétaires n'ont point d'argent pour les payer. Collationné. DUMAITZ.

R. au Conseil du Petit-Goave, le premier Octobre 1692.

ORDRE DU ROI, pour mettre les Capitaines de ses Vaisseaux sous les ordres du Gouverneur-Général des Isles.

Du 24 Novembre 1691.

DE PAR LE ROI.

S A MAJESTÉ envoyant aux Isles de l'Amérique le sieur Comte de Blénac, pour y servir en qualité de Gouverneur et son Lieutenant-Gé-néral; elle veut et entend que les Capitaines de ses Vaisseaux de Guerre qui sont présentement auxdites Isles, et tous ceux qui y seront envoyés ci-après aient à lui obéir, ainsi qu'il le jugera à propos, pour le bien de son service.

ARRÊT du Conseil du Petit-Goave, portant Imposition sur les Aubergistes et Cabaretiers.

Du 26 Novembre 1691.

M. Ducasse, Gouverneur pour le Roi de l'Isle de la Tortue et Côte Saint-Domingue, fait connoître au Conseil les engagemens où il se trouve à des dépenses actuelles pour le service du Roi, et pour le bien de la Colonie; et n'ayant aucuns fonds de Sa Majesté ni de ladite Colonie, pour y subvenir, cela peut causer du retardement, et par conséquent préjudicier au bien de son service, et de l'intérêt public.

Le Conseil assemblé, après avoir mûrement et solidement pesé l'importance du fait, et ouï sur ce le Procureur-Général du Roi, a jugé ne pouvoir mieux faire que d'imposer dix pieces d'Huit par chaque année sur chaque Cabaretier vendant du Vin et Eau-de-Vie, et vingt pieces d'Huit aux autres tenant Auberge et mettant nappes; lesquelles sommes seront reçues par le Greffier de chaque Jurisdiction, et les deniers employés par les ordres de M. le Gouverneur, pour le service de Sa Majesté. Défend très-expressement à toutes personnes de pouvoir vendre Vins, Eaux-de-vie, ni tenir Auberge, qu'au préalable ils n'aient fait leurs déclarations au Greffe dudit lieu, et pris un billet de permission du Greffier, à peine de pareille somme d'amende pour ceux qui y contreviendront; et afin qu'il soit notoire, et que personne n'en prétende cause d'ignorence, ordonne que le présent Arrêt sera lu, publié et affiché aux portes des Eglises et lieux publics, lequel n'aura lieu qu'à commencer le premier jour de l'année, que l'on comptera mil six cens quatre-vingt-douze, etc.

ARRÊT du Conseil Souverain du Petit-Goave, qui fait défenses aux Juges de prononcer sur des Istances provenant du Jeu.

Du 26 Novembre 1691.

SUR ce qui a été remontré par le Procureur-Général du Roi, qu'il avoit appris qu'il y avoit une Instance par-devant le Juge de la Jurisdiction du Petit-Goave au sujet du Jeu, dont seroit intervenu Sentence le 29 Octobre dernier, contre les volontés de Sa Majesté, qui défend à tous Juges de prendre connoissance de pareilles affaires; et pour éviter les désordres que de telles Sentences pourroient causer particulierement dans les Familles qui se verroient ruinées par le support que l'on donneroit au Jeu, requiert qu'il y soit pourvu par le Conseil; sur quoi faisant droit: LE CONSEIL Souverain a mis et met la Sentence dudit Juge au néant; émendant fait défenses audit Juge de récidiver sur de semblables affaires et que le présent Arrêt sera inscrit en marge de ladite Sentence. FAIT au Petit-Goave, etc.

ARRÊT

ARRÊT du *Conseil du Petit-Goave, concernant les Scellés et Inventaires.*

Du 14 Janvier 1692.

SUR ce qui a été remontré par le Procureur-Général que par Arrêt du 14 Août 1690 le Conseil auroit ordonné que par provision M°. Pierre Lecourt, son Substitut au Siege Royal du Petit-Goave, assisteroit aux Inventaires et Scellés jusqu'à ce qu'autrement en fût ordonné; ce qui porte un très-grand préjudice aux successions par les grands frais qui se font contre l'intention du Roi, qui veut que l'on procede incessamment à l'élection d'un Tuteur, et enjoint ensuite au Procureur du Roi de se retirer.

LE CONSEIL Souverain ayant égard à ladite Remontrance, ordonne que les Officiers des Jurisdictions ressortissantes en ce Conseil se conformeront à l'Arrêt du Conseil d'Etat de Sa Majesté du 17 Janvier 1688, dont Copies ont ci-devant été envoyées pour être registrées ès Greffes desdites Jurisdictions. FAIT au Petit-Goave, etc.

ARRÊT du *Conseil du Petit-Goave, concernant le Négoce sur les Habitations et avec les Esclaves.*

Du 14 Janvier 1692.

SUR ce qui a été remontré par le Procureur-Général, qu'ayant eu avis que plusieurs Habitans vendent journellement du Vin et autres boissons sur les Habitations aux Blancs et aux Esclaves, et qu'en paiement ils reçoivent de l'Indigo et autres marchandises portatives et aisées à soustraire, que lesdits Esclaves prennent furtivement chez leurs Maîtres ou ailleurs, ce qui fait aussi que les Bourgs de ce Gouvernement ne sont pas bien habités comme ils seroient, ce qui cause du préjudice au Public; requérant qu'il y soit pourvu.

LE CONSEIL Souverain ayant égard à ladite Rémontrance, a fait et fait prohibition et défenses à toutes Personnes, de quelque qualité et condition qu'elles puissent être, de vendre et débiter des boissons en détail aux Blancs et Esclaves en tous autres lieux que dans les Bourgs de ce Gouvernement; comme aussi de négocier et recevoir de l'Indigo et autres marchandises des Esclaves, qu'au préalable il n'apparoisse un Billet de leurs Maîtres, à peine contre les contrevenans de cent livres

d'amende pour la premiere fois, qui ne pourra être réputée comminatoire, et de plus grande peine pour la récidive; et afin que le présent
Arrêt soit notoire, ordonne qu'à la diligence du Procureur-Général il en
sera envoyé des Expéditions dans les Jurisdictions ressortissantes en ce
Conseil, etc.

ARRÊT du Conseil du Petit-Goave sur la réception d'un Juge.

Du 14 Janvier 1692.

Cet Arrêt autorise le sieur Danzé, Juge du Port-de-Paix, à exercer
provisoirement ses fonctions, à la charge de venir se faire recevoir en la
Cour dès que sa santé le lui permettra.

EDIT portant privilege exclusif pour la vente du Café, Thé, Sorbet et
Chocolat dans le Royaume.

Du mois de Janvier 1692.

LOUIS, etc. Les boissons du Café, Thé, Sorbet et Chocolat sont
devenues si communes dans toutes les Provinces de notre Royaume, que
nos Droits d'Aides en souffrent une diminution considérable : cependant
ne voulant pas priver nos Sujets de l'usage de ces Boissons, que la
plupart jugent utiles à la santé, nous nous sommes proposés d'en tirer
quelques secours dans l'occurrence de la présente Guerre, pour nous
dédommager de la diminution que nos Droits d'Aides en pourront
recevoir à l'avenir. Pour cet effet, ayant fait examiner les différentes
propositions qui nous ont été faites, nous n'en aurions point trouvé
de plus convenables, et moins à charge à nos Sujets, que d'accorder à
une seule personne la faculté de vendre et débiter le Café, Thé, Sorbet
et Chocolat dans toute l'étendue de notre Royaume, Pays, Terres et
Seigneuries de notre obéissance, à l'exemple de ce qui se pratique à
l'égard du Tabac, etc. Voulons et nous plaît :

ART. Ier. Que tout le Café en fève et en poudre, le Thé, le Sorbet
et le Chocolat ne soient à l'avenir vendus et débités, tant en gros qu'en
détail, dans toute l'étendue de notre Royaume, Pays, Terres et Seigneuries de notre obéissance, que par celui auquel nous en aurons
accordé la faculté, ses Procureurs, Commis et Préposés, etc.

Art. IV. Faisons défenses à tous Marchands François et Etrangers, et à toutes autres Personnes, de faire entrer aucun Café, Thé, Sorbet, Chocolat, Cacao et Vanille dans notre Royaume par mer, par d'autres Ports que par ceux de Marseille et Rouen, à peine de confiscation et de mille livres d'amende, à l'exception néanmoins du Café qui sera apporté par les Vaisseaux de la Compagnie des Indes Orientales établie dans notre Royaume, ou qui viendra des Isles de l'Amérique, qui pourront entrer par tous les autres Ports de notre Royaume où les Vaisseaux aborderont.

Art. XII. Défendons au Fermier, et à ceux qui seront par lui préposés à la vente desdites Marchandises, de vendre ou revendre le Café en feve plus de quatre francs la livre poids de marc, le Chocolat plus de six francs la livre, le Cacao plus de quatre francs la livre, et la Vanille plus de dix-huit liv. le paquet composé de cinquante brins, etc. Donné à Versailles au mois de Janvier 1692. *Signé* Louis.

R. au Parlement de Paris le 26 Février suivant.

Nous ne rapportons de cet Edit que les dispositions générales du Privilege exclusif pour la vente des Denrées provenantes en partie des Isles, le surplus n'ayant trait qu'à leur distribution en France.

Arrêt du Conseil Souverain du Petit-Goave, qui bannit un Particulier pour avoir calomnié feu M. de Cussy, Gouverneur.

Du 4 Février 1692.

Entre le Procureur-Général du Roi, Demandeur et Accusateur, d'une part.

Et Jean Sanche, dit Hans Cénaye, Défendeur et Accusé, d'autre part.

Vu par le Conseil Copie d'une Lettre écrite à M. Dumaitz, Intendant (par lui collationnée) par ledit Sanche le 12 Mars 1691, l'Ordonnance de mondit sieur l'Intendant au Procureur-Général pour obliger l'Accusé de justifier lesdits faits du 20 Juillet ensuivant ; Requête dudit sieur Procureur-Général, et au bas l'Ordonnance du Conseil du 25 Août audit an, portant que ledit Accusé seroit assigné aux fins d'icelle ; Assignation donnée à l'Accusé ; Arrêt du Conseil du 11 Septembre dernier, qui

ordonne que ledit Cénaye sera réassigné pour comparoir en personne ;
Assignation donnée en conséquence à l'Accusé ; Requête du Procureur-
Général, tendante à ce que ledit Cénaye soit obligé à lui donner des
preuves bonnes et valables des faits par lui avancés ; Arrêt du Conseil
du premier Octobre dernier, par lequel, sur le Requisitoire de l'Accusé,
qu'il lui fût accordé un délai compétent pour justifier ses faits, attendu
l'éloignement des Quartiers de cette Colonie, il a été ordonné qu'il feroit
ses preuves par témoins dans deux mois, à compter du jour de la signification dudit Arrêt, par devant M^e. Gilles Lepage, Conseiller-Commissaire en cette partie ; signification dudit Arrêt à la requête dudit sieur
Procureur-Général audit Accusé ; autre Requête du Procureur-Général,
à ce que ledit Cénaye fût pris et appréhendé au corps ; au bas de laquelle
est l'Ordonnance du Conseil du 26 Novembre dernier, portant qu'elle
seroit jointe au procès ; autre Requête présentée par ledit Procureur-
Général au Conseil non datée, à ce que Copie d'une Requête présentée
par ledit Accusé au Conseil fût jointe au Procès ; Arrêt dudit Conseil du
14 Janvier dernier, qui ordonne entr'autres choses que faute d'avoir
satisfait à l'Arrêt dudit jour premier Octobre dernier, ledit Accusé seroit
pris et appréhendé au corps, pour être ouï et interrogé sur les faits du
Procès, ledit Arrêt non signifié ; Copie de ladite Requête présentée au
Conseil par ledit Accusé, collationnée par Glaise, Notaire, le 5 Septembre dernier ; Interrogatoire subi cejourd'hui par ledit Accusé, contenant ses confessions et dénégations ; Ordonnance du Conseil, portant
que le Procès seroit communiqué au Procureur-Général, en daté de
cejourd'hui : ouï le Rapport dudit sieur Lepage, Conseiller. Tout considéré.

LE CONSEIL Souverain a déclaré et déclare ledit Accusé duement
atteint et convaincu d'avoir écrit à M. l'Intendant que ledit feu sieur de
Cussy avoit vendu de la Foudre et des Armes aux Ennemis de la Couronne, et perçu des deniers sans aucune justice ; ordonne qu'il sera présentement mandé en la Chambre du Conseil, et là, tête nue et à genoux,
il déclarera que malicieusement et témérairement il s'est servi des termes
ci-dessus, dont il se repentira, et demandera pardon à Dieu, au Roi et
à Justice ; de quoi il passera Acte, et fera pareille déclaration à issue de
grandes Messes, aux jours de Fêtes ou Dimanches, en toutes les Paroisses
de ce Gouvernement, même dans le lieu où ledit défunt sieur de Cussy
a été inhumé, les Habitans du lieu assemblés ; l'a banni et bannit de ce
Gouvernement à perpétuité ; lui enjoint de garder son Ban après qu'il

aure exécuté le présent Arrêt, à peine de la vie; le condamne en dix écus d'amende et aux dépens du Procès, et à l'instant l'Accusé a été mandé, et a fait en présence du Conseil la réparation ci-dessus ordonnée. FAIT au Conseil du Petit-Goave les jour et an que dessus.

RÉGLEMENT *de* M. DE LA BOULAIS, *Lieutenant pour le Roi au Port-de-Paix, sur le Service des Milices dans ce Quartier et Dépendances.*

Du 22 Avril 1692.

L'AIDE-MAJOR appellera tous les soirs, au jour fermant, les Officiers qui seront de Garde, Vedettes ou Rondes, et leur donnera l'Ordre qu'il aura soin de recevoir exactement de M. le Gouverneur, ou de nous en son absence, pendant laquelle absence nous le lui donnerons cacheté du cachet de nos armes pour tous les jours de la semaine, et ledit Aide-Major nous avertira de ceux qui auront manqué au Service du Roi, suivant les ordres qui leur auront été donnés. A CES CAUSES, nous avons reglé toute la Milice, tant Cavalerie qu'Infanterie, que nous avons divisée en quatre Compagnies, dont la premiere est de quatre-vingt-deux Hommes, la seconde de soixante-sept Hommes, la troisieme de soixante-deux Hommes, la quatrieme de soixante Hommes, y compris en chaque Compagnie neuf Officiers, et une Compagnie de Cavalerie de dix-neuf Cavaliers, comprenant les trois Officiers, et avons distribué les Soldats de chaque Compagnie en sept Escouades pour faire garde en quatre Quartiers et Corps-de-Garde différens pour les sept jours de la semaine, et les Officiers pour les rondes comme ci-après; savoir:

Premiere Compagnie.

Les Dimanches, la premiere Escouade de dix Hommes et un Sergent. Le Capitaine fera sa ronde accompagné de deux Hommes à cheval.
(*Même distribution pour les autres jours.*)

Seconde Compagnie.

Les Dimanches, et chacun des autres jours, une Escouade de neuf Hommes, et une Ronde d'Officiers.

Troisieme Compagnie.

Comme la seconde.

Quatrieme Compagnie.

Par Escouades de huit Hommes.

Comme il y a encore, outre lesdites Compagnies, plus de soixante Hommes, soit dans les Bois, Hattes et Corails, nous ordonnons à tous les Officiers d'incorporer dans lesdites Compagnies ces sortes de Gens lorsqu'ils se retireront sur leur département, et nous en donner avis, sous peine de désobéissance, le tout sous le bon plaisir de M. le Gouverneur. Donné en notre Habitation du Massacre le 22 Avril 1692.

Signé DE LA BOULAIS DE BEAUMONT.

ORDONNANCE DU ROI, *qui défend aux Capitaines Marchands en Convoi de quitter leur Escorte, et d'embarquer, sans permission, aucune Personne des Isles.*

Du 16 Août 1692.

SA MAJESTÉ étant informée que les Capitaines et Maîtres de Bâtimens qui vont aux Isles Françoises de l'Amérique abandonnent à l'atterage ou à leurs retours, lorsqu'ils approchent des Côtes de France, par l'avidité de faire un plus grand profit en précédant les autres Vaisseaux, ceux qu'Elle leur donne pour les escorter, ce qui les expose à être pris par les Corsaires, qui les attendent ordinairement dans ces parages, et qu'en partant des Isles ils embarquent des Habitans sans aucune permission des Commandans, quelques défenses qu'Elle leur en ait faites ; et voulant y pourvoir, Sa Majesté a fait et fait très-expresses inhibitions et défenses à tous Capitaines et Maîtres de Bâtimens Marchands de quitter, dans leur route de France, aux Isles, ni dans leur retour les Vaisseaux de Guerre qui leur servent d'Escorte, sous quelque prétexte que ce soit, à moins qu'ils n'en aient la permission par écrit de celui qui commandera lesdits Vaisseaux, à peine de six mois de prison et 1500 liv. d'amende, au paiement de laquelle les Propriétaires des Bâtimens seront solidairement obligés avec lesdits Capitaines et Maîtres ; auxquels Sa Majesté fait pareillement défenses d'embarquer aucuns Habitans desdites Isles, sans une permission expresse du sieur Comte de Blénac, pour la Martinique, et des Gouverneurs dans les autres Isles, sous pareille peine. Enjoint aux Officiers de l'Amirauté, dans chacun des Ports, de tenir la main chacun en droit soi, à l'exécution de la présente Ordonnance. FAIT à Versailles le 16 Août 1692. *Signé* LOUIS.

ARRÉT du Conseil d'Etat, touchant les Assignations à donner en France aux Personnes domiciliées aux Isles.

Du 25 Août 1692.

SUR la Requête présentée au Roi étant en son Conseil, par Dame Marie le Clerc du Tremblay, veuve de Messire Louis d'Angennes, Chevalier, Marquis de Maintenon, contenant, que pour avoir paiement du restant de ses dot, conventions, reprises et arrérages de son douaire, elle a été obligée de faire saisir réellement, tant au Châtelet qu'aux Requêtes de l'Hôtel, par Exploit des 31 Mai 1683, et 15 Septembre 1690, les Terres de la Villeneuve, d'Angeul et dépendances, sur les sieur et dames Charles-François d'Angennes, Marquis de Maintenon, ci-devant Gouverneur des Isles de Marie-Gallande; Marie d'Angennes, épouse de Messire Odette de Riants, Marquis de Villeraye; et Louise d'Angennes, épouse de Messire Charles Auger, ci-devant Gouverneur esdite Isle, qui étoient les enfans du feu sieur de Maintenon; mais d'un côté ledit sieur de Maintenon, qui depuis est décédé, ayant laissé auxdites Isles Marie Gallande, Dame Catherine du Poyet sa Veuve, avec un même nombre d'enfans; et d'un autre côté lesdits sieur et dame Auger ayant été s'y établir, ces divers changemens ont interrompu ses poursuites, parce qu'avant toutes choses, il est de regle de reprendre les derniers erremens avec lesdites Veuve, Enfans, Héritiers ou Biens tenans dudit feu sieur de Maintenon fils; et à cet effet de leur faire créer un Tuteur, comme aussi de faire toute l'instruction du décret, tant avec eux, qu'avec lesdits sieur et dame Auger, et autres Intéressés; et comme par les Ordonnances de 1667 et 1670, Titres 2 et 17, la forme de donner les ajournemens a été réduite seulement à trois manieres; savoir, pour les Etrangers hors le Royaume, aux Hôtels des Procureurs-Généraux; pour les Absens qui sont en voyages de longueurs, ou hors le Royaume, à leur dernier domicile; et pour ceux qui n'en ont eu aucun

de connu par un seul cri public, en faisant parapher l'exploit par le
Juge des lieux ; et que la Suppliante se trouve en un autre cas , qui n'a
point été prévu par lesdits Ordonnances , puisque ses Parties ne sont ni
étrangeres ni absentes du Royaume , ni hors d'un domicile connu ; mais
qu'elles sont nées et établies en des Colonies Françoises , distantes de la
Jurisdiction où le décret se poursuit de plus de deux mille lieues ; elle se
trouve tout-à-fait arrêtée, faute de trouver dans lesdites Ordonnances les
formalités, qu'on doit garder en pareil cas , pour donner les assignations
qui sont nécessaires ; et d'autant que par l'Article III du Titre I.er de
ladite Ordonnance de 1667 , Sa Majesté a permis de lui représenter ce
qui sera jugé à propos pour l'utilité ou la commodité publique , qu'elle
s'est réservée d'interpréter, modérer ou ajouter auxdites Ordonnances ,
soit par Arrêt de son Conseil d'Etat, soit par une Déclaration ; la Suppliante s'est déterminée à lui faire ses très-humbles Remontrances, pour
lui être pourvu : A ces causes, requéroit la Suppliante, attendu que
l'espece qui se présente approche davantage de celle contenue en l'Article IX du Titre des Ajournemens, ordonner par provision ; et en
attendant un Réglement général , que les assignations et autres significations quelconques nécessaires pour la continuation dudit décret , circonstances et dépendances , qui seront données auxdites Veuve, Enfans ,
Héritiers , Biens tenans ou ayans cause dudit sieur de Maintenon fils ;
ensemble auxdits sieur et dame Auger, qui sont établis et demeurans
auxdites Islès de l'Amérique, même pour l'Election d'un Tuteur, auxdits
Mineurs par un seul cri public , aux Halles de cette Ville de Paris , et
dont les Exploits seront paraphés par le premier des sieurs Maîtres des
Requêtes , ou autres Juges sur ce requis , seront aussi valables que s'ils
l'avoient été en leurs véritables domiciles auxdites Isles, si mieux n'aime
Sa Majesté prescrire à la Suppliante une autre forme pour faire lesdits ajournemens et significations ; et qu'en conséquence il pourra être procédé à
l'Election dudit Tuteur, et ensuite à la Vente et Adjudication desdits
Biens saisis, en la maniere accoutumée, sans que pour raison du défaut
desdites assignations ou significations à domicile, il puisse être donné
aucune atteinte audit décret, après lesdites formalités observées. Vu
ladite Requête, signée GARANGER, Avocat de la Suppliante, etc. : Ouï
le rapport du sieur Phelippeaux de Pontchartrain, Contrôleur des
Finances ; et tout considéré, le Roi étant en son Conseil a ordonné et ordonne par provision , et en attendant qu'il y soit pourvu par un Réglement
général , que les Assignations, et autres Significations qui seront à faire
auxdites

auxdites Veuve, Enfans, Héritiers, ou ayans cause dudit sieur de Maintenon fils, ensemble aux sieur et dame Auger, qui sont établis et demeurans aux Isles de l'Amérique, seront données ès Hôtéls des Procureurs
Généraux où ressortissent les appellations des Juges devant lesquels ils
seront assignés. FAIT au Conseil d'Etat du Roi, Sa Majesté y étant
tenu à Versailles le vingt-cinquieme jour d'Août 1692.

Signé PHELYPEAUX.

LETTRE *du Ministre à M.* DUCASSE, *Gouverneur, touchant ;*
1°. les Fortifications ; 2°. l'établissement d'un Hôpital ; 3°. la
punition du Calomniateur de M. de Cussy, et celle des Negres,
voulant passer à l'Ennemi ; 4°. la Fourniture des Negres dans l'Isle ;
5°. et enfin les Nouveaux Convertis.

Du 27 Août 1692.

SA MAJESTÉ consent que vous employez les fonds que vous avez de
reste de ceux qui sont destinés pour les Fortifications, à achever le
Château du Port de Paix, et à faire les Redoutes que vous avez jugées
nécessaires au Petit-Goave, à l'Ester et à Léogane, et que vous com-
menciez pareillement un Fort au Cap, pour donner une retraite sûre
aux Habitans ; la dépense que vous proposez d'y faire, que vous estimez
à 60,000 liv. sera considérable, et j'espere que vous trouverez, avec
l'Ingénieur Payen, des moyens de la diminuer, en proportionnant l'étendue de la Place, au lieu où vous êtes, et aux Ennemis qui peuvent
l'attaquer, en prenant garde de ne pas tomber dans les défauts ordinaires
aux Ingénieurs, qui proposent toujours de grandes Places par rapport à
leurs idées, sans savoir s'il y aura du monde pour les défendre. Le Roi
vous permet d'y employer le tiers des Prises qui seront faites par l'Emporté, et les fonds des Fortifications de cette année ; vous m'enverrez
le Plan que le sieur Payen aura tracé de cette Forteresse, avec le Devis
de la dépense. Vous aurez soin de m'envoyer aussi un Plan de toute
l'Isle, s'il est praticable, ou au moins des Quartiers François, dans
lesquels vous marquerez les Retranchemens et Redoutes que vous aurez
ordonnés, ce qui est fait et ce qui est à faire.

Le Roi vous exhorte à établir un Hôpital, pour secourir les Pauvres,
les Blessés, et les Orphelins ; et Sa Majesté vous permet de prendre

Tome I. Ttt

jusqu'à 6,000 liv. sur le provenu des prises qui seront faites par l'Emporté, et d'y employer ce qui reste de bien et effets confisqués sur les Religionnaires ; j'écris à M. Dumaïtz d'envoyer à Saint - Domingue deux Freres de la Charité, dont je ferai augmenter le nombre aussitôt que j'aurai su quel succès auront eu ces commencemens.

Elle approuve le Jugement rendu contre le nommé Cénaye, qui avoit attaqué, par des faits injurieux, la mémoire du feu sieur de Cussy; mais Elle a trouvé l'exécution faite par le sieur de la Boulais, de quelques Negres qui avoient formé le dessein de se rendre aux Ennemis, trop militaire et irréguliere, et Elle vous recommande d'avoir une attention particuliere à éviter, pour l'avenir, ces sortes de Procédures.

Comme il ne faut point espérer de pouvoir obliger les Compagnies de Sénégal et de Guinée à porter une quantité suffisante de Negres à Saint-Domingue, le Roi consent que vous permettiez aux Habitans d'en tirer de tous les endrois d'où ils pourront en avoir; mais vous observerez de vous informer des moyens dont ils se serviront, et vous prendrez garde qu'ils n'en mettent aucun en pratique qui puisse être contraire au service et au bien de la Colonie.

Le Roi ne veut pas qu'on traite à la rigueur les Nouveaux Convertis, et Sa Majesté vous exhorte, de même que tous ceux qui ont l'honneur de la servir, de les engager à vivre dans la véritable Religion par votre exemple, et par toutes les voies que la douceur et la charité peuvent suggérer; ainsi son intention est que les biens du sieur Laage soient rendus à ses Héritiers, et que le Conseil juge en conformité sur l'appel de la Sentence du Juge du Petit-Goave.

Je suis, etc.

Arrêt du Conseil d'Etat, portant Surséance de deux années, en faveur des Habitans du Quartier du Cap François de la Côte Saint-Domingue, pour satisfaire leurs Créanciers.

Du 31 Août 1692.

LE Roi étant informé que les Habitans du Quartier du Cap François de la Côte Saint-Domingue ont été pillés par les Espagnols, lors de la descente qu'ils y ont faite, et du combat qui s'y est donné au commencement de l'année derniere, et que leurs Habitations ont été entiérement ruinées, ensorte qu'ils sont absolument hors d'état de satisfaire leurs

Créanciers ; et voulant les mettre à couvert des poursuites qui pourroient être faites contr'eux, pour leur donner moyen de se rétablir, Sa Majesté étant en son Conseil a accordé et accorde un délai et surséance aux Habitans dudit Quartier du Cap François de la Côte Saint-Domingue de deux années, à commencer au premier Novembre prochain, pendant lequel temps Elle fait défenses à leurs Créanciers d'exercer aucunes contraintes ni poursuites contr'eux, à peine de nullité des procédures, et de tous dépens, dommages et intérêts ; leur faisant en outre main-levée des saisies qui auront pu être faites de leurs meubles, ou des sommes qui leur peuvent être dues par les Habitans des autres Quartiers ou Isles de l'Amérique, depuis la descente des Espagnols audit Quartier du Cap. Enjoint, Sa Majesté, aux Officiers du Conseil Souverain établi à ladite Côte Saint-Domingue, de tenir la main à l'exécution du présent Arrêt FAIT à Versailles, etc.

ORDONNANCE du Roi, qui fixe la valeur des Monnoies aux Isles.

Du 10 Septembre 1692.

SA MAJESTÉ étant informée qu'il arrive tous les jours des difficultés dans les Isles qui sont sous sa domination en l'Amérique, au sujet des différentes especes de Monnoies qui y ont cours, entre les Habitans desdites Isles et les Marchands qui y Négocient ; et voulant les faire cesser, en fixant le prix auquel Elle veut que lesdites Especes soient reçues, Sa Majesté a ordonné et ordonne que les Louis d'or et Ecus blancs, et autres Monnoies marquées au Coin de France, aient cours auxdites Isles, et y soient reçues sur le pied qu'elles le sont dans toutes les Villes de son Royaume ; et à l'égard des Pistoles d'Espagne, Piastres et Réaux, qui seront de poids, sur le même pied ; savoir les Pistoles d'Espagne, des Louis d'or ; et les Piastres et Réaux, des Ecus blancs, les doubles, demi et quarts, à proportion ; et pour celles desdites Monnoies ou autres étrangeres, qui ne seront pas de poids, Sa Majesté veut qu'elles ne soient reçues qu'à proportion de ce qu'elles vaudront, suivant le prix du Marc. Mande, etc.

R. au Conseil de la Martinique le 7 Juillet 1693.

Extrait de la Lettre du Ministre à M. Dumaitz, Intendant-Général des Isles, sur les Epoques du paiement des Appointemens des Officiers aux Isles.

Du 10 Septembre 1692.

On ne peut se dispenser de payer aux Officiers, que le Roi choisit pour remplir les Emplois des Isles, leurs appointemens du jour qu'ils sont nommés; et à ceux qui sont relevés, les leurs jusqu'au jour de l'arrivée des premiers; c'est une augmentation de dépense, qui sera cependant peu considérable, se faisant peu de changement dans ces Emplois.
Collationné à l'original resté à la Martinique. Signé MITHON.

Extrait d'un Mémoire du Roi à MM. de Blénac et Dumaitz, touchant les Ecclésiastiques.

Du 10 Septembre 1692.

Sa Majesté veut que le Réglement qui a été fait entre les Religieux établis dans les Isles qui ont renoncé au pouvoir arbitraire qui leur est donné par la Congrégation de la Propagande d'administrer les Sacremens à toutes sortes de personnes soit suivi, et qu'ils se conforment entierement aux Loix du Royaume pour les Mariages, et à celles de la Discipline Ecclésiastique pour les autres Sacremens.

Ordonnance du Roi qui défend aux Capitaines de donner Congé à leurs Soldats sans permission du Général, et de leur rien retenir sous aucun prétexte.

Du 10 Septembre 1692.

DE PAR LE ROI.

Sa Majesté ayant été informée que quoique les Capitaines des Compagnies qu'elle entretient pour son service dans les Isles qui sont sous sa domination en Amérique, ne soient point chargés d'en faire les recrues, ils ne laissent pas de congédier leurs Soldats quand bon leur semble, et de leur permettre de repasser en France, ou de prendre tel autre parti qu'ils veulent, et qu'ils leurs retiennent aussi de l'argent sur leur solde ou des farines, quoiqu'ils ne leurs fournissent aucunes choses nécessaires à leur subsistance et entretenement; Sa Majesté ayant soin d'y pourvoir et voulant remédier à ces abus, dont l'un affoiblit ces Compagnies par la facilité que les Soldats trouvent à quitter le service, et l'autre ôte à ceux qui y restent le moyen de subsister; Sa Majesté a fait et fait très-expresses inhibitions et défenses aux Capitaines des Compagnies entretenues aux Isles Françoises de l'Amérique, de congédier aucuns de leurs Soldats, pour quelque cause et occasion que ce soit, sans la permission expresse et par écrit du sieur Comte de Blénac, Gouverneur et Lieutenant-Général pour le Roi auxdites Isles, et de leur retenir aucune chose sur leur solde ou sur les farines destinées pour leur subsistance, sous quelque prétexte que ce puisse être, à peine de restitution de ce qu'ils auront retenu, et d'interdiction pendant six mois pour la premiere fois, et de cassation en cas de récidive. Mande Sa Majesté au sieur Comte de Blénac et au sieur Dumaitz, de tenir la main, chacun en droit soi, à l'exécution de la présente Ordonnance, qu'elle veut être publiée, etc. FAIT à Versailles le dixieme Septembre 1692. *Signé* LOUIS.

ARRÊT du Conseil du Petit-Goave, touchant les Scellés et la présence des Procureurs du Roi aux Inventaires et aux Ventes.

Du 30 Septembre 1692.

SUR ce que le Procureur-Général du Roi a représenté au Conseil qu'ayant fait enregistrer ès Greffes des Jurisdictions l'Arrêt du Conseil d'État qui regle la maniere dont Sa Majesté veut que les Inventaires soient faits; au lieu par les Officiers des Jurisdictions de s'y conformer, il a eu avis que son Substitut au Siege Royal de Léogane ne vouloit conclure pour l'élection d'un Tuteur que préablement l'Inventaire ne fût fait; que celui du Petit-Goave assistoit pareillement aux Scellés, Inventaires et Ventes en vertu d'un Arrêt de ce Conseil; mais pour remédier à de tels abus, qui ne tendent qu'à la consommation des Veuves, Mineurs, Héritiers et Créanciers par les frais excessifs que lesdits Officiers font contre l'intention de Sa Majesté, requéroit ledit Procureur-Général qu'il plût au Conseil d'y pourvoir.

Sur quoi LE CONSEIL ordonne que ledit Arrêt du Conseil d'Etat du Roi sera exécuté selon sa forme et teneur; et en conséquence que les Juges de ce Ressort ne pourront apposer aucuns Scellés qu'ils n'en soient requis par les Parens, Créanciers ou Substituts du Procureur-Général du Roi si le cas y échet; leur enjoint de se retirer après lesdits Scellés apposés, à moins qu'ils ne soient requis par les deux Parties d'y rester; fait défenses auxdits Substituts d'y assister, l'élection d'un Tuteur étant faite; enjoint audit Substitut du Procureur-Général au Siege Royal de Léogane, lorsqu'il se présentera des Mineurs, de leur faire élire incessamment des Tuteurs; lui fait défenses d'assister aux Inventaires, à moins qu'il n'en soit requis par les Parties intéressées, à peine contre les contrevenans, d'encourir les rigueurs portées par les Ordonnances, Edits et Réglemens de Sa Majesté; ordonne aux Huissiers de procéder à la vente des meubles, sans que les Juges et Substituts du Procureur-Général puissent y assister, sous quelque prétexte que ce soit; et à ce que le présent Arrêt soit notoire, ordonne qu'à la diligence du Procureur-Général, il sera lu, publié et affiché où besoin sera. FAIT au Conseil du Petit-Goave les jour et an que dessus.

ORDONNANCE du Roi qui confisque des Objets chargés sur un Flûte.

Du 15 Octobre 1692.

Cette confiscation eut lieu sur deux milliers de Cacao et cinq balles de Coton envoyées de Saint-Domingue sur la Flûte du Roi la Normande.

ORDONNANCE qui défend aux Officiers de la Marine de négocier aux Isles et en Canada.

Du 22 Octobre 1692.

SA MAJESTÉ étant informée que quelques expresses que soient les défenses qu'elle a faites aux Officiers entretenus dans la Marine, qu'elle choisit pour commander les Vaisseaux qu'elle envoie aux Isles et Colonies de l'Amérique qui sont sous sa domination, d'y négocier et porter aucunes Marchandises pour leur compte, la plupart ne laissent pas d'y faire Commerce, et évitent les peines portées par les Ordonnances en embarquant les Marchandises qu'ils portent ou qu'ils apportent sous des noms supposés; et le moyen de se garantir de la sévérité de ces peines leur est une occasion de continuer ce Commerce avec plus d'avidité; à quoi voulant pourvoir Sa Majesté a fait de nouveau très-expresses inhibitions et défenses à tous Officiers entretenus en la Marine de porter des Marchandises aux Isles ni en Canada dans les Vaisseaux qu'ils monteront ni d'y en recevoir en revenant en France, sous quelque prétexte que ce soit, sans un ordre par écrit de ceux qui y commanderont, et visé par les Intendans, à peine de confiscation des Marchandises et de cassation contre les Capitaines commandans les Vaisseaux où elles auront été embarquées; lequel ordre ils seront tenus de présenter à l'Intendant du Port où ils aborderont, qui en informera le Secrétaire d'Etat ayant le département de la Marine; veut Sa Majesté qu'à l'arrivée de ses Vaisseaux aux Isles et en Canada, ils soient visités par les Commissaires de la Marine qui y sont établis sur les ordres des Intendans pour examiner s'il n'y a aucunes Marchandises embarquées; et en cas qu'il y en ait, ils les saisiront et en dresseront Procès-verbal, sur lequel elles seront confisquées au profit de Sa Majesté; et sur ledit Procès-verbal et le Jugement de confiscation, lesdits Capitaines seront cassés et punis de prison s'il y échoit; ordonne Sa Majesté qu'au retour des Vaisseaux qu'elle aura envoyés aux Isles, en Canada et autres Colonies de l'Amérique, ils soient visités par les Commissaires qui y seront envoyés aussi-tôt qu'ils paroîtront en Rade par les Intendans, qui en examineront le chargement; et s'ils y trouvent d'autres Marchandises que celles qui seront comprises dans les ordres des Commandans, elles seront pareillement confisquées, et les Capitaines punis, ainsi que pour celles qui auront été trouvées à l'arrivée aux Isles ou en Canada; enjoint Sa Majesté aux Gouverneurs et Lieutenans-Généraux, et aux Intendans des Isles de l'Amérique et de Canada, aux Gouverneurs Particuliers desdites Isles, et aux Intendans de la Marine dans les Ports du Royaume, de tenir la main, chacun en droit soi, à l'exécution de la présente Ordonnance, qu'elle veut être publiée et affichée partout où besoin sera, à ce que personne n'en ignore, etc.

Arrêt du Conseil Souverain du Petit-Goave, qui taxe le prix du Pain et du Vin.

Du 12 Janvier 1693.

Sur ce que le Procureur-Général du Roi a représenté qu'encore, bien que le Conseil ait rendu divers Arrêts, pour le Réglement du prix du Pain et du Vin, les Marchands Magasiniers en ont toujours éludé l'exécution, par la trop grande indulgence que les Officiers ont eu à l'inexécution desdits Arrêts; et ayant eu avis que lesdits Marchands Magasiniers vendent du Pain trop léger et le Vin sur le pied de quatre escalins le pot, quoiqu'il soit reglé à un prix plus médiocre, requiert, qu'il y soit pourvu,

Le Conseil Souverain ayant égard à la Remontrance, a fixé le Pain, pesant quatorze onces, à un escalin, et le Vin à trois escalins le pot; fait défenses auxdits Marchands Magasiniers de vendre à plus haut prix, à peine de confiscation desdites Marchandises en vente, et de cinquante pieces d'Huit d'amende, qui ne pourra être déclarée comminatoire; laquelle amende sera appliquée, savoir moitié au Dénonciateur, et l'autre moitié aux nécessités publiques. Enjoint aux Substituts du Procureur-Général ès Sieges de ce ressort de tenir la main à l'exécution du présent Arrêt; et pour qu'il soit notoire, ordonne qu'il sera lu, etc.

Arrêt du Conseil du Petit-Goave, qui ordonne qu'un Huissier, Receveur des Amendes, fera des diligences pour les recouvrer dans deux mois, faute de quoi il en sera et demeurera responsable de son propre et privé nom.

Du 4 Mai 1693.

A R R Ê T du Conseil du Petit-Goave, qui ; 1°. infirme une Sentence du Siege du Port de Paix, pour avoir prononcé sur de prétendus Recelés, sans information préalable ; 2°. défend au Juge de faire donner la Question ordonnée par ses Sentences, avant qu'elles ne soient confirmées ; 3°. et enfin lui enjoint de ne plus juger seul les Procès Criminels où il échet peine afflictive, mais d'appeller au moins deux Notables et Expérimentés.

Du 25 Juin 1693.

Entre le Substitut du Procureur-Général du Siege Royal du Port de Paix, appellant ; d'une part.

Et le nommé Antoine Bambard, Negre, Esclave, intimé ; d'autre part.

Vu, etc. LE CONSEIL Souverain a mis et met les appellations et Sentence dont est appel au néant, en ce que ledit Antoine Bambard est condamné à faire amende honorable, et que prématurement les Blancs qui ont traité avec ledit Bambard sont condamnés chacun en dix écus d'amende ; émandant, ordonne qu'à la Requête dudit appellant, il sera informé audit Siege du Port de Paix, et procédé jusqu'à Sentence définitive à l'encontre desdits Blancs, desdits Recelés en question, au Résidu, ladite Sentence sortira son plein et entier effet ; fait défenses au Juge dont est appel d'appliquer à l'avenir aucun Criminel à la Question, que préalablement la Sentence qui l'ordonnera n'ait été confirmée par le Conseil, comme aussi de juger seul les Procès où il échet peines afflictives, lui enjoint d'y appeller au moins deux Personnes expérimentées, et des plus Notables du lieu.

A R R Ê T du Conseil du Petit-Goave, sur un Appel de Jugemens rendus par le Conseil Souverain des Milices, antérieur à celui du Petit-Goave.

Du 25 Juin 1693.

Entre Henri de Mangou, Ecuyer, appellant des Sentences rendues au Conseil des Milices du Petit-Goave, les 27 Août, 15 Octobre 1685, et 26 Mars 1686, présent en personne ; d'une part.

Et Me. Adrien Frondemiche, Conseiller du Roi en ce Conseil

Tome I. Vvv

Exécuteur du Testament du feu Louis Huet Desloges , comparant par le sieur Daniel Millon , son frere; d'autre part.

Parties ouïes , après que ledit Millon a représenté une Quittance de l'appellant , du 16 Juillet 1686 , de toutes les prétentions qu'il avoit sur la succession dudit feu Jean Huet , reconnu par ledit appellant être signée de lui , soutenant néanmoins avoir été surprise de lui par ledit défunt François Huet ; le Conseil Souverain a mis et met l'appellation au néant ; ordonne que lesdites Sentences sortiront leur plein et entier effet ; condamne ledit Mangou en l'amende et aux dépens.

Ainsi quoique le Conseil Souverain , antérieur à celui du Petit-Goave , jugeât tout à la fois en premiere et derniere Instance , comme nous l'avons prouvé , néanmoins le Conseil du Petit-Goave n'a considéré ses Jugemens que comme des Sentences sujettes à l'appel.

ARRÊT *du Conseil d'Etat , qui exempte de tous Droits de sortie l'Indigo des Colonies qui sera porté hors du Royaume.*

Du 1er Septembre 1693.

LE ROI étant informé que ses Sujets des Colonies de l'Amérique Occidentale , sur les excitations que Sa Majesté leur a fait faire de s'appliquer aux cultures qui peuvent servir le plus utilement au Commerce ; ils ont cultivé l'Indigo , et particuliérement ceux de Saint-Domingue , et en ont envoyé , les deux dernieres années , des quantités si considérables en France , qu'ils sont obligés de les y donner à perte , quoiqu'ils soient en état d'en fournir davantage à l'avenir ; à quoi Sa Majesté voulant pourvoir , et donner de nouvelles marques aux Habitans desdites Colonies de son affection , en leur facilitant les moyens , et aux Négocians François , qui font les achats de leur Indigo , de les pouvoir débiter , avec avantage , dans les Pays étrangers ; Sa Majesté étant en son Conseil a ordonné et ordonne , qu'à commencer du jour de la publication du présent Arrêt , l'Indigo provenant des Colonies de l'Isle Saint-Domingue , et des autres lieux et Isles de l'Amérique Occidentale , occupées par les François , qui sera porté hors du Royaume seulement , tant par mer que par terre , sera exempt de tous Droits de sortie , des cinq Grosses Fermes de Flandres , Comptablie de Bordeaux , Foraine de Languedoc et Provence , Traite d'Arzac , Coutume de Bayonne , et de tous autres Droits de sortie , en rapportant Certificat des Officiers et

Commis des Bureaux des lieux permis , auxquels l'Indigo aura été apporté desdites Isles ; et moyennant lesdits Certificats , fait , Sa Majesté , défense de prendre ni exiger aucuns Droits de sortie , à peine de concussion , etc.

BREVET du premier Ingénieur de Saint-Domingue , le sieur Payen.

Du 1er Janvier 1694.

AUJOURD'HUI 1er Janvier 1694, le Roi étant à Versailles , voulant faire choix d'une Personne expérimentée au fait du Génie , pour faire les fonctions d'Ingénieur à Saint-Domingue , et étant informé que le sieur François Payen a fait les fonctions d'Ingénieur dans le service de terre pendant plusieurs années avec approbation , Sa Majesté l'a retenu et ordonné , retient et ordonne Ingénieur à Saint-Domingue , pour ladite Charge , exercer , en jouir et user aux honneurs , autorités , prérogatives qui lui seront ordonnés par les Etats , et Ordonnances qui seront pour cet effet expédiées. Mande , Sa Majesté , au sieur Ducasse , Gouverneur de la Terre et Côte Saint-Domingue , de faire reconnoître ledit sieur Payen en ladite qualité d'Ingénieur audit Saint-Domingue , de tous ceux et ainsi qu'il appartiendra ; et au sieur Dumaitz de Goimpy , Intendant de Justice , Police et Finances audit Pays , de le faire payer des Appointemens qui lui seront ordonnés , et pour témoignage de sa volonté , etc.

Il paroît que le sieur Payen avoit passé à Saint-Domingue avant ce Brevet , puisqu'il y étoit en 1692 , suivant une Lettre du Ministre à M. Ducasse , du 27 Août de cette année ci-devant rapportée. Mais sans doute qu'à cette première époque il n'étoit pas question de l'attacher à cette Colonie , où le sieur Blondel , Ingénieur , avoit été aussi envoyé dès 1667 , pour faire construire une Tour dans l'Isle de la Tortue , et le sieur Combes , en 1676 , pour visiter les Places des Isles , et en lever les Plans , mais sans résidence fixe. Celle donnée au sieur Payen , par ce Brevet de 1694 , le place à la tête des Ingénieurs qui ont eu le Département des Isles Sous le Vent.

ORDRE DU ROI, *portant permission au sieur de Pointis de faire tirer de l'Isle de Saint-Domingue une espece de Terre pareille au Bronze.*

Du 6 Janvier 1694.

SA MAJESTÉ étant informée que, par quelques épreuves qui ont été faites d'une espece de Terre apportée de l'Isle de Saint-Domingue, on a trouvé qu'il s'en forme une Matiere pareille au Bronze, plus douce et plus propre à toute sorte d'ouvrages, qu'aucune qui y ait été employée jusqu'à présent. Elle a permis et permet au sieur de Pointis, Capitaine de Vaisseau, et Commissaire-Général de l'Artillerie de la Marine, de faire tirer de ladite Isle, et apporter en France la quantité de cette Terre qu'il jugera à propos, à la charge que s'il faut, pour l'enlever, ouvrir ou travailler dans quelques terres défrichées et appartenantes à des Particuliers, ils en seront dédommagés avant qu'il y ait été fait aucun travail ni ouverture. Enjoignant expressement, Sa Majesté, au sieur Ducasse, Gouverneur de ladite Isle de Saint-Domingue d'y tenir la main, et de donner au surplus toute aide et secours à ceux qui seront chargés des pouvoirs dudit sieur de Pointis. FAIT, ect.

Nous ignorons quelle étoit cette Terre, et dans quel lieu de l'Isle on l'avoit découverte ; nous n'avons pas trouvé davantage de trace de l'exécution de cet Ordre du Roi.

ORDONNANCE DU ROI, *qui condamne les Capitaines de Navire à payer les Negres trouvés à leur Bord.*

Du 28 Avril 1694.

SA MAJESTÉ ayant été informée que les Capitaines des Vaisseaux, qui vont aux Isles de l'Amérique, ne prennent pas les précautions nécessaires pour empêcher qu'il s'y embarque des Negres des Habitans desdites Isles, pour passer en France, et qui cause un préjudice considérable à ces Habitans, et les met souvent hors d'état de faire valoir leurs terres ; à quoi voulant remédier, Sa Majesté a ordonné et ordonne, veut et entend que tous les Negres qui se trouveront sur les Vaisseaux ou Bâtimens venant des Isles de l'Amérique, qui aborderont en France,

soit qu'ils s'y soient cachés ou autrement, soient payés par les Capitaines desdits Vaisseaux et Bâtimens, aux Maîtres à qui ils appartiendront,
au prix de quatre cens livres par chacun, de quelque âge et de quelque
force qu'ils soient. Mande et ordonne, Sa Majesté, à M. le Comte de
Toulouse, Amiral de France, aux Vices-Amiraux, aux Officiers des
Amirautés des Ports de son Royaume, de tenir la main à l'exécution
de la présente Ordonnance, etc.

---

*EXTRAIT des Ordres du Roi, aux Administrateurs - Généraux
des Isles, pour autoriser les Soldats à travailler, et faire donner des
Congés à ceux qui veulent être Habitans.*

Du 8 Octobre 1694.

POUR faciliter aux Soldats les moyens de subsister et de menager en
même-temps des épargnes du fond de Sa Majesté, pour les Fortifications
et autres ouvrages d'une meilleure exploitation et de plus grande diligence par eux que par les Negres, Sa Majesté veut qu'il leur soit permis d'y travailler sans aucune rétribution à leurs Commandans, et que
lesdits sieurs de Blénac et Dumaitz fassent de concert cesser les difficultés
et les prétextes desdits Commandans, pour leur en laisser la liberté, sans
rien retenir.

Les raisons qui ont obligé Sa Majesté d'ordonner ci-devant de donner
Congé aux Soldats qui sont mariés dans les Isles, et qui y ont des Etablissemens, subsistent toujours dans le dessein d'augmenter le nombre
des Habitans, et des bons Sujets dans les Milices; Elle veut que lesdits
sieurs de Blénac et Dumaitz en prennent une exacte connoissance, et
qu'ils fassent donner Congé aux Soldats qui seront dans ce cas, et qui
se voudront faire Habitans, etc.

---

*DÉCLARATION du Roi, portant défenses à tous Capitaines
de Vaisseaux, tant de Guerre que Marchands, d'embarquer sur leurs
Bâtimens aucun Habitant, Soldat ou Negre, sans la permission des
Gouverneurs des Isles.*

Du 28 Octobre 1694.

DE PAR LE ROI.

SA MAJESTÉ étant informée que quelques défenses qui aient été faites
aux Capitaines de ses Vaisseaux et à ceux des Bâtimens Marchands, qui

naviguent aux Isles Françoises de l'Amérique, d'embarquer aucun Habitant ou Soldat, sans la permission du sieur Comte de Blénac, Lieutenant - Général desdites Isles, ou des Gouverneurs Particuliers qui y commandent, sous quelque prétexte que ce soit ; elles n'ont point eu jusqu'à présent leur exécution, par la facilité que les Capitaines ont eue d'embarquer les Habitans et les Soldats qui leur ont demandé passage ; quelques-uns ont pris et enlevé des Negres des Habitans, qui faisant la principale partie de leurs effets, en ce qu'ils servent à la culture et au défrichement des terres pour leur subsistance et pour leur Commerce, leur perte cause un préjudice considérable ; à quoi voulant pourvoir et empêcher la continuation de ce désordre, Sa Majesté a fait et fait très-expresses inhibitions et défenses aux Capitaines, commandans ses Vaisseaux, et à ceux des Bâtimens Marchands, qui reviennent des Isles Françoises de l'Amérique, d'embarquer aucun Habitant ni Soldat sans Congé du Lieutenant-Général ou des Gouverneurs qui y commandent, ni aucuns Negres, sous quelque prétexte que ce soit, à peine d'interdiction pour six mois contre les Capitaines de ses Vaisseaux, et de 500 liv. d'amende ; et contre les Capitaines des Bâtimens Marchands, de six mois de prison et de 500 liv. d'amende, et de payer par les uns et les autres 400 liv. pour chaque Negre qu'ils auront embarqué, aux Habitans auxquels ils seront trouvés appartenir. Veut, Sa Majesté, que ladite amende soit appliquée moitié aux Hôpitaux des Ports où les Bâtimens auront abordé, et moitié au Dénonciateur, lorsqu'il y en aura, ou 100 liv. aux Officiers de l'Amirauté, qui, en faisant la visite des Bâtimens, ou recévant les rapports des Capitaines, auront découvert qu'ils ont contrevenu à la présente Ordonnance, à l'exécution de laquelle Elle enjoint aux Intendans et Commissaires de la Marine des Isles, et auxdits Officiers de l'Amirauté, et à tous ses autres Officiers de tenir la main, chacun en droit soi, et de la faire publier et afficher, à ce qu'aucun n'en ignore. FAIT à Fontainebleau le 20 Octobre 1694.

ORDONNANCE du Roi, pour assujettir les Capitaines des Troupes des Colonies à remplacer les Déserteurs de leurs Compagnies.

Du 23 Octobre 1694.

DE PAR LE ROI.

SA MAJESTÉ s'étant fait représenter les dernieres Revues qui ont été envoyées des Compagnies qui sont en garnison dans les Forts des Isles

Françoises de l'Amérique, elle a trouvé que quelque soin qu'on ait pris d'y envoyer de fréquentes Recrues pour les entretenir complettes, elles sont tellement diminuées, qu'à peine la plus forte a-t-elle les deux tiers des Soldats qu'elle doit avoir, et la plupart n'en ont que la moitié, ce qui ne peut être que l'effet du peu d'application que les Capitaines, qui ne sont pas chargés des Recrues, ont à empêcher les Soldats de déserter; à quoi voulant pourvoir, Sa Majesté a ordonné et ordonne, veut et entend qu'à l'avenir les Capitaines qui commandent les Compagnies qui servent dans les Isles de l'Amérique, seront chargés de remplacer ceux de leurs Soldats qui déserteront; et faute par eux d'y satisfaire, il leur sera retenu sur leurs appointemens un écu par mois pour chacun de ceux qui leur manqueront par désertion; Sa Majesté se réservant de remplacer les Soldats qui mourront, et ceux qui se feront Habitans; enjoint aux sieurs de Blénac, etc.

ARRÊTÉ du Conseil de Guerre pour la défense de la Colonie en cas d'attaque.

Du 17 Février 1695.

CEJOURD'HUI Jeudi 17 Février 1695 le Conseil de Guerre a été par nous assemblé, auquel a assisté MM. les Officiers du Roi, ceux de la Milice, et les Personnes les plus considérables de cette partie de la Colonie, pour opérer efficacement aux moyens de repousser les ennemis, par les moyens et avis que nous avons reçus qu'ils faisoient un projet pour ruiner cette Colonie avec des forces considérables, dans lequel Conseil nous proposerons tous les chefs qui peuvent intéresser nos desseins, pour statuer fondamentalement sur toutes les parties.

Il a été résolu qu'on travaillera incessamment aux retranchemens de la petite rivière de l'Estere et du Petit-Goave, pour embrasser le plus de terrein qu'il sera possible pour défendre la descente, auxquels retranchemens l'on ouvrira des chemins couverts de communication pour n'être point embrassés des Ennemis, dans lesquels l'Officier commandant nommera les Personnes qui les devront occuper.

Qu'il sera fait un détachement de cent hommes pour le secours du Petit-Goave, la raison naturelle voulant que les Ennemis y fassent leur premier effort, et pour remplacer ledit détachement et ne pas dégarnir les retranchemens de la petite Riviere et l'Estere, il a été résolu que tous les détachemens du Cul-de-Sac de l'Arcahaye, et les Chasseurs, seroient conservés dans les deux quartiers de la petite Riviere et de l'Estere.

Qu'il sera fait un recensement général des Negres qui sont en état de porter les armes, soit à feu, soit lances, en demandant à chaque Maître ou Maîtresse de Maison le nom des Negres qui se trouveront de bonne volonté et d'une capacité suffisante pour obéir; et après le recensement fait, on fera savoir aux Maîtres les moyens qu'on aura pris pour leur fournir des armes, et auxquels on donnera un ordre de se rendre aux tranchées de la Petite-Riviere et de l'Estere, et ceux qui seront commandés pour suivre le détachement du Petit-Goave, de se ranger au lieu qui leur sera indiqué; et afin d'éviter la confusion, l'on leur créera des Officiers, auxquels on donnera la liste des Negres, des lieux où ils demeurent, et des armes qu'ils auront; il en sera pareillement distribué cinquante pour la batterie de canon de l'Estere, qui n'auront besoin que de leurs lances, et trente pour celle de la Petite-Riviere; il sera fait un pareil Réglement pour le Petit-Goave, en cas qu'il fût nécessaire de tirer du secours dudit lieu pour les autres Quartiers; du nombre desdits Negres, il en sera fait trois détachemens particuliers sous trois Compagnies, qui seront distribués depuis l'Acul jusques à la Ferlatte, pour veiller uniquement à la conservation des Negres mal intentionnés qui voudroient se rendre.

Il a été jugé nécessaire qu'on fera une tranchée pour loger deux cens Mousquetaires à la Ferlatte, et que tous les autres chemins seront carabinés, partout où il sera possible; il en sera aussi fait une autre à la Pointe, dans lequel il sera laissé une douzaine de Blancs avec une Compagnie de Negres, lequel lieu de la Pointe sera secouru, en cas d'attaque, également de la Petite-Riviere et de l'Estere; il a été agité sur l'avantage et désavantage de faire divers retranchemens dans le Pays, et il a été déterminé que la dispostion naturelle des Bois et des Chemins couverts par les hayes de Citronniers, étant suffisamment forte pour leur assiette, il seroit inutile de les multiplier; mais que pouvant être forcés dans les Bourgs, et aux Retranchemens, l'on auroit des retirades pour arrêter la poursuite que la victoire donne ordinairement; il en seroit fait à l'instant deux à l'Estere sur la gauche, et à la droite de la place du nommé *Batardiere*, dans lesquelles l'Officier qui y commandera donnera son premier ralliement, en partageant également pour les deux les Blancs et les Negres; il en sera aussi fait deux à la Petite-Riviere à la même fin, une à droite, et l'autre à gauche, contre la Croix; et une troisieme au-dessus du Pont, pour s'y retirer encore, si l'on étoit forcé dans les deux premieres.

La

La nécessité la plus importante consistant aux moyens de faire subsister les Blancs et les Negres aux Retranchemens que l'on seroit obligé d'abandonner sans cette précaution, comme aussi d'en retirer dans le Pays, en cas qu'on fût forcé d'abandonner le bord de la Mer, il a été résolu qu'il seroit fait une répartition générale sur toute la Colonie, depuis le fond de l'Acul jusqu'à l'Arcahaye, pour faire une levée de la somme de dix mille francs pour être employée en vivres, dont il sera nommé quatre Personnes pour ladite collecte, achat de Vivres, Remedes et Linges pour panser les Blessés, dont partie sera mis dans les Magasins de la Petite-Riviere, de l'Ester et du Petit-Goave, et le reste mis dans le Pays aux lieux les plus convenables.

L'usage du Pays ayant toujours été qu'on a récompensé les pauvres Gens Estropiés pour le service de la Colonie, comme il se pratique entre les Corsaires du Pays; quoique cet usage soit contraire à celui du Royaume, et de toutes les autres Colonies, chacun devant contribuer de sa Vie et de ses biens, pour le service du Roi et la conservation de ses Etats, ainsi qu'il l'a été représenté par plusieurs des Assistans audit Conseil; mais enfin, la plus forte voix craignant que la suppression de cet usage ne servît de prétexte aux lâches et à la canaille mal intentionnée, il a été résolu qu'il seroit publié qu'il sera accordé une récompense aux Estropiés, et que les Blessés seroient pansés jusqu'à parfaite guérison aux dépens de la Communauté; et que la récompense seroit aussi levée et répartie sur ladite Communauté. Il a été pareillement déterminé que tous les Negres qui seroient tués seront payés aux Propriétaires à raison de cent cinquante écus; et que ceux qui seront estropiés seront libres, et traités jusqu'à parfaite guérison aux dépens de la Communauté, et payés par icelle aux Propriétaires; que tous Negres qui prendra un Drapeau ennemi, sera libre; et pour un Officier pareillement; quant il sauvera un Sujet du Roi de la prise des Ennemis, ou de la vie, libre; pour chaque tête d'Ennemis il leur sera donné dix écus aux dépens du Roi; ce que M. le Gouverneur leur promet; il leur sera donné aussi dix écus pour chaque Déserteur qu'ils conduiront à un Officier.

Il a été délibéré que pour dédommager chaque Particulier des pertes qu'ils pourra faire ou souffrir dans ses Bestiaux, ou dans ses Vivres seulement pour la subsistance de la Colonie, le tout lui sera payé à sa juste valeur aux jugemens des pertes, dont le montant sera réparti sur la Colonie; et afin d'ôter aux Ennemis les moyens de subsister sur les bords de la Mer, et dans les Places voisines, il sera publié un ordre à l'issue des Grand'Messes, que chacun ait à les chasser dans les Hauts;

sans y pouvoir même laisser aucuns Chevaux ; et qu'il sera fait une défense très-expresse à aucunes Femmes d'approcher du bord de la Mer
d'une lieue.

Tous les Capitaines des Quartiers s'informeront exactement de la
quantité des Munitions que peuvent avoir chaque Particulier, et de
savoir tous les Marchands qui en auront à vendre, pour la faire porter
dans un lieu de sûreté, qui sera choisi. *Signés* DUCASSE, Gouverneur ;
DUMAS, DESLANDES, BEAUREGARD, LE MAIRE, COUSTARD, DE LA
PLACE, DUQUESNOT, JASSANT, DUBOIS, JONQUIER, DUCASSE,
DE CASTAING, DUVIVIER, DE LA BUISSONNIÈRE, NICOLAS, HAR-
DOUINEAU, DE SAINT-OMERE, MOCQUET, VERNON et TATOUARD.

---

*ARRÊT du Conseil d'Etat, portant que l'Amiral de France jouira
des Droits de sa Charge en Amérique, avec défenses aux Gouverneurs d'y prétendre aucun droit d'Amirauté.*

Du 15 Mars 1695.

SUR la Requête présentée au Roi étant en son Conseil, par le sieur
Comte de Toulouse, Amiral de France, contenant que les Droits de
l'Amirauté ayant été négligés pendant la suppression ; et dans les commencemens du rétablissement de cette Charge, la Compagnie des Indes
Occidentales s'étoit, sur le fondement de l'Edit qui l'établit et lui donne
tous les Droits appartenans à Sa Majesté dans les Isles et Pays de sa Concession, mis en possession du dixieme des prises faites par ses Vaisseaux,
et même de donner des Commissions pour armer en course ; ce qui a été
continué après la suppression de ladite Compagnie en 1674 par les Lieutenans-Généraux et Gouverneurs Particuliers desdites Isles, qui ont prétendu avoir les mêmes droits qu'Elle ; et enfin dans la présente Guerre le
sieur Comte de Blénac, Lieutenant-Général et le Gouverneur de Saint
Domingue se sont maintenus dans cette possession ; et le premier a
non-seulement distribué des Commissions pour les Bâtimens armés dans
les Isles, mais même a obligé des Capitaines et Maîtres de Vaisseaux,
partis des Ports de France, d'en prendre, pour avoir occasion d'exiger
le dixieme des prises qu'ils pourroient faire pendant leur séjour aux
Isles ; et comme cette prétention est dénuée de toute sorte de titres et de
fondemens que les Ordonnances, et particulierement celle de 1681, et

l'Edit de la création de la Charge d'Amiral de France , attribuent à lui seul le pouvoir de donner les Commissions , et de prendre le dixieme sur les prises qui seront amenées dans les Ports du Royaume et Pays de l'obéissance de Sa Majesté, avec défenses à tous Gouverneurs , Lieutenans-Généraux , et autres Officiers , et à tous Seigneurs , Gentilshommes, d'exiger , sous quelque prétexte que ce soit, aucuns Droits d'Amirauté, ni rien entreprendre sur la Charge d'Amiral ; et qu'en remontant aux premiers Etablissemens des François dans les Isles , on trouvera qu'ils se sont faits sous l'autorité des Amiraux, qu'ils ont donné les Commissions aux Capitaines qui y ont été , et qu'ils se sont réservés le dixieme des prises qui y seront faites ; ce qui justifie que la possession ancienne est pour l'Amiral , de même que le titre; et que celle des Lieutenans-Généraux et Gouverneurs des Isles est nouvelle et abusive : A ces causes, requéroit ledit Suppliant qu'il plût à Sa Majesté sur ce lui pourvoir; Vu les anciennes Ordonnances et celles de 1681 , les Provisions de la Charge d'Amiral de France du 23 Novembre 1683 , l'Edit de création de ladite Charge du mois de Novembre 1669, et autres Pieces ; et tout considéré, Sa Majesté étant en son Conseil, ayant égard à ladite Requête, a ordonné et ordonne que l'Ordonnance de 1681 sera exécutée dans les Isles et Colonies de l'Amérique, et dans les Pays de son obéissance , en ce qui concerne les Droits attribués à la Charge d'Amiral de France , ainsi que pour les autres Articles qui y sont contenus; et en conséquence fait défenses au sieur Comte de Blénac, et à tous autres Gouverneurs , et autres Officiers desdits Pays, de donner aucunes Commissions pour armer en course, ni recevoir le dixieme des prises qui y seront amenées, ou y prétendre aucun Droit d'Amirauté , sous quelque prétexte et pour quelque raison que ce soit. Fait au Conseil d'Etat du Roi, Sa Majesté y étant, tenu à Marli le quinzieme jour de Mars 1695.

Publié à Saint-Domingue en Mars 1696.

ORDONNANCE du Gouverneur de Saint-Domingue , pour défendre la Chasse avec des Chiens.

Du 14 Août 1695.

Le sieur Ducasse, Capitaine des Vaisseaux de Sa Majesté et Gouverneur de l'Isle la Tortue et Côte Espagnole.

Les Gouverneurs de cette Colonie qui nous ont précédé, ont été obligés par diverses fois de faire des défenses expresses contre la Chasse aux Chiens, pour éviter la ruine du Pays; nous avons un plus juste sujet qu'eux d'y tenir la main, en ce que nous connoissons par nous-mêmes, sans ce qui nous est représenté journellement, que le Pays est perdu, et qu'il n'y a pas d'autre moyen de le rétablir que de défendre la Chasse à toutes sortes de personnes par des Chiens à vingt lieues des Habitations; mais ce qui nous y engage plus étroitement est l'état présent de la Guerre, et l'expérience que nous venons de faire par la perte du Port de Paix, où plusieurs personnes ont été obligées de se rendre aux Ennemis pour ne pouvoir subsister eux ni leurs Esclaves, dont la perte s'en est ensuivie; et comme nous sommes journellement menacés de pareilles incursions, nous voulons donner toute notre application à sa conservation; nous défendons à toutes personnes, sous quelque prétexte que ce soit, de chasser avec aucuns Chiens, ni faire chasser leurs Domestiques, ni Coralistes, sous prétexte de ramasser leurs Cochons et Bêtes égarées, pendant trois années, à commencer du premier Septembre prochain, sous peine de cent écus d'amende, dont la moitié appartiendra au Dénonciateur, et l'autre moitié aux Aides-Majors; ordonnons aux Lieutenans de Roi et Majors de décerner incessamment contrainte contre les contrevenans; et afin que personne n'en ignore, elle sera lue à l'issue de la Grand'Messe par les Aides-Majors ou autres Officiers dans tous les Quartiers. DONNÉ à Léogane, Côte de l'Isle Espagnole, le 14 Août 1695. *Signé* DUCASSE.

R. *au Conseil du Petit-Goave le* . . . . .

SENTENCE *du Juge du Cap, qui condamne des Particuliers à payer des Bestiaux par eux tués et en l'amende.*

Du 10 Septembre 1695.

ENTRE le sieur Julien Fauvel, Demandeur par exploit. De Daspir, Huissier, d'une part.

Et Guillaume Belliard et Gabriel Roule, Défendeures, d'autre part.

Parties ouïes; nous avons condamné les Défendeurs à payer au Demandeur un seul pour le tout, sauf son recours, les Bestiaux qu'ils ont tués audit Demandeur après l'incursion des Ennemis en ce Quartier, et à 5 pieces de huit chacun d'amende et aux dépens.

Nota. Dans le temps de l'Etablissement du Siege du Cap, et même après 1695, le Siege relatoit sommairement dans la Sentence ce qui avoit été dit par le Demandeur, et par le Défendeur de cette maniere: *Par le Demandeur a été dit qu'il a fait venir, le Demandeur ici présent, pour savoir s'il n'est pas vrai qu'il lui auroit tué des Bestiaux, ect. Et par le Défendeur, répondu qu'il n'a pas tué lesdits Bestiaux, etc.*

ORDONNANCE DU ROI, pour la Police et la Discipline des Compagnies entretenues dans les Isles de l'Amérique.

Du 12 Octobre 1695.

SA MAJESTÉ ayant, par diverses Ordonnances, réglé la Conduite, Marche, Police et Discipline des Troupes qu'elle entretient dans la Marine; et voulant que le même ordre soit observé dans celles qui ont été détachées pour servir dans les Isles Françaises de l'Amérique, autant que la disposition des lieux, les services qu'ils ont à rendre le peuvent permettre, et remédier en même-tems aux abus qu'elle sait s'y être glissés, elle a résolu d'y pourvoir par le présent Réglement, ainsi qu'il suit:

ART. Ier. Il sera délivré par ordre de l'Intendant de l'Amérique, un Mousquet, un Fusil boucanier, une Bayonnette et un Fourniment aux Capitaines Commandans les Compagnies, pour chacun de leurs Soldats, dont ils feront leur récépissé, et s'obligeront de les faire entretenir et raccommoder à leurs dépens, et de les mettre dans les Magasins toutes les fois qu'ils en seront requis.

ART. II. Les Compagnies qui seront envoyées d'un lieu à un autre, marcheront toujours en bon ordre, Tambour battant, les Officiers à leur tête, avec leurs armes.

ART. III. Lorsqu'ils arriveront dans les lieux où ils doivent tenir Garnison, le Commandant fera mettre les Compagnies en Bataille sur la Place, et leur fera fournir des Logemens par les Habitans; ensuite de quoi il fera publier un Banc, portant défenses aux Officiers et Soldats de commettre aucun désordre, ni d'entrer en d'autres Logis qu'en ceux qui leur auront été marqués par leurs Billets de Logement.

ART. IV. Il sera aussi défendu d'exiger de leurs Hôtes que ce qui est porté par les Ordonnances de Sa Majesté, et suivant l'usage du Pays, à peine de Cassation pour les Officiers, et de la Vie pour les Soldats.

ART. V. Sa Majesté défend à tous Officiers de se loger ailleurs que dans les Maisons qui leur auront été marquées dans les Lieux , ou hors des Lieux de leur Département , ni de changer leur route , à peine de Cassation.

Art. VI. Il leur est défendu sous pareille peine , de quitter leurs Compagnies pendant les Marches , et aux Soldats de s'en écarter , sous peine de la Vie.

Art. VII. Avant que les Compagnies partent des Lieux où elles auront tenu Garnison , le Gouverneur ou Commandant fera publier un Banc pour avertir les Habitans de venir faire leurs plaintes contre les Officiers ou Soldats qui pourroient avoir fait quelques torts ou dommages ; et en cas qu'il s'en trouve , le Commandant des Compagnies en fera faire la réparation sur le champ par les Officiers , qui pourront s'en faire rembourser par les Soldats qui auront fait ce désordre , ou par toute la Troupe , si l'Auteur n'en peut être connu ou n'y peut suffire.

Art. VIII. Les Officiers des Compagnies prendront l'Ordre et le mot des Gouverneur ou Commandant des Lieux où ils se logeront , et leur obéiront.

Art. IX. Le Bois et la Chandelle nécessaires pour le Corps-de-Garde , seront fournis aux dépens du Roi par les soins de l'Intendant.

Art. X. Les Commandans des Compagnies , dans les Quartiers particuliers où il n'y aura ni Major ni Aide-Major , pourront choisir l'un des Officiers subalternes desdites Compagnies , pour faire la fonction d'Aide-Major dans le Quartier , et lui en donneront un Ordre particulier , duquel ils enverront copie au Gouverneur - Général ; et au défaut d'Officiers subalternes , ils feront faire cette fonction par un Sergent ; mais lorsque les Troupes marcheront à quelqu'Expédition , ou tiendront la Campagne au moins au nombre de six Compagnies , le dernier Capitaine fera les fonctions de Major , et aura un Lieutenant pour Aide-Major.

Art. XI. Le Major des Troupes et les Capitaines des Compagnies-Franches feront faire deux fois par jour l'Exercice du Mousquet à tous les Soldats , et une fois la semaine à celui de l'Escouade , après avoir averti le Gouverneur ou Commandant , du jour et de l'heure qu'ils auront pris pour cet effet , les Soldats se rendront aux jours marqués à la porte du Capitaine , avec leurs armes , à l'heure qu'on battra l'Assemblée , les Officiers marchant à la tête , l'Esponton à la main.

Art. XII. Le Major des Troupes , ou celui qui en fera la fonction , sera obligé de rapporter tous les jours par écrit , au Gouverneur ou Commandant du Quartier , un Etat des Officiers qui auront conduit leurs

Escouades sur la Place, qui auront monté ou descendu la Garde; et aux jours d'Exercice, un Etat de tous les Officiers qui y auront assisté, conduit et reconduit leurs Troupes, à peine aux contrevenans d'être mis aux arrêts pour un mois.

Aʀᴛ. XIII. Les Officiers des Compagnies-Franches qui auront manqué aux ordres ci-dessus, seront mis aux arrêts pendant huit jours, et le Commandant sera obligé d'en avertir le Gouverneur-Général. Sa Majesté permet audit Gouverneur d'ordonner une plus grande peine en cas de récidive.

Aʀᴛ. XIV. Les Sergents qui retiendront quelque chose sur les Gardes que les Soldats feront les uns pour les autres, seront cassés.

Aʀᴛ. XV. Ils seront commandés pour porter l'Ordre en même-temps aux Officiers qui doivent recevoir le mot, conformément aux Ordonnances de Sa Majesté.

Aʀᴛ. XVI. Il sera commandé un Sergent dans les Quartiers où il y aura plusieurs Compagnies, qui se tiendra chez le Commandant en Chef jusqu'à ce qu'il soit relevé par un autre, pour exécuter ce qui pourra lui être commandé concernant les Soldats.

Aʀᴛ. XVII. Aucun Officier ne pourra découcher du Quartier sans Congé du Commandant, et il n'en sera donné aucun que pour huit jours au plus, et pour des occasions de nécessité connue, dont ledit Commandant donnera avis au Gouverneur-Général et au Major des Troupes, à peine d'en répondre; et lorsque les Commandans des Quartiers s'en absenteront ou découcheront pour plus d'un jour, ils ne pourront prétendre y donner le mot, et l'Officier qui s'y trouvera commandant, sera chargé du Quartier, et y aura toute l'autorité.

Aʀᴛ. XVIII. Les Officiers Particuliers ne pourront donner Congé pour découcher à aucun Sergent, Caporal ni Soldat, sans la permission des Commandans.

Aʀᴛ. XIX. S'il arrive quelque querelle ou différend entre les Officiers, le Commandant du Quartier les fera mettre en prison au Corps-de-Garde, ou aux arrêts, selon les cas.

Aʀᴛ. XX. Mais lorsque des Officiers ou Soldats auront commis quelque crime envers des Habitants, la connoissance en appartiendra aux Juges des lieux, sans que les Officiers des Troupes puissent en connoître ni faire sortir de prison ceux qui y auront été mis par l'autorité des Juges, auxquels toutefois ils pourront faire leurs réquisitions; cependant lorsque des Officiers ou Soldats auront quelque différend pour des intérêts Civils, la connoissance en appartiendra à l'Intendant seul, jusqu'à la concurrence de 1000 liv. en principal ; mais lorsque la somme sera plus forte , ou que les demandes seront formées en vertu de Contrats ou autres Actes publics passés par-devant Notaire, les Juges des Lieux en connoîtront en la maniere ordinaire.

Art. XXI. Le Commissaire sera obligé de faire la Revue tous les deux mois pendant le temps que la saison le permettra , et toutes les fois qu'il sera possible pendant l'hiver, aux jours qui lui seront marqués; il pourra aussi faire les Revues dans d'autre temps , en avertissant les Commandans de faire mettre les Troupes sous les armes ; et à l'égard des Isles où le Commissaire ne peut aller souvent, les Revues seront faites par les Ecrivains du Roi, dans celle où il y en a , et dans celle où il n'y en a pas , par le Major.

Art. XXII. Le Gouverneur ou Commandant pourra assister aux Revues , et il les signera ; le Major de l'Isle ou du Quartier y assistera pareillement , et les signera au bas de toutes les pages, de même que celles des Troupes.

Art. XXIII. Les Capitaines ou Lieutenans, commandans les Compagnies , feront entretenir les armes et les habits des Soldats en bon état ; et en cas que quelqu'un manque à y satisfaire, le Gouverneur, le Commissaire ou le Major faisant les Revues , en feront faire les réparations sur le champ, dont la dépense sera retenue , sur l'ordre du Gouverneur-Général et de l'Intendant , sur les appointemens des Officiers , sans qu'ils puissent s'en rembourser sur les Soldats, attendu leur négligence.

Art. XXIV. Ils ne pourront passer aucun Soldat en Revue , s'il n'est actuellement présent , à la réserve de ceux qui auront vérifié eux-mêmes avoir été détachés pour le Service , par ordre du Gouverneur ou du Commandant, sur le Certificat qui en sera rapporté , ou de ceux qui seront malades dans les Hôpitaux des lieux de leurs logemens ordinaires ; mais à l'égard de ceux qu'on pourroit alléguer être malades chez eux , ils ne seront point passés présens , quand même ils auroient un Congé de leurs Capitaines.

Art. XXV. Le Major des Troupes , ou celui qui fera les fonctions d'Aide-Major, donnera son Certificat particulier, comme tous les Soldats compris dans les Extraits des Revues qu'ils auront signé , auront monté ou fait monter les Gardes auxquelles ils sont obligés pendant le mois , et qu'ils se seront trouvés aux Exercices qui doivent se faire deux fois la semaine ; et en cas de prévarication par ledit Major, il sera cassé.

Art. XXVI. Les Capitaines ne pourront employer dans leurs Compagnies aucuns Créols ni autres Etablis dans les Isles , mais seulement

les

les Passagers qui n'auront point encore été domiciliés, engagés ni loués, en le faisant approuver par le Gouverneur ou Commandant; et s'il s'en trouve dans ces cas, ou quelques-uns dont le signalement n'aura pas été enregistré, ils seront déclarés Passe-volans, tirés des rangs et arrêtés, pour leur Procès être fait suivant la rigueur des Ordonnances.

ART. XXVII. S'il se vérifioit dans la suite, que dans les Révues précédentes il y eût eu des Passe-volans, le Major et le Commissaire qui les auront signés seront cassés.

ART. XXVIII. Les Capitaines ne pourront employer aucuns Valets dans le nombre de leurs Soldats, et les Valets qui se troüveront dans les rangs en qualité de Soldats, seront réputés Passe-volans, et recevront le même châtiment.

ART. XXIX. Les Fraters dans les Compagnies, seront censés Soldats, et en feront les fonctions.

ART. XXX. Les Sergens seront obligés de visiter deux fois par jour tous les Soldats de leur Compagnie, pour être continuellement informés où ils sont et s'ils se comportent bien, afin d'en pouvoir rendre compte à leurs Capitaines, et les avertir des Désertions s'il en arrive.

ART. XXXI. Il sera retenu deux écus sur la paie des Sergens qui n'auront point averti leurs Capitaines dans le temps de douze heures, de la Désertion d'un Soldat de leur Compagnie; et si les Sergens retombent une seconde fois dans une pareille faute, ils seront cassés.

ART. XXXII. Il sera payé par ordre de l'Intendant, deux écus à chaque Soldat qui avertira de la Désertion d'un autre Soldat, pourvu qu'il donne cet avis deux heures après la Désertion.

ART. XXXIII. Le Capitaine-Commandant d'un Quartier dans lequel un soldat aura déserté, le Major des Troupes et le Capitaine du Soldat Déserteur, écriront chacun en particulier au Gouverneur-Général et à l'Intendant, le nom et le signalement de ce Soldat, et rendront compte en même-temps des diligences qui auront été faites pour l'arrêter.

ART. XXXIV. Les Officiers de Milice feront arrêter dans leur Quartier tous les Soldats et les Inconnus qui se trouveront sans un Congé par écrit, à peine de 150 liv. d'amende.

ART. XXXV. Il sera payé cent livres par ordre de l'Intendant, à ceux qui auront arrêté un Déserteur.

ART. XXXVI. Fait Sa Majesté défenses à tous Maîtres de Navires et autres Bâtimens Marchands ou Corsaires, d'y embarquer aucuns Soldats ou autres qui ne seront pas de leur Equipage, sans Congé du Gouverneur-Général ou des Gouverneurs-Particuliers de l'Isle, pour celles qui en sont trop éloignées , comme Cayenne et Saint-Domingue , à peine de six mois de prison, et de 1500 liv. d'amende.

Art. XXXVII. Fait pareillement Sa Majesté défenses à tous Capitaines ou autres Officiers commandans les Vaisseaux, d'embarquer aucun Soldat sans un Congé du Gouverneur-Général , à peine de cassation ; et pour cet effet , lorsque leurs Vaisseaux seront prêts à partir des Isles , et que leurs Chaloupes et Canots seront à bord , il sera fait un Banc, et ordonné à tous les Equipages de déclarer s'il y a quelqu'un de caché à Bord ; et s'il s'y en trouve, ils seront mis à terre et envoyés au Gouverneur-Général ; mais si on ne les découvre qu'après que les Vaisseaux seront à la voile , ils seront mis aux fers pendant la traversée, et à l'arrivée en France, remis à l'Intendant ou au Commissaire établi pour les Classes , qui les feront mettre en prison jusqu'à ce que Sa Majesté en ait ordonné.

Art. XXXVIII. Les Déserteurs des Compagnies seront jugés dans le Quartier le plus proche, si les Officiers y sont en nombre suffisant, selon l'Ordonnance de la Marine, du 15 Avril 1689 ; et s'il ne se trouve point dans le Quartier sept Capitaines présens pour faire le nombre des Juges nécessaires, le Commandant pourra appeler les Lieutenans et les Enseignes des Compagnies , qui auront atteint l'âge de vingt-deux ans , auxquels Sa Majesté permet d'entrer dans le Conseil de Guerre , au cas du défaut d'un nombre suffisant de Capitaines.

Art. XXXIX. Si le Major de l'Isle ou des Troupes ne se trouve pas dans le Quartier, et qu'il n'y ait qu'un seul Aide-Major, cet Aide-Major dressera lui-même les informations ; et en ce cas le second Capitaine du Quartier fera la fonction de Major et donnera les conclusions.

Art. XL. Le Major enverra, aussitôt après le Jugement, au Gouverneur-Général et à l'Intendant , un Extrait du résultat du Conseil de Guerre, qui sera cependant exécuté.

Art. XLI. S'il arrive que les Déserteurs après lesquels on aura fait courir en la forme ci-dessus, ne soient pas pris et arrêtés , le Major des Troupes et le Capitaine en donneront avis au Gouverneur-Général et à l'Intendant, afin qu'ils puissent envoyer les ordres nécessaires pour en faire la recherche.

Art. XLII. Le Prévôt qui aura arrêté quelques Déserteurs , les fera conduire dans les plus prochaines prisons ; et en cas qu'il ne trouve point les Déserteurs qu'on lui aura dénoncés , il en dressera des Procès-verbaux qu'il enverra au Gouverneur-Général et à l'Intendant , à peine contre lesdits Prévôts, ses Officiers et Archers, d'être privés d'une année de leur gage.

Art. XLIII. Tout Soldat ou autre , de quelque condition qu'il soit, qui se trouvera atteint et convaincu d'avoir débauché les Soldats pour leur faire abandonner le Service, ou les aura conduits à Désertion , sera puni des peines des Galeres, sans rémission.

Art. XLIV. Les Capitaines n'admettront aucuns Soldats de recrue , que par l'approbation et l'ordre par écrit du Gouverneur-Général, visé par le Major et le Commissaire, quand ils seront sur les lieux.

Art. XLV. Les Soldats de recrue envoyés de France seront examinés sur les Rôles qui en seront remis en la maniere prescrite par l'Ordonnance du 16 Avril 1689, et suivant qu'il convient au Service des Isles ; par le Commandant , par le Major des Troupes et par le Commissaire, pour être lesdits Soldats distribués également dans les Compagnies.

Art. XLVI. Les Commandans des Compagnies en chaque Quartier rendront compte une fois la semaine , de tout ce qui se passera au sujet de la Police , Discipline et Exercice des Troupes , comme aussi de l'application des Officiers qui les commandent, au Gouverneur-Général , qui en informera le Secrétaire d'Etat ayant le Département de la Marine.

Art. XLVII. Les Capitaines ne donneront point Congés aux Soldats les jours de leurs Gardes et Service, ni en aucun temps, pour découcher ; et en cas de nécessité pour aller hors du Quartier et découcher, le Congé sera préalablement approuvé du Gouverneur.

Art. XLVIII. Les Soldats pourront être employés aux Fortifications et autres Ouvrages pour le compte du Roi. On leur procurera pour cet effet un supplément de paye, qui sera réglé par le Gouverneur et l'Intendant, aux dépens de Sa Majesté, sans que les Capitaines ni autres puissent leur retenir aucune chose en Argent , Vivres , Habits ni Hardes, à peine de restitution et d'être cassés.

Art. XLIX. Lorsque le Service pourra permettre de donner Congé aux Soldats, et de les faire travailler pour le compte des Habitans, pendant leur séjour dans les Quartiers, il faudra la permission du Gouverneur ou Commandant, sans pouvoir rien retenir du salaire que les Soldats tireront des Habitans, ni sur leurs Vivres ; Sa Majesté défend aux Capitaines et autres Officiers , d'employer les Soldats pour leur compte et service particulier ; le tout sous les peines de restitution et de cassation.

Art. L. Les Habits et Hardes envoyés de France , pour la valeur desquelles il est retenu 18 den. par jour sur la paie de chaque Soldat, seront remis des Magasins au Major des Troupes , en présence du Commissaire , sur son récépissé, pour le nombre de Soldats compétent de chacune Compagnie, sur le pied de la derniere Revue, pour être ensuite distribués aux Capitaines, qui en donneront pareillement leur récépissé, portant promesse d'en rendre compte ; ce qu'ils seront tenus de faire ; et le Major et le Commissaire d'en faire la vérification aux Revues suivantes, comme aussi de se faire rendre les Habits et Hardes des morts, et autres que de ceux effectifs, pour être remis au Magasin du Roi.

Art. LI. La solde de ceux qui seront morts ne pourra être étendue au-delà du jour de leur décès, ni ce qui leur sera dû employé que pour compenser l'avance que leurs Capitaines leur auraient faite auparavant, et pour le paiement de leurs dettes justifiées, s'il y en a de reste.

Art. LII. La paie des Soldats qui seront morts aux Hôpitaux, sera remise en entier, le compte des Habits déduit, pour aider à les médicamenter pendant leurs maladies, avec le supplément ordonné par Sa Majesté, et dont la remise sera faite auxdits Hôpitaux, sur le Certificat desdits Major et Commissaire, contenant les noms des Soldats, le jour qu'un chacun d'eux aura été mis dans lesdits Hôpitaux, et leur sortie ; à l'effet de quoi lesdits Major et Commissaire en feront faire la vérification.

Un Sergent conduira les Soldats malades à l'Hôpital, fera un inventaire des Hardes qu'ils y porteront ; lequel sera signé du Directeur de l'Hôpital, ou par les personnes qu'il commettra ; et s'ils viennent à mourir, es Hardes seront remises au Major, qui en appliquera le provenu au paiement de leurs dettes, ou s'ils n'en ont point, à faire prier Dieu pour eux, à la réserve du Juste-au-Corps, qui sera remis au Magasin.

Art. LIII. Sa Majesté veut que les Soldats soient payés sur le prix de l'exposition des especes en France ; et quand il leur sera fourni des Vivres et des Hardes extraordinaires envoyés de France, la valeur leur en soit décomptée sur le prix de l'achat en France, suivant les comptes et factures d'envoi.

Art. LIV. Tant qu'il conviendra, pour l'avantage et le soulagement des Soldats, et pour le Service de Sa Majesté, de faire fournir tout ou une partie des Vivres des Magasins, le décompte en sera fait aussi sur la valeur des especes en France.

Art. LV. Les Farines seront livrées aux Soldats tous les mois, dans des barils entiers, sur le pied de la facture, en faisant vérifier le poids et la qualité de la Farine, de ceux dont ils se plaindront, pour leur ration, et les Capitaines signeront tous les mois l'Etat de la distribution qui aura été faite à leurs Compagnies ; et si Sa Majesté fait envoyer d'autres Vivres pour les Troupes, ils seront remis aux Capitaines, et la distribution par eux faite dans le temps, en la qualité qu'il conviendra au Service, et à une juste économie, en présence du Major des Troupes et du Commissaire, dans le temps des Revues; et lorsqu'ils se trouveront dans les Quartiers, ils en feront l'un et l'autre la vérification avec les Soldats; ce qu'ils pratiqueront aussi pour les Farines, pour prévenir et empêcher les abus dont lesdits Major et Commissaire demeureront responsables; et en cas qu'ils découvrent des malversations au préjudice des Soldats, ils en remettront leurs Procès-verbaux au Gouverneur-Général et à l'Intendant, pour être pourvu à la restitution et à un châtiment proportionné, qui doit être de cassation.

ART. LVI. La solde qui doit être fournie aux Soldats en argent, leur sera payée par les mains du Trésorier, dans les mêmes especes et sur le même pied qu'elles leur ont été envoyées de France, en présence de leurs Capitaines, du Major et du Commissaire, sans qu'elles puissent être remises à leurs Créanciers, sous quelque prétexte que ce puisse être, pas même à leurs Officiers, si ce n'est pour les avances à eux faites à l'occasion de leurs Armes et Habits, pour les avoir aidés dans quelque maladie, ou pour nourriture nécessaire fournie en attendant leur solde, et seront les Etats de paiement arrêtés dans la huitaine, et signés à chaque page par les Capitaines.

ART. LVII. Le Décompte sera fait aux Soldats, tant de leurs Hardes et Farines, que de leur solde, tous les ans; et ce qui devra leur être payé en argent, sera distribué par le Major des Troupes et le Commissaire, conjointement ou séparément, en présence dudit Commandant, auquel l'Intendant donnera connoissance de ce compte.

ART. LVIII. Lorsque les Soldats se marieront dans l'Isle, leurs Farines et Soldes seront continuées pendant six mois, sans qu'ils soient obligés de faire aucun Service; ils se présenteront seulement aux Revues; et les six mois expirés, il leur sera donné un Congé absolu par le Gouverneur-Général; les Soldats malingres et incapables de devenir meilleurs, seront aussi congédiés.

ART. LIX. Les Majors des Isles exerceront leurs fonctions en cette qualité à l'égard des Troupes, auront rang devant les Capitaines, et commanderont dans les Isles en l'absence des Gouverneurs et Lieutenans de Roi.

ART. LX. Lorsque le Gouverneur-Général, les Gouverneurs-Particuliers, les Commandans des Quartiers auront ordonné qu'un Officier soit mis aux arrêts, Sa Majesté trouve bon que le Gouverneur-Général puisse l'en faire sortir, nonobstant les Ordonnances à ce contraires,

attendu l'éloignement des lieux ; et par la même considération , elle
réserve au seul Gouverneur-Général le droit d'interdire les Officiers.

ART. LXI. Les Majors des Troupes, ou ceux des Isles qui en feront
les fonctions, en rendront compte au Secrétaire d'Etat ayant le Département
de la Marine, et de ce qui leur paroît de la conduite des Officiers desdites
Troupes.

Enjoint Sa Majesté au sieur Comte de Blénac , Gouverneur et Lieutenant-Général aux Isles Françoises de l'Amérique , et au sieur Robert ,
Intendant audit Pays conjointement, d'y tenir la main, ainsi qu'à l'Ordonnance de la Marine du 15 Avril 1689. *Signé* LOUIS ; *Et plus*
bas, PHELIPEAUX.

> *C'est de ces Troupes qu'ont été formées les Garnisons des Colonies et*
> *celles de Saint-Domingue jusqu'en 1762. On y avoit joint des*
> *Détachemens de Suisses depuis 1722.*

ARRÊT du Conseil du Petit-Goave, qui enjoint au Juge de Léogane
de tenir la main à l'exécution d'une Ordonnance rendue par lui-même,
pour l'ouverture des Chemins.

Du 7 Novembre 1695.

LE Procureur-Général a représenté au Conseil que Mᵉ André Giroux,
Lieutenant Civil et Criminel , faisant à présent les fonctions de son
Substitut audit Siege , auroit en cette qualité obtenu une Ordonnance du
sieur Sénéchal dudit lieu , à ce que chaque Particulier, résidant en ladite
Jurisdiction , eussent à ouvrir leurs Chemins et les tenir nets ; mais que
plusieurs personnes mal intentionnés auroient , par mépris à ladite Ordonnance, différé d'obéir , ce qui auroit donné lieu audit sieur Giroux de se
pourvoir pardevant ledit sieur Sénéchal , afin de faire condamner les
Contrevenans , à l'amende portée par ladite Ordonnance ; dont il n'auroit
voulu connoître ; et , comme cela regarde la Police particuliere dont
chaque Juge doit connoître , il seroit à craindre qu'un tel refus ne
portât préjudice à l'ordre qui doit être établi dans chaque Quartier, suivant l'intention du Roi, ce qui auroit donné lieu audit sieur Giroux d'en
donner avis audit Procureur-Général , qui requiert le Conseil d'ordonner
audit sieur Juge de tenir la main pour l'exécution de sadite Ordonnance,
lorsqu'il en sera requis.

Le Conseil faisant droit à la susdite Remontrance, a enjoint au sieur Sénéchal de Léogane de tenir la main pour l'exécution de ladite Ordonnance, et des faits résultans d'iceux, lorsqu'il en sera requis. Donné, etc.

Sentence du *Juge du Cap, qui condamne un Particulier à faire une Réparation d'Honneur.*

Du 9 Novembre 1695.

Vu la Requête à nous présentée en forme de plainte, par le sieur René Froger, etc. le tout considéré; avons, pour réparation, ordonné que ledit Tonnant se transportera à la maison dudit Froger, avec quatre de ses voisins, et dira très-haut, en leur présence : *Que tort il a eu d'avoir prononcé le mot de Cornard, et qu'il reconnoît la femme dudit Froger pour honnête femme ;* et condamne ledit Tonnant à deux écus d'amende, pour avoir abusé de la confidence que lui avoit fait ledit Froger, au profit des Pauvres de cette Paroisse, et aux dépens, avec défenses de récidiver, sous plus grande peine. *Signé* Falaize.

Cette Sentence a été prononcée sur des informations très-concluantes, faites contre ledit Tonnant, qui l'a exécutée.

Arrêt du *Conseil Souverain du Petit-Goave, qui ordonne aux Curés, Vicaires ou Missionnaires desservant les Eglises, de tenir deux Régistres, pour y insérer les Baptêmes, Mariages et Sépultures.*

Du 9 Janvier 1696.

Le Procureur-Général du Roi a représenté au Conseil que Sa Majesté veut, par son Ordonnance, qu'il soit tenu deux Registres, par chacun an, pour écrire les Baptêmes, Mariages et Sépultures en chaque Paroisse, dont les feuillets soient parafés et cotés par premier et dernier, par le Juge Royal du lieu où l'Eglise est située, pour en demeurer un entre les mains du Curé ou Vicaire, pour servir de Minute, et l'autre au Greffe, pour servir de Grosse ; néanmoins jusqu'à présent les

volontés du Roi n'ont point été exécutées , n'y ayant eu depuis le commencement de la Colonie jusqu'à présent qu'un seul Registre, et dont
il n'y a que la plus petite partie des Baptêmes, Mariages et Sépultures
écrits, tant parce qu'autrefois ils étoient écrits sur feuilles volantes , et
que les Habitans qui ont eu des Serviteurs qui ont décédé à leur service
n'ont point eu le soin de les faire écrire sur ce Registre , et que d'autre
part aucun de ses Substituts ne s'est mis en devoir de faire observer lesdites Ordonnances ; de sorte qu'un jour cette négligence pourroit produire une infinité de procès dans les familles, tant à cause des Baptêmes , qui doivent faire mention du jour de la naissance , qu'à cause du
Mariage , où la publication des Bancs doit être insérée ; que l'incerti-
tude du décès de plusieurs personnes de famille , qui décédent dans ce
Pays , sont plus souvent la cause d'une longueur de procédures , qui ne
finissent qu'avec le bien , pour à quoi obvier requeroit, le Conseil, d'y
pourvoir.

LE CONSEIL Souverain faisant droit à ladite Remontrance a ordonné
et ordonne aux Curés , Vicaires ou Missionnaires , faisant lesdites fonctions dans les Paroisses resortissantes de ce Conseil, de tenir tous les ans,
à l'avenir, deux Registres, qui leur seront fournis par les Marguilliers,
aux frais de la Fabrique , avant le dernier Décembre de chaque année ,
pour commencer , par les Curés , Vicaires ou Missionnaires , d'y enregistrer les Baptêmes, Mariages et Sépultures, depuis le premier Janvier,
ensuivant , jusqu'au dernier Décembre inclusivement , le tout dans les
formes prescrites par l'Ordonnance , et selon l'ordre des jours , sans
laisser aucun blanc ; enjoignons auxdits Curés , Vicaires ou Missionnaires de porter ou d'envoyer surement la Grosse dudit Registre au Greffe
du Siege Royal qui l'aura parafé ; enjoint au Greffier du Siege de le
recevoir , et d'y faire mention du jour qu'il aura été porté , d'en donner
décharge après qu'il aura été collationné et barré tous les blancs , tant à
la Minute qu'à la Grosse, et le tout sans frais ; enjoignons auxdits Curés,
Vicaires ou Missionnaires , et Greffier, chacun à leur égard, de satisfaire
à l'Ordonnance, sur les peines portées par icelle , aux Substituts dudit
Procureur - Général d'y tenir la main , à peine d'en répondre en leur
propre et privé nom de l'inexécution ; et que le présent Arrêt sera re-
gisré aux Greffes des Jurisdictions ressortissantes du Conseil , et signifié
tant aux Curés , Greffiers que Marguilliers, le tout à la diligence des
Substituts , qui en certifieront le Procureur-Général, etc.

ARRÊT

Arrêt du Conseil du Petit-Goave, portant Imposition de cinquante pieces d'Huit sur tous les Cabaretiers établis ou qui s'établiront en la Côte Saint-Domingue.

Du 9 Janvier 1696.

Sur la représentation faite au Conseil, par le Procureur-Général du Roi, que Sa Majesté, par Arrêt du Conseil d'Etat du 11 Juin 1681, confirme celui du Conseil Souverain de l'Isle de la Martinique de 1674, et auroit ordonné que, pour éviter les inconvéniens que la trop grande quantité de Cabaretiers qui s'établissent dans cette Isle, pourroit causer au bien du service de Sa Majesté et à l'augmentation de ses Sujets, qu'il seroit levé un Droit de trois mille livres de Sucre brut, par chacun an, sur tous ceux de ladite Isle ; et Sa Majesté ayant considéré que les mêmes inconvéniens pourroient avoir lieu dans les autres Isles de l'Amérique, qui sont sous son obéissance, si les mêmes Droits n'y étoient levés sur les Cabaretiers qui y sont établis ou qui s'y établiront à l'avenir, Sa Majesté auroit, par sa Déclaration du cinquieme Septembre mil six cens quatre-vingt-trois, confirmé l'Arrêt de son Conseil du 11 Juin 1681 ; en conséquence imposé, par chacun an, sur chaque Cabaretier établi ou qui s'établiront, tant à ladite Isle de la Martinique que dans toutes les autres Isles Françoises de l'Amérique, la quantité de trois mille livres de Sucre brut, pour être employé suivant les ordres de Sadite Majesté ; et, comme il ne se fabrique ici aucun Sucre, ledit Procureur-Général requiert qu'après l'enregistrement fait de ladite Déclaration, il plaise au Conseil ordonner qu'il sera imposé pour ladite valeur la somme de cinquante pieces d'Huit, par chacun an, à chaque Cabaretier établi ou qui s'établiront, qui, pour cet effet feront enregistrer leurs noms et surnoms quinze jours après la publication de ladite Déclaration et de l'Arrêt qui interviendra, dans un Registre tenu pour cet effet par celui qu'il plaira au Conseil préposer dans chaque Jurisdiction, pour le paiement être fait dans le temps qu'il plaira au Conseil ordonner, qui ensuite sera délivré, quinze jours après, à celui qui sera nommé pour la garde du fond, pour être employé suivant les ordres de M. Ducasse, Gouverneur, suivant les intentions du Roi ; requeroit qu'il soit fait défenses à toutes personnes de tenir Cabaret qu'au préalable ils ne se soient faits enregistrer, sous telle amende et confiscation que ledit Conseil souhaitera, applicable

Tome I. Zzz

moitié au Dénonciateur, et l'autre moitié dans ledit fond, payable in-
cessament ; que le tout soit lu, publié, affiché dans toutes les Eglises
Paroissiales et Places publiques, à ce que personne n'en prétende cause
d'ignorance.

Le Conseil Souverain faisant droit à la Remontrance du Procureur-
Général du Roi, vu l'Arrêt du Conseil d'Etat du 5 Septembre 1683,
en conséquence a ordonné et ordonne qu'il sera levé, par chacun an,
sur tous les Cabaretiers qui sont établis ou qui s'établiront en cette Côte,
la somme de cinquante pieces d'Huit, lesquels pour cet effet seront
tenus d'en faire leur déclaration aux Greffes des Jurisdictions de leur
demeure ; à peine aux Contrevenans de confiscation des Vins et Eaux-de-
Vie qu'ils distribüeront ; pour lors et de cinquante pieces d'Huit
d'amende, applicable moitié au Dénonciateur, et l'autre jointe auxdits
fonds, et que ledit Arrêt sera régistré pour y avoir recours ; et afin que
le présent Arrêt soit notoire, et que personne n'en prétende cause d'i-
norance, il sera lu, publié à l'issue des Messes Paroissiales des Quartiers
de cette Côte, etc.

---

*Lettres-Patentes, portant établissement d'une nouvelle Compagnie
Royale du Sénégal, Cap Vert et Côte d'Affrique.*

Du mois de Mars 1696.

Louis etc. Au milieu des soins que nous donnons à la défense de nos
Etats contre toutes les Puissances de l'Europe, nous ne laissons pas
d'avoir l'attention nécessaire sur tout ce qui peut contribuer au bien de
nos Peuples, et particulierement sur le Commerce, dont la continuation
peut entretenir l'abondance dans le Royaume, et y apporter les richesses
étrangeres ; et, comme celui qui se fait au Sénégal et sur la Côte d'Affrique, est un des plus considérables, tant par le Trafic des Cuirs, Gom-
mes, Ciré, Morphil, Poudre et Matiere d'Or, et autres Marchandises
fines, que par les Negres qu'on porte aux Isles de l'Amérique, si nécessaires pour la culture des Sucres, Tabacs, Cotons, Indigos et autres
denrées qui sont apportées de ces Pays en France, et dont nos Sujets
tirent de si grands avantages ; nous avons résolu de maintenir ce Commerce important ; et parce que la Compagnie Royale formée en 1681,
peu instruite de la maniere dont il falloit le conduire, a souffert plusieurs pertes, qui l'ont mise hors d'état de le continuer, nous avons résolu de le rétablir, et pour cet effet nous avons choisi ceux de nos Sujets

qui nous ont paru les plus propres, et en avons formé une nouvelle Compagnie, qui a acquis de l'ancienne son Privilege, avec les Habitations et autres effets contenus dans le Contrat qu'elles ont passé ensemble, dont le prix sera employé au paiement des dettes de ladite ancienne Compagnie ; et, comme elle nous a très-humblement suppliée de lui vouloir accorder nos Lettres de Confirmation, et les Privileges expliqués dans les Mémoires qu'elle nous a présentés, nous voulons bien la traiter favorablement, et contribuer au rétablissement de son Commerce, si avantageux au bien de notre Etat. A CES CAUSES, de l'avis de notre Conseil, où l'Affaire a été mûrement délibérée, après avoir vu et examiné ledit Contrat de vente et Cession faite par l'ancienne Compagnie les 18 Septembre, et 13 Novembre 1694, l'Arrêt d'homologation du 30 dudit mois de Novembre, avec la Société faite en conséquence le 23 Janvier dernier, ensemble nos Edits des mois de Mai 1664, et Décembre 1674, l'établissement et révocation de la Compagnie des Indes Occidentales, les Lettres-Patentes de confirmation de ladite Compagnie du Sénégal, des mois de Juin 1679, et Juillet 1681 ; et les Arrêts de notre Conseil des 30 Mai 1664, 12 Février, 10 Mars, 24 Avril et 26 Août 1665, 10 Septembre 1668, 4 Juin, 18 Septembre et 25 Novembre 1671, 18 Juin 1692, et 10 Août 1694, desquels Contrat, Société, Edits, Lettres-Patentes et Arrêts susdattés, copies collationnées sont ci-attachées sous le contre Scel ; et de notre certaine science, pleine puissance et autorité Royale, nous avons, par ces Présentes, signées de notre main, dit, statué et ordonné, disons, statuons et ordonnons, ainsi qu'il ensuit.

ART. Ier. Le Contrat de vente et Cession qui a été faite par les Directeurs et Intéressés de l'ancienne Compagnie Royale du Sénégal, au profit du sieur d'Appougny notre Conseiller Secrétaire et de nos Finances, les 18 Septembre et 13 Novembre 1694, l'Arrêt d'homologation du 30 dudit mois de Novembre ; ensemble l'Acte de Société passé entre ledit sieur d'Appougny, et les autres Intéressés, le 23 Janvier dernier, seront exécutés selon leur forme et teneur ; et à cet effet nous avons, lesdits Contrat et Société, approuvés et confirmés, les approuvons et confirmons par ces Présentes, voulons et nous plaît que la nouvelle Compagnie Royale du Sénégal, formée par ledit Contrat de Société, jouisse en pleine propriété, avec tous Droits de Seigneurie, Directe et Justice, des Forts, Habitations, Terres et Pays appartenans ci-devant à l'ancienne Compagnie, soit en vertu des traités faits avec les Rois Noirs, ou à titre de Conquête ; tant dans l'Isle et Château d'Arguin, Riviere et Fort du

Sénégal et leurs dépendances, Rivieres de Gambie , Bissaux, et autres Rivieres et Pays qui sont le long de la Côte d'Affrique , depuis le Cap Blanc jusqu'à la Riviere de Serre - Lionne , dans tous les Pays de sa Concession, même du Fort de Gambie, ci-devant occupé par le Anglois, et sur eux récemment pris par nos Vaisseaux ; ensemble des Conquêtes qu'elle fera ci-après sur les Naturels du Pays ou autres Nations étrangeres , soit par l'assistance de nos Vaisseaux ou pas les siens propres , sans aucune réserve ni condition, sinon de la seule Foi et Hommage-lige que ladite nouvelle Compagnie sera tenue de nous rendre et à nos Successeurs Rois , sous la redevance d'un Eléphant à chaque mutation , au lieu de la Couronne d'Or du poids de trente marcs , portée par l'article premier de notre Déclaration du mois de Juillet 1681 , dont nous déchargeons , par ces Présentes, ladite nouvelle Compagnie ; ensemble de la redevance annuelle d'un Marc d'Or ou valeur en Ambre gris , portée par les Contrats de vente du Sénégal et dépendances , des 8 Novembre 1673 , et 2 Juillet 1681 , à nous dues, à cause de notre Domaine d'Occident , attendu que la Côte de Guinée ; dite Côte d'Or , a été démembrée de ladite Concession du Sénégal , par Arrêt de notre Conseil du 6 Janvier 1685 ; comme aussi de tous autres droits et profits Seigneuriaux et Féodaux , à la charge de nourrir, entretenir et payer le nombre de Prêtres nécessaires pour l'Administration des Sacremens aux gens de ladite Habitation , pendant le temps de la présente Concession ci-après déclaré, desquels Prêtres ladite nouvelle Compagnie aura la nomination , le tout suivant que l'ancienne en a joui ou dû jouir, et conformément aux Lettres-Patentes de son établissement du mois de Juin 1679 , et de l'Edit de création de la Compagnie des Indes d'Occident du mois de Mai 1664 , et aux mêmes Droits , Privileges et Exemptions y mentionnées.

ART. II. Jouira en outre, la nouvelle Compagnie, aux mêmes Droits et Privileges que dessus , des Terres et Habitations que l'ancienne Compagnie avoit dans l'Isle de Gorée et dépendances, de laquelle , comme à nous appartenant en conséquence de la Conquête que nous en avons faite sur les Etats-Généraux des Provinces-Unies , et de la Cession qui nous en a été faite par le Traité de Nimegue , du 18 Août 1678 ; nous avons fait don à l'ancienne Compagnie, par nos Lettres - Patentes du mois de Juillet 1681 , et en tant que besoin est , avons confirmé et confirmons , par ces Présentes, la nouvelle Compagnie dans tous les Droits de propriété de ladite Isle et dépendances, Seigneurie, Directe et Justice, pour par elle en jouir et la tenir de nous à une seule Foi et

Hommage, et Redevance, conjointement avec les autres Terres, Pays et Habitations à elle cédés par l'ancienne Compagnie, par ledit Contrat susdaté.

ART. VI. Confirmons et approuvons pareillement la Cession et Transport faits à la nouvelle Compagnie par ledit Contrat, du Privilege de faire seule, à l'exclusion de tous autres, par elle et par ses Préposés et Commis, le Commerce dans toute l'étendue des Habitations et Pays qui lui ont été cédés, et par nous confirmés en propriété, et dans la Côte d'Affrique, aux termes de nos Déclarations et Lettres-Patentes.

ART. VII. Permettons en ce faisant à ladite Compagnie de faire les traites de toutes les Marchandises, même des Negres captifs, qu'elle pourra seule négocier sur la Côte, et dans les Terres-Fermes et Isles voisines dans l'étendue desdits lieux, les transporter dans les Isles et Terres-Fermes de l'Amérique, et les vendre aux Habitans de gré à gré, faisant défenses aux Lieutenant Général, Intendant, Gouverneurs, et à tous Officiers de Justice, d'en regler le prix, le tout pendant le cours et espace de trente années, et à cet effet avons continué et prorogé le Privilege de l'ancienne Compagnie de quatorze années au-delà de seize qui restoient à expirer de l'ancien Privilege ci-devant accordé.

ART. VIII. Faisons en conséquence défenses à tous nos Sujets d'aller, en vertu de nos Commissions ou Permissions, ou de celles des Princes Etrangers ou autrement, trafiquer directement ou indirectement, sous quelque prétexte que ce soit, dans tous les Pays de ladite Compagnie, à peine de confiscation de leurs Vaisseaux et Marchandises au profit de ladite Compagnie (à laquelle nous permettons de s'en saisir par force), et de trois mille livres d'amende applicable, moitié aux Hôpitaux des Lieux, et l'autre moitié à ladite Compagnie, déclarant dès-à-présent lesdites Commissions ou Permissions que nous pourrions donner, ou avoir ci-devant données, nulles.

ART. XVI. Toutes les Marchandises et Munitions de guerre et de bouche que ladite Compagnie aura destinées pour les lieux de la concession, ensemble pour les Isles et Colonies de l'Amérique, seront exemptes de tous droits de sortie et autres généralement quelconques, conformément aux Arrêts de notre Conseil des 18 Septembre et 25 Novembre 1671, ensemble des droits qui pourroient être imposés à l'avenir, encore que les Exempts et Privilégiés y fussent assujettis, à la charge par les Directeurs, Commis ou Préposés de ladite Compagnie, de donner à l'Adjudicataire de nos Fermes un Certificat comme lesdites Marchandises, Vivres et Munitions de guerre et de bouche seront pour le compte de ladite Compagnie, et destinées pour être transportées dans lesdits Pays.

ART. XVII. Les Marchandises et Munitions de guerre et de bouche, Bestiaux, Vins, Eaux-de-vie, Chairs, Farines et autres denrées, ensemble les Futailles vuides, Bois, Merrein et à bâtir Vaisseaux, le tout pour l'usage de ladite Compagnie, qu'elle fera transporter dans ses Magasins et Ports de mer pour les charger dans ses Vaisseaux, seront pareillement exemptes de tous droits d'Octrois et d'Entrées des Villes, Ports, Péages, Passages, Travers, Domaine et autres Impositions qui se perçoivent ès rivieres de Loire, Seine et autres, même des Droits qui ont été par nous aliénés ou attribués sous le titre d'Offices créés, et de tous autres droits généralement de quelque nature qu'ils soient, mis et à mettre, encore que les Exempts et Privilégiés y fussent assujettis.

ART. XVIII. Comme aussi jouira, suivant les Arrêts de notre Conseil desdits jours 24 Avril et 26 Août 1665, de l'exemption de tous droits d'entrée et de sortie, et du bénéfice de l'entrepôt des Munitions de guerre et de bouche, Bois, Chanvres, Toiles à faire voiles, Cordages, Goudrons, Canons de fer et de fonte, Poudres, Boulets, Armes, Fer et autres choses généralement quelconques de cette qualité, que ladite Compagnie fera venir pour son compte, tant des Pays étrangers, que de ceux de notre obéissance, soit que lesdites choses soient destinées pour l'avituaillement, armement, radoub, équipement ou construction des Vaisseaux qu'elle équipera ou fera construire dans nos Ports, soit qu'elles doivent être transportées ès lieux de sa concession.

ART. XIX. Toutes les Marchandises qui viendront pour le compte de ladite Compagnie, tant du Sénégal et Côtes d'Afrique, que des Isles et Colonies Françoises de l'Amérique, seront exemptes, conformément à l'Arrêt de notre Conseil du 30 Mai 1664, de la moitié de tous droits d'entrées en France, à nous ou à nos Fermiers appartenans, soit qu'ils eussent été imposés lors dudit Arrêt, ou qu'ils l'aient été depuis, même de ceux qui le pourroient être à l'avenir, encore que les Exemps et Privilégiés y fussent assujettis; faisant défenses à nosdits Fermiers, leurs Commis et tous autres, d'en exiger au-delà du contenu aux Présentes, à peine de concussion et de restitution du quadruple, et pour l'exécution du présent article, même pour prévenir les contestations qui pourroient naître entre ladite Compagnie du Sénégal ou leurs Directeurs, et l'Adjudicataire de nos Fermes, ses Commis et Préposés, ordonnons à ladite Compagnie de donner à l'Adjudicataire de nos Fermes aux Bureaux par lesquels entreront lesdites Marchandises, des déclarations certifiées d'eux ou de leurs Directeurs, lesquelles ensuite pourront être pesées, vues, visitées et expédiées par les Commis de l'Adjudicataire de nos Fermes, sans toutefois que ladite Compagnie soit assujettie à faire visiter ni peser la poudre et matiere d'or qu'elle fera entrer dans notre Royaume, que nous déclarons par ces Présentes exempte de toutes visites et de tous droits, à la charge toutefois de la représenter au Bureau de la Monnoie de Paris.

ART. XX. Ladite Compagnie fera faire tous les équipemens et retours de ses Vaisseaux dans les Ports de France, où elle pourra, conformément à l'Arrêt de notre Conseil du dix Septembre 1668, faire décharger, si bon lui semble, les Sucres, Tabacs et autres Marchandises venant des Pays de sa concession, avec la faculté de les envoyer ensuite dans les Pays étrangers, sans payer aucuns droits que de ce qui sera déclaré pour être consommé dans notre Royaume, et jouira ladite Compagnie d'un libre entrepôt pour lesdites Marchandises, qu'elle pourra envoyer par transit en tels lieux qu'elle jugera à propos pour le bien et avantage de son Commerce, lequel transit Sa Majesté n'a accordé que pour cinq années, sauf à le continuer après ce temps, si elle l'estime nécessaire.

ART. XXII. La Compagnie sera exempte des Droits de Capitation pour les Negres qu'elle fera transporter dans les Isles de l'Amérique, où elle en pourra faire des Magasins en attendant la vente d'iceux; desquels Droits nous lui faisons don et remise, à moins que les Negres ne travaillassent pour le compte de ladite Compagnie, auquel cas elle payera les mêmes Droits de Capitation que les Habitans.

ART. XXIII. Pourra ladite Compagnie faire bâtir des Magasins et Habitations auxdites Isles de l'Amérique pour resserrer les Sucres qui proviendront de la vente desdits Negres, même les y faire rafiner, pourvu que ce soit dans les Rafineries établies avant 1684.

ART. XXIV. Voulons que conformément à l'Arrêt de notre Conseil du 25 Mars 1679, il soit payé à ladite Compagnie la somme de treize livres par forme de gratification pour chacune tête de Negre qu'elle aura porté dans nos Isles et Colonies de l'Amérique, en conséquence des Certificats de l'Intendant des Isles, ou des Gouverneurs en son absence; et sur lesdits certificats, sera ladite somme de treize livres payée par le Garde de notre Trésor Royal.

ART. XXVI. Seront par nous délivrés les Passeports nécessaires aux Etrangers pour les Vaisseaux sur lesquels ils iront prendre, dans les concessions de ladite Compagnie et aux Isles de l'Amérique, les Negres et autres Marchandises qui leur seront par elles vendues, ou qu'ils apporteront pour compte de ladite Compagnie dans nos Ports, sans qu'elle soit tenue pour raison de ce de nous payer aucuns droits. Faisons défenses à ladite Compagnie de faire aucun Traité avec les Etrangers sans notre permission, et de faire partir aucun de ses Vaisseaux sans nos Passeports, que nous donnerons suivant l'exigence des cas.

ART. XXVIII. Sera ladite Compagnie régie et gouvernée suivant et au desir de la Société passée le 23 Janvier dernier, et ainsi que pour le plus grand bien de la chose il sera avisé entre les Associés en leur Assemblées, comme de leur chose propre et à eux appartenant.

ART. XL. Pourra ladite Compagnie prendre pour ses armes un Ecusson en champ d'azur, semé de Fleurs-de-Lys d'or sans nombre, deux Negres pour supports, et une couronne treflée, lesquelles armes nous lui concédons pour s'en servir dans ses Sceaux et Cachets, et que nous lui permettons de mettre et apposer aux Edifices publics, Vaisseaux, Canons, et partout ailleurs où elle jugera à propos.

ART. XLII. Au surplus lesdites Lettres en forme d'Edit pour l'établissement de ladite Compagnie des Indes Occidentales du mois de Mai 1664, et les Lettres de Confirmation des anciennes Compagnies du Sénégal des mois Juin 1679 et Juillet 1681, ensemble les Arrêts depuis rendus en leur faveur, même ceux ci-dessus datés des 28 Juin 1692 et 10 Août 1692, seront exécutés au profit des Intéressés en la présente Compagnie, laquelle en ce faisant jouira de tous les Droits, Privileges et Exemptions portés par iceux comme s'ils avoient été donnés à sa requête et exprimés dans ces Présentes.

ART. XLIII. Toutes lesquelles conditions ci-dessus, nous promettons exécuter de notre part, et faire exécuter partout où besoin sera, et en faire jouir pleinement et paisiblement ladite Compagnie, sans que pendant le temps de la présente concession il puisse y être apporté aucune diminution, altération ni changement.

Si donnons en mandement, etc. DONNÉ à Versailles au mois de Mars l'an de grace 1696, et de notre regne le cinquante-troisieme.

Signé LOUIS.

R. au Parlement de Paris le 20 Mars 1696.

Les Articles retranchés n'ont trait qu'à l'administration de la Compagnie, et sont, par cette raison, étrangers aux Colonies.

JUGEMENT

JUGEMENT du Conseil de Guerre tenu au Petit-Goave, qui condamne un Soldat déserteur à être rasé, à avoir le bout du nez et les oreilles coupés, puis à être conduit aux Galeres.

Du 9 Juin 1696.

L E CONSEIL de Guerre tenant au nombre de sept, composé de MM. le Gouverneur, Deslandes, Lieutenant de Roi ; le Page, Major ; Beaumond, Capitaine d'une Compagnie ; d'Artigny, aussi Capitaine ; Santo-Dominguo, Lieutenant ; et Descoyeux, aussi Lieutenant ; l'information rapporté contre Jean Lulion, Soldat de la Compagnie de Berniere ; conclusions du sieur de Beauregard, Major ; le Conseil après avoir receuilli les voix, a condamné ledit l'Ulion aux Galeres perpétuelles, ayant été atteint et convaincu du crime de désertion ; en conséquence de quoi, ordonne qu'il sera rasé, et mis entre les mains de l'Exécuteur des Hautes-Œuvres pour être mutilé au bout du nez et les oreilles, et puis remis aux prisons pour être embarqué par le premier Vaisseau pour France, et consigné pour les Galeres de Sa Majesté. DONNÉ au Petit-Goave ledit jour, etc.

ARRÊT du Conseil d'Etat, qui ordonne qu'à commencer du premier Août prochain, il sera pris et perçu deux sols sur chaque livre d'Indigo venant de Saint-Domingue en France.

Du 18 Juillet 1696.

L E ROI ayant résolu d'ordonner une imposition sur les Habitans de Saint-Domingue, pour prendre sur eux une partie de la dépense qui se fait pour le maintien de cette Colonie, et pour les mettre en état de résister aux insultes des Ennemis, d'autant plus qu'ils ne sont point sujets aux droits de Capitation, et autres qui se levent dans les Isles Françoises de l'Amérique ; Sa Majesté a estimé qu'il n'y avoit point de moyen qui leur pût être moins à charge, que d'exiger un droit modique sur l'Indigo qui s'y fait ; cette Marchandise ayant à présent un débit très-considerable, et provenant uniquement de la culture de leurs Terres ; et tout considéré, Sa Majesté étant en son Conseil Souverain, a ordonné et ordonne qu'à l'avenir, à commencer du premier Août prochain , il sera pris deux sols sur chaque livre d'Indigo qui s'embarquera dans les Quartiers occupés par les François à Saint-Dominque sur les Bâtimens qui reviendront en France pour quelque Port qu'ils soient destinés , qui seront payés à celui qui sera commis en chaque Poste par le sieur Ducasse , Gouverneur desdits Quartiers, et remis au Commis du Trésorier de la Marine, pour être par lui employés au paiement de la solde des Compagnies qui y sont en garnison ; veut Sa Majesté qu'il soit tenu par ledit Commis un Registre séparé , qui sera arrêté par ledit sieur Ducasse de la recette dudit Droit qui en composera un extraordinaire, qui entrera dans son compte ; que les quittances qui seront données au Chargeur soient visitées par le Commandant de chaque Quartier , et les ampliations remises audit Commis en même temps que le provenu ; et que ceux qui refuseront de payer ledit Droit soient condamnés à quinze cens livres d'amende , et à plus grande peine en cas de récidive ; et sera le présent Arrêt lu , publié et enregistré au Greffe du Conseil Souverain, auquel Sa Majesté enjoint de le faire exécuter selon sa forme et teneur. FAIT au Conseil d'Etat, etc.

R. au Conseil du Petit-Goave, le 5 Novembre suivant.

R. au Conseil du Cap, le 6 Mars 1704.

ORDONNANCE du Roi , portant établissement des Enseignes aux gages de 37 liv. 10 sols par mois , dans les Compagnies détachées aux Colonies.

Du 1ᵉʳ Septembre 1696.

LETTRE du Ministre à M. DUCASSE , sur le Projet de l'Expédition de M. DE POINTIS contre Carthagene.

Du 26 Septembre 1696.

M. le Roi ayant agréé le Projet d'un armement considérable que fait M. Pointis pour une entreprise dans le Golfe du Mexique ; Sa Majesté m'a ordonné de vous en informer , et il dépêche exprès la Frégate le Marin, qui est du nombre des Vaisseaux qu'elle lui a accordés pour vous porter cette Lettre.

Il arme sept Vaisseaux, une Galiotte et des Flûtes , qui porteront près

de deux mille Soldats de débarquement, y compris ceux qui font partie
des Equipages de ces Vaisseaux, avec lesquels et avec les Matelots qu'on
en pourra tirer, il prétend insulter une Ville de la Côte, dont plusieurs
Particuliers qu'il a entretenus et qui y ont été, lui ont donné le Plan et
les Mémoires nécessaires pour réussir dans cette entreprise. Il estime les
forces qu'il emmene suffisantes pour en espérer un succès favorable ;
mais pour l'assurer et le mettre en état de ne craindre que les accidens
du hasard, qu'on ne peut prévoir, il a besoin de toutes celles de l'Isle
Saint-Domingue ; et c'est principalement pour vous dire de les rassembler
qu'on envoie cette Frégate, ensorte qu'il trouve les Compagnies et les
Flibustiers, et Habitans, que vous y jugerez propres prêts à être embarqués lorsqu'il arrivera, et qu'il ne soit pas obligé d'y faire de séjour
inutile.

Il compte que vous lui pourrez fournir mille ou douze cens hommes,
et que leur sortie ne vous exposera à aucun incident, n'étant pas à présumer que les Ennemis pensent attaquer la Colonie pendant qu'il y aura
une Escadre aussi forte dans le Golfe et à portée de la secourir ; elle
sera augmentée des Vaisseaux le Bourbon et le Bon commandés par
M. Desaugiers ; et vous ne devez pas trouver de peine à engager les
Habitans sous des prétextes particuliers, et sur des avis que vous feindrez
avoir reçus, que les Ennemis se préparent à vous attaquer, de rester
chez eux jusqu'à la fin de cette année, la plûpart venant de la Course et
devant être bien aises de se rafraîchir, surtout si celle de M. Renaud a
réussi. M. de Pointis partira dans la fin du mois prochain sûrement, ainsi
il pourra être dans les . . . . Décembre au plus tard à Saint-Domingue ;
il aura soin d'embarquer et ammener avec lui les Flibustiers qui pourront être restés sur les Vaisseaux commandés par ledit sieur Renaud ;
il porte des Vivres suffisans. Le dessein principal est sûr . . . . . . ; et le
secret a été gardé jusqu'à présent, de maniere qu'on peut s'assurer qu'il
n'a pas été pénétré. Le Roi a créé des Enseignes pour les Compagnies
qui servent dans les Isles pour les rendre plus fortes par un plus grand
nombre d'Officiers ; ils passeront avec le Convoi qui partira dans le
mois de Décembre, qui portera une nouvelle Recrue s'il est possible.
Je suis, etc.

ARRÊT du Conseil d'Etat, qui ordonne que les Habitans des Isles ne pourront obliger les Négocians de prendre de ce qu'ils devront plus de la moitié en Sucres terrés.

Du 26 Septembre 1696.

L E R O I s'étant fait représenter en son Conseil l'Arrêt rendu en icelui le 21 Janvier 1684, par lequel Sa Majesté auroit fait défenses à tous ses Sujets, Habitans des Isles et Colonies Françoises de l'Amérique d'y établir aucune nouvelle Rafinerie, à peine de 3,000 livres d'amende; elle a été informée que pour en éluder l'exécution, et sortir des bornes qu'elle a entendu prescrire à la Fabrique, et au Commerce des Sucres dans les Isles, les Habitans se sont jettés dans celle des Sucres terrés ou blanchis, et ont contraint les Marchands Négocians de s'en charger aux prix qu'ils ont voulu y mettre; desorte qu'ils n'a pas été apporté dans le Royaume une quantité de Sucres bruts pour l'entretien des Rafineries, dont le travail auroit été interrompu sans le secours de ceux qui se sont trouvés sur les Vaisseaux pris sur les Ennemis; et même partie de ceux qui sont venus des Isles, ont été de peu de valeur par le mélange qu'on y avoit fait des Sirops qui proviennent du terrage des autres; à quoi Sa Majesté voulant pourvoir, Sa Majesté en son Conseil, a ordonné et ordonne qu'à l'avenir les Habitans des Isles ne pourront obliger les Négocians de prendre en paiement de ce qu'ils devront plus de la moitié en Sucres terrés; l'autre moitié devant être acquittée en Sucres bruts, avec lesquels même il leur sera libre de faire le paiement entier s'il leur convient; à l'effet de quoi il ne leur sera permis de convertir en Sucres terrés, que la moitié de ce qu'ils retirent de la culture de leurs Terres; l'autre moitié devant rester en Sucres bruts; Sa Majesté se réservant d'en ordonner autrement, si elle le juge à propos; voulant qu'au surplus ils paient à l'entrée du Royaume les Droits établis pour les Sucres rafinés dans les Isles par l'Arrêt du 28 Septembre 1684, et que celui du 21 Janvier de la même année soit exécuté selon sa forme et teneur; ordonne en outre Sa Majesté, que les fûtailles, tant des Sucres terrés que les bruts, soient marqués de la marque des Marchands ou Habitans qui les auront vendus, et fait défenses d'y mêler des Sirops ou des Sucres de mauvaise qualité, à peine d'être obligés de réparer le dommage, et de 20 liv. d'amende pour chaque Barrique; à l'effet de quoi, il en sera dressé Procès-verbal en présence des Officiers de l'Amirauté des Ports où ils seront arrivés, et de celui à qui les Sucres seront adressés, sur lequel lesdits Marchands ou Habitans seront condamnés. FAIT au Conseil d'Etat, etc. *Signé* PHELYPEAUX.

R. au Conseil de Léogane, le 12 Juin 1702.

ARRÊT *du Conseil d'Etat, portant Réunion des Terres concédées, et non cultivées.*

Du 26 Septembre 1696.

LE ROI étant informé qu'une partie des Terres qui ont été accordées aux Habitans des Isles de l'Amérique, n'ont point été défrichées par leur négligence, ou parce qu'en ayant demandé une étendue trop considérable, ils ne se sont pas trouvés en état de la cultiver; ce qui cause un préjudice notable aux nouveaux Habitans qui trouvent moins de terre à occuper dans les lieux qui peuvent mieux convenir au Commerce; à quoi voulant pourvoir, Sa Majesté étant en son Conseil, a ordonné et ordonne que dans six ans, à compter du jour de la date du présent Arrêt, pour toute préfixion et délai, les Habitans des Isles Françoises de l'Amérique, qui ont encore quelques parties de leurs Terres en friche, seront tenus de les mettre en culture de Sucres, de Vivres, ou d'autres Denrées nécessaires pour la subsistance, où le Commerce de la Colonie; à faute de quoi, et ledit temps passé, veut Sa Majesté qu'elles soient réunies à son Domaine, à la diligence du Procureur-Général du Conseil Souverain, sur les Ordonnances qui en seront rendues par le Gouverneur-Général desdites Isles, et par l'Intendant qu'elle a pour ce commis, pour être ensuite par eux fait de nouvelles Concessions desdites Terres en la maniere accoutumée. FAIT au Conseil d'Etat, etc.

LETTRE *du Ministre à M.* DUCASSE, *touchant la prise des Habitans de Saint-Domingue, et le partage qui en a été fait entre les Espagnols et les Anglois; l'établissement d'un Magasin au Cap, et l'envoi d'un Recensement général de la Colonie chaque année.*

Du 12 Octobre 1696.

SA MAJESTÉ a donné ses ordres pour la réclamation en Angleterre des Habitans de Saint-Domingue, Prisonniers, que vous mandez avoir été

emmenés par le Commandant de la Flotte Angloise ; il est nécessaire
que vous en envoyiez incessamment un Etat le plus circonstancié que
vous pourrez, afin d'en pouvoir faire la recherche, comme vous devez
faire de votre côté, de ceux qui pourroient avoir été retenus à la
Jamaïque.

A l'égard des Femmes et des Enfans, que les Espagnols ont eu en
partage, cette séparation des Femmes et des Maris, et le Traité fait entre
les Espagnols et les Anglois sont contraires à tout Usage.

Sa Majesté veut que vous réclamiez les Femmes et les Enfans, et que
vous fassiez savoir aux Commandans Espagnols de la Ville de Saint-
Domingue, qu'Elle vous a donné ordre de leur mander que, si Elle
n'apprend par votre réponse qu'ils en aient bien voulu faire raison, Elle
donnera ordre à tous les Commandans et Officiers des Vaisseaux François
d'user de représailles sur les Espagnols dans tous les endroits du monde,
où ils en trouveront. Vous devez, de votre côté, quand son service, les
affaires de votre Gouvernement et l'état de la Colonie vous le permettront, retenir les Espagnols qui vous tomberont entre les mains, et
employer tous les moyens que vous pourrez pour les obliger à rendre
ces Femmes et Enfans. Sa Majesté a fait mettre aux fers trente Espagnols, jusqu'à ce que les François pris dans les Rades de Saint-Domingue et envoyés à Cadix aient obtenu leur liberté.

Elle trouve bon que vous fassiez construire un Magasin au Cap pour
la conservation des Munitions, des vivres et des Armes, et se remet à
vous d'en regler le temps et la maniere, pourvu que ce soit sans vous
détourner des ouvrages plus pressés pour la sûreté et la défense de la
Colonie, pour laquelle vous avez à ménager, le mieux que vous pourrez, le fond de 6000 liv. que Sa Majesté a fait pour les Fortifications,
vous laissant le soin d'exhorter les Habitans d'y contribuer, sans y employer d'autres voies que celles d'excitation.

Vous ne manquerez pas à envoyer un Recensement exact de la Colonie, distingué par Quartiers, et vous continuerez une fois pour chaque
année.

ORDONNANCE du Roi, portant défenses aux Habitans d'acheter aucunes denrées des Officiers des Vaisseaux du Roi, à peine d'amende et de confication.

Du 12 Octobre 1696.

DE PAR LE ROI.

SA MAJESTÉ étant informée que quelques Ordres qu'Elle ait donnés jusqu'à présent, pour empêcher les Officiers qui commandent les Vaisseaux qu'Elle envoye aux Isles Françoises de l'Amérique, d'y négocier, ils n'ont point été exécutés aussi ponctuellement qu'il auroit été à desirer pour son service, auquel ce Commerce est très-préjudiciable, par la facilité qu'ils ont à le faire, y étant aidés par les Habitans qui achetent les denrées qu'ils leur portent; sur quoi voulant pourvoir et leur en ôter toute sorte d'occasion, Sa Majesté a fait et fait très-expresses défenses et inhibitions à tous Habitans, de quelque qualité et condition qu'ils soient, d'acheter aucunes denrées des Officiers commandans ou servant sur ses Vaisseaux, sous quelque prétexte que ce soit, à peine de 500 liv. d'amende et de confiscation des Marchandises, dont la moitié sera appliquée au profit du Dénonciateur, à la réserve, toutefois, de celles qu'ils donneront en échange pour avoir les rafraîchissemens qui leur peuvent être nécessaires, sur la permission qu'ils en prendront du Gouverneur-Général et de l'Intendant, auxquels Elle donne pouvoir de décerner les peines ci-dessus établies, sur les informations qui en auront été faites par leurs ordres, ou les Procès-verbaux des Gouverneurs des Isles de la Guadeloupe, de la Grenade et de Cayenne; et à l'égard de celle de Saint-Domingue, Sa Majesté y statuera sur ceux du sieur Ducasse, leur enjoignant, chacun en droit soi, de tenir la main à l'exécution de la présente Ordonnance. FAIT à Fontainebleau le 12 Octobre 1696.

Signé LOUIS.

ARRÊT du Conseil d'Etat du Roi , sur le Dixieme des Prises faites par les Corsaires armés aux Colonies.

Du 28 Novembre 1696.

SUR ce qui a été représenté au Roi étant en son Conseil , par le sieur Comte de Toulouse , Amiral de France , que depuis l'Arrêt rendu en icelui le 15 Mars 1695 , par lequel Sa Majesté auroit ordonné que les Corsaires qui armeroient dans les Isles Françoises de l'Amérique seroient tenus de prendre ses Commissions , de même que ceux qui sortent des Ports du Royaume , et que le Dixieme des Prises qu'ils feroient sur les Ennemis de l'Etat lui appartiendroit ; la mort du sieur Comte de Blénac , Lieutenant - Général auxdites Isles , qui avoit joui jusqu'alors de ce Dixieme , étant survenue , les Héritiers ont prétendu qu'ils devoient encore recevoir celui des Prises faites sur ces Commissions , ainsi qu'il avoit été ci-devant décidé avant ledit Arrêt , et que Sa Majesté eût expliqué ses intentions sur ce sujet ; sur quoi voulant pourvoir ; Sa Majesté en son Conseil , a ordonné et ordone que ledit Arrêt du 15 Mars 1695 sera exécuté selon sa forme et teneur , et en conséquence que le Dixieme des Prises faites par les Corsaires armés aux Isles , depuis le jour de son enregistrement au Conseil Souverain de la Martinique , sera payé au Receveur des Droits dudit sieur Comte de Toulouse ; à quoi faire seront les Armateurs contraints , et moyennant quoi valablement déchargés. Enjoint , Sa Majesté , au sieur Robert , Intendant de Justice , Police et Finances auxdites Isles , de tenir la main à l'exécution du présent Arrêt. FAIT au Conseil d'Etat , etc.

ORDRE DU ROI en faveur du sieur Pellé , Juge du Petit-Goave , et Lettre du Ministre en conséquence.

Du 12 Décembre 1696.

SUR ce qui a été représenté à Sa Majesté par Leger Pellé , Juge du Petit - Goave , qu'ayant eu des contestations avec deux des Conseillers au Conseil Souverain de l'Isle de Saint - Domingue , l'un d'eux lui a suscité une affaire criminelle , sur laquelle ils ont rendu un Jugement le
7 Mai

7 Mai 1687, qui le condamne à une amende honorable, au bannissement perpétuel de la Colonie, et en 1000 liv. d'amende, quoiqu'il eût demandé son renvoi dans une autre Jurisdiction, ou par-devant l'Intendant de Justice dans les Isles de l'Amérique, fondé sur ce que l'un desdits Conseillers étoit son Débiteur, et qu'il avoit actuellement un Procès criminel contre un autre; et qu'il auroit été facile de justifier le peu de fondement qu'il y avoit à cette condamnation, et qu'elle n'étoit intervenue que sur des motifs d'animosité particuliere, si les charges et informations qui ont été demandées par l'ordre de Sa Majesté n'avoient été perdues avec le Téméraire, sur lequel on les avoit mis; sur quoi Sa Majesté voulant pourvoir, après avoir vu les Lettres écrites par le sieur Ducasse, Gouverneur de ladite Isle, sur ce sujet, Elle a permis et permet audit Pellé de retourner à Saint-Domingue pour y continuer son Commerce et jouir de ses biens, ainsi qu'il faisoit auparavant ledit Jugement du 7 Mai 1687, et tous Actes qui pourroient avoir été faits en conséquence; faisant défenses à son Procureur-Général et à tous autres Juges et Officiers d'inquiéter ni rechercher ledit Pellé sur le prétexte dudit Jugement, en quelque sorte et maniere que ce soit, à peine de nullité des procédures, et de tous dépens, dommages et intérêts; en outre Sa Majesté a déchargé, par grace, ledit Pellé de l'amende portée par ledit Jugement, et enjoint au sieur Ducasse de tenir la main à l'exécution du présent Ordre. FAIT, etc.

MONSIEUR, j'ai rendu compte au Roi des plaintes qui ont été faites par le sieur Pellé, contre les Officiers du Conseil Souverain de Saint-Domingue, qu'il prétend avoir rendu un Arrêt qui l'en bannit, sans aucun autre motif, que celui de leur prévention contre lui, et d'une animosité particuliere qu'ils ont cru pouvoir satisfaire, sous prétexte d'une affaire criminelle qu'ils lui ont suscitée; Sa Majesté auroit d'abord ordonné de vous demander les motifs de ce Jugement, et les charges et informations sur lesquelles il étoit intervenu; mais sur ce qu'il a exposé quelles venoient sur le Téméraire, qui a péri sur la Côte d'Irlande, Elle a bien voulu lui faire grace; Elle y a été excitée, par ce que vous m'avez mandé que la peine excédoit de beaucoup celle que méritoit l'indiscrétion dudit Pellé dans sa maniere de parler, et dans le mépris qu'il avoit témoigné pour quelques Officiers du Conseil; Elle m'a ordonné d'expédier un Ordre qui lui permet de retourner à Saint-Domingue, et de continuer son Commerce, ainsi qu'il faisoit avant le Jugement; Elle ne le rétablira point dans sa Charge de Juge du Petit-Goave, jusqu'à ce qu'il vous ait donné lieu par sa conduite de juger, qu'il en tiendra une à l'avenir meilleure et plus modérée que le passé ; je vous en informe, afin que vous teniez la main de votre part à l'exécution des ordres du Roi.

Je suis, etc.

R. au Conseil du Petit-Goave, le premier Juillet 1697.

A RRÊT *du Conseil du Petit-Goave, qui suspend jusqu'à la décision de Sa Majesté, tous les Procès mus pour raison des Actes informes d'un Notaire.*

Du 7 Janvier 1697.

V U par le Conseil Souverain le rapport de M. Daniel de la Place, Conseiller du Roi, Commissaire en cette partie par Arrêt rendu en ce Conseil, le 14 Juin dernier, de l'examen des Minutes qui se sont trouvés informes dans le Protocole de feu Maître Jean Cassard, vivant Notaire au Siege Royale de Léogane, qui sont au nombre de trois cens trente-quatre imparfaits, du 30 Octobre dernier ; Conclusions du Procureur-Général en forme de Remontrance, tout considéré ; LE CONSEIL Souverain, après avoir murement délibéré et examiné l'exigence du fait dont il s'agit, pour éviter aux Procès qui pourroient mouvoir entre les Sujets de Sa Majesté, et pour les maintenir en paix, a ordonné et ordonne surséance de toutes les affaires qui pourront naître au sujet desdits Actes informes, et qu'à la diligence du Procureur-Général il sera fait très-humbles Remontrances à Sa Majesté pour en rendre son Arrêt. DONNÉ en Conseil tenu au Petit-Goave, où ont assistés MM. de Beauregard, Major ; Coustard ; Nicolas ; de la Place ; Jonquet, Conseillers ; *MM. le Court, Juge du Petit-Goave ; de Gondy, Juge du Cap ; Fallaise, Procureur du Roi ; et de la Sonniere Hardouineau, Capitaine de Compagnie.*

A RRÊT *du Conseil Souverain du Petit-Goave, portant défenses d'acheter aucune chose des Esclaves.*

Du 8 Janvier 1697.

L E Procureur-Général du Roi a représenté au Conseil que diverses Personnes achetent indifféremment des Esclaves des Indigos, Chevaux,

Hardes et autres Marchandises, sans se mettre en peine d'où lesdits Esclaves peuvent avoir tiré lesdits Indigos, Hardes et autres Marchandises
qui d'ordinaire s'entendent avec les Esclaves de la maison pour dérober
lesdits Indigos dans les Secheries et les Chevaux dans les Savanes, forcent
en outre les Magasins, et font transporter leurs vols de quartier à autre,
de main à main par le moyen desdits autres Esclaves leurs amis, qui les
vendent ensuite à divers Particuliers mal intentionnés, ont en outre des
Personnnes qui recelent lesdits Indigos volés, donnent auxdits Esclaves
quelque récompense de leurs vols, et les vendent ensuite aux Marchands
ou les échangent pour d'autres marchandises, ce qui porte un très-grand
préjudice au Public, tant parce que les lieux où l'on met lesdits Indigos
à sécher demeurent nuit et jour ouverts, que parce que les Magasins où
les Marchands tiennent leurs Marchandises ne sont fermés que de planches de Palmistes, et par conséquent faciles à forcer; ainsi requiert pour
le Roi et l'intérêt public qu'il plaise au Conseil faire défenses, etc.

Le Conseil Souverain faisant droit à ladite Remontrance, a fait défenses, sur peine de punition corporelle, à quelque personne que ce
sóit, de traiter, prendre ni recevoir des Esclaves, Indigos, Chevaux ni
autres marchandises, qu'au préalable ils n'aient un billet de leurs Maîtres,
ou de leur avoir parlé au cas qu'ils se transportent sur leurs Habitations;
et afin que le présent Arrêt soit notoire dans les quartiers de cette Colonie, ordonne qu'il sera lu, affiché, etc.

ORDONNANCE *du Roi touchant les Rançons dans les Mers de*
l'Amérique.

Du 8 Février 1697.

SA MAJESTÉ étant informée que la défense qu'elle a portée par son
Ordonnance du 17 Mars 1696, de faire aucunes rançons qui excedent
la somme de 15,000 liv. à peine de confiscation de tout le prix à son
profit, est préjudiciable aux Armateurs qui font la course dans les mers
de l'Amérique, tant parce que la plupart des Bâtimens qui s'y rencontrent
sont chargés de vivres et d'autres effets qui se vendent à vil prix dans les
Ports de France ou dans ceux des Isles Françoises, que parce qu'il
ne convient pas à la sûreté des Vaisseaux qui croisent dans ces mers
éloignées d'affoiblir leurs Equipages pour emmariner des Prises de
médiocre valeur, outre que les Rançons qui s'y font ne se reglent pas

seulement sur le prix actuel des chargemens, mais sur l'espérance du profit des retours; et voulant y pourvoir, et traiter favorablement les Armateurs, et les mettre en état de continuer la course dans ces mers avec plus de succès et d'utilité, Sa Majesté a permis et permet aux Capitaines des Vaisseaux armés en course pour l'Amérique, d'y faire des rançons jusqu'à la somme de 30,000 liv., dérogeant pour cet effet seulement à l'Ordonnance du 17 Mars 1696, laquelle au surplus sera exécutée selon sa forme et teneur sous les peines qui y sont portées; mande et ordonne Sa Majesté à M. le Comte de Toulouse de tenir la main à l'exécution de la présente Ordonnance, qui sera lue, publiée et affichée dans tous les Sieges de l'Amirauté. Enjoint aux Officiers desdits Sieges, chacun en droit soi, de veiller à son observation, etc.

ORDONNANCE *du Juge du Port-de-Paix, ensuite d'un Etat des Habitans du même lieu pour faire payer, par eux, des Negres condamnés à mort.*

Du 15 Février 1697.

ETAT des Habitans du Quartier du Port-de-Paix, et autres lieux en dépendans qui ont des Esclaves, comme appert ci ensuite y dénommés Negres, Négresses, Négrillons.

Premierement.

La Succession du sieur Crepin	7 Noirs.
Jean Courseau	1
Vendosme	4
Jean Bouché	3
Madame Couillaud	4
M. Boibelau et le sieur Godin	30
M. Boutheille	2
M. Doublé	5
M. Merey	50
M. Hebert	4
Antoine le Gascon	1
M. Danzé, Major pour le Roi	«
Le sieur Drier, Huissier	3
Michel Masson Sellier	2
Madame Loysel la veuve	8
	124

Ci-contre. . 124 Noirs.

Archambaut	5
Hervieux, dit Mancher	2
Madame Bouvet	11
Le sieur Bethelard	2
Le sieur Barthelemy à son propre	4
Mademoiselle la Richardiere	11
Loyzel, Armurier	4
Madame Trevalet.	1
M. Piveteau	9
Jean Linde	2
Seipion.	2
Le sieur Verjus	4
Poupard.	1
Le sieur Robineau	8
M. Bonnet.	8
Le sieur Guillebeau	10
Buglet à la Cage à Vinaigre	1
Le sieur Jacques Petit	6
M. Fournier	2
Madame Grossin	3
Laramée et la Vigne	2
Olivier Jouan	5
Simon le jeune	27
Le sieur Guitte	2
Le sieur Payen fils.	11
Mademoiselle Leroy	4
La Succession du sieur Philippe Dubois . . .	25
Madame Chevalier.	10
Jean Guiet.	2
Charbonnier à la riviere des Barres	1
Madame Lemay	2
Les Mineurs de feu sieur Hatrel.	5
M. Carlanave, y compris ceux du sieur Pelvay . .	21
M. la Franchise.	18
La veuve Bois-Romain	5
Nicolas et Jean Hatrel	1

Total . 361

Vu la Sentence de mort *rendue par les Officiers principaux Habitans de ce lieu*, contre plusieurs Negres qui vouloient se révolter et se rendre maîtres dudit Quartier., portant que ceux qui ont été mis à mort et convaincus dudit crime, seront payés à leurs Maîtres *comme il a été usité de tous temps en pareil cas*; et vu aussi la répartition et taxe faite sur tous lesdits Habitans, nous ordonnons à un chacun d'eux de payer leur taxe aux Héhitiers du sieur Gaschet pour le remboursement d'un de ses Negres convaincus de ce crime, et mis à mort. Donné au Port de Paix le 15 Février 1697, ainsi signé DANZÉ. Reçu sur le recensement six pieces, sept écus. *Signé* PIERRE GASCHET.

R. au Greffe du Siége Royal du Cap, *le* 7 *Février* 1711.

On connoît par cette Ordonnance quel étoit le nombre des Esclaves du Quartier du Port de Paix à cette époque, et elle confirme ce que nous avons dit précédemment de l'ancienneté de l'usage de faire payer le prix des Negres suppliciés par les Habitans.

E D I T *concernant les Formalités qui doivent être observées dans les Mariages.*

Du mois de Mars 1697.

LOUIS, etc. SALUT. Les saints Conciles ayant prescrit comme une des solemnités essentielles au Sacrement de Mariage, la présence du propre Curé de ceux qui contractent, les Rois nos Prédécesseurs ont autorisé par plusieurs Ordonnances, l'exécution d'un Réglement si sage, et qui pouvoit contribuer aussi utilement à empêcher ces conjonctions malheureuses qui troublent le repos, et flétrissent l'honneur de plusieurs Familles, par des Alliances souvent encore plus honteuses par la corruption des mœurs, que par l'inégalité de la naissance; mais comme nous voyons avec beaucoup de plaisir que la Justice de ces Loix et le respect qui est dû aux deux Puissances qui les ont faites, n'ont pas été capables d'arrêter la violence des passions qui engagent dans les Mariages de cette nature, et qu'un intérêt sordide fait trouver trop aisément des Témoins, et même des Prêtres, qui prostituent leur Ministere aussi bien que leur Foi, pour profaner de concert ce qu'il y a de plus sacré dans la Religion, et dans la Société civile; nous avons estimé nécessaire d'établir plus expressément que l'on avoit fait jusqu'à cette heure la qualité du domicile , tel qu'il est nécessaire pour contracter un Mariage en qualité d'Habitant d'une Paroisse , et de prescrire des peines dont la juste sévérité pût empêcher à l'avenir les surprises que des personnes supposées , et des Témoins corrompus, ont osé faire pour la Concession des Dispenses , et pour la célébration des Mariages , et contenir dans leur devoir les Curés et les autres Prêtres, tant Séculiers que Réguliers , lesquels oubliant la dignité et les obligations de leur Caractere, violent eux-mêmes les regles que l'Eglise leur a prescrites , et la sainteté d'un Sacrement dont ils sont encore plus obligés d'inspirer le respect par leurs exemples , que par leurs paroles ; et comme nous avons été informés en même temps qu'il s'étoit présenté quelques cas en nos Cours, auxquels n'ayant pas été pourvu par les Ordonnances qui ont été faites sur le fait des Mariages, nos Juges n'avoient pas pu apporter les remedes qu'ils auroient estimé nécessaires pour l'Ordre et la Police publique. A ces causes , etc. nous avons par notre présent Edit statué et ordonné , statuons et ordonnons , voulons et nous plaît :

Art. Ier. Que les dispositions des saints Canons , et les Ordonnances des Rois nos Prédécesseurs, concernant la célébration des Mariages , et notamment celles qui regardent la nécessité de la présence du propre Curé de ceux qui contractent soient exactement observées ; et en exécution d'iceux, défendons à tous Curés et Prêtres , tant Séculiers que Réguliers de conjoindre en Mariage autres personnes que ceux qui sont leurs vrais et ordinaires Paroissiens , demeurans actuellement et publiquement dans leurs Paroisses , au moins depuis six mois, à l'égard de ceux qui demeuroient auparavant dans une autre Paroisse de la même Ville , ou dans le même Diocèse; et depuis un an pour ceux qui demeuroient dans un autre Diocèse, si ce n'est qu'ils en aient une permission spéciale , et par écrit du Curé des Parties qui contractent, ou de l'Archevêque ou Evêque Diocésain.

Art. II. Enjoignons à cet effet à tous Curés et autres Prêtres qui doivent célébrer des Mariages , de s'informer soigneusement avant d'en commencer les Cérémonies, et en présence de ceux qui y assistent, par le témoignage de quatre Temoins dignes de Foi , domiciliés et qui sachent signer leurs noms , s'il s'en peut aisément trouver autant dans le lieu où l'on célébrera le Mariage , du domicile aussi bien que de l'âge , et de la qualité de ceux qui le contractent , et particulierement s'ils sont Enfans de Famille , ou en la puissance d'autrui , afin d'avoir en ce cas les consentemens de leurs Peres, Meres , Tuteurs ou Curateurs , et d'avertir lesdits Témoins des peines portées par notre présent Edit , contre ceux qui certifient en ce cas des faits qui ne sont pas véritables, et de leur en faire signer, après la célébration du Mariage, les Actes qui en seront écrits sur le Registre; lequel en sera tenu en la forme prescrite par les Articles vII, vIII, ix et x du Titre XX de notre Ordonnance du mois d'Avril 1667.

ART. III. Voulons que si aucuns desdits Curés ou Prêtres, tant Séculiers que Réguliers célebrent ci-après sciemment et avec connoissance de cause, des Mariages entre des personnes qui ne sont pas effectivement de leurs Paroisses, sans en avoir la permission par écrit des Curés de ceux qui les contractent, ou de l'Archevêque ou Evêque Diocésain, il soit procédé contr'eux extraordinairement; et qu'outre les peines Canoniques que les Juges d'Eglise pourront prononcer contr'eux, lesdits Curés et autres Prêtres, tant Sculiers que Réguliers qui auront des Bénéfices soient privés pour la premiere fois de la jouissance de tous les Revenus de leurs Cures et Bénéfices pendant trois ans, à la réserve de ce qui est absolument nécessaire pour leur subsistance, ce qui ne pourra excéder la somme de six cens livres dans les plus grandes Villes, et celle de trois cens livres, partout ailleurs; et que le surplus desdits Revenus soit aussi saisi, à la diligence de nos Procureurs, et distribué en œuvres pies par l'ordre de l'Archevêque ou Evêque Diocésain; qu'en cas d'une seconde contravention ils soient bannis pendant le temps de neuf ans des lieux que nos Juges estimeront à propos; que les Prêtres Séculiers qui n'auront point de Curés et de Bénéfices soient condamnés pour la premiere fois au bannissement pendant trois ans; et en cas de récidive, pendant neuf ans; et qu'à l'égard des Prêtres Réguliers, ils soient envoyés dans un Couvent de leur Ordre, tel que leur Supérieur leur assignera, hors des Provinces qui seront marquées par les Arrêts de nos Cours, ou les Sentences de nos Juges, pour y demeurer renfermés pendant le temps qui sera marqué par lesdits Jugemens, sans y avoir aucune Charge, Fonction, ni Voix active et passive; et que lesdits Curés et Prêtres puissent, en cas de rapt fait avec violence, être condamnés à plus grandes peines, lorsqu'ils prêteront leur Ministere pour célébrer des Mariages en cet état.

ART. IV. Voulons pareillement que le Procès soit fait à tous ceux qui auront supposé être les Peres, Meres, Tuteurs ou Curateurs des Mineurs, pour l'obtention des permissions de célébrer des Mariages, des Dispenses de Bancs, et des Mains-levées des oppositions formées à la célébration desdits Mariages; comme aussi aux Témoins qui ont certifiés des faits qui se trouveront faux, à l'égard de l'âge, qualité et domicile de ceux

qui

qui contractent, soit pardevant les Archevêques ou Evêques Diocésains, soit pardevant lesdits Curés et Prêtres, lors de la célébration desdits Mariages; et que ceux qui seront trouvés coupables desdites suppositions et faux témoignages, soient condamnés; savoir, les Hommes à faire amende-honorable, et aux Galeres pour le temps que nos Juges estimeront juste, et au bannissement s'ils ne sont pas en état de subir ladite peine des Galeres; et les Femmes à faire pareillement amende-honorable, et au bannissement, qui ne pourra être moindre de neuf ans.

ART. V. Déclarons que le domicile des Fils et Filles de Familles, Mineurs de vingt-cinq ans, pour la célébration de leurs Mariages, est celui de leurs Peres, Meres, ou de leurs Tuteurs ou Curateurs, après la mort de leurs Peres et Meres; et en cas qu'ils aient un autre domicile de fait, ordonnons que les Bancs seront publiés dans les Paroisses où ils demeurent, et dans celles de leurs Peres, Meres, Tuteurs ou Curateurs.

ART. VI. Ajoutant à l'Ordonnance de 1556, et à l'Article II de celle de 1639, permettons aux Peres et aux Meres d'exhéreder leurs Filles Veuves, même Majeures de 25 ans, lesquelles se marieront sans avoir requis par écrit leurs avis et conseils.

ART. VII. Déclarons lesdites Veuves, et les Fils et Filles Majeures, même de 25 et de 30 ans, demeurans actuellement avec leurs Peres et Meres, contractant à leur insçu des Mariages, comme Habitans d'une autre Paroisse, sous prétexte de quelque logement qu'ils y ont pris peu de temps auparavant leurs Mariages, privés et déchus par leur seul fait; ensemble les Enfans qui en naîtront des successions de leursdits Peres, Meres, Aïeuls et Aïeules, et de tous autres avantages qui pourroient leur être acquis en quelque maniere que ce puisse être, même du droit de Légitime.

ART. VIII. Voulons que l'Article VI de l'Ordonnance de 1639, au sujet des Mariages que l'on contracte à l'extrémité de la Vie, ait lieu, tant à l'égard des Femmes que celui des Hommes; et que les Enfans qui sont nés de leurs débauches avant lesdits Mariages, ou qui pourront naître après lesdits Mariages contractés en cet état, soient aussi bien que leur postérité, déclarés incapables de toutes successions.

Si donnons en mandement, etc. DONNÉ à Versailles au mois de Mars, l'an de grace 1697, et de notre regne le cinquante-quatrieme.

Signé LOUIS.

R. au Parlement de Paris, le 11 Mars 1697.

Cet Edit est dans la Classe trop nombreuse des Loix qui n'ont qu'une exécution variable et incertaine à Saint-Domingue.

Tome I. Cccc

ARRÊT du Conseil de Léogane, touchant un changement d'Office entre le Juge et le Procureur du Roi du Cap.

Du premier Juillet 1697.

LE Procureur-Général a représenté au Conseil que Me Michel Hubert s'étant présenté au Conseil pour être reçu à l'Office de Juge de la Jurisdiction du Cap, il auroit été reçu aux fonctions de ladite Charge dans les formes en tels cas requis, jusqu'à ce qu'il plût à Sa Majesté y pourvoir ; mais ledit Hubert étant audit lieu du Cap, au lieu d'exercer ladite Charge, auroit, au mépris du Conseil, cédé ledit Office à Me Louis l'Escoffier, sans aucun titre qui ait apparu jusqu'à présent, qui donne pouvoir audit Escoffier de l'exercer ; et ledit Hubert exerce celle de Substitut de Procureur-Général audit Siege ; de sorte que les changemens d'Office n'ayant jamais été usités en quelle partie du Monde où la Justice est réguliere, il seroit à craindre que le Conseil, en étant informé, ne se rendît responsable de tous les événemens, s'il n'y étoit pourvu.

LE CONSEIL Souverain faisant droit à ladite Remontrance, a fait défenses audit sieur Hubert d'exercer aucun Office de Judicature dans le ressort de ce Conseil, qu'au préalable il n'ait fait apparoir d'une meilleure conduite. Mande en outre audit sieur Escoffier de venir se faire recevoir à la premiere occasion. DONNÉ à l'Ester, etc.

ORDONNANCE du Juge du Petit-Goave, touchant l'Incendie du Greffe dudit lieu.

Du 9 Juillet 1697.

VU la Requête à nous présentée, par Me. Antoine Robineau, Notaire et Greffier de cette Jurisdiction, par laquelle il expose que, par la Descente faite par nos Ennemis en ce Bourg, ils auroient brûlé la maison qui sert de Greffe en ce lieu, de sorte que *tous les Actes et Minutes, tant du Greffe que du Notariat auroient été brûlés*, dont il demande acte pour sa décharge au bas de la Requête, et notre Ordonnance portant qu'icelle soit communiquée au Procureur du Roi de ce jour ; conclusions du Procureur du Roi, à ce qu'il nous plût nous transporter audit lieu pour en dresser notre Procès-verbal, lequel par nous a été fait en conséquence , aussi dudit jour. Autre Ordonnance à ce que ledit Procès-verbal soit communiqué audit Procureur du Roi ; conclusions dudit Procureur du Roi, et tout considéré, nous avons ordonné et ordonnons , à toutes personnes de quelles conditions qu'elles soient, qui sont chargées de biens de Mineurs, comme à tous autres, qu'ils aient incessamment à rapporter en ce Greffe les copies des Inventaires qui en auront été faits, s'ils en ont , pour servir de Minutes , ou de venir sans délais en faire leur déclaration par-devant nous , pour procéder à nouvel Inventaire pour la conservation des biens et intérêts desdits Mineurs, à peine aux Contrevenans d'y être contraints par toutes voies de Justice, même à tous les dépens, dommages et intérêts de toutes les Parties intéressées , ce qui sera publié et affiché par les Huissiers de cette Jurisdiction, en tous les lieux publics de son Ressort, à la diligence du Procureur du Roi , etc.

DÉLIBÉRATION du Conseil du Petit-Goave , pour en transporter les Séances à l'Ester, quartier de Léogane.

Du 6 Août 1697.

CEJOURD'HUI sixieme d'Août 1697, les Officiers du Conseil s'étant assemblés dans la maison de M. le Gouverneur , pour délibérer sur l'importance d'administrer la Justice, Sa Majesté, par son Edit de Création , ayant déterminé le Bourg du Petit-Goave pour l'établissement du Tribunal , et les Ennemis y ayant fait Descente le 8 Décembre passé, incendié la plus grosse partie dudit Bourg , et ruiné les Habitans , de maniere que les Parties et les Officiers dudit Conseil ne peuvent trouver à s'y loger, ce qui y feroit même plus de mal que de bien, en conséquence de cette raison ; après avoir pris avis de mondit sieur le Gouverneur , et ouï sur ce le Procureur-Général à ce présent, nous avons délibéré qu'à l'avenir le Conseil tiendroit en ce Quartier de Léogane, au Bourg de l'Ester, pendant un an , pendant lequel temps nous avons prié mondit sieur le Gouverneur de rendre compte à Sa Majesté de la nécessité du présent établissement ; nous avons délibéré en outre qu'on le feroit savoir aux Peuples , afin de s'y pourvoir selon leurs besoins. FAIT en Conseil le 6 Août 1697.

On a vu , par l'Arrêt du premier Juillet précédent , que le Conseil avoit déjà tenu des Séances à l'Ester.

LETTRE du Ministre à M. le Comte DE BOISSYRAIMÉ, Gouverneur de Sainte-Croix et du Cap, touchant la destination des Biens appartenans à ceux condamnés pour Duel.

Du 11 Septembre 1697.

J'AI rendu compte au Roi du Mémoire qui m'a été présenté de votre part, pour demander les Biens de deux Particuliers qui se sont battus en Duel ; Sa Majesté vous les auroit accordés, si la destination qui en est faite par les Edits ne l'en avoient empêchée, etc.

ORDONNANCE de M. DUCASSE, qui défend aux Capitaines d'embarquer les Soldats sans Congé.

Du 12 Septembre 1697.

LE sieur Ducasse, etc.

L'Ordonnance qui a été publiée contre les Capitaines Flibustiers, qui ont embarqué des Soldats Déserteurs, donne lieu aux autres de l'entreprendre, et étant absolument nécessaire de remédier à un abus aussi préjudiciable au service du Roi et au bien de sa Colonie, nous défendons à tous Capitaines Corsaires d'embarquer aucuns Soldats sans Congé, sous peine d'être punis corporellement, et confiscation des Prises qui seront faites, en faveur du Roi, afin d'intéresser par là les Equipages à s'y opposer. Nous défendons pareillement à tous Habitans de leur donner azile dans leurs Habitations, Corails ni Hâtes, sous peine de 500 liv. d'amende ; et de plus grande si le cas y échoit ; et aux Chasseurs d'en amener aucuns dans leurs Mornes, Montagnes, sous peine de galeres et de confiscation de leurs Canots et Viandes qu'ils apporteront ; et afin que personne ne l'ignore, nous ordonnons aux Aides-Majors de la faire lire, publier et afficher à une porte des Eglises et aux Bords de la Mer. DONNÉ à Léogane, ce 12 Septembre 1697, signé sur l'Original DUCASSE.

R. au Siege Royal du Petit-Goave le 19 du même mois.

ORDONNANCE *du Roi, pour encourager les Soldats réformés à aller Peupler les Colonies.*

Du 27 Novembre 1697.

SA MAJESTÉ étant informée du besoin qu'ont quelques-unes des Colonies des Isles Françoises de l'Amérique, d'être fortifiées d'Habitans, et voulant exciter ceux des Soldats congédiés de ses Troupes, par la réforme qu'Elle y a ordonnée, qui ne trouveront point à s'établir dans le Royaume, à y passer, et les mettre en état d'y subsister dans la suite par leur travail, avec commodité ; Sa Majesté a ordonné et ordonne, veut et entend que les Soldats congédiés de ses Troupes, tant de Terre que de Marine, qui passeront aux Isles de Saint-Christophe et de Saint-Domingue, jusqu'au premier Juillet prochain, et s'y feront Habitans, jouiront de l'exemption des Droits de Capitation pour eux, leur famille et leurs Negres s'ils en ont, pendant deux ans, et qu'il leur sera en outre fourni, par les ordres de l'Intendant ou de ceux qui seront par lui commis, une Ration de Farine pareille à celle qui se distribue aux Soldats, pendant un an, le tout à commencer du jour qu'ils auront été reçus Habitans, suivant les Certificats qui en seront donnés par le Gouverneur ; enjoint au sieur d'Amblimont, Gouverneur et Lieutenant-Général, au sieur Robert, Intendant de Justice, Police et Finances, et aux Gouverneurs Particuliers desdites Isles de tenir la main à l'exécution de la présente Ordonnance, qu'Elle veut être lue, etc.

LETTRE *du Roi à M. DUCASSE, pour lui annoncer la conclusion de la Paix avec l'Espagne, l'Angleterre et la Hollande.*

Du 27 Novembre 1697.

✗ Arrêt *du Conseil d'Etat, qui fixe à la somme de quatorze cens mille livres la part qui revient aux Habitans et Flibustiers de Saint-Domingue, et aux Armateurs du Pontchartrain et de la Françoise, dans les effets enlevés à Cartagene.*

Du 2 Décembre 1697.

Vu par le Roi, étant en son Conseil, les Requêtes respectivement présentées en icelui, l'une par le sieur de Vanolles, Trésorier-Général de la Marine, au nom, et comme Directeur de l'Armement des Vaisseaux commandés par le sieur de Pointis, armés en course, pour l'Expédition de Cartagene; et l'autre, par le sieur de Galliffet, Lieutenant de Roi de Saint-Domingue, pour les Habitans et Flibustiers de cette Colonie, qui y ont servi, et par les Armateurs des Frégates *le Pontchartain* et *la Françoise*, tendante à ce qu'il plaise à Sa Majesté autoriser la convention qu'ils ont faite pour terminer les contestations qui étoient entr'eux, pour le partage des effets enlevés de cette Ville, par laquelle ils sont demeurés d'accord que la portion qui reviendra auxdits Habitans Flibustiers et Armateurs demeurera fixée à la somme de quatorze cens mille livres, déduction faite du Dixieme dû au sieur Comte de Toulouse, Amiral de France; et Sa Majesté voulant bien autoriser cette convention, pour en assurer l'exécution, Sa Majesté étant en son Conseil a ordonné et ordonne que, suivant la convention des Parties, qui demeurera annexée à la Minute du présent Arrêt, la portion revenant auxdits Habitans et Flibustiers de Saint-Domingue, et aux Armateurs du Pontchartrain et de la Françoise, dans les effets enlevés à Cartagene, sera fixée à la somme de quatorze cens mille livres, qui sera payée par ledit sieur de Vanolles, audit sieur de Galliffet, moyennant quoi ledit sieur de Vanolles et les Intéressés en l'Armement dudit sieur de Pointis demeureront valablement déchargés de toutes leurs prétentions, sous quelque prétexte et à quelque cause que ce soit, de même que lesdits Habitans et Flibustiers le seront de leur part de toutes celles qu'on auroit pu avoir contr'eux, pour raison du Pillage de Cartagene, des Vivres fournis et des Marchandises qu'ils y ont embarquées sur leurs Bâtimens, à la réserve toute fois de celles qui en ont été apportées dans les Ports de la Rochelle et de Saint-Malo, par les Frégates *le Pontchartrain* et *la Françoise*, qui seront remis audit sieur de Vanolles ou au Porteur de sa Procuration, ou le prix provenantde la vente qui en aura été faite, déduit sur la part qui leur appartient dans ladite somme de quatorze cens mille livres. FAIT au Conseil d'Etat, etc.

LETTRE du Ministre à M. DUCASSE, pour établir deux Hôpitaux, l'un au Cap, l'autre à Léogane.

Du 25 Décembre 1697.

M. Le nombre de Soldats nouveaux qui seront envoyés à Saint-Domingue, pour rendre les Compagnies complettes, et celui des Passagers, qui ne manqueront pas d'y aller, excités par la grace que le Roi veut bien accorder à ceux qui s'y rendront, et à Saint-Christophe, avant le premier Juillet, m'oblige à vous faire part de la crainte que j'ai que ce secours ne soit pas aussi utile à la Colonie qu'il est à desirer par les maladies dans lesquelles tombent nécessairement ceux qui ne sont point accoutumés au climat de Saint-Domingue, qui en feront périr la meilleure partie, si on ne leur prépare des secours par lesquels ils puissent éviter les suites de ces premiers accidens; pour y parvenir, il me paroît que le soin le plus pressant que vous deviez avoir à présent, est de penser à établir un Hôpital au Cap, et un autre à Léogane, qu'on pourra, à l'avenir, transporter à l'Isle à Vache, ou y en faire un troisieme s'il convient. Vous pouvez pour cet effet y employer le fond que le Roi fait dans les Etats pour la dépense des Hôpitaux; profiter du temps que les Soldats, à leur arrivée, conserveront encore leur santé, pour les y faire travailler à demi journée; tirer quelques Negres des Habitans tour à tour, et les excitant partie par charité, et en partie par les ordres du Roi; convertir en peines pécuniaires les châtimens qu'ils mériteront, et faire du tout le meilleur usage, et le plus promptement qu'il vous sera possible. De ma part je chargerai M. Bégon de vous envoyer, par les Vaisseaux qui partiront à la fin du mois prochain, des ferrures, quelques matelats, des toiles pour les paillasses et pour des draps de lits, et des carreaux à paver. J'obligerai le Pere Supérieur de la Charité d'y envoyer incessamment des Religieux, et ceux qui fourniront des Negres pour les Flibustiers, d'en donner quelques-uns par aumône pour ces Hôpitaux. Le Roi leur fera aussi payer la Solde et la Ration de Farine des Soldats, pendant le temps qu'ils y seront, et vous pourrez en user de même pour les Engagés, dont les Maîtres doivent payer une partie de la dépense qu'ils causent ce que vous estimerez juste. Si, pour rendre ces établissemens solides il vous vient d'autres vues, telles que celles d'imposer quelques chose sur les Negres qui seront tirés des Pays étrangers, ou d'obliger à une contribution les Flibustiers retournés à Cartagene, vous m'en ferez part, afin que je puisse proposer à Sa Majesté d'y pourvoir.

Je suis, etc.

_____

LETTRE du Ministre aux Officiers du Conseil Souverain de Saint-Domingue, touchant l'exécution de l'Edit des Duels du mois d'Août 1679.

Du 8 Janvier 1698.

LA demande qu'a fait le nommé la Breche, des biens de son pere, tué en Duel, que vous avez confisqués au profit du Roi, m'ayant donné lieu d'examiner le Jugement que vous avez rendu contre lui le 19 Août dernier, j'ai trouvé qu'il n'est nullement conforme aux Ordonnances de Sa Majesté sur ce sujet, en ce que ces biens doivent être confisqués au profit de l'Hôpital, sans qu'il vous fût permis d'en faire aucune autre destination; que le nommé Passy, qui a accepté l'appel et s'est battu a dû être condamné à la mort, et non aux galeres; et qu'enfin vous deviez faire le Procès au Cadavre de la Breche, ou s'il ne se trouvoit point, au nommé Escoffier, qui paroît l'avoir enlevé. Sur le compte que j'en ai rendu au Roi, Sa Majesté m'ordonne de vous dire que son intention est, que vous vous conformiez entiérement au dernier Edit qu'Elle a donné sur le fait des Duels, que vous trouverez ci-joint; et que pour commencer à l'exécuter, vous fassiez remettre les biens de la Breche à l'Hôpital, en le chargeant d'une pension alimentaire pour son fils, ainsi que vous l'estimerez juste, etc.

TRAITÉ entre les Compagnies du Sénégal et de Guinée, et les Habitans de Saint-Domingue, intéressés à l'Expédition de Carthagene pour fournir mille Negres à ces derniers.

✗ Du 21 Janvier 1698.

PARDEVANT les Notaires à Paris soussignés, furent présens, etc. Tous Directeurs et Intéressés en la Compagnie Royale du Sénégal et Côtes d'Afrique, tant pour eux que pour les autres Intéressés en ladite Compagnie, dont ils se font et portent fort d'une part ; et Messire Joseph de Galifet, Lieutenant de Roi en l'Isle de Saint-Domingue en Amérique, tant pour lui que pour les Armateurs de ladite Isle de Saint-Domingue, qui ont assisté à l'expédition de Carthagene, dont il se fait fort en conséquence de l'ordre exprès de Monseigneur de Pontchartrain, Ministre et Secrétaire d'Etat, Contrôleur-Général de Finances et Surintendant du Commerce, ledit sieur de Galifet étant à présent en cette Ville. Lesquelles Parties sont convenues de ce qui en suit : lesdits sieurs Directeurs et Intéressés promettent livrer audit sieur de Galifet, ou autres ayant ses ordres en ladite Isle de Saint-Domingue, à tels Ports d'icelle habitués par les François qui leur seront indiqués au Quartier du Cap, aussitôt que les Vaisseaux y seront arrivés, et ce dans le courant de la présente année 1698, à peine de tous dépens, dommages et intérêts, sauf les cas fortuits, risques et périls de la mer, la quantité de mille Negres ou Négresses, deux tiers de mâles et un tiers de femelles, Pieces d'Inde, suivant l'usage des Isles d'Amérique, moyennant le prix et somme de 250 liv. par chacune desdites Pieces d'Inde ; lesquels Negres et Négresses seront mis à terre dans vingt-quatre heures de l'arrivée des Vaisseaux qui les porteront, et dans ledit temps il sera nommé par les Parties, ou ceux qui auront leurs ordres de chaque côté, un Chirurgien ou autres Personnes à ce connoissant pour regler lesdites Pieces d'Inde et les déclarer recevables ou de rebut ; et en considération de ce que dessus, ledit sieur de Galifet a consenti que sur les deniers appartenans auxdits Armateurs étant ès mains de M. de Vanolles, Trésorier-Général de la Marine, il soit payé auxdits sieurs Directeurs et Intéressés par forme d'avance, la somme de 150,000 liv. par les ordres dudit Seigneur de Pontchartrin sur leur quittance, portant promesse d'en tenir compte sur ledit prix ; et quant au surplus dudit prix desdits Negres et Négresses

Tome I. Dddd

montant à la somme de 100,000 liv., ledit sieur de Galifet audit nom consent, comme dessus, qu'elle soit aussi payée en cette Ville de Paris sur les mêmes deniers qu'il fera à cet effet mettre ès mains de MM. les Intéressés aux Vivres de la Marine. FAIT et passé à Paris audit Bureau de ladite Compagnie le, etc.

Le 8 Mars on paya les 150,000 liv., et le 21 Juillet suivant la solde
fut acquittée.

VENTE *d'un Magasin sis au haut de la Place d'Armes du Bourg du*
Cap, par M. DE GALIFET *au Roi, et Ordonnance du Gouverneur*
pour en faire payer le prix sur la recette du Droit d'Indigo.

Des 3 et 20 Février 1698.

L'AN 1698, le troisieme jour du mois de Février, pardevant nous Jacques Haguelon, Notaire au Siege du Cap Côte Saint-Domingue, soussigné; fut présent le sieur Pierre de la Fosse, lequel se faisant fort de M. de Galifet, a reconnu et confessé avoir vendu au sieur Jean Marie, Ecrivain principal de la Marine, faisant les fonctions de Commissaire en cettedite Côte, présent, acceptant et stipulant pour au nom et profit de Sa Majesté, du gré et consentement de M. Ducasse, Gouverneur des Colonies Françoises de l'Isle Espagnole; savoir, un Magasin bâti de bois de charpente, palissadé de planches de Palmistes, et couvert d'essentes, sis et situé au haut de la Place d'Armes dudit Bourg du Cap, pour et moyennant la somme de 3,000 liv. tournois, laquelle somme ledit sieur Marie promet faire payer incessamment et sans délai audit sieur Lafosse par le sieur de la Plasse, Receveur des Droits d'Indigo.

Le sieur Daniel de la Plasse payera comptant, des deniers de la Recette générale de l'Indigo, la somme de 3,000 liv. pour le paiement du Magasin acquis pour Sa Majesté du sieur de la Fosse, pour la vente du Magasin du sieur de Galifet, dont ledit sieur de la Plasse sera bien et valablement déchargé en rapportant le présent Contrat, notre présente Ordonnance et la Quittance dudit sieur de la Fosse, et ladite partie de 3,000 liv. allouée en dépense. DONNÉ au Cap le 20 Février 1698.
Signé DUCASSE.

On voit par ces Pieces qu'il n'y avoit point encore d'Ordonnateur à
Saint-Domingue, et que l'Aministration des fonds appartenoit au
Chef Militaire.

EXTRAIT *de la Lettre du Ministre à M. DUCASSE, concernant les Negres amenés en France, et la liberté à donner aux Mulâtres.*

Du 5 Février 1698.

J'AI rendu compte au Roi du Mémoire que vous m'avez envoyé au sujet des Negres, Sa Majesté m'ordonne de vous expliquer que tous ceux qui seront amenés des Isles en France par leurs Maîtres seront libres, suivant les Loix et l'Usage du Royaume, et ne pourront être contraints ni forcés d'y retourner; et à l'égard de ceux lesquels ayant été amenés en France, sont ramenés aux Isles pour y être vendus, elle ne veut point que vous le souffriez, ni qu'ils perdent la liberté qu'ils ont une fois acquise; j'en fais part à M. le Marquis d'Amblimont afin qu'il s'y conforme, je lui communique en même temps ce que vous proposez pour les Mulâtres *, et j'attendrai son avis avant de proposer au Roi de déroger au Réglement de 1685, qui n'a point été rendu avant d'avoir examiné à fond cette question.

R. au Conseil du Petit-Goave le 16 Juin 1698.

* *M. Ducasse proposoit, par sa Lettre du 27 Juin 1697, de porter une Loi qui déclareroit libres tous les Mulâtres dès qu'ils auroient atteint leur vingt-unieme année; c'étoit même un usage assez communément observé alors à Saint-Domingue et dans les autres Colonies.*

EXTRAIT *de la Lettre du Ministre au Gouverneur, touchant l'approbation donnée par Sa Majesté à l'Arrêté du Conseil du Petit-Goave, de tenir ses Séances pendant un an au Quartier de l'Ester.*

Du 5 Février 1698.

J'AI estimé nécessaire de vous dire que Sa Majesté a approuvé la délibération du Conseil, de tenir ses Séances pendant un an au Quartier de l'Ester, le Bourg du Petit-Goave ayant été ruiné en partie par les Anglois, dans la descente qu'ils ont faite au mois de Juillet dernier.

R. au Conseil de Léogane le 16 Juin suivant.

PROVISIONS *de Gouverneur de l'Isle de Sainte-Croix, établi au Cap Saint-Domingue, pour le sieur de Galiffet, Lieutenant de Roi de cette Isle, à la place du feu sieur de Boissiraimé.*

Du 15 Février 1698.

LOUIS, etc. SALUT. Le Gouvernement de l'Isle de Sainte-Croix, dont la Colonie a passé par nos ordres au Cap, Quartier de Saint-Domingue, étant à présent vacant par le décès du sieur de Boissiraimé, Lieutenant de Vaisseau, nous avons estimé qu'il étoit important au bien de notre Service de remplir cette Charge d'une personne sur la suffisance et fidélité de laquelle nous nous puissions reposer de la conduite de nos Sujets établis au Cap, et de tout ce qui peut augmenter leur Commerce ; et étant particulierement informé de l'affection et fidélité à notre service, capacité, prud'homie, valeur et expérience au fait des armes du sieur de Galiffet, notre Lieutenant en ladite Isle, dont il nous a donné des preuves en différentes occasions, A CES CAUSES, nous avons, ledit sieur Galiffet, commis, ordonné et établi ; et par ces Présentes, signées de notre main, commettons, ordonnons et établissons Gouverneur pour nous de ladite Isle et Colonie de Sainte-Croix, établie audit Cap, pour, en cette qualité, y commander sous l'autorité de M. Ducasse, Capitaine de Vaisseau, et Gouverneur de la Tortue et Isle Saint-Domingue, et dans les Forts qui pourront être ci-après bâtis audit Cap, tant aux Habitans qui y sont établis, et à tous autres François et Etrangers qui s'y établiront à l'avenir, de quelque qualité et condition qu'ils puissent être, qu'aux Soldats et Gens de guerre qui y sont et pourront être en Garnison, leur faire prêter à tous le serment de fidélité qu'ils nous doivent, faire vivre lesdits Habitans en bon ordre et police, suivant nos Réglemens ; maintenir le Commerce et trafic audit Cap, et généralement faire tout ce qu'il jugera à propos pour leur conservation, à la gloire de notre nom ; et au surplus, jouir de ladite Charge, aux Honneurs, autorités, prééminences et prérogatives accoutumés et y appartenans, et aux appointemens que nous réglerons par nos Etats, pendant trois années consécutives, à compter de cejourd'hui, quinze du présent mois de Février. De ce faire lui avons donné et donnons pouvoir par ces Présentes, par lesquelles mandons à notre très-cher et bien amé Cousin le Maréchal d'Estrées, Vice-Amiral de France, Viceroi de l'Amérique Méridionale et Septentrionale, etc.

Ces Provisions expliquent pourquoi les Gouverneurs du Cap ajoutoient autrefois à ce titre celui de Gouverneur de Sainte-Croix.

ORDRE *du Roi pour porter des Engagés aux Isles.*

Du 19 Février 1698.

SUR ce qui a été représenté à Sa Majesté, que les raisons qui l'ont engagée à changer l'usage d'insérer dans les passeports qui s'expédient pour les Bâtimens qui vont aux Isles de l'Amérique, la condition d'y porter des Engagés, et d'y substituer une certaine quantité de farine, sont cessées avec la guerre, qui permettra d'en rétablir entierement le commerce, et d'y envoyer avec un nombre suffisant de Vaisseaux, toutes les Denrées dont les Habitans peuvent avoir besoin, et qu'il seroit plus convenable à présent de rétablir cet usage pour fortifier dans la suite les Colonies par ces Engagés lorsqu'ils deviendront Habitans; Sa Majesté voulant y pourvoir, elle a ordonné et ordonne, veut et entend qu'à l'avenir il sera inséré dans les Passeports qui seront expédiés pour les Bâtimens allant aux Isles Françoises de l'Amérique, la condition d'y porter trois Engagés pour ceux de soixante tonneaux et au-dessous, quatre pour ceux de soixante tonneaux, jusqu'à cent tonneaux, et six pour ceux au-dessus; lesquels seront présentés à l'arrivée des Vaisseaux à la Martinique à l'Intendant des Isles, et dans les autres aux Gouverneurs, et dans l'absence à l'Officier qui commandera, qui en donneront au départ leurs Certificats, contenant les noms des Habitans qui se seront chargés desdits Engagés, pour être lesdits Certificats remis à l'arrivée des Bâtimens en France par les Capitaines, en faisant leur rapport aux Officiers de l'Amirauté du Port où ils aborderont, et par eux envoyés à la fin de chaque mois au Secrétaire d'Etat ayant le Département de la Marine; veut Sa Majesté que lorsque dans le nombre desdits Engagés il s'en trouvera qui sauront quelque métier, ils passent pour deux, en considération de l'utilité qu'ils pourront apporter aux Colonies, et du besoin qu'elles en ont; enjoint aux Gouverneurs, Intendans et autres Officiers, servant aux Isles Françoises de l'Amérique, aux Officiers des l'Amirauté, et à tous autres qu'il appartiendra, de tenir la main à l'exécution de la présente Ordonnance, que Sa Majesté veut être lue, etc. *Signé* LOUIS.

ORDRE DU ROI, *qui accorde à* M. DE GALIFFET, *Gouverneur du Cap, le Commandement de la Colonie pendant l'absence de* M. DUCASSE.

Du 25 Février 1698.

Cet Ordre tout simple nous a paru ne mériter qu'une indication.

R. au Conseil de Léogane, le 6 Septembre 1700.

LETTRE *du Ministre à* M. DE DUCASSE, *sur le renvoi des Vases sacrés pris à Carthagene, et la Culture du Sucre à Saint-Domingue.*

Du 26 Février 1698.

LE ROI ayant été informé par le compte que j'ai rendu à Sa Majesté des effets qui ont été rapportés de Carthagene par M. de Pointis, qu'il s'y est trouvé des Calices et autres Vases destinés pour le service Divin, et de l'Argenterie servant à l'ornement des Eglises; elle a pris la résolution de les y renvoyer, pour marquer plus publiquement son respect, pour tout ce qui a rapport à la Religion, quoiqu'il soit assez connu pour être rempli, en faisant remettre ces Vases dans les Eglises de son Royaume, et qu'aucune circonstance ne l'y oblige; elle a chargé pour cet effet M. de Romegou d'aller à Carthagene, aussitôt qu'il aura débarqué à Léogane les Munitions qu'il porte pour Saint-Domingue; comme il doit être favorablement reçu par les Habitans de Carthagene, et que ce qu'il y va faire peut ôter de leur esprit les mauvaises impressions qu'on leur a donné des François sur les courses et la conduite des Flibustiers; vous examinerez si on ne peut pas profiter de cette conjoncture, pour établir, avec quelques-uns d'eux, des liaisons de Commerce, dont Saint-Domingue soit l'entrepôt; et en ce cas vous ferez embarquer un homme habile, et entendu sur le rapport duquel vous puissiez compter pour les commencer, me remettant à vous, dont je connois l'expérience, pour lui donner les instructions nécessaires pour s'acquitter solidement de cette Commission, vous observant seulement de concerter le tout avec M. de Romegou, ensorte qu'il entre dans les mesures dont vous jugerez qu'il aura besoin pour y réussir.

J'ai vu, en examinant l'état de la Cargaison qui m'a été envoyé du

Bâtiment *le Dauphin* arrivé dans la Rade de la Rochelle, qu'il a rapporté une quantité considérable de Sucres ; et il paroît, par ce qu'on écrit à M. Bégon, qu'on se propose de s'appliquer beaucoup à cette Culture dans Saint-Domingue ; comme elle ne peut être que très-préjudiciable aux Colonies de l'Amérique, s'en fabriquant assez considérablement dans les Isles du Vent pour juger qu'il y en aura bientôt plus qu'il ne peut s'en consommer dans le Royaume, et qu'ainsi, ce sera un nouvel excédant ; l'intention du Roi est que vous détourniez les Habitans de cette vue, qui ne peut jamais leur être aussi avantageuse que la Culture de l'Indigo, du Coton, du Cacao, du Tabac et des autres Denrées, qui les mettra à portée dans peu de faire un Commerce, auquel Sa Majesté donnera toute la protection nécessaire pour le rendre utile ; j'attends de votre application que vous y parviendrez, et je vous y exhorte, parce que je regarde la diversité des Cultures dans les Colonies comme la chose la plus importante à leur bien, et qui peut le mieux contribuer à les maintenir dans un état florissant.

Vente d'un Magasin, sis à la Place d'Armes du Cap, au Roi.

Du 27 Février 1698.

Pardevant Jacques Haguelon, etc. furent présens M^e. François de Bonnefoy, Procureur du Roi en cette Jurisdiction, demeurant au Quartier de Moustique *, et Demoiselle veuve Piotard, lesquels ont reconnu avoir cejourd'hui vendu à Sa Majesté, ci présent et acceptant M. Marie, Ecrivain principal de la Marine, et faisant fonction de Commissaire en cettedite Côte, du gré et consentement de M. Ducasse, Gouverneur de la Colonie Françoise en cettedite Côte, un Magasin situé en la Place d'Armes du Bourg, de vingt pieds de largeur, couvert d'essentes, moyennant 3300 liv. tournois que lesdits Acquéreurs ont reconnu et confessé avoir eu de mondit sieur le Gouverneur, en un Mandat sur M. de la Plasse, Receveur-Général des Droits de l'Indigo, etc.

On voit encore ici le Gouverneur ordonner de l'emploi des fonds à l'exclusion du Commissaire de la Marine, non Ordonnateur.

* *Aujourd'hui la Plaine du Nord.*

✗ *A r r é t du Conseil d'Etat, qui déclare insaisissables les Sommes provenantes des Parts de la prise de Carthagene.*

Du 5 Mars 1698.

Sur ce qui a été représenté au Roi, étant en son Conseil, par le sieur de Vanolles, Trésorier-Général de la Marine, chargé des fonds de l'ar-mement en course fait au Port de Brest sous le commandement du sieur Baron de Pointis, qu'il a été fait entre ses mains des saisies de la part de plusieurs Particuliers qui se prétendent Créanciers des Intéressés en cet armement, et des Flibustiers et Gens de la Côte Saint-Domingue qui ont intérêt dans les retours; et ne voulant pas que les effets prove-nans de cette Course et de la prise de Carthagene faite par les Officiers et Equipages desdits Vaisseaux, et par lesdits Flibustiers et Gens de la Côte Saint-Domingue puissent être saisis sous quelque prétexte que ce soit, Sa Majesté étant en son Conseil, a ordonné et ordonne que ledit sieur de Vanolles payera aux Intéressés audit Armement, et aux Flibus-tiers et gens de la Côte Saint-Domingue, les sommes qui leur vien-dront du produit de ladite Course et de la prise de Carthagene, suivant les partages qui en seront faits, nonobstant toutes saisies faites et à faire, desquelles Sa Majesté l'a déchargé et décharge; fait très-expresses dé-fenses à tous Juges d'ordonner aucunes saisies sur lesdits effets, et à tous Huissiers et autres de les signifier et mettre en exécution, à peine contre les uns et les autres d'en répondre en leur propre et privé nom, et de 11,000 liv. d'amende pour chaque contravention. Fait au Conseil d'Etat, etc.

Letres de Cachet du Roi au Conseil du Petit-Goave, pour assister au Te Deum *de la Paix.*

Du 12 Mars 1698.

A nos amés féaux, etc. Ayant donné nos ordres au sieur Ducasse, Gouverneur de Saint-Domingue, de faire chanter le *Te Deum* dans la principale Eglise de cette Isle en action de grace de la Paix qui vient d'être conclue avec toutes les Puissances de l'Europe avec lesquelles nous

étions

étions en guerre depuis long-temps, nous vous mandons et ordonnons d'y assister en Corps de Cour au jour et à l'heure que le sieur Ducasse vous le fera savoir; si n'y faites faute. Car tel est notre plaisir. Donné à Versailles le 12 Mars 1698.

R. le 16 Juin suivant.

ORDONNANCE *du Juge du Cap, touchant l'Incendie des Minutes du Greffe du Siege Royal du même lieu, et du Notariat par les Ennemis de l'État en Janvier 1691 et Juin 1695.*

Du 17 Mars 1698.

SUR la Remontrance qui nous a été faite par le Procureur du Roi suivant les Requêtes qu'il nous a présentées, que toutes les Minutes, tant du Greffe que du Notariat de cette Jurisdiction, ayant été incendiées par les Anglois et Espagnols pour lors Ennemis de l'Etat lorsqu'ils sont venus en ce Quartier, ainsi qu'il paroît par le Procès-verbal fait le 17 Août 1695, et que la plupart des Tuteurs et Curateurs chargés des biens des Mineurs n'auroient fait aucune déclaration ni procédé à d'autres Inventaires, ni même remis en ce Greffe les Copies d'iceux dont ils sont assujettis pour servir d'originaux et pour sûreté des droits et intérêts desdits pupilles, ledit Procureur du Roi nous auroit requis qu'il nous plût y pourvoir; et faisant droit à ses conclusions, nous ordonnons à toutes personnes, de quelque qualité et conditions qu'elles soient, de l'étendue de cettedite Jurisdiction chargés desdits biens que de ceux des absens, de venir incessamment au Greffe de ce lieu remettre les Copies desdits Inventaires, s'ils en ont, pour tenir lieu de Minutes; sinon et à faute de ce, leur enjoignons de faire sans délai leurs déclarations par devant nous, afin qu'il soit incessamment fait de nouveaux Inventaires, sur telles peines qu'il appartiendra aux contrevenans, et d'y être contraint par les voies de droit et procédé à leurs frais et dépens, et même des Parties intéressées; et afin que la Présente soit notoire à un chacun, sera lue, publiée et affichée dans tous les Quartiers de ce Siege, à l'issue des Messes Paroissiales. *Signé* ROBINEAU.

Nous pouvons assurer que le Procès-verbal du 17 Août 1695, dont il est mention dans cette Ordonnance, n'existe plus au Greffe du Siege Royal du Cap. Nous avons été aidés par les Employés de ce Greffe dans

Tome I.   Eeee *la recherche longue et exacte que nous en avons faite, et leur zele et le nôtre ont été infructueux. Nous pouvons assurer également qu'il est beaucoup d'anciennes Minutes du Greffe et du Notariat avant 1700 qui ne se trouvent plus, quoique portées sur les Répertoires. L'incendie de 1734, les Insectes, le Transport des Minutes lors de la guerre, et aux différentes mutations de Greffiers et à la mort des Notaires; peut-être aussi le défaut d'exactitude dans les Commis chargés de faire des expéditions ou de les replacer dans les liasses; voilà trop de causes sans doute pour un effet aussi funeste dans ses suites. Cependant nous n'avons pas eu occasion de remarquer de semblables pertes dans les Actes depuis 1700, excepté de ceux indiqués dans le Procès-verbal fait après l'Incendie de 1734. Il est donc bien essentiel que les personnes qui ont des Expéditions d'Actes passés à Saint-Domingue pendant le siecle dernier, fassent, pour les conserver, ce que le Ministere Public exigeoit des Tuteurs à l'égard des Inventaires à l'époque de l'Ordonnance que nous venons de rapporter, d'autant que les Jurisdictions du Port-de-Paix et du Petit-Goave ont éprouvé des malheurs semblables.*

ARRÊT *du Conseil du Petit-Goave, qui ordonne que le Réglement des Droits de Justice sera examiné.*

Du 18 Mars 1698.

SUR la Requête présentée par le Procureur-Général du Roi, contenant que le Réglement fait lors de la création du Conseil, pour la taxe des droits des Officiers de Justice, n'ayant été mis que sur cartes volantes sans être enregistré, il est arrivé que ledit Réglement a été égaré long-temps; et qu'ayant passé par plusieurs mains, il a été altéré en différentes manieres, de maniere qu'il est d'une très-grande importance que ledit Réglement soit revu et examiné de nouveau pour être réparé dans ses altérations et rétabli dans un ordre certain; pour à quoi parvenir, il requiert à ce qu'il plaise au Conseil, etc.

LE CONSEIL a décerné Acte du contenu en icelle, et en conséquence ordonne que ledit Réglement dont il s'agit sera examiné par M. Christophe Champenois et Jean Nicolas, Conseillers séans nommés pour Commissaires, conjointement avec le Procureur-Général, qui régleront les droits des Officiers de Justice pour leur rapport fait être ordonné ce que de raison, etc.

COMMISSION *de Commissaire Ordinaire de la Marine départi aux Isles de l'Amérique pour* M. MITHON DE SENNEVILLE.

Du premier Avril 1698.

LOUIS etc. A notre cher et bien amé le sieur Mithon de Senneville, Ecrivain principal de la Marine, faisant les fonctions de Commissaire aux Isles de l'Amérique; SALUT. La satisfaction que nous avons des services que vous nous avez rendus dans lesdites fonctions, nous conviant à vous en donner des marques, nous avons estimé à propos de vous établir dans ladite Charge pour jouir des prérogatives et des appointemens qui y sont attachés. A CES CAUSES, et autres à ce nous mouvant, nous vous avons commis, ordonné et établi, et par ces Présentes, signées de notre main, commettons, ordonnons et établissons Commissaire ordinaire de la Marine auxdites Isles de l'Amérique, pour en ladite qualité vous transporter dans chacune desdites Isles pour faire les revues des Officiers et Soldats des Compagnies que nous y entretenons pour la défense des postes maritimes dudit Pays; tenir la main à ce que les Capitaines desdites Compagnies paient soigneusement la solde des Soldats qui les composent, lorsqu'elle leur aura été remise; recevoir les plaintes qui pourroient vous être faites par lesdits Soldats contre lesdits Capitaines, pour ne les avoir pas payé de leur solde; tenir un Registre des revenansbons à cause des absens et des morts, faire le recensement toutes les années des Habitans desdites Isles, et des Mémoires sur l'état de leurs armes, pour le tout être envoyé au sieur Robert, Intendant de Justice Police et Finances auxdites Isles pour nous en informer; et faire les autres fonctions dépendantes de ladite Charge suivant les ordres qui vous en seront donnés pour notre service; de ce faire vous donnons pouvoir et mandement spécial par cesdites Présentes. Mandons à notre très-cher et bien amé Cousin le Maréchal d'Estrées, Vice-Roi desdites Isles, au sieur Marquis d'Amblimont, Gouverneur et notre Lieutenant-Général auxdites Isles, et au sieur Commandeur de Guitaud, notre Lieutenant-Général en l'absence et au défaut dudit sieur Marquis d'Amblimont, audit Intendant, et à tous autres qu'il appartiendra, de vous reconnoître et faire reconnoître en ladite qualité de Commissaire établi auxdites Isles ès choses concernant ladite Charge. Car tel est, etc.

M. de Mitton a résidé à la Martinique pendant qu'il étoit simple Commissaire de la Marine destiné au service particulier des Isles.

ORDONNANCE *de* M. DUCASSE *pour la fixation du Prix des Denrées.*

Du 12 Mai 1698.

LE sieur Ducasse, etc.

La Police est la premiere marque de la bonne conduite d'un Pays, et la suite d'une longue guerre nous ayant empêché de l'établir dans toute l'étendue de notre Gouvernement, la publication de la Paix nous oblige aujourd'hui de commencer par l'objet qui intéresse les pauvres. Les denrées nécessaires aux alimens des malades étant d'une cherté exhorbitante, et l'expérience nous ayant appris qu'il en est mort considérablement faute de secours, et Sa Majesté en ayant été informée, nous a ordonné de faire fonder des Hôpitaux sous l'administration des Freres de Saint-Jean de Dieu qui sont déja arrivés à cette fin. Nous faisons savoir à toutes sortes de Personnes, que du jour de la publication de la Présente, ils aient à se regler, les Vendeurs et les Acheteurs, aux prix qui seront marqués ici-bas; savoir :

	Escalins
Une Poule pondante	2
Un Chapon	3
Un Coq.	2
Un Poulet.	1
Une douzaine d'Œufs.	1
Un Coq d'Inde	6
Une Poule d'Inde	4
Un Mouton	12
Un Agneau.	4

La livre de Bœuf à 3 sols pour l'Hôpital, et demi escalin pour le Public selon l'usage, ci. . . . . demi escalin.

La livre de Veau à 4 sols pour l'Hôpital, et 5 sols pour le Public, ci. . . . . 5 sols.

La livre de Tortue 3 sols pour l'Hôpital, et demi escalin pour le Public, ci. . . . . demi escalin.

La livre de Poisson 3 sols pour l'Hôpital, et demi escalin pour le Public, ci. . . . . demi escalin.

La pinte de Lait 3 sols pour l'Hôpital, et demi escalin pour le Public, ci. . . . . demi escalin.

La livre de Beurre frais un escalin et demi pour l'Hôpital, et deux pour le Public, ci. . . . . deux escalins.

Le Pain sera réglé tous les mois par les Procureurs du Roi des Juris-dictions, selon le prix de la Farine, comme aussi les mesures pour le Vin selon l'usage de Paris, et ils régleront la Police afin qu'il n'y ait point de scandale dans les Cabarets, et que les Dimanches et Fêtes il ne s'y débite rien pendant que le Service Divin se fera. Voulons que la Présente soit lue, publiée, et affichée à l'issue de la Grand-Messe des Paroisses, et les contrevenans aux prix ci-dessus et aux Réglemens des Procureurs du Roi, condamnés en 100 liv. d'amende payable par corps et applicable aux Hôpitaux, à l'exécution de quoi les Officiers des Jurisdictions tiendront la main. DONNÉ à Léogane ce 12 Mai 1698.

Signé DUCASSE.

R. au Conseil le même jour.

ARRÊT du Conseil d'Etat, portant; 1°. acceptation d'offre de porter quatre mille Negres aux Isles; 2°. Défenses d'y mener lesdits Negres, parce qu'ils doivent être pris chez les Etrangers.

Des 27 Mai 1698 et 10 Février 1699.

LE ROI étant informé de la nécessité qu'il y a de faciliter promptement aux Colonies des Isles de l'Amérique les moyens de rétablir leurs Habitations et les cultures, beaucoup diminuées par la Guerre, et surtout par la disette des Negres, les Compagnies du Sénégal et de Guinée n'ayant point été en état de satisfaire depuis long-temps à l'obligation où elles sont d'en fournir annuellement, savoir celle du Sénégal huit cens, et celle de Guinée mille; Sa Majesté auroit accepté les offres qui ont été faites par le sieur Boistard, Payeur des Rentes, de faire passer auxdites Isles quatre mille Negres, à condition qu'il lui sera permis de porter dans les Pays étrangers les Sucres et autres Marchandises et denrées qui lui seront données par les Habitans en paiement, en acquittant les Droits, ainsi que font lesdites Compagnies; et voulant donner audit sieur Bois-tard les moyens d'exécuter incessamment sa proposition, ensorte que les Habitans des Isles en puissent recevoir un prompt secours, Sa Majesté étant en son Conseil, après avoir vu les consentemens donnés par les Fermiers-Généraux, et par ceux du Domaine d'Occident, et par les Intéressés aux Compagnies de Guinée et du Sénégal, a accepté et agréé les offres faites par ledit sieur Boistard, de faire porter dans les Isles Françoises de l'Amérique la quantité de quatre mille Negres, à condition qu'il la remplira dans le terme de trois années, à commencer du premier Août prochain, qu'il en fera passer trois mille aux Isles du Vent, et mille à Saint-Domingue, et qu'il ne pourra les prendre ni en traiter dans l'étendue des Concession des Compagnie de Guinée et du Sénégal, à peine de confiscation des Bâtimens qui y seront trouvés négociant pour leur compte, ou y auroient été, et de leur cargaison ; lui permettant de les vendre au prix qu'il conviendra, avec les Habitans, et de porter dans les Pays étrangers les Sucres et autres denrées qu'il recevra d'eux en paiement, en acquittant en France la moitié des Droits des cinq Grosses Fermes, et du Domaine d'Occident, ainsi que le pratiquent les Compagnies du Sénégal et de Guinée, pour les Sucres qu'elles traitent, sur les Certificats des Commis desdites Fermes, visés pour la Martinique par le sieur Robert, Intendant auxdites Isles Françoises de l'Amérique, ou par les Gouverneurs pour les autres. Enjoint aux sieurs d'Amblimont, Lieutenant-Général auxdits Isles, et Robert, de tenir la main à l'exécution du présent Arrêt. Fait au Conseil d'Etat, etc.

Le Roi étant informé que le sieur Boistard, qui s'est chargé de fournir aux Isles Françoises de l'Amérique quatre mille Negres, aux conditions portées par l'Arrêt du Conseil du 27 Mai 1698, a traité de cette fourniture avec des Hollandois, pour en tirer un plus grand avantage, ce qui seroit directement contraire aux intentions de Sa Majesté, et admettre les Etrangers en participation du Commerce des Isles, contre tous les principes établis pour le maintien des Colonies ; à quoi Sa Majesté voulant pourvoir, Sa Majesté étant en son Conseil, a révoqué et révoque la Permission accordée audit Boistard, par ledit Arrêt du 27 Mai 1698, de porter et débiter quatre mille Négres aux Isles Françoises de l'Amérique ; lui fait défenses de l'exécuter, à peine de confiscation des Negres et des Bâtimens qui auront servi à leur transport, etc.

ARRÊT du Conseil d'Etat, qui ordonne que les Sucres bruts des Isles de l'Amérique payeront à leur entrée dans le Royaume, trois livres seulement du cent pesant ; les Sucres terrés, quinze livres du cent pesant ; et les Sucres en pain rafinés auxdites Isles, vingt-deux livres dix sols, comme les Sucres étrangers.

Du 20 Juin 1698.

L ᴇ R ᴏ ɪ étant informé que l'occasion et la durée de la Guerre ont nécessité les Habitans des Isles de l'Amérique de se dispenser des principes et des regles prescrites sur la fabrique et destination de leurs Sucres, en s'adonnant au terrage desdits Sucres, par le bénéfice qu'il leur a procuré ; et les Rafineurs du Royaume, les uns, à fournir l'aliment à leurs Rafineries avec les Sucres des Prises, et les autres, de laisser tomber ces Rafineries par le défaut de matiere ; d'où il est arrivé que les Sucres terrés des Isles ont eu cours à la place des rafinés du Royaume, et que les Cassonnades du Bresil, qui doivent payer quinze livres de Droits d'entrée, ont été introduites en payant seulement huit livres, sous le titre et ressemblance de Sucres terrés des Isles, qui ne doivent que huit livres ; et voulant, Sa Majesté, rétablir l'exécution des Réglemens, et procurer en même-temps aux uns et aux autres les moyens de soutenir avantageusement leurs Fabriques et Rafineries, en donnant aux Habitans des Isles les moyens de consommer leurs Sucres terrés, ainsi que le rafiné, et aux Rafineurs du Royaume une diminution des Droits d'entrée sur le Sucre brut, pour exciter les Habitans à en faire leur principale Fabrique, par l'avantage qu'ils y trouveront, et à n'en point laisser manquer les Rafineries du Royaume ; Sa Majesté étant en son Conseil a ordonné et ordonne, que les Sucres bruts des Isles de l'Amérique payeront à leur entrée dans le Royaume trois livres seulement du cent pesant, les Sucres terrés quinze livres du cent pesant, et les Sucres en pain rafinés auxdites Isles vingt-deux livres dix sols, comme les Sucres étrangers. Et pour procurer aux Habitans desdites Isles le débit de leurs Sucres terrés et rafinés, permet, Sa Majesté, aux Négocians François, de les porter en droiture desdites Isles dans les Pays étrangers, en payant les Droits dûs au Domaine d'Occident, à condition néanmoins que leurs Bâtimens reviendront des Pays Etrangers en France, pour y faire leur décharge ; à l'effet de quoi ils donneront leurs soumissions et cautionnemens nécessaires, sans que pour quelque cause et sous quelque prétexte que ce soit ils puissent retourner des Pays Etrangers aux Isles, à peine de confiscation des Bâtimens et Marchandises, de six mille livres d'amende contre les Propriétaires, et de six mois de prison contre les Capitaines; le tout jusqu'à ce qu'autrement, par Sa Majesté, en ait été ordonné. Et sera le présent Arrêt, etc.

R. *au Conseil du Petit-Goave le 5 Janvier 1699.*

ARRÊT du Conseil d'Etat, concernant le rétablissement de la Plantation du Tabac à Saint-Domingue.

Du 20 Juin 1698.

LE ROI desirant procurer aux Habitans de Saint-Domingue le rétablissement de la Plantation du Tabac, et le débit de la récolte qu'ils en feront, à des prix et des conditions avantageuses auxdits Habitans; Sa Majesté auroit mandé en son Conseil les Cautions de M. Nicolas Duplanty, Fermier - Général de la vente exclusive des Tabacs de toutes natures, pour entendre leurs propositions, sur quoi ils auroient remontré que le défaut de la consommation et la nonvaleur des Tabacs de Saint-Domingue sont provenus des vices des Plantations et de la Fabrique, que s'il plaisoit au Conseil y pourvoir par un Réglement, ils se chargeroient, pendant six années consécutives, à commancer du premier jour de Janvier prochain, de prendre toute la récolte du Tabac de Saint-Domingue, en la fixant néanmoins à sept cens milliers, et qu'en cas d'excédant, ils le prendroient encore jusqu'à cent milliers, à condition que le surplus audelà des huit cens milliers sera dépéri sur les Propriétaires, qui n'en pourront rien prétendre contre lesdits Duplanty et ses Cautions, sous quelque prétexte que ce puisse être; et à la charge aussi que lesdits Propriétaires ne pourront vendre, troquer, ni donner, ni échanger aucuns desdits Tabacs de Saint-Domingue, à d'autres qu'audit Duplanty, à peine de confiscation, et de tous dépens, dommages et intérêts; pour établir la quotité de ce que chacun des Habitans pourra planter de Tabac, pour composer ladite quantité de sept cens milliers, il sera fait annuellement, par chacun des Cultivateurs, dans le temps qui sera prescrit, une déclaration de la portion de Tabac que chacun prétend planter; en conséquence de quoi il sera arrêté un rôle général de la rédaction desdites déclarations, contenant la répartition de la quantité desdits sept cens milliers

milliers de Tabac, à l'exclusion de tous autres, et ils seront livrés bons, loyaux et marchands, et suivant ledit Réglement; ensemble l'excédant s'il y en a, pourvu qu'il ne passe pas cent milliers, et payera, ledit Duplanty, lesdits Tabacs, savoir cinq cens milliers de premieres feuil-les, dont quatre cens cinquante seront en rôles, et cinquante milliers en feuilles, à raison de 16 liv. le cent pesant net poids de marc; le tout moyennant quatre pour cent de bon poids, outre quatre autres pour cent pour la tare des Bâtons, sur lesquels seront faits les rôles, qui seront marqués à la marque dudit Duplanty, fournis à ses frais, et dudit poids de quatre livres; tous lesquels Tabacs ledit Duplanty sera tenu de prendre sur les lieux, et de les y payer comptant ou en Lettres-de-Change, à quatre mois de vue, à son choix, à condition qu'il aura seul la faculté de les porter en droiture de Saint-Domingue à l'Etranger, ou de les apporter dans le Royaume, sous le bénéfice de l'Entrepôt, jusqu'à la quantité de cent milliers en rôle ou en feuilles, pour y être consom-més, et de payer à la Ferme du Domaine d'Occident les trois pour cent de toute la quantité des Tabacs qu'il tirera annuellement de Saint-Domin-gue, en la maniere accoutumée; le tout à la charge que ledit Duplanty jouira de six récoltes entieres, et que le Réglement pour la Fabrique contiendra que les Habitans seront tenus de se servir d'eau de mer pour la Fabrique de leurs Tabacs, et qu'ils ne pourront se servir deux fois ou pour deux humectages de la même eau, qu'ils ne pourront employer leurs feuilles qu'en bonne maturité, et qu'elles ne soient de reception, sans en mettre aucunes grêlées dans la Fabrique, ni rôler aucuns Tabacs trop humides, et que sur les bâtons qui seront fournis par ledit Du-planty, et à sa marque. Ouï le rapport du sieur Phelippeaux de Pont-chartrain, Conseiller ordinaire au Conseil Royal, Contrôleur-Général des Finances, Sa Majesté en son Conseil a agréé et accepté les offres et conditions dudit Duplanty, et en conséquence a reglé et fixé la Planta-tion annuelle du Tabac, à la quantité de sept cens milliers; ordonne, Sa Majesté que pour la répartition de ladite Plantation, il sera fait annuel-lement, par chacun des Cultivateurs, dans le temps qui sera prescrit par le Gouverneur de Saint-Domingue, une déclaration des Tabacs qu'ils entendent planter, sur lesquelles déclarations, en cas qu'elles excédent ladite quantité de 700 milliers, il sera fait un rôle général de répartition par réduction à la quantité de sept cens milliers, chacun au prorata et à proportion de la quantité contenue en sa déclaration, lequel rôle sera arrêté et autorisé par le Gouverneur de Saint-Domingue, et par l'Ecri-vain principal qui y sera, comme Subdélégué de l'Intendant des Isles

Tome I. 　　　　　　　　　　　　　　　　　Ffff

Françoises de l'Amérique ; et pour prévenir les contestations qui pourront survenir sur les qualités de Tabac, à la réception d'iceux, ordonne, Sa Majesté, que lesdits Gouverneur et Ecrivain principal entendront les principaux Habitans des lieux, ensemble les Commis dudit Duplanty, et seront dressés par eux *, en leur présence, les articles du Réglement qu'il conviendra faire, pour la perfection de la Fabrique, qui seront signés par toutes les Parties, pour lesdits articles, et l'avis desdits Gouverneur et Ecrivain principal, être vus et rapportés, et par Sa Majesté ordonné ce que de raison ; et cependant que, par provision, lesdits Habitans ne pourront se servir que d'eau de mer pour la Fabrique de leurs Tabacs, ni se servir deux fois ou pour deux humectages de la même eau, ni employer dans la Fabrication que des feuilles de reception, sans qu'il puisse y en entrer aucunes grelées ; qu'ils ne pourront rôler aucuns Tabacs que sur les bâtons, qui leur seront fournis sans frais, par les Commis dudit Duplanty, et marqués à sa marque, du poids de quatre livres ; veut, Sa Majesté, que tous lesdits Tabacs soient reçus par les Commis de Duplanty, sur les lieux, jusqu'à la quantité de sept cens milliers seulement, et que le surplus soit brûlé ou jetté à la mer, ou tombé en pure perte sur les Habitans, à la diligence desdits Commis, sans que lesdits Propriétaires en puissent vendre, troquer et échanger à d'autres qu'audit Duplanty, sous quelque prétexte que ce puisse être ; en cas de fraude, que ledit Tabac soit confisqué au profit dudit Duplanty, et les Contrevenans condamnés aux amendes portées par l'Ordonnance de Sa Majesté, sur le Tabac, du mois de Juillet 1681 ; tous lesquels Tabacs seront payés, savoir cinq cens milliers des premieres feuilles, dont quatre cens cinquante milliers seront en rôles, et cinquante milliers en feuilles, à raison de 16 liv. le cent pesant net, et excédant le poids de marc de quatre pour cent, non compris les bâtons qui seront diminués, pour 4 liv. ; lequel paiement sera fait sur les lieux, par les Commis de Duplanty, ou en Lettres-de-Change, à quatre mois de vue, à son choix ; permet, Sa Majesté, audit Duplanty de transporter lesdits Tabacs dans le Royaume, par les Ports permis, sous le bénéfice de l'entrepôt, ou en droiture de Saint-Domingue, à l'Etranger, à condition, oute fois de payer, par ledit Duplanty, les trois pour cent dûs à la Ferme d'Occident, et d'apporter annuellement, dans le Royaume, suivant sa soumission, au moins cent milliers dudit Tabac en rôle ou en feuilles, à

---

* *Ici commencent quelques fonctions communes entre le Gouverneur de Saint-Domingue et l'Officier du Corps de l'Administration.*

son choix, pour y être consommés, le tout pour avoir lieu pendant six années, et pour six récoltes, au profit dudit Duplanty, qui commenceront au premier Janvier de l'année prochaine 1699 ; néanmoins qu'à la derniere desdites six années il ne pourra débiter ledit Tabac dans le Royaume, ni le vendre à d'autres qu'au Fermier qui lui aura succédé ; et, si pendant le courant desdites six années ledit Duplanty a besoin que la Plantation des Tabacs ci-dessus fixée soit augmentée, la quantité qu'il demandera au-dessus des sept cens milliers lui sera accordée, en avertissant les Cultivateurs trois mois auparavant le temps de la Plantation, et lesdits Tabacs provenans de ladite augmentation, qui lui seront livrés, seront par lui payés aux Propriétaires, au prix dont il conviendra avec eux, de gré à gré, sans que les prix fixés ci-dessus puissent être tirés à conséquence de part ni d'autre pour cette quantité d'augmentation seulement. FAIT au Conseil d'Etat du Rõi le 20 Avril 1698.

R. au Conseil Souverain du Petit-Goave le 5 Janvier 1699.

PROCÈS-VERBAL du Conseil du Petit-Goave, sur le Cérémonial d'un Feu de Joie fait à la Petite Riviere, pour la Paix.

Du 21 Juin 1698.

LE 21 Juin 1698, en exécution des ordres du Roi, contenus dans la Lettre de Sa Majesté, enregistrée ; le Conseil assemblé en Corps est allé chez M. Ducasse, Gouverneur, et l'a accompagné à l'Eglise de la Paroisse de la Petite Riviere, où étant, le Clergé a commencé à chanter le *Te Deum*, marchant en Procession, où mondit sieur le Gouverneur a assisté, suivi immédiatement par le Corps du Conseil, et après avoir fait trois fois le tour de l'Edifice destiné à faire le Feu de Joie, le Greffier du Conseil a pris le Flambeau des mains du Curé, et l'a mis entre celles du Doyen du Conseil, qui l'a présenté à M. le Gouverneur, qui, après avoir mis le feu a remis le Flambeau entre les mains dudit Doyen, qui, après avoir mis le feu a donné le Flambeau en celles du Sous-Doyen, et successivement a été pareillement remis à chaque Conseiller, et au Procureur-Général, suivant leur rang ; ensuite la Procession a continué en même ordre jusqu'à l'Eglise, en chantant les Prieres pour le Roi, et M. le Gouverneur reconduit chez lui par le Conseil. FAIT à l'Ester les jour et an que dessus.

ORDONNANCE de M. DUCASSE, portant établissement d'une Cure à l'Accul du Petit-Goave.

Du 1er Juillet 1698.

LE sieur Ducasse, etc.

Sur la demande qui nous a été faite par les Habitans de l'Accul du Petit-Goave, pour obtenir une permission d'établir une Paroisse dans le Quartier, attendu les difficultés qui arrivent journellement, qui empêchent qu'ils ne puissent assister au service Divin, que les malades meurent sans les secours spirituels, et plusieurs autres raisons pertinentes; s'offrant d'entretenir à leurs frais et dépens le Curé, aux gages de trois cens écus, comme les autres Cures; de contribuer en commun avec les Habitans du Petit-Goave, au paiement du Curé du lieu; auxquelles conditions, d'entretenir l'Eglise, de la décorer, la munir de Vases, et de tout ce qu'il sera nécessaire pour célébrer la Messe à ladite Eglise, qu'ils ont destinée et vouée au Bienheureux Saint Jean-Baptiste; nous donnons aux Habitans le droit de nommer à la Cure un Prêtre Séculier, tant qu'il plaira à Sa Majesté ou aux Gouverneurs qui nous succéderont, qui approuveront leur élection, et y pourvoiront. DONNÉ à Léogane le premier Juillet 1698.

R. au Siege Royal du Petit-Goave, le 5 du même mois.

EXTRAIT de la Lettre du Ministre à M. le Marquis D'AMBLIMONT, Gouverneur-Général des Isles; 1°. sur la maniere dont les Officiers de la Marine Royale doivent en user avec les Capitaines des Bâtimens Marchands, étant aux Isles; 2°. sur un Banc placé dans l'Eglise par un Major; 3°. sur les Congés des Officiers; 4°. sur l'envoi des Recensemens; 5°. sur les égards dûs à l'Intendant; 6°. sur les ordres à donner par le Gouverneur-Général aux Vaisseaux du Roi aux Isles.

Du 20 Août 1698.

1°. LES Officiers des Vaisseaux du Roi n'ayant aucun pouvoir de commander aux Capitaines des Bâtimens Marchands qui sont mouillés dans les Rades, Sa Majesté défend à M. de Pontac de se mêler de leur donner des ordres, à moins qu'il n'arrivât quelqu'accident imprévu pour lequel leur secours lui fût nécessaire, et Elle lui prescrit, lorsqu'il aura besoin de Chaloupes et autres Bâtimens, pour faire de l'eau ou débarquer des munitions plus promptement, de vous les demander, ou aux Gouverneurs Particuliers; et vous pouvez déclarer à ceux qui en useront autrement que le Roi vous charge de l'en informer, pour les en punir à leur retour.

2°. Sa Majesté veut que l'ordre qu'Elle a donné en 1681, de laisser aux Majors de la Martinique un Banc qui est dans l'Eglise du Fort Saint-Pierre, soit exécuté, et que le sieur Collet en jouisse, ainsi que ceux qui l'ont précédé, nonobstant l'opposition des Officiers de la Jurisdiction ordinaire.

3°. Le Roi n'a pas trouvé mauvais que vous ayez accordé au sieur de la Guarrigue de la Tournerie le Congé qu'il vous a demandé pour venir en France; mais vous deviez éviter avec attention d'accorder ces sortes de facilités aux Officiers, et attendre que vous ayez reçu les Congés que vous demanderez pour eux, à moins que quelqu'indisposition fâcheuse ne vous engage par nécessité à y pourvoir.

4°. M. de Feroles m'a envoyé le Recensement de l'Isle de Caïenne, et M. Ducasse promet celui de Saint-Domingue, aussitôt que la Colonie, dispersée depuis l'expédition de Carthagene, sera rassemblée; ainsi vous n'avez à penser qu'à ceux des Isles du Vent, dont il est nécessaire que vous pressiez les Gouverneurs de les envoyer à la fin de chaque année.

5°. Sur le compte que j'ai rendu au Roi de la derniere Procédure faite par M. Robert, au sujet du Commerce étranger, Sa Majesté a observé que M. Gabaret a fait mettre aux arrêts le Chevalier de Roincy, parce qu'il avoit donné un Tambour qui lui avoit été demandé par ledit sieur Robert, pour faire la publication de la vente des Negres saisis, et que vous ne l'avez pas fait mettre en liberté aussitôt qu'il s'en est plaint à vous; et Elle m'a ordonné de vous dire qu'Elle désapprouvoit beaucoup le procédé dudit sieur de Gabaret, et que vous n'y ayez pas remédié sur le champ. Cet Officier auroit été blamable s'il avoit refusé un Tambour et une Sentinelle lorsqu'ils lui sont demandés par l'Intendant, qu'il doit présumer en connoître la nécessité, et qui remplit les égards auxquels il est obligé, en s'adressant à l'Officier de garde lorsque le Gouverneur n'est pas présent.

6°. M. de Pontac à ordre de vous communiquer son Instruction , et d'exécuter ce que vous lui prescrirez , pour la remplir pendant le séjour qu'il fera aux Isles , etc.

EXTRAIT de la Lettre du Ministre à M. DUCASSE sur l'établissement des Magasins et des Hôpitaux ; les précautions à prendre contre la Maladie épidémique des Isles du Vent ; la maniere dont les Chefs des Vaisseaux du Roi doivent en user avec ceux des Marchands , et le Bois de Gayac.

Du 20 Août 1698.

LE Roi a approuvé l'emploi que vous avez fait du fond provenant de la recette des Droits sur l'Indigo , et que vous en ayez acheté les Magasins nécessaires dans les différens Quartiers de la Côte où on est obligé d'avoir des munitions et des vivres ; mais il est nécessaire que vous m'envoyez les Contrats , afin que l'acquisition pour Sa Majesté en soit constante. Il me paroît aussi que les deux Magasins qui sont situés au Bourg de la Petite Riviere sont peu utiles, et qu'on auroit pu s'en passer. Vous me ferez savoir les motifs que vous avez eu d'en prendre en cet endroit.

J'ai été informé que les Freres de la Charité, destinés pour établir deux Hôpitaux à Saint-Domingue, y sont arrivés. Je compte que, sur les avis que je vous en ai donnés à l'avance, vous vous serez disposé à leur procurer les secours qui auront dépendu de vos soins, pour les mettre en état d'y réussir, et que vous les aurez placés de maniere qu'ils seront à portée de soulager les Habitans du Cap, ceux de Léogane et du Petit-Goave ; le Roi a fait donner, par gratification, 8,000 liv. au Supérieur de la Charité pour les employer à fonder ces deux Hôpitaux, et Sa Majesté l'a chargé de le faire de concert avec vous, ensorte que ce fond serve à les rendre solides.

La communication avec les Bâtimens qui viennent des Isles du Vent, dans lesquels il se trouve des Passagers ou des Matelots attaqués de la maladie qui y regne, pouvant la renouveller et la faire continuer dans Saint-Domingue, l'intention du Roi est que vous l'empêchiez, et que vous obligiez les Capitaines et Equipages de ces Bâtimens de faire une espece de quarantaine que vous reglerez suivant l'état auquel ils sont,

et jusqu'à ce que leurs malades soient guéris ou morts. Vous observerez de donner le même ordre aux Officiers qui servent sous vous, et
de prendre les précautions nécessaires pour empêcher qu'il en arrive
aucun incident ni vexation.

Le Roi défend à M. le Marquis de Châteaumorand de prendre d'autorité aucuns Bâtimens dans les Ports et Rades de Saint-Domingue, et
lui marque, en cas qu'il en ait besoin, de vous les demander, à moins
qu'il ne survienne quelques accidens imprévus aux Vaisseaux qu'il commande, et auxquels il soit absolument nécessaire de pourvoir sur le
champ.

Comme on peut avoir besoin de bois de Gayac pour les ouvrages auxquels
on l'emploie dans les Arsenaux, vous en ferez embarquer sur le Wesp à
son retour, et je mande à M. Begon de vous marquer précisément la
quantité dont il est nécessaire de faire provision par chacun an, afin que
vous en fassiez un Traité avec les Habitans de Saint-Domingue, qui
pourront se charger d'en fournir, et vous profiterez de l'occasion des
Vaisseaux du Roi pour l'envoyer.

RÉGLEMENT du Roi, pour le Commerce des Isles de l'Amérique.

Du 20 Août 1698.

DE PAR LE ROI.

SUR ce qui a été représenté à Sa Majesté que les soins qu'elle a bien
voulu se donner depuis l'Etablissement de la Compagnie des Indes Occidentales, pour attirer dans le Royaume tout le Commerce des Isles
et Colonies Françoises de l'Amérique, ont eu tout le succès qu'elle
pouvoit en attendre, jusqu'aux dernieres années de la Guerre qui vient
de finir; que les différens mouvemens et désordres qu'elle a causés, ont
fait trouver aux Etrangers le moyen de s'y introduire, ensorte que la
plupart des Marchandises qui ont été envoyées depuis la conclusion de
la Paix, n'ont pu être vendues, et les Bâtimens François ont été obligés
d'y faire un séjour considérable pour prendre leurs chargemens; et Sa
Majesté connoissant combien il est important de conserver en entier,
dans la main de ses Sujets, ce Commerce et cette Navigation, elle
estime nécessaire de renouveller ses premiers Ordres en y ajoutant ce

qu'elle a jugé pouvoir remédier aux abus qui s'y sont glissés, et d'y statuer par le présent Réglement, ainsi qu'il suit :

ART. Ier. Les Propriétaires des Vaisseaux et Bâtimens qui seront destinés pour les Isles Françoises de l'Amérique, ne pourront les y envoyer qu'après en avoir obtenu les Passeports de Sa Majesté, qui seront expédiés sur les Certificats de l'Amirauté, portant que les Vaisseaux sont actuellement dans les Ports du Royaume, lesquels seront envoyés au Directeur-Général du Commerce ; lesdits Passeports seront enregistrés au Siege de l'Amirauté, d'où les Vaisseaux auront à faire leur départ, en donnant, par les Capitaines et Propriétaires, Caution, qui sera reçue en présence des Commis des cinq grosses Fermes, pour l'exécution des clauses et conditions qui y seront contenues, pour le retour en France, et pour le paiement des Droits dans les lieux où ils feront leur décharge, conformément aux Réglemens et aux Baux des Fermes.

ART. II. Veut Sa Majesté que les Passeports soient représentés à l'arrivée des Vaisseaux aux Isles, ensemble les Certificats des Officiers de l'Amirauté et des Commis des cinq grosses Fermes, contenant le lieu où ils auront pris leur Chargement, et les Marchandises qui le composent ; et qu'à leur retour des Isles, les Capitaines rapportent pareillement, à leur arrivée dans les Ports du Royaume, la déclaration qu'ils y auront faite aux Commis des Fermes, de la quantité et qualité des Sucres et autres Marchandises qu'ils y auront chargées ; et en cas que les Sucres soient des especes qu'il a été permis par l'Arrêt du 20 Juin dernier, de transporter dans les Pays Etrangers d'Europe, et qu'ils les y ait en effet portés, ils représenteront en outre le Certificat du Consul François dans le lieu où ils auront abordé, dans lequel la quantité et qualité de ceux qu'ils y auront débités, seront précisément expliqués.

ART. III. Veut Sa Majesté que ceux qu'on justifiera avoir contrevenu aux Articles ci-dessus, par leurs Charte-parties, Connoissemens, ou Livres-Journaux, ou qui ne représenteront point lesdits Passeports et Certificats, ou qui auront pris quelques Marchandises dans les Pays Etrangers, pour les porter aux Isles, soient condamnés ; savoir, les Propriétaires en 3,000 liv. d'amende, et en la confiscation des Vaisseaux et Marchandises, et les Capitaines en 1,000 liv. d'amende pour la premiere fois, et en six mois de prison en cas de récidive ; le tout applicable, un tiers au Dénonciateur ; un autre tiers à partager également entre le Gouverneur et le Lieutenant-Général des Isles, et le Gouverneur Particulier de celle où les Vaisseaux auront abordé, pour tous ceux qui seront jugés aux

Isles,

Isles ; et le troisieme au Fermier du Domaine d'Occident, dont il sera tenu d'employer la moitié au profit des Hôpitaux , suivant l'Ordonnance de l'Intendant ; et pour ceux qui seront jugés en France , le second tiers sera applicable au profit de Sa Majesté , et le troisieme à celui des Fermiers-Généraux des cinq grosses Fermes.

Art. IV. Fait Sa Majesté défenses à tous Marchands ou Propriétaires des Vaisseaux bâtis dans les Isles Françoises de l'Amérique , et dans la Nouvelle France , de trafiquer dans les Pays Etrangers , ni même de prêter leurs noms aux Etrangers , pour faire leur Commerce dans l'étendue desdites Isles ; voulant Sa Majesté que les Capitaines et Propriétaires de ceux qui y chargeront pour venir en France , ou aller dans quelqu'autre Colonie , donnent Caution aux Commis des Fermes , pardevant le Juge Ordinaire , qu'ils aborderont dans l'un des Ports de son obéissance , et y déchargeront leurs Marchandises , dont ils apporteront à leur retour des Certificats des Officiers de l'Amirauté , ou des Juges Ordinaires , et des Commis des Fermes , à peine pour le tout de confiscation des Vaisseaux et des Marchandises , et de 500 liv. d'amende , payable , tant par les Propriétaires que par les Cautions , applicable un tiers au Dénonciateur , un tiers au Fermier des cinq grosses Fermes , et le troisieme au Gouverneur Particulier de l'Isle où les Vaisseaux auront été saisis , et aux Hôpitaux par portion égale.

Art. V. Sa Majesté fait pareillement défenses à tous Etrangers d'aborder avec leurs Vaisseaux et autres Bâtimens dans les Ports et Rades des Isles Françoises de l'Amérique , et de naviguer aux environs d'icelles , ensemble aux Gouverneurs, Commandans et Officiers de les y recevoir , ni souffrir , pour quelque cause et sous quelque prétexte que ce soit , qu'il en soit déchargé ni rechargé aucunes Marchandises , à peine de confiscation et de six mois de prison contre les Capitaines ou Maîtres et leur Equipage , et contre les Officiers de désobéissance , et d'être punis comme Refractaires aux Ordres de Sa Majesté ; et à l'égard des Habitans qui auront reçu des Marchandises des Etrangers , ou entretenu correspondance avec eux , pour raison de Commerce , ils seront condamnés en deux mille livres d'amende et six mois de prison pour la premiere fois , et aux Galeres pour trois ans en cas de récidive ; ceux qui auront aidé à les transporter, qui les auront cachées ou donné facilité , en quelque maniere que ce soit , aux Galeres pour trois ans , et les Marchandises confisquées , soit qu'elles soient entre les mains des Habitans, auxquels elles auront été adressées , ou celles de ceux qui les auront achetées d'eux ; qui seront en outre condamnés en 1,000 liv. d'amende , si on trouve quelques preuves qu'ils en aient eu connoissance ; enjoignant Sa Majesté très-expressément à l'Intendant des Isles de tenir la main à l'exécution de ce que dessus, et de fare poursuivre tous ceux qui lui seront dénoncés avoir part et être entré dans ce Commerce, à peine d'en répondre ; voulant qu'à cet effet il lui soit prêté main-forte par tous Commandans, et établi des Corps-de-garde dans le temps et les lieux qu'ils conviendront, toutes les fois qu'il le demandera ; et en cas qu'il y ait quelque découverte ou saisie faite par les Soldats, ils en seront récompensés, ainsi qu'il sera jugé à propos par le Gouverneur-Général et l'Intendant, sur ce qui en proviendra.

Art. VI. Les Bâtimens Etrangers pris en Mer, et les Marchandises de leurs chargemens, seront partagés, après que la confiscation en aura été ordonnée ; savoir, un dixieme à celui qui commandera le Vaisseau qui aura fait la Prise, un autre dixieme à celui qui commandera l'Escadre, en cas qu'il y en ait une alors dans les Isles, et une autre au Lieutenant-Général desdites Isles ; le surplus, moitié aux Equipages des Vaisseaux, et l'autre moitié aux Hôpitaux.

Art. VII. Les Marchandises Etrangeres qui seront trouvées à Terre, ensemble les amendes seront partagées pareillement après le Jugement ; savoir, un tiers au Dénonciateur, un autre au Gouverneur et Lieutenant-Général, ou Gouverneur Particulier de l'Isle où la fraude aura été commise, et le troisieme au Fermier du Domaine d'Occident, et aux Hôpitaux par moitié.

Art. VIII. Les Bâtimens François des Isles, ou ceux venant du Royaume, qui auront chargé des Marchandises des Isles pour les porter dans les Pays voisins, appartenans aux Etrangers, ou qui en auront apportés, seront pareillement confisquées, et les Propriétaires condamnés en 1,500 liv. d'amende, et en six mois de prison pour la premiere fois, et aux Galeres pour trois ans en cas de récidive ; et les Capitaines et Maîtres des Bâtimens aux Galeres pour pareil temps.

Art. IX. Fait Sa Majesté très-expresses inhibitions et défenses à tous Capitaines et autres Officiers Commandans ses Vaisseaux de Guerre, Frégates et autres Bâtimens, ou qui y servent, de prendre ni recevoir sur leurs bords aucunes Marchandises, pour quelque cause et sous quelque prétexte que ce puisse être, soit lorsqu'ils sortent des Ports du Royaume, ou lorsqu'ils y retournent, ni faire aucun Commerce aux Isles directement, à peine de perdre les appointemens qui leur seront dûs pour lors, et d'être cassés ; et contre les Marchands, tant du Royaume que des Isles, qui leur auront prêté leurs noms, de 3,000 liv. d'amende ;

voulant que toutes Marchandises qui se trouveront dans lesdits Vaisseaux soient saisies et confisquées à son profit.

.**Art. X.** Fait pareillement défenses, Sa Majesté, aux Capitaines et Officiers de faire débarquer aucune chose des Vaisseaux et Bâtimens qu'ils commandent lors de leur arrivée dans les Rades, qu'ils n'aient été visités par les Intendans ou Commissaires-Généraux des Ports où ils devront désarmer, ou par les Commissaires Ordinaires de la Marine, envoyés à cet effet par les Intendans, à peine de cassation ; et à l'égard des Maîtres et Patrons de Barques, et autres Bâtimens, qui auront reçu et transporté les Marchandises sortant desdits Vaisseaux, ils seront condamnés à cent livres d'amende, et leurs Bâtimens confisqués ; et les Officiers Mariniers, Matelots et Soldats qui auront aidé au débarquement, privés de leur Solde.

.**Art. XI.** Les Dénonciateurs qui auront fourni des preuves suffisantes de la contravention à ce qui est ci-dessus ordonné de la part des Capitaines et Officiers des Vaisseaux, seront payés de la somme de 1,000 liv. par le Trésorier-Général de la Marine, sur les Ordonnances des Intendans ; et en outre, s'ils sont Matelots, ils seront exempts du service des Classes ; et en cas qu'ils soient Soldatss, ils auront leur congé.

.**Art. XII.** Veut Sa Majesté qu'au surplus les Arrêts et Ordonnances rendus sur le Commerce des Isles, soient exécutés selon leur forme et teneur, en ce qui n'est point contraire au présent Réglement, qu'elle enjoint au Gouverneur et Lieutenant-Général, et Intendant desdites Isles, aux Gouverneurs Particuliers d'icelles, aux Intendans de la Marine, et aux Officiers de l'Amirauté, de faire exécuter, chacun en droit soi, publier et afficher partout où besoin sera, à ce qu'aucun n'en prétende cause d'ignorance.

.**Fait** à Marly, le 20 Août 1698. *Signé* **Louis.**

.**R.** *au Conseil du Petit-Goave, le 5 Janvier 1699.*

.**R.** *à la Juridiction du Cap, le 12 Juin 1716.*

ACTE de Société d'entre les Intéressés à la Compagnie Royale de Saint-Domingue.

Du 30 Août 1698.

Nous soussignés Joseph de la Touche , Conseiller du Roi , Commissaire-Général de la Marine , premier Commis de Monseigneur de Pontchartrain , Ministre et Secrétaire d'Etat ; Charles de Salabery , aussi Conseiller du Roi , Maître ordinaire en sa Chambre des Comptes , et Premier Commis de Monseigneur de Pontchartrain ; Michel Bégon , Conseiller du Roi , Commissaire de la Marine , et Premier Commis de Monseigneur de Pontchartrain ; Jacques de Vanolles , Conseiller du Roi , Trésorier-Général de la Marine , tant pour lui que pour Nicolas Magon sieur de la Chipaudiere , Connétable de Saint-Malo ; Mᵉ. Louis Hyacinthe Plomier sieur de la Boulaye , Conseiller du Roi , Inspecteur-Général de la Marine ; et Mᵉ. Jean-Baptiste Ducasse , Capitaine de Vaisseau de Sa Majesté , Gouverneur pour le Roi dans l'Isle de la Tortue et Côte de Saint-Domingue , desquels je me fais et porte fort , et promets leur faire ratifier la présente Société , et en rapporter Acte en bonne forme dans six mois ; Samuel Bernard ; Antoine Crozat , Ecuyer , Conseiller du Roi , Receveur-Général des Finances de Bordeaux ; Pierre Thomé , Ecuyer , Conseiller du Roi , Trésorier-Général des Galeres ; Etienne Laudois , Ecuyer , Conseiller du Roi , Trésorier-Général de l'Artillerie ; et Vincent Magnon , Ecuyer , Conseiller , Secrétaire du Roi , reconnoissons nous être associés , comme par ces présentes nous nous associons , au Don et Concession que nous supplions très-humblement Sa Majesté de vouloir nous accorder , sous le nom de la Compagnie Royale de Saint - Domingue , composée de douze Directeurs , de toutes les Terres incultes de la partie de ladite Isle de Saint-Domingue , qui est depuis , et compris le Cap Tiburon jusqu'à la Riviere de Neybe inclusivement , pour en jouir par nous à perpétuité , en toute Propriété , Justice et Seigneurie , comme de choses à nous appartenant , avec pouvoir et faculté à ladite Compagnie de faire seule à l'exclusion de tous autres Sujets de Sa Majesté pendant le temps et espace de cinquante années , le Commerce dans ladite Concession et dans les Pays du Golfe du Mexique , qui ne sont point de la domination ou soumis aux Princes de l'Europe , même dans ceux des Sambres et du Darien , et Royaume de Santafé , et ce par égale portion , chacun pour un douzieme, sur lequel pied nous ferons les avances nécessaires, et partagerons aussi les profits, ou supporterons la perte, qui pourra survenir également entre nous; le tout aux conditions ci-après énoncées:

ART. Ier. Qu'il sera incessamment fait Fonds de la somme de douze cens mille livres, laquelle sera fournie par nous chacun pour notre part et portion, entre les mains du Caissier-Général à Paris, qui sera par nous choisi et nommé, après qu'il aura donné bonne et suffisante Caution; lequel Caissier tiendra bon et fidele Registre, coté et paraphé par quatre de nous, de la recette et dépense qu'il fera, et nous délivrera ses Récépissés dudit Fonds, qui seront enregistrés au Contrôle-Général de la Compagnie, et contrôlés par l'un de nous.

ART. II. Outre lequel Fonds, s'il est ci-après nécessaire d'en faire d'autres, soit pour soutenir l'établissement de la Concession, ou pour ledit Commerce, chacun de nous s'oblige d'y contribuer pour sa part et portion, dans le temps qui seront prescrits par la Délibération de la Compagnie; et les intérêts desdits Fonds qui seront par nous faits au-delà du premier de douze cens mille livres, nous seront payés par ledit Caissier-Général, de trois mois en trois mois, à raison de dix pour cent par an, suivant les états qui en seront par nous arrêtés; et si aucuns de nous sont en demeure d'y satisfaire dans lesdits temps prescrits, les Fonds des défaillans seront empruntés par la Compagnie après une simple sommation à eux faite à leur domicile élu par la présente Société; et ils seront tenus de rembourser à ladite Compagnie lesdits Fonds qu'elle aura pour eux empruntés, avec les intérêts au denier dix, et les frais, faute de quoi ils y seront contraints un mois après l'emprunt, en vertu de la contrainte desirée de la Compagnie par les mêmes voies qu'elle pourroit y être contrainte.

ART. III. Si aucun de nous veut céder quelque portion dans sa part, il ne le pourra faire que jusqu'à la concurrence de la moitié de son intérêt; et les Cessionnaires ne pourront pour les portions qui leur auront été cédées, s'adresser qu'à leur Cédant et non à la Compagnie, à laquelle ils ne pourront demander aucun compte pour quelque cause et sous quelque prétexte que ce soit.

ART. IV. Aucuns de nous ne pourront directement ni indirectement acquérir aucunes Terres, Habitations, Places, ni Lieux dans toute l'étendue de ladite Concession, ni y faire aucun Commerce, tel qu'il puisse être, et sous quelque prétexte que ce soit, non plus que dans les Pays du Golfe de Mexique, qui ne sont point de la domination ou soumis aux Princes de l'Europe, ni dans ceux des Sambres et du Darien, et

Royaume de Santafé, que pour le compte de toute la Compagnie, à peine d'être déchu de la présente Société, et de rapporter à ladite Compagnie tous les profits qu'il en auroit tirés, sans que cette clause puisse passer pour Comminatoire, ayant été ainsi expressément convenu, et sans laquelle la présente Société n'auroit été faite.

ART. V. Tous les Commis nécessaires, pour les affaires de la Compagnie, circonstances et dépendances seront choisis et nommés à la pluralité des voix.

ART. VI. Aucun de nous ne pourra prendre ni recevoir sous quelque prétexte que ce soit ou puisse être aucuns deniers, ni autres choses dudit Caissier-Général, ni d'autres Commis, soit par anticipation, gratification ou autrement, qu'en vertu des Délibérations, Etats ou Ordonnances signées de la Compagnie, à peine de six mille livres, payables à l'Hôpital-Général de Paris, sans que la présente clause puisse être réputée comminatoire.

ART. VII. Toutes les dépenses concernant la Compagnie seront aussi réglées à la pluralité des voix, et ne pourront être payées que par Ordonnances, qui seront signées au moins de six de nous, à peine de nullité des paiemens qui auront été faits autrement.

ART. VIII. Nous nous assemblerons les jours que la Compagnie le jugera à propos, au Bureau qui sera par nous choisi, où toutes les Délibérations de la Compagnie seront arrêtées à la pluralité des voix, et couchées sur un Registre, coté et paraphé par quatre de nous, sans que les absens puissent réclamer contre ce qui aura été délibéré pour le bien des affaires, pourvu que la Délibération soit signée de six de nous ; et il en sera usé de même à l'égard des ordres qui seront donnés en conséquence.

ART. IX. Nous prendrons par chacune année pour nos Droits de présence, peines et soins, chacun la somme de cinq mille livres, qui nous seront payées par quartiers à la fin de chacun par le Caissier-Général, suivant les états qui en seront arrêtés par la Compagnie, à l'exception néanmoins de la présente année, pendant laquelle lesdits Droits de présence ne seront pris que sur les profits de ladite Société, et non autrement.

ART. X. Il sera fait au moins une fois l'année un Bilan général des effets de la Compagnie arrêté par nous.

ART. XI. Arrivant le décès d'aucun de nous, les Veuves et Héritiers des décédés seront tenus, deux années après, de nommer aux Associés survivans un Sujet qui leur soit agréable, pour remplir la place du décédé, lequel sera reçu sous le bon plaisir de M. de Pontchartrain, Ministre et Secrétaire d'Etat, ou de M. de Maurepas, Secrétaire d'Etat, ayant le département de la Marine, nos Chefs, Présidens et Directeurs perpétuels; et cependant lesdites Veuves et Héritiers seront tenus d'entretenir la présente Société, sans néanmoins qu'ils y puissent paroître, ni y avoir voix délibérative, et ils seront tenus de se rapporter de tout ce qui aura été fait dans la suite par la Compagnie, pour raison de ladite Société, ensemble aux Comptes qui se trouveront alors rendus, et à ceux qui seront arrêtés ensuite par la Compagnie, sans qu'ils les puissent débattre ni assister à leur cloture; mais ils pourront nommer tels de nous que bon leur semblera, pour avoir soin de leur intérêt en la présente Société; et l'égard des Cessionnaires même des Créanciers, ils ne pourront demander aucuns Comptes à la Compagnie, mais seulement à la Veuve ou Héritiers des décédés, sauf auxdits Créanciers à faire saisir et arrêter entre les mains du Caissier général à Paris, ce qui pourra revenir auxdits Intéressés, par les Comptes qui seront arrêtés par la Compagnie, auxquels ils seront tenus de se rapporter, et jusqu'à ce que lesdites Veuves et Héritiers des décédés aient nommé aux Survivans un Sujet agréable, pendant lesdites deux années seulement; lesdites Veuves et Héritiers jouiront de la moitié des droits de présence, réglés par la présente Société, pour chacun Directeur.

ART. XII. S'il arrive des différens particuliers entre nous concernant la présente Société, circonstances et dépendances, nous supplions très-humblement M. de Pontchartrain ou M. de Maurepas de vouloir bien nous regler; et s'il ne veut pas s'en donner la peine, ils seront reglés par deux amis, Commis, gens de Finances ou de Commerce, dont les Parties intéressées seront tenues de convenir, et ce qui sera par eux jugé sera exécuté, et vaudra comme Arrêt contradictoire de Cour Supérieure, sans que le Refusant puisse être reçu à proposer choses contraires au Jugement, qu'après avoir payé la somme de 3000 liv. moitié à l'Acquiésçant, et l'autre moitié à l'Hôpital général de Paris.

ART. XIII. Et afin qu'il plaise à Dieu de bénir les affaires de la présente Société, il sera, sur les profits d'icelle, aumôné par chacun an, la somme de trois mille livres, dont un tiers sera donné aux Hôpitaux de Saint-Domingue, et les deux autres tiers seront partagés entre nous par égale portion, pour être distribués selon nos charités.

ART. XIV. Toutes les Clauses et conditions de la présente Société seront gardées et exécutées en toutes leurs dispositions, sans pouvoir nous en dispenser, parce qu'autrement elle n'auroit été contractée, et sera

608 *Loix et Const. des Colonies Françoises*

pourvu par Délibération, signée au moins de six de nous, à toutes les choses auxquelles il n'a été prévu ni pourvu, par ces Présentes.

ART. XV. Et pour l'exécution des présentes circonstances et dépendances, nous avons élus nos domiciles irrévocables, dans nos maisons ci-dessus déclarées, où nous consentons que tous Actes et Exploits de Justice nous soient valablement faits, comme s'ils étoient faits à nos personnes. Fait douzieme à Paris le trentieme jour d'Août mil six cens quatre vingt dix-huit, ect.

BREVET de Don des Biens acquis au Roi et provenans des Flibustiers morts depuis 1696, en faveur du sieur de Salabery.

Du mois d'Août 1698.

LOUIS, etc. Desirant gratifier et traiter favorablement le sieur de Salabery, Maître ordinaire en notre Chambre des Comptes, et Commis de notre aîné et féal Conseiller en nos Conseils, le sieur de Pontchartrain, Ministre et Secrétaire d'Etat et de nos Commandemens; en considération de ses services, nous lui avons donné et octroyé, donnons et octroyons, tous et chacuns les biens, meubles et immeubles des Habitans et Flibustiers de l'Isle de Saint-Domingue, morts depuis le premier Novembre 1699 jusqu'à présent, à nous échus par Droits de Deshérence, Aubaines, Bâtardises, Confiscations ou autrement, et en quelques lieux et Pays qu'ils soient situés, pour, par ledit sieur de Salabery ou ses ayans causes, jouir et user desdits biens, meubles et immeubles, etc. Si donnons en mandement à nos amés et féaux Conseillers, les Gens tenans notre Chambre des Comptes à Paris, et ceux tenans notre Conseil Souverain à Saint-Domingue, etc.

R. au Conseil du Cap, le 7 Novembre 1793.

CONCESSION accordée au Quartier du Trou du Dondon, et déposée comme preuve de l'étendue des anciennes Possessions Françoises dans l'Isle Saint-Domingue.

Du 11 Septembre 1698.

LE sieur Ducasse, etc.

Sur la demande que nous a faite André Minguet de lui accorder un terrein situé dans un lieu appellé vulgairement le *Trou du Dondon*, borné
des

des Montagnes qui ferment le Cap , et de l'autre côté des Montagnes des Savannes du Grand-Fond et du Limbé , et de la Riviere du Pimantier, tout ledit Pays, pour y élever des Bestiaux ; lequel nous lui avons accordé d'autant plus , que ledit Minguet s'est conduit avec zele et prudence auprès du Gouverneur de Cartagene, où il a été Prisonnier, avec nombre d'autres François ; lequel terrein il nous a promis le munir de Bestiaux , lesquels et ledit Pays lui appartiendront à l'avenir. Donné au Cap , le 11 Septembre 1698. *Signé* Ducasse.

Enregistré au Greffe du Siege du Cap, le 11 Septembre 1698. *Signé* Haguelon.

La présente Concession nous ayant été présentée pour être ratifiée , quoique ce que M. Ducasse a fait soit bon et approuvé, sans avoir besoin de ratification ; nous soussigné, Gouverneur pour le Roi , de l'Isle de la Tortue et Côte Saint-Domingue, pour la satisfaction dudit André Minguet , et en reconnoissance de la continuation des services qu'il rend actuellement à la Colonie, nous avons ratifié et ratifions la susdite présente Concession, pour en jouir, faire valoir et disposer comme chose à lui appartenante, et à ses hoirs et ayans causes , sauf le Droit d'autrui. En témoin dequoi , avons signé la présente ratification. Fait au Cap, le 25 Mars 1704. *Signé* Auger.

Vu la présente Concession, nous l'avons ratifiée- Au Petit-Goave , le 22 Février 1709. *Signé* Choiseul-Beaupré.

Enregistré la Concession de l'autre part, avec les ratifications et registremens sur les registres du Greffe du Siege Royal de Léogane ; ce requérant le sieur André Minguet. Fait le 26 Février 1709. *Signé* Drouillard, Greffier.

Ratifié par nous la Concession, de l'autre part. A Léogane, le 20 Juillet 1711. *Signé* Mithon.

Enregistré la ratification ci-dessus au Greffe du Siege Royal de Léogane , ce réquérant le sieur Minguet, le 28 Juillet 1711.

Enregistré les ratifications de MM. de Choiseul et Mithon , mises au dos de la présente Concession , par moi Greffier au Siege Royal du Cap , le 20 Octobre 1711. *Signé* Durochfr, Greffier.

Vu la Concession de l'autre part, accordée par M. Ducasse , et les approbations et ratifications suivantes ; nous donnons la nôtre au Suppliant , et ce pour sa vie. Fait à Léogane , le 25 Mars 1715, *Signé* Blénac.

La présente a été déposée au Greffe de la Subdélégation du Cap , par

M. Vincent Gonne, qui en étoit Porteur d'Ordre de MM. les Général et Intendant; au Cap le 10 Septembre 1754.

Suit la Lettre de MM. les Général et Intendant au sieur Vincent Gonne du Port-au-Prince le 22 Août 1754.

Nous apprenons, Monsieur, que vous êtes Porteur d'une Concession accordée par M. Ducasse le 11 Septembre 1698, à André Minguet, d'un Terrain situé au lieu vulgairement appellé le *Trou Dondon*, et borné des Montagnes, des Savannes du Grand-Fond, du Limbé, et de la Rivière du Pimantier. Comme cette Piece est extrêmement intéressante pour convaincre les Espagnols de l'étendue de nos anciennes Possessions, nous vous prions de la déposer au Greffe de la Subdélégation de l'Intendance au Cap, et de l'y faire enregistrer; il vous en sera délivré *gratis* une Expédition sur le vu de notre Lettre; et cette Expédition vaudra l'Original, auquel vous pourrez avoir en tout temps recours. Nous sommes parfaitement, Monsieur, vos très-humbles, etc. *Signés* VAUDREUIL, et LAPORTE LALANNE.

Cette Lettre a été déposée dans les Minutes de M. Doré, Notaire au Cap, par M. Villars, ce jour 31 Janvier 1770.

Edit en forme de Lettres-Patentes pour l'Etablissement de la Compagnie Royale de Saint-Domingue, dite de la Nouvelle-Bourgogne.

Du mois de Septembre 1698.

LOUIS, etc. SALUT. Les dernieres guerres que nous avons été obligés de soutenir, ayant suspendu l'exécution du dessein que nous avions formé depuis long-tems, de mettre nos Colonies de l'Amérique en état de faire un Commerce florissant et utile à notre Royaume, notre premier soin a été, après la conclusion de la Paix générale, de nous appliquer à trouver les moyens d'y parvenir; et pour cet effet nous en avons examiné la disposition et la situation présente, et reconnu qu'il peut être considérablement augmenté, la Navigation de nos Sujets étendue, et nos Colonies fortifiées par la culture des terres qui n'ont pas encore été occupées, particulierement de celles qui sont dans la partie du Sud de la portion de l'Isle de Saint-Domingue qui nous appartient, l'une des plus grandes, des mieux situées et des plus fertiles de ce Continent; mais d'autant que cette culture ne peut être entreprise par des Particuliers avec espérance d'un prompt succès, et qu'ils ne pourroient en tirer ni pour eux, ni pour notre État, toute l'utilité que nous en attendons, nous avons fait former une Compagnie puissante et composée de personnes dont l'intelligence et les forces nous sont connues, qui nous ont proposé de se charger de l'exécution de ce dessein, en leur accordant les mêmes Priviléges dont jouissoit la Compagnie des Indes Occidentales. A CES CAUSES, desirant les traiter favorablement, et régler les conditions sous lesquelles nous entendons établir cette nouvelle Compagnie, après avoir fait mettre cette affaire en délibération en notre Conseil, et de notre certaine science, pleine puissance et autorité Royale, nous avons par ces présentes établi et établissons une Compagnie sous le nom de *Saint-Domingue*, pour faire seule pendant l'espace de cinquante années le Commerce dans la partie de l'Isle de Saint-Domingue, située et comprise depuis le Cap Tiberon, jusqu'à la Riviere de Naybe inclusivement, dans la profondeur de trois lieues dans les terres, à prendre des bords de la Mer dans toute cette largeur.

ART. I. Permettons à ladite Compagnie de trafiquer et faire des Etablissemens dans les Isles, Pays et Terres des Côtes Occidentales de l'Amérique non occupées par les Puissances de l'Europe.

ART. II. Faisons défenses à tous nos autres Sujets de faire aucun Commerce pendant ledit temps de cinquante années, tant dans ladite partie de l'Isle de Saint-Domingue, à l'exception toutefois des Habitans des autres Quartiers, qui pourront y porter les Marchandises et Denrées de leurs crûs et cultures, que dans les lieux desdits Isles, Pays et Terres des Côtes Occidentales de l'Amérique où ladite Compagnie aura fait ses Etablissemens, à peine de confiscation de leurs Vaisseaux et Marchandises, applicable à son profit.

ART. III. Nous faisons défenses à tous les Habitans des Quartiers du Cap François, le Petit-Goave et autres qui y sont établis à présent, de quitter leurs Habitations pour passer dans l'étendue de ladite concession, et y faire de nouveaux Etablissemens, à peine de désobéissance ; et à ladite Compagnie d'en recevoir aucun, sous quelque prétexte que ce soit.

ART. IV. Pour donner moyen à ladite Compagnie de s'établir puissamment, nous lui avons accordé et accordons par ces Présentes à perpétuité, toutes les Terres incultes de la partie de ladite Isle ci-dessus exprimée, lesquelles lui appartiendront en toute propriété, Justice et Seigneurie, pour les faire défricher, cultiver et y bâtir les Habitations ;

ne nous réservant aucuns droits ni devoirs , soit domaniaux ou autres , de quelque nature qu'ils puissent être, pour tout ce qui est compris dans la présente concession , à l'exception de la seule foi et hommage-lige que ladite Compagnie sera tenue de nous rendre , et à nos Successeurs Rois , avec la redevance d'une Couronne d'Or, du poids de six marcs, à chaque mutation de Roi.

ART. V. Comme nous regardons dans l'Etablissement de ladite Colonie particulierement la gloire de Dieu, en procurant le salut de ses Habitans Indiens, Sauvages et Negres que nous desirons être instruits dans la vraie Religion, ladite Compagnie sera obligée de bâtir à ses dépens des Eglises dans les lieux de ses Habitations , comme aussi d'y entretenir le nombre d'Ecclésiastiques approuvés qui sera nécessaire , soit en qualité de Curés , ou tels autres qu'il sera convenable, pour y prêcher le Saint-Evangile , faire le Service Divin, et y administrer les Sacrements ; et seront les Curés et autres Ecclésiastiques que ladite Compagnie entretiendra, à sa nomination et Patronage.

ART. VI. Nous ferons construire à nos dépens dans le Port où la Compagnie fera son principal Etablissement, une Place forte , et la feront munir de Canons , Mortiers, Poudres, Boulets et autres Armes convenables , à la charge que ladite Compagnie entretiendra et paiera à ses dépens les Officiers et la Garnison qu'elle estimera nécessaires pour sa défense. Lesdits Officiers seront par nous pourvus sur la nomination de la Compagnie, et elle pourra les destituer et en commettre d'autres à leurs places , ainsi qu'elle avisera bon être, auxquels nous ferons expédier nos Lettres de Provisions , en attendant l'expédition desquelles lesdits Officiers pourront faire leurs fonctions pendant le temps et espace d'un an , sur les Commissions des Directeurs de la Compagnie.

ART. VII. Permettons à ladite Compagnie de faire construire tels autres Forts, Châteaux et Places qu'elle jugera nécessaires pour la défense des Pays et Habitations où elle aura fait ses Etablissemens , y mettre des Garnisons et lever des Gens de guerre dans notre Royaume , en prenant notre permission en la forme ordinaire et accoutumée.

ART. VIII. Pourra la Compagnie traiter et faire alliance en notre nom avec les Rois, Princes et Etats étrangers , autres que ceux dépendans d'aucune Puissance d'Europe, et convenir avec eux des conditions qu'elle jugera à propos pour s'y établir et faire son Commerce de gré à gré ; et en cas d'insulte , elle pourra leur déclarer la guerre, les attaquer , trai.er de Paix et de Treve avec eux , et ce qu'elle aura conquis sur eux lui appartiendra en toute propriété incommutable et perpétuelle , avec tous Droits utiles et honorables , de quelque nature qu'ils puissent être.

Art. IX. La Compagnie pourra vendre les Terres dont elle sera en possession dans les Pays de sa concession, ou les inféoder à telles conditions qu'elle jugera à propos , Droits et devoirs Seigneuriaux, Haute , Moyenne et Basse-Justice , ou les donner à cens et rentes, ainsi qu'elle avisera.

Art. X. Elle jouira seule, dans l'étendue de sa concession, des Mines et Minieres d'Or, d'Argent, de Cuivre , de Plomb , et de tous autres Métaux , sans nous payer pour raison de ce, autres Droits que le Vingtrieme de ce qui en proviendra , lui faisant don du surplus, en tant que besoin seroit.

Art. XI. Sera la Compagnie composée de douze Directeurs nommés dans l'Acte de Société attaché sous le contre-scel des Présentes , outre le Secrétaire d'Etat ayant le Département de la Marine, qui en sera Président, Chef et Directeur perpétuel.

Art. XII. Le fond de ladite Compagnie sera de la somme de douze cens mille livres, qui seront fournis également par lesdits douze Directeurs, à raison de cent mille livres par chacun , dont le Caissier leur donnera ses récépissés ; et il sera payé à chaque Directeur pour droits de présence fixe, la somme de cinq mille livres par chacune année pour ses soins et peines.

Art. XIII. Chaque Directeur pourra disposer, si bon lui semble , au profit de telles personnes qu'il voudra , soit de nos Sujets ou Etrangers faisant profession de la Religion Catholique , Apostolique et Romaine , de la moitié de son fond, dont il leur passera des Déclarations ou Cessions, et ceux qui en seront Porteurs seront simples Cessionnaires, n'auront entrée ni voix délibérative dans la Compagnie, mais participeront à tous les profits et pertes, sans pouvoir demander aucun compte que celui qui sera par elle arrêté, auquel ils seront tenus de se rapporter ; et au cas qu'aucun desdits Directeurs vînt à disposer de plus de ladite moitié , ensorte qu'il lui restât moins de cinquante mille livres d'intérêt dans la Compagnie, il sera déchu de la Direction , et ne pourra être que simple Actionnaire pour ce qui lui restera de fonds.

Art. XIV. La Compagnie sera obligée de peupler ladite Colonie au moins de 1500 Blancs tirés d'Europe , et de 2500 Noirs, dans l'espace de cinq ans ; et après l'expiration desdites cinq années , elle sera obligée d'y passer 100 Blancs d'Europe au moins , et 200 Noirs par chacun an , pour son entretien et augmentation , auquel effet nous avons accordé à ladite Compagnie la permission de faire la levée desdits Blancs, de gré à gré, et de traiter pour les Negres avec des Sujets des Princes étrangers, jusqu'à la concurrence dudit nombre de 2500.

ART. XV. Ladite Compagnie sera obligée d'avoir dans deux ans, et entretenir ensuite, soit en Paix ou en Guerre, le nombre de six Navires au moins, outre et par-dessus ceux que nous lui donnons, et lui sera permis de construire dans sa Colonie tels Bâtimens et Vaisseaux qu'elle jugera à propos.

ART. XVI. Pour lui donner lieu de faciliter ses Etablissemens, et de faire un plus grand Commerce, nous lui avons fait don de deux Flûtes, deux Brûlots et deux Corvettes pontées qui se trouveront dans nos Ports, lesquels nous ferons gréer, armer et mettre en état de naviguer à nos frais, à la charge qu'elle fera la dépense de la levée et solde des Officiers et Equipages, et l'Avitaillement.

ART. XVII. Voulons qu'en cas que par nos Ordres les Ports fussent fermés, avec défenses à tous Négocians d'armer des Vaisseaux, ladite Compagnie puisse néanmoins armer les six qui lui appartiendront.

ART. XVIII. Elle pourra aussi armer et équiper en guerre autant de Vaisseaux qu'elle jugera nécessaires pour l'augmentation et sûreté de son Commerce, sur lesquels elle pourra mettre tel nombre de Canons que bon lui semblera, et arborer le Pavillon Blanc sur l'Arriere et au Beaupré, et non sur aucun des autres Mâts.

ART. XIX. Ladite Compagnie mettra sur ses Vaisseaux tels Capitaines, Officiers, Soldats et Matelots qu'elle trouvera à propos; elle pourra aussi faire fondre des Canons à nos Armes, au-dessous desquelles elle mettra celles que nous lui accorderons ci-après, lui permettant de faire de la Poudre dans les lieux de sa concession, fondre Boulets et forger toutes sortes d'Armes.

ART. XX. Toutes les matieres d'Or et d'Argent, et les Pierres et Pierreries venant des Colonies de ladite Compagnie, ne seront sujettes à aucuns Droits.

ART. XXI. Nous avons donné et donnons pouvoir à ladite Compagnie d'établir des Juges et Officiers dans les Pays qu'elle occupera, et de destituer, quand bon lui semblera, ceux qui n'auront pas été par elle pourvus à titre onéreux ou pour récompense de Services.

ART. XXII. Les Juges établis par ladite Compagnie connoîtront de toutes les affaires de Justice, Police, Commerce et Navigation, tant civiles que criminelles, et les Jugemens qui auront été par eux rendus, seront scélés du Sceau de la Compagnie; et au cas que nous jugions à propos d'y établir des Conseils Souverains, les Officiers dont ils seront composés, nous seront par Elle nommés, sur ses nominations nous leur ferons expédier des Provisions.

Art. XXIII. Nos Edits, Ordonnances, et les Coutume et Usages de la Prevôté et Vicomté de Paris, seront observés pour Loix et Coutume dans ladite Colonie; permettons néanmoins à ladite Compagnie de faire tels Statuts et Réglemens que bon lui semblera pour la Conduite, Police et Régie de son Commerce, tant en Europe, que dans les Pays de sa Concession, et partout où besoin sera, que nous voulons être exécutés, après néanmoins avoir été par nous approuvés.

Art. XXIV. Nous promettons à ladite Compagnie de la protéger et défendre, et d'employer la force de nos armes s'il est besoin, pour la maintenir dans la liberté entière de son Commerce et Navigation, et de lui faire faire raison de toutes injures et mauvais traitemens en cas qu'aucune Nation voulût entreprendre contr'elle.

Art. XXV. Si aucuns des Directeurs, Capitaines des Vaisseaux, Officiers, Commis ou Employés actuellement, occupés aux affaires de ladite Compagnie, étoient pris par les Sujets des Princes et Etats avec lesquels nous pourrions être en Guerre, nous permettons de les faire retirer ou échanger.

Art. XXVI. Les Gentils-Hommes, Officiers et autres de quelque qualité et condition qu'ils soient, pourront prendre intérêt dans ladite Compagnie, soit comme Directeurs ou Administrateurs, sans pour ce déroger à leurs Noblesse et Privileges.

Art. XXVII. Et d'autant que le bon succés des affaires de la Compagnie dépendra particuliérement de la conduite et vigilance des Directeurs, nous donnerons à ceux qui se seront bien acquittés de leurs fonctions, des marques d'honneur qui passeront jusqu'à leur postérité.

Art. XXVIII. Ceux de nos Sujets qui passeront dans les Pays concédés à la Compagnie, conserveront tous leurs droits comme s'ils demeuroient dans notre Royaume; et ceux qui naîtront d'eux et des gens du Pays avec lesquels ils contracteront Mariages, seront censés et réputés Regnicoles et naturels François, pourvu toutefois qu'ils fassent profession de la Religion Catholique, Apostolique et Romaine; et comme tels, capables de toutes Successions, Dons, Legs et autres Dispositions, sans être obligés d'obtenir aucunes Lettres de Naturalité.

Art. XXIX. Les effets de ladite Compagnie ne pourront être saisis par les Créanciers d'aucuns des Directeurs et Actionnaires, pour raison de leurs dettes particulieres, en vertu des Sentences et Arrêts ; déclarant nul ce qui pourroit être fait au préjudice de la présente Disposition, et ne seront tenus, les Directeurs, de faire-voir l'Etat desdits effets, ni rendre aucuns Comptes aux Créanciers des Intéressés et Actionnaires, sauf auxdits Créanciers de faire saisir et arrêter entre les mains du Caissier général de ladite Compagnie, ce qui pourra revenir auxdits Intéressés, par les Comptes qui seront arrêtés par la Compagnie, dont il leur sera fourni des Extraits, et auxquels ils seront tenus de se rapporter.

ART. XXX. Ne pourront aussi, les Gages et Appointemens des Commis et Employés de la Compagnie, être saisis pour quelque cause que ce soit, autre que pour malversation en leurs Charges.

ART. XXXI. Ne sera par nous accordé aucunes Lettres d'Etat, Répi ni Surséance à ceux qui auront acheté des effets de ladite Compagnie, lesquels seront contrains au paiement de ce qu'ils devront par les voies, et ainsi qu'ils y seront obligés.

ART. XXXII. Ladite Compagnie jouira de l'exemption des Droits d'Octrois que nous avons accordés aux Villes de notre Royaume, pour toutes les Denrées, Marchandises et Munitions de guerre et de bouche dont elle aura besoin, soit pour la Construction, Radoub, Equipement et Avituaillement de ses Vaisseaux, soit pour les transporter dans les Pays de sa Concession, à la charge que ses Commis et Préposés donneront aux Receveurs et Fermiers desdits Droits, des Certificats visés de deux Directeurs, comme les Denrées, Marchandises, Munitions de guerre et de bouche sont destinées pour le compte de ladite Compagnie ; défendons aux Maires, Echevins, Jurats, Consuls, Syndics et Habitans des Villes, à leurs Fermiers et Receveurs, d'exiger aucuns Droits pour raison de ce que dessus, à peine de restitution, et de tous dépens, dommages et intérêts.

ART. XXXIII. Les Denrées, Marchandises, Munitions de guerre et de bouche, que la Compagnie fera venir, tant des Pays étrangers, que des Provinces de notre Royaume, pour la Construction, Radoub, Equipement et Avituaillement de ses Vaisseaux, seront exemptes de tous Droits d'entrée et de sortie ; à la charge que ladite Compagnie prendra nos Permissions particulieres pour celles qu'elle voudra faire entrer dans des Pays étrangers, et qu'elles seront employées suivant leur destination ; et quant aux Denrées et Marchandises que la Compagnie aura destinées pour les lieux de sa Concession, elles seront exemptes de tous Droits de sortie mis et à mettre, encore que les Exempts et Privilégiés y fussent assujettis, assujetis, soit qu'elles sortent par le Bureau d'Ingrande ou par quelqu'autre que ce soit; à la charge que ses Directeurs, Commis ou Préposés donneront leur soumission de rapporter dans six mois, à compter du jour d'icelle, Certificat de leur décharge dans les Pays de sa Concession, à peine, en cas de contravention, de payer le quadruple des Droits.

ART. XXXIV. Les Denrées et Marchandises que ladite Compagnie fera apporter des Pays de sa Concession, et pour son compte, dans les Ports du Royaume, pour être ensuite transportées dans les Pays étrangers, ne payeront aucuns Droits d'entrée ni de sortie, et seront mises en dépôt dans les Magasins des Douanes des Ports où elles arriveront, jusqu'à ce qu'elles soient enlevées; et lorsque les Commis ou Préposés de ladite Compagnie voudront les faire transporter dans les Pays étrangers, soit par mer ou par terre, ils seront tenus de prendre des Acquits à caution, portant soumission de rapporter dans un certain temps un Certificat du dernier Bureau de sortie qu'elles y ont passé, et un autre de leur décharge dans les Pays étrangers.

ART. XXXV. En cas que ladite Compagnie soit obligée pour le bien de son Commerce, de tirer des Pays étrangers quelques Denrées et Marchandises, autres que celles du crû et fabrique du Royaume, pour les transporter dans les Pays de sa Concession, elle nous en remettra des Etats, sur lesquels nous lui ferons (si nous le jugeons à propos) expédier nos Permissions particulieres, avec franchise de tous Droits d'entrée et de sortie; à la charge que lesdites Denrées et Marchandises seront mises en entrepôt dans les Magasins de nos Douanes, jusqu'à ce qu'elles soient chargées sur les Vaisseaux de la Compagnie; et que trois Directeurs seront tenus de donner leur soumission de rapporter, dans six mois, à compter du jour d'icelle, Certificat de leur décharge dans les Pays de sa Concession, à peine, en cas de contravention, de payer le quadruple des Droits.

ART. XXXVI. Ne pourra, la Compagnie, faire aucun Chargement de Marchandises dans les Ports étrangers, pour les porter directement dans les lieux de sa Concession, à peine de confiscation et de déchéance du présent Privilege.

ART. XXXVII. Portera, ladite Compagne, pour Armoiries, un Ecu en cartouche, d'azur, à deux Vaisseaux équipés d'or, allant vent arriere sur une mer de Sinople, un soleil d'or en chef, à côté de deux Fleurs-de-Lys de même, pour suports un Amériquain au naturel à droite, et un Negre à gauche, appuyés chacun sur une massue d'azur, semée de Fleurs-de-Lys d'or, l'Ecu couronné d'une Couronne de pannaches d'azur, d'or de sinople d'argent et de gueule, du milieu de laquelle sort en cimier, une Fleur-de-Lys d'or.

Si donnons en mandement, etc. DONNÉ à Versailles au mois de Septembre l'an de grace mil six cens quatre-vingt-dix-huit, et de notre regne le cinquante-sixieme. *Signé* LOUIS.

R. à Paris en Parlement, le premier Décembre 1698.

R. au Conseil du Petit-Goave, séant à l'Ester, le 30 Mars 1699.

ARRÊT du Conseil d'Etat, qui permet à la Compagnie de Saint-Domingue le Commerce avec le Mexique.

Du 1ᵉʳ Octobre 1698.

LE ROI ayant, par son Edit de cejourd'hui, établi une Compagnie pour entreprendre la culture de la partie du Sud de l'Isle de Saint-Domingue, et y former une Colonie d'où elle puisse tirer avec les Espagnols un Commerce considérable; et Sa Majesté voulant lui ôter toute crainte d'être inquiétée, sous prétexte que, par plusieurs Arrêts, et particuliérement par le Réglement du vingt Août dernier, Elle a fait défenses à tous ses Habitans des Isles Françoises de l'Amérique de négocier avec les Etrangers, pour quelque motif que ce soit, sous les peines qui y sont portées; Sa Majesté étant en son Conseil a permis et permet, à la Compagnie de Saint-Domingue, de faire Commerce dans tous les Pays de la domination du Roi d'Espagne, situés dans le Golfe Mexique et Côte du Nord de l'Amérique Méridionale, et de recevoir ceux des Habitans desdits Pays qui viendront apporter des Marchandises de leur crû, ou en prendre dans l'étendue de sa Concession, nonobstant les défenses portées par lesdits Arrêts et Réglemens, auxquels Elle a dérogé pour ce regard seulement; voulant qu'ils soient, au surplus, exécutés selon leur forme et teneur. FAIT au Conseil d'Etat, etc.

R. au Conseil du Petit-Goave, séant à l'Ester, le 9 Novembre 1711.

PROVISIONS de l'Office de Juge dans l'étendue de la Concession de la Compagnie de Saint-Domingue , accordée par la Compagnie.

Du 12 Novembre 1698.

LES Directeurs-Généraux de la Compagnie Royale de Saint-Domingue : Au sieur Bricourt Hurtault : SALUT. Le Roi nous ayant permis , par ses Lettres-Patentes du mois de Septembre dernier , d'établir un Juge dans la partie de Saint-Domingue, située depuis et compris le Cap Tiburon jus-qu'à la Riviere de Naybe inclusivement , que Sa Majesté nous a concédée , pour juger en premiere instance les Procès qui surviendront entre les Habitans de ce Quartier et les Officiers et Equipages des Vaisseaux que nous armerons , pour l'établissement du Commerce que nous avons en-trepris de faire dans l'étendue de notre Concession, et sachant que vous avez la capacité et l'expérience au fait de la Judicature, nous vous avons commis et commettons pour connoître de toutes les matieres, tant civiles et criminelles , que de Police, Commerce et Navigation , suivant les Us et Coutumes , et Ordonnances du Royaume, et de la Prevôté et Vicomté de Paris , dont les appellations ressortiront au Conseil Souverain établi par le Roi à Saint-Domingue ; pour ledit Office, avoir , tenir et doréna-vant exercer par vous aux honneurs , autorités et prérogatives qui y doi-vent appartenir, et ce tant qu'il nous plaira ; Prions et requerons MM. les Officiers du Conseil Souverain établi audit Saint-Domingue, de vous faire reconnoître en ladite qualité de Juge dans ledit Quartier, ès choses concernant ledit Office , en les mains de quoi nous avons signé la pré-sente Commission, et fait contresigner par le Secrétaire de ladite Com-pagnie, le douzieme jour du mois de Novembre 1698 ; ainsi *Signés* PONTCHARTRAIN , DE MAUREPAS , DE LA BOULAYE , LATOUCHE , DE SALABERRY, BEGON , THOMÉ, LANDAIS, BERNARD DE VANNOLES, CROZAT, MAYNON. Et plus bas , par Messeigneurs et mesdits sieurs GOBIN.

R. au Conseil Souverain du Petit-Goave , séant à l'Ester, le 30 Mars 1699.

ARRÊT du Conseil de Léogane, qui nomme un Substitut du Procureur-Général pour faire ses fonctions, attendu son absence.

Du 1er Décembre 1698.

SUR la remontrance faite au Conseil par M^e. Christophe Champenois, Conseiller en icelui, et y Présidant, que la plus grande partie des Charges de Conseiller audit Conseil, créées par l'Édit de Création d'icelui, se trouvant vacantes par la mort des Officiers qui les ont remplies, n'y en ayant plus que cinq Titulaires, et du nombre desquels M^e. Guy Coustard, Doyen est absent, et le sera apparemment encore long-temps, étant allé en France, aussi bien que M^e. Duquesnot, Procureur-Général du Roi audit Conseil, par l'absence duquel le Conseil a été obligé, jusqu'ici, d'en détacher un des quatre autres pour faire ses fonctions, qui, se trouvent nécessaires dans la plus grande partie des affaires qui se traitent au Conseil; de sorte qu'il ne reste plus que trois Juges, desquels étant nécessaire qu'il y en ait un qui préside, il n'en peut rester que deux pour faire le rapport des Procès, tant civils que criminels, à quoi lesdits deux Officiers ne peuvent suffire, attendu même l'état valétudinaire de M^e. Nicolas, l'un des deux qui reste à faire lesdits rapports, et que la mauvaise santé dont il jouit ne permet pas le plus souvent de pouvoir se charger d'affaires; et d'autant que les fonctions de Procureur-Général se peuvent faire par un Substitut, pris hors du Corps du Conseil, ainsi que cela se pratique dans tous les Tribunaux de France; le Conseil n'ayant pas d'autres moyens pour maintenir les Officiers Titulaires dans l'exercice et les fonctions de leur charge, si nécessaires à cause du petit nombre desdits Titulaires, à l'exercice et distribution de la Justice audit Conseil, qui en pourroit souffrir du retardement; c'est pourquoi il seroit d'une nécessité indispensable au Conseil de jetter les yeux sur quelque Personne de mérite, et capable pour exercer audit Conseil les fonctions dudit Procureur-Général en son absence, et sans conséquence à la charge de la faire approuver par M. le Gouverneur à son retour du Cap.

Sur quoi le Conseil après une mûre délibération sur l'importance et la nécessité de ladite remontrance, attendu l'obligation où il est de pourvoir au maintien et à l'exercice de la Justice; voulant donner des marques de son zèle, ayant une parfaite connoissance de la capacité, probité, bonnes mœurs, expérience au fait de la Justice, Religion Catholique, Apostolique et Romaine, de Messire M^e. Alexandre de Buterval, Ecuyer,

Docteur ès Droits, et Avocat au Parlement de Rouen. A CES CAUSES, le Conseil en a fait choix, pour exercer et faire les fonctions dudit Procureur-Général en son absence ; le nommant à cet effet Substitut dudit Procureur-Général audit Conseil, avec les mêmes charges, actes et fonctions que pourroit faire ledit Procureur-Général, si en personne il y étoit, et ce sans conséquence, à la charge qu'il sera approuvé et agréé par M. le Gouverneur, en prêtant, par ledit sieur de Buterval, serment de se bien et fidélement comporter en l'exercice desdites fonctions, et de veiller aux intérêts du Roi et du Public, des Eglises, Orphelins, Mineurs et Hôpitaux, à la poursuite et punition des Coupables, et à l'exercice de la Justice dans les Sieges Subalternes de l'étendue du Ressort du Conseil, et d'honorer et respecter le Conseil, et faire ponctuellent exécuter ses Arrêts et Mandemens ; ce qu'ayant été accepté par ledit sieur de Buterval.

LE CONSEIL ayant pris et reçu son serment, qu'il a prêté à la maniere accoutumée, conformément à la délibération ci-dessus, en conséquence duquel le Conseil l'a reçu et reçoit, installé et installe auxdites fonctions, en lui faisant prendre le Rang et la Séance audit Conseil, que doit occuper ledit Procureur-Général ; de tout quoi le Conseil a décerné acte, et ordonné que ledit sieur de Buterval jouira des honneurs et droits attribués à ladite fonction, et que le présent Arrêt lui sera expédié pour lui servir de Commission, et à ledit sieur de Buterval signé. *Signés* CHAMPENOIS, NICOLAS, DELAPLASSE, JONQUET et DE BUTERVAL.

ORDONNANCE *du Roi, touchant l'Envoi de Vins de Madere, et de Farines aux Isles.*

Du 3 Décembre 1698.

SA MAJESTÉ étant informée qu'on a recueilli cette année très-peu de Vins dans les endroits d'où l'on a accoutumé de tirer ceux qui s'envoient aux Isles Françoises de l'Amérique ; ensorte qu'ils pourront à peine suffire au Commerce ordinaire qui s'y fait ; et voulant pourvoir à ce que celui des Isles ne souffre point de cette conjoncture, ensemble à ce que sous prétexte de destiner des Farines pour les Colonies, ou ne puisse en faire passer dans les Pays Etrangers qui manquent de Bleds, Sa Majesté a permis et permet aux Capitaines des Bâtimens François qui iront aux Isles de l'Amérique, de passer en celle de Madere jusqu'au premier

Novembre de l'année prochaine pour y charger des Vins, à condition qu'ils n'y prendront aucunes autres Marchandises, à peine de confiscation d'icelles ; à l'effet de quoi il en sera fait mention dans les Passeports qui s'expédieront pour lesdits Bâtimens jusqu'à ce jour ; veut et entend Sa Majesté, qu'à commencer dès à présent, les Marchands qui enverront des Farines aux Isles, et les Capitaines qui en seront chargés seront tenus d'en déclarer la quantité précise aux Officiers de l'Amirauté du Port d'où leurs Bâtimens partiront, et de faire leur soumission pardevant eux, de rapporter des Certificats du Gouverneur-Général, et de l'Intendant de leur débarquement à la Martinique, et dans les autres Isles des Gouverneurs, et des Ecrivains principaux qui y servent ; et dans celles où il n'y a point d'Ecrivains, des Lieutenans de Roi et Majors, à peine contre ceux qui y manqueront de 3,000 liv. d'amende pour la premiere fois, de 6,000 liv. pour la seconde, et de confiscation des Bâtimens où les Farines auront été embarquées en cas de récidive; enjoint Sa Majesté aux Officiers de l'Amirauté de tenir la main à l'exécution de la présente Ordonnance, et à ses Procureurs, de poursuivre ceux qui y contreviendront, à peine d'en répondre en leurs propres noms. FAIT à Versailles, etc.

A R R Ê T du Conseil Souverain de Léogane, qui condamne un Particulier aux Galeres, et ordonne en conséquence qu'il sera envoyé au Mississipi.

Du 20 Septembre 1698.

Nous avons indiqué cet Arrêt comme donnant la preuve de l'usage où l'on étoit alors à Saint-Domingue d'envoyer des Galériens dans ce Continent.

A R R Ê T du Conseil du Petit-Goave, qui défend aux Negres d'avoir des Chevaux.

Du 4 Février 1699.

Vu la Remontrance du Procureur-Général, et y faisant droit, le Conseil fait très-expresses inhibitions et défenses à tous Negres Esclaves d'avoir aucuns Chevaux, et que pour cet effet ils s'en déferont dans deux mois, à compter du jour de la publication du Présent, passé lequel temps ceux qui en seront trouvés saisis seront condamnés au fouet, et leursdits Chevaux confisqués au profit des Hôpitaux des lieux, les frais de l'exécution préalablement pris sur le prix d'iceux; fait aussi défenses à toutes sortes de personnes, de quelle qualité et condition qu'ils soient, passé ledit temps, d'acheter aucuns Chevaux des Negres, à peine de vingt-cinq écus d'amende, applicables aux ameublemens nécessaires pour la Chambre du Conseil, et des dépens; et enjoint à tous les Maîtres desdits Negres de tenir, chacun en droit soi, la main à l'exécution du Présent, à peine d'en répondre; et sera le Présent lu, publié, etc. Donné au Conseil extraordinairement assemblé, etc.

ARRÊT du Conseil du Petit-Goave, qui défend aux Esclaves d'avoir des Armes.

Du 4 Février 1699.

Vu la Remontrance du Procureur - Général, et y faisant droit, le Conseil fait très-expresses défenses à tous Negres Esclaves de tenir aucunes Armes offensives ni défensives, ni gros bâtons, appellés vulgairement *Bangalas*, dans leurs Cases ni ailleurs, à peine d'avoir une oreille coupée par l'Exécuteur de la Haute-Justice, pour la premiere fois, et perte de leurs Armes en faveur de ceux qui les trouveront, sans autre forme ni figure de procès que leurdite capture, et de plus grandes peines arbitraires au Conseil en cas de récidive; en laquelle défense ne seront compris les Commandeurs, qui, pour leur sûreté et pour entretenir les Negres qui sont sous leurs Charges dans la soumission et obéissance, pourront avoir toutes les Armes qui leurs sont nécessaires pour cet effet, non plus que les Negres Chasseurs employés à cet exercice pour leurs Maîtres, lesquels Chasseurs pourront avoir un fusil et une queue garnie seulement; et pour que le présent Arrêt ne soit ignoré de personne, le Conseil ordonne qu'il sera publié, etc. Donné audit Conseil extraordinairement assemblé, etc.

Sentence du Juge du Cap, qui prononce que l'Epilepsie des Esclaves est un Vice redhibitoire.

Du 21 Février 1699.

Entre François Quesnel et Consorts, etc., et Antoine Fizet, Receveur des Negres de la Compagnie Royale de Sénégal. Vu les dires et déclarations des Parties, les Certificats des sieurs Aurignac et Geffray, Maîtres Chirurgiens, qui déclarent que les Noirs dont est question tombent actuellement du mal Caduc ; nous condamnons lesdits Défendeurs en leurs qualités, à reprendre lesdits Noirs ; ordonnons qu'ils auront leur recours sur ceux qui les leur ont livrés, etc.

Ordonnance de M. Ducasse, qui défend aux François la Chasse dans la Partie Espagnole.

Du 24 Février 1699.

Sur les Plaintes qui nous ont été faites par M. le Président de Saint-Domingue, des Chasseurs François qui entrent dans les terres de Sa Majesté Catholique, et y tuent les Bestiaux privés et y prennent des Chevaux, ce qui est contraire aux Droits des Gens et au Traité de Paix; nous ayant requis d'y remédier, nous défendons à tous Chasseurs d'entrer dans les Terres du Roi Catholique, d'y tuer aucuns Bestiaux ni prendre aucuns Chevaux sur peines de Galeres; savoir, *depuis la Riviere de Rebouc tirant à l'Est*, qui est la Borne reconnue de tous les François, de leurs possessions avant la derniere guerre.

Ordonnons aux Officiers de Justice de tenir la main à l'exécution de la présente Ordonnance, qui sera lue, publiée et affichée au Cap où besoin sera. Donné à Léogane ce 24 Février 1699.

ORDONNANCE du Roi, Portant défenses de transporter des especes d'Or et d'Argent dans l'Amérique.

Du 4 Mars 1699.

SA MAJESTÉ étant informée que depuis quelque temps ceux qui négocient dans l'Amérique y envoient des especes de monnoies d'or et d'argent au lieu de marchandises ; et connoissant combien les suites de ce commerce seroient désavantageuses au Royaume par la sortie de l'argent, et parce qu'il y feroit rester des denrées superflues, dont la consommation doit être faite dans les Colonies : elle a fait et fait très-expresses inhibitions et défenses à tous Négocians d'envoyer, sous quelque prétexte que ce soit, des especes d'or et d'argent dans l'Amérique au lieu de marchandises, ni d'en embarquer d'autres que ce qui est absolument nécessaire pour les dépenses imprévues des Bâtimens, à peine de confiscation de celles qui seront trouvées dans ce cas, et de 3,000 livres d'amende contre ceux auxquels elles appartiendront, et de six mois de prison contre les Capitaines, Ecrivains ou autres qui s'en seront chargés ; et en cas de récidive, de trois ans de galere contre les uns et les autres, outre la confiscation desdites especes, dont le tiers, ainsi que de l'amende, sera appliqué au dénonciateur. Enjoint aux Officiers de l'Amirauté, de tenir la main à l'exécution de la présente Ordonnance, à peine d'en répondre en leur propre et privé nom, et de la faire enregistrer, publier et afficher par tout où besoin sera, à ce que personne n'en prétende cause d'ignorance. FAIT à Versailles, ect. *Signé* LOUIS.

R. au Conseil Souverain de Léogane, le 6 Juin 1699.

ARRÊT du Conseil de Léogane, sur la démission d'un Juge.

Du 9 Mars 1699.

Cet Arrêt donne Acte à M. Rousseau de la démission de l'Office de Sénéchal de Léogane, attendu les mauvais traitemens du Gouverneur.

Tome I. Kkkk

EXTRAIT de la Lettre du Ministre à M. DUCASSE, pour ne pas souffrir que l'Archevêque de Saint-Domingue fasse aucune fonction dans la partie Françoise.

Du 11 Mars 1699.

L'ARCHEVÊQUE de Saint-Domingue a administré, en passant à la Martinique, le Sacrement de Confirmation, après avoir délivré à MM. d'Amblimont et Robert une déclaration portant que cet acte ne pourroit faire aucun préjudice à la Souveraineté du Roi dans les Isles, ni tirer à aucune conséquence; comme ce qui se passeroit à Saint-Domingue, s'il y remplissoit les fonctions Episcopales, en emporteroit, surtout les actes en pouvant être réitérés souvent, le Roi ne veut pas que, sous quelque prétexte que ce soit, vous souffriez qu'il fasse aucune fonction dans les Quartiers occupés par ses Sujets.

Nous croyons qu'on sera bien-aise de connoître la déclaration faite à la Martinique par cet Archevêque.

Ego infra scriptus transiens fortuitò per Insulam Martinicæ Regi Christianissimo subjectam, rogatus ab Ecclesiasticis Religiosis curam animarum habentibus, ut Incolis ejusdem Insulæ Sacramentum Confirmationis conferrem; eorum precibus volui ex charitate satisfacere, sine prejudicio juris possessionis et plenæ proprietatis Galliæ super omnes Insulas Regi Christianissimo subditas. Datum Martinicæ die 17 Februarii anno 1698, D. FERDINAND, Archiepiscopus Sancti-Dominici Indiarum.

Muni de cette déclaration, les Chefs des Missions donnerent une requête au Gouverneur-Général et à l'Intendant, qui la répondirent d'une Ordonnance en ces termes:

Vu la présente requête et la déclaration de Don Ferdinand, Archevêque de Saint-Domingue, y mentionnée, ayant égard aux témoignages et assurances des Supplians, Supérieurs des Ordres Religieux établis en cette Isle Martinique, d'avoir vu les Bulles et Provisions dudit sieur Archevêque, et les avoir trouvées en bonne et due forme, et aussi à la déclaration susdite dudit sieur Archevêque, et ne voulant point être contraires à ce qui peut attirer des graces spirituelles aux Peuples de cette Isle, mais bien y contribuer, autant qu'il est en notre pouvoir; nous consenrons que ledit Don Ferdinand, Archevêque de Saint-Domingue, qui se trouve fortuitement passager en cettedite Isle, y confere le Sacrement de Confirmation, sans que cela puisse tirer à aucune conséquence pour lui ni pour tous autres de sa Nation, et sans que cela puisse porter aucun préjudice à tous les Droits de la France sur toutes les Isles de l'Amérique ; et demeureront, les Présentes, ensemble la déclaration y mentiontionnée dudit sieur Archevêque, déposées entre nos mains. DONNÉ à la Martinique le 8 Février 1698. *Signés* D'AMBLIMONT et ROBERT.

R. *au Conseil Souverain de la Martinique le 6 Juillet 1699.*

EXTRAIT *de la Lettre du Ministre à* M. DUCASSE, *touchant les Negres revenus de l'expédition de Carthagene, et la Fabrique des Sucres à Saint-Domingue.*

Du 11 Mars 1699.

LE ROI veut bien que les Negres qui ont été à l'Expédition de Carthagene, et qui sont revenus après avoir été pris par les Ennemis, où ont repassé par la France, soient affranchis, à condition que ce qui appartient à chacun de ces Negres, pour leur part, soit payé ou remis à leurs Maîtres dans la Colonie ; vous m'en enverrez le rôle, en me marquant ce qu'ils sont devenus.

J'ai lu tout ce que vous m'écrivez sur la nécessité de laisser aux Habitans de Saint-Domingue la liberté de faire du Sucre ; je vous ai marqué par mes précédentes, que le Roi trouve bon que vous souffriez qu'ils s'y appliquent, en faisant, s'il est possible, ainsi qu'il avoit été pratiqué à Saint-Christophe, un Réglement pour en maintenir la qualité, et empêcher de la rendre mauvaise, par l'avidité d'un plus grand gain. On trouvera suffisamment à le débiter dans le Royaume, où les Droits sur ceux des Etrangers sont établis dans tous les Ports, quoique non sujets aux cinq Grosses Fermes ; Sa Majesté laisse d'ailleurs la sortie entiérement libre lorsqu'ils ont été rafinés, et fait même restituer les Droits payés à l'entrée sur les Sucres bruts, pour donner moyen aux Marchands de les transporter, avec plus d'avantage, dans le Nord et autres Pays étrangers.

ORDONNANCE du Roi, portant défenses aux Capitaines des Vaisseaux qui vont aux Isles de l'Amérique, de prendre des Engagés qu'ils n'aient atteint l'âge de dix-huit ans, et pour regler la proportion et la qualité des Fusils Boucaniers.

Du 8 Avril 1699.

SA MAJESTÉ étant informée que les Habitans des Colonies des Isles Françoises de l'Amérique, ne tirent point l'utilité qu'Elle a attendu de l'obligation qu'Elle a imposée aux Capitaines des Bâtimens Marchands qui y vont des Ports du Royaume, d'y porter des Engagés et des Fusils Boucaniers, parce qu'ils prennent pour les premiers des enfans de douze ans, incapables de supporter de long-temps aucun travail; et qu'à l'égard des Fusils, ils croyent avoir satisfait aux conditions portées par leurs Passeports, pourvu qu'ils en présentent six, sans s'embarrasser s'ils sont de bonne qualité, et de service pour les Habitans; surquoi voulant pourvoir, Sa Majesté a ordonné et ordonne, veut et entend que les Engagés qui doivent être portés aux Isles, conformément à l'Ordonnance du 19 Février 1698, aient atteint l'âge de dix-huit ans, et soient en état de travailler; que le terme de leur engagement soit de trois ans, et que chaque Habitant des Isles soit tenu d'en avoir un par chaque vingtaine de Negres, outre le Commandeur; voulant que les Officiers de l'Amirauté rejettent les Engagés qui ne seront point de l'âge et de la qualité ci-dessus spécifiés, et que les Capitaines qui en apporteront d'autres subissent la même peine que s'ils n'en avoint pas; et à l'égard des Fusils, veut, Sa Majesté, qu'ils soient de quatre pieds quatre pouces, du calibre d'une bale de dix-huit à la livre, poids de marc, legers et garnis de cuivre jaune au lieu de fer, et qu'à l'arrivée des Bâtimens aux Isles ils soient présentés par le Capitaine aux Gouverneurs ou à l'Officier qui commandera, pour les examiner; et ceux qui ne se trouveront pas de ces proportions et de bonne qualité seront cassés, et le Capitaine condamné en trente livres d'amende au profit de l'Hôpital, pour chacun. Enjoint au sieur Marquis d'Amblimont, Gouverneur et Lieutenant-Général, au sieur Robert, Intendant, et aux Gouverneurs Particuliers des Isles Françoises de l'Amérique et aux Officiers de l'Amirauté de tenir, chacun en droit soi, la main à l'exécution de la présente Ordonnance, qu'Elle veut être lue, etc.

R. au Conseil Souverain de la Martinique le 2 Janvier 1700.

EXTRAIT de la Lettre du Ministre à M. DUCASSE, touchant l'Etablissement des Hôpitaux confiés aux Religieux de la Charité à Saint-Domingue.

Du 8 Avril 1699.

LE ROI a trouvé bon, sur vos instances, de commencer l'Etablissement de deux Hôpitaux, au Cap et à Léogane, et pour cet effet d'y faire passer des Freres de la Charité, dans la pensée de procurer un secours aux Habitans, en les mettant en état d'avoir des gens expers et entendus qui les soulageroient avec plus de succès que les Chirurgiens ou autres gens dont ils pourroient se servir; mais jamais Sa Majesté n'a compté que, dès qu'un Habitant sera malade, il n'y auroit qu'à le porter à l'Hôpital, où il seroit nourri et médicamenté gratuitement; cela seroit bon, si c'étoit la Colonie qui le fondât; mais dans la situation où ils sont, il n'y a que les Soldats ou Matelots qui doivent y être reçus, en observant même de faire payer leur solde à ces Hôpitaux, pour le temps qu'ils y resteront, ainsi qu'il se pratique à la Martinique et à la Guadeloupe; et lorsque les Habitans voudront y aller, il faudra qu'ils payent la dépense qu'ils y feront, leur devant suffire, que les Religieux leur donnent sans rétribution les secours dont ils ont besoin. On peut, à l'égard des nouveaux venus qui n'ont rien, garder un tempérament, qui est de les engager à travailler pendant un certain temps pour l'Hôpital, pour le dédommager de la dépense qu'ils y auront causée. Si, en tenant cette conduite, et en y joignant quelques attributions que je demanderai au Roi pour les Freres de la Charité, on ne peut les mettre en état de subsister, il n'y aura qu'à les renvoyer, le Roi n'entendant point s'engager pour cela dans une dépense excessive. Les Hôpitaux des Isles du Vent se sont établis, et subsistent sans tout cet embarras; je suis informé que quelques Officiers Majors et des Compagnies envoyent prendre dans cet Hôpital les remedes et les rafraîchissemens qui leur conviennent: vous aurez soin de leur défendre, les remedes que l'on y fournit n'étant destinés que pour les pauvres, et non pour ceux qui peuvent en trouver ailleurs, etc.

LETTRE du Ministre à M. DUCASSE, qui défend aux Officiers des Etats Majors de se mêler de ce qui concerne les Finances.

Du 29 Avril 1699.

Les Trésoriers de la Marine m'informent que leur Commis à Saint-Domingue mande que les Lieutenans de Roi et Majors prétendent, en votre absence, ordonner des Fonds et du Service, et que chacun d'eux compte d'en disposer, ainsi qu'ils font au Cap, lorsque vous ni résidez point, sans s'embarrasser de donner les décharges qui leur sont nécessaires. Le Roi m'a ordonné de vous en faire part, afin que vous y pourvoyiez avant votre départ, en destinant les fonds des Fortifications, qui sont les seuls sur lesquels il y ait à disposer au paiement des ouvrages que vous aurez ordonnés, de maniere que ce Commis sache ce qu'il doit faire, le temps des paiemens, et que les Officiers subalternes n'aient d'autres soin à prendre que celui de faire avancer le travail; ce que vous leur expliquerez, et que Sa Majesté leur défend de se mêler de ce qui concerne les fonds, sous quelque prétexte que ce soit : s'il survient quelque besoin imprévu, le sieur Marie pourra y pourvoir, etc.

ORDRE du Roi, touchant la Paroisse de Limonade.

Du 19 Août 1699.

Par cet Ordre Sa Majesté accorde une somme de 400 liv. pour être employée à fournir des Ornemens à cette Paroisse, aujourd'hui l'une des plus riches de la Colonie.

EXTRAIT de l'Instruction donnée à M. DE LA BOULAYE, Inspecteur-Général de la Marine, pour la visite des Isles de l'Amérique.

Du 26 Août 1699.

Sa Majesté ayant résolu d'envoyer le sieur Renaud, Ingénieur-Général de la Marine dans les Isles Françoises de l'Amérique, pour visiter les Fortifications qui y ont été faites jusqu'à présent, Elle a estimé nécessaire d'y faire passer en même-temps ledit sieur de la Boulaye, pour examiner l'état des Colonies, dans lesquelles les Intendans desdites Isles ne peuvent aller, à cause de leur éloignement de la Martinique, et y établir une Administration convenable au bien de la Justice et au repos des Habitans; pour cet effet l'intention de Sa Majesté est, qu'il s'embarque sur le Vaisseau *le Cheval-Marin;* ce Vaisseau ira en droiture à Caïenne, où ledit sieur de la Boulaye commencera à travailler, et successivement dans celles de la Grenade, la Martinique, la Guadeloupe, Marie-Galande et Saint-Christophe; il se rendra à Saint-Domingue, où il examinera avec toute l'attention dont il est capable, l'état de la Colonie dans les Quartiers du Cap et de Léogane, où elle est à présent renfermée; Sa Majesté ayant défendu de laisser rétablir le Port-de-Paix et les autres petites Habitations, pour rendre ces deux plus fortes et plus en disposition de résister aux Ennemis, qui les pourroient insulter. On doit seulement laisser une Compagnie avec un Officier Major dans cet endroit, pour empêcher qu'il serve de retraite aux Corsaires ou Forbans, qui troubleroient la communication des autres Quartiers, au milieu desquels il est.

Il y a eu jusqu'en 1686 et 1687, en cette Isle, une Fabrique considérable de Tabacs, qui est tombée, par leur mauvaise qualité, laquelle en a rendu le transport presqu'impraticable, et les a mis hors du Commerce; Sa Majesté, dans le dessein de la rétablir, a engagé les Fermiers d'en prendre jusqu'à huit cens quintaux, et de les payer sur les lieux, aux prix portés par le résultat qui a été envoyé au sieur Ducasse. Comme il paroît, par ses lettres, que les Habitans ne sont pas entrés dans les vues de Sa Majesté, le sieur de la Boulaye les expliquera aux principaux de ceux qui peuvent s'y appliquer, pour les engager à rectifier leur Fabrique, et à la rendre conforme aux Mémoires envoyés par les Fermiers, qui en pousseront le débit aussi loin qu'il sera possible; lorsqu'on pourra être certain d'en rétablir le goût en France, et de les faire passer dans le Pays étranger, sans un danger évident de les perdre; et, si les raisons des Habitans contre ce résultat lui paroissent justes et bien fondées, il en dressera un Procès-verbal, sur lequel Sa Majesté y pourvoira.

Le débit de l'Indigo étant diminué par la Paix, les Habitans de Saint-Domingue ont commencé à s'appliquer à la Fabrique des Sucres, et à les faire entrer dans leur Commerce; et, comme il est important, pour les mettre en valeur, qu'ils leur donnent une bonne qualité, et évitent de tomber dans les mêmes abus, qui causent du discrédit à ceux de la Martinique, ledit sieur de la Boulaye examinera, avec les principaux, leur maniere de travailler, et leur fera voir le Réglement qui aura été fair pour les autres Isles, afin qu'ils s'y conforment. Il les excitera en même-temps de s'appliquer aux différentes cultures que leurs terres peuvent produire, comme un seul moyen certain, qui les mettra en état de se soutenir, et d'augmenter leur fortune dans les temps de Guerre, de même que dans ceux de Paix.

✠ Sa Majesté veut que ledit sieur de la Boulaye sache du sieur Ducasse si la répartition des 1,400,000 liv. qu'Elle a adjugé aux Flibustiers et Habitans de Saint-Domingue, pour leur portion, dans le produit de l'expédition de Carthagene a été entierement faite, tant en Marchandises et Negres, qu'Elle a permis d'acheter pour eux, qu'en argent; et, si elle est arrêtée par quelque incident, il en prendra connoissance pour y pourvoir, conjointement avec ledit sieur Ducasse; ou, s'ils ne le peuvent, ils en dresseront un Procès-verbal, sur lequel Sa Majesté décidera.

L'Etablissement de la nouvelle Colonie, qui commence à se former au Quartier du Sud, méritant une attention particuliere par rapport à son objet, ledit sieur de la Boulaye verra si les mesures qui se prennent pour y parvenir peuvent réussir, et sont conformes aux intentions du Roi; si la Compagnie qui l'entreprend peut espérer de lier Commerce avec les Espagnols, de même que les autres Nations; si elle y sera considérablement troublée par les Ecossois, qui se sont emparés de l'Isle d'Or, dans le Golphe du Darien; si elle a commencé des Habitations dans l'étendue de sa Concession, à la culture de quelles denrées la terre y est plus propre; et, si elle est exposée aux insultes des Espagnols, par terre, ou si la communication est, ainsi qu'on le dit, impraticable.

Après la discussion particuliere de ce qui concerne chaque Isle, Sa Majesté veut généralement que ledit sieur de la Boulaye examine en chacune sa disposition et son état présent, tant par rapport à la force de la Colonie qu'à son Commerce; qu'il en dresse des Mémoires exacts, qui en contiendront, entr'autres choses, le recensement, la situation, les défenses, les denrées qui y croissent, celles qui pourroient y venir, et les autres choses qu'il jugera pouvoir en donner à Sa Majesté, une connoissance plus précise et plus étendue, et des vues pour rendre ces Colonies plus florissantes.

Il verra en chaque Isle les Troupes qui y sont en Garnison; si elles sont bien entretenues et exercées; si les Capitaines ne les font point travailler pour eux, etc.

Il saura pareillement en quel état sont les Milices, si elles sont bien armées, et si l'expédient qui a été proposé d'y établir des Colonels, dont

le

le nombre seroit reglé en proportion de celui des Compagnies qui sont en chaque Isle, pour récompenser les anciens Capitaines d'Infanterie qui se sont faits Habitans, peut être mis en pratique sans inconvénient.

Il s'informera aussi de la conduite des Juges Subalternes et des Officiers des Conseils Souverains; et s'il y a des plaintes contr'eux, il tâchera de les vérifier, ou en fera part au sieur Robert, pour qu'il puisse les éclaircir dans la suite, et en rendre compte à Sa Majesté : il en usera de même à l'égard de celle des Ecrivains qui servent dans les Isles.

Sa Majesté ayant fait au mois d'Août dernir un Réglement pour la prohibition du Commerce étranger, a rendu plusieurs Ordonnances sur le nombre d'Engagés et de Fusils Boucanniers qui doivent être apportés aux Isles par les Capitaines des Bâtimens Marchands qui y vont. Ledit sieur de la Boulaye examinera, avec le sieur Robert et avec les Gouverneurs, si on les exécute ponctuellement, et s'il y a quelque chose à y ajouter pour établir une plus grande police dans ce Commerce.

Il s'informera aussi si tout ce qui regarde la Religion est rempli, ainsi que Sa Majesté le desire par rapport à la décence avec laquelle le culte Divin doit être rendu, à l'instruction des Peuples, et à la conduite des Religieux qui en sont chargés ; et si quelques-uns d'eux ne l'avoient pas, comme il convient, pour l'édification des Habitans, il proposera aux Supérieurs de les renvoyer, et s'ils le refusent, il en prendra des éclaircissemens exacts, sur lesquels Sa Majesté y pourvoira à son retour.

Sa Majesté veut que ledit sieur de la Boulaye communique la présente Instruction au sieur Robert, et qu'il agisse en tout ce qui y est contenu de concert avec lui et avec le sieur Marquis d'Amblimont ; ensorte qu'il ne survienne entr'eux aucun procédé particulier qui puisse l'empêcher de la bien remplir : ledit sieur de la Boulaye agira en tout de concert avec le sieur Renaud, de même que ledit sieur Renaud doit en user avec lui, chacun par rapport au service dont il est chargé ; et il profitera des occasions qu'il aura de rendre compte en gros de ce qu'il fera, en attendant les Mémoires en détail qu'il en rapportera à son retour, etc.

ARRÊT du Conseil de Léogane, qui surseoit à prononcer sur une Accusation où un Magistrat est impliqué, jusqu'à ce que la Cour soit suffisamment garnie de Conseillers Titulaires ou autres Magistrats.

Du 3 Septembre 1699.

SUR la Remontrance faite par le Procureur-Général du Roi, qu'il y a Procès Criminel intenté à sa requête et instruit au Conseil, ensuite de la dénonciation de Guillaume Drugeon, contre les nommés Housson, Lecourt, Maillet et Mapon, accusés de crime de faux et suppression d'Acte ; que ledit Procès est en état d'être jugé définitivement, tant par la contumace acquise contre ledit Mapon, que par l'instruction faite contre les autres, et qu'il est près de donner ses Conclusions définitives ; mais comme ledit Lecourt, l'un desdits Accusés, est pourvu d'une Charge de Conseiller en ce Conseil, ce qui y a attiré ledit Procès en premiere instance, en laquelle Charge il n'a néanmoins pas été reçu, tant à cause de la prévention où ladite accusation l'a mis, que pour d'autres raisons connues audit Conseil, il ne seroit néanmoins pas juste qu'ayant l'honneur d'être caractéré, tant par les Charges qu'il a occupées depuis longues années dans la Jurisdiction du Petit-Goave, que par les Provisions de ladite Charge de Conseiller, dont Sa Majesté l'a honoré, il fût jugé par d'autres que des Juges Caractérés, d'autant mieux que si le Conseil étoit composé de plusieurs Chambres, il ne pourroit être jugé que lesdites Chambres assemblées ; et comme par l'absence de MM. Champenois et de la Plasse, il n'y a pas nombre au Conseil de Juges caractérés, ledit Procureur-Général réquiert, pour l'intérêt du carrctere et de la Magistrature, à ce que le Conseil renvoie ledit Jugement définitif jusqu'à ce que lesdits MM. Champenois et de la Plasse soient en ce Pays pour assister audit Jugement, et qu'il ne soit convoqué que des Titulaires jusqu'au nombre de l'Ordonnance, cela se pouvant faire ; et à ce défaut, d'autres Magistrats du Ressort du Conseil, et personnes de Caracteres, jusqu'audit nombre.

LE CONSEIL faisant droit sur ladite Remontrance, ayant tel égard que de raison au Privilége et Caractere dudit Lecourt, ordonne que le Jugement dudit Procès sera renvoyé jusqu'à ce que le Conseil puisse s'assembler par Titulaires ; et à ce défaut, par autres Magistrats et Personnes Caractérées du Ressort, jusqu'au nombre de l'Ordonnance ; et cependant les choses demeureront en état.

ORDONNANCE *du Gouverneur du Cap, qui défend de vendre aucunes Marchandises dans la Campagne et hors du Bourg du Cap.*

Du premier Octobre 1699.

LE sieur de Galifet, Gouverneur de Sainte-Croix et du Cap, Côte Saint-Domingue.

La conservation et agrandissement du Bourg du Cap est si importante au Service du Roi et au Public de ce Quartier, que nous estimons de notre devoir principal de prévenir tout ce qui peut lui être préjudiciable, et de procurer tout ce qui peut le favoriser; c'est pourquoi faisant réflexion que la Marchandise et le Cabaret sont les moyens d'y subsister, qui y entretiennent le plus grand nombre d'Habitans, et que ceux de la Campagne peuvent aisément gagner leurs entretiens par la culture de la terre, nous défendons à toutes Personnes, de quelque qualité et condition qu'elles puissent être, de vendre en détail aucunes Marchandises dans les Maisons de Campagne et hors du Bourg, tant aux François qu'aux Etrangers, comme aussi d'y tenir Cabaret, vendre en détail du Vin, Eau-de-Vie de France et de Canne, ni aucune autre sorte de liqueur, à peine de cinquante écus d'amende, applicable à l'Hôpital à la première fois, et de plus grande peine en cas de récidive; et afin que personne n'en prétende cause d'ignorance, la Présente sera publiée et affichée un jour de Dimanche, à la porte de toutes les Eglises Paroissiales, et icelle enregistrée au Greffe, pour y avoir recours en cas de besoin. DONNÉ au Cap, le premier Octobre 1699. *Signé* DE GALIFET.

R. au Siege Royal du Cap, le 5 du même mois.

ORDONNANCE *du Gouverneur du Cap, qui, 1°. établit un Marché au Cap; 2°. défend de porter les Denrées de Maison en Maison; et 3°. établit un Baril étalonné au Greffe du Siege Royal, pour servir de regle à la mesure desdites Denrées.*

Du 3 Octobre 1699.

LE sieur de Galifet, etc.

Etant nécessaire, pour la commodité publique, d'établir un Marché

LlII ij

dans le Bourg du Cap, où l'on puisse à toute heure trouver les **Denrées** et Rafraîchissemens dont on a besoin, et ne pouvant espérer d'y réussir durant qu'il sera permis de les porter de Maison en Maison, parce que ceux-ci ôteront le débit à ceux qui se tiendront en Marché, nous ordonnons à toutes personnes qui apporteront à vendre des Cochons, Moutons Cabrits et Volailles en vie, Gibier, Poisson, Cassave, Maïs, Pois, Riz, Fruits, Herbages et autres Denrées, de les exposer en Marché à la Place dudit Bourg; et défendons de porter dans les Rues ou Maisons, aucuns desdits Rafraîchissemens, à peine de confiscation d'iceux sur le champ, et sans aucune autre forme. Défendons aussi à toutes personnes, d'envoyer sur le Chemin pour y acheter lesdits Rafraîchissemens; et afin que personne ne puisse être trompé sur la Mesure, nous avons réglé le Baril à soixante-deux pots et demi, qui est la moitié de la Barrique de Bordeaux, et fait étalonner un Baril qui demeurera au Greffe pour y avoir recours; défendons à toutes personnes de donner aucunes Denrées à une moindre Mesure, à peine de confiscation et d'amende; enjoignons au Procureur du Roi de tenir la main à l'exécution de la Présente, qui sera publiée et affichée où besoin sera, et icelle enregistrée au Greffe. DONNÉ au Cap, le 3 Octobre 1699. *Signé* DE GALIFET.

R. au Greffe du Siege Royal du Cap, le 5 du même mois.

ARRÉT de Réglement du Conseil de Léogane, qui enjoint à tous Notaires et Officiers Publics, d'insérer dans leurs Actes la mention du Lieu de la Naissance, de la Qualité et de l'Etat des Parties, ainsi que les Noms de leurs Pere et Mère, à peine de nullité.

Du 5 Octobre 1699.

ENTRE Dame Rousselle, procédante de l'autorité du sieur Dureau, Habitant du Quartier de Limonade, Appellante de Sentence du Juge du Cap, du 16 Janvier dernier.

Vu par le Conseil la Requête présentée par ladite Appellante, à ce qu'il ait plu audit Conseil dire qu'il a été bien appellé et mal jugé par ledit Juge du Cap; et réformant, ordonner que le Testament dont s'agit sera exécuté selon sa forme et teneur; et évoquant le principal, évoquer ledit Testament, et le tenir pour bien et dûment homologué; Testament rapporté par le Pere Aubert, Religieux Capucin, le 2 Janvier 1699, portant la derniere volonté de Paul Corbain, dit *le Parisien*, lequel auroit été déposé entre les mains de Maziere, Notaire du Siege Royal du Cap, le 11 Janvier suivant; Sentence dont est appel, rendue en ladite Juris-diction du Cap, ledit jour 16 Janvier 1699, par laquelle le Testament auroit été déclaré nul, pour n'être revêtu des formalités requises par la Coutume; et en conséquence, il auroit été ordonné que les biens et effets de la succession dudit défunt Corbain, seroient mis et délaissés ès mains du Curateur aux Successions vacantes de ladite Jurisdiction, pour en tenir compte à qui il appartiendra, en faisant faire par icelui Inventaire d'iceux par le Notaire de ladite Jurisdiction, et la Succession auroit été condamnée aux dépens de l'Instance. Ouï le Rapport de M. Charles le Maire, Con-seiller en ce Conseil, et Commissaire en cette partie, Député; et ouï aussi ledit Procureur-Général du Roi en ses Conclusions; lequel a dit que le Testament dont s'agit est revêtu de toutes les formalités qui peuvent y être nécessaires, à la réserve que le Curé qui a reçu ledit Testament n'a pas dit d'où le Testateur étoit né, ni de qui il étoit issu, ce qui seroit un manquement suffisant pour en opérer la nullité, d'autant qu'on ne peut pas par ledit Testament reconnoître si ledit Testateur est Bâtard ou Aubain, et par ainsi s'il a droit de tester ou non; mais comme jusqu'ici les Notaires et autres Personnes publiques ont omis ces formalités, parce que les Actes authentiques n'ont pas laissé pour cela de sortir à effet, il ne seroit pas juste de commencer par celui-ci à en empêcher l'exécution, d'autant qu'il n'y a eu aucun Réglement fait par le Conseil à ce sujet jus-qu'ici; mais pour en éviter l'abus à l'avenir, il est important pour l'auto-rité du Roi et l'intérêt du Public, que le Conseil statue à ce sujet, et que l'Arrêt qui interviendra en cette Cause tienne lieu de Réglement, et conclut à ce qu'il soit dit par le Conseil avoir été bien appellé par ladite Appellante, et mal jugé; et évoquant le principal, à ce que le Conseil homologuant le Testament en question, ordonne qu'il sera exécuté selon sa forme et teneur; et qu'à l'avenir les Notaires et autres Personnes publiques, etc.

LE CONSEIL faisant droit sur ledit appel, dit avoir été bien appellé et mal jugé; et évoquant le principal, a homologué et homologue le Tes-tament dont il s'agit; ordonne qu'il sortira son plein et entier effet; et faisant droit sur la Remontrance du Procureur-Général, ordonne à tous Notaires ou autres, qui en quelque qualité reçoivent des Testa-mens ou Ordonnances de dernieres volontés, Donations entrevifs et Mariages, d'insérer dans lesdits Actes, non-seulement le nom des Testa-teurs et Contractans, mais encore le lieu de leur Naissance, leur Qualité et Etat ; savoir de qui ils sont nés , à peine de nullité desdits Actes; et ordonne que le présent Arrêt servira de Réglement, et que pour cet effet il sera lu ; comme aussi ordonne que le présent Arrêt sera affiché dans toutes les Etudes des Notaires de ce Ressort, etc.

ORDONNANCE de M. Ducasse, touchant le Repeuplement des Hâtes.

Du 25 Janvier 1700.

Par cette Ordonnance, il est enjoint à tous ceux qui ont des Hâtes , de les repeupler au moins de cent Vaches chacune dans l'espace de six mois , faute de quoi lesdites Hâtes seront concédées de nouveau à ceux qui offriront de les repeupler.

ORDONNANCE de l'Intendant des Isles , touchant le Traitement des Engagés.

Du 27 Janvier 1700.

FRANÇOIS-ROGER ROBERT, etc.

Etant informé qu'il se glisse plusieurs abus dans les Isles, à l'occasion des Engagés , lesquels pourroient être très-préjudiciables aux avantages que les Colonies doivent ressentir du nombre de ces Engagés qui y sont amenés par tous les Vaisseaux Marchands , suivant les Ordres du Roi , s'il n'étoit pas pourvu à en arrêter le cours, nous avons estimé nécessaire , pour faire cesser ceux qui nous sont connus, d'y pourvoir en la meilleure maniere qu'il a été possible ; et comme un des premiers soins, à l'égard desdits Engagés , est de tenir la main à ce qu'ils soient nourris , pansés et médicamentés dans les Maladies qui leur arrivent , nous ordonnons à tous les Habitans qui ont et qui auront des Engagés à leur service , de leur faire fournir au moins à chacun d'eux par semaine , quatre pots de Farine de Magnoc, ou de la Cassave à l'équivalent, et cinq livres de Bœuf salé, et de leur faire fournir les Hardes nécessaires pour les vêtir suivant l'usage du Pays ; ordonnons en outre que lesdits Habitans seront tenus de garder leurs Engagés pendant tout le temps de leur Engagement, sans pouvoir les renvoyer plutôt, à moins que ce ne soit en leur donnant un moyen sûr de gagner leur vie dans le Pays au sortir de chez eux ;

faisons très-expresses inhibitions et défenses auxdits Habitans, de renvoyer leurs Engagés lorsqu'ils sont malades, et leur enjoignons de les faire traiter et médicamenter jusqu'à parfaite guérison, sous peine aux Contrevenans de payer quinze sols par jour pour la dépense de chaque Engagé à l'Hôpital où ils seront reçus; de trente livres tournois d'amende, applicables aussi à l'Hôpital, et de plus grande somme en cas de récidive. Au surplus, voulant aussi mettre ordre à la liberté que prennent plusieurs Engagés, de déserter la Maison de leurs Maîtres et d'aller servir d'autres Habitans, qui ont la facilité de les recevoir sans avoir égard au tort qu'ils font à leurs Maîtres, nous faisons très-expresses défenses à tous Habitans des Isles, de retirer et garder de ces Engagés déserteurs et fugitifs, sous peine de dix livres tournois d'amende par chaque jour pour la rétention de l'un desdits Engagés, ladite amende applicable au Maître de l'Engagé; et ce conformément à ce qui est ordonné par le Réglement du Roi, de 1685, à l'égard des Esclaves fugitifs. Mandons aux Officiers des Conseils Souverains et des Jurisdictions des Isles de l'Amérique, de tenir la main à l'exécution du présent Réglement, lequel sera lu, publié, etc.

ARRÊT du Conseil du Petit-Goave, qui enjoint aux Juges de se conformer à l'Ordonnance sur les Assignations et Délais.

Du premier Février 1700.

ENTRE sieur Poupot, Appellant de Sentence de Léogane, du 11 Janvier dernier, d'une part;

Et Guilon, dit *Petit-Brin*, Intimé, d'autre part.

Ouï les Parties comparantes; savoir ledit Appellant par Bazile, et ledit Intimé par Poussier, tous deux Porteurs de leurs Procurations, etc. Ouï sur le tout le Procureur-Général.

LE CONSEIL faisant droit sur ledit appel, dit avoir été bien appellé, mal ordonné; et réformant, a déclaré ladite Ordonnance nulle, ensemble l'Assignation donnée en conséquence, et ce qui en est ensuivi; et réformant, a renvoyé ledit Intimé à se pourvoir ainsi et comme il verra, en suivant l'Ordonnance pour raison des Délais; enjoint aux Juges subalternes de s'y conformer, à peine d'être responsables en leurs propres noms, des dommages et intérêts des Parties, et a condamné ledit Intimé aux dépens de la Cause d'appel.

ORDONNANCE *du Roi, qui défend d'envoyer des Vaisseaux aux Isles, sans avoir pris des Passeports de Sa Majesté.*

Du 24 Février 1700.

SA MAJESTÉ étant informée qu'au préjudice des défenses faites aux Vaisseaux étrangers, d'aller faire Commerce dans les Colonies de sa domination, et des ordre donnés à ceux qui y commandent, de les arrêter, pour être ensuite confisqués, il y en a eu les deux années dernieres dans quelques-unes de celles de l'Amérique Septentrionale. A quoi estimant nécessaire de pourvoir, Sa Majesté a fait très-expresses inhibitions et défenses aux Propriétaires des Vaisseaux qui seront envoyés à l'avenir des Ports de son obéissance dans les Colonies de l'Amérique, tant Septentrionale que Méridionale, de les faire partir, sans avoir pris auparavant des Passeports de Sa Majesté, qui leur seront délivrés *gratis*, à peine de confiscation desdits Bâtimens et de leurs Cargaisons; et à tous Capitaines et Maîtres des Vaisseaux, d'y aller sans lesdits Passeports, à peine de trois mille livres d'amende. Ordonne Sa Majesté à ses Gouverneurs et Lieutenans-Généraux esdits Pays, aux Gouverneurs et Commandans Particuliers, ensemble aux Intendans, Commissaires et autres Officiers préposés par Sa Majesté dans lesdites Colonies, de faire arrêter tous Vaisseaux et autres Bâtimens, tant François qu'Etrangers, qui ne se trouveront pas Porteurs desdits Passeports, si ce n'est en cas de relâche, dans lequel les Vaisseaux qui auront relâché ne pourront rompre leur charge, ni rien vendre à terre, sous la même peine de confiscation. Enjoint Sa Majesté auxdits Gouverneurs, Intendans et autres Officiers, et à ceux de l'Amirauté, de tenir la main à l'exécution de la présente Ordonnance, et de la faire publier et afficher, etc.

ARRÊT *du Conseil Souverain de Léogane, touchant un Vol fait par un Engagé.*

Du 8 Mars 1770.

Cet Arrêt condamne l'Engagé à être pendu comme coupable de Vol Domestique.

ARRÊT

ARRÊT du Conseil de Léogane, touchant les fréquentes Absences d'un Conseiller faisant les fonctions de Procureur-Général.

Du 15 Avril 1700.

LE Conseil s'étant assemblé pour procéder au Jugement du Procès Criminel instruit et jugé pardevant le Juge de Léogane, à la requête du Substitut du Procureur-Général audit Siege, Demandeur et Accusateur, contre le nommé François Dubellay, accusé d'avoir voulu aller Forban et débaucher d'autres Personnes pour cet effet, Défendeur. M. de la Buissonniere, Commissaire-Rapporteur, député par le Conseil, dudit Procès, auroit représenté, qu'ayant fait la visite et examen dudit Procès, et d'icelui fait son Extrait, il auroit envoyé ledit Procès au sieur de Buterval, nommé par le Conseil pour faire les fonctions de Procureur-Général en son absence, pour y donner ses Conclusions, lequel est encore saisi dudit Procès ; et le Conseil ayant mandé ledit sieur de Buterval pour venir apporter ledit Procès et donner ses Conclusions, il se seroit trouvé que ledit sieur de Buterval étoit parti pour le Petit-Goave, quoiqu'il dût savoir qu'étant aujourd'hui jour de Conseil, il ne devoit pas s'absenter, outre que c'est à lui à veiller et poursuivre le Jugement des Procès Criminels ; et comme cette absence du sieur Buterval paroît affectée, s'étant absenté plusieurs autres fois en pareille occasion :

LE CONSEIL a ordonné et délibéré que ledit sieur de Buterval optera ou de vaquer assidûment à l'exercice desdites fonctions de Procureur-Général, ou se démettra de la Commission que le Conseil lui a donnée ; et cependant remettra ledit Procès dudit Dubellay, au Greffe dudit Conseil, dans trois jours, et la présente Délibération du Conseil lui sera communiquée par le Greffier, et ledit Dubellay prisonnier, que ledit Me. Champenois a été obligé de faire traduire des Prisons de la Petite-Riviere au Conseil, a été traduit à bord du Navire commandé par le Capitaine Bouricau, pour y tenir prison jusqu'au tems du Jugement de son Procès, etc.

Le défaut de Prison dans le Bourg de l'Ester de Léogane, où siégeoit le Conseil à cette époque, forçoit à mettre ce Criminel à Bord d'un Navire où il pouvoit être gardé et tenu en sûreté.

Arrêt du Conseil d'Etat du Roi, touchant les Voies de Fait d'un Major contre un Habitant.

Du 24 Avril 1700.

Sur la Requête présentée au Roi étant en son Conseil, par Louis Grandchamp, Habitant de Léogane, contenant qu'ayant été maltraité à coups de bâtons par le sieur Brach, à présent Major de cette Isle, il en auroit rendu sa Plainte et fait informer par le Juge de ce Quartier, lequel a entendu quatre Témoins; et quoiqu'ils aient déposé avoir vu cette action, il n'a décerné qu'un simple assigné pour être ouï et refusé de le convertir en Décret de prise-de-corps par le défaut de comparution; ce qui auroit obligé le Suppliant de se pourvoir au Conseil Souverain en déni de Justice, après avoir fait trois Sommations à ce Juge, lequel y a été ouï; et sur ce qu'il a allégué que le Gouverneur lui avoit défendu de continuer ses Procédures jusqu'à ce qu'il eût su les intentions de Sa Majesté, ce Conseil a d'abord ordonné qu'il en rapporteroit la preuve par écrit; mais sur la Relation de l'un des Conseillers à une autre Séance, il a sursis pendant un an, et ordonné la restitution des trente écus que le Suppliant avoit été obligé de consigner, et déchargé le Juge de la prise à partie; ce qui l'a contraint d'avoir recours à Sa Majesté pour lui être pourvu, requérant qu'il lui plaise, sans s'arrêter aux Arrêts de surséance du Conseil Souverain de Saint-Domingue, ordonner que le Procès sera fait et parfait jusqu'à Sentence définitive inclusivement, au sieur de Brach, pardevant le plus prochain Juge autre que celui de Léogane, si mieux elle n'aime évoquer à soi l'Instance Criminelle et la renvoyer au même Conseil, et condamner à présent Brach aux dommages-intérêts et frais de voyage de Grandchamp. Vu ladite Requête et Plainte faites par Granchamp au Sénéchal de Léogane, contre de Brach, l'Ordonnance portant qu'il sera assigné pour être ouï, du 31 Octobre 1698, l'Assignation donnée en conséquence le 5 Novembre suivant, les Sommations faites les 20, 31 Janvier, et 9 Février 1699, au Juge, de la part de Grand-Champ, de rendre justice sur la poursuite des Informations faites contre le sieur de Brach; l'Arrêt du 9 Mars rendu au Conseil Souverain, portant que le Juge y sera assigné pour être ouï sur le déni de Justice; les Arrêts contradictoires dudit Conseil, dès 6 Avril et premier Juin, portant qu'il sera sursis pendant un an à la Procédure Criminelle, et que le

Juge demeurera déchargé de la prise à partie ; permission accordée par le sieur Ducasse à Grandchamp, le 6 Octobre, pour passer en France ; l'Acte d'affirmation de Voyage, fait le même jour au Greffe du Conseil Souverain, et tout considéré ; le Roi étant en son Conseil, a évoqué et évoque à soi et à son Conseil l'Instance Criminelle commencée pardevant le Juge Sénéchal de Léogane, à la requête du sieur Louis Grandchamp, contre le sieur de Brach, et icelle renvoyée et renvoie au Conseil Souverain de Saint-Domingue, pour être la Procédure continuée et jugée définitivement, ainsi qu'elle auroit pu l'être avant les Arrêts des 9 Mars, 6 Avril et premier Juin 1699, ensemble, pour y procéder sur les fins du surplus de la Requête dudit Grandchamp, Sa Majesté lui en attribuant pour cet effet toute Cour, Jurisdiction et connoissance. FAIT au Conseil d'Etat du Roi, Sa Majesté y étant, tenu à Versailles, le vingt-quatrieme jour d'Avril 1700.

R. *au Conseil siégeant à l'Ester, le 3 Janvier 1701.*

La Procédure instruite au Conseil Supérieur de Léogane, en vertu du présent Arrêt, a été suspendue par la durée du motif mentionné dans l'Arrêt de cette Cour, du 6 Juin 1701, fondé lui-même sur une Lettre du Ministre, du 26 Janvier précédent ; et enfin parce que M. de Brach parvint à appaiser le ressentiment de Grandchamp. Voy. l'Arrêt du 6 Juin 1701, la Lettre du 26 Janvier de la même année, et deux autres Lettres du Ministre, des 3 Novembre 1700, et 26 Juin 1701.

LETTRE *du Ministre à M. DUCASSE, touchant le Fait qui a donné lieu à l'Arrêt précédent.*

Du 28 Avril 1700.

UN Habitant de Saint-Domingue, nommé Grandchamp, s'est plaint au Roi du refus qu'a fait le Conseil Souverain de lui rendre justice sur les mauvais traitemens qu'il a reçus du sieur Brach ; et j'ai vu dans l'examen des Pieces qu'il a rapportées, que le Conseil s'est déterminé à surseoir sur ce que vous l'avez desiré ainsi, sur le fondement que vous m'en aviez écrit, et que vous estimiez nécessaire d'attendre une réponse. Je n'ai trouvé dans aucune de vos Lettres que vous m'ayez parlé de cet incident ;

mais quand vous l'auriez fait, je ne vois pas de raison qui puisse empê-cher de faire justice à un Habitant qui dit avoir reçu des coups de bâton par-derriere par le sieur de Brach, d'autant plus que ce n'est dans aucune occasion de service, et qu'il n'y a point de motif qui puisse obliger de tolérer ces sortes d'excès. Sur ce principe, le Roi m'a commandé d'ex-pédier un Arrêt qui renvoie l'Affaire au Conseil Souverain pour y être jugée. Les Officiers qui servent dans les Colonies doivent savoir qu'ils ont des moyens pour punir les Habitans qui contreviennent aux ordres qui leur sont donnés, mais qu'il ne leur est jamais permis de les maltraiter de coups de bâton, et qu'ils méritent d'être châtiés plus séverement que les autres, quand ils se laissent emporter par des motifs de vengeance particuliere.

COMMISSION *de Juge du Petit-Goave, accordée par* M. DE LA BOULAYE, *Inspecteur-Général de la Marine, et Deputé de Sa Majesté pour la Visite des Isles,* à M. Lecourt, *Conseiller à Leogane, de l'avis du Conseil Supérieur, et dans une de ses séances.*

Du 6 Juillet 1700.

SUR ce qui nous a été représenté, que le Siege du Petit-Goave est depuis long-tems vacant par la mort de M. Pierre Bachelier, dernier pourvu de l'Office de Juge dudit Petit-Goave, et qu'il n'y a actuellement personne audit lieu capable d'exercer la Charge de Juge; *Nous, Inspecteur-Gé-néral de la Marine, Député par Sa Majesté pour la Visite des Isles de l'Amérique, et l'Administration de la Justice, Police et Finance,* après avoir pris l'avis de MM. les Conseillers au Conseil Souverain de l'Isle la Tortue et Côte Saint-Domingue, avons commis Me. Pierre Lecourt, l'un des Conseillers audit Conseil, pour administrer la Justice ordinaire audit lieu du Petit-Goave, et ses Dépendances, en qualité de Juge, en attendant qu'il ait plu à Sa Majesté d'y pourvoir, à la charge qu'en ladite qualité de Conseiller audit Conseil Souverain, il ne pourra connoître des Appel-lations qui seront faites de ses Jugemens en premiere Instance. FAIT à Léogane, en la Chambre du Conseil, le 6 Juillet 1700.

Signé DE LA BOULAYE.

DÉCLARATION du Roi, Portant Amnistie générale en faveur des Forbans.

Du 8 Juillet 1700.

S A MAJESTÉ ayant été informée que plusieurs Flibustiers et Habitans de Saint-Domingue, excités par des Etrangers, ont quitté la Colonie et se sont faits Forbans, pillant les Bâtimens de diverses Nations, et que pour augmenter leur nombre et se mettre en état de se défendre contre ceux qui les attaqueroient, ils ont enlevé plusieurs Habitans et Soldats des Compagnies qui servent dans lesdites Isles, et engagé d'autres à la désertion et retenu les Equipages de ces Bâtimens; à quoi voulant pourvoir et faire cesser un désordre aussi préjudiciable au Commerce de ses Sujets, en donnant en même-temps un moyen à ceux que leur légéreté seulement, ou la force ont jetté dans de mauvais Partis, de ressentir des effets de sa clémence; Sa Majesté a ordonné et ordonne, veut et entend, que tous les Flibustiers et Habitans, Soldats, qui ont quitté la Colonie et déserté, et qui viendront s'y habituer, ou rentrer dans les Compagnies dans lesquelles ils servoient, dans six mois, du jour de la publication de la Présente, le puissent faire librement, sans crainte d'être poursuivis pour raison de leur fuite ou désertion, Sa Majesté les déchargeant des peines établies pour ces crimes et pour celui de la désertion, et leur en donnant une Amnistie entiere; et à l'égard de ceux qui seront pris croisant et naviguant en mer, ou après le temps expiré, elle veut et ordonne qu'ils soient punis de mort, en quelques lieux qu'ils soient pris, et menés dans les lieux de son obéissance ou du Royaume, et leurs effets confisqués au profit de Sa Majesté, à la réserve d'un tiers qui sera délivré aux Capitaines Preneurs ou Dénonciateurs; et ceux qu'on justifiera avoir aidé ou favorisé, ou entretenu correspondance avec lesdits Forbans, seront condamnés aux Galeres perpétuelles, leurs effets pareillement confisqués. Enjoint Sa Majesté à tous Juges, Officiers, au sieur Marquis d'Amblimont, et Robert, Lieutenant-Général et Intendant des Isles de l'Amérique Françoise, aux Gouverneurs Particuliers d'icelles, et aux Officiers des Conseils Souverains, de tenir la main à la présente et s'y conformer. DONNÉ, etc.

R. *au Conseil Souverain de Léogane, le 3 Janvier 1702.*
Et au Conseil Supérieur du Cap, le 26 Mars 1704.

A R R Ê T du Conseil d'Etat , qui ordonne en exécution de celui du 15 Septembre 1699 , que les Officiers servant aux Isles , dont les Appointemens sont assignés sur la Ferme du Domaine d'Occident , et employés en Sucres dans les Etats arrêtés au Conseil , seront payés sur le pied de 4 liv. 10 sols du quintal de Sucre , tant pour le temps échu , que pour celui à échoir du Bail du Fermier.

Du 20 Juillet 1700.

O R D O N N A N C E de M. DE PATY , Commandant de l'Ouest , portant défenses au Juge du Petit-Goave de connoître de l'affaire d'un Engagé battu.

Du 5 Août 1700.

LE sieur de Paty , etc.

Le sieur Matges nous ayant représenté que l'Engagé du sieur Camer ayant rompu les clôtures de ses Savannes , il auroit donné deux ou trois coups de bâton audit Engagé , et que sur cela on lui faisoit un Procès criminel ; et , comme ledit Engagé se porte bien , il n'est pas permis à aucun Juge de faire un Procès criminel pour de pareilles causes ; ainsi nous défendons au Juge d'en connoître , et ordonnons audit sieur Matges de donner cinq pieces de Huit d'aumône à l'Hôpital , et cinq pieces audit Engagé , au moyen de quoi il ne pourra jamais être inquiété ; car si cela avoit lieu , cela donneroit lieu à tous les Engagés d'insulter journellement les Habitans , à quoi le Roi m'ordonne de tenir la main ; ainsi le Procureur du Roi n'en recevra jamais de plainte , à moins qu'il n'y eût occasion de mort ou mutilation de quelques-uns de ses membres , qui peut l'empêcher de gagner sa vie. DONNÉ au Petit-Goave , etc.

Signé DE PATY.

R. au Greffe du Siege du Petit-Goave ; à la Requête du sieur Matges , le 10 Août 1700.

ORDONNANCE *de M.* DE GALIFFET , *Commandant en Chef par intérim , touchant les Dommages causés par les Animaux.*

Du 16 Août 1700.

Par cette Ordonnance M. de Galiffet condamne le Propriétaire des Bêtes qui auront fait le Dommage , à payer cinq écus , par chaque tête d'Animal , à celui qui l'aura éprouvé, conformément à une Ordonnance de M. Bégon, Intendant des Isles.

ORDONNANCE *de M.* DE GALIFFET , *Commandant en Chef par intérim , touchant les Negres fugitifs, arrêtés à l'Espagnol.*

Du 16 Août 1700.

Par cette Ordonnance les Negres arrêtés à l'Espagnol sont condamnés à avoir le jarret coupé.

M. de Galiffet donna le premier l'exemple de l'exécution de cette Ordonnance sur un de ses Negres ; mais s'appercevant que les Habitans éprouvoient une grande répugnance à infliger à leurs Esclaves un châtiment qui en diminuoit la valeur , il se détermina à suspendre son Ordonnance dès le mois d'Octobre suivant.

ORDONNANCE *de M.* DE GALIFFET , *Commandant en Chef par intérim , touchant la Chasse.*

Du 16 Août 1700.

Il est défendu , par cette Ordonnance , à tout Negre Chasseur , Esclave, de passer au-delà des Vigies , placées à la Limite entre la partie Françoise et la partie Espagnole , sous peine d'être arrêté et puni comme Fugitif.

A R R É T du Conseil de Léogane, concernant la construction et l'entretien des Ponts et Chaussées.

Du 9 Septembre 1700.

Sur la remontrance faite au Conseil par M. le Lieutenant de Roi, que M. Ducasse, en partant pour France, lui a laissé un ordre pour trouver un expédient, aux fins que les Ponts soient faits, maintenus et entretenus aux dépens du Public, en quoi le service du Roi et celui du Public se trouvent intéressés ; attendu que les Particuliers, Propriétaires des biens qui aboutissent auxdits Ponts ne pourroient subvenir aux dépenses nécessaires pour leurs constructions et entretien, qui excéderoient souvent le revenu de leur Habitation, et d'ailleurs les Particuliers se servant desdits Ponts, qui ne sont que pour l'usage public, et non desdits Particuliers voisins et aboutissant auxdits Ponts, qui souvent n'en ont aucunes affaires ; sur quoi mondit sieur le Lieutenant de Roi a requis qu'il soit délibéré par le Conseil, pour pourvoir aux moyens et expédiens à ce nécessaires, sur quoi le Conseil, après une mûre délibération, et après avoir ouï les conclusions de Mᵉ. Pierre Lecourt, Conseiller audit Conseil, et nommé en ce fait pour faire les fonctions de Procureur-Général, absent, lequel a dit que ladite dépense ne pouvoit se faire que par une Imposition générale, et ne se pouvant faire sans la permission de Sa Majesté, il conclut à ce que lesdits Ponts soient faits, entretenus et délibérés par le Public, par le travail manuel de leurs Esclaves, ou une levée sur chacun, à concurrence de ses forces, jusqu'à ce qu'on se soit pourvu pour parvenir à ladite Imposition générale, à quoi le Procureur-Général fera ses diligences.

Le Conseil ayant égard à ladite remontrance et aux conclusions du Procureur-Général, a délibéré et ordonné que ledit Procureur-Général fera ses diligences pour se pourvoir à Sa Majesté, pour l'obtention d'une Imposition générale sur tous les Habitans contribuables de la Colonie, pour l'entretien, réparations et construction des Ponts, Chaussées et grands Chemins de ladite Colonie ; et cependant lesdits Ponts, Chaussées et grands Chemins seront construits, entretenus et réparés par les Quartiers, chacun en droit soi, sans Impositions générales ni particulieres, et que les Habitans seront commandés pour fournir des Negres chacun en droit soi, et selon ses forces, le plus également que cela se pourra,

pour

pour les constructions , réparations et entretien ; et que ceux qui auront
des Negres ouvriers les fourniront pareillement, à la charge qu'un Negre
ouvrier tiendra lieu de quatre Negres ordinaires pour le Maître qui l'aura fourni ; et, comme il conviendra , outre les travaux manuels desdits
Negres , de fournir de l'argent, tant pour les ferrures, cloux qu'autres
dépenses nécessaires , même pour le paiement des facteurs , les Habitans qui voudront se décharger de la fourniture de leurs Negres le
pourront faire , moyennant vingt sols par jour par tête d'iceux, lesquels
seront employés auxdites dépenses ; et que la Recette desdits vingt sols
par tête de Negres , ainsi que la visite des Negres fournis pour lesdits
travaux seront faits par les Officiers de la Milice desdits Quartiers , chacun en doit soi, lesquels tiendront un Etat desdits Negres fournis , soit
en argent ou en especes, duquel ils rendront compte à M. le Commandant,
et remettront copie de leur Etat et Recette au Greffe de leur Jurisdiction,
sans frais. DONNÉ , etc.

ORDONNANCE de M. DE GALIFFET , Commandant en Chef par
intérim , touchant les Engagés.

Du 15 Septembre 1700.

Le Engagés étant aussi adonnés au Maronnage , que les Negres et
plusieurs d'entr'eux fuyant dans la partie Espagnole , M. de
Galiffet ordonne de les arrêter ; et pour y exciter , il accorde aux
Captureurs quatre écus par chaque Engagé , lesquels seront payés
par son Maître , que l'Engagé remboursera de cette somme par
une prolongation de six mois de service au-delà de son engagement.

ORDONNANCE de M. DE GALIFFET , Commandant en Chef par,
intérim , touchant les Bêtes à cornes.

Du 15 Septembre 1700.

Les Hattes étant très-dépeuplées , cette Ordonnance défend à tout
Chasseur de tirer sur aucune Bête à corne dans toute l'étendue de la
partie Françoise de l'Isle.

ARRÊT du Conseil d'Etat, qui permet au Propriétaire de la Rafinerie
de Marseille de faire entrer dans le Royaume la quantité de cent milliers
de Sucre rafiné dans ladite Rafinerie de Marseille, en payant les Droits
portés par le présent Arrêt.

Du 28 Septembre 1700.

Vu au Conseil d'Etat du Roi la Requête présentée en icelui par Gaspard
Maurelet, Propriétaire de la Rafinerie de Marseille, contenant qu'il auroit établi, avec sa Compagnie, il y a plus de trente années, ladite Rafinerie sous les ordres du feu sieur Colbert, dans la vue d'augmenter et
d'étendre le Commerce des Isles Françoises de l'Amérique dans la Mer
Méditeranée et en Provence, où il n'étoit point connu avant l'établissement de ladite Rafinerie, et dans la vue aussi de détruire du côté de
Marseille, de la Provence et des Provinces qui tirent leurs provisions de
Marseille, le Commerce et l'usage des Sucres d'Hollande et des Cassonnades de Bresil ; Sa Majesté, pour favoriser l'établissement de ladite Rafinerie à Marseille, et donner plus de cours aux Sucres qui y seroient
rafinés, permit, par Arrêt du Conseil du 15 Septembre 1674, aux En-
trepreneurs, de faire entrer dans le Royaume, par chacune année, la
quantité de cinquante milliers de Sucres rafinés à Marseille, en payant
seulement les mêmes Droits qui se levoient alors aux autres Entrées du
Royaume ; ladite Rafinerie ayant depuis été augmentée de plus du double
de ce qu'elle étoit en ce temps-là, le Suppliant obtint de la Compagnie
des Fermes de Sa Majesté, le 12 Mars 1691, une permission de faire
entrer dans le Royaume jusqu'à la quantité de cent trente milliers de
Sucres rafinés dans sa Rafinerie, en vertu de laquelle il a toujours envoyé
ladite quantité, en payant les Droits suivant les Réglemens du Conseil,
égaux aux autres Rafineries du Royaume, outre lesquels il paye les Droits
de deux pour cent d'Arles, et les Droits des Drogueries et Table de
Mer ; mais Sa Majesté ayant, par Arrêt du Conseil du 20 Juin 1698,
réduit les Droits des Sucres bruts venans des Isles Françoises de l'Amérique, de 4 liv. qu'ils payoient aux Entrées du Royaume, par cent pesant, suivant le Tarif de 1664, à 3 liv.; et Sa Majesté ayant, par autre
Arrêt du 12 Août 1699, déchargé les Sucres rafinés à Bordeaux, qui
seront consommés dans l'étendue des Douannes de Valence et de Lyon,
ou qui passeront pour aller en d'autres Provinces du Royaume, des

Droits de la Douanne de Lyon, tiers surtaux et quarantieme, attendu qu'ils ont payé en arrivant à Bordeaux les Droits d'entrée portés par ledit Arrêt du 20 Juin 1698, le Suppliant ne peut plus jouir de la faculté qui lui a été accordée par ledit Arrêt du Conseil du 15 Septembre 1674, et par la Délibération de la Compagnie des Fermes générales de Sa Majesté, du 12 Mars 1691, si Sa Majesté n'a la bonté de le mettre au même état que les autres Rafineurs, afin qu'il puisse vendre en concurrence les Sucres qu'il lui est permis d'envoyer dans le Royaume; le Suppliant mérite d'autant mieux cette grace, que sa Rafinerie est la seule qui envoye des Sucres dans les Pays étrangers, la quantité qu'il en envoye tous les ans est très-considérable, et monte à plus de cent cinquante milliers par an, sa Manufacture ayant été augmentée et mise en état de faire plus de trois cens milliers de Sucres rafinés par an, dont il n'a la faculté d'envoyer dans les Provinces du Royaume que 130 milliers au plus, et le surplus se transporte en Levant, dans l'Italie et dans d'autres Pays étrangers; mais, comme il n'est pas possible à un Négociant de forcer le Commerce d'une Marchandise quelque soin qu'il se donne, le Suppliant seroit obligé de faire cesser ou de diminuer considérablement le travail de sa Manufacture, s'il étoit privé du Commerce qu'il a la faculté de faire des Sucres de sa Rafinerie dans le Royaume, par l'obligation de payer de plus grands Droits que les autres Rafineries. A CES CAUSES requeroit, ledit Gaspard Maurelet, qu'il plût à Sa Majesté, en conséquence dudit Arrêt du Conseil du 20 Juin 1698, ordonner, etc. Les Mémoires fournis par Maître Thomas Templier, Adjudicataire des Fermes générales de Sa Majesté, servans de réponse à ladite Requête; les Mémoires fournis aussi par Maître Louis Guigue, Adjudicataire de la Ferme du Domaine d'Occident, le tout vu et considéré; le Roi en son Conseil a ordonné et ordonne que ledit Maurelet pourra faire entrer dans le Royaume, à commencer du premier jour d'Octobre prochain, la quantité de cent milliers seulement de Sucres rafinés dans ladite Rafinerie de Marseille, provenant des Moscouades des Isles Françoises de l'Amérique, y compris les cinquante milliers portés par ledit Arrêt du Conseil du 15 Septembre 1674, en payant seulement 7 liv. pour chachun cent pesant de Sucre rafiné, savoir 3 liv. à l'Adjudicataire des cinq Grosses Fermes et autres Fermes unies de Sa Majesté, et 4 liv. à l'Adjudicataire de la Ferme du Domaine d'Occident; comme aussi a, Sa Majesté, déchargé et décharge des Droits de la Douanne de Lyon, tiers surtaux et quarantieme lesdits cent milliers de Sucres rafinés provenans de ladite Rafinerie de Marseille, qui seront portés dans l'étendue des Douannes de Valence et de Lyon, soit pour y être consommés, soit pour aller en d'autres Provinces du Royaume, le tout à la charge par ledit Maurelet de justifier que lesdits cent milliers de Sucre auront été rafinés dans ladite Rafinerie de Marseille, et qu'ils proviennent des Moscouades des Isles Françoises de l'Amérique. Enjoint, Sa Majesté, aux sieurs Intendans et Commissaires Départis, dans lesdites Provinces de Provence, Languedoc, Dauphiné et Lyonnois de tenir la main à l'exécution du présent Arrêt. FAIT au Conseil d'Etat, etc.

DÉCLARATION de M. DE PATY, Lieutenant de Roi, Commandant à Léogane, sur l'intention par lui supposée au Conseil du même lieu de faire enquête de ses vie et mœurs, et arrêté du Conseil en conséquence.

Du 3 Octobre 1700.

LE sieur de Paty, etc.

Sur l'avis qui nous a été donné que le premier Lundi de Septembre dernier, après que nous fûmes sorti du Conseil, la Cour nomma le sieur de la Buissonniere pour Commissaire, afin de faire enquête de nos vie et mœurs; et, comme Sa Majesté se réserve à Elle seule ces sortes de nominations, et qu'en cela nous ne relevons nullement du Conseil Souverain que pour les affaires civiles, je crois MM. du Conseil trop habiles pour l'avoir fait sans un Ordre exprès de Sa Majesté; c'est pourquoi nous ordonnons à M. de Brach de demander à la Cour copie dudit Ordre du Roi, afin que nous nous mettions dans l'état que nous devons être, pour laisser agir les Juges que Sa Majesté nous aura nommés; et, comme le Roi défend très-expressement au Conseil de ne faire jamais aucunes délibérations, que par écrit, et cependant qu'il n'y a acun acte qui autorise ledit sieur de la Buissonniere dans la Nomination que la Cour en a fait, cela m'obligera de faire redoubler les Gardes, crainte de quelque révolte secrette, puisque le Conseil attaque directement celui qu'il a plû à Sa Majesté honorer des Provisions de son Lieutenant de son Gouvernement, que nous avons fait lire en plein Conseil, et enregistrer au Greffe dudit Conseil, afin que personne n'en prétende cause d'ignorance; mondit sieur de Brache demandera réponse à la Cour sur nos demandes, afin que nous recevions, avec toute la soumission possible, tel ordre qu'il aura plû au Roi donner contre nous, et soit que cela nous fasse aucune peine nous le recevrons avec joie, esperant par là que notre attachement inviolable à son service lui sera mieux connu, ne doutant nullement de la grande probité, sagesse et prudence des Personnes qui composent ledit Conseil. Donné à Léogane le 3 Octobre 1700.

Signé DE PATY.

POUR répondre à l'exposé ci-dessus, qui paroît calomnieux au Conseil, en ce que M. de Paty, Lieutenant de Roi de ce Gouvernement, et y Commandant, expose que le Conseil a délibéré, pour informer desdites vie et mœurs, ce qui n'a jamais été, n'étant permis d'informer contre qui que ce soit, de ses vies et mœurs; c'est pourquoi le Conseil requiert que mondit sieur de Paty prouve son dire avant que de faire de semblables accusations; qu'il est bien vrai que M. Champenois, Doyen dudit Conseil, a fait verbalement sa plainte audit Conseil de la calomnie qu'on lui a dit que mondit sieur de Paty a fait contre lui, pendant qu'il étoit griévement détenu malade au lit; à quoi ledit Conseil lui a répondu que, lorsqu'il présenteroit une plainte par écrit pour demander, comme il faisoit verbalement une enquête pour la vérification de ladite prétendue calomnie, qu'on lui donneroit M. de la Buissonniere pour Commissaire, et que depuis ce temps là ledit M. Champenois n'a encore présenté aucune Requête, qui est toute la réponse que le Conseil donne à l'exposé de mondit sieur de Paty, Lieutenant de Roi, ci-dessus écrite, le tout quoi demeurera pour Minute en ce Greffe, dont le Greffier donnera des copies collationnées à mondit sieur de Paty, toutes et quantes fois qu'il requerera; ainsi *Signés* NICOLAS, LE COURT, DE CASTAING, LE MAIRE, DE LA BUISSONNIERE.

ARRÊT du Conseil d'Etat, qui permet à la Compagnie de Saint-Domingue de faire venir des Marchandises des Pays étrangers, sans payer aucuns Droits.

Du 6 Octobre 1700.

SUR la Requête présentée au Roi étant en son Conseil, par les Intéressés en la Compagnie de Saint-Domingue, contenant que, par les Lettres-Patentes d'établissement du mois de Septembre 1698, il leur a été permis de faire venir des Pays étrangers les Denrées et Marchandises nécessaires pour leur Commerce, avec franchise et exemption de tous Droits d'entrée et de sortie; en conséquence ils ont obtenu des permissions particulieres et un Arrêt du Conseil du 11 Avril 1699, par lequel Sa Majesté leur a permis de faire venir d'Hollande au Port Louis les Marchandises mentionnées en icelui, exemptés de tous Droits d'entrée et de sortie, à condition qu'elles seroient mises en entrepôt au Port Louis, dans les Magasins des Fermes de Sa Majesté, jusqu'à ce qu'elles soient chargées sur les Vaisseaux de ladite Compagne, dont trois Directeurs seroient tenus de faire leur soumission de raporter dans six mois Certificat de leur déchargement dans les Pays de leur Concession, à peine, en cas de contravention, de payer le quatruple desdits Droits ; et, comme ladite Compagnie a besoin pour son Commerce de faire venir des Pays étrangers en France . . . . . . ils ont recours à Sa Majesté, à ce qu'il lui plaise sur ce, leur pourvoir. Vu ladite Requête et ouï le rapport du sieur Chamillart, Conseiller ordinaire au Conseil Royal, Contrôleur-Général des Finances, le Roi étant en son Conseil a permis et permet auxdit Intéressés de faire venir des Pays étrangers deux cens pieces Picottes, laine et soie, cent vingt pieces Platilles de Hambourg, vingt pieces Ratine de Hollande, et vingt-neuf paquets Dentelles d'Anvers, contenant six cens quatorze pieces, qui font dix mille huit cens cinquante-huit aunes, sans payer aucuns Droits d'entrée et de sortie, à condition qu'elles seront mises en entrepôt au Port Louis, dans les Magasins des Fermes Unies, jusqu'à ce qu'elles soient chargées sur les Vaisseaux de ladite Compagnie, auquel temps trois Directeurs de ladite Compagnie seront tenus de faire leur soumission de rapporter dans six mois Certificat de leur déchargement dans les Pays de leur Concession, à peine, en cas de contravention, de payer le quatruple désdits Droits. *Signé* PHELIPEAUX.

ORDONNANCE de l'Intendant des Isles, sur la distribution du Pain-Béni.

Du 8 Octobre 1700.

FRANÇOIS ROGER ROBERT, Conseiller du Roi en ses Conseils, Intendant de Justice, Police, Finances et Marine des Isles Françoises, Terre-Ferme de l'Amérique, etc.

Etant informé qu'il continue d'arriver beaucoup d'incidens dans plusieurs Eglises Paroissiales de ces Isles Françoises de l'Amérique, tant pour la distribution du Pain-Béni, dans laquelle des Officiers de Milice veulent avoir des distinctions qui ne leur appartiennent point, que sur les rangs et préséances qu'ils prétendent dans lesdites Eglises, contre et

au préjudice de ce qui a été ci-devant ordonné par les anciens Réglemens, nous avons estimé à propos, pour remedier à tels incidens, de
faire savoir ce qui a été ci-devant ordonné sur ces matieres, et de prescrire ce qui doit être observé dans toutes lesdites Eglises; et à cet effet
examiné le Réglement de M. de Baas du 2 Novembre 1675, et l'Ordonnance de M. de Bégon, ci-devant Intendant esdites Isles, du 5 Décembre 1683, nous avons ordonné et ordonnons, conformément auxdits
Réglemens et Ordonnance, que le Pain-Béni, après avoir été présenté
aux Prêtres célébrans et aux Ecclésiastiques assistans au Service, sera
présenté au Gouverneur et aux Lieutenans de Roi, ensuite aux Marguilliers de l'Eglise, et ensuite aux Officiers des Conseils Souverains et
de la Justice ordinaire, étant dans un banc qui leur soit particulierement
destiné pour assister en Corps au service Divin, et Cérémonies de
l'Eglise; et au surplus que le Pain-Béni sera distribué, à commencer
depuis le haut de l'Eglise, de rang en rang, et de banc en banc jusqu'au
bas vers la porte sans aucune distinction des personnes, soit Officiers de
Milice ou autres; ne pourront lesdits Officiers des Conseils Souverains
prétendre être distingués dans la distribution du Pain-Béni, lorsqu'ils ne
seront pas dans le banc, qui sera pareillement destiné pour leur Corps,
non plus que dans les Eglises où il n'y aura point de banc qui leur soit
destiné; ils jouiront toujors de la préséance qui leur est attribuée par le
Réglement susdit de M. de Baas, sur les Capitaines de Milice, lesquels
ne pourront prétendre aucun rang dans les Eglises; ordonnons que le
contenu en cette présente Ordonnance sera exécuté dans toutes les Isles
Françoises de l'Amérique; faisons très-expresses défenses à tous Officiers
de Justice et de Milice d'y contrevenir, sous peine de cent cinquante
livres tournois d'amende, applicable à l'Eglise où il y auroit été contrevenu, laquelle amende sera décernée par le Juge des lieux, après
telle Procédure que besoin sera; et afin que la présente Ordonnance soit
notoire et publique dans toutes lesdites Isles, et que personne n'en puisse
prétendre cause d'ignorance, nous ordonnons qu'elle y sera enregistrée
aux Conseils Souverains et aux Juridictions, affichée et publiée à la maniere accoutumée, et de plus qu'il en sera envoyé une Expédition aux
Marguilliers ou Curés de chaque Paroisse, pour être conservée parmi les
Minutes desdites Eglises, et enregistrée sur leurs Livres; le tout à la
diligence des Procureurs-Généraux et de leurs Substituts, dans chacune
desdites Isles. DONNÉ au Bourg Saint-Pierre de la Martinique, etc.

Signé ROBERT.

*ORDONNANCE de M. DE PATY, Commandant de la Partie de
l'Ouest, qui établit un Boucher dans les deux Paroisses du Petit-
Goave; et Ordonnance de M. DE GALIFFET, Commandant en Chef
par intérim de la Colonie, en addition à cette première.*

Des 30 Octobre 1700, et 17 Janvier 1701.

L E sieur de Paty, etc.

Etant nécessaire pour le bien public et le service du Roi, d'établir un
Boucher dans les deux Paroisses du Petit-Goave, nous permettons à
Jean Audebert d'en fournir la quantité nécessaire dans ledit Quartier sur
le pied d'un demi-Escalin la livre, avec défenses très-expresses à toute
autre personne d'en faire vendre, débiter, ni prêter les uns aux autres,
suivant et conformément à l'ordre qui y a été établi par M. Ducasse, dans
tous les autres Quartiers de son Gouvernement, sous peine aux Contrevenans de la confiscation de leurs Bêtes, et de dix écus d'amende, un
tiers audit Audebert, et les deux autres tiers à l'Hôpital. D O N N É à
Léogane, etc. *Signé* DE PATY.

L E Cochon de Parc ou Corail est réputé Viande de Boucherie, et
ne pourra pareillement être vendu ni distribué par d'autres; permettons
aux Chasseurs de vendre la Viande Maronne de Bois. D O N N É à Léogane
le 17 Janvier 1701. *Signé* DE GALIFFET.

R. au Siege Royal du Petit-Goave, le 13 Août 1701.

*EXTRAIT de la Lettre du Ministre à M. DE PATY, Lieutenant de
Roi, Commandant la Partie de l'Ouest, sur la Plainte d'un Particulier contre un Major.*

Du 3 Novembre 1700.

J 'A I reçu votre Lettre du 25 Août dernier, et vu tout ce que vous
m'écrivez sur les procédés du sieur de Brach contre le nommé *Grandchamp*, sur lequel je commencerai par vous observer qu'il a été
imprudent

imprudent à vous de lui expliquer le sujet * qui y a donné lieu, et qu'il ignoroit, et que vous deviez vous réserver le soin de punir cet Habitant, sans l'exposer à la discussion que vous deviez bien juger qu'il auroit avec ledit sieur de Brach; le Roi reçoit si souvent des plaintes des violences que les Officiers exercent sur les Habitans, que Sa Majesté, qui en est fatiguée, veut leur apprendre que ce n'est point par des mauvais traitemens qu'ils doivent mettre en œuvre l'autorité qu'elle leur confie; elle a établi des regles et des peines contre ceux qui contreviennent à ses Ordonnances, ou qui commettent quelques désordres, et n'a jamais permis aux Officiers de se faire justice eux-mêmes; ainsi Sa Majesté ne changera rien à l'Arrêt qu'elle a estimé à propos de rendre à ce sujet.

* *On reprochoit au sieur Grandchamp des propos injurieux pour Madame de Brach, et une des ses Sœurs.*

ARRÊT du Conseil d'Etat, qui accorde à la Compagnie de Saint-Domingue toute la Partie Françoise du Sud de cette Isle, et borne cette Concession des Montagnes qui séparent cette Partie de celle de l'Ouest.

Du 12 Novembre 1700.

LE ROI ayant par ses Lettres-patentes du mois de Septembre 1698 accordé à la Compagnie Royale de Saint-Domingue les Terres de la Partie de cette Isle, qui s'étend depuis le Cap Tiburon jusqu'à la Riviere de Naybe dans la largeur de trois lieues, à compter des bords de la Mer; Sa Majesté auroit été informée qu'il sera impossible d'y former la Colonie qu'elle veut y être établie, parce qu'une partie de cette étendue est occupée par des Marais et des Montagnes; qu'il ne resteroit point aux Habitans assez de terrain pour nourrir et faire subsister leurs Bestiaux; que ce Quartier étant séparé de ceux de Léogane et du Petit-Goave par des Montagnes impraticables, on ne peut craindre de faire de préjudice, ni de trop resserrer ceux qui les occupent; et qu'enfin les Terres qui resteroient entre cette Concession et les Montagnes demeureroient inutiles et incultes, n'étant point à présumer qu'aucun Particulier se détermine à s'y placer, puisqu'il n'auroit pas la liberté d'aller au bord de la Mer pour y voiturer ses Marchandises, et qu'il seroit obligé de passer sur les Héritages de ceux qui s'y seroient habitués; sur quoi voulant pourvoir,

Tome I.   Oooo

après avoir entendu le sieur Ducasse, Gouverneur de Saint-Domingue, et vu le Plan de ladite Isle, et donner à ladite Compagnie des marques nouvelles de sa protection; Sa Majesté étant en son Conseil a accordé et accorde à ladite Compagnie de Saint-Domingue toutes les Terres comprises depuis le Cap-Tiburon jusqu'à la Riviere de Naybe, tant en longueur que dans la largeur qui s'étend depuis les bords de la Mer jusqu'aux Montagnes qui sépare le Quartier appellé *du Sud* de ceux de Léogane et des Petit et Grand-Goave, suivant la ligne marquée au Plan attaché sous le contre-scel du présent Arrêt, ensemble l'Isle à Vache et autres adjacentes, pour en jouir par elle aux termes portés par ses Lettres-patentes du mois de Septembre 1698; et ainsi que si lesdites Terres y étoient comprises, Sa Majesté lui en faisant, en tant que besoin seroit, de nouveau Don et Concession; veut Sa Majesté qu'au surplus lesdites Lettres-patentes soient exécutées selon leur forme et teneur, et que le présent Arrêt soit enregistré au Conseil Souverain établi à Saint-Domingue, etc. *Signé* PHELYPEAUX.

ARRÊT du Conseil d'Etat, qui permet aux Habitans de Saint-Domingue de passer librement dans la partie du Sud de cette Isle.

Du 12 Novembre 1700.

SUR ce qui a été représenté au Roi étant en son Conseil, que par les Lettres-Patentes portant l'établissement de la Compagnie de Saint-Domingue, du mois de Septembre 1698, Sa Majesté a fait défenses aux Habitans des Quartiers de cette Isle, occupés par les François, de passer dans celui du Sud, qu'elle a accordé à ladite Compagnie, dans la vue d'empêcher que ces Quartiers ne se dégarnissent d'Habitans qui pourroient être attirés dans l'autre par la nouveauté ou par les avantages qu'ils y trouveroient; mais qu'on a reconnu par l'événement, et depuis qu'on a commencé cet Etablissement, qu'il sera impossible qu'il ait le succès que Sa Majesté en a attendu, si elle ne permet à d'anciens Habitans d'y passer, parce que les Colonies ne peuvent se former, ou du moins qu'après des temps très-longs, par de nouveaux Habitans qui n'entendent point la maniere de défricher les Terres et de les mettre en culture; qui sont accablés par le travail avant d'être accoutumés au climat; et qui enfin n'ayant point d'expérience, ne peuvent jamais remédier aux inconvéniens dans lesquels ils tombent par le défaut de connoissance des

Fruits auxquels les Terres sont propres ; et Sa Majesté , après avoir entendu le sieur Ducasse , Gouverneur de Saint-Domingue , voulant y pourvoir et donner à ladite Compagnie les moyens de soutenir son entreprise, Sa Majesté étant en son Conseil , et dérogeant à l'Article II des Lettres-Patentes du mois de Septembre 1698 , a permis et permet aux Habitans des Quartiers de Saint-Domingue et desdites Colonies Françoises de l'Amérique qui voudront passer dans ledit Quartier du Sud de ladite Isle, de s'y établir et former des Habitations, et à la Compagnie de Saint-Domingue de les recevoir , à la charge par elle de remplacer par un pareil nombre d'Engagés qu'elle échangera dans chacun desdits Quartiers ou Isles, celui des Habitans qui en seront sortis pour aller dans l'étendue de sa Concession , à peine d'être privée de la faculté portée par le présent Arrêt, lesquels Habitans feront partie des quinze cens Blancs qu'elle est obligée de porter dans ladite Concession. Veut Sa Majesté qu'au surplus lesdites Lettres soient exécutées selon leur forme et teneur, et que le présent Arrêt soit enregistré au Conseil Souverain établi à Saint-Domingue. FAIT au Conseil d'Etat, etc.

R. *au Conseil de Léogane , le 9 Novembre 1701.*

ARRÉT *du Conseil de Léogane , qui nomme un Curateur particulier à la Succession d'un Conseiller.*

Du 22 Novembre 1700.

SUR la Remontrance faite au Conseil par le Procureur-Général , qu'il est venu à sa connoissance que le Procureur aux Successions vacantes de la Juridiction de Léogane se seroit emparé de celle de feu Mᵉ. Christophe Champenois , Conseiller du Roi en ce Conseil, Doyen et Président en icelui , comme vacante , quoique ledit Mᵉ. Champenois ait eu l'honneur d'exercer la Charge de Conseiller du Roi en ce Conseil, et même celle de Doyen , y présidant depuis environ trois ans, en vertu des Lettres de Provision de Sa Majesté , et que par conséquent ses Biens ne soient nullement sujets à la Vacance ; que d'ailleurs c'est de l'honneur du Conseil de prendre soin de la conservation des Biens d'un Défunt qui a sacrifié ses services pendant sa vie audit Conseil avec beaucoup d'honneur , de capacité et de soin, et d'empêcher qu'ils ne tombent dans le dépérissement par les Vacances, en y nommant un Administrateur qui en prendra les soins *gratis* et sans intérêt, pour l'avantage des Héritiers dudit Défunt ; et même pour éviter toutes sortes de frais , qu'il doit être nommé un Commissaire dudit Conseil , pour en continuer l'Inventaire qui en a été commencé *gratis* , requérant le Conseil de dire droit sur sa présente Remontrance. *Signé* Rousseau.

Le Conseil faisant droit sur ladite Remontrance, et ouï la déclaration de M^e. Ferron , Greffier en chef audit Conseil , lequel , après ladite Remontrance, a offert de prendre l'administration des Biens dudit défunt sieur Champenois , *gratis* , et sans en prétendre aucune récompense ni salaire, en considération de l'estime qu'il a pour sa mémoire , et en reconnaissance des obligations qu'il lui a , s'il ne se trouve aucuns des Magistrats du Corps qui soit en état de la prendre. En conséquence de quoi , le Conseil a pris et reçu le serment dudit M^e. Ferron , qu'il a prêté, de se comporter fidellement en l'administration des Biens et Effets de la Succession dudit sieur Champenois , et de veiller à leur conservation , jusqu'à ce que les Héritiers soient venus ou aient donné ordre de recueillir icelle et la tirer de ses mains, le tout sans salaire ni intérêt ; et en conséquence l'a nommé Administrateur des Biens et Succession dudit défunt sieur Champenois ; ordonne qu'il en fera les fonctions dès ce jour, et que pour se charger par ledit Ferron du tout fidellement , l'Inventaire commencé, de l'autorité du Juge de Léogane, sera recolé et continué en présence dudit Ferron , et en l'assistance du Procureur-Général, pardevant M^e. Nicolas , Conseiller séant, que le Conseil a nommé pour cet effet , et lequel nommera pour ce sujet telle personne qu'il avisera pour Greffier , et que le tout sera fait sans honoraires, frais et salaires, à la réserve des salaires du Greffier qui sera pris d'Office ; en conséquence de quoi , le Conseil ordonne audit Procureur des Successions vacantes, de se vider les mains de tout en celles dudit M^e. Ferron , et au Greffier de ladite Juridiction, de remettre audit Greffier qui sera pris d'Office, l'Inventaire par lui commencé , ou copie collationnée d'icelle ; le tout sauf les droits tant dudit Greffier, que dudit Procureur des Successions vacantes et autres Personnes qui y ont vaqué, échus jusqu'à la signification du présent. Donné audit Conseil , siégeant à l'Ester , etc.

SENTENCE du Juge du Cap, qui ordonne qu'il y aura dans la Paroisse de la même Ville, un Registre pour porter l'état des Biens, des Ornemens, des Recettes et des Dépenses de cette Paroisse, et y inscrire les Comptes des Marguilliers.

Du 13 Décembre 1700.

ENTRE les Marguilliers du Cap en exercice ; Et deux anciens. Parties ouïes, nous ordonnons que les Défendeurs rendront leurs Comptes sur un Registre qui sera numéroté, lequel nous sera présenté en présence du Procureur du Roi et des Parties, en révisant ledit Compte ; sur lequel Registre il sera dorénavant porté ce qui reviendra à ladite Eglise, tant pour Legs, Donations, qu'autrement, que la dépense qui sera faite pour icelle. Ordonnons aussi que les Ornemens de ladite Paroisse seront inventoriés sans dépens.

EXTRAIT de la Lettre du Ministre à M. DE GALIFFET, touchant l'exercice de l'autorité dont il est dépositaire.

Du 12 Janvier 1701.

SA MAJESTÉ m'ordonne de vous recommander d'être en garde contre vous-même sur tout ce qui peut avoir l'air de violence, tant pour vos intérêts que pour quelqu'autre cas que ce soit ; son intention étant que dans l'administrrtion de l'autorité qu'elle vous a confiée, vous ayez en vue de punir pour empêcher les désordres et maintenir les Habitans dans une bonne Police, en menaçant long-temps, surtout lorsqu'il y a eu des exemples ; en ôtant les occasions du mal lorsqu'il est possible, et enfin en ne voulant point établir en peu de jours le bon ordre, qui vient dans l'esprit, et qui ne peut être souvent que l'effet du temps.

LETTRE du Ministre aux Officiers du Conseil Supérieur du Petit-Goave, touchant des Poursuites par lui faites contre le Lieutenant de Roi Commandant.

Du 26 Janvier 1701.

Messieurs, le Roi a appris que sur quelques discussions particulieres survenues entre le sieur de Paty, Lieutenant de Roi, commandant à présent dans le Quartier de Léogane, et le sieur Champenois, vous avez fait des informations pour décréter apparemment et instruire un Procès Criminel contre lui; Sa Majesté m'ordonne de vous dire qu'elle a trouvé très-extraordinaire que vous ayez pris ce parti contre un Officier en qui repose à présent son autorité, puisqu'il commande, et son intention est que vous cessiez sur le champ toutes sortes de Procédures. Si vous avez quelques justes motifs de vous plaindre de sa conduite, vous pouvez me les envoyer, et elle rendra justice à qui elle sera dûe. Je suis, etc.

ARRÊT du Conseil d'Etat, portant que les Sucres appartenans à la Compagnie de Guinée, ne jouiront de l'exemption portée par l'Arrêt du 20 Mars 1688, que lorsqu'ils passeront pour le compte de la Compagnie, sans être commercés.

Du 21 Mars 1701.

Vu au Conseil d'Etat du Roi, etc.; le Roi en son Conseil, sans s'arrêter à la Sentence du Juge des Traites d'Angers, du 3 Janvier 1701, ni à tout ce qui s'en est ensuivi, a déchargé et décharge ledit Templier de la condamnation portée par icelle; en conséquence ordonne Sa Majesté que les Sucres appartenant à la Compagnie de Guinée, ne jouiront de l'exemption portée par l'Arrêt du Conseil, du 20 Mars 1688, que lorsqu'ils passeront pour le compte de la Compagnie de Guinée, sans avoir été commercés. FAIT au Conseil d'Etat, etc.

ORDONNANCE *du Roi, portant défenses d'abattre aucuns Arbres de Gayac dans les Isles Françoises de l'Amérique.*

Du 23 Mars 1701.

SA MAJESTÉ étant informée que les Arbres de Gayac qui se trouvent dans les Isles Françoises de l'Amérique, dont on emploie le Bois avec utilité pour son Service, à faire des Poulies pour le gréement et la garniture de ses Vaisseaux, commencent à y devenir rares, les Habitans les coupant indifféremment de même que les autres; et voulant y pourvoir, elle a fait et fait très-expresses inhibitions et défenses à toutes sortes de personnes, de quelque qualité et condition qu'elles soient, d'abattre aucuns Arbres de Gayac, sous quelque prétexte que ce soit, sans la permission par écrit de l'Intendant desdites Isles, à peine de 50 liv. d'amende pour chacun, pour la première fois; et d'un mois de prison, outre ladite amende, en cas de récidive. Enjoint Sa Majesté, etc.

ARRÊT *du Conseil de Léogane, qui surseoit à statuer sur une Plainte portée contre M. de Brach, Major-Commandant pendant tout le temps qu'il aura le Commandement.*

Du 6 Juin 1701.

SUR la remontrance du Gouverneur-Général, qu'en exécution de l'Arrêt du Conseil d'Etat du Roi, du 24 Août 1700, il a été procédé pardevant M^e. Pierre Lecourt, Conseiller et Commissaire député par Arrêt de ce Conseil, du 3 Janvier dernier, à la continuation de l'Information commencée pardevant le Juge de Léogane, à la Requête de Louis Grand-Champ, contre le sieur de Brach, et que ledit Commissaire a mis son Ordonnance au bas, portant que lesdites informations lui seroient communiquées; et en effet, lesdites Informations lui ont été remises pour en prendre communication; mais comme il s'est trouvé que le sieur de Brach, qui est Major de cette Colonie, se trouve actuellement Commandant, n'y ayant aucun Officier supérieur à lui dans le Quartier de Léogane et des environs, l'autorité du Roi résidant actuellement en sa personne, il ne croit pas que le Conseil puisse procéder contre lui en cet état, ni lui prendre aucunes Conclusions contre ledit sieur de Brach, tant qu'il se trouvera Commandant ; c'est pourquoi il demande que toutes Poursuites soient sursises pendant tout le temps que ledit sieur de Brach sera Commandant, et a remis lesdites Procédures au Greffe ; de tout quoi, et de sa remontrance, il a requis Acte.

Le Conseil a octroyé Acte audit Procureur-Général, de sa remontrance et réquisition, et en conséquence ordonne que toutes Poursuites contre ledit sieur de Brach seront sursises pour tout le temps qu'il se trouvera Commandant. Donné à l'Ester, les jour et an que dessus.

───────────────────

ARRÊT *du Conseil d'Etat, qui fixe la somme à rendre aux Habitans et Flibustiers de Saint-Domingue, intéressés dans l'Armement de Carthagene, pour la non-exécution du Traité fait avec eux pour leur fournir 2,000 Negres.*

Du 25 Juin 1701.

Vu au Conseil d'Etat du Roi la Requête présentée par le sieur Ducasse, Gouverneur pour Sa Majesté dans l'Isle de Saint-Domingue, faisant pour les Habitans et Flibustiers de ladite Isle, intéressés en l'Armement de Carthagene, contenant qu'Antóine Taruant de Clermont, se seroit engagé par Contrat passé à Paris, le 15 Janvier 1698, de fournir dans ladite Isle de Saint-Domingue la quantité de 2,000 Negres ou Négresses ; mais que bien loin d'avoir satisfait audit Traité, ledit Taruant n'auroit fourni jusqu'à présent que la quantité de 438 Negres ou Négresses, pour laquelle, à raison de 215 liv. chacun, n'ayant été reçue que dans l'année 1699, il ne peut lui être dû que la somme de 74,170 liv. ; requérant qu'il plaise à Sa Majesté ordonner que ledit Taruant et ses Cautions seront tenus de fournir incessamment auxdits Habitans Flibustiers, le nombre de 1,562 Negres ou Négresses restant à livrer, et cependant leur rendre et rembourser la somme de 105,830 liv. restant dûe, jusqu'au parfait paiement, et encore leur payer la somme de 100,000 liv., à laquelle ils se restreignent pour leurs dommages-intérêts résultans de l'inexécution jusqu'à présent dudit Traité. Autre Requête dudit Taruant de Clermont, contenant qu'en exécution du Traité, il avoit armé en 1698 la *Catherine*, l'*Europe*, l'*Africain*, le *Pérou*, la *Mignone* et le *Vigilant*, sous les ordres et commandement du sieur Chevalier d'Amond, Capitaine de Frégate légere, pour aller à la Traite des Negres de Guinée, ainsi qu'il est justifié par le compte de la dépense dudit Armement, laquelle se

trouve

trouve monter à 683,518 liv., qui étoient plus que suffisantes pour faire la quantité de Negres à laquelle il étoit obligé, ayant consommé dans cette dépense non-seulement ladite somme de 200,000 liv. qu'il auroit reçue d'avance desdits Habitans et Flibustiers, mais encore celles qui lui auroient été remises par les Particuliers qui auroient voulu s'intéresser audit Armement, il lui auroit été dès-lors impossible de remplir dans cette année la Fourniture stipulée par ledit Traité; qu'il avoit fait de sa part tout ce qui auroit dépendu de lui pour remplir les obligations de son Traité; qu'il auroit été chargé en Guinée sur ses Vaisseaux, la quantité de 1,857 Negres et Négresses, pour porter à Saint-Domingue; mais qu'en étant mort dans la traversée la quantité de 837, et vendu à la Martinique celle de 567, qu'on auroit été obligé d'y débarquer par le mauvais état du Vaisseau l'*Europe*, ainsi qu'il paroît par le Procès-verbal d'icelui, à la vérité il n'en auroit été livré à Saint-Domingue que la quantité de 438, sans qu'il se soit pu trouver en état d'achever ladite quantité de deux mille, portée par le Traité, ne s'étant pas sauvé un seul vaisseau de tous ceux qu'il auroit armés, qui ont péri à la mer, ou dans le cours de leur Traite, ou à leur retour en France, qui cause à cet Armement une perte effective de 498,916 liv.

Le Roi étant en son Conseil, ayant égard à la Requête dudit Taruant et de ses Cautions, les a déchargés et décharge de l'exécution dudit Traité du 15 Janvier 1698, envers les Habitans et Flibustiers de Saint-Domingue, intéressés en l'Armement de Charthagene, et en conséquence ordonne qu'ils paieront audit sieur Ducasse, faisant pour eux, la somme de cent mille livres, à laquelle Sa Majesté a réglé et modéré toutes les demandes en prétentions desdits Habitans et Flibustiers; quoi faisant, ledit Teruant et ses Cautions demeureront bien et valablement déchargés, tant de ladite avance de deux cens mille livres, que de toutes prétentions généralement quelconques; et au surplus, Sa Majesté a évoqué à elle et à son Conseil, toutes les autres contestations mues et à mouvoir, tant entre ledit Teruant et ses Cautions, qu'entre lesdits Directeurs, Intéressés, Actionnaires et autres, pour raison dudit Armement seulement, avec défenses aux Parties de se pourvoir ailleurs, et à tous Juges d'en connoître, etc. *Signé* PHELIPEAUX.

LETTRE du Ministre à M. DE BRACH, Major, sur la Plainte du sieur Grandchamp contre lui.

Du 26 Juin 1701.

J'AI reçu votre Lettre du 6 Octobre dernier. J'étois suffisamment informé de l'Affaire que vous aviez eue avec le nommé Granchamp, et j'ai vu par les Pieces sur lesquelles il s'est plaint au Roi du déni de Justice du Conseil Souverain, et par ce qu'a écrit le sieur de Paty pour vous justifier, tout ce qui y a donné lieu, sans que vous m'en fissiez souvenir. La violence dont vous en avez usé envers cet Habitant, avoit presque fait déterminer le Roi à vous en punir, en vous laissant encore dans le rang de Major; cependant Sa Majesté s'est portée à vous accorder une des Places de Lieutenant de Roi vacante, dans l'espérance que votre conduite sera plus modérée, et que vous ne vous aviserez plus de maltraiter les Habitans pour vos discussions particulieres et qui ne regardent point le Service; vous avertissant que si j'en reçois la moindre Plainte bien fondée, vous serez révoqué sur le champ; ce qui ne doit nullement vous empêcher de réprimer les désordres qui se commettent, et de punir les contraventions aux Réglemens, pourvu que ce soit dans la maniere prescrite par les Ordonnances, et sans y faire entrer des mouvemens de chagrin et de passion.

EDIT de création et établissement du Conseil Supérieur du Cap, et Procès-verbal d'Installation de cette Cour par M. de Galiffet, Commandant en Chef par intérim, de la Colonie.

Des mois de Juin 1701 et du 11 Novembre suivans.

LOUIS, etc. SALUT. L'application que nous donnons à ce qui concerne l'administration de la Justice des Colonies de l'Amérique, comme à toutes les autres parties de notre Royaume, a fait connoître que le Conseil Supérieur que nous avons établi par notre Edit du mois d'Août 1685, dans la Côte de l'Isle Saint-Domingue n'est pas suffisant pour la rendre avec une égale diligence et commodité dans les différens Quartiers occupés par nos Sujets, parce que ceux du Nord étant très-éloignés du Petit-Goave, où il s'assemble, la communication est très-difficile, et ne se faisant que par mer, les Criminels ne peuvent être transportés qu'à grands frais et avec peu de sûreté, étant presque toujours contrains de charger de leur garde et de leur transport, les Capitaines des Bâtimens Marchands, qui en souffrent dans leur Commerce ; d'ailleurs les Particuliers qui ont des affaires civiles sont obligés, pour les suivre, de quitter leurs Habitations, et de passer dans un autre Quartier très-éloigné. A CES CAUSES, de l'avis de notre Conseil et de notre certaine science, pleine puissance et autorité Royale, nous avons créé et établi, créons et établissons, par ces Présentes, signées de notre main, un Conseil Supérieur dans l'Isle Saint-Domingue, dont la Séance se tiendra au Bourg du Cap François, à l'instar de celui qui fut établi en 1685, et de ceux des autres Isles de l'Amérique, qui sont sous notre obéissance, lequel sera composé du Gouverneur, notre Lieutenant-Général dans lesdites Isles, de l'Intendant de la Justice, Police et Finances audit Pays, du Gouverneur Particulier de la Côte, du Gouverneur de Sainte-Croix, Commandant audit Quartier du Cap, de deux Lieutenans pour nous, de deux Majors, de sept Conseillers, de notre Procureur-Général, d'un Greffier ; lequel Conseil jugera par appel en dernier ressort et sans frais, tous les Procès et différens, tant civils que criminels, qui auront ou seront incessamment jugés en premiere instance par nos Juges des lieux entre nos Sujets qui habitent dans les Quartiers du Cap, du Port-de-Paix, autres Quartiers qui pourront se former dans la Bande du Nord, au moyen de quoi les appellations des Sieges du Petit - Goave et de Léogane ressortiront seuls, à l'avenir, au Conseil Supérieur établi par nos Lettres du mois d'Août 1685, dont la Jurisdiction ne s'étendra plus que dans les Quartiers de l'Ouest et du Sud de ladite Isle ; enjoignons audit Conseil de s'assembler une fois le mois au moins, aux jours et heures qui seront marqués les plus commodes ; voulons que le Gouverneur, notre Lieutenant - Général aux Isles y préside, et en son absence l'Intendant de la Justice, Police et Finances ; que le même ordre soit gardé entre le Gouverneur Particulier de Saint-Domingue et celui de Sainte-Croix, les deux Lieutenans pour nous, les sept Conseillers, pour y prendre leurs séances, et présider en cas d'absence les uns des autres, suivant la date de leurs Provisions ; voulons que l'Intendant, lors même que notre Lieutenant-Général aux Isles sera présent audit Conseil et y présidera, demande les avis, recueille les voix, prononce les Arrêts, et qu'il ait au surplus les mêmes avantages et fasse les mêmes fonctions que les Premiers Présidens de nos Cours ; et en cas d'absence de l'Intendant, que le plus ancien de nos Conseillers ait les mêmes droits, encore qu'il soit présidé par nosdits Gouverneurs et Lieutenans. Si donnons en mandement, au Gouverneur et notre Lieutenant-Général auxdites Isles, et en son absence au Gouverneur de la Tortue et Côte de Saint-Domingue, ou au Commandant dans ledit Pays, qu'après lui être apparu des bonnes vies et mœurs, conversations et Religion Catholique, Apostolique et Romaine, de ceux qui devront composer ledit Conseil Supérieur, et qu'il aura pris d'eux le serment en tel cas requis et accoutumé, il les mette et institue dans leur Charge, les faisant reconnoître de tous ceux, ainsi qu'il appartiendra; Car tel est notre plaisir, et afin que ce soit chose ferme et stable a toujours, nous avons fait apposer notre Scel à cesdites Présentes. DONNÉ à Marly au mois de Juin l'an de grace mil sept cens un, et de notre Regne le cinquante-neuvieme. *Signé* LOUIS. *Et sur le repli* PHELIPPEAUX.

R. au Conseil de Léogane le 3 Janvier 1702.

NOUS, en vertu du pouvoir à nous donné par Sa Majesté, tant par l'Edit de Création, que par les Provisions, avons lesdits sieurs Dubreuil, Garnier, Bonnefoy, de Lestang et Fournier, installés en la Charge de Conseillers au Conseil Supérieur établi au Cap, suivant l'Edit de Création de Sa Majesté, après avoir fait leurs enquêtes de vies et mœurs, Religion Catholique, Apostolique et Romaine, et de chacun d'eux en particulier pris le serment en tel cas requis, pour en jouir et faire les fonctions, conformement audit Edit de Création et à leurs Provisions, selon leur rang et date de leurs Provisions; ordonnons que celles du sieur de Vincent demeureront enregistrées en ce Greffe, pour être reçu et installé audit Conseil, suivant la date de ses Provisions, et sans que son absence puisse lui préjudicier pour le rang et séance qui lui est acquis, tant pour l'Edit de Création que par lesdites Provisions. FAIT dans la Chambre du Conseil du Cap, par nous Joseph de Galiffet, Commandant pour le Roi en cette Côte, et Gouverneur de Sainte-Croix, le 11 Novembre 1701; signé au Registre GALIFFET.

Lors de cette Installation M. de Galiffet reçut d'abord M. Jean-Baptiste de Vincent, Procureur-Général, qui requit ensuite l'enregistrement des Provisions des Conseiller; et à défaut du Greffier nommé par Sa Majesté, M. Haudry de Villezon, Greffier de la Sénéchaussée du Cap fut choisi pour en faire les fonctions, jusqu'à ce qu'il y eût été pourvu.

L'Exercice de M. Haudry de Villezon fut même prolongé, parce que quand M. Bertrand Conegre, pourvu de la Commission, la présenta le 5 Décembre 1701, le Conseil du Cap François en suspendit l'effet, M. Conegre y étant désigné sous le nom de Lestorel, qui étoit celui de son Beau-pere, et étant Mineur.

PROVISIONS de l'un des Offices de Conseiller du Conseil du Cap.

Du 4 Juillet 1701.

LOUIS, etc. SALUT. Etant nécessaire de pourvoir aux Charges de Conseiller au Conseil Supérieur que nous avons créé au Cap François de Saint-Domingue, par nos Lettres-Patentes du mois de Juin dernier, et étant informé de la capacité, prud'hommie et expérience au fait de la Judicature, et affection à notre service du sieur de Vincent. A CES CAUSES, et autres à ce nous mouvant, nous avons fait choix dudit sieur de Vincent, auquel nous avons donné et octroyé, donnons et octroyons, par ces Présentes, signées de notre main, un Office de Conseiller audit Conseil Supérieur; pour ledit Office avoir, tenir et dorénavant exercer par ledit sieur de Vincent, aux honneurs, autorités, prérogatives et exemptions dont jouissent les Conseillers des autres Cours Supérieures de notre Royaume, et aux gages qui lui seront ordonnés par l'Etat que nous ferons à cet effet dresser, et ce tant qu'il nous plaira. Si donnons en mandement, au Gouverneur et notre Lieutenant-Général aux Isles de l'Amérique, et en son absence au Gouverneur de la Tortue et Côte Saint-Domingue, ou au Commandant audit Pays, après leur être apparu des bonnes vies et mœurs, âge compétent, de la Religion Catholique, Apostolique et Romaine dudit sieur de Vincent, et de lui pris et reçu le serment en tel cas requis et accoutumé, ils le mettent et instituent de par nous en possession dudit Office; ensemble des honneurs, autorités, prérogatives, exemptions et gages qui lui seront donnés, revenus et émolumens y appartenans, et le fassent, souffrent et laissent jouir plainement et paisiblement, et le fassent obéir et entendre de tous ceux, ainsi qu'il appartiendra, ès choses concernant ledit Office, car tel est notre plaisir; en témoin de quoi nous avons fait mettre notre Scel à cesdites Patentes. DONNÉ à Versailles le 4 du mois de Juillet 1701, et de notre Regne le cinquante-neuvieme. *Signé* LOUIS. *Et sur le repli* PHELIPPEAUX.

PROVISION *de la Charge de Procureur-Général du Conseil Supérieur du Cap.*

Du 5 Juillet 1701.

LOUIS, etc. SALUT. Etant nécessaire de pourvoir à la Charge de Procureur-Général au Conseil Supérieur que nous avons créé au Cap François de Saint-Domingue, par nos Lettres-Patentes du mois de Juin dernier, et étant informé de la capacité, prud'hommie et expérience au fait de la Justice, et affection à notre service de la personne du sieur Jean-Baptiste de Vincent, dont il nous a donné des preuves dans la Charge de Lieutenant-Général à Limoges, qu'il a exercée à notre satisfaction et du Public. A CES CAUSES, et autres à ce nous mouvant, nous avons fait choix dudit sieur de Vincent, auquel nous avons donné et octroyé, donnons et octroyons, par ces Présentes, signées de notre main, la Charge de Procureur-Général audit Conseil Supérieur, créé au Cap François de Saint-Domingue ; pour ladite Charge avoir, tenir et dorénavant exercer par ledit sieur de Vincent, aux honneurs, autorités, prérogatives, exemptions, gages qui lui seront donnés par l'Etat que nous ferons à cet effet dresser, et tous les autres droits dont jouissent nos Procureurs-Généraux dans les Cours Supérieures de notre Royaume, et ce tant qu'il nous plaira. Si donnons en mandement, etc.

(*Les surplus comme aux Provisions de M. de Vincent, Conseiller.*)

✝ ARRÊT *du Conseil d'Etat, touchant le reste de la Fourniture de Nègres à faire par la Compagnie Royale du Sénégal et Côtes d'Affrique, aux Armateurs de Saint-Domingue dans l'Expédition de Carthagene.*

Du 6 Juillet 1701.

VU par le Roi, étant en son Conseil, la Requête présentée à Sa Majesté par les Armateurs de l'Isle Saint-Domingue, qui ont assisté à l'Expédition de Carthagene, contenant, entr'autres choses, que le sieur Galiffet, Lieutenant de Roi en ladite Isle de Saint-Domingue, ayant Traité avec les sieurs Directeurs et Intéressés en la Compagnie Royale du Sénégal d'Affrique, le 21 Janvier 1698, pour le compte desdits Armateurs, de la quantité de mille Negres desdites Côtes d'Affrique, réduits en pieces d'Inde, suivant l'usage des Isles de l'Amérique, à raison de 250 liv. la piéce d'Inde, et pour laquelle quantité il fut payé auxdits sieurs Directeurs la somme de 250,000 liv.; il a été fait à la vérité diverses livraisons de Negres en ladite Isle de Saint-Domingue, mais non pas suffisamment pour remplir ladite quantité, etc. Le Roi étant en son Conseil a ordonné et ordonne que les Directeurs de la Compagnie Royale du Sénégal et Côtes d'Affrique seront tenus de faire porter en ladite Isle de Saint-Domingue, dans un an, à compter de ce jour, et représenter aux ayans charge des Armateurs de ladite Isle, qui ont assisté à l'Expédition de Carthagene, une Cargaison de cent cinquante ou deux cens Negres, sur laquelle il en sera pris la quantité de cent quinze pieces, au choix desdits Préposés, pour le reste et parfaite livraison desdits mille Negres du Traité fait entre les Parties; au moyen de quoi lesdits Directeurs demeureront quittes et déchargés de l'exécution dudit Traité, et que le surplus desdits Negres de ladite Cargaison sera et demeurera pour le compte et profit de ladite Compagnie, pour être vendus librement par ses Commis, sans qu'il leur soit apporté aucun trouble ni empêchement; à l'effet de quoi Sa Majesté veut que les Officiers commandans dans ladite Isle leur donnent tout le secours nécessaire, comme aussi et en cas que sur ladite Cargaison les Préposés desdits Armateurs ne trouvent pas de Negres à leur gré en nombre suffisant pour composer ladite quantité de cent quinze piéces d'Inde, à eux ordonnés par le présent Arrêt; il leur sera payé ou à leur ordre, en la ville de Paris, par lesdits sieurs Directeurs, la somme de 250 liv. pour le prix de chacun de ceux qu'il s'en faudra, et incontinent après les avis reçus de la livraison qui aura été faite sur les lieux. FAIT au Conseil d'Etat, etc.

ARRÊT du Conseil d'Etat, concernant la Compagnie de Guinée.

Du 9 Juillet 1701.

LE Roi ayant été informé que la Compagnie de Guinée, établie par l'Edit du mois de Février 1685 n'a point satisfait, jusqu'à présent, aux conditions sur lesquelles Sa Majesté lui a accordé le Privilege de négocier sur les Côtes d'Affrique, au-delà de la Riviere de Serre-Lionne, en ce qu'elle n'a pas porté aux Isles Françoises de l'Amérique le nombre de Negres qu'elle s'est obligée d'y fournir par chacun an, et ce qui a été aux Habitans les moyens d'augmenter leurs cultures et d'étendre leur Commerce, et les a jettés dans une disette qui y a attiré les Etrangers, quelques défenses qui aient été faites de souffrir qu'ils abordent aux Isles pour y négocier; sur quoi Sa Majesté voulant pourvoir, après s'être fait représenter ledit Edit, l'Arrêt du Conseil du 12 Avril 1685, qui, nomme ceux qui devoient composer ladite Compagnie, dont la plupart sont morts ou hors d'état d'en suivre le Commerce, les Mémoires des Gouverneurs et Intendans des Isles, sur le besoin qu'on y a des Negres; ouï le rapport du sieur Chamillart, Conseiller au Conseil Royal, Contrô-leur-Général des Finances, Sa Majesté étant en son Conseil a subrogé et subroge, de leur consentement, les sieurs Maynon, Crozat, Thomé, Bernard, Vanolles, Landois, le gendre d'Arminy et Foucherolles au Privilege accordé par l'Edit du mois de Février 1685, et Arrêt du 12 Avril ensuivant; aux sieurs Marthé, Vitry la Ville, du Ruau Palu, Roland, de Lagny, Carel, Parent, Dumas, Gayardon et Ceberet, ou à ceux qui ont leurs droits; en conséquence veut, Sa Majesté, qu'ils com-posent, à l'avenir, la Compagnie de Guinée, et fassent par eux seuls ou par ceux auxquels ils en céderont la Permission, le Commerce de la Côte d'Affrique, depuis la Riviere de Serre - Lionne inclusivement, jusques au Cap de Bonne-Espérance, à l'effet de quoi ils remettront ès mains du Secrétaire d'Etat, ayant le département de la Marine, leur soumission d'exécuter ledit Edit, et de porter par chacun an, aux Isles Françoises de l'Amérique, la quantité de trois mille Negres, à peine d'être déchus de la Concession et des Privileges portés par icelui, à moins que Sa Majesté n'estime à propos de diminuer ce nombre sur ce qui aura été mandé de l'état des Habitans desdites Isles à cet égard, par les Gouverneurs et Intendans d'icelles, et seront sur le présent Arrêt toutes lettres nécessaires expédiées. FAIT au Conseil d'Etat, etc.

***

ORDONNANCES *du Commandant en Chef, touchant les Forbans.*

Des 21 et 22 Août 1701.

LE sieur de Galiffet, etc.

Etant informé que plusieurs Garçons descendus des Forbans et autres font actuellement des complots pour enlever des Bâtimens pour recom-mencer leurs pirateries; nous faisons savoir à toutes personnes que l'inten-tion du Roi est, que tous ceux qui seront pris à la Mer sans Commission ou sur des prises, et convaincus de comploter l'enlevement de quelque

Bâtiment,

Bâtiment, ou de susciter quelqu'un de prendre ce parti, soient pendus sans remission, ce que nous déclarons que nous ferons exécuter sans autre forme de procès; et pour prévenir les faits de la mauvaise résolution, que quelques-uns pourroient prendre sur ce sujet, nous ordonnons à tous ceux qui en auront connoissance de nous le déclarer, ou à ceux qui commanderont en notre absence, à peine d'être punis comme complices, promettant à tous ceux qui avertiront de quelques complots formés ou suscitations qui leur auront été faites de s'y joindre, de leur donner comptant la somme de 300 liv. et en outre Congé absolu en cas que ce soit un Soldat, et liberté au cas que ce soit un Engagé; et afin que personne n'en ignore, la Présente sera lue, publiée et affichée aux lieux accoutumés, dans tous les Quartiers François de cette Isle. DONNÉ à Léogane, etc.

LE sieur de Galiffet, etc.

Etant informé que les Forbans qui ont enlevé depuis peu de jours une Barque, trouvoient retraite et faveur chez les Habitans écartés, et parmi les Chasseurs, et que cet abus favorise tous ceux qui s'engagent dans cette mauvaise résolution; pour en prévenir la continuation, nous défendons à toutes personnes de quelque qualité et condition qu'elles puissent être de donner retraite à aucun inconnu, sous peine d'encourir la rigueur des Ordonnances du Roi sur ce sujet; enjoignons, au cas qu'il s'en présente quelqu'uns de les arrêter, et au défaut de la force nécessaire pour cet effet, d'avertir les Officiers les plus prochains, pour y suppléer; et afin que les Forbans ne puissent absolument pratiquer dans ni parmi les Chasseurs, sous prétexte de Chasse ou autres sujet de s'écarter, nous ordonnons à tous ceux qui voudront aller dans les Habitations ou Chasses éloignées, pour quelque motif que ce puisse être, de prendre une Permission et Congé de l'Officier Commandant, à peine d'être punis comme Forbans, enjoignons de les arrêter quoiqu'ils soient connus, et de les remettre à l'Officier plus prochain du lieu où ils les auront arrêtés, lequel les fera conduire sûrement à l'Officier Commandant le Quartier; la Présente sera publiée et affichée dans les lieux accoutumés, et envoyé à la diligence de M. le Major, partout où besoin sera, afin que personne n'en ignore. DONNÉ à Léogane, etc.

R. au Siege Royal du Petit-Goave, le 25 du même mois d'Août.

ARRÊT du Conseil d'Etat, qui confisque au profit de la Compagnie de Saint-Domingue le Bâtiment le Dauphin, et veut que le Juge établi dans la Concession de cette Compagnie ait la même autorité que les Juges Royaux de l'Isle.

Du 24 Septembre 1701.

Vu au Conseil d'Etat du Roi, Sa Majesté y étant, les Lettres-Patentes du mois de Septembre 1698, enregistrées au Parlement de Paris, contenant l'établissement de la Compagnie Royale de Saint-Domingue, avec la Concession du Quartier du Sud, la Concession de tous les Droits Domaniaux, le Privilege exclusif du Commerce, et la Permission d'y établir des Juges et Officiers, et dans les Pays qu'elle occupera, et que les Juges qu'elle établira connoîtront de toutes les affaires de Justice, Police, Commerce et Navigation, tant civiles que criminelles; les Provisions expédiées à Jean Heurtault, sieur de Bricourt, le 12 Novembre 1698, de l'Office de Juge Civil, Criminel et de Police, dans le Quartier du Sud de Saint-Domingue, le Procès-verbal fait par ledit sieur de Bricourt, le 7 Septembre 1700, et autres jours suivans, contenant que François de la Moussaye, Habitant, ayant l'ordre du sieur de Paty, Lieutenant pour Sa Majesté dans l'Isle de Saint-Domingue, du 31 Décembre 1699, d'arrêter les Vaisseaux Anglois qu'il trouveroit faisant Commerce dans ledit Quartier, et les conduire au lieu où se tient la Jurisdiction de l'Isle Saint-Louis, y auroit saisi un Bâtiment appellé *le Dauphin*, du port de cent douze tonneaux, à bord duquel il y avoit vingt-trois Negres, outre sept autres restés dans la maison de la Moussaye, et saisis chez le nommé Thibault où Henri Harriche, Anglois de nation, Capitaine, les avoit amenés et en avoit déjà vendu deux pour deux cens soixante-dix pieces d'Huit; Interrogatoires prêtés par la Moussaye, Thibault, Robert, Quesnil et Martin Audebert, Habitans du fond de l'Isle, Harriche, Capitaine du Vaisseau, Hugues Mesler et Richard Basker, premier et second Pilotes, et cinq Hommes de l'Equipage Anglois, trouvés à bord du Bâtiment saisi; Procès-verbal de répétition en leurs dépositions; l'Inventaire fait par ledit sieur de Bricourt, des Agrés, Apparaux et Effets trouvés dans le Vaisseau, le tout des 7, 8 et 9 Septembre 1700; son Jugement du 10 en suivant, portant qu'avant faire droit les Interrogatoires et Dépositions des Habitans et Gens de l'Equipage du Vaisseau *le Dauphin*, leurs répétitions, déclarations et toute la Procédure seroient communiquées au Procureur - Fiscal, pour donner ses conclusions ; le Jugement diffinitif rendu par ledit sieur de Bricourt, le 11 du même mois de Septembre 1700, sur les conclusions du Procureur - Fiscal, par lequel le Navire *le Dauphin*, les trente - un Negres de son chargement et autres effets trouvés à bord, suivant l'Inventaire qui a été fait ; ensemble cent vingt-sept pieces d'Huit, saisies dans la maison de Thibault, sont déclarés de bonne prise, et en conséquence confisqués au profit de la Moussaye et autres, en vertu du pouvoir a lui donné par ledit sieur de Paty, et au profit de la Compagnie de Saint-Domingue et autres, si aucunes y ont droit, pour en faire la répartition, conformément aux Ordonnances de Sa Majesté, et à l'usage du Pays en tel cas requis ; la nourriture des Negres et les frais préalablement déduits ; l'Arrêt du Conseil Supérieur de Saint-Domingue, rendu le 10 Novembre 1700, sur l'appel interjetté par lesdits Harriche, du Jugement du sieur de Bricourt, par lequel la Procédure qu'il avoit faite a été cassée, avec défenses à lui, en qualité de Directeur de la Compagnie, de connoître à l'avenir des affaires qui la concerneront, et cependant qu'il seroit procédé à nouvelle information d'autorité du Conseil ; autre Arrêt dudit Conseil du 20 Décembre ensuivant, par lequel, sur les faits résultans de la nouvelle information, main levée est faite au Capitaine Anglois de son Bateau, des Negres et autres effets, avec dépens, dommages et intérêts ; vu aussi le Réglement fait par Sa Majesté pour le Commerce et la Navigation des Isles Françoises de l'Amérique, du 20 . Août 1698, par lequel Elle défend aux Etrangers d'y aborder et négocier, sous quelque prétexte que ce soit, à peine de confiscation, et autres pieces ; et tout considéré, le Roi étant en son Conseil, sans s'arrêter aux Arrêts du Conseil Supérieur de l'Isle Saint-Domingue, des 10 Novembre 1700, et 20 Décembre 1700, rendus sur l'appel du Jugement du sieur de Bricourt, du 11 Septembre 1700, que Sa Majesté a cassé et annullé, ensemble tout ce qui a été fait en exécution, a confisqué et confisque au profit de la Compagnie de Saint-Domingue le Bâtiment *le Dauphin*, les Negres de son chargement, et les autres effets saisis sur le nommé Harriche, pour en disposer par elle, ainsi qu'elle avisera bon être. Ordonne en outre, Sa Majesté, que le Juge établi par ladite Compagnie continuera de connoître des Procès et Différends qui surviendront dans l'étendue de sa Concession ; ensemble des contraventions aux Ordonnances et Réglemens sur le fait du Commerce et Navigation dans les Isles Françoises de l'Amérique, sauf l'appel au Conseil Supérieur de

Léogane, ainsi que les Juges établis dans les autres Quartiers de ladite Isle, faisant défenses aux Officiers du Conseil Supérieur de le troubler dans ses fonctions, à peine de nullité, cassation des Procédures, et de tous dépens, dommages et intérêts. *Signé* PHELIPPEAUX.

✠ ARRÊT *du Conseil d'Etat, qui nomme un Directeur pour le Roi de la Compagnie de l'Assiente.*

Du 19 Octobre 1701.

LE ROI ayant résolu de s'intéresser pour un quart dans le Traité que Sa Majesté a permis aux Intéressés en la Compagnie de Guinée de faire avec le Roi d'Espagne, pour l'Assiente ou fourniture des Negres nécessaires pour les Indes Occidentales de sa Domination; Sa Majesté auroit estimé nécessaire de nommer un Directeur pour veiller à la conservation de ses intérêts, signer les Actes et Délibérations concernant l'exécution dudit Traité, et prendre pour en assurer le succès toutes les résolutions et mesures qui y conviendront; Sa Majesté étant en son Conseil a nommé et nomme le sieur Comte de Pontchartrain, Secrétaire d'Etant ayant le département de la Marine, pour Directeur pour Elle dans la Compagnie formée pour le Traité de l'Assiente des Negres aux Indes Espagnoles; et en conséquence lui permet de régler les conditions de son Association, signer en son nom les Actes de Société, Délibérations et autres qui seront estimés nécessaires, et de prendre pour l'exécution dudit Traité, avec les Intéressés, toutes les résolutions qui seront jugées à propos; et d'autant que les affaires dont ledit sieur de Pontchartrain est chargé pour le service de Sa Majesté ne lui permettront pas d'être toujours présent aux Assemblées de ladite Compagnie; Elle veut et ordonne que le sieur des Haguais, Conseiller d'honneur en la Cour des Aides de Paris y assiste en son absence, et remplisse sous ses ordres les mêmes fonctions qu'il feroit s'il étoit présent. FAIT au Conseil d'Etat, etc.

ARRÊT du Conseil d'Etat, qui ordonne que toutes les Marchandises que la Compagnie de Guinée fera venir des Pays étrangers, tant pour l'Armement et Avituaillement de ses Vaisseaux, que pour son Commerce, jouiront du bénéfice de l'entrepôt, et ne pourront être assujettis à aucuns Droits.

Du 9 Octobre 1701.

Le Roi ayant approuvé le Traité fait à Madrid le 27 Août dernier, par lequel le sieur Ducasse, Chef d'Escadre de ses Armées Navales, ensuite de la Permission de Sa Majesté, et sur la Procuration de la Compagnie Royale de Guinée, s'est chargé envers le Roi d'Espagne de l'Assiente ou transport des Negres dans les Indes Occidentales de la Domination de ce Prince; et Sa Majesté voulant donner à ladite Compagnie des marques de sa protection, en lui accordant les Privileges qui peuvent la mettre en état de réussir dans son entreprise et faciliter son Commerce; ouï le rapport du sieur Chamillart, Conseiller ordinaire au Conseil Royal, Contrôleur-Général des Finances, Sa Majesté étant en son Conseil a ordonné et ordonne que toutes les Marchandises que la Compagnie de Guinée fera venir des Pays étrangers, tant pour l'Armement et Avituaillement de ses Vaisseaux, que pour son Commerce et pour la Traite des Negres, et celles qu'elle rapportera en retour de l'Amérique, jouiront du bénéfice de l'entrepôt, et ne pourront être assujetties à aucuns Droits, sous quelque prétexte que ce soit, à condition, pour les premieres desdites Marchandises, d'en fournir un état avant qu'elles arrivent au Port de leur destination, et que les unes et les autres seront mises dans des Magasins, dont le principal Commis des Fermes dans ledit Port aura une clef; ensorte qu'elles n'en puissent être enlevées sans sa participation, et qu'il n'en puisse être vendu ni versé dans le Royaume sans payer les Droits, à peine de confiscation et de privation dudit entrepôt; veut pareillement, Sa Majesté, que ladite Compagnie puisse faire passer par le Royaume, par *transit*, pendant la Guerre seulement, les Marchandises de l'Amérique, provenantes de ses retours, qu'elle aura destinées pour les Pays étrangers, ou pour les Provinces du Royaume non sujettes aux Droits des cinq Grosses Fermes, et réputées étrangeres, sans payer aucuns Droits, et en prenant seulement avec les Commis des Fermes toutes les précautions nécessaires pour empêcher les fraudes; accorde en outre, Sa Majesté, à ladite Compagnie de Guinée l'exemption de la moitié des Droits d'entrée sur le Cacao qu'elle fera venir dans le Royaume pour y être consommé, et celle des Droits de sortie en entier sur toutes les Marchandises qu'elle tirera du Royaume pour être transportées, tant aux Côtes d'Affrique que dans l'Amérique; faisant défenses à ses Fermiers, Commis et Préposés d'en exiger aucuns sur lesdites Marchandises, et au-delà de ladite moitié sur le Cacao, sous quelque prétexte que ce soit, à peine de restitution, et de tous dépens, dommages et intérêts. FAIT au Conseil, etc.

_____

ARRÊT du Conseil du Cap, qui 1°. défend aux Cabaretiers de donner à boire et à jouer certains jours et heures, et aux mêmes, ainsi qu'aux Bouchers, de vendre de la Viande les Jours prohibés; 2°. enjoint aux Religieux de la Charité de recevoir les Pauvres malades; et 3°. défend à tout Citoyen de donner asyle aux Gens sans aveu, et aux Habitans de renvoyer leurs Engagés étant malades.

Du 21 Novembre 1701.

LA Cour faisant droit des Conclusions du Procureur-Général, fait défenses à tous Cabaretiers de donner à boire les Fêtes et Dimanches pendant le Service Divin; et tous les autres jours de l'année, depuis neuf heures du soir jusqu'au jour, à peine de cent livres d'amende contre les Cabaretiers, et de 50 liv. contre chacun des Habitans qui se trouveront chez lesdits Cabaretiers en contravention. Fait la Cour défenses à tout Cabaretiers, Vendeurs de Café, Maîtres de Billard et autres Habitans, de quelque condition et qualité qu'ils puissent être, de souffrir qu'on joue chez eux aucuns jeux défendus, jurer ni blasphémer le Saint nom de Dieu, et de les dénoncer, aux peines portées par les Ordonnances de Sa Majesté, même de donner à jouer passé neuf heures du soir, à peine de 100 livres d'amende pour la première fois, et 300 liv. en cas de récidive; lesquelles amendes ci-dessus ne pourront être réputées comminatoires, et seront déclarées encourues sur le champ. Ordonne ladite Cour, que le Culte dû aux Eglises, et les Ordonnances de Sa Majesté à cet effet, seront exécutés de point en point, selon leur forme et teneur, aux peines y portées contre les Contrevenans. Fait pareillement défenses ladite Cour à tous Cabaretiers, Bouchers et autres, de vendre, débiter ni acheter de la Viande les jours défendus par l'Eglise, qu'à cause de maladie, et par la permission du Curé de la Paroisse, accordée sur le Certificat de Médecin et Chirurgien, à peine contre chacun des Contrevenans, de 100 liv. d'amende pour la premiere fois, et de punition exemplaire en cas de récidive; ordonne ladite Cour, que les Edits, Ordonnances et Déclarations de Sa Majesté, au sujet des Pauvres, Mendians, Gens vagabonds, errans et sans aveu, seront exécutés de point en point, selon leur forme et teneur. Enjoignons aux Freres de la Charité établis en ce lieu pour avoir soin de l'Hôpital, d'y recevoir les Pauvres malades, Estropiés ou Ulcérés, qui n'auront pas moyen de se faire traiter, pour y être traités et soignés, conformément aux LettresPatentes de Sa Majesté données en faveur des Pauvres et des Hôpitaux. Fait défenses ladite Cour à toutes sortes de personnes, de quelque qualité et condition qu'elles puissent être, de donner asyle ni souffrir chez eux aucuns Mendians errans, Vagabonds et Gens sans aveu, aux peines portées par les Ordonnances de Sa Majesté. Enjoint ladite Cour à tous les Habitans de son Ressort qui auront des Engagés chez eux, de les faire soigner à leurs dépens pendant qu'ils seront malades, avec défenses de les congédier sous prétexte de maladie, à peine d'être tenus en leurs noms de tous les frais des Chirurgiens qui les auront traités; ce qui sera exécuté nonobstant appellation ou opposition quelconque, et sans délai. Enjoint ladite Cour aux Juges et Substituts de son Ressort, de tenir la main à l'exécution du présent Arrêt, à peine d'interdiction, et d'en répondre en leurs propres et privés noms; lequel sera lu aux Prônes des Messes Paroissiales, publié et affiché partout où besoin sera. DONNÉ en Parlement, le 21 Novembre 1701. Signé au Registre de Vincens.

Il y a quelques Actes émanes du Conseil Supérieur du Cap, qui portent cette qualification de Parlement, mais elle n'a été employée que très-rarement, et seulement dans les premiers momens de l'installation de cette Cour.

LETTRE *du Ministre à* M. DE GALIFFET *, touchant les Troupes et Milices à fournir à* M. *le Comte* DE CHATEAU-RENAULT *, Vice-Amiral, s'il en demande pour l'exécution des Ordres du Roi.*

Du 21 Novembre 1701.

LES Ordres que le Roi donne à M. le Comte de Château - Renault pouvant l'obliger à vous demander les Troupes et les Milices qui sont sous votre Commandement, l'intention de Sa Majesté est que vous les fassiez embarquer avec toute la diligence qui sera praticable, sur les Vaisseaux qui seront envoyés pour les recevoir. Vous manderez en même temps au sieur de la Broue (Ingénieur) de les suivre, pour s'employer à ce que M. de Château-Renault pourra exiger de lui. J'avois proposé au Roi de vous charger de les commander, mais Sa Majesté m'a paru desirer que vous restassiez à Léogane, pouvant arriver des incidens qui rendroient votre présence plus utile qu'elle ne le pourroit être ailleurs, surtout pour les avis à donner à M. de Château-Renault, des mouvemens que feront les Anglois et les Hollandois.

EXTRAIT *de la Lettre du Ministre à* M. DE GALIFET *, touchant la suspension des Arrêts rendus par les Conseils de la Colonie.*

Du 14 Décembre 1701.

JE vous ai marqué par ma derniere, que vous ne devez jamais empêcher l'exécution des Arrêts des Conseils Supérieurs, à moins qu'ils ne soient manifestement contraires aux Ordres et au Service du Roi, et au bien public de la Colonie. Vous devez même, autant qu'il est possible, éviter d'y être obligé, en vous trouvant au Conseil, lorsque vous pourrez prévoir qu'il y aura quelqu'occasion de cette espece, et représentant aux Conseillers les raisons qui doivent servir de regle à leur détermination.

RÉGLEMENT

RÉGLEMENT du Gouverneur par interim, qui établit une Messagerie aux Chevaux au Petit-Goave.

Du 15 Janvier 1702.

L<small>E</small> sieur de Galiffet, etc.

Les plaintes qui nous ont été faites de la part des Habitans du Petit-Goave et Cul-de-Sac, du préjudice considérable qu'ils reçoivent de la Fourniture des Chevaux qu'on leur fait faire journellement par ordre, tant par la perte et dépérissement de leurs Chevaux et Harnois, que par le retardement que ces Corvées causent à leur travail ordinaire, et de la part des Officiers et autres Personnes envoyées pour le Service du Roi, que les difficultés et délais que les Habitans apportent à leur fournir des Chevaux retardent leurs voyages, et même que bien souvent on leur en fournit de si mauvais et si mal harnachés, qu'ils ne peuvent s'en servir ; pour faire cesser ces plaintes de part et d'autre, et le préjudice que le Service et le Public en souffrent, nous avons estimé nécessaire d'établir une Messagerie en laquelle on soit assuré de trouver des Chevaux de louage en toutes les occasions où il en sera besoin, pour le Service et pour la commodité publique ; et afin que ladite Messagerie remplisse les motifs de son Etablissement et sans rançonner le Public, et d'autre part, que le Messager ne souffre aucune violence ni perte injuste, nous avons réglé ce qui suit.

Le Messager sera tenu de fournir des Chevaux harnachés à tous ceux qui en demanderont, jusqu'au nombre de douze, à peine de dix écus d'amende applicable à l'Hôpital.

Il sera pareillement tenu de fournir une Personne pour la conduite et le retour de ses Chevaux, lorsqu'il en sera requis.

Lorsque quelqu'un n'ayant point de Manoir ou Biens fonds dans le Pays, demanderont des Chevaux, ils seront tenus de donner Caution pour le prix de ses Chevaux, ou de prendre un Homme de la part du Messager pour les conduire.

Il sera payé pour chaque Cheval un écu par jour ; et pour chaque Homme fourni par le Messager, trente sols par jour, sans que le Messager puisse rien prétendre pour le Cheval qu'il trouveroit à propos de donner à l'Homme fourni de sa part, lequel est censé devoir marcher à pied.

Pour prévenir la malice et avarice de ceux qui pourroient outrer les

Tome I. Rrrr

Chevaux, nous avons réglé que le Voyage et Retour, d'ici au Fond des Negres, sera payé à raison de deux journées.

Le Voyage et Retour, d'ici à la Caye Saint-Louis, sera payé sur le pied de quatre journées.

Le Voyage d'ici au Petit-Goave, sera payé sur le pied de demi-journée.

Le Voyage d'ici au Grand-Goave, sera payé sur le pied d'une journée.

Le Voyage d'ici à Léogane, sera payé sur le pied de deux journées.

Le Voyage d'ici au Cul-de-Sac, sera payé sur le pied de quatre journées.

Le Voyage d'ici à Nipes, sera payé sur le pied de deux journées.

Bien entendu que lorsque les Locataires, pour leurs affaires ou autrement, retarderont les Chevaux un plus long-temps qu'il n'est préfixé, ils seront tenus de payer autant de journées qu'ils auront gardé les Chevaux.

Si quelque Cheval se trouve perdu, mort ou estropié par les excès, faute ou négligence du Locataire, ledit Locataire sera tenu de payer quinze écus pour le prix de chaque Cheval.

Si quelque Cheval se trouve considérablement blessé pour avoir été surchargé de deux Personnes ou de quelques effets, outre le Cavalier, le Locataire sera tenu d'en payer les journées jusqu'à sa guérison, si mieux il n'aime en payer le prix et garder le Cheval.

Lorsque le Locataire aura pris un Homme de la part du Messager, il sera déchargé du soin de l'entretien des Chevaux, et de la conservation des Harnois; mais lorsque le Locataire n'aura point pris d'Homme de la part du Messager, il sera responsable des accidens qui pourroient arriver aux Chevaux par faute de manger et de boire, ou autres négligences de quelques soins nécessaires pour leur conservation; de même que de la perte des Harnois, ou partie d'iceux.

Il sera très-expressément défendu à toutes personnes, de quelque qualité et condition qu'elles puissent être, de louer des Chevaux, à peine de cinquante écus d'amende, applicable à l'Hôpital. Donné à l'Acul du Petit-Goave, le, etc.

ARRÊT du Conseil de Léogane, qui ordonne que tous les Procès du Conseil du Cap seront renvoyés à ce dernier.

Du 16 Janvier 1702.

Vu la Remontrance du Procureur-Général, etc.

Le Conseil a ordonné que toutes les Procédures ressortantes du Conseil du Cap, seront renvoyées audit Conseil, pour, par ledit Conseil, être fait droit, ainsi qu'il appartiendra. Donné en Conseil, le 16 Janvier 1702.

SENTENCE du Juge du Cap, qui condamne un Pere Naturel à prendre soin de son Enfant, et lui défend de récidiver.

Du 22 Mars 1702.

Entre Marie Gaury, Demanderesse, et Jean Nicolas, Défendeur. Vu la Requête, etc. Nous condamnons ledit Nicolas de nourrir et faire élever ledit Enfant en la Religion Catholique, Apostolique et Romaine, et d'en apporter les attestations au Greffe, de trois en trois mois, jusqu'à ce qu'il ait atteint quatorze ans, et fournira par chacun an 75 liv., de mois en mois, tant que l'Enfant sera sur les charges de la Mere (qui l'allaite), après quoi sera tenu de le nourrir et élever; et pour le scandale, condamnons ledit Nicolas en 30 liv. d'amende, applicable à l'Hôpital de ce lieu, et en tous les dépens, avec défenses audit Nicolas de récidiver ni d'insulter ladite Gaury, sous de plus grandes peines.

ORDONNANCE du Roi, portant Amnistie en faveur des Forbans de Saint-Domingue.

Du 12 Avril 1702.

Sa Majesté ayant été informée que quelques Engagés et Habitans de Saint-Domingue, qui avoient été excités de se faire Forbans, ont demandé grace, et la permission de revenir dans la Colonie, pour y tenir à l'avenir une meilleure conduite; et voulant leur faire ressentir des effets de sa clémence ordinaire, elle a permis et permet au sieur de Galiffet, Commandant dans l'Isle de Saint-Domingue, de recevoir lesdits Habitans, Engagés ou Soldats, au nombre de. . . . . dont le Rôle sera remis au Greffe du Conseil Supérieur de Léogane, leur accordant une Amnistie entiere, en les déchargeant des peines établies pour le crime de Piraterie dans lequel ils sont tombés. Fait Sa Majesté défenses de faire aucune poursuite contr'eux pour raison de ce, et enjoint aux Officiers dudit Conseil Supérieur, de faire enregistrer et exécuter la présente Ordonnance. FAIT, etc.

ARRÊT de Réglement du Conseil de Léogane, qui fait défenses aux Arpenteurs de rien changer aux Concessions, qu'en présence des Voisins, qu'ils appelleront, et à la charge de se pourvoir pardevers les Gouverneurs, pour donner, s'il leur plaît, de nouvelles concessions conformes à l'opération.

Du 9 Mai 1702.

ENTRE le sieur Laboize, Habitant à la Riviere Seche du Petit-Goave, Appellant de Sentence du Petit-Goave, du 7 Juin dernier;

Et le sieur Belon, Habitant au même Quartier, Intimé.

Vu, etc., Le Conseil a mis et met l'appellation, et ce dont est appel au néant; ordonne que la Sentence sortira son plein et entier effet; en conséquence, que la Concession dudit Intimé sera maintenue en sa forme et teneur, et fait défenses aux Arpenteurs de changer à l'avenir la teneur des Concessions, qu'au préalable les Voisins et anciens Habitans ne soient appellés; de quoi ils dresseront leur Procès-verbal, signé desdits Voisins et Habitans qui seront intéressés, et que copie d'iceux en sera donnée à MM. les Gouverneurs, pour, s'il leur plaît, donner de nouvelles Concessions, suivant ledit Réglement, et ledit Appellant condamné à l'amende ordinaire et aux dépens, tant de la Cause principale que d'appel.

ORDRE *du Roi, portant Remise d'une Confiscation de Negres introduits à Saint-Domingue, contre les Ordonnances du Roi.*

Du 10 Mai 1702.

DE PAR LE ROI.

Sur ce qui a été représenté à Sa Majesté par le sieur Tandebaras, Négociant à la Rochelle, qu'ayant chargé un Vaisseau pour Saint-Domingue, le Capitaine, au-lieu d'y aller à droiture, a abordé à Saint-Thomas pour y acheter des Negres pour une Habitation qui lui appartient, où les ayant fait débarquer, ils y ont été saisis, de même que le Vaisseau et sa Cargaison, et le tout a été confisqué par Sentence du Juge Ordinaire du Cap, du 14 Décembre dernier, quoiqu'il soit constant que les Negres ne fussent point pour le compte dudit Tandebaras; qu'ils n'étoient plus dans son Bâtiment lorsque la saisie en a été faite; et qu'enfin ce Capitaine étoit dans une juste ignorance des défenses du Commerce des Negres, qui avoit été toléré pendant quelque temps à Saint-Domingue. Sa Majesté voulant y pourvoir, elle a, par grace, fait et fait pleine et entiere main-levée audit Tandebaras, de la saisie du Navire le *Comte de Gacé*, et des Marchandises de sa Cargaison; ordonne en conséquence que le tout lui sera remis, ou au Porteur de sa Procuration, et les Cautions qu'il a fournies déchargées. Veut Sa Majesté que la Sentence du Juge du Cap, du 14 Décembre dernier, subsiste seulement à l'égard des 23 Negres achetés dans l'Isle de Saint-Thomas, et débarqués à Saint-Domingue, qui demeurent confisqués, et le prix qui en proviendra distribué conformément au Réglement du 20 Août 1698. Enjoint Sa Majesté aux Officiers tenant le Conseil Supérieur au Cap, de faire enregistrer et exécuter la présente Ordonnance.

Registré au Conseil Supérieur du Cap, le 11 Octobre suivant.

ORDRE de M. de GALIFFET, *Commandant à Saint-Domingue*, par intérim, à M. DE BRACH, *Lieutenant de Roi à Léogane*, pour la sûreté de ce Quartier, et de celui de Saint-Louis.

Du 24 Juin 1702.

M. DE BRACH doit avoir une attention toute particuliere de s'informer, dans le plus grand détail qu'il lui sera possible, des mouvemens des Anglois et Hollandois, etc.

La Guerre étant déclarée, il faut incessamment distribuer des Corps-de-Gardes dans les endroits des Rivages où il en est nécessaire, durant la nuit seulement.

Il faut établir au Petit-Goave, dans un lieu qui découvre le plus loin, du côté du Cap Tiburon, une Garde de deux Hommes durant le jour, pour la découverte, et la même chose en ce Quartier, pour la découverte du côté de la pointe Saint-Marc.

La Garde des Milices sera fournie en la maniere accoutumée; tous les Habitans portant armes, qui n'ont point d'exemptions personnelles, seront tenus de faire la Garde et autres fonctions du Service, chacun pour soi, sans que sous ce prétexte, qu'ils soient plusieurs dans une Maison, ils puissent prétendre ne faire que pour un. Les Femmes veuves, ou Habitans incapables de faire le Service, ayant des Habitations, seront tenus de fournir au moins un Homme pour chaque Habitation, à la Garde et Service ordinaire; les Gentilshommes, Conseillers ou autres Gens de Justice, dont les personnes sont privilégiées et exemptes de Service dans les Milices qui ont des Habitations, seront tenus de fournir un Homme à la Garde et Service ordinaire, pour chacune des Habitations dont ils jouissent; et les Personnes libres, demeurant dans leurs Maisons, qui ne sont pas privilégiées, seront tenues de faire la Garde et Service ordinaire.

M. de Brach fera incessamment assembler les Milices en ce Quartier, au Cul-de-Sac et au Petit-Goave; et dans l'avertissement qu'il fera donner du jour de l'Assemblée, il fera savoir que tous ceux qui y manqueront sans excuses légitimes, seront mis en prison durant huit jours, et paieront cinq écus d'amende; il les avertira aussi d'apporter leurs meilleures Armes, et les Munitions dont ils seront pourvus; et lorsqu'ils seront assemblés sous les Armes, il fera dresser un Rôle de tous ceux qui n'ont pas une bonne Arme et Boucaniere, lesquels il obligera d'en acheter; et à l'égard de ceux qui n'auront pas de la Munition, il leur ordonnera de se pourvoir au moins d'une livre de Poudre, de vingt-cinq Balles, et de six Pierres à Fusil, à peine d'amende. Tous les Commandeurs de Negres, Ouvriers et autres Domestiques capables de porter les Armes, qui sont dans les Maisons des Habitans, doivent se présenter en ladite Assemblée, être armés et pourvus de Munitions comme tous les autres.

Les Capitaines des Vaisseaux Marchands seront avertis de se ranger à l'Acul du Petit-Goave, à peine de répondre, en leur propre et privé nom, envers leurs Bourgeois, du tort qui pourroit leur être fait par les Ennemis, et au Roi du tort qui pourroit être fait aux Equipages.

Les Troupes réglées feront le service suivant l'instruction dont copie sera remise à M. de Brach.

Il aura soin d'envoyer, le Dimanche, le Mot pour toute la semaine, cacheté et adressé au Capitaine Commandant les Troupes, et fera distribuer exactement le même Mot à tous les Corps-de-Gardes de Milices.

Le Roi ordonnant par ses Réglemens, que les Soldats soient logés chez les Habitans, et le Bourg de l'Ester n'ayant pas assez de Maisons pour y loger les Troupes qui y sont, M. de Brach fera bâtir par tous les Habitans du Quartier, trois Cazes, de chacune soixante pieds de long au moins, et dix-huit pieds de large, qui seront posées au-dessus du Chemin de la Roüillonne, sur le Terrain du Presbytere, en dehors de la Liziere; observant que si les trois Cazes approchoient du Presbytere, ensorte que le bruit des Soldats pût incommoder les Religieux, on en poseroit une ou deux, s'il falloit, de l'autre côté du Chemin, vis-à-vis ce Terrain-là. Ces Cazes seront bâties avec toute la diligence possible, pour éviter aux Soldats les maladies que le mauvais air du Bourg et le défaut de Logement qu'ils y trouvent pourroit leur causer.

Pour fournir aux Armes qui pourront manquer aux Habitans, M. de Brach prendra de M. Marie toutes celles qui peuvent rester de Carthagene, et des mains du Commis que M. le Major doit avoir préposé suivant mon Ordre, toutes celles qui lui auront été remises par les Marchands; et si elles ne suffisent pas, il m'avertira du nombre qui lui en manquera, afin que j'y pourvoie; il doit observer de faire payer lesdites Armes, même par emprisonnement, à l'égard de ceux qu'il connoîtra en état de satisfaire, et qui refuseront par malice.

Il fera incessamment rassembler tous les pieux qui ont été faits par les Habitans, et arranger en pile et par compte, en un lieu qui soit sur la vue de la Sentinelle du Corps-de-Garde , à laquelle ils seront consignés.

M. de Brach doit observer qu'il ne lui est pas permis de faire aucuns travaux en public sans ma participation, excepté en présence des Ennemis; il ne lui est pas permis non plus de changer les Garnisons , ni l'ordre de la Discipline que j'ai établie , excepté pareillement en présence des Ennemis ; il ne lui est pas permis encore de changer la disposition des Magasins, de donner des Commissions de guerre, ni des Concessions de terrain.

Il fera observer la Police suivant les Réglemens du Roi, et notamment au sujet des excès et déni d'aliment et vétemens commis contre les Engagés et Esclaves , à la bonne qualité des Sucres, et à ce que les Futailles soient régulierement marquées, ainsi qu'il a été ordonné.

Lorsque M. le Major sera rétabli en bonne santé, il lui fera exécuter l'Ordre que je lui ai donné ci devant , de faire un récensement de la quantité des Vivres de terre qui sont sur chaque Habitation ; et pour cet effet ledit sieur Major sera assisté de l'Arpenteur.

En cas que le Quartier Saint-Louis soit attaqué, sur l'avis que M. le Page en donnera au Petit-Goave, il faut ordonner que les forces du Petit-Goave marchent sur le champ à son secours, sans attendre d'Ordre exprès, et y envoyer le plus promptement qu'il sera possible , les forces de Léogane et Cul-de-Sac, sous le Commandement de M. le Major, pour éviter les contestations qu'il pourroit y avoir sur le Commandement entre M. de Brach et M. le Page, si mieux n'aime M. de Brach se soumettre à lui obéir, auquel cas il pourroit conduire le secours lui-même, attendu que les Ennemis étant attachés en ce Quartier, il ne reste rien à craindre durant ce temps-là pour ceux de Léogane.

Si M. Paty vient en ce Quartier, M. de Brach lui communiquera le présent Mémoire, afin qu'il s'y conforme. FAIT à Léogane, ec.

DÉLIBÉRATION de la Compagnie Royale de l'Assiente, qui regle le Traitement et les Fonctions de l'Agent de ladite Compagnie à Léogane.

Du 10 Juillet 1702.

LA Compagnie Royale de l'Assiente ayant choisi le sieur Desbrisaciers pour son Agent à Léogane, Isle Saint-Domingue, elle est convenue de

lui

lui donner tous les ans, pour ses appointemens et pour sa nourriture, et celle d'un Commis que la Compagnie nommera, la somme de 4,000 liv. qui commenceront à courir du jour que ledit sieur sera arrivé audit Léogane, à la charge par ledit sieur de se rendre à ses frais audit Saint-Domingue, et aussi à condition que ledit sieur n'y fera aucun Commerce, directement ni indirectement, et n'y aura aucune Habitation en propre, sous peine d'être révoqué.

Ledit sieur étant arrivé à Léogane, aura soin d'en donner avis au sieur le Page, que la Compagnie a nommé pour Directeur en l'Isle Saint-Louis, afin que ledit sieur le Page puisse prendre sa relation avec lui pour toutes les choses qu'il trouvera nécessaires au bien de la Compagnie, et particulierement pour amasser des Vivres et Rafraîchissemens dont ledit sieur le Page aura besoin pour les Cargaisons de Negres que la Compagnie enverra à l'Isle Saint-Louis, et ramasser les Marchandises que la Compagnie fera charger dans ses Vaisseaux, pour apporter en France, afin de leur procurer une prompte expédition.

Et au cas que la Compagnie soit obligée de vendre à Saint-Domingue quelques Negres de rebut qu'elle ne pourroit débiter aux Indes Espagnoles, il procurera la vente de ceux qui lui seront envoyés, au prix le plus avantageux qu'il pourra, et au comptant, autant qu'il sera possible, ou tout au moins à des Habitans très-solvables, et qui puissent payer peu de temps après la Livraison.

Il aura soin d'entretenir une bonne Correspondance avec tous ceux qui seront employés par la Compagnie dans ladite Isle de S. Domingue, et de s'entr'aider les uns les autres pour faciliter les chargemens des Vaisseaux de la Compagnie. Fait au Bureau général de la Compagnie, le 10 Juillet 1702. *Signés* Le Haguais, Maynon, Bernard, Thomé, Crozat, Landais, etc.

ARRÊT du Conseil d'Etat, qui regle la Compétence des Officiers de l'Amirauté du Royaume, et confirme les Droits de l'Amiral de France sur les Amendes et Confiscations.

Du 29 Juillet 1702.

Vu par le Roi étant en son Conseil, les Requêtes respectivement présentées en icelui par Louis-Alexandre de Bourbon, Comte de Toulouse, Pair et Amiral de France, et le Fermier-Général des Domaines de Sa

Majesté; celle du sieur Amiral, contenant, etc. Ouï le Rapport du sieur Fleuriau d'Armenonville, Conseiller Ordinaire au Conseil Royal, Directeur des Finances, tout vu, considéré, le Roi étant en son Conseil, ordonne qu'à l'avenir, dans toutes les affaires qui seront de la compétence des Officiers de l'Amirauté, en quelque Juridiction qu'elles puissent être renvoyées et jugées, les Amendes et Confiscations seront prononcées au profit du sieur Amiral, comme à lui appartenantes à cause de sa Charge, et seront à cet effet expédiées toutes Lettres à ce nécessaires. FAIT au Conseil d'Etat, etc.

R. en l'Amirauté du Cap, en 1719.

ARRÊT du Conseil du Cap, qui admet la Preuve faite dans un Territoire Espagnol.

Du 7 Août 1702.

VU au Conseil son Arrêt du 3 Juillet dernier, en conséquence d'une Lettre du Ministre, du 7 Décembre 1701, portant, etc. Vu aussi les Informations que ledit Dom Bartholomé Ramos a fait faire à Panama, en date du 26 Avril 1701, traduite en François par le sieur François Sandoval, nommé d'Office par Arrêt de M. de Castaing, Conseiller et Commissaire en cette partie, pour l'examen desdites Pieces, qui affirment la perte du contenu du Mémoire présenté par ledit Dom Bartholomé Ramos; le congé de M. le Comte de Canille, Gouverneur et Capitaine-Général de Panama, en faveur dudit Dom Ramos, pour passer en cette Colonie, afin de réclamer sa perte, en date du 12 Mai en ladite année 1701, et enregistré le 14 à Portevelle, par Dom Francisco de Vergas, Ecrivain public de la Maison de Ville; la Requête dudit Bartholomé Ramos présentée au Cap, à M. de Galiffet, Gouverneur de la Colonie de Sainte-Croix, et Commandant à la Côte Saint-Domingue, en date du 8 Octobre ensuivant, au dos de laquelle est l'Appointement de mondit sieur de Galiffet; la Copie du Mémoire, de ce que ledit Dom Bartholomé Ramos a perdu avec Requête, par laquelle ledit Dom Bartholomé Ramos demande que le contenu du Mémoire lui soit rendu, et que Delaunay, Capitaine Forban, soit appellé devant mondit sieur de Galiffet, pour qu'il déclare ce qu'il a fait de ce qu'il lui a pillé, et qu'il reconnoisse l'Exposé dudit Mémoire véritable; Appointement donné sur icelle, en vertu duquel Delaunay comparut et confessa la connoissance en partie de la demande dudit Ramos ; autre Requête dudit sieur Ramos, présentée à mondit sieur de Galiffet, pour obtenir son Congé, afin de s'embarquer pour France, ledit Congé étant au bas, en date du 9 Octobre 1701 ; diligences qu'a fait ledit sieur Ramos dans la Ville de Honfleur, en date du 11 Décembre en suivant ; la Lettre du Ministre écrite au Conseil, datée à Versailles, le 28 Décembre, en ladite année 1701 ; l'Arrêt dudit Conseil, qui nomme ledit M. de Castaing Commissaire pour l'examen desdites Pieces, ensemble les Conclusions du Procureur-Général du Roi, le Rapport dudit M. de Castaing.

Le Conseil a déclaré l'Information faite pardevant le Juge de Panama, en bonne et dûe forme, et ledit Vol bien et dûement justifié ; en conséquence a renvoyé ledit Dom Bartholomé Ramos pardevant mondit sieur de Galiffet, pour y faire droit, ainsi qu'il avisera bon être.

SUIT LA LETTRE DU MINISTRE.

Du 28 Décembre 1701.

MESSIEURS, le nommé Ramos, Espagnol, qui prétend qu'une partie du Chargement d'une Prise faite par Delaunay, en revenant à Saint-Domingue, pour y jouir de l'Amnistie accordée aux Flibustiers qui étoient devenus Forbans, a présenté un Placet au Roi pour en demander la restitution. Sur le compte que j'en ai rendu à Sa Majesté, elle m'a commandé de vous écrire que son intention est que vous examiniez les Pieces qu'il vous remettra, pour justifier que ces effets lui appartiennent, et qu'il en est le véritable Chargeur ; et si ses preuves vous paroissent suffisantes, vous en informerez M. Galiffet, qui fera faire la recherche de ces effets en la maniere que je lui explique ; à quoi j'ajoute que s'il se présente d'autres Réclamateurs qui se trouvent dans le même cas que celui-là, il faudra répartir entr'eux le provenu de ce qui aura été recouvré, au sol la livre, à proportion de la valeur de ce que chacun d'eux aura chargé. Je suis, etc.

DÉCISION *du Conseil de Guerre tenu pour la Défense de la Colonie de Saint-Domingue.*

Du 12 Août 1702.

ÉTANT nécessaire de travailler incessamment à fortifier les Quartiers qui sont sans aucuns Retranchemens et hors d'état de défense, et pour y parvenir avec plus de diligence, nous nous sommes assemblés aujour-d'hui, M. de Brach, Lieutenant de Roi en ce Gouvernement; M. du Clerc, Major; et M. Marie, Commissaire, afin de travailler tous quatre pour l'avancement desdits travaux, et à se munir de Vivres du Pays, manquant de ceux d'Europe, il a été conclu ce qui suit :

Pour fortifier la Petite-Riviere et la Frelatte, nous sommes convenus qu'il sera fait par chaque tête de Negres mâles cinquante Fascines de six pieds de long, et cent Piquets de quatre pieds de long, dont la moitié sera mise à la Petite-Riviere, sur la droite et la gauche du Bourg, et l'autre moitié à la Frelatte; que le tout soit fait d'aujourd'hui en huit, à peine de payer trente sols par chaque fascine, et quinze sols par chaque piquet qui seront employés à la construction des Batteries.

Pour fortifier le Quartier de la Pointe et la Rouillonne, nous sommes convenus que les Habitans dudit Quartier feront la même quantité de Fascines et de Piquets, que ceux de la Petite-Riviere, et sous les mêmes peines; et comme il convient d'y placer quatre pieces de Canon, le nommé Jean Bon, Scieur-de-long, fournira les Madriers nécessaires pour les Plate-formes, qui lui seront payées sur le même pied qu'il est convenu avec M. de Galiffet.

Pour fortifier le Quartier de l'Ester, les Habitans dudit Quartier feront la même quantité de Fascines et de Piquets, que les Habitans de la Petite-Riviere, et sous les mêmes peines; et comme il se trouve quel-ques Canons où il faut faire des Plates-formes, ledit Jean Bon en fera les Madriers.

Pour fortifier les Sources et l'Acul, les Habitans dudit Quartier four-niront la même quantité de Fascines et de Piquets, et sous les mêmes peines qu'à la Petite-Riviere.

Et lorsque le sieur Hénaud, Ingénieur, sera arrivé de Saint-Louis, où nous l'avons envoyé querir, il sera dressé un Plan et Devis de la forme de chaque Ouvrage qu'il conviendra faire; et afin que l'on puisse mieux voir le Terrain et en faire les Alignemens, chaque Capitaine de Milice commandera quinze Negres pour nettoyer les bords de la Mer, et les prendront, autant que faire se pourra, d'un seul Habitant, et ce travail tiendra lieu des Fascines et Piquets qu'il devroit fournir ; ledit Habitant y enverra son Commandeur, ou y sera lui-même, afin que cela soit en meilleur ordre, et sera condamné aux mêmes peines que ceux des Fascines, en cas qu'il y manque.

Chaque Habitant retirera un Reçu du Capitaine de son Quartier, de la quantité de Fascines et Piquets qu'il aura fourni, et les placeront dans les lieux où ledit Capitaine leur indiquera ; et afin de le rendre plus assidu, et ses Officiers, il aura six Negres d'exempts, le Lieutenant quatre, l'Enseigne trois, et chaque Sergent un ; et ledit Capitaine sera comptable des reçus qu'il aura donnés, et fournira tout le nombre qu'il pourra manquer par sa négligence ; et pour cet effet, il tiendra un Rôle très-exact de ceux qui auront fourni, qui sera remis de demain en huit à M. le Major.

Quant aux Vivres, les Magasins du Roi s'en trouvant entierement dépourvus, l'on fera faire en toute diligence de la Cassave, étant le Vivre qui se conserve le plus long-tems, et il sera mis dans les Quartiers de la Petite-Riviere, l'Ester, le Grand-Boucan et Petit-Goave, chacun à proportion de ce qu'on en pourra trouver. Quant aux Viandes, le Commissionnaire aura soin de s'assurer pour chaque Quartier, d'une quantité de Bestiaux pour les tuer dans l'occasion ; il tiendra aussi dans chaque Quartier une certaine quantité d'Eau-de-vie ; savoir, à la Petite-Riviere, l'Ester et Petit-Goâve, quatre Barrils dans chaque endroit, et deux au Grand-Goave ; les Vivres pourront être renouvellés de temps en temps.

Il sera choisi une Maison hors de la portée du Canon, en chaque Quartier, pour y transporter les Blessés ; et pour cet effet, il sera fait deux Hamacs pour les y transporter ; et les Chirurgiens seront nommés pour s'y tenir, à la réserve du Quartier de l'Ester, ayant l'Hôpital près.

Comme nous nous trouvons sans Mêches, M. Marie fera fournir de vieilles Voiles ou autres Toiles pour en faire ; il sera aussi pris de la Toile pour faire cinq cens Gargousses, dans chaque Quartier où il y aura du Canon, lesquelles Gargousses seront fermées dans des Futailles, pour les garantir des Rats et Poux de bois ; et tout ce que dessus, a été arrêté par nous, le 12 d'Août 1702. *Signés* DE PATY, DE BRACH, DU CLERC et MARIE.

ARRÊT du Conseil du Cap , qui, attendu la perte des Pieces , causée par un Incendie, admet la Preuve Testimoniale au - dessus de cent livres.

Du 4 Septembre 1702.

Entre Jarlan , comparant par Josse son Procureur, Appellant; et Jean de Silouarne , comparant par le sieur Salgier ; Défendeur , Intimé : *Attendu l'Incendie des Ennemis , arrivé dans ce Quartier ,* avant faire droit, la Cour ordonne que ledit Défendeur sera enquête par-devant le Juge ordinaire , pour justifier , par Titres ou Témoins , que les biens compris dans le Contrat de vente à lui fait par Madame de Graffe , appartiennent à feu sieur le Long Vivant , son mari ou à ses prédécesseurs ; permet aussi audit Jarlan de prouver du contraire , si bon lui semble , pour le tout être rapporté en la Cambre du Conseil , et ordonné ce que droit , dépens réservés , etc.

ORDONNANCE du Gouverneur par intérim , qui établit un Capitaine de Port au Petit - Goave.

Du 25 Septembre 1702.

Le sieur de Galiffet , etc.

Les dommages considérables qui ont été fait dans le Port du Petit-Goave , par les Lests qui ont été jettés mal-à-propos dans les lieux les plus propres à Carenner , lesquels , par cet abus , en sont devenus incapables et par les Vaisseaux et autres Bâtimens qui y ont été abandonnés, pareillement dans les lieux propres à Carenner , où non - seulement ils causent de l'empêchement , mais encore engendrent une si grande quantité de Vers , que les Navires n'y peuvent séjourner sans en être considérablement piqués en très-peu de temps ; pour prévenir la continuation de ces abus , nous avons estimé nécessaire d'établir un Capitaine de Port, qui empêche soigneusement qu'ils ne soient commis dans la suite, et qui soit capable d'entrer et sortir les Vaisseaux du Roi dudit Port, les y mouiller et arranger à propos , et remplir convenablement toutes les fonctions de cette Charge ; et connoissant l'affection au service et capacité au fait de ladite charge du sieur Gombert, nous l'avons choisi pour l'occuper, et par ces Présentes nous l'établissons Capitaine dudit Port du Petit-Goave, pour en cette qualité exercer toutes les fonctions qui en dépendent, et jouir de tous les droits, honneurs, exemptions et prérogatives annexées à icelle, tout de même qu'il est pratiqué dans les autres Ports du Royaume; en foi de quoi nous avons signé la Présente, et à icelle fait apposer le Cachet de nos Armes. DONNÉ à Léogane, etc.

LETTRE du Ministre à M. NICOLAS, Doyen du Conseil de Léogane, concernant le Commerce étranger.

Du 8 Novembre 1702.

J'AI reçu votre Lettre du 25 du mois passé, avec l'Arrêt rendu par le Conseil Supérieur sur la contravention aux Ordonnances, commise par les nommés Crammolin, Gautier et Rousseau, et j'en ai rendu compte au Roi; Sa Majesté l'a approuvé, et que le Conseil ne les ait pas assujettis à toutes les peines portées par ledit Réglement, puisqu'ils avoient commencé leur mauvais commerce dans le temps qu'Elle avoit bien voulu qu'il fût toleré pour contribuer au rétablissement de la Colonie de Saint-Dominge, affoiblie par l'invasion des Anglois et des Espagnols, et que la Compagnie de Guinée étoit hors d'état d'y porter des Negres, par les pertes qu'elle avoit souffertes dans le commencement de la Guerre; mais elle m'ordonne en même-temps de vous dire que vous ne devez point à l'avenir user de pareille indulgence, et que son intention est que le Réglement du 20 Août 1698 soit ponctuellement exécuté; ensorte que les exemples d'une punition sévère, toutes les fois qu'il y en aura occasion, puissent faire cesser le Commerce étranger, qui ruine celui du Royaume, et tire des Habitans tout ce qu'ils peuvent avoir d'argent comptant, etc.

R. au Conseil de Léogane le 4 Juin 1703.

ORDONNANCE DU ROI, portant que les Officiers des Milices
ne pourront l'être que dans les Quartiers de leurs résidence

Du 22 Novembre 1702.

Sa Majesté étant informée que les Compagnies de Milice établies dans les Isles Françoises de l'Amérique ne sont plus disciplinées, manquant à tous les Exercices qui sont nécessaires pour en tirer les services qu'on en doit attendre dans les occasions où elles seroient employées, et que ce relâchement provient de ce que quelques-uns des Officiers de ces Compagnies ayant quittés leurs Habitations pour aller s'établir ailleurs, ont négligé ou n'ont pu donner leurs soins pour maintenir les Habitans dans ces exercices, et prétendent toujours garder leurs Emplois; sur quoi Sa Majesté voulant pourvoir, a ordonné et ordonne, veut et entend qu'à l'avenir aucuns Habitans des Isles ne pourront être nommés pour Officiers de Milice que dans les Quartiers où ils feront leur résidence actuelle, et que ceux qui sont à présent pourvus de ces Emplois, et qui ont quitté les Quartiers pour lesquels ils ont été choisis, seront incessamment remplacés; mande, Sa Majesté, au sieur de Machault, Gouverneur et Lieutenant-Général desdites Isles, au sieur Robert, Intendant, et aux Gouverneurs Particuliers d'icelles, de tenir la main à l'exécution de la présente Ordonnance, et de la faire lire et publier, etc.

ARRÊT du Conseil de Léogane, concernant la validité des Actes des Notaires.

Du 5 Février 1703.

Vu au Conseil les Minutes délaissées par feu Me. François, Notaire, étant au nombre de quinze, qui ne sont pas signées, savoir, etc.

Le Conseil ordonne que tous les Actes ci-dessus énoncés auront la même force, valeur et exécution que s'ils avoient été signés dudit feu Me. François, lesquelsdits Actes seront signés par Me. Duvernon, Commissaire nommé par ledit Conseil; comme aussi par le Maître, Notaire, qui en sera chargé, et délivrera des Expéditions aux Parties qui l'en requeront, et ce en vertu du présent Arrêt; et pour prévenir, par la suite

la

la négligence des Notaires, le Conseil leur fait défenses d'en passer qu'ils ne les signent devant les Parties, pareillement d'en faire passer par leurs Clercs en leur absence; et que, si par la suite il s'en trouve de non signés, ils seront condamnés, pour la premiere fois, en 500 liv. d'amende, applicable la moitié à l'Hôpital de Léogane, et l'autre pour les réparations de la Chambre dudit Conseil; et en cas de récidive, en 1000 liv. d'amende, applicables comme susdit est, et interdiction de leur Charge, et en tous les dépens, dommages et intérêts des Parties; et le présent Arrêt enregistré dans tous les Greffes de ce Ressort, publié et affiché à l'issue des Audiences, à la diligence des Substituts, etc.

PROVISIONS de Juge du Cap François de Saint-Domingue.

Du 6 Février 1703.

LOUIS, etc. SALUT. étant nécessaire de pourvoir à l'Office de Juge du Cap François de Saint-Domingue, et étant informé de la capacité du sieur Héron, nous lui donnons et octroyons l'Office de Juge au Cap François de S. Domingue, pour connoître en premiere instance de toutes les matieres, tant civiles et criminelles, que de Police, Commerce et Navigation, suivant les Us et Coutumes et Ordonnances de notre Royaume, et de la Prevôté et Vicomté de Paris, dont les appellations ressortiront en notre Conseil Supérieur du Cap François de Saint-Domingue, pour ledit Office avoir, tenir et dorénavant exercer par ledit sieur Héron, en jouir et user aux honneurs, fonctions, pouvoirs, franchises, libertés, exemptions, prérogatives, revenus et émoluments appartenant audit Office, tant qu'il nous plaira; si donnons en mandement, à nos amés et féaux les Gens tenant notredit Conseil du Cap François, etc.

R. au Conseil du Cap le 9 Août suivant.

Cette Piece procure la connoissance des pouvoirs des Sénéchaux de Saint-Domingue, qui prononçoient sur toutes les matieres, même sur celles du Commerce Maritime, avant l'établissement des Amirautés, qui n'a eu lieu qu'en 1717.

DÉCLARATION du Roi, portant que les Accusés seront entendus derriere le Barreau, lorsqu'il n'y aura pas de conclusions ou de condamnations à peine afflictive.

Du 13 Avril 1703.

LOUIS, etc. SALUT. Nous avons ordonné, par notre Délaration du 12 Janvier 1681, qu'en tous les Procès criminels qui se poursuivroient par-devant les Juges des Seigneurs, ou les Juges Royaux Subalternes, ou dans nos Cours, qui auroient été réglés à l'extraordinaire, et instruits par récollement et confrontation, les Accusés seront entendus par leur bouche dans la Chambre du Conseil, derriere le Barreau, lorsqu'il n'y auroit pas de conclusions à peine afflictive; ce que nous aurions principalement ordonné, pour remédier à un abus qui s'étoit introduit dans notre Parlement de Grenoble, et dans les Sieges de son Ressort, de ne pas entendre les Accusés lorsqu'ils n'y avoit pas de condamnation des premiers Juges, ou de conclusions à peine afflictive; ayant été depuis informés que le même abus s'est introduit dans quelques autres de nos Cours, et dans les Jurisdictions en dépendantes, ce qui auroit donné lieu à plusieurs instances en cassation en notre Conseil, contre les différens Arrêts, par lesquels, sur le fondement d'usages aussi abusifs, ou sous prétexte que notre Déclaration de 1681, ne regardoit que le Parlement de Grenoble et les Sieges de son Ressort on auroit condamné des Accusés sans les entendre; et, comme rien n'est plus contraire à notre intention, et même à l'esprit de notre Ordonnance de 1670, qui n'a jamais été de priver les Accusés dans aucuns cas du droit naturel qu'ils ont de se défendre par leur bouche, ni d'ôter aux Juges les moyens de s'éclaircir par ces voies des circonstances des actions qui se poursuivent extraordinairement, nous avons résolu de remédier à ce désordre par une Déclaration générale qui soit exécutée dans toute l'étendue de notre Royaume. A CES CAUSES, et autres à ce nous mouvant, de notre certaine science, pleine puissance et autorité Royale, nous avons dit, déclaré et ordonné, disons, déclarons et ordonnons par ces Présentes signées de notre main, voulons et nous plaît que notre Déclaration du 12 Janvier 1681 soit exécutée selon sa forme et teneur dans tout notre Royaume; et en conséquence, en expliquant et interprétant en tant que besoin seroit l'article 21 du titre 14 de notre Ordonnance de 1670, qu'en tous les

Procès qui se poursuivront, soit pardevant les Juges des Seigneurs, ou les Juges Royaux subalternes, ou dans nos Cours, qui auront été reglés à l'Extraordinaire, et instruit par récolement et confrontation, les Accusés seront entendus par leur bouche dans la Chambre du Conseil derriere le Bureau, lorsqu'il n'y aura pas de conclusions ou de condamnations à peine afflictive; ce faisant, avons abrogé et abrogeons tous usages à ce contraires, ledit article 21 du titre 14 de notre Ordonnance de 1670 sortissant au surplus son plein et entier effet. Si donnons en mandement, etc. Donné à Versailles le treizieme jour d'Avril, l'an de grace 1703, et de notre regne le soixantieme. *Signé* Louis.

L'exécution de cette Déclaration est ordonnée, notamment par deux Arrêts du Conseil du Cap des 19 Octobre 1769 et 22 Juin 1770.

***

PROVISIONS *de Gouverneur de l'Isle la Tortue et Côte Saint-Domingue pour M.* AUGER, *ancien Gouverneur de Marie-Galande et de la Guadeloupe.*

Du premier Mai 1703.

Louis, etc. SALUT. Le Gouvernement de l'Isle la Tortue et Côte Saint-Domingue étant à présent vacant par la promotion du sieur Ducasse à la Charge de Chef d'Escadre de l'Amérique et de nos Armées Navales, et étant satisfait des services que le sieur Auger nous a rendus pendant plusieurs années dans les Gouvernemens de nos Isles de Marie-Galande et de la Guadeloupe, nous avons jugé à propos de lui confier celui de la Tortue et Côte Saint-Domingue, étant persuadés qu'il s'en acquittera dignement, etc. Donné à Versailles, etc.

R. au Conseil de Léogane le 16 Novembre 1703.

R. au Conseil du Cap le 3 Décembre suivant.

Voy. la Commission de M. Ducasse du premier Juin 1691.

***

PROVISIONS *de Gréffier-Notaire du Cap pour M.* DUMOURIER DUPERRIER.

Du premier Mai 1703.

R. au Conseil le 3 Décembre suivant.

Les premiers Gréffiers ont été ainsi Notaires en même temps.

Tttt ij

Brevet de Conseiller-Titulaire donné par le Gouverneur par interim à M. DE LA THUILERYE.

Du 2 Juin 1703.

Nous Gouverneur de Sainte-Croix et du Cap, Commandant à la Côte Saint-Domingue.

Attendu le défaut qui est dans le nombre des Conseillers au Conseil Supérieur du Cap, par l'absence du sieur Vincent, les démissions des sieurs Dubreuil et Fournier, et l'accident qui est survenu à la vue du sieur de Bonnefoy, et les fréquentes maladies qui surviennent aux Titulaires, faisant qu'en toutes les Audiences dudit Conseil on est obligé d'appeller des Notables, lesquels ne pouvant être chargés des rapports, on a été contraint d'en donner toujours la commission à un même Conseiller, ce qui le surcharge au-delà de la possibilité, et ce qui fait une très-grande peine aux Parties qui peuvent avoir ledit pour suspect. Pour obvier à ces inconvéniens et prévenir celui de l'incapacité des Notables que l'on est obligé d'appeler, suivant qu'il s'en rencontre par hasard sur le lieu le jour d'Audience; nous, en vertu du pouvoir à nous donné par Sa Majesté, connoissant l'intégrité et la capacité au fait de la justice du sieur de la Thuilerye, l'avons pourvu de notre présente Commission d'interim, pour exercer la Charge de Conseiller au Conseil Supérieur du Cap, jusqu'à ce que Sa Majesté y ait autrement pourvu, à condition qu'il prêtera le serment en tel cas requis. DONNÉ au Cap le 2 de Juin 1703. *Signé* DE GALIFFET.

R. au Conseil Supérieur du Cap le 15 du même mois.

Les motifs puissans et rares qui avoient porté le Gouverneur par interim à accorder cette Commission, déterminerent Sa Majesté à la ratifier par un Brevet du 29 Juin 1704, enregistré au Conseil le 15 Mars 1705.

DÉCRET du Roi d'Espagne touchant les Déserteurs François dans la partie Espagnole.

Du 3 Juin 1703.

L E Roi, mon Seigneur et mon aïeul, étant informé que la plus grosse partie des jeunes Gens François qui habitent dans les Colonies de l'Isle Saint-Domingue, et ceux qui sont obligés de servir dans les quartiers, prennent le parti de déserter, se retirent et passent à la Ville de Saint-Domingue, à l'Isle de Cube et Carthagene, trouvant asile chez les Gouverneurs, qui les emploient dans leurs armemens de course et autres usages particuliers, d'où survient la diminution des Colonies Françoises, et celles-ci étant affoiblis, se trouvent exposées aux insultes des Anglois nos ennemis; et comme il convient pourvoir et mettre ordre à ces inconvéniens, par le Présent j'ordonne à tous mes Gouverneurs des Ports des Indes, qu'ils n'admettent ni permettent d'habiter dans leur district aucuns François Vagabons ou Déserteurs, hormis qu'ils n'y aillent qu'à bon titre, et que s'ils arrivent dans leurs Jurisdictions il les renvoient à leur domicile où ils doivent résider, les arrêtant pour les renvoyer par la première occasion assurée qu'ils trouveront, au Commandant des Quartiers François de l'Isle Espagnole, entendant que le présent ordre sera exécuté par les Gouverneurs à l'égard des François Déserteurs, et non à l'égard des Personnes de cette Nation que par de justes motifs se réfugient, parce que ceux-ci doivent jouir de la sûreté et franchise de mes Royaumes, et pour cela ils se conduiront dans cette affaire avec l'application, le zele et la vigilance qu'il conviendra, et de la réception de cet ordre, et de ce que vous ferez, l'ayant reçu, vous m'en donnerez avis. DONNÉ à Buenretiro le 3 Juin 1703. *Signé* MOI LE ROY. Par ordre du Roi notre Seigneur. DOM MANUEL D'APASEGUS.

ORDONNANCE du Commandant en chef, qui défend la vente des Eaux-de-vie de Cannes au détail.

Du 29 Juin 1703.

N OUS Gouverneur de Sainte-Croix commandant en cette Isle, étant informé que la plupart des Habitans qui font de l'Eau de-vie de Cannes la débitent dans leurs maisons en détail, nonobstant les défenses que nous en avons fait publier ci-devant à peine de cinquante livres d'amende; pour empêcher la continuation de ce désordre, nous ordonnons que le tiers de ladite amende soit donné à l'avenir à ceux qui déclareront les Habitans qui auront contrevenu à ladite Ordonnance, sans excepter les Negres, qui pourront vérifier leur déclaration; et afin que personne n'en ignore, la Présente sera lue, publiée et affichée aux lieux accoutumés, et enregistrée au Greffe de la Jurisdiction Royale de ce Quartier. DONNÉ au Cap, etc. *Signé* GALIFFET.

R. au Conseil du Cap le 20 Janvier 1706.

RÉGLEMENT du Gouverneur-Général des Isles, touchant les Prises faites par plusieurs Corsaires.

Du 4 Juillet 1703.

VU la présente Requête des Armateurs de Corsaires de cette Isle pour regler la contestation arrivée entre les Corsaires au sujet de la part qu'ils peuvent prétendre à la prise d'un Bâtiment qui auroit été pris à la vue de plusieurs Corsaires; il a été jugé qu'un Corsaire ne pourra prétendre part en une prise que lorsqu'elle aura été faite lui étant à la portée du canon, sur quoi, en cas de contestation, on s'en rapportera à la déposition des Prisonniers, à l'exception néanmoins d'un cas particulier qui peut se rencontrer, qui est qu'un Corsaire qui donneroit chasse à un Bâtiment, si ledit Bâtiment en prenant chasse étoit pris par un autre Corsaire qui se trouveroit sous le vent, celui qui auroit commencé la chasse auroit part à la prise, quoiqu'il ne se trouvât pas à la portée du canon lorsqu'elle se seroit rendue; et sera la présente Ordonnance, lue, etc. DONNÉ au Fort Royal de la Martinique le 4 Septembre 1703.

Signé DE MACHAULT.

R. au Conseil de la Martinique le 14 du même mois de Juillet.

Cette Ordonnance fut adoptée à Saint-Domingue par M. Mithon de Senneville, Intendant.

ARRÊT *du Conseil de Léogane, qui annulle la procédure faite par un Juge non reçu en la Cour.*

Du 6 Août 1703.

LE Conseil étant assemblé pour faire la visite et examen du Procès criminel instruit par M°. Pierre Lecourt, Conseiller séant, et jugé par le sieur de Buterval au Siege Royal du Petit-Goave, contre le nommé Hubert Archambault, Tonnelier; mais comme ledit sieur Buterval ne s'est point présenté au Conseil pour prêter serment de l'exercice de sa charge, et qu'il n'a point fait apparoître de sa Commission depuis qu'il l'exerce après la mort du sieur Pontoise, Juge dudit Petit-Goave, le Conseil a mis l'affaire en délibération, le Procureur-Général du Roi présent, qui a dit qu'il reconnoît qu'à la vérité aucun Juge ne doit exercer aucune Jurisdiction sans au préalable avoir été reçu par le Conseil et prêté le serment requis; que néanmoins l'affaire dont il s'agit étant d'une très-grande célérité, n'y ayant aucune Prison ni aucun fonds pour la subsistance des Pauvres, il a cru être de son devoir de conclure définitivement au Procès dont il s'agit, sans avoir égard à la non-réception dudit sieur de Buterval; que d'ailleurs il ne s'oppose point à l'ordre qu'il plaira au Conseil lui donner pour ladite réception qu'il requiert d'abondant ledit Conseil vouloir juger définitivement ledit Accusé, sans avoir aucun égard à la faute dudit sieur de Buterval, et au contraire proteste de tous les événemens qui pourroient arriver, tant par l'évasion dudit Accusé qu'autrement.

LE CONSEIL, sans avoir égard aux conclusions du Procureur-Général du Roi, déclare toutes les procédures, tant criminelles que civiles, faites par ledit sieur de Buterval, nulles, faute par lui de s'être fait recevoir et prêté le serment devant lui; en conséquence lui fait défenses de connoître d'aucune affaire en cette qualité, et ordonne qu'il restituera toutes les épices et vacations qu'il a perçues jusqu'à ce qu'il ait fait sa soumission; et sera, le présent Arrêt, signifié audit sieur de Buterval à la diligence du Procureur-Général, pour comparoître Lundi prochain par devant le Conseil, à sept heures du matin, pour y répondre. DONNÉ au Conseil siégeant à l'Ester, etc.

ARRÊT du Conseil de Léogane, qui défend à des Chirurgiens de faire des Rapports sur l'état des Cadavres sans en avoir fait l'ouverture.

Du 7 Août 1703.

Louis, etc. Vu par notredit Conseil la Sentence dont est appel, ensemble toutes les Pieces et Procédures, Conclusions du Procureur-Général par écrit, l'Interrogatoire subi sur la sellette par l'Accusé devant le Conseil, et vu le rapport de M. Alexandre de Vernon, Conseiller séant et Commissaire en cette partie, le tout mûrement examiné et considéré.

Le Conseil a mis l'appellation et ce dont est appel au néant, émandant, a déclaré ledit Hubert Archambault duement atteint et convaincu d'avoir tué le nommé . . . . . . d'un coup de bayonnette ; pour réparation de quoi, le condamne à servir de Forçat dans les Galeres du Roi, ses biens acquis et confisqués au profit de Sa Majesté, préalablement pris les frais, et la somme de cinquante écus pour faire prier Dieu pour le repos de l'ame dudit défunt ; et faisant droit sur les conclusions du Procureur-Général du Rapport des nommés Pontigny et Lalande, Chirurgiens, l'a rejetté de la procédure, en conséquence leur fait défenses de donner aucun Rapport de Cadavres, sans au préalable faire ouverture d'iceux.

ARRÊT du Conseil du Cap, touchant la conduite des Officiers du Siege du Port-de-Paix.

Du premier Octobre 1703.

Entre le Franc, Demandeur d'une part.

Contre Mᵉ. Jean-Baptiste Bouteille, Juge Civil et Criminel audit Port-de-Paix, Défendeur.

Oui les Parties, et vu les Plaintes qui ont été plusieurs fois faites et réitérées au Conseil contre ledit Juge et les Officiers de la Justice du Port-de-Paix, au sujet des Abus, Concussions et Malversations qui se commettent dans la Juridiction Royale dudit Port-de-Paix ; et oui les conclusions du Procureur-Général, la Cour y faisant droit, a nommé, et nomme Mᵉ Pierre-Louis Vetu de la Thuylerie, Conseiller-Commissaire en cette partie, pour informer des Vie et Mœurs de tous les Officiers de ladite
Juridiction

Juridiction du Port-de-Paix, qui se transportera sur les lieux accompagné du Gref... et Huissier du Conseil, à tel jour qu'il lui plaira, pour être rapporté à la Cour, et faire droit, ainsi que de raison, aux dépens de qui il appartiendra.

ORDONNANCE du Roi, qui enjoint aux Commandans des Vaisseaux armés en course de ramener dans les Ports du Royaume les Gens des Equipages, Passagers et autres qui se trouveront sur les Vaisseaux qu'il prendront, à peine de cent livres d'amende.

Du 7 Novembre 1703.

DE PAR LE ROI.

SUR l'avis qui a été donné à Sa Majesté que les Capitaines des Vaisseaux de ses Sujets armés en course, qui prennent des Vaisseaux et autres Bâtimens Anglois, en remettent les Equipages sur des Bâtimens des Nations neutres et autres qu'ils trouvent, ce qui diminue d'autant l'échange d'Homme pour Homme, qui a été établi pour la liberté réciproque des François et Anglois pris sur Mer; à quoi estimant nécessaire de pourvoir: Sa Majesté a ordonné ce ordonne aux Capitaines et autres Commandans des Vaisseaux de ses Sujets armés en course de ramener dans les Ports du Royaume les Gens des Equipages, Passagers et autres qui se trouveront sur les Vaisseaux Anglois qu'ils prendront, à peine de cent livres d'amende pour chacun de ceux qui les auront renvoyés; et en cas que par défaut de Vivres, ou autres raisons valables, ils fussent obligés de se défaire de ces Prisonniers, veut Sa Majesté qu'ils prennent préalablement leurs soumissions de faire tenir compte par les Commissaires Anglois préposés pour les échanges de tous ceux qui seront renvoyés au bas d'un Rôle qu'ils en feront dresser et signer par ces Prisonniers; lesquels Rôles les Capitaines seront obligés de remettre aux Intendans ou Commissaires Ordonnateurs des Ports où ils aborderont, pour être par eux envoyés à Sa Majesté. Mande et ordonne Sa Majesté à Monseigneur le Comte de Toulouse, Amiral de France, aux Vices-Amiraux, etc. aux Officiers de l'Amirauté, et tous autres qu'il appartiendra, de tenir la main à l'exécution de la présente Ordonnance. FAIT à Marly, etc. *Signé* LOUIS.

R. au Conseil de Léogane, le 4 Mars 1704.
Et à celui du Cap, le 26 du même mois.

ORDONNANCE *du Commandant en Chef par interim, touchant la Course.*

Du .... Novembre 1703.

Par cette Ordonnance M. de Galiffet défend aux Capitaines-Corsaires d'embarquer aucuns Negres Libres ou Esclaves dans les Bâtimens destinés à la Course.

M. de Galiffet, dans le compte qu'il rend de cette Ordonnance, au Ministre, en donne deux raisons; la premiere, qui n'a trait qu'aux Negres Libres, est l'inconvénient de leur confiscation par les Ennemis, ou les démêlés qu'occasionne leur réclamation; la seconde, qui est commune à tous les Negres, est la crainte qu'ils ne guident les Ennemis sur nos Côtes, qu'ils connoissent toujours très-exactement.

Un Capitaine ayant enfreint cette défense, presqu'au moment de sa publication, en prenant plusieurs Negres Libres au Petit-Goave; M. de Galiffet l'ayant fait arrêter à son retour, le fit monter plusieurs fois sur le Cheval de Bois : châtiment que son motif fit approuver par la Cour.

ORDONNANCE *du Gouverneur, pour la diminution des Monnoies.*

Du 15 Novembre 1703.

NOUS, Gouverneur pour le Roi, de l'Isle de la Tortue et Côte Saint-Domingue; l'intention de Sa Majesté étant que le prix des Monnoies de France et celles du Royaume d'Espagne, aient le même cours dans l'étendue de notre Gouvernement, que dans les Isles du Vent, en suivant la Déclaration du Roi, enregistrée cette présente année aux Conseils Supérieurs desdites Isles, où elles ont cours, suivant les prix suivans, savoir : les Louis d'Or de toutes marques, fabriqués en Monnoies de France, le prix de 14 liv.; les Pistolles d'Espagne le même prix de 14 liv.; les Ecus aux Bâtons Royaux, le prix de 3 liv.; les autres Ecus, de quelque marque qu'ils soient, fabriqués dans les Monnoies du Roi, et les Piastres ou Pieces de Huit d'Espagne, le prix de 3 liv. 12 sols; les Demi-Quarts et autres diminution des Pieces ci-dessus, vaudront à proportion ; toutes lesquelles Monnoies n'auront point cours , si elles ne sont du poids ordinaire; les Piéces , dites *Pièces de cinq sols aux Bâtons Royaux* , le prix de 7 sols 6 deniers ; les mêmes Piéces , de quelqu'autre marque que ce soit , seulement le prix de 6 sols ; les Pieces, dites *Pieces de quatre sols aux Bâtons Royaux* , le prix de 5 sols ; les mêmes Piéces , de quelqu'autre marque qu'elles puissent être, seulement le prix de 4 sols ; les Sols-Marqués, au même prix de 15 deniers; à cet effet nous enjoignons aux sieurs Procureur-Généraux , aux Conseils Supérieurs de notre Gouvernement , de requérir l'enregistrement du prix des Especes ci-dessus , avec défenses à toutes personnes d'y contrevenir. DONNÉ à Léogane , etc. *Signé* AUGER.

R. au Conseil de Léogane le 16 Novembre 1703.

Et à celui du Cap le 6 Décembre suivant.

ARRÊT du Conseil du Cap , qui ordonne l'Inventaire des Registres et Minutes du Greffe de la Jurisdiction de la même Ville.

Du 3 Décembre 1703.

VU par la Cour la Requête présentée par Me. Dumourier Dupérier, Greffier et Notaire de la Jurisdiction de ce lieu, tandante à ce qu'il plût à la Cour lui faire remettre les Registres et Minutes dépendants du Greffe de ladite Jurisdiction de ce lieu; sur ce, ouï les conclusions verbales du Procureur-Général, la Cour y faisant droit, a ordonné et ordonne que les Registres et Minutes dudit Greffe seront remis entre les mains dudit Suppliant, après en avoir fait un Inventaire en présence et approbation du Juge de ce lieu, et que ledit Inventaire sera remis au Greffier de ladite Cour, pour y avoir recours en tant que besoin sera; lequel dit Inventaire sera communiqué audit Procureur - Général, pour être par lui parafé *ne varietur*. DONNÉ, etc.

CERTIFICAT que les Provisions du Procureur-Général sont adhirées et Commission du Gouverneur pour y suppléer.

Des 19 et 20 Décembre 1703.

Nous, Gouverneur de Sainte-Croix et du Cap , certifions à tous qu'il appartiendra, et particuliérement à MM. du Conseil de ce Quartier, que dans les derniers paquets que nous avons reçus de la Cour, par l'Escadre de M. Desaugiers, nous y avons trouvé une Commission du Roi en faveur du sieur Robineau , pour remplir la Charge de Procureur-Général audit Conseil, laquelle est restée parmi nos autres papiers à Léogane , pour nous être envoyée dans la premiere occasion ; à quoi MM. du Conseil peuvent ajouter foi , et instaler ledit sieur Robineau en ladite Charge , nous rendant responsable de la vérité du présent Certificat. FAIT au Cap le 19 Décembre 1703. *Signé* DE GALIFFET.

LE sieur Auger, Gouverneur , etc. Sa Majesté ayant pourvu le sieur Robineau, ancien Juge de ce lieu, de la Charge de Procureur-Général de son Conseil Supérieur du Cap , et ses Provisions ayant été envoyées en cette Isle, qui se trouvent égarées ; étant nécessaire qu'il soit instalé en ladite Charge , nous requérons MM. du Conseil dudit Cap de recevoir ledit sieur Robineau en icelle , pour en faire les fonctions , et par lui jouir des honneurs, droits et prérogatives y attachés , en prêtant le serment en tel cas requis , à la charge qu'il présentera audit Conseil lesdites Provisions lorsqu'elles lui seront remises, pour être enregistrées. DONNÉ au Cap, etc.

R. au Conseil Supérieur du Cap le 29 Décembre 1703.

Le Brevet du Roi , daté de Versailles le 6 Février 1703 , fut renvoyé par duplicata , et enregistré au Conseil du Cap le 15 Mars 1705.

EXTRAIT de la Lettre du Ministre à M. AUGER , Gouverneur , touchant les Fonds possédés par les Capucins , Missionnaires à Saint-Domingue.

Du 26 Décembre 1703.

SA MAJESTÉ ne veut pas que vous permettiez aux Syndics des Capucins de se désaisir des Fonds qu'ils ont , provenant des Negres et Habitations vendus par ces Religieux , paroissant qu'ils on dessein d'en disposer , et les faire passer en France , au lieu de les laisser dans les Paroisses pour aider les nouveaux Curés à subsister , et à se fournir des choses qui sont nécessaires ; vous ferez même arrêter le paiement d'un Billet de 2400 liv. dû au P. François , parti depuis peu de Saint-Domingue. J'écris à leur Provincial de se déterminer incessamment sur les Cures que son Ordre peut déservir , et qu'il entend conserver , et sur celles qu'il abandonne pour en charger d'autres Religieux.

R. au Conseil de Léogane le 21 Juin 1704.

Et à celui du Cap le 22 Juillet suivant.

ORDONNANCE du Roi , pour faire déposer aux Magasins du Roi les Fusils Boucaniers.

Du 26 Décembre 1703.

SUR ce qui a été représenté à Sa Majesté , que dans la vue qu'Elle a eue de procurer aux Habitans des Isles Françoises de l'Amérique , les moyens d'être armés pour leur défense , sans aucune charge pour les Négocians , Elle a ordonné de les assujettir par les Passeports , sur lesquels ils naviguent , à embarquer six Fusils Boucaniers , qu'ils vendroient aux Habitans ; mais que la pluspart des Propriétaires et Capitaines négligent d'exécuter cette condition , et d'autres ont trouvé des facilités pour se dispenser de laisser aux Isles les Fusils qu'ils portent ; de sorte que les mêmes Fusils leur servent pour plusieurs voyages ; sur quoi Sa Majesté voulant pourvoir , Elle a ordonné et ordonne , veut et entend qu'à l'avenir tous les Capitaines des Bâtimens Marchands , qui iront aux

Isles de l'Amérique, seront tenus d'y porter six Fusils Boucaniers, à peine, contre ceux qui y manqueront, d'être contraints de payer à leur arrivée, et après la premiere demande qui leur en aura été faite par le Capitaine de Port, ou autres Officiers Majors, 300 liv. qui seront employées à acheter des Fusils pour les pauvres Habitans, auxquels ils seront distribués sur l'Etat qui en sera arrêté à la afin de chaque année, par le Gouverneur-Général et l'Intendant; à Saint-Domingue, par le Gouverneur et l'Ordonnateur; et à Caïenne, par le Gouverneur, et visé par l'Ecrivain Principal, qui y fait les fonctions de Commissaire de la Marine; veut, Sa Majesté, que les Fusils qui seront apportés par les Capitaines soient remis, à leur arrivée, dans la Salle d'Armes ou Magasins de Sa Majesté, du Quartier où ils aborderont, pour ensuite être examinés et éprouvés en présence du Commandant, et qu'ils soient laissés dans lesdits Magasins jusqu'à ce que leurs Correspondans les aient vendus, ou que le Gouverneur les aient fait distribuer dans les Compagnies de Milice, auquel cas il donnera les ordres nécessaires pour leur paiement; et à l'égard de ceux qui seront rebutés, les Capitaines seront tenus de payer 30 liv. pour chacun, qui seront employés, ainsi qu'il est dit ci-dessus, en achat de Fusils pour les pauvres Habitans. Seront pareillement tenus, lesdits Capitaines, de représenter à leurs retours dans les Ports du Royaume, aux Officiers de l'Amirauté, en faisant leur rapport, le Certificat des Gouverneurs des Isles de la remise des Fusils, ou du paiement de l'amende; à faute de quoi ils seront condamnés à payer, et le produit à la fin de chaque année employé, ainsi que ci-dessus. Mande, Sa Majesté, à M. l'Amiral, de tenir la main à l'exécution de la présente Ordonnance, et enjoint aux Officiers de l'Amirauté de la faire publier; enjoint pareillement aux Gouverneurs-Généraux, Intendants, Gouverneurs Particuliers, Commissaires de la Marine, Ordonnateurs et autres Officiers desdites Isles qu'il appartiendra, de la faire ponctuellement exécuter. FAIT à Versailles, etc.

EXTRAIT *de l'Instruction que le Roi veut être remise au sieur Deslandes,
premier Commissaire Ordonnateur, faisant fonctions d'Intendant à
Saint-Domingue.*
Du 26 Décembre 1703.

La Colonie Françoise de Saint-Domingue étant nouvellement formée,
les abus ordinaires aux nouveaux établissemens dans leur Administration
s'y sont introduits, et c'est pour les faire cesser et pour y apporter les regles
d'une bonne Police, et telle que chaque Officier se trouve obligé de
remplir ses fonctions, et que les Habitans vivent dans la Discipline et
dans l'Obéissance, sans craindre de vexations, que Sa Majesté a estimé
nécessaire d'y envoyer le sieur Deslandes : Elle est informée de son es-
périence, de son application et de sa fidélité, et Elle ne doute pas qu'il
ne les employe pour soutenir la bonne opinion qu'Elle a de lui, et
pour exécuter tout ce qu'Elle lui prescrit être de ses intentions.

Il doit savoir que l'Isle de Saint-Domingue étoit ci-devant entiérement
possédée par les Espagnols ; que quelques Flibustiers François, pendant
les temps de Guerre ont occupé la petite Isle de la Tortue, et se sont
peu-à-peu étendus dans le Terrein le plus proche à mesure que les Espagnols l'ont abandonné, de sorte qu'actuellement ils se trouvent établis
dans trois Quartiers ; celui du Nord, qui comprend le Cap François et
le Port-de-Paix ; celui de l'Ouest, qui comprend Léogane, le Petit-
Goave, l'Ester et l'Accul ; et celui du Sud, Concédé à la Compagnie ;
le Quartier de l'Est où est la Ville de Saint-Domingue, est resté aux
Espagnols.

Les Cures sont déservies par les Capucins et les Jacobins ; ils sont
payés par une espece de Capitation que les Habitans font entr'eux, et
chaque Curé a environ 900 liv. de revenu fixe, outre le casuel ; comme
le premier soin doit toujours être le Service Divin, il aura une application particuliere et de préférence à tout ce qui pourra y avoir rapport,
en s'informant s'il se fait partout avec décence, si les Paroisses sont assez
bien et solidement bâties suivant l'usage du Pays, et quand elles ne le
seront point, prenant des mesures avec les Habitans qui en sont, pour
se disposer à en établir une plus commode et plus propre.

Sa Majesté a établi deux Hôpitaux des Religieux de la Charité, l'un
au Cap, et l'autre à Léogane, et a donné, outre les Fonds nécessaires

pour leurs Habitations, meubles et remedes, à chacun 2500 liv. d'une part, et 540 liv. d'autre, de pension annuelle, qui sont employées dans les Etats des dépenses des Isles. Ils doivent leurs secours par préférence aux Soldats des Compagnies, aux Matelots des Vaisseaux de Sa Majesté, et ensuite aux Engagés des Habitans, et autres qui en ont besoin. L'usage est de leur donner la solde des Soldats pendant qu'ils sont dans l'Hôpital, en réservant un sol par jour pour procurer quelque moyen aux Soldats de se rétablir lorsqu'ils sont convalescens ; et, comme il ne reste que deux sols, parce qu'on en retient trois pour la Farine et pour l'habillement, le sieur Deslandes fera remettre aux Religieux la Farine et un sol. Les 2000 liv. attribuées dans les états, servent au supplément de la dépense que les Malades font dans les Hôpitaux. A l'égard des Matelots, leur solde est payée en France à ces Religieux, sur les états qui en sont arrêtés par l'Intendant des Isles. Il en sera usé de même sur ceux que signera le sieur Deslandes, dans lesquels le jour de leur entrée et sortie des Hôpitaux sera désigné.

Les Religieux peuvent donner leurs soins aux Habitans, et les soulager par leur expérience, mais ils ne doivent recevoir que les Pauvres dans l'Hôpital. Il s'informera souvent s'ils remplissent leurs devoirs avec charité, et si l'application qu'ils donnent à leurs Habitatons ne les détourne point de celle qu'ils doivent aux Malades. Il verra aussi si leur revenu particulier excéde leur dépense ; et en ce cas il les obligera d'augmenter le nombre des lits, afin qu'ils puissent en avoir un plus grand nombre ; sur quoi il observera que souvent les Officiers qui ont des Habitations veulent les obliger à leur donner des remedes pour leurs Negres ; et lorsqu'ils les refusent, ils les insultent et menacent de mauvais traitemens. Si ce procédé dont on s'est plaint arrive encore, il aura soin d'en informer, et les Officiers seront punis, et il remarquera qu'il a ordre de donner une protection particuliere à tous les Religieux, et à ceux-là, sur-tout, lorsqu'ils rempliront bien leurs devoirs.

Avant de finir l'article qui concerne la Religion, Sa Majesté lui recommande, quoiqu'elle le connoisse assez pour ne le pas estimer nécessaire, de donner l'exemple aux Habitans en tout ce qui peut y attirer la vénération et l'attachement que tous doivent avoir, et d'y engager les Officiers ; les Insulaires ayant besoin de l'exemple des Supérieurs pour être retenus sur ce sujet dans les bornes dans lesquelles ils doivent être. Sa Majesté ne doute point qu'il ne soit aidé en cela par le
sieur

sieur Auger, n'y ayant rien qui lui tienne tant à cœur, que ce qui peut contribuer à l'avantage de la Religion et au Service Divin.

L'administration de la Justice doit suivre la Religion dans le partage des soins et de l'application du sieur Deslandes- Elle se rend par les Juges ordinaires, desquels on appelle aux Conseils Supérieurs établis à Léogane et au Cap. On y a admis les Sujets que les Gouverneurs ont proposés, et Sa Majesté est persuadée qu'ils ont choisi les meilleurs et les plus entendus d'entre les Habitans ; mais comme dans une nouvelle Colonie on ne peut présumer d'en trouver beaucoup qui aient toutes les qualités qui sont nécessaires, pour s'assurer que leurs fonctions seront remplies justement, et avec capacité et application, le sieur Deslandes examinera avec un soin particulier la conduite de ceux qui sont à présent pourvus des Charges de Juges, de Conseillers, Greffiers et autres Officiers des Jurisdictions ; et s'il y en a quelques-uns contre lesquels il trouve des preuves de prévarication, ou qui n'apportent point assez d'application et d'exactitude dans leurs fonctions, ils les communiquera au sieur Auger, et sur leurs avis communs Sa Majesté y pourvoira. Ledit sieur Deslandes doit savoir que c'est à présent le plus ancien Conseiller qui préside, n'y ayant point de Premier Président, afin que l'Intendant ou le Commissaire Ordonnateur puisse en remplir la place ; ainsi il doit toujours être à la tête du Conseil, à moins que le sieur Auger ne veuille y assister, auquel cas c'est à lui à prendre la première place, mais au sieur Deslandes à recueillir les avis et à prononcer, le tout ainsi qu'il est d'usage à la Martinique.

Il verra avec attention si dans les Jugemens des Conseils Supérieurs ils suivent les Ordonnances du Royaume et la Coutume de Paris, les Réglemens faits pour les Isles de l'Amérique, et particulierement celui du 20 Août 1698. S'il reconnoissoit qu'ils ne s'y conforment pas, il les en avertira pour les ramener par la voie de la douceur à leur devoir ; et s'ils y manquoient encore, il en informera Sa Majesté, afin qu'elle y remédie. Mais en même-temps qu'il portera les Officiers de Justice à le bien remplir, il tiendra la main à ce qu'on ait pour eux les égards dûs à leur caractere, en faisant châtier séverement ceux des Habitans qui y manqueront, et expliquant aux Officiers Majors et des Compagnies, que si, de leur part, ils ne se conduisoient mieux sur ce sujet, que quelques-uns d'eux ont fait, et s'ils n'avoient pas la considération qu'ils doivent pour leurs Conseillers et pour les Juges, ils en seront punis sur le premier avis que le sieur Deslandes en donnera. Sa Majesté a aussi chargé l. sieur Auger d'y prendre garde, estimant cette précaution nécessaire pour les mettre en état de s'opposer aux vexations que les Officiers font souvent aux Habitans, particulierement aux Petits, lorsque leurs Terres ou Biens les accommodent. Il aura encore toute l'attention praticable à empêcher l'introduction de la chicane, et qu'il s'établisse des Habitans en qualité d'Avocats ou de Solliciteurs, les affaires devant être traitées dans les Colonies le plus sommairement qu'il est possible.

La Discipline Militaire des Troupes qui sont en Garnison dans les différens Quartiers de Saint-Domingue, et qui sont à présent composées de dix Compagnies, dans chacune desquelles il y a un Capitaine, un Lieutenant et un Enseigne, regardant le sieur Auger, le sieur Deslandes n'a d'autre soin à y donner, que pour savoir si elle se remplit bien et avec vigilance, pour en informer Sa Majesté. Ceux qui ont rapport à lui uniquement, sont la disposition de la Solde et des Munitions.

L'Administration des Colonies dans les autres Isles a trois parties : la Finance, les Habitations et le Commerce. La Finance a peu d'objet dans celle de Saint-Domingue, parce que Sa Majesté n'y fait percevoir aucun Droit. Cette Colonie s'est établie d'elle-même ; elle a souffert des pertes pendant la derniere guerre; et pour n'en point empêcher l'accroissement, Sa Majesté a bien voulu laisser les Habitans dans un entier affranchissement de Droits; mais comme il ne seroit pas juste qu'elle fît des dépenses considérables pour leur sûreté sans aucune charge, et sans qu'ils y entrassent, elle desire qu'aussitôt que des temps plus tranquilles le permettront, le sieur Deslandes examine avec les principaux Habitans des Quartiers de Léogane et du Cap, les Droits les moins onéreux pour eux qu'on pourra imposer sur les Denrées qui s'y consomment, sur les Terres ou sur chaque tête de Negres, pour en faire un Octroi qu'ils donneront pour la dépense ou entretien des Fortifications, ou pour le paiement des Troupes qui servent à les garder. C'est une vue à ménager avec application ; et en attendant que la conjoncture y soit propre, il peut voir par lui-même ce qui conviendra le mieux à la Colonie, en se souvenant que ce doit être un Octroi, pour éviter aux Habitans toute crainte d'être exposés à des Fermiers. Ils en feront entre eux, s'ils veulent, mais le sieur Deslandes n'y doit entrer que pour prendre les précautions nécessaires pour la sûreté des Deniers, et empêcher que ceux qui s'en chargeront fassent des vexations aux autres Habitans.

La Terre de Saint-Domingue qui est, sans contredit, la meilleure de toutes les Isles , soit par sa nature, soit parce qu'elle est encore neuve , produit du Sucre, de l'Indigo et du Tabac. Le sieur Deslandes doit exciter les Habitans à ces différentes Cultures.

L'application aux Cultures qui servent au Commerce, ne doit point empêcher le sieur Deslandes de tenir la main à ce que chaque Habitant ait une portion de Terre proportionnée à l'étendue de son Habitation , plantée en Vivres, pour deux objets. Le premier pour en fournir ses Negres, parce que, par cette précaution, il leur ôte l'envie et la nécessité de voler et de fatiguer ses voisins ; et lorsqu'ils y manqueront, il doit sévérement les obliger à réparer le dommage que les Negres auront causé. Le second , pour suppléer aux besoins qui peuvent survenir, soit par les entreprises des Ennemis, soit parce que les conjonctures n'auront pas permis d'en envoyer du Royaume , ou parce qu'il y en aura disette , ensorte qu'ils soient certains de ne pas souffrir, dans quelque situation qu'on se trouve.

Il doit aussi exciter les Habitans à rétablir le commerce des Bestiaux qui se faisoit autrefois à Saint-Domingue ; les Cuirs qui en venoient étoient recherchés , et il y avoit ci-devant beaucoup de Hâtes qu'on a laissé réunir.

Il y a eu peu d'ordre jusqu'à présent dans la Concession des Terres de Saint-Domingue ; les Gouverneurs les ont accordées aux Habitans qui les ont demandées, sans examiner s'ils étoient en état de les faire valoir, et s'il y avoit des ménagemens à prendre pour la commodité du Public , ou pour en réserver pour ceux qui viendroient dans la suite. Sa Majesté recommande au sieur Deslandes d'entrer avec application dans ce détail , de concert avec le sieur Auger ; et après qu'il aura visité les Quartiers, de se faire rapporter par les Habitans les titres sur lesquels ils possédent les Terres qu'ils ont ; et en cas qu'ils jugent que quelques-uns en aient d'une trop grande étendue , ils la restreindront à celle qu'ils peuvent cultiver , en y laissant des bois debout et les autres commodités nécessaires , en faisant poser des bornes pour éviter toutes contestations avec ceux auxquels ce qu'on leur ôtera sera accordé dans la suite. S'il y en a qui aient poussé leurs Habitations sur les Rivieres ou sur les Chemins, de sorte qu'ils aient ôté au Public un passage, ils le feront rétablir, et ils en dresseront ensemble des Procès-verbaux. Ils obser-veront de ne point concéder les Terres dans lesquelles ils estimeront à propos de placer dans la suite les Villes ou Lieux à fortifier , ensorte qu'on ne soit point obligé à des dédommagemens, ainsi qu'il est arrivé en Canada.

Les sieurs Auger et Deslandes doivent avoir en vue de former deux Etablissemens principaux dans les Quartiers de Léogane et du Cap ; et pour cet effet, ils examineront les endroits qui peuvent donner plus de force et mieux garantir les Habitations ou défendre les Rades, et les plus commodes pour le Commerce et pour l'abord des Bâtimens, et ils résideront ou obligeront les Commandans à résider dans celui où ils ne seront pas. Leur présence, les Conseils Supérieurs qui s'y tiendront, le séjour des Compagnies qui y seront en Garnison y attireront les Ouvriers et les petits Habitans, et insensiblemens les plus considérables y bâtiront des Maisons et des Magasins, suivant les alignemens qui leur seront prescrits. Sa Majesté lui observera aussi à ce sujet, qu'il est nécessaire d'établir une Police pour les Chemins, pour procurer toutes les commodités praticables aux Habitans, et sur-tout la communication par terre entre les Quartiers, de sorte que dans des temps de guerre on puisse se donner avec diligence les avis qui conviennent pour la défense réciproque des uns et des autres ; cette communication peut aussi être utile pour le Commerce ; elle doit être entre tous les Quartiers du Nord, de l'Ouest et du Sud.

Avant de finir l'article du Commerce, Sa Majesté lui recommande de donner ses soins pour maintenir la Compagnie de Saint-Domingue qui s'est chargée d'établir la Colonie du Quartier du Sud, et qui y a employé jusqu'à présent des fonds très-considérables avec peu de fruit pour elle. Sa Majesté ne lui parle pas de la Compagnie de l'Assiente ; parce qu'il est chargé de ses intérêts et de sa Correspondance ; elle lui dira seulement, qu'elle regardera le service qu'elle lui rendra, de même que le sien propre, outre qu'elle s'en est réservé un quart. C'est la première affaire d'Espagne dont les François ont traité, et il est d'une extrême conséquence qu'elle ait le succès qu'on a attendu de leur conduite, et sur-tout qu'elle soit administrée avec justice et bonne foi.

LETTRE du Ministre au Gouverneur-Général des Isles, touchant les Titres de Noblesse des Sang-mêlés.

Du 26 Décembre 1703.

LE Roi ne veut pas, Monsieur, que les Lettres de Noblesse des sieurs. . . . . . . soient examinées ni reçues, puisqu'ils ont épousé des Mulâtresses, ni que vous permettiez qu'on rende aucun Jugement pour la représentation de leurs Lettres.

R. au Conseil de la Martinique, le 13 Novembre 1704.

LETTRE du Ministre au Gouverneur-Général des Isles , touchant la Suspension d'un Arrêt par l'Intendant desdites Isles.

Du 26 Décembre 1703.

M. ROBERT a pu surseoir l'exécution d'un Jugement du Conseil Supérieur , comme Intendant , lorsqu'il a pu juger qu'il contenoit des dispositions contraires au Service du Roi ou au bien public , jusqu'à ce qu'après en avoir conféré avec le Gouverneur-Lieutenant-Géneral , ils soient convenus du remede à y apporter , ou d'attendre les Ordres du Roi. Le sieur Roi n'en a pas le pouvoir , et sa qualité de Doyen du Conseil ne lui donne pas celui de l'Intendant.

R. au Conseil de la Martinique , le . . . . .

EXTRAIT de la Lettre du Ministre à M. AUGER , sur la Taxe des Denrées.

Du 26 Décembre 1703.

LE ROI a été informé que , sur le rabais du prix des Sucres , les Juges ont condamné les Marchands et les Particuliers d'en recevoir en paiement , même pour d'anciennes créances , au même prix qu'il valoit avant la guerre , Sa Majesté m'a ordonné de vous écrire qu'elle ne veut point que vous souffriez cette injuste pratique , qui n'a pu être fondée que sur l'intérêt particulier des Juges et des Officiers. On peut , lorsque l'espece manque , faire entrer le troc des Denrées dans le Commerce , mais ce doit toujours être suivant le prix courant , de sorte que ni le Vendeur , ni l'Acheteur , ni le Créancier , ni le Débiteur n'en souffrent.

ORDONNANCE du Général , qui accorde un Emplacement à la Confrairie de la Miséricorde , pour établir un Hôpital destiné aux Femmes malades venant de Saint-Christophe.

Du 27 Décembre 1703.

NOUS Gouverneur, etc.

Il est permis à la Confrairie de la Miséricorde , de la Paroisse du Bourg-du-Cap , de prendre possession d'un Emplacement d'un Terrain de cent vingt pieds en carré, pour y bâtir une Infirmerie pour servir aux Femmes malades de la Colonie de Saint-Christophe et autres pauvres Familles , qui, dans la suite , pourront tomber dans la même disgrace , situé à l'extrémité du Bourg, au Quartier des Gens de Saint-Christophe , sans préjudice aux droits de qui il appartiendra, en attendant qu'il en soit par nous donné par la suite une Concession dans les formes. DONNÉ au Cap , etc. *Signé* AUGER.

R. au Greffe du Siége Royal du Cap , le 6 Juillet 1717.

Cet Hôpital , un des premiers Hospices fondés à Saint-Domingue par la charité publique , qui le destinoit au soulagement des malheureuses Habitantes de la Colonie de Saint-Christophe , expulsées de leur Pays par les Anglois , et réduites à la plus affreuse misere ; est devenu ensuite la base d'un Etablissement de Religieuses , qui y subsiste en ce moment , pour l'Education des jeunes Demoiselles.

PROVISIONS de M. DESLANDES , premier Commissaire Ordonnateur, faisant Fonctions d'Intendant à Saint-Domingue.

Du 28 Décembre 1703.

SA MAJESTÉ ayant pourvu le sieur Deslandes de l'une des Charges de Commissaire de la Marine , créées par son Edit du mois de Mars 1702 , suivant les Lettres de Provision de Sa Majesté , du 21 Avril dernier ; et Sa Majesté jugeant à propos de le faire passer à Saint-Domingue pour faire les Fonctions d'Ordonnateur, elle veut qu'il ait le même rang qu'avoient ci-devant les Commissaires Généraux de la Marine par Commission, conformément à l'Ordonnance du mois d'Avril

1689 ; et en cette qualité, ordonner de la distribution des fonds qui
seront réglés par Sa Majesté pour son Service, en l'Isle la Tortue et
Côte Saint-Domingue, avoir entrée et séance aux Conseils qui seront
tenus pour les Entreprises de guerre, et aux Conseils Supérieurs qui
y sont établis, et y faire les mêmes fonctions qui sont attribuées aux
Intendans de Justice, Police et Finances des Isles de l'Amérique ;
faire les Revûes des Officiers et Soldats des Compagnies du Détachement de la Marine que Sa Majesté y entretient ; toutefois et quantes
qu'il en sera besoin, et les faire payer de leur Solde suivant les Etats
de Sa Majesté, tenir la main à ce qu'ils vivent dans une telle Discipline, que nous n'en puissions recevoir de plaintes ; et en cas qu'il
y en ait quelques-uns d'entr'eux qui soient prévenus de Désertion,
Malversations ou autres crimes, les faire juger par le Conseil de Guerre
ou autrement, suivant l'exigence des cas ; et généralement faire les
Fonctions ordinaires et accoutumées des Commissaires Ordonnateurs de
la Marine, et jouir des mêmes honneurs, pouvoirs et autorités, prééminences et prérogatives dont jouissent lesdits Commissaires Généraux
de la Marine, aux Gages attribués à ladite Charge, et aux Appointemens qui seront réglés par les Etats de Sa Majesté ; validant dès à
présent toutes les Ordonnances que ledit sieur Deslandes aura expédiées
concernant lesdites dépenses, lesquelles serviront de valable décharge
aux Trésoriers Généraux de la Marine ; voulant Sa Majesté que tout
ce qui aura été ainsi par eux ou par leurs Commis, payé, soit passé
et alloué en la dépense de leurs Comptes, partout et ainsi qu'il appartiendra. Mande Sa Majesté au sieur Auger, Gouverneur de la Tortue
et Côte Saint-Domingue, de faire reconnoître ledit sieur Deslandes
en ladite qualité de Commissaire Ordonnateur, de tous ceux et ainsi
qu'il appartiendra, et de lui donner toutes les assistances dont il pourra
avoir besoin dans ses fonctions. FAIT à Versailles, etc.

R. au Conseil de Léogane, le 23 Février 1705.
Et à celui du Cap, le 15 Mars suivant.

CO M M I S S I O N *de Pilote du Port, au Cap.*

Du 28 Décembre 1703.

NOUS Gouverneur, etc.

Etant nécessaire d'établir un Pilote au Cap, pour y entrer et sortir
les Vaisseaux du Roi et les Marchands, nous avons fait choix de la

Personne du Capitaine Biscourt, sur le témoignage que nous avons de sa capacité au fait de la Marine, et expérience dans la Navigation, pour exercer ladite Charge de Pilote de Port audit Cap, et donnant toute l'application nécessaire pour la sûreté des Vaisseaux de Sa Majesté, devant en répondre en son propre et privé nom, si de par lui il leur arrivoit quelqu'accident lorsqu'il en sera chargé ; et pour cet effet, ledit Capitaine Biscourt prêtera serment de fidélité dû en pareil cas, conformément à l'Ordonnance de Sa Majesté, et jouira des Priviléges, Droits et Emolumens attachés à ladite Charge. DONNÉ au Cap, est.

Signé AUGER.

R. au Greffe du Siége Royal du Cap, le 21 Janvier 1704.

Fin du premier Volume.

TABLE

CHRONOLOGIQUE

Des Loix et Constitutions des Colonies Françoises de l'Amérique sous le Vent, contenues dans le Tome premier.

Tome I.   Yyyy

Tome I.

1687

Tome I. Bbbbb

1689 Avril 15. *Ordonnance du Roi, portant Déclaration de Guerre aux Espagnols.* ibid.

— Juin 25. *Ordonnance du Roi, portant Déclaration de Guerre au Prince d'Orange, Anglois et Ecossois, fauteurs de son Usurpation.* ibid.

1690 Janv. 20. *Arrêt du Conseil du Petit-Goave, qui défend au Procureur du Roi de la même Ville, de faire apposer ni lever des Scellés sans Ordonnance du Juge, et lui enjoint d'assister aux Audiences, pour donner des conclusions verbales dans les Affaires où son Ministere est intéressé.* 480

— — — *Arrêt du Conseil du Petit-Goave, en forme d'Exécutoire, contre les Habitans des Quartiers du Rochelois, de Nippes, du Petit-Goave et du Grand-Goave, pour achever le payement de leur quote-part, dans le remboursement du Prix des Negres suppliciés.* ibid.

— Fév. 2. *Arrêt du Conseil du Petit-Goave, touchant l'absence du Procureur-Général.* 481

— — — *Commission de Receveur-Général des Droits de M. l'Amiral à Saint-Domingue.* ibid.

— — 3. *Commission de Receveur-Général des Consignations dans toute l'Isle.* 482

— Mars 18. *Arrêt de Réglement du Conseil du Petit-Goave, qui taxe le prix du Pain et des Boissons, et défend aux Cabaretiers et Gargotiers d'en vendre de mauvaise qualité.* 483

— Avril 25. *Arrêt du Conseil d'Etat du Roi, pour la fixation des Droits sur les Sucres rafinés et Sucres étrangers à leur Entrée dans le Royaume.* ibid.

— Mai 1. *Provisions de Gouverneur et Lieutenant-Général des Isles de l'Amérique, pour M. le Marquis d'Eragny.* 484

— Juin 6. *Arrêt du Conseil du Petit-Goave, qui renvoye un Conseiller d'une Accusation contre lui intentée.* 487

— Juill. 24. *Ordonnance de M. de Cussy, portant suspension de l'Arrêt du Conseil du Petit-Goave du 6 Juin qui précede.* 488

— Août 14. *Arrêt du Conseil du Petit-Goave, portant qu'un Conseiller et le Greffier de la Cour seront députés vers le Gouverneur-Général et l'Intendant des Isles, pour porter leurs plaintes sur la conduite de M. de Cussy, Gouverneur de Saint-Domingue.* 489

— Sept. 3. *Ordonnance du Roi, qui fait défenses à tous Capitaines d'embarquer aucuns Habitans des Isles sans la permission du Gouverneur.* 490

Bbbbb ij

1697

Tome I. *Dddd

Fin de la Table Chronologique du Tome premier.

INDEX

INDEX

ALPHABÉTIQUE

Des Matieres contenues dans le Tome premier.

Nota. *Les Chiffres indiquent les Pages.*

A

Tome I. Ddddd

H

I

N

O

P

R

S

T

Fin des Matieres contenues dans le Tome premier.

APPROBATION.

J'AI lu par ordre de Monseigneur le Garde des Sceaux, le Recueil des Loix et Constitutions des Colonies Françoises de l'Amérique sous le Vent ; par M. Moreau de Saint-Méry. Je n'y ai rien trouvé qui m'ait paru pouvoir en empêcher l'impression. A Paris, 3 Septembre 1784.
                                                            CADET DE SAIREVILLE.

PRIVILÉGE DU ROI.

LOUIS, par la grâce de Dieu, Roi de France & de Navarre : A nos amés & féaux Conseillers , les Gens tenans nos Cours de Parlement , Maîtres des Requêtes ordinaires de notre Hôtel , Grand-Conseil , Prévôt de Paris , Baillifs, Sénéchaux , leurs Lieutenans Civils & autres nos Justiciers qu'il appartiendra : SALUT. Notre bien amé le Sr. Moreau de Saint-Méry , Avocat, nous a fait exposer qu'il désireroit faire imprimer & donner au Public, le Recueil des Loix , Ordonnances et Réglemens pour la Colonie de S. Domingue, de sa composition s'il Nous plaisoit lui accorder nos Lettres de Privilege pour ce nécessaires. A CES CAUSES, voulant favorablement traiter l'Exposant , Nous lui avons permis & permettons de faire imprimer ledit Ouvrage autant de fois que bon lui semblera , & de le vendre , faire vendre par tout notre Royaume. Voulons qu'il jouisse de l'effet du présent Privilege, pour lui & ses hoirs à perpétuité, pourvu qu'il ne le rétrocede à personne ; & si cependant il jugeoit à propos d'en faire une cession, l'Acte qui la contiendra sera enregistré en la Chambre Syndicale de Paris, à peine de nullité, tant du Privilege , que de la cession ; & alors, par le fait seul de la cession enregistrée , la durée du présent Privilege sera réduite à celle de la vie de l'Exposant , ou à celle de dix années, à compter de ce jour, si l'Exposant décede avant l'expiration desdites dix années ; Le tout conformément aux articles IV & V de l'Arrêt du Conseil du trente Août 1777 , portant Réglement sur la durée des Privileges en Librairie. FAISONS défenses à tous Imprimeurs , Libraires & autres personnes, de quelque qualité & condition qu'elles soient, d'en introduire d'impression étrangere dans aucun lieu de notre obéissance ; comme aussi d'imprimer ou faire imprimer , vendre , faire vendre, débiter ni contrefaire ledit Ouvrage , sous quelque prétexte que ce puisse être , sans la permission expresse & par écrit dudit Exposant, ou de celui qui le représentera , à peine de saisie , & de confiscation des exemplaires contrefaits , de six mille livres d'amende , qui ne pourra être modérée , pour la premiere fois ; de pareille amende , & de déchéance d'etat en cas de récidive , & de tous dépens, dommages & intérêts, conformément à l'Arrêt du Conseil du trente Août 1777 , concernant les contrefaçons. A la charge que ces Présentes seront enregistrées tout au long sur le Registre de la Communauté des Imprimeurs & Libraires de Paris, dans trois mois de la date d'icelles ; que l'impression dudit Ouvrage sera faite dans notre Royaume & non ailleurs, en beau papier & beaux caracteres , conformément aux Réglemens de la Librairie, à peine de déchéance du présent Privilege ; qu'avant de l'exposer en vente, le Manuscrit, qui aura servi de copie à l'impression dudit Ouvrage , sera remis dans le même état où l'Approbation y aura été donnée, ès mains de notre très-cher & féal Chevalier , Garde-des-Sceaux de France, le sieur HUE DE MIROMENIL , Commandeur de nos Ordres ; qu'il en sera ensuite remis deux Exemplaires dans notre Bibliotheque publique , un dans celle de notre Château du Louvre, un dans celle de notre très-cher & féal Chevalier , Chancelier de France , le Sieur DE MAUPEOU, & un dans celle dudit sieur HUE DE MIROMENIL : le tout à peine de nullité des Présentes ; du contenu desquelles vous mandons & enjoignons de faire jouir ledit Exposant, & ses hoirs, pleinement & paisiblement, sans souffrir qu'il leur soit fait aucun trouble ou empêchement. VOULONS que la Copie des Présentes , qui sera imprimée tout au long au commencement ou à la fin dudit

Ouvrage, soit tenue pour duement signifiée, & qu'aux Copies collationnées par l'un de nos amés & féaux Conseillers-Secrétaires, soit soit ajoutée comme à l'Original. COMMANDONS au premier notre Huissier ou Sergent sur ce requis, de faire pour l'exécution d'icelles, tous Actes requis & nécessaires, sans demander autre permission, & nonobstant clameur de Haro, Charte Normande & Lettres à ce contraires; car tel est notre plaisir. Donné à Paris, le quinzieme jour du mois de Septembre, l'an de grace, mil sept cent quatre-vingt-quatre, & de notre Règne le onzieme. Par le Roi en son Conseil.

LE BEGUE

Registré sur le Registre XXII de la Chambre Royale & Syndicale des Libraires & Imprimeurs de Paris, n°. 3249. fol. 172. conformément aux dispositions énoncées dans le présent Privilège; & à la charge de remettre à ladite Chambre les huit Exemplaires prescrits par l'Article CVIII du Réglement de 1723. A Paris, ce 14 Septembre 1784.

LE CLERC, Syndic.

Achevé d'imprimer pour la premiere fois le 5 Octobre 1784, chez QUILLAU, Imprimeur de S. A. S. Monseigneur le Prince DE CONTI, rue du Foaare, N°. 3.

Pagination incorrecte — date incorrecte

NF Z 43-120-12

www.ingramcontent.com/pod-product-compliance
Lightning Source LLC
Chambersburg PA
CBHW060442240326
41598CB00087B/2157